高等学校土木工程专业规划教材

建 筑 施 工

焦 红 主编

中国建筑工业出版社

图书在版编目（CIP）数据

建筑施工/焦红主编. —北京：中国建筑工业出版社，
2010
高等学校土木工程专业规划教材
ISBN 978-7-112-11676-8

Ⅰ. 建… Ⅱ. 焦… Ⅲ. 建筑工程-工程施工-高等学校-
教材 Ⅳ. TU7

中国版本图书馆 CIP 数据核字（2009）第 227067 号

高等学校土木工程专业规划教材
建筑施工
焦 红 主编
*
中国建筑工业出版社出版、发行（北京西郊百万庄）
各地新华书店、建筑书店经销
北京红光制版公司制版
北京世知印务有限公司印刷
*
开本：787×1092毫米 1/16 印张：33 字数：803千字
2010年1月第一版 2014年1月第三次印刷
定价：**53.00**元
ISBN 978-7-112-11676-8
（18929）

"土木工程施工"是土木工程专业的一门主要专业课，它主要研究土木工程施工中的施工技术和施工项目管理的基本规律，其目的是培养学生具有独立分析和解决土木工程施工中有关的施工技术和施工项目管理问题的能力。

本书在编写过程中，力求按照"体现时代特征，突出实用性、创新性"的教材编写指导思想，结合原建设部 2005 年发布的建筑业 10 项新技术和土木施工有关的新材料、新工艺，综合土木工程施工的特点，反映基本理论和与工程实践的紧密结合，基本原理与新技术新方法的紧密结合；以建筑工程施工为基础，主要反映土木工程专业各主要专业方向都必须掌握的施工基础知识；吸收现已成熟的新技术和新方法，密切结合现行规范，突出反映土木工程施工的基本理论和基本原理。在保证基本知识的基础上，教材内容有一定的弹性，以便教学上的取舍和学生知识面的扩大，以满足不同层次学生的教学要求。为便于读者以不同方式学习，本书每章设置复习题，以便读者抓住重点，巩固所学知识；同时书后设置检测题，以便于读者掌握自学程度。

本书可用于各大中专院校土木工程、工程管理、工程造价等相关专业的教学，特别适于成人函授教材，也可作为建筑工程施工岗位培训的教材与相关专业选修课的专业用书。

* * *

责任编辑：朱首明 李 明
责任设计：崔兰萍
责任校对：陈 波 关 健

前　言

目前，建筑结构的发展可以用大跨、超高层来形容，随着建筑材料的不断更新及建筑结构的更加完善，建筑施工工艺也在不断的创新、发展，广大施工技术人员迫切需要一本符合现代施工工艺和技术的读本；另外，随着我国市场经济体制的建立，建筑施工企业全面推行了建设工程施工项目管理。施工项目是施工生产要素与现实结合的场所，施工领域的问题集中反映在施工项目上，因此全面提高施工项目综合效益，有赖于施工项目的有效管理。施工现场工程技术人员不仅要有一定的专业知识，而且还要具备一定的管理水平，也就是说，我们现在迫切需要一批既懂专业又懂管理的施工现场管理人员。鉴于此，我们编写了这本教材。

"土木工程施工"是土木工程专业的一门主要专业课，它主要研究土木工程施工中的施工技术和施工项目管理的基本规律，其目的是培养学生具有独立分析和解决土木工程施工中有关的施工技术和施工项目管理问题的能力。

"土木工程施工"在课程内容上涉及面广，实践性强，它需要在实际工作中综合运用土木工程专业的基本理论。本书在编写过程中，力求按照"体现时代特征，突出实用性、创新性"的教材编写指导思想，结合原建设部 2005 年发布的建筑业 10 项新技术和土木施工有关的新材料、新工艺，综合土木工程施工的特点，反映基本理论与工程实践的紧密结合，基本原理与新技术新方法的紧密结合；适应大土木专业的教学要求，以建筑工程施工为基础，主要反映土木工程专业各主要专业方向都必须掌握的施工基础知识；吸收现已成熟的新技术和新方法，密切结合现行规范，突出反映土木工程施工的基本理论和基本原理。在保证基本知识的基础上，教材内容有一定的弹性，以便教学上的取舍和学生知识面的扩大。本书力求做到图文并茂、深入浅出、通俗易懂，非常便于教学和自学。

本书可用于各大中专院校土木工程、工程管理、工程造价等相关专业的教学，也可作为建筑工程施工岗位培训的教材与相关专业务实选修课的专业用书。

参加编写本教材的教师都从事过多年的教学工作，具有丰富的教学经验，同时他们也都具有一定的工程实践积累。全书由山东建筑大学焦红任主编，山东建筑大学王松岩任副主编。本书编写人员如下：山东建筑大学姜卫杰、李相云、邵新，济南市泉景工程建设监理有限公司王永斌，山东省食品发酵工业设计研究院李建琦。在编写过程中，得到山东建筑大学成教学院和土木学院领导的大力支持和帮助，在此表示衷心感谢。

限于编者水平有限，不足之处在所难免，真诚地希望读者提出宝贵意见。

目　录

第1章 土 方 工 程

土方工程是建筑工程施工的主要工种工程之一，包括一切土的挖掘、填筑和运输等过程以及排水、降水、土壁支撑等准备工作和辅助工程。在建筑工程中，常见的土方工程有：场地平整；基坑、基槽与管沟的开挖与回填；人防工程及地下建筑物的土方开挖与回填；地坪填土与碾压；路基填筑等。

土方工程施工特点是：

(1) 面广量大、劳动繁重

一个大型建设项目的施工，其场地平整及基础、道路、管线等的土方施工面积可涉及几至几十平方千米，土方量可达数万乃至数百万立方米。

(2) 施工条件复杂

土方工程多为露天作业，施工受当地的气候条件影响大，且土的种类繁多，成分复杂，工程地质及水文地质变化多，也对施工影响较大。

根据上述特点，在土方施工前，应根据现场情况、施工条件及质量要求，拟订合理可行的施工方案，尽可能采用机械化施工，以降低劳动强度，并做好各项准备工作。在施工中，则应及时做好施工排水和降水、土壁支护等工作，以确保工程质量，防止流砂、塌方等意外事故的发生。

目前，随着城市建设的发展，高层建筑及市政工程大量涌现。高层建筑的建造、大型市政设施的施工及人防地下空间的开发，必然会有大量的基坑工程产生。基坑工程根据场地条件、施工、开挖方法，可以分为无支护（放坡）开挖与有支护开挖。

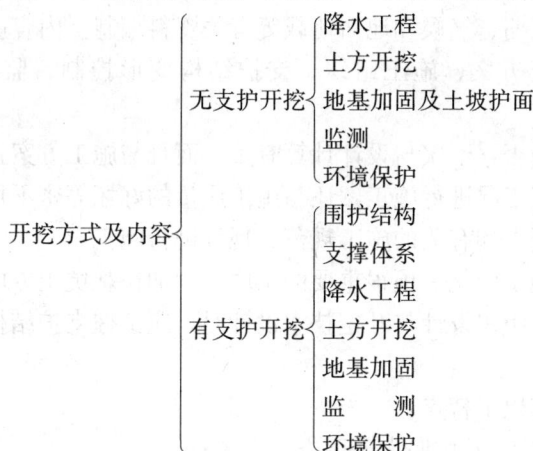

$$
\text{开挖方式及内容}
\begin{cases}
\text{无支护开挖}
\begin{cases}
\text{降水工程} \\
\text{土方开挖} \\
\text{地基加固及土坡护面} \\
\text{监测} \\
\text{环境保护}
\end{cases} \\[2ex]
\text{有支护开挖}
\begin{cases}
\text{围护结构} \\
\text{支撑体系} \\
\text{降水工程} \\
\text{土方开挖} \\
\text{地基加固} \\
\text{监测} \\
\text{环境保护}
\end{cases}
\end{cases}
$$

基坑开挖按其坑壁结构可分为放坡开挖、无支撑支护开挖、内支撑支护开挖和拉锚支护开挖。按基坑内地下水位情况可分软底开挖和硬底开挖。

(1) 放坡开挖

当基坑深度较浅、周围无紧邻的重要建筑及地下管线，地基土质较好时，可采用放坡

1

开挖。由于深度小，挖土机械可以一次开挖至设计标高。软底基坑可采用反铲挖土机配合运土卡车在地面作业。地下水位较低的硬底开挖，可使运土卡车下坑，用正铲挖土机在坑底作业。

（2）无支撑支护基坑开挖

水泥土搅拌桩重力式挡墙支护结构，基坑深度在5～6m以内，仍采用反铲挖土机配合运土卡车在地面作业。由于采用止水帷幕的基坑，地下水位一般都比较高，因此很少使用正铲下坑挖土作业的方案。

（3）内支撑支护基坑开挖

当基坑深度大、地下水位高、周围环境不允许拉锚的情况下，一般采用内支撑形式。土方开挖的施工工艺必须与支撑结构形式、平面布置相配套，并必须先撑后挖。如采用周边桁架支撑形式，可采用岛式挖土方案，先挖去周边土层，进行桁架式支撑结构的架设或浇筑，待周边支撑形成后再开挖中间岛区的土方；当采用十字对撑式支撑时，由于支撑设置后会对下层土方开挖的机械化作业产生一定的限制，所以常采用盆式开挖的施工方案，使用的机械一般为反铲和抓铲。

（4）拉锚支护基坑开挖

当周围环境和地质条件允许采用进行拉锚的支护结构时，基坑内的挖土作业条件比较宽敞。一般按锚杆设置位置进行分层开挖，每层开挖深度需满足锚杆施工机械的作业，施工过程可进行各种优化，配置挖土及运土机械。

对于有支护结构的基坑土方开挖，其开挖的顺序、方法等必须与设计工况相一致，遵循"开槽支撑、先撑后挖、分层开挖、严禁超挖"的原则。

基坑工程设计与施工是一项系统工程，必须具有结构力学、土力学、地基基础、地基处理、原位测试等多种学科知识，同时要有丰富的施工经验，并结合拟建场地的土质和周围环境情况，才能制定出因地制宜的支护结构方案和实施办法。

基坑工程的施工组织设计或施工方案应根据支护结构形式、地下结构、开挖深度、地质条件、周围环境、工期、气候和地面荷载等有关资料编制。内容应包括工程概况、地质资料、降水设计、挖土方案、施工组织、支护结构变形控制、监测方案和环境保护措施等。

基坑工程的成功与否，不仅与设计计算有关，而且与施工方案正确与否、是否严格按设计计算所采用的施工工况进行施工，还与施工质量的好坏等密不可分。为此，基坑工程施工要严格按照设计要求和有关的施工规范、规程进行施工。

基坑开挖在基坑施工中是一项很重要的工序。为加快基坑土方施工进度，保护施工区域周围环境，编制施工组织设计与开挖技术设计时，应掌握支护结构工作性能，考虑有效的挖土方法。

目前基坑工程具有以下特点：

1）建筑趋向高层化，基坑向大深度方向发展；

2）基坑开挖面积大，长度与宽度有的达数百米，给支撑系统带来较大的难度；

3）在软弱的土层中，基坑开挖会产生较大的位移和沉降，对周围建筑物、市政设施和地下管线造成影响；

4）深基坑施工工期长、场地狭窄，降雨、重物堆放等对基坑稳定性不利；

5）在相邻场地的施工中，打桩、降水、挖土及基础浇筑混凝土等工序会相互制约与影响，增加协调工作的难度。

1.1 土的工程分类与性质

1. 土的工程分类

土的种类繁多，其工程性质直接影响土方工程施工方法的选择、劳动量的消耗和工程的费用。只有根据工程地质勘察报告，充分了解各层土的工程特性及其对土方工程的影响，才能选择正确的施工方法。

按照土的开挖难易程度，将土分为松软土、普通土、坚土、砂砾坚土、软石、次坚石、坚石、特坚石八类（表1-1）。

土 的 工 程 分 类　　　　　　　表 1-1

类别	土 的 名 称	开 挖 方 法	可松性系数	
			K_s	K'_s
一类（松软土）	砂，粉土，冲积砂土层，种植土，泥炭（淤泥）	用锹、锄头挖掘	1.08～1.17	1.01～1.04
二类（普通土）	粉质黏土，潮湿的黄土，夹有碎石、卵石的砂，种植土，填筑土和粉土	用锹、锄头挖掘，少许用镐翻松	1.14～1.28	1.02～1.05
三类（坚土）	软及中等密实黏土，重粉质黏土，粗砾石，干黄土及含碎石、卵石的黄土、粉质黏土、压实的填筑土	主要用镐，少许用锹、锄头，部分用撬棍	1.24～1.30	1.04～1.07
四类（砂砾坚土）	重黏土及含碎石、卵石的黏土，粗卵石，密实的黄土，天然级配砂石，软泥灰岩及蛋白石	先用镐、撬棍，然后用锹挖掘，部分用楔子和大锤	1.26～1.37	1.06～1.09
五类（软石）	硬石炭纪黏土，中等密实的页岩、泥灰岩、白垩土，胶结不紧的砾岩，软的石灰岩	用镐或撬棍、大锤，部分用爆破方法	1.30～1.45	1.10～1.20
六类（次坚石）	泥岩，砂岩，砾岩，坚实的页岩、泥灰岩，密实的石灰岩，风化的花岗岩、片麻岩	用爆破方法，部分用风镐	1.30～1.45	1.10～1.20
七类（坚石）	大理岩，辉绿岩，玢岩，粗、中粒花岗岩，坚实的白云岩、砂岩、砾岩、片麻岩、石灰岩，风化痕迹的安山岩、玄武岩	爆破方法	1.30～1.45	1.10～1.20
八类（特坚石）	安山岩，玄武岩，花岗片麻岩，坚实的细粒花岗岩、闪长岩、石英岩、辉长岩、辉绿岩、玢岩	用爆破方法	1.45～1.50	1.20～1.30

其中：一～三类土是软土，适合土方机械，数字越大，土就越硬。

2. 土的工程性质

土的工程性质对土方工程的施工方法及工程量大小有直接影响，其基本的工程性质有：

（1）土的可松性

自然状态下的土，经过开挖后，其体积因松散而增加，以后虽经回填压实，仍不能恢复到原来的体积，这种性质称为土的可松性。

土的可松性程度用可松性系数来表示。自然状态土经开挖后的松散体积与原自然状态下的体积之比，称为最初可松性系数（K_s）；土经回填压实后的体积与原自然状态下的体积之比，称为最后可松性系数（K'_s）。即

$$K_s = \frac{V_2}{V_1} \qquad K'_s = \frac{V_3}{V_1} \tag{1-1}$$

式中　K_s——土的最初可松性系数；

　　　K'_s——土的最后可松性系数；

　　　V_1——土在自然状态下的体积（m^3）；

　　　V_2——土经开挖后的松散体积（m^3）；

　　　V_3——土经回填压实后的体积（m^3）。

由于土方工程量是以自然状态下土的体积来计算的，所以土的可松性对场地平整、基坑开挖土方量的计算与调配、土方挖掘机械与运输机械数量的计算等有很大影响，施工中不可忽视。在土方工程中，K_s是计算土方机械及运土车辆等的重要参数；K'_s是计算场地平整标高和填方时所需挖土量等的重要参数。

（2）土的含水量

土中水的质量与土中土颗粒的质量之比。它表示土的干湿程度。

$$w = \frac{M_w}{M_s} \times 100\% \tag{1-2}$$

我们将含水量 $w \leqslant 5\%$ 的土叫干土；$w \geqslant 30\%$ 的土叫湿土；w 在 $5\% \sim 30\%$ 之间的土，叫潮湿土。

式中　M_w——土中水的质量（g），为含水状态时土的质量与烘干后的土质量之差；

　　　M_s——土中固体颗粒的质量（g），为烘干后的土的质量。

土的含水量对土方边坡稳定性及填土压实的质量都有影响。

（3）土的渗透性

土体孔隙中的自由水在重力作用下会透过土体而运动，这种土体被水透过的性质称为土的渗透性。当基坑开挖至地下水位以下，排水使地下水的平衡遭到破坏，地下水会不断渗入基坑。地下水在渗流过程中受到土颗粒的阻力，其大小与土的渗透性及渗流路程的长短有关。单位时间内流过土样的水量 Q（cm^3/s）与水头差 ΔH（cm）成正比，并与土样的横截面积 A（cm^2）成正比，而与渗流路径长度 L（cm）成反比。即

$$Q = K \cdot \frac{\Delta H}{L} \cdot A \tag{1-3}$$

式中，K 为比例系数，随土而异，反映单位时间内水穿过土层的能力，即反映土的透水性大小，称为土的渗透系数，单位为 cm/s 或 m/d。

单位时间内流过单位横截面积的水量，称为渗流速度 V（cm/s），即

$$V = \frac{Q}{A} = K \cdot \frac{\Delta H}{L} = KI \tag{1-4}$$

式中，$I = \Delta H/L$，代表单位长度渗流路径所消耗的水头差，亦称为水力梯度。

渗透系数 K 反映土的透水性大小，其常用量纲为 cm/s 或 m/d，一般通过室内渗透试验或现场抽水或压水试验确定。对重大工程，宜采用现场抽水试验确定。

土渗透系数的大小对土方施工中施工降水与排水的影响较大，应予以注意。

（4）土的密度及干密度

土在天然状态下单位体积的质量，称为土的天然密度，用 ρ 来表示。

$$\rho = \frac{M}{V} \tag{1-5}$$

单位体积内土的颗粒质量与总体积的比值，称为土的干密度，用 ρ_d 来表示。

$$\rho_d = \frac{M_s}{V} \tag{1-6}$$

单位是 g/mm³ 或 kg/m³，该指标越大，土越密实，土的承载力越高，土的抗渗性就越好。在土方填筑时，常以土的 ρ_d 来控制土的夯实标准。

1.2 场地平整土方量计算与调配

大型工程场地平整前，应首先确定场地设计标高，然后计算挖、填方的工程量，进行土方平衡调配，并根据工程规模、工期要求、现有土方机械设备条件等，拟订土方施工方案。

1. 场地设计标高的确定

场地设计标高是进行场地平整和土方量计算的依据。合理确定场地的设计标高，对于减少挖、填土方总量，节约土方运输费用，加快施工进度等都具有重要的经济意义。因此必须结合现场实际情况，选择最优方案。一般应考虑以下因素：

1）满足生产工艺和运输的要求；

2）尽量利用地形，减少挖、填方数量；

3）场地内挖、填方平衡（面积大、地形复杂时例外），土方运输总费用最少；

4）有一定的泄水坡度（≥2‰），满足排水要求，并考虑最大洪水位的影响。

场地设计标高一般应在设计文件上规定，若设计文件无规定时，可采用"挖、填土方量平衡法"或"最佳设计平面法"来确定。"最佳设计平面法"系应用最小二乘法的原理，计算出最佳设计平面，使场地内方格网各角点施工高度的平方和为最小，既能满足土方工程量最小，又能保证挖、填土方量相等，但此法计算较繁杂。"挖、填土方量平衡法"概念直观，计算简便，精度能满足施工要求，常为实际施工时采用，但此法不能保证总土方量最小。

用"挖、填土方量平衡法"确定场地设计标高，可参照下述步骤进行：

（1）初步计算场地设计标高

计算原则：场地内的土方在平整前和平整后相等而达到挖、填方平衡，即挖方总量等于填方总量。

计算场地设计标高时，首先在场地的地形图上根据要求的精度划分为边长为 10～40m 的方格网（图 1-1a），然后标出各方格角点的自然标高。各角点自然标高可根据地形图上相邻两等高线的标高，用插入法求得，当无地形图或场地地形起伏较大（用插入法误差较大）时，可在地面用木桩打好方格网，然后用仪器直接测出自然标高。

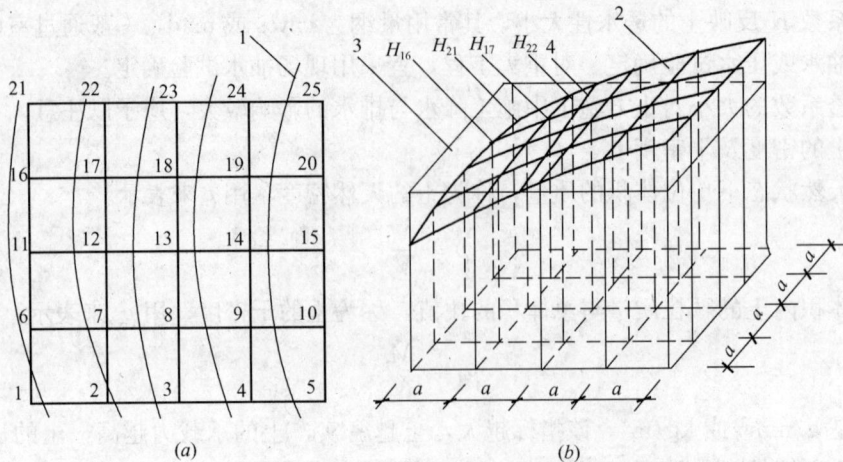

图 1-1　场地设计标高计算简图

(a) 地形图上划分方格网；(b) 设计标高示意图

1—等高线；2—自然地面；3—设计标高平面；4—零线

按照场地内土方在平整前及平整后相等，即挖、填方平衡的原则（如图 1-1b），场地设计标高可按式（1-7）计算：

$$H_0 \cdot N \cdot a^2 = \sum_1^N \left(a^2 \cdot \frac{H_{11} + H_{12} + H_{16} + H_{17}}{4} \right)$$

即

$$H_0 = \frac{\sum_1^N (H_{11} + H_{12} + H_{16} + H_{17})}{4N} \tag{1-7}$$

式中　　　　　　H_0——所计算的场地设计标高（m）；

a——方格边长（m）；

N——方格数量；

H_{11}，H_{12}，H_{16}，H_{17}——任一方格四个角点标高（m）。

由图 1-1 中可以看出，相邻方格具有公共角点。在一个方格网中，某些角点系两个相邻方格的公共角点，如图 1-1（a）中第 2，3，4，6，……等角点，其角点标高要加两次；某些角点系四个相邻方格的公共角点，如图 1-1（a）中第 7，8，9，……等角点，在计算场地设计标高时，其角点标高要加四次；某些角点仅加一次，如图 1-1（a）中第 1，5，21，25 等角点；在不规则场地中，角点标高也有加三次的。因此，式（1-7）可改写成

$$H_0 = \frac{\Sigma H_1 + 2\Sigma H_2 + 3\Sigma H_3 + 4\Sigma H_4}{4N} \tag{1-8}$$

式中　　　　　　H_1——一个方格仅有的角点标高（m）；

H_2，H_3，H_4——分别为两个方格、三个方格和四个方格共有的角点标高（m）；

N——方格的数量。

（2）场地设计标高的调整

按式（1-8）计算的场地设计标高 H_0 系理论值，实际施工前需考虑以下因素进行调整：

①考虑土的可松性而使场地设计标高提高。

由于土具有可松性，按式（1-8）计算的 H_0 施工，填土会有剩余，需相应提高场地设计标高，以达到土方量的实际平衡。场地设计标高的调整高度（增加值）Δh 可按式（1-9）计算：

$$V_T + A_T \cdot \Delta h = (V_w - A_w \cdot \Delta h) \cdot K'_s$$

$$\Delta h = \frac{V_w(K'_s - 1)}{A_T + A_w \cdot K'_s} \tag{1-9}$$

式中　V_w——设计标高调整前的总挖方体积（m^3）；

　　　　V_T——设计标高调整前的总填方体积（m^3），$V_w = V_T$；

　　　　A_w——设计标高调整前的挖方区总面积（m^2）；

　　　　A_T——设计标高调整前的填方区总面积（m^2）；

　　　　K'_s——土的最后可松性系数。

调整后每个角点的设计标高均应增加 Δh（m）。

②由于设计标高以上的各种填方工程（如填筑路基）而影响设计标高的降低，或者由于设计标高以下的各种挖方工程（如开挖水池等）而影响设计标高的提高。

③由于边坡填、挖土方量不等（特别是坡度变化大时）而影响设计标高的增减。

④根据经济比较结果而将部分挖方就近弃土于场外，或将部分填方就近从场外取土而引起挖、填土方量变化，导致场地设计标高的降低或提高。

（3）考虑泄水坡度对场地设计标高的影响，计算各方格角点的设计标高

按上述计算并调整后的场地设计标高进行场地平整时，整个场地将处于同一水平面，但实际上由于排水的要求，场地表面应有一定的泄水坡度并符合设计要求。如设计无要求时，一般应沿排水方向做成不小于 2‰ 的泄水坡度。因此，应根据场地泄水坡度的要求（单向泄水或双向泄水），计算出场地内各方格角点实际施工时所采用的设计标高。

设场地中心点的标高为 H_0，则场地内任意一点的设计标高为

$$H_n = H_0 \pm L_x \cdot i_x \pm L_y \cdot i_y \tag{1-10}$$

式中　H_n——场地内任意一点的设计标高（m）；

　L_x，L_y——计算点沿 x，y 方向距场地中心点的距离（m）；

　i_x，i_y——场地在 x，y 方向的泄水坡度；

　　　±——由场地中心沿 x，y 方向指向计算点时，若其方向与 i_x、i_y 反向则取"+"号，同向取"－"号。

2. 十方量计算

大面积平整的土方量计算，通常采用方格网法，但当地形起伏较大或地形狭长时多采用断面法计算。方格网法计算土方量的步骤如下：

（1）计算各方格角点的施工高度（即填、挖高度）

各方格角点的施工高度可按下式计算：

$$h_n = H_n - H'_n \tag{1-11}$$

式中　h_n——角点施工高度（m），以"+"为填，"－"为挖；

　　　　H_n——角点的设计标高（m）；

　　　　H'_n——角点的自然地面标高（m）。

（2）确定"零线"，即挖、填方的分界线

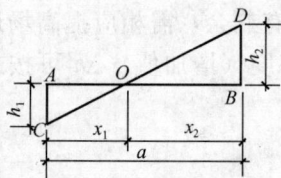

图 1-2　求零点示意图

当一个方格内同时有填方与挖方时（此时方格角点的 h_n 有"+"有"-"），要确定挖、填方的分界线，即"零线"。

确定"零线"位置时，先求出有关方格边线（此边线一端为挖，另一端为填）上的零点（即不填不挖的点），然后将相邻边线上的零点相连，即为"零线"。零点的位置按式（计算（图 1-2）：

$$x_1 = \frac{h_1}{h_1 + h_2} a;$$

$$x_2 = \frac{h_2}{h_1 + h_2} a \tag{1-12}$$

式中　x_1，x_2——角点至零点的距离（m）；

h_1，h_2——相邻两角点的施工高度的绝对值（m）；

a——方格边长（m）。

（3）计算方格土方工程量

场地各方格的土方量，一般可分为三种类型进行计算：

①方格四角点均为填或挖，如图 1-3 所示，其土方量为

$$V = \frac{a^2}{4}(h_1 + h_2 + h_3 + h_4) \tag{1-13}$$

式中　　　　　　V——填方或挖方体积（m^3）；

h_1，h_2，h_3，h_4——方格角点填（挖）土高度绝对值（m）；

a——方格边长（m）。

②方格的相邻两角点为挖方，另两角点为填方，如图 1-4 所示，其挖方部分的土方量为

$$V_{1,2} = \frac{a^4}{4}\left(\frac{h_1^2}{h_1 + h_4} + \frac{h_2^2}{h_2 + h_3}\right) \tag{1-14}$$

填方部分的土方量为

$$V_{3,4} = \frac{a^4}{4}\left(\frac{h_3^2}{h_2 + h_3} + \frac{h_4^2}{h_1 + h_4}\right) \tag{1-15}$$

③方格的三个角点为挖方（或填方），另一角点为填方（或挖方），如图 1-5 所示，其一个角点部分的土方量为

$$V_4 = \frac{a^4}{6} \frac{h_4^3}{(h_1 + h_4)(h_3 + h_4)} \tag{1-16}$$

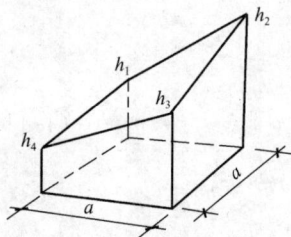

图 1-3　全填或全挖的方格　　　图 1-4　两挖和两填的方格　　　图 1-5　三挖一填或相反的方格

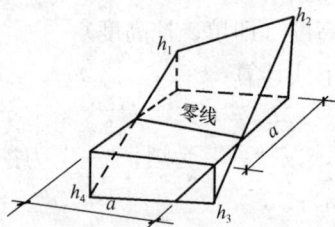

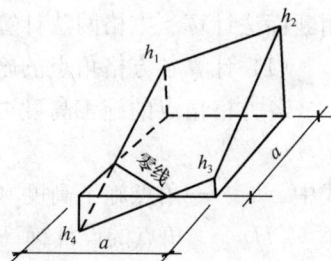

三个角点部分的土方量为

$$V_{1,2,3} = \frac{a^2}{6}(2h_1 + h_2 + 2h_3 - h_4) + V_4 \qquad (1\text{-}17)$$

（4）计算场地边坡土方工程量

为了保持土体的稳定和施工安全，挖方和填方的边沿，均应做成一定坡度的边坡（图 1-6），图中 m 称坡度系数，为边坡宽度 b 与边坡高度 h 之比，即 $m = b/h$。当边坡高度较大时可做成折线形边坡。

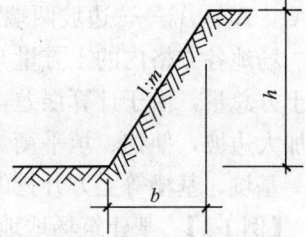

图 1-6　土方边坡

图 1-7 是一场地边坡的平面示意图，从图中可看出：边坡的土方量可以划分为两种近似的几何形体，即三角棱锥体（如图中①）和三角棱柱体（如图中④）来进行计算。

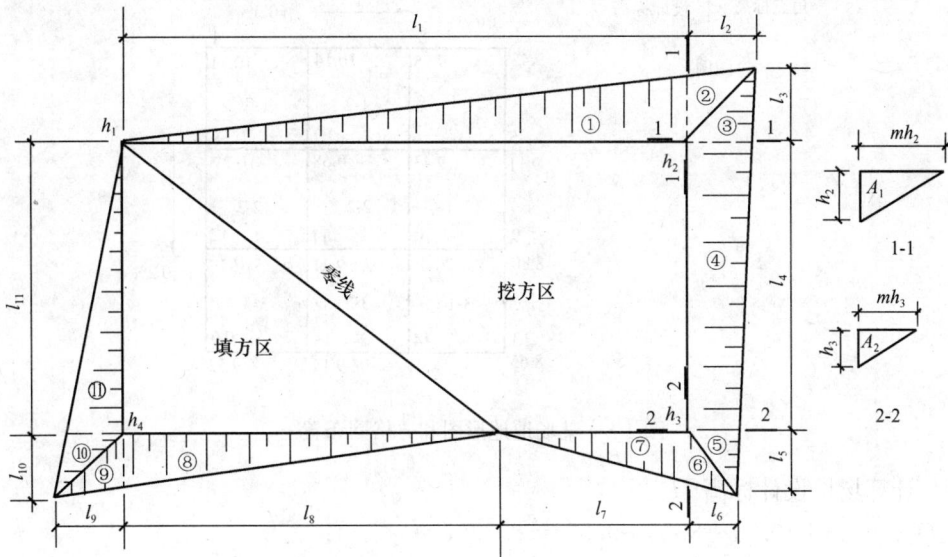

图 1-7　场地边坡平面图

①三角棱锥体体积

$$V = \frac{1}{3}A \cdot l \qquad (1\text{-}18)$$

式中　l——边坡长度；

　　　A——边坡端面积；$A = 1/2 h \times (mh) = 1/2 mh^3$

　　　h——角点的施工高度；

　　　m——边坡的坡度系数。

②三角棱柱体体积

$$V = \frac{A_1 + A_2}{2} \cdot l \qquad (1\text{-}19a)$$

当 A_1，A_2 相差很大时

$$V = \frac{1}{6}(A_1 + 4A_0 + A_2) \cdot l \qquad (1\text{-}19b)$$

式中　　　　　l——边坡长度（m）；

A_1，A_2，A_0——边坡两端面及中间断面的横断面面积（m^2）。

场地各方格内的土方量与边坡土方量之和（挖、填方分别相加）即为整个场地的挖、填土方总量，由于计算误差，挖、填方一般不会绝对平衡，但误差不大，实际施工时可适当加大边坡，使挖、填平衡。

基坑、基槽等土方开挖的土方量计算亦可按式（1-19）计算。

【例 1-1】 某建筑场地地形图和方格网（边长 $a=20.0m$）布置如图 1-8 所示。土壤为二类土，场地地面泄水坡度 $i_x=0.3\%$，$i_y=0.2\%$。试确定场地设计标高（不考虑土的可松性影响，余土加宽边坡），计算各方格挖、填土方工程量。

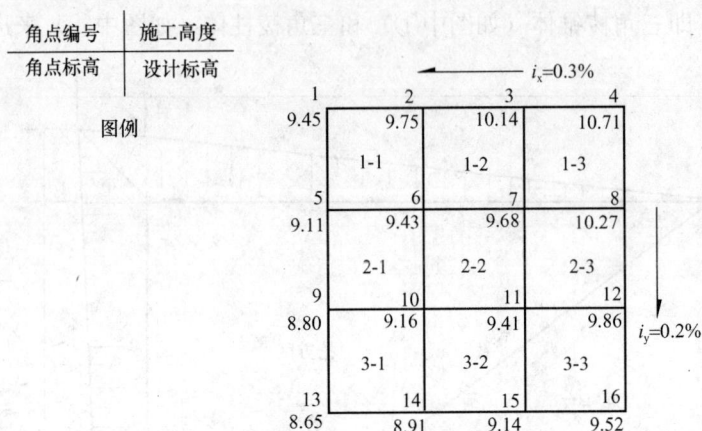

图 1-8　某场地地形图和方格网布置

1）计算场地设计标高 H_0

$\Sigma H_1 = 9.45 + 10.71 + 8.65 + 9.52 = 38.33m$

$2\Sigma H_2 = 2 \times (9.75 + 10.14 + 9.11 + 10.27 + 8.80 + 9.86 + 8.91 + 9.14) = 151.96m$

$4\Sigma H_4 = 4 \times (9.43 + 9.68 + 9.16 + 9.41) = 150.72m$

由式（1-8）：

$$H_0 = \frac{\Sigma H_1 + 2\Sigma H_2 + 4\Sigma H_4}{4N} = \frac{38.33 + 151.96 + 150.72}{4 \times 9} = 9.47m$$

2）根据泄水坡度计算各方格角点的设计标高

以场地中心点（几何中心 o）为 H_0，由式（1-10）得各角点的设计标高：

$H_1 = H_0 - 30 \times 0.3\% + 30 \times 0.2\% = 9.47 - 0.09 + 0.06 = 9.44m$

$H_2 = H_1 + 20 \times 0.3\% = 9.44 + 0.06 = 9.50m$

$H_5 = H_0 - 30 \times 0.3\% + 10 \times 0.2\% = 9.47 - 0.09 + 0.02 = 9.40m$

$H_6 = H_5 + 20 \times 0.3\% = 9.40 + 0.06 = 9.46m$

$H_9 = H_0 - 30 \times 0.3\% - 10 \times 0.2\% = 9.47 - 0.09 - 0.02 = 9.36m$

其余各角点设计标高均可求出，详见图 1-8。

3）计算各角点的施工高度

由式（1-11）得各角点的施工高度：

$h_1 = 9.44 - 9.45 = -0.01\text{m}$

$h_2 = 9.50 - 9.75 = -0.25\text{m}$

$h_3 = 9.56 - 10.14 = -0.58\text{m}$

各角点的施工高度见图 1-9。

4）确定"零线"，即挖、填方的分界线

由式（1-12）确定"零线"的位置，将相邻边线上的零点相连，即为零线，见图 1-9。如 1-5 边线上：$x_1 = [0.01/(0.01+0.29) \times 20] = 0.67\text{m}$，即零点距角点 1 的距离是 0.67m。

5）计算各方格土方工程量（"+"为填方；"-"为挖方）

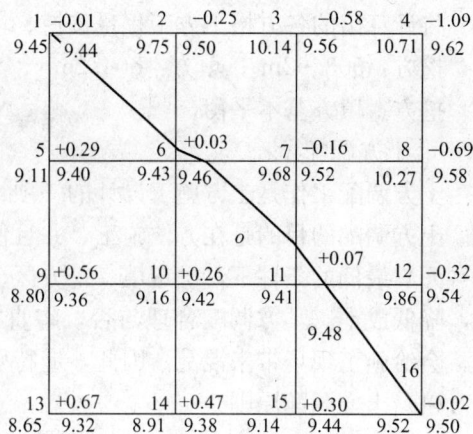

图 1-9 某场地计算土方工程量图

①全填或全挖方格，由式（1-13）：

$$V_{2-1} = \frac{20^2}{4}(0.29+0.03+0.56+0.26) = 29+3+56+26 = 114\text{m}^3 \qquad (+)$$

$$V_{3-1} = 56+26+67+47 = 196\text{m}^3 \qquad (+)$$

$$V_{3-2} = 26+7+47+30 = 110\text{m}^3 \qquad (+)$$

$$V_{1-3} = 58+109+16+69 = 252\text{m}^3 \qquad (-)$$

②两挖、两填方格，由式（1-14）、式（1-15）：

$$V_{1-1}^{(+)} = \frac{20^2}{4}\left(\frac{0.29^2}{0.29+0.01} + \frac{0.03^2}{0.03+0.25}\right) = \frac{29^2}{29+1} + \frac{3^2}{3+25} = 28.35\text{m}^3 \qquad (+)$$

$$V_{1-1}^{(-)} = \frac{1^2}{1+29} + \frac{25^2}{25+3} = 22.35\text{m}^3 \qquad (-)$$

$$V_{3-3}^{(+)} = \frac{7^2}{7+32} + \frac{30^2}{30+2} = 29.38\text{m}^3 \qquad (+)$$

$$V_{3-3}^{(-)} = \frac{32^2}{32+7} + \frac{2^2}{30+2} = 26.38\text{m}^3 \qquad (-)$$

③三填一挖或三挖一填方格，由式（1-16）、式（1-17）：

$$V_{1-2}^{(+)} = \frac{20^2}{6}\left[\frac{0.03^3}{(0.03+0.25)(0.03+0.16)}\right] = \frac{2}{3} \times \frac{3^3}{(3+25)(3+16)} = 0.03\text{m}^3 \qquad (+)$$

$$V_{1-2}^{(-)} = \frac{20^2}{6}(2 \times 0.25 + 0.58 + 2 \times 0.16 - 0.03) + 0.03$$

$$= \frac{2}{3} \times (2 \times 25 + 58 + 2 \times 16 - 3) + 0.03 = 91.36\text{m}^3 \qquad (-)$$

$$V_{2-2}^{(-)} = \frac{2}{3}\left[\frac{16^3}{(16+3)(16+7)}\right] = 6.25\text{m}^3 \qquad (-)$$

$$V_{2-2}^{(+)} = \frac{2}{3} \times (2 \times 3 + 26 + 2 \times 7 - 16) + 6.25 = 26.25\text{m}^3 \qquad (+)$$

$$V_{2-3}^{(+)} = \frac{2}{3} \times \frac{7^3}{(7+16)(7+32)} = 0.25\text{m}^3 \qquad (+)$$

$$V_{2-3}^{(-)} = \frac{2}{3}(2 \times 16 + 69 + 2 \times 32 - 7) + 0.25 = 105.58\text{m}^3 \qquad (-)$$

将计算出的各方格土方工程量按挖、填方分别相加，得场地土方工程量总计：

挖方：503.92m³；填方：504.26m³。

挖方、填方基本平衡。

3. 土方调配

土方调配工作是土方施工设计的一项重要内容，一般在土方工程量计算完毕后即可进行。土方调配的目的是在方便施工，并且使土方在总运输量（m³·m）最小或土方运输成本（元）最低的条件下，确定填、挖方区土方的调配方向、数量和平均运距，从而缩短工期，降低成本。土方调配合理与否，将直接影响到土方施工费用和施工进度，如调配不当，会给施工现场带来混乱，因此，应特别予以重视。

（1）土方调配原则

1）应力求达到挖方与填方基本平衡和总运输量最小，即使挖方量与运距的乘积之和尽可能最小，有时，仅局限于一个场地范围内的挖、填平衡难以满足上述原则时，可根据现场情况，考虑就近取土或弃土，这样可能更经济合理。

2）应考虑近期施工和后期利用相结合。先期工程的土方余额应结合后期工程的需要而考虑其利用数量与堆放位置，并注意为后期工程的施工创造良好的施工条件，避免重复挖运。

3）应注意分区调配与全场调配的协调，并将好土用在回填质量要求高的填方区。

4）尽可能与大型地下结构的施工相结合，避免土方重复挖、填和运输。

（2）土方调配图表的编制

场地土方调配需制成相应的图表，土方调配图表的编制方法如图 1-10 和图 1-11 所示。

1）划分调配区

在场地平面图上先画出挖、填方区的分界线（即零线），并将挖、填方区适当划分成若干调配区，调配区的大小应与方格网及拟建建筑位置相协调，并应满足土方及运输机械的技术性能要求，使其功能得到充分发挥。

2）计算土方量

计算各调配区的土方量并标注在图上。

3）计算每对调配区之间的平均运距

平均运距即挖方区土方重心至填方区土方重心的距离，因此需先求出每个调配区的重心。其计算方法如下：取场地或方格网中的纵横两边为坐标轴，分别求出各调配区土方的重心位置，即

$$\overline{X} = \frac{\Sigma V \cdot x}{\Sigma V}; \overline{Y} = \frac{\Sigma V \cdot y}{\Sigma V}$$

式中　$\overline{X}$，$\overline{Y}$——某调配区的重心坐标（m）；

　　　　V——该调配区内各方格的土方量（m³）；

　　　x，y——该调配区内各方格内土方的重心坐标（m）。

当地形复杂时，也可用形心位置代替重心位置。

每对调配区间的平均运距 L_0 可按下式求得：

$$L_0 = \sqrt{(\overline{X}_W - \overline{X}_T)^2 + (\overline{Y}_W - \overline{Y}_T)^2} \qquad (1-20)$$

也可用比例尺在图上量出 L_0。

4）确定土方调配方案

可以根据每对调配区的平均运距 L_0，绘制多个调配方案，比较不同方案的总运输量 $Q=\Sigma V \cdot L_0$，当 Q 为最小值时是经济调配方案。

土方调配可采用线性规划中的"表上作业法"进行，该方法直接在土方量平衡表上进行调配，简便科学，可求得最优调配方案。

5）绘出最优方案的土方平衡表和土方调配图

如图 1-10 所示，有四个挖方区（W_1，W_2，W_3，W_4），分别填至三个填方区（T_1，T_2，T_3），问如何调运，才能求得土方运输量（$m^3 \cdot m$）最小的方案？表 1-2 列出了各区土方量和平均运距。该问题系一最佳运输方案问题，可用线性规划原理求解。

某工程土方量及运距 L_0 表　　　　　表 1-2

挖方区编号	填方区编号及运距 L_0（m）			各区挖方量（m^3）
	T_1	T_2	T_3	
W_1	997	2267	2948	3640
W_2	2246	2881	2569	18900
W_3	1356	1186	1570	148
W_4	3061	2235	971	5573
各区填方量（m^3）	4642	21246	2373	$\Sigma 28261$

可用"表上作业法"来求解。其土方调配图如图 1-11 所示。土方调配平衡表见表 1-3。

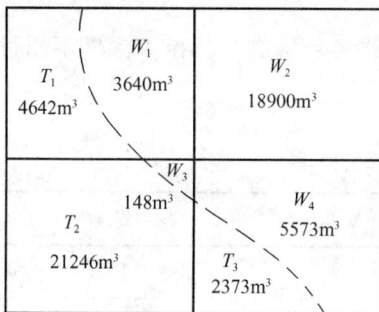

图 1-10　土方量图

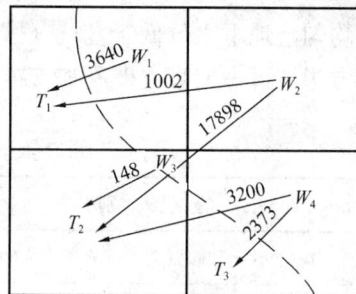

图 1-11　土方最优调配图

某工程土方调配平衡表　　　　　表 1-3

挖方区编号	土方量（m^3）	填方区编号及填方量（m^3）			
		T_1	T_2	T_3	合计
W_1	3640	3640	—		3640
W_2	18900	1002	17898		18900
W_3	148	—	148	—	148
W_4	5573	—	3200	2373	5573
合计	28261	4642	21246	2373	28261

1.3　土方的开挖与填筑

1.3.1　土方边坡坡度与边坡稳定

在基坑、沟槽开挖及场地平整施工过程中，土壁的稳定，主要是依靠土体的内摩擦力和粘结力（内聚力）来保持平衡的。一旦土体在外力作用下失去平衡，土壁就会坍塌。土壁坍塌，不仅会妨碍土方工程的施工，还会危及附近的建筑物、道路、地下管线等的安全，甚至会导致人员伤亡，造成严重的后果。

为了防止土壁坍塌，保持土壁稳定，保证安全施工，在土方工程施工中，对挖方和填方的边缘，均应做成一定坡度的边坡。当场地受限制不能放坡或为了减少土方工程量而不欲放坡时，则可设置土壁支护结构，以确保施工安全。

1. 坡度系数的概念

为了保持土体的稳定和施工安全，挖方和填方的边沿，均应做成一定坡度的边坡（图1-12），图中 m 称坡度系数，为边坡宽度 b 与边坡高度 h 之比，即 $m=b/h$。当边坡高度较大时可做成折线形边坡。坡度系数 m 的确定参见下面"土方边坡的施工要点"所述。

2. 土方边坡的施工

土方边坡的大小，应根据土质条件、挖方深度（或填方高度）、地下水位、排水情况、施工方法、边坡留置时间（即工期长短）、边坡上部荷载情况及相邻建筑物情况等因素综合确定。

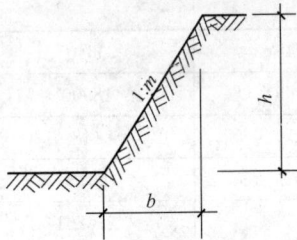

图1-12　土方边坡

当土质均匀且地下水位低于基坑（槽）或管沟底面标高，其挖方深度不超过表1-4规定时，其挖方边坡可做成直立壁不加支撑。

直立壁不加支撑挖方深度　　　　　　　　表1-4

土 的 类 别	挖方深度（m）
密实、中密的砂土和碎石类土（充填物为砂土）	1.00
硬塑、可塑的粉质黏土及粉土	1.25
硬塑、可塑的黏土和碎石类土（充填物为黏性土）	1.50
坚硬的黏土	2.00

当挖方深度超过上述规定时，应考虑放坡或做成直立壁加支撑。当地质条件良好，土质均匀且地下水位低于基坑（槽）或管沟底面标高，挖方深度在5m以内时，不加支撑的边坡最陡坡度不得超过表1-5的规定。

永久性挖方边坡度应符合设计要求。当工程地质与设计资料不符需修改边坡坡度时，应由设计单位确定。

使用时间较长（超过一年）的临时性挖方边坡坡度，应根据工程地质和边坡高度，结合当地同类土体的稳定坡度值确定。

深度在5m内的基坑（槽）、管沟边坡的最陡坡度（不加支撑）　　　表 1-5

土 的 类 别	边坡坡度（高：宽）		
	坡顶无荷载	坡顶有静载	坡顶有动载
中密的砂土	1：1.00	1：1.25	1：1.50
中密的碎石类土（充填物为砂土）	1：0.75	1：1.00	1：1.25
硬塑的砂土	1：0.67	1：0.75	1：1.00
中密的碎石类土（充填物为黏性土）	1：0.50	1：0.67	1：0.75
硬塑的粉质黏土、黏土	1：0.33	1：0.50	1：0.67
老黄土	1：0.10	1：0.25	1：0.33
软土（经井点降水后）	1：1.00	—	—

注：1. 静载指堆土或材料等，动载指机械挖土或汽车运输作业等。静（动）载距挖方边缘的距离应保证边坡和直立壁的稳定，堆土或材料应距挖方边缘0.8m以外，高度不宜超过1.50m。

　　2. 软土地区开挖时，坡顶不得堆土或材料，亦不得有动载。

　　3. 当有成熟施工经验时，可不受本表限制。

使用时间较长（超过一年）的临时性填方边坡坡度允许值：当填方高度在10m以内时，可采用1：1.5；高度超过10m时，可做成折线形，上部采用1：1.5，下部采用1：1.75。

3. 边坡稳定

土方边坡的稳定，主要是由于土体内颗粒间存在摩阻力和内聚力，从而使土体具有一定的抗剪强度。土体抗剪强度的大小主要决定于土的内摩擦角和内聚力的大小。土层颗粒间不仅存在抵抗滑动的摩阻力，而且存在内聚力（除了干净和干燥的砂之外）。内聚力一般由两种因素形成：一是由于土中水的水膜和土粒之间的分子引力；二是由于土中化合物的胶结作用（尤其是黄土）。不同的土，土的不同物理性质对土体的抗剪强度均有影响。

在一般情况下，土方边坡失去稳定，发生滑动，其原因主要是由于土质及外界因素的影响，使土体内的抗剪强度降低或剪应力增加，使土体中的剪应力超过其抗剪强度。

引起土体抗剪强度降低的原因有：

1）因风化、气候等的影响使土质变得松软；

2）黏土中的夹层因浸水而产生润滑作用；

3）饱和的细砂、粉砂土等因受振动而液化等。

引起土体内剪应力增加的原因有：

1）基坑上边缘附近存在荷载（堆土、机具等），尤其是存在动载；

2）雨水、施工用水渗入边坡，使土的含水量增加，从而使土体自重增加；

3）有地下水时，地下水在土中渗流产生一定的动水压力；

4）水浸入土体中的裂缝内产生静水压力。

为了防止土方边坡坍塌，除保证边坡大小与边坡上边缘的荷载符合规定要求外，在施工中还必须做好地面水的排除工作，并防止地表水、施工与生活用水等浸入开挖场地或冲刷土方边坡，基坑内的降水工作应持续到土方回填完毕。在雨期施工时，更应注意检查边坡的稳定性，必要时可考虑适当放缓边坡坡度或设置土壁支撑（护）结构，以防塌方。

1.3.2 土方机械

土方工程施工机械的种类很多，本小节仅介绍常用的推土机、铲运机和单斗挖土机等的特点与施工方法。

1. 主要土方机械的特点与施工方法

（1）推土机

推土机是一种在拖拉机上装有推土板等工作装置的土方机械。其行走方式有履带式和轮胎式两种。按推土板的操纵方式的不同，可分为索式（自重切土）和液压式（强制切土）两种。液压式可以调整推土的角度，因此具有更大灵活性。

推土机的特点是：能单独进行切土、推土和卸土工作。操纵灵活，所需工作面小，行驶速度快，转移方便，能爬 $30°$ 左右的缓坡，因此应用广泛。适用于施工场地清理和平整，开挖深度在 1.5m 以内的基坑以及沟槽的回填土等。此外可在其后面加装松土装置，破松硬土和冻土，还能牵引无动力的土方机械如拖式铲运机、羊足碾等。推土机可推挖一～三类土，其推运距离宜在 100m 以内，30～60m 时经济效果最好。

推土机的生产率主要决定于推土板推移土的体积及切土、推土、回程等工作的循环时间。为了提高推土机的生产率，可采取下坡推土法（利用自重增加推土能力，缩短时间）、并列推土法（场地较大时 2～3 台机并列推土以减少土的散失）、槽形推土法（利用前次推土形成的沟槽推土以减少土的散失）和分批集中、一次推送法（运距远、土质硬时用）等，还可在推土板两侧附加侧板，以增加推土体积。

（2）铲运机

铲运机按行走机构可分为拖式铲运机（图 1-13）（由拖拉机牵引和操纵）和自行式铲运机两种。按铲斗的操纵系统又可分为液压式和索式（机械式）两种。斗容量有 $2m^3$、$5m^3$、$6m^3$、$7m^3$ 数种。

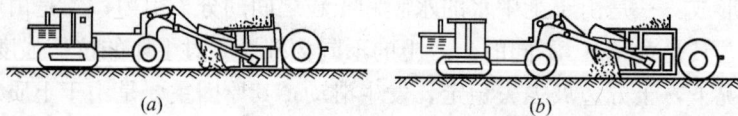

图 1-13　拖式铲运机作业示意图
(a) 铲土；(b) 卸土

铲运机的特点是：能综合完成挖土、运土、卸土和平土工作，对行驶道路要求较低，操纵灵活，运转方便，生产率高。适用于地形起伏不大，坡度在 $15°$ 以内的大面积场地平整，大型基坑、沟槽开挖，填筑路基等工作。宜于开挖含水量不超过 27% 的松土和普通土，硬土需松土机预松后才能开挖，但不适于在砾石层、冻土地带和沼泽区施工。拖式铲运机的运距以 800m 以内为宜，300m 左右时效率最高。自行式铲运机的经济运距为 800～1500m。在规划运行路线时，应力求符合经济运距的要求。

为了提高铲运机的生产率，应合理选择开行路线和施工方法。铲运机的开行路线，应根据填方、挖方区的分布情况并结合当地具体条件进行选择，一般有环形路线和 8 字形路线两种（图 1-14），施工时应尽量减少转弯次数和空驶距离，提高工作效率。铲运机的施工方法一般有下坡铲土法（$5°$～$7°$坡度为宜）、跨铲法（预留土埂，间隔铲土）和助铲法（推土机在后面助推）等。

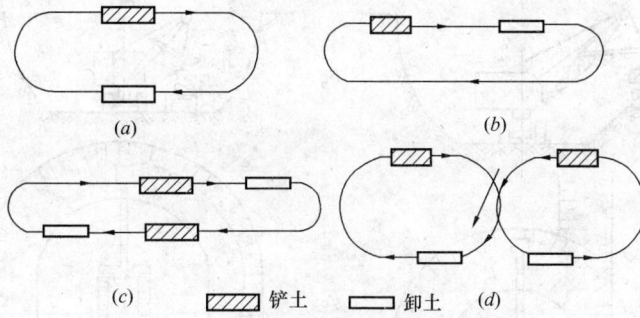

图 1-14　铲运机开行路线

(a)、(b) 环形路线；(c) 大环形路线，(d) 8 字形路线

（3）单斗挖土机

单斗挖土机是土方工程中最常用的一种施工机械，按其行走机构不同可分为履带式和轮胎式两类，其传动方式有机械传动和液压传动两种。根据施工需要，单斗挖土机的工作装置可以更换。按其工作装置的不同，可分为正铲挖土机、反铲挖土机、拉铲挖土机和抓铲挖土机等（图 1-15）。

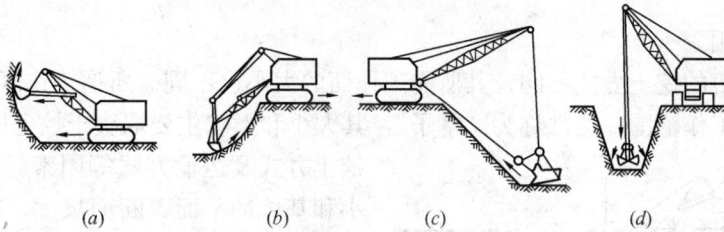

图 1-15　单斗挖土机工作简图

(a) 正铲挖土机；(b) 反铲挖土机；(c) 拉铲挖土机；(d) 抓铲挖土机

1）正铲挖土机

正铲挖土机是单斗挖土机中应用较广的一种。适用于开挖高度大于 2m 的无地下水的干燥基坑及土丘等。其挖土特点是"前进向上、强制切土"。其挖掘力大，生产率高，能开挖停机面以上的Ⅰ～Ⅳ类土，但需汽车配合运土。

正铲挖土机的生产率主要决定于每斗的挖土量和每斗作业的循环时间。为了提高生产率，除了工作面高度必须满足装满土斗的要求（不小于 3 倍土斗高度），还要考虑挖土方式和与运土机械的配合问题，尽量减少回转角度，缩短每个循环的延续时间。

正铲挖土机的挖土方式，根据其开挖路线和运输工具的相对位置不同，有以下两种：

①正向挖土、侧向卸土（图 1-16a）

挖土机沿前进方向挖土，运输工具停在侧面装土（可停在挖土机停机面上或高于停机面）。这种方式当挖土机卸土时动臂回转角度小，运输车辆行驶方便，生产率高，应用广泛。

②正向挖土、后方卸土（图 1-16b）

挖土机沿前进方向挖土，运输工具停在其后面装土。采用这种方式当挖土机卸土时，动臂回转角度大，运输车辆需倒车开入，运输不便，生产率较低，一般仅当基坑较窄而且

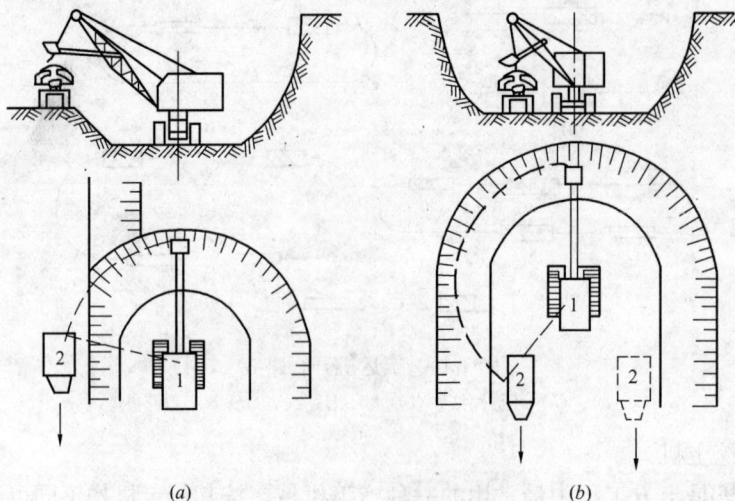

图 1-16　正铲挖土机开挖方式

(a) 正向开挖侧向卸土；(b) 正向开挖后方卸土

1—正铲挖土机；2—自卸汽车

深度较大时采用。

正铲挖土机的挖土方式不同，其所需工作面的大小也不同。所谓工作面，是指在一个停机点挖土的工作范围，通常称为"掌子"，其大小和形状主要取决于挖土机的工作性能、挖土方式及运输方式等因素。根据工作面大小和基坑的平面、断面尺寸，即可确定挖土机的开行通道和开行次序，当基坑面积较大而开挖的深度小时，一般只需布置一层通道，当基坑深度较大时，则可布置成多层通道。图 1-17 所示为某基坑开挖时布置成四层开行通道的示例，挖土机采用正向开挖，侧向卸土（高侧或平侧），每斗作业循环时间短，生产率较高。

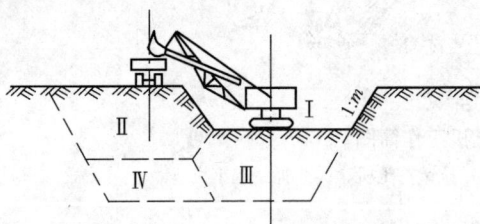

图 1-17　正铲挖土机开行通道布置示例

Ⅰ、Ⅱ、Ⅲ、Ⅳ—挖土开行次序

2）反铲挖土机

反铲挖土机适用于开挖停机面以下 6.5m 深以内的土方（挖深与工作装置有关），对地下水位较高的基坑也适用，配合基坑内的降水工作，也可分层开挖，但需保证停机面的干燥并不致使机械沉陷。反铲挖土机的挖土特点是"后退向下、强制切土"。其挖掘力比正铲小，能开挖停机面以下的Ⅰ～Ⅱ类土，挖土时可用汽车配合运土，也可弃土于坑槽附近。

反铲挖土机挖土时，根据挖土机与基坑的相对位置关系，有两种开挖方式，即沟端开挖与沟侧开挖。

①沟端开挖（图 1-18a）

挖土机停在基坑（槽）端部，向后倒退挖土，汽车停在两侧装土，此法采用最广。其工作面宽度可达 1.3R（单面装土，R 为挖土机最大挖土半径）或 1.7R（双面装土），深

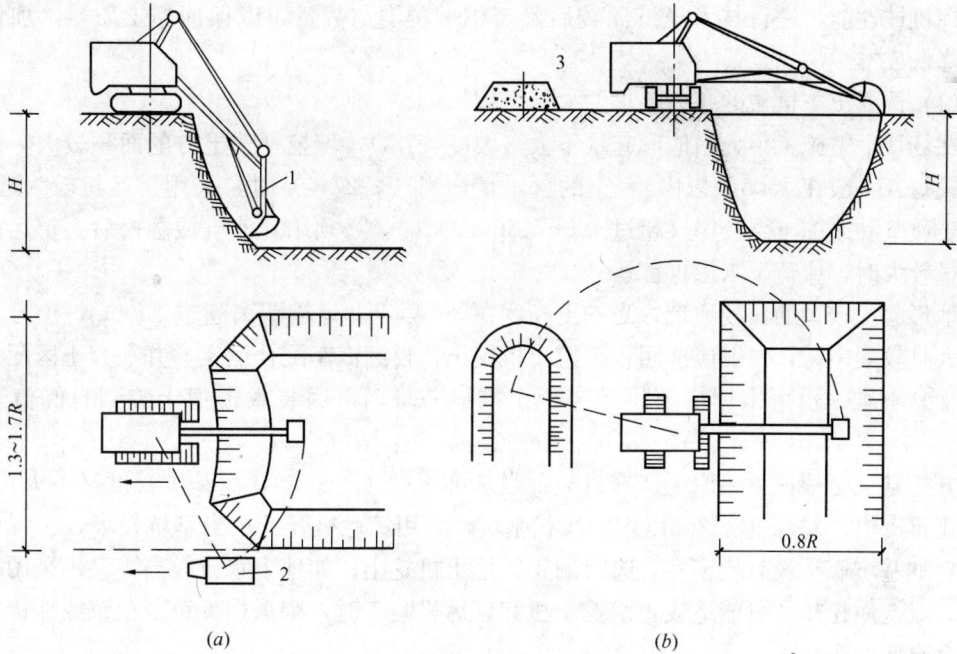

图 1-18 反铲挖土机工作方式与工作面
(a) 沟端开挖；(b) 沟侧开挖
1—反铲挖土机；2—自卸汽车；3—弃土堆

度可达挖土机最大挖土深度 H。当基坑较宽（$>1.7R$）时，可分次开挖或按之字形路线开挖。

②沟侧开挖（图 1-18b）

挖土机停在基坑（槽）的一侧，向侧面移动挖土，可用汽车配合运土，也可将土弃于距基坑（槽）较远处。此法挖土机移动方向与挖土方向垂直，稳定性较差，且挖土的深度和宽度均较小，不易控制边坡坡度。因此，只在无法采用沟端开挖或所挖的土不需运走时采用。

3）拉铲挖土机

拉铲挖土机适用于开挖大而深的基坑或水下挖土。其挖土特点是"后退向下、自重切土"。其挖掘半径和深度均较大，但挖掘力小，只能开挖Ⅰ～Ⅱ类土（软土），且不如反铲挖土机灵活准确。

拉铲挖土机的挖土方式，基本上与反铲挖土机相似，也可分为沟端开挖和沟侧开挖。

4）抓铲挖土机

抓铲挖土机适用于开挖窄而深的基坑（槽）、沉井或水中淤泥。其挖土特点是"直上直下、自重切土"。其挖掘力较小，只能开挖Ⅰ～Ⅱ类土，其抓铲能在回转半径范围内开挖基坑任何位置的土方，并可在任何高度上卸土。

2. 土方机械的选择

选择土方机械时，应根据现场的地形条件、工程地质条件、水文地质条件、土的类别、工程量大小、工期要求、土方机械供应条件等因素，合理比较，选择机械，应注意充分发挥机械性能，进行技术经济比较后确定机械种类与数量，以保证施工质量，加快进度，降低成本。

（1）选择土方机械的基本要求

在场地平整施工中，当地形起伏不大（坡度<15°），填挖平整土方的面积较大，平均运距较短（一般在 1500m 以内），土的含水量适当（≤27%）时，采用铲运机较为适宜；如果土质坚硬或冻土层较厚（超过 100～150mm）时，必须用其他机械翻松后再铲运；当含水量较大时，应疏干水后再铲运。

地形起伏较大的丘陵地带，当挖土高度在 3m 以上，运输距离超过 2000m，土方工程量较大且较集中时，一般应选用正铲挖土机挖土，自卸汽车配合运土，并在弃土区配备推土机平整土堆。也可采用推土机预先把土推成一堆，再用装载机把土装到自卸汽车上运走。

开挖基坑时根据下述原则选择机械：当基坑深度在 1～2m，而基坑长度又不太长时，可采用推土机；对深度在 2m 以内的线状基坑，宜用铲运机开挖；当基坑较大，工程量集中时，如基坑底干燥且较密实，可选用正铲挖土机挖土；如地下水位较高，又不采用降水措施，或土质松软，可能造成正铲挖土机和铲运机陷车时，则采用反铲、拉铲或抓铲挖土机配合自卸汽车较为合适。

移挖作填以及基坑和管沟的回填土，当运距在 100m 以内时，可采用推土机施工。

上述各种机械的适用范围都是相对的，选用机械时应结合具体情况并考虑工程成本，选择效率高、费用低的机械进行施工。

（2）挖土机与运土车辆配套计算

采用单斗挖土机进行土方施工时，一般需用自卸汽车配合运土，将挖出的土及时运走。因此，要充分发挥挖土机的生产率，不仅要正确选择挖土机，而且要使所选择的运土车辆的运土能力与之相协调。为保证挖土机连续工作，运土车辆的载重量应与挖土机的斗容量保持一定倍率关系（一般为每斗土重的 3～5 倍）并保持足够数量的运土车辆。

1）挖土机数量确定

挖土机的数量 N，应根据土方量大小、工期长短及合理的经济效果，按式（1-21）计算：

$$N = \frac{Q}{P} \cdot \frac{1}{T \cdot C \cdot K} (台) \qquad (1-21)$$

式中　Q——工程土方量（m^3）；

　　　P——挖土机单机生产率（m^3/台班）；

　　　T——工期（工作日）；

　　　C——每天工作班数；

　　　K——单班时间利用系数（0.8～0.9）。

单斗挖土机的生产率 P，可查定额手册或按式（1-22）计算：

$$P = \frac{8 \times 3600}{t} \cdot q \cdot \frac{K_c}{K_s} \cdot K_B (m^3 / 台班) \qquad (1-22)$$

式中　t——挖土机每次作业循环延续时间（s），如正铲挖土机 W_1 为 25～40/s；

　　　q——挖土机斗容量（m^3）；

K_s——土的最初可松性系数；

K_c——土斗的充盈系数可取 0.8～1.1；

K_B——工作时间利用系数，一般为 0.7～0.9。

在实际施工中，当挖土机数量一定时，也可利用式（1-21）来计算工期 T。

2）自卸汽车配套计算

自卸汽车的数量 N'，应保证挖土机连续工作，可按式（1-23）计算：

$$N' = \frac{T_s}{t_1} \quad （辆）\tag{1-23}$$

式中 T_s——自卸汽车每一运土循环的延续时间（min）。

$$T_s = t_1 + \frac{2l}{v_c} + t_2 + t_3 \tag{1-24}$$

式中 t_1——自卸汽车每次装车时间（min）；

$$t_1 = nt \tag{1-25}$$

式中 n——自卸汽车每车装土次数。

$$n = \frac{Q_1}{q \cdot \dfrac{K_c}{K_s} \cdot \gamma} \tag{1-26}$$

Q_1——自卸汽车的载重（kN）；

γ——实土密度，一般取 17kN/m³；

l——运土距离（m）；

v_c——重车与空车的平均速度（m/min），一般取 20～30km/h；

t_2——自卸汽车卸土时间（min），一般为 lmin；

t_3——自卸汽车操纵时间（min），包括停放待装、等车、让车等，一般取 2～3min。

1.3.3 土方填筑与压实

1. 土的填筑与压实

（1）填方土料的选择与填筑方法

为了保证填方工程的质量，必须正确选择填方用的土料和填筑方法。

1）填方土料选择

含水量符合压实要求的黏性土，可用作各层填料；碎石类土、爆破石渣和砂土（使用细砂、粉砂时应取得设计单位同意），可用作表层以下的填料，但其最大粒径不得超过每层铺填厚度的 2/3；碎块草皮和有机质含量大于 8% 的土，石膏或水溶性硫酸盐含量大于 5% 的土，冻结或液化状态的泥炭、黏土或粉状砂质黏土等，均不能用作填方土料；淤泥和淤泥质土一般不能用作填料，但在软土或沼泽地区，经过处理使含水量符合要求后，可用于填方中的次要部位。对于无压实要求的填方所用的土料，则不受上述限制。此外，当地下结构外防水层为油毡时，则对填土土料的细度有更高的要求，并应采用相应的压实方法，以防破坏防水层。

2）填筑方法

填土应分层进行，并尽量采用同类土填筑。如填方中采用不同透水性的土料填筑时，必须将透水性较大的土层置于透水性较小的土层之下，不得将各种土料任意混杂使用。

填方施工应接近水平地分层填筑压实，每层的厚度根据土的种类及选用的压实机械而定。当填方基底位于倾斜地面（如山坡）时，应先将斜坡挖成阶梯状，阶宽不小于1m，然后分层填筑，以防填土横向移动。应分层检查填土压实质量，符合设计要求后，才能填筑上层。

（2）填土压实方法

填土的压实方法有：碾压法、夯实法和振动压实法等。

填方施工前，必须根据工程特点、填料种类、设计要求的压实系数和施工条件等合理地选择压实机械和压实方法，确保填土压实质量。

1）碾压法

碾压法是利用沿着土表面滚动的鼓筒或轮子的压力在短时间内对土体产生静荷作用，在压实过程中，作用力保持常量，不随时间延续而变化。碾压机械有平碾、羊足碾和振动碾，主要适用于场地平整和大型基坑回填工程。

平碾即压路机（5～15t），对砂类土和黏性土均可压实。羊足碾压实效果好（"羊足"对土颗粒的压力较大），但只适用压实黏性土。振动碾是一种碾压和振动压实同时作用的高效能压实机械，工效比平碾高1～2倍，节省动力1/3，适用于压实爆破石渣、碎石类土、杂填土或粉质黏土的大型填方。

碾压机械的碾压方向应从填土区两侧逐渐压向中心，每次碾压应有150～200mm的重叠，机械开行速度不宜过快，否则影响压实效果，一般认为，平碾的行驶速度不宜超过2km/h，羊足碾不应超过3km/h，振动碾不应超过2km/h。

2）夯实法

夯实法是利用夯锤自由落下的冲击力使土体颗粒重新排列，以此压实填土，其作用力为瞬时冲击动力，有脉冲特性。夯实机械主要有蛙式打夯机、夯锤和内燃夯土机等。这种方法主要适用于小面积的回填土。

蛙式打夯是常用的小型夯实机械，轻便灵活，适用于小型土方工程的夯实工作，多用于夯打灰土和回填土。夯锤是借助起重机悬挂重锤进行夯土的机械。锤底面约0.15～0.25m²，重量1.5t以上，落距一般为2.5～4.5m，夯土影响深度大于1m，适用于夯实砂性土、湿陷性黄土、杂填土以及含有石块的土。

3）振动压实法

振动压实法是将振动压实机放在土层表面，借助振动设备使土粒发生相对位移而达到密实，其作用外力为瞬时周期重复振动。这种方法主要适用于振实非黏性土。

随着压实机械的发展，其作用外力并不限于一种，而应用多种作用外力组合的新型压实机械，如上述的振动碾即为碾压与振动的组合机械，振动夯则为夯实与振动的组合。

2. 填土压实的影响因素

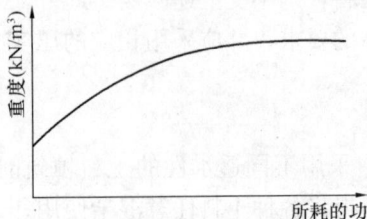

图1-19 土的密度与压实功的关系

影响填土压实质量的因素很多，其中主要的有：压实机械所做的功（简称压实功）、土的含水量及每层铺土厚度与压实遍数。

（1）压实功

填土压实后的密度与压实机械在其上所施加的功有一定的关系（图1-19），但并不成线性关系，当土的含水量不变时，在开始压实时，土的密度急剧增加，待接近土的最大密度时，压实功虽然增加很多，而土的密度则几乎没有变化。在实际施工中，对松土不宜用重型碾压机械直接滚压，否则土层会有强烈起伏现象，压实效果不好，如果先用轻碾压实，再用重碾压实，就会取得较好压实效果。

（2）含水量

在同一压实功条件下，土料的含水量对压实质量有直接影响（图1-20）。较为干燥的土，由于土粒之间的摩擦阻力较大，因而不易压实；当含水量超过一定限度时，土料孔隙会由水填充而呈饱和状态，压实机械所施加的外力有一部分为水所承受，也不能得到较高的压实效果；只有当土料具有适当含水量时，水起到润滑作用，土粒间的摩阻力减少，土才易被压

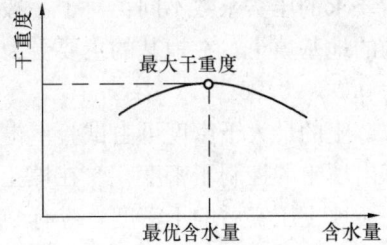

图1-20　土的密度与含水量的关系

实。在使用同样的压实功进行压实的条件下，使填土压实获得最大密实度时土的含水量，称为土的最优含水量。各种土的最优含水量和相应的最大干密度可由击实试验确定，如无击实试验条件时，可查表1-6作为参考。

为了保证黏性土填料在压实过程中具有最优含水量，当填料的含水量偏高时，应予以翻松晾干，也可掺入干土或吸水性填料，如含水量偏低，则应采取预先洒水润湿，增加压实遍数或使用大功能压实机械等措施。

各种土的最优含水量和最大干密度的参考值　　　　　　　表1-6

项　次	土　的　种　类	最佳含水量（%，重量比）	土的最大干密度（kN/m³）
1	砂土	8～12	18.0～18.8
2	亚砂土	9～15	18.5～20.8
3	粉土	16～22	16.1～18.0
4	粉质黏土	12～15	18.5～19.5
5	重粉质黏土	16～20	16.7～17.9
6	黏土	19～23	15.8～17.0

（3）铺土厚度及压实遍数

土在压实功的作用下，其应力随深度增加而逐渐减少，因而土经压实后，表层的密实度增加最大，超过一定深度后，则增加较小甚至没有增加。各种压实机械压实影响深度的大小与土的性质和含水量等有关。铺土厚度应小于压实机械压土时的影响深度，但其中还有最优铺土厚度问题，过厚则压实遍数将过多，过薄则总压实遍数也要增加，而在最优铺土厚度范围内，可使土料在获得设计干密度的条件下，压实机械所需的压实遍数最少。施工时每层土的最优铺土厚度和压实遍数，可根据填料性质、对密实度的要求和选用的压实机械的性能确定，也可参考表1-7确定。

填方每层的铺土厚度和压实遍数　　　　　　　表1-7

压实机具	每层铺土厚度（mm）	每层压实遍数（遍）
平碾	200～300	6～8
羊足碾	200～350	8～16
蛙式打夯机	200～250	3～4
人工打夯	≤200	3～4

3. 填土压实的质量检查

填土压实后必须达到规定要求的密实度。填土密实度是以设计规定的控制干密度 ρ_d 作为检查标准。土的控制干密度与最大干密度之比称为压实系数 λ_c。不同的填方工程，设计要求的压实系数不同：对于一般场地平整，λ_c 为 0.9 左右；对于砖石承重结构和框架结构的地基填土，在地基的主要受力层范围内的 λ_c 应大于 0.96，在主要受力层范围以下 λ_c 为 $0.93 \sim 0.96$。

土的最大干密度可由试验室击实试验或计算求得，再根据规范规定的压实系数，即可算出填土的控制干密度 ρ_d。在填土施工时，土的实际干密度 $\rho_0 \geqslant \rho_d$ 时，则符合质量要求。

填土压实后的干密度，应有 90% 以上符合设计要求，其余 10% 的最低值与设计值之差，不得大于 0.8kN/m^3，且应分散，不得集中。

检查土的实际干密度，可采用环刀法取样测定。其取样组数为：基坑回填为每 $20 \sim 50 \text{m}^3$ 取样一组（每个基坑至少一组）；基槽或管沟回填每层按长度 $20 \sim 50 \text{m}$ 取样一组；室内填土每层按 $100 \sim 500 \text{m}^2$ 取样一组；场地平整填方每层按 $400 \sim 900 \text{m}^2$ 取样一组。取样部位在每层压实后的下半部。取样后先称出土的湿密度并测定含水量，然后计算其干密度 ρ_0，如 $\rho_0 \geqslant \rho_d$，则压实合格。若 $\rho_0 < \rho_d$，则压实不够，应采取措施，提高压实质量。

1.4 排水与降低地下水

1.4.1 排除地面水

场地积水将影响施工，为了保证土方及后续工程施工的顺利进行，场地内的地面水和雨水均应及时排走，以保持场地土体干燥。

在施工场地内布置临时排水系统时，应注意与原有排水系统相适应，并尽量与永久性排水设施相结合，以节省费用。

地面水的排除通常可采用设置排水沟（疏）、截水沟（堵）或修筑土堤（挡）等设施来进行。

设置排水沟时应尽量利用自然地形，以便将水直接排至场外或流入低洼处抽走。主排水沟最好设置在施工区边缘或道路两旁，其横断面和纵向坡度应参照施工期内地面水最大流量确定。一般排水沟的横断面不小于 $500 \text{mm} \times 500 \text{mm}$，纵向坡度一般不小于 3‰，平坦地区一般不小于 2‰，沼泽地区可降至 1‰。施工过程中应注意保持排水沟畅通，必要时应设置涵洞。

在山坡区域上施工，应在较高一面的山坡上开挖截水沟，以阻止山坡水流入施工场地。

在平坦地区或低洼地区施工时，除开挖排水沟外，必要时还要修筑土堤挡水，以阻止场外水或雨水流入施工场地。

1.4.2 降低地下水

在土方开挖过程中，当基坑（槽）、管沟底面低于地下水位时，由于土的含水层被切断，地下水会不断地渗入坑内。雨期施工时，地面水也会流入坑内。如果不采取降水措施，把流入基坑的水及时排走或把地下水位降低，不仅会使施工条件恶化，而且地基土被水泡软后，容易造成边坡塌方并使地基的承载能力下降。另外，当基坑下遇有承压含水层时，若不降水减压，则基底可能被冲溃破坏。因此，为了保证工程质量和施工安全，在基坑开挖前或开挖过程中，必须采取措施降低地下水位，使地基土在开挖及基础施工时保持干燥。

降低地下水位的方法有集水井（坑）降水法和井点降水法。集水井（坑）降水法一般适用于降水深度较小且土层为粗粒土层或渗水量小的黏性土层。当基坑开挖较深，又采用刚性土壁支护结构挡土并形成止水帷幕时，基坑内降水也多采用集水坑降水法。如降水深度较大，或土层为细砂、粉砂或软土地区时，宜采用井点降水法。当采用井点降水法降水但仍有局部区域降水深度不足时，可辅以集水坑降水。无论采用何种降水方法，均应持续到基础施工完毕，且土方回填后方可停止降水。

1. 集水井（坑）降水法

集水井（坑）降水法（也称明排水法），是在基坑开挖过程中，在基坑底设置若干个集水坑，并在基坑底四周或中央开挖排水沟，使水流入集水坑内，然后用水泵抽走（图 1-21）。抽出的水应引至远离基坑的地方，以免倒流回基坑内。雨期施工时，应在基坑周围或地面水的上游，开挖截水沟或修筑土堤，以防地面水流入基坑内。

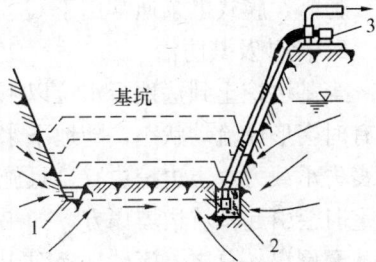

图 1-21　集水井（坑）降水法
1—排水沟；2—集水坑；3—水泵

（1）集水坑设置

集水坑应设置在基础范围以外，地下水走向的上游，以防止基坑底的土颗粒随水流失而使土结构受到破坏。集水坑的间距根据地下水量大小、基坑平面形状及水泵的抽水能力等确定，一般每隔 20～40m 设置一个。集水坑的直径或宽度一般为 0.6～0.8m，其深度随着挖土的加深而加深，并保持低于挖土面 0.7～1.0m。坑壁可用竹、木材料等简易加固。当基坑挖至设计标高后，集水坑底应低于基坑底面 1.0～2.0m，并铺设碎石滤水层（0.3m 厚）或下部砾石（0.1m 厚）上部粗砂（0.1m）的双层滤水层，以免由于抽水时间过长而将泥砂抽出，并防止坑底土被扰动。

采用集水坑降水法时，根据现场土质条件，应保持开挖边坡的稳定性。边坡坡面上如有局部渗入地下水时，应在渗水处设置过滤层，防止土粒流失，并设排水沟将水引出坡面。

（2）水泵性能与选用

在基坑降水时使用的水泵主要有离心泵、潜水泵、膜式电泵等。

离心泵其抽水原理是利用叶轮高速旋转时所产生的离心力，将轮心中的水甩出而形成真空，使水在大气作用下自动进入水泵，并将水压出。离心泵的性能主要包括流量，即水泵单位时间内的出水量（m^3/h）；总扬程，即水泵的扬水高度（包括吸水扬程与出水扬程两部分）和吸水扬程，即水泵的最大吸水高度（又称允许吸上的真空高度）。

离心泵的选择，主要根据流量与扬程而定。离心泵的流量应满足基坑涌水量的要求，其扬程在满足总扬程的前提下，主要是使吸水扬程满足降低地下水位的要求（考虑由于管路阻力而引起的损失扬程为 0.6～1.2m）。如果不够，可另选水泵或降低其安装位置。

离心泵的抽水能力大，一般宜用于地下水量较大的基坑（$Q > 20m^3/h$）。

离心泵安装时应使吸水口伸入水中至少 0.5m 并注意吸水管接头严密不漏气。使用时要先将泵体及吸水管内灌满水,排出空气,然后开泵抽水(此称为引水),在使用过程中要防止漏气与脏物堵塞等。

潜水泵由立式水泵与电动机组成,电动机有密封装置,其特点是工作时完全浸在水中。这种泵具有体积小、重量轻、移动方便、安装简单及开泵时不需引水等优点,在基坑排水中已广泛应用(一般用于涌水量 $Q<60\text{m}^3/\text{h}$ 时)。

常用的潜水泵流量有 $15\text{m}^3/\text{h}$,$25\text{m}^3/\text{h}$,$65\text{m}^3/\text{h}$,$100\text{m}^3/\text{h}$,出水口径相应为 40mm,50mm,100mm,125mm,扬程相应为 25m,15m,7m,3.5m。在使用时为了防止电机烧坏,应注意不得脱水运转或陷入泥中,也不适用于排除含泥量较高的水或泥浆水,否则叶轮会被堵塞。

另外,膜式电泵通常用于 $Q<60\text{m}^3/\text{h}$ 的基坑排水。

2. 流砂及其防治

当基坑挖土到达地下水位以下而土质为细砂或粉砂,又采用集水坑降水时,坑底下的土有时会形成流动状态,随地下水涌入基坑,这种现象称为流砂。发生流砂现象时,土完全丧失承载力,土边挖边冒,且施工条件恶化,工人难以立足,基坑难以挖到设计深度。严重时会引起基坑边坡塌方,如果附近有建筑物,就会因地基被掏空而使建筑物下沉、倾斜甚至倒塌。总之,流砂现象对土方施工和附近建筑物有很大的危害。

(1) 流砂发生的原因

流砂发生的原因,可通过图 1-22 所示的试验说明,在图 1-22(a)中,由于高水位的左端(水头高为 h_1)与低水位的右端(水头高为 h_2)之间存在压力差,水经过长度为 l、断面为 A 的土体由左向右渗流。作用于土体上的力有:

$r_w \cdot h_1 \cdot A$——作用于土体左端 a-a 截面处的总水压力,其方向与水流方向一致(r_w 为水的密度);

$r_w \cdot h_2 \cdot A$——作用于土体右端 b-b 截面处的总水压力,其方向与水流方向相反;

$T \cdot L \cdot A$——土颗粒对水流的阻力(T 为单位土体阻力)。

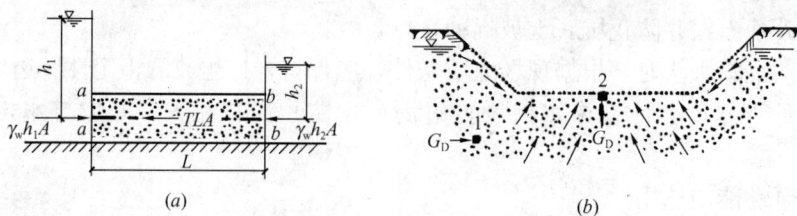

图 1-22 动水压力原理图
(a) 水在土中渗流时的力学现象;(b) 动水压力对地基土的影响
1、2—土颗粒

由静力平衡条件得:

$$r_w \cdot h_1 \cdot A - r_w \cdot h_2 \cdot A - T \cdot L \cdot A = 0$$

化简得

$$T = (h_1 - h_2) \cdot r_w / L \qquad (1\text{-}27a)$$

式中,$h_1 - h_2 / L$ 为水头差与渗透路程长度之比,称为水力坡度,以 I 表示,则式(1-27a)可写成:

$$T = I \cdot r_w \qquad (1\text{-}27b)$$

由于单位土体阻力 T 与水在土中渗流时对单位土体的压力 G_D（称为动水压力）大小相等，方向相反，所以

$$G_D = -T = -I \cdot r_w \qquad (1-28)$$

由式（1-28）可知：①动水压力与水力坡度成正比，即水位差 $h_1 - h_2$ 愈大，则 G_D 愈大；而渗透路程 l 愈大，则 G_D 愈小；②动水压力的作用方向与水流方向相同。

由于动水压力与水流方向一致，所以当水在土中渗流的方向改变时，动水压力对土的影响将随之改变。如水流从上向下，则动水压力与重力作用方向相同，增大土粒间的压力，对流砂的防止是有利的。如水流从下向上（图 1-21b），则动水压力与重力作用方向相反，减小土粒间的压力，即土粒除了受到水的浮力作用外，还受到动水压力向上的举托作用。如果动水压力不小于土的浸水密度 r'，即

$$G_D \geqslant r' \qquad (1-29)$$

则此时，土粒处于悬浮状态，土的抗剪强度为零，土粒能随着渗流的水一起流动，进入基坑，发生流砂现象。

由以上理论分析及工程实践经验表明，具有下列性质的土，就有可能会发生流砂现象：

1）土的颗粒组成中，黏粒含量小于 10%，粉粒（粒径为 0.005~0.05mm）含量大于 75%；

2）颗粒级配中，土的不均匀系数小于 5；

3）土的天然孔隙比大于 0.75；

4）土的天然含水量大于 30%。

因此，流砂现象易在粉土、细砂、粉砂及淤泥土中发生。但是否会发生流砂现象，还与动水压力 G_D 的大小有关。当基坑内外水位差较大时，G_D 就较大，也就易发生流砂现象。一般工程经验是：

在可能发生流砂的土质处，当基坑挖深超过地下水位线 0.5m 左右时，就要注意流砂的发生。

此外，当基坑坑底位于不透水土层内，而不透水层下面为承压蓄水层，坑底不透水层的覆盖厚度的重力小于承压水的顶托力时，基坑底部即可能发生管涌冒砂现象。即当

$$H \cdot r_w > h \cdot r \qquad (1-30)$$

式中　　H——压力水头高度（m）；

　　　　h——坑底不透水层厚度（m）；

　　　　r_w——水的密度（kN/m³）；

　　　　r——土的密度（kN/m³）。

此时，管涌冒砂现象会随时发生。为了防止管涌冒砂，可采取人工降低地下水位的办法来降低承压层的压力水位。

（2）流砂的防治

如前所述，细颗粒、颗粒均匀、松散、饱和的非黏性土容易发生流砂现象，但发生流砂现象的重要条件是动水压力的大小和方向。在一定的条件下（如 G_D 向上且足够大）土转化为流砂，而在另一条件下（如 G_D 向下）又可将流砂转化为稳定土。因此，在基坑开挖中，防治流砂的原则是"治流砂必先治水"。防治的主要途径有：减少或平衡动水压力

G_D；设法使动水压力 G_D 方向向下；截断地下水流。其具体措施有：

1）枯水期施工法。枯水期地下水位较低，基坑内外水位差小，动水压力不大，就不易产生流砂。

2）抢挖并抛大石块法。即组织分段抢挖，使挖土速度超过冒砂速度，在挖至标高后立即铺竹篾、芦席并抛大石块，以平衡动水压力，将流砂压住。此法可解决局部的或轻微的流砂，但如果坑底冒砂较快，土已丧失承载力，则抛入坑内的石块就会沉入土中，无法阻止流砂现象。

3）设止水帷幕法。即将连续的止水支护结构（如连续板桩、深层搅拌桩、密排灌注桩等）打入基坑底面以下一定深度，形成封闭的止水帷幕，从而使地下水只能从支护结构下端向基坑渗流，增加地下水从坑外流入基坑内的渗流路径，减小水力坡度，从而减小动水压力，防止流砂产生。此法造价较高，一般可结合挡土支护结构形成既挡土又止水的支护结构，从而减少开挖土方量（不放坡）。

4）水下挖土法。即不排水施工，使基坑内外水压平衡，流砂无从发生。此法在沉井施工中经常采用。

5）人工降低地下水位法。即采用井点降水法（如轻型井点、管井井点、喷射井点等），使地下水位降低至基坑底面以下，地下水的渗流向下，则动水压力的方向也向下，从而水不能渗流入基坑内，且增大了土粒间的压力，可有效地防止流砂发生。因此，此法应用广泛且较可靠。

此外，还可以采用地下连续墙法、压密注浆法、土层冻结法等，截止地下水流入基坑内，以防止流砂发生。

3. 井点降水法

井点降水法即人工降低地下水位法，就是在基坑开挖前，预先在基坑周围或基坑内设置一定数量的滤水管（井），利用抽水设备从中抽水，使地下水位降至坑底以下并稳定后才开挖基坑。同时，在开挖过程中仍不断抽水，使地下水位稳定于基坑底面以下，使所挖的土始终保持干燥，从根本上防止流砂现象发生，并且改善挖土条件，可改为陡边坡以减少挖土数量，还可以防止基底隆起和加速地基固结，提高工程质量。但要注意的是，在降低地下水位的过程中，基坑附近的地基土层会产生一定的沉降，施工时应考虑这一因素的影响。

井点降水法有：轻型井点、喷射井点、电渗井点、管井井点及深井井点等。各种方法的选用，可根据土的渗透系数 K、降低水位的深度、工程特点、设备条件及经济比较等，参照表 1-8 选择。实际工程中轻型井点和管井井点应用较广。

各类井点的适用范围　　　　　　　　　　　　　　　　表 1-8

井点类型		土的渗透系数（m/d）	降水深度（m）
轻型井点	一级轻型井点	0.1～50	3～6
	多级轻型井点	0.1～50	视井点级数而定
	喷射井点	0.1～2	8～20
	电渗井点	＜0.1	视选用的井点而定
管井井点	管井井点	20～200	3～5（井间），6～10（井中）
	深井井点	10～250	≥15

(1) 轻型井点

轻型井点是沿基坑四周每隔一定距离埋入井点管（下端为滤管）至蓄水层内，井点管上端通过弯联管与总管相连，利用抽水设备将地下水从井点管内不断抽出，使原有地下水位降至基坑底面以下，如图1-23所示。

1）轻型井点设备。轻型井点设备由管路系统和抽水设备组成。

管路系统包括井点管、滤管、弯联管与总管等。

井点管为直径38mm或51mm、长5～7m的钢管，可整根或分节组成。井点管的上端通过弯联管与总管相连，弯联管一般采用橡胶软管或透明塑料管，后者能随时观察井点管出水情况。

井点管下端配有滤管（图1-24），滤管为进水设备，长1.0～1.5m，直径38mm或51mm，为无缝钢管（可与井点管通长制作或用螺丝套头连接），管壁上钻有ϕ12～19mm的呈梅花状排列的滤孔，滤孔面积为滤管表面积的20%～25%。钢管外面包以两层孔径不同的滤网，内层为细滤网（钢丝布或尼龙丝布），外层为粗滤网（塑料带编织纱布）。为使水流畅通，在管壁与滤网之间用细塑料管或钢丝绕成螺旋状将两者隔开。滤网外面用带孔的薄钢管或粗钢丝网保护。滤管下端为一塞头（铸铁或硬木）。

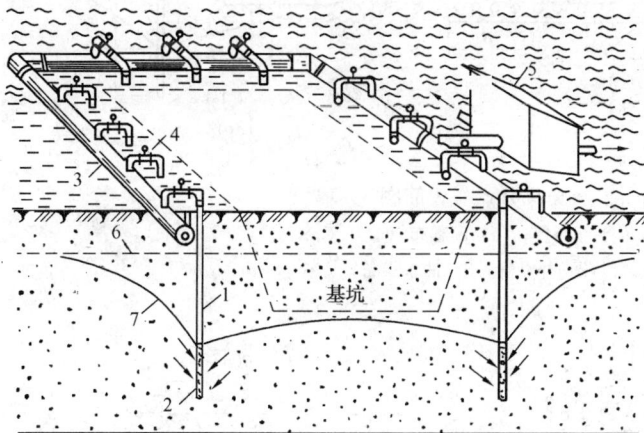

图1-23 轻型井点全貌图
1—井点管；2—滤管；3—总管；4—弯联管；5—泵房
6—原地下水位线；7—降水后地下水位线

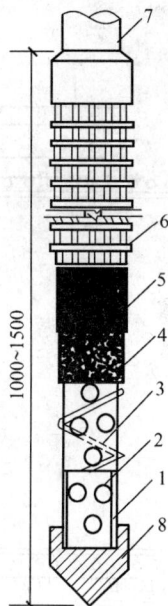

图1-24 滤管构造
1—钢管；2—小孔；3—螺旋塑料管等；
4—细滤网；5—粗滤网；6—粗钢丝保护
网，7—井点管；8—塞子

集水总管一般为ϕ100～127mm的无缝钢管，每节长4m，其间用橡胶管连接，并用钢箍卡紧，以防漏水。总管上每隔0.8m或1.2m设有一个与井点管连接的短接头。

抽水设备常用的有真空泵设备与射流泵设备两类。

真空泵抽水设备由真空泵、离心泵和水气分离器（又称集水箱）等组成，一套设备能带动的总管长度为100～120m。

射流泵抽水设备由离心泵、射流器、循环水箱等组成。射流泵抽水设备与真空泵抽水设备相比，具有结构简单、体积小、质量轻、制造容易、使用维修方便、成本低等优点，便于推广。但射流泵抽水设备排气量较小，对真空度的波动比较敏感，且易于下降，使用时要注意管路密封，否则会降低抽水效果。一套射流泵抽水设备可带动总管长度 $30\sim50m$，适用于粉砂、粉土等渗透性较小的土层中降水。

2）轻型井点布置：轻型井点系统的布置，应根据基坑平面形状及尺寸、基坑深度、土质、地下水位高低与流向、降水深度等因素确定。

①平面布置。当基坑或沟槽宽度小于 6m，水位降低值不大于 5m 时，可采用单排线状井点，井点管应布置在地下水的上游一侧，其两端的延伸长度一般不小于坑（槽）宽度（图 1-25）。如沟槽宽度大于 6m，或土质不良，则采用双排井点。面积较大的基坑应采用环状井点（图 1-26）。有时，为了便于挖土机械和运输车辆进出基坑，可留出一段（地下水下游方向）不封闭或布置成 U 形。井点管距离基坑壁一般不小于 $0.7\sim1.0m$，以防局部发生漏气。井点管间距应根据现场土质、降水深度、工程性质等按计算或经验确定，一般为 $0.8\sim1.6m$，不超过 2.0m，在总管拐弯处或靠近河流处，井点管间距应适当减少，以保证降水效果。

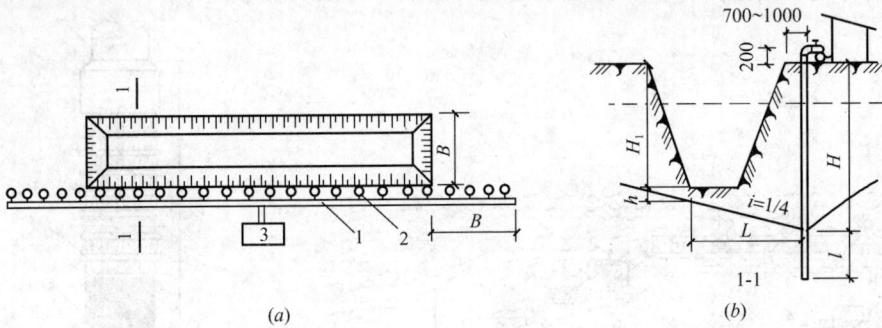

图 1-25 单排井点布置简图
(a) 平面布置；(b) 高程布置
1—总管；2—井点管；3—抽水设备

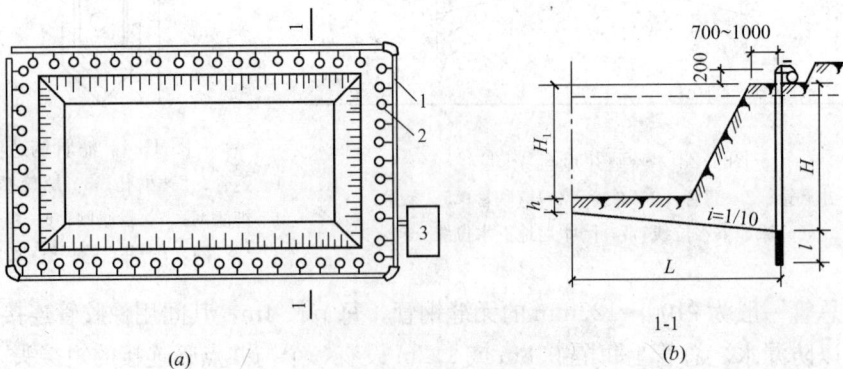

图 1-26 环形井点布置简图
(a) 平面布置；(b) 高程布置
1—总管；2—井点管；3—抽水设备

采用多套抽水设备时，井点系统要分段，每段长度应大致相等。为减少总管弯头数量，提高水泵抽吸能力，分段点宜在总管拐弯处。泵应设在各段总管的中部，使泵两边水流平衡。分段处应设阀门或将总管断开，以免管内水流紊乱，影响抽水效果。

②高程布置。轻型井点的降水深度，在井点管处（不包括滤管），一般以不超过 6m 为宜（视井点管长度而定）。进行高程布置时，应考虑井点管的标准长度及井点管露出地面的高度（约 0.2～0.3m），且必须使滤管埋设在透水层中。

井点管的埋设深度 H，可按式（1-31）计算（图1-25b、图1-26b）：

$$H \geqslant H_1 + h + IL \tag{1-31}$$

式中　H_1——总管平台面至基坑底面的距离（m）；

　　　h——基坑底面至降低后的地下水位线的最小距离，一般取 0.5～1.0m；

　　　I——地下水降水水力坡度，1/10（环状）或 1/4（单排）；

　　　L——井点管至基坑中心（双排，U 形或环状井点）或基坑远端（单排井点）的水平距离（m）。

如果计算出的 H 值大于井点管长度，则应降低井点系统的埋置面，通常可事先挖槽，使集水总管的布置标高接近于原地下水位线，以适应降水深度的要求。

当采用一级轻型井点达不到降水深度要求时，如上层土质良好，可先用其他方法降水（如集水坑降水），然后挖去干土，再布置井点系统于原地下水位线之下，以增加降水深度，或采用二级（甚至多级）轻型井点（图1-27），即先挖去上一级井点所疏干的土，然后再埋设下一级井点。

3）轻型井点计算：轻型井点的计算主要包括：基坑涌水量计算，井点管数量及井距确定，抽水设备的选用等。井点计算由于不确定因素较多（如水文地质条件、井点设备等），目前计算出的数值只是近似值。

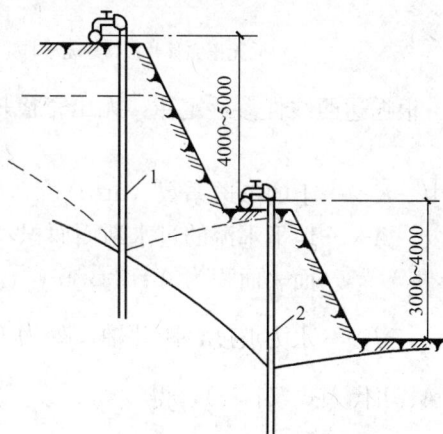

井点系统的涌水量计算是以水井理论为依据进行的。根据地下水在土层中的分布情况，水井有几种不同的类型。水井布置在含水层中，当地下水表面为自由水压时，称为无压井（图1-28a、图1-28b）；当含水层处于两不透水层之间，地下水表面具有一定水压时，称为承压井（图1-28c、图1-28d）。另一方面，当水井底部达到不透水层时，称为完整井（图1-28a、图1-28c）；否则称为非完整井（图1-28b、图1-28d）。综合而论，水井大致有下列四种：无压完整井（图1-28a）、无压非完整井（图1-28b）、承压完整井（图1-28c）和承压非完整井（图1-28d）。水井类型不同，其涌水量的计算公式亦不相同。

①涌水量计算。无压完整井单井抽水时水位的变化如图1-28（a）所示。当水井开始抽水时，井内水位逐步下降，周围含水层中的水则流向井内。经一定时间的抽水后，井周围的水面由水平面逐步变成漏斗状的曲面，并渐趋稳定形成水位降落漏斗。自井轴至漏斗外缘（该处原有水位不变）的水平距离称为抽水影响半径 R。

图 1-27　二级轻型井点

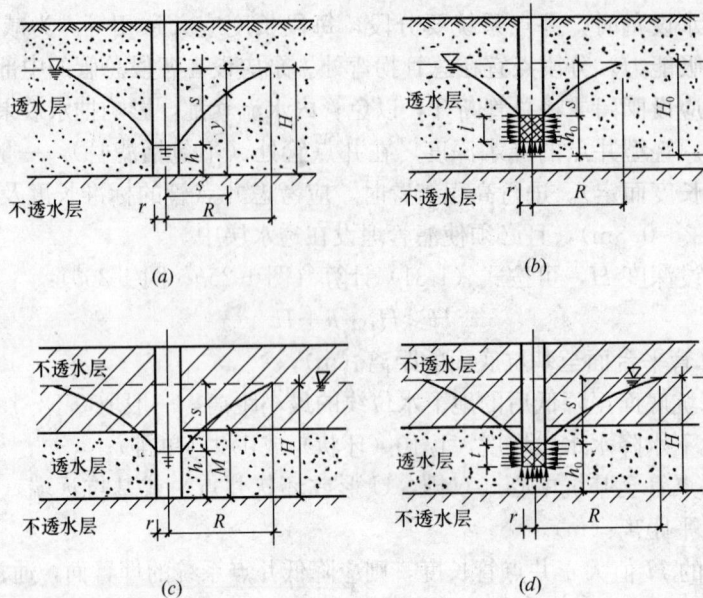

图 1-28 水井种类

(a) 无压完整井；(b) 无压非完整井；(c) 承压完整井；(d) 承压非完整井

根据达西线性渗透定律，无压完整井的涌水量（流量）Q 为

$$Q = K \cdot A \cdot I \tag{1-32}$$

式中 K——土的渗透系数（m/d）；

A——地下水流的过水断面面积，近似取铅直的圆柱面作为 A，距井轴 x 处的圆柱面表面积为 $A = 2\pi xy$；

I——水力坡度，距井轴 x 处为 $I = \dfrac{\mathrm{d}y}{\mathrm{d}x}$。

将 A、I 代入式（1-32），得

$$Q = K \cdot 2\pi xy \cdot \frac{\mathrm{d}y}{\mathrm{d}x}$$

分离变数，两边积分，得

$$\int_h^H 2y\mathrm{d}y = \int_r^R \frac{Q}{\pi K} \frac{\mathrm{d}x}{x}$$

即

$$H^2 - h^2 = \frac{Q}{\pi K} \cdot \ln \frac{R}{r}$$

移项，并以常用对数代替自然对数，则得

$$Q = 1.366K \frac{H^2 - h^2}{\lg \dfrac{R}{r}} \ (\mathrm{m^3/d}) \tag{1-33a}$$

式中 H——含水层厚度（m）；

h——井内水深（m）；

R——抽水影响半径（m）；

r——水井半径（m）。

设水井内的水位降低值为 S，则 $S = H - h$

即 $h = H - S$，代入上式，得

$$Q = 1.366K \cdot \frac{(2H - S) \cdot S}{\lg R - \lg r}(\mathrm{m^3/d}) \qquad (1\text{-}33b)$$

上式即为无压完整井单井涌水量计算公式。同样，可导出承压完整井单井涌水量计算公式为（图 1-28c）

$$Q = 2.73 \frac{KM(H - S)}{\lg R - \lg r}(\mathrm{m^3/d}) \qquad (1\text{-}34)$$

式中 H——承压水头高度（m）；

M——含水层厚度（m）；

S——井中水位降低深度（m）。

轻型井点系统中，各井点布置在基坑四周同时抽水，因而各单井的水位降落漏斗相互干扰，每个单井的涌水量比单独抽水时小，因此考虑到群井的相互作用，其总涌水量不等于各单井涌水量之和，为了简化计算，环状井点系统可换算为一个假想半径为 x_0 的圆形井点系统进行分析。

对于无压完整井的环状井点系统（图 1-29a），涌水量可按式（1-35）计算：

$$Q = 1.366K \frac{(2H - S) \cdot S}{\lg R - \lg x_0}(\mathrm{m^3/d}) \qquad (1\text{-}35)$$

式中 K——含水层土的渗透系数（m/d）；

H——含水层厚度（m）；

S——水位降低值（m）；

R——环状井点系统的抽水影响半径，可近似按经验公式（1-36）计算：

$$R = 1.95 \cdot S \cdot \sqrt{H \cdot K}(\mathrm{m}) \qquad (1\text{-}36)$$

x_0——环状轻型井点的假想半径（m），当矩形基坑的长宽比不大于 5 时，可按式（1-37）计算；

$$x_0 = \sqrt{\frac{A}{\pi}}(\mathrm{m}) \qquad (1\text{-}37)$$

A——环状轻型井点系统所包围的面积（m²）。

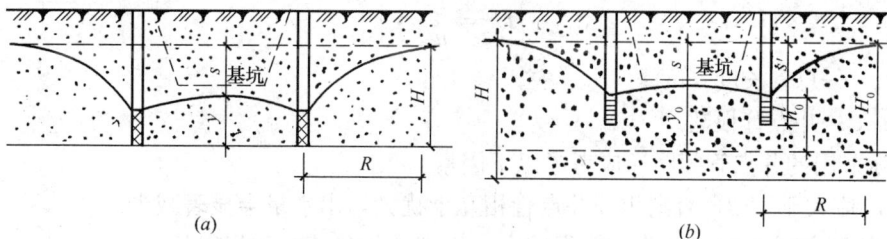

图 1-29　环形井点涌水量计算简图

(a) 无压完整井；(b) 无压非完整井

当矩形基坑的长宽比大于 5 或基坑宽度大于抽水影响半径的两倍时，需将基坑分块，使其符合计算公式的适用条件，然后按块计算涌水量，将其相加即为总涌水量。

对于实际工程中常遇到的无压非完整井的井点系统（图 1-28b），地下水不仅从井的侧面进入，还从井底流入，因此其涌水量较无压完整井大，精确计算比较复杂。为了简化计算，可简单地用有效影响深度 H_0 代替含水层厚度 H 来计算涌水量，即

$$Q = 1.366K \frac{(2H_0 - S)S}{\lg R - \lg x_0} (\mathrm{m^3/d}) \qquad (1\text{-}38)$$

H_0 即为有效影响深度，因为在非完整井中抽水，影响不到含水层的全部深度，在一定深度以下，地下水不受扰动。H_0 值可查表 1-9 确定。当查表计算所得 $H_0 > H$ 时，则仍取 H 值，即此时 $H_0 = H$。

有效影响深度 H_0 表 1-9

$S'/(S'+l)$	0.2	0.3	0.5	0.8
H_0(m)	$1.3(S'+l)$	$1.5(S'+l)$	$1.7(S'+l)$	$1.85(S'+l)$

注：S'——井点管处水位降低值；l——滤管长度。

同理，承压完整井环形井点涌水量计算公式为

$$Q = 2.73K \frac{MS}{\lg R - \lg x_0} (\mathrm{m^3/d}) \qquad (1\text{-}39)$$

式中　　　M——承压含水层厚度（m）；

　K，R，x_0，S——与式（1-35）相同。

②井点管数量与井距的确定。井点系统所需井点管的最少根数 n，可根据井点系统涌水量 Q 和单根井点管最大出水量 q，按式（1-40）确定：

$$n = 1.1 \frac{Q}{q} (根) \qquad (1\text{-}40)$$

式中　1.1——备用系数，考虑井点管堵塞等因素；

　　　q——单根井点管最大出水量（$\mathrm{m^3/d}$），按式（1-41）计算：

$$q = 65\pi dl \sqrt[3]{K} \qquad (1\text{-}41)$$

　　　d——滤管直径（m）；

　　　l——滤管长度（m）。

井点管间距 D，由式（1-42）计算：

$$D = \frac{L}{n} (\mathrm{m}) \qquad (1\text{-}42)$$

式中　L——总管长度（m）；

　　　n——井点管根数。

实际采用的井点管间距还应考虑以下因素：

a. D 应大于 $15d$，否则相邻井点管相互干扰大，出水量会显著减少。

b. 当 K 值较小时，D 不宜取得较大，否则水位降落时间将很长。

c. 靠近河流处，D 宜适当减小。

d. D 值应与总管上的接头间距相适应，常取 0.8m，1.2m，1.6m，2.0m 等。

最后，根据实际采用的 D，来确定井点管根数 n。

③轻型井点抽水设备选择。对于真空泵抽水设备，干式（往复式）真空泵采用较多，

但要注意防止水分渗入真空泵。干式真空泵常用型号为 W_5、W_6 型。采用 W_5 型泵时，总管长度一般不大于100m。采用 W_6 型泵时，总管长度一般不大于120m。真空泵在抽水过程中所需的最低真空度 h_k，可按式（1-43）计算：

$$h_k = 10(h + \Delta h)(\text{Pa}) \tag{1-43}$$

式中　h——降水深度（m^3）

　　　Δh——水头损失，包括进入滤管的水头损失、管路阻力损失及漏气损失等，可近似取 1.0~1.5m。

真空泵在抽水过程中的实际真空度，应大于所需的最低真空度，但应小于使水气分离器内的浮筒关闭阀门的真空度，以保证水泵连续而又稳定地排水。

对于射流泵抽水设备，常用的射流泵为 QJD-60，QJD-90，JS-45，其排水量分别为 $60m^3/h$，$90m^3/h$，$45m^3/h$，能带动总管长度不大于50m。

对于水泵，一般选用单级离心泵，其型号根据流量、吸水扬程与总扬程确定。水泵的流量应比基坑涌水量增大 10%~20%，水泵的吸水扬程，要大于降水深度和各项水头损失之和，总扬程应大于吸水扬程与出水扬程之和。多层井点系统中，下层井点的水泵应比上层井点的总扬程要大，以免需要中途接力。

一般情况下，一台真空泵配一台水泵作业，当土的渗透系数 K 和涌水量 Q 较大时，也可配两台水泵。

4）轻型井点的施工：轻型井点的施工，大致可分为下列几个过程：准备工作、井点系统的埋设、使用及拆除。

准备工作包括井点设备、施工机具、动力、水源及必要材料（如砂滤料）的准备，排水沟的开挖，附近建筑物的标高观测以及防止附近建筑物沉降措施的实施。另外，为了检查降水效果，必须选择有代表性的地点设置水位观测孔。

井点系统埋设的程序是：先挖井点沟槽、排放总管，再埋设井点管，用弯联管将井点管与总管相连，安排抽水设备，试抽水。其中井点管的埋设是关键性工作。

当采用冲水管冲孔时，有冲孔与埋管两个过程（图1-30）。

冲管采用直径为 50~70mm 的钢管，其长度一般比井点管约长 1.5m 左右。冲管的下端装有圆锥形冲嘴，在冲嘴的圆锥面上钻有三个喷水小孔，各孔之间焊有三角形翼，以辅助水冲时扰动土层；便于冲管更快下沉（图1-30a）。冲孔所需的水压力根据土质不同而异，一般为 0.6~1.2MPa。为了加快冲孔速度可在冲管两侧加装两根空气管，通入压缩空气。冲孔时应将冲水管垂直插入土中，并做上、下、左、右摆动，加剧土层松动。冲孔直径一般在 300mm 左右，不宜过大或过小，深度一般应比井点设计深度增加 500mm 左右，以便滤管底部有足够的砂滤层。

井孔冲成后，随即拔出冲管，插入井点管，并在井点管与孔壁之间迅速填灌粗砂滤层，以防孔壁塌土。砂滤层应选用干净粗砂，厚度一般为 60~100mm，填灌高度至少达到滤管顶以上 1.0~1.5m，以保证水流畅通（图1-30b）。

每根井点管沉设后应检验其渗水性能。井点管与孔壁之间填砂滤料时，管口应有泥浆水冒出，或向管内灌水时，能很快下渗，方为合格。

在第一组轻型井点系统安装完毕后，应立即进行抽水试验，检查管路接头质量、井点出水状况和抽水设备运转情况等，如发现漏气、漏水现象，应立即处理，因为一个漏气点

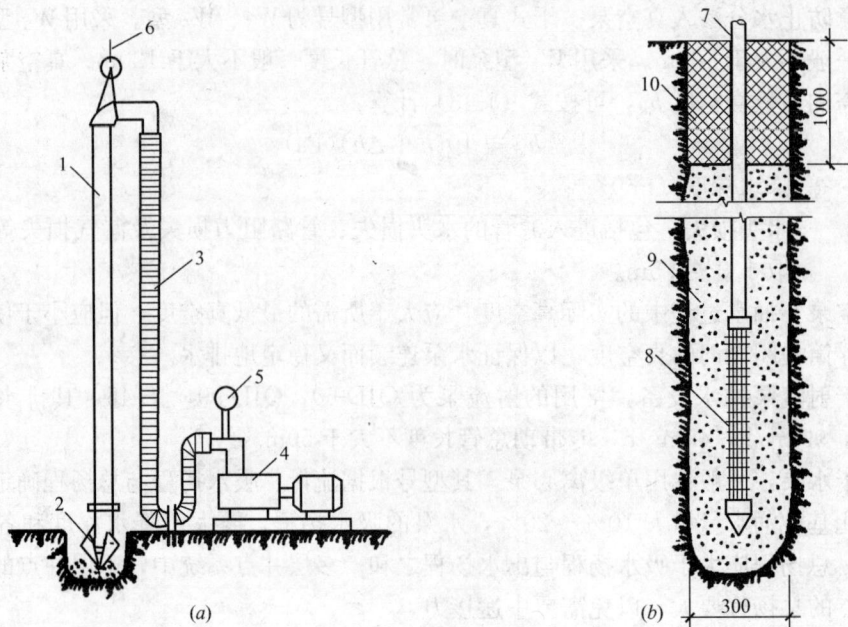

图 1-30　冲水管冲孔法埋设井点管

(a) 冲孔；(b) 埋管

1—冲管；2—冲嘴；3—胶皮管；4—高压水泵；5—压力表；6—起重吊钩；
7—井点管；8—滤管；9—填砂；10—黏土封口

往往会影响整个井点系统的真空度大小，影响降水的效果。若发现"死井"（井点管淤塞），特别是在同一范围内有连续数根"死井"时，将严重影响降水效果。在这种情况下，应对每根"死井"用高压水反向冲洗或拔出重新沉设。经抽水试验合格后，井点孔口至地面以下 0.5～1.0m 的深度内，应用黏土填塞封孔，以防漏气和地表水下渗，提高降水效果。

轻型井点系统使用时，应连续抽水（特别是开始阶段），若时抽时停，滤管易堵塞，也容易抽出土粒，使出水浑浊，严重时会引起附近建筑物沉降开裂。同时，由于中途停抽，地下水回升，会引起土方边坡坍塌或在建的地下结构（如地下室底板等）上浮等事故。

轻型井点正常的出水规律是"先大后小，先浑后清"，否则应检查纠正。在降水过程中，应调节离心泵的出水阀以控制水量，使抽吸排水保持均匀，并经常检查有无"死井"产生（正常工作的井管，用手探摸时，有"冬暖夏凉"的感觉）。应按时观测流量、真空度和检查观测井中水位下降情况，并做好记录。

采用轻型井点降水时，还应对附近建筑物进行沉降观测，必要时应采取防护措施。

5) 轻型井点系统设计计算示例

【例 1-2】　某高层住宅楼地下室形状及平面尺寸如图 1-31 所示，其地下室底板垫层的底面标高为 -5.90m，天然地面标高为 -0.50m。根据地质勘察报告，地面至 -1.80m 为杂填土，-1.80～-9.6m 为细砂层，-9.6m 以下为粉质黏土，地下常年水位标高为 -1.40m，经试验测定，细砂层渗透系数 $K = 6.8$m/d。因场地紧张，基坑北侧直立开挖

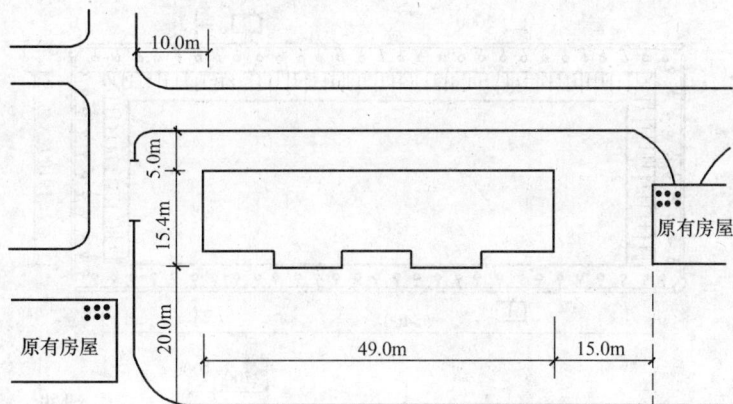

图 1-31 某地下室现场平面简图

（有支护结构挡土，不放坡），其余三边放坡开挖，边坡采用 1：0.5，为施工方便，坑底开挖平面尺寸比设计平面尺寸每边放出 0.5m。试确定轻型井点系统的布置并计算之。

1. 轻型井点系统布置

根据本工程条件，轻型井点系统选用单层环形布置，如图 1-31 所示。

总管直径选用 127mm，布置于天然地面上，基坑上口尺寸为 $55.4m \times 19.1m$，井点管距离坑壁为 1.0m，则总管长度为：

$$2 \times [(55.4 + 2 \times 1.0) + (19.1 + 2 \times 1.0)] = 157m$$

井点管长度选用 7.0m，直径为 50mm，滤管长度为 1.0m，井点露出地面 0.2m，基坑中心要求的降水深度 S 为：

$$S = 5.90 - 1.40 + 0.50 = 5.0(m)$$

井点管所需的埋置深度

$$H = 5.9 - 0.5 + 0.5 + 21.1 \div 2 \times \frac{1}{10} = 6.955(m) > 7.0 - 0.2 = 6.80(m)$$

将总管埋设于地面下 0.3m 处，即先挖 0.3m 深的沟槽，然后在槽底铺设总管，此时井点管所需长度为：

$$6.955 - 0.30 + 0.20 = 6.855(m) < 7.0(m)，满足要求$$

抽水设备根据总管长度选用二套，其布置位置与总管的划分范围如图 1-32 所示。

2. 基坑涌水量计算

按无压非完整井考虑，含水层有效厚度 H_0 按表 1-9 计算：

$$\frac{6.055}{6.055 + 1.00} = 0.86$$

$$\therefore \quad H_0 = 1.88 \times (6.055 + 1.0) = 13.3(m) > 9.6 - 1.4 = 8.2m$$

取 $H_0 = 8.2m$

抽水影响半径 R 按公式（1-36）求出：

$$R = 1.95 \times 5.0 \times \sqrt{8.2 \times 6.8} = 72.8m$$

环形井点的假想半径 x_0 按公式（1-37）求出：

$$x_0 = \sqrt{\frac{21.1 \times 57.4}{\pi}} = 19.6m$$

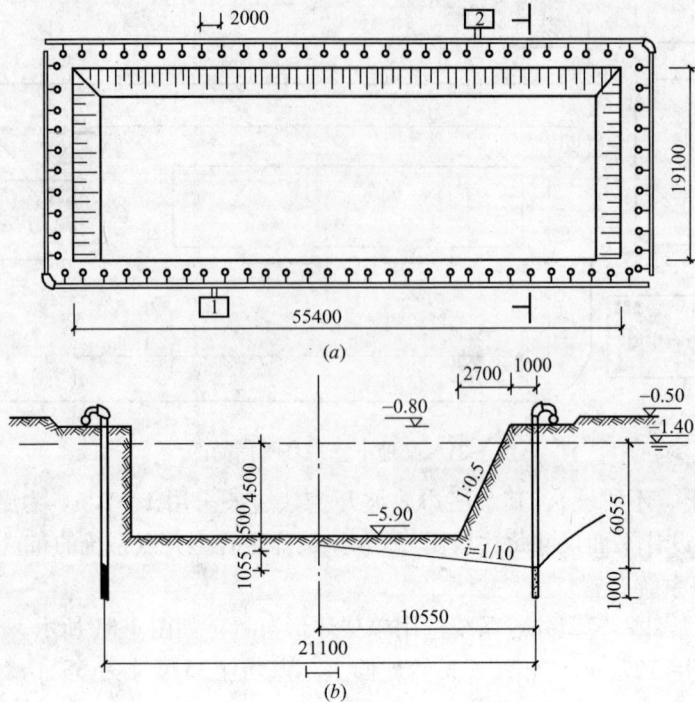

图 1-32 某工程基坑轻型井点系统布置

(a) 平面布置图；(b) 高程布置图

基坑涌水量 Q 按公式（1-38）求出：

$$Q = 1.366 \times 6.8 \times \frac{(2 \times 8.2 - 5.0) \times 5.0}{\lg 72.8 - \lg 19.6} = 929 \mathrm{m^3/d}$$

3. 井点管数量与间距的计算

单根井点管出水量 q 按公式（1-41）求出：

$$q = 65 \times \pi \times 0.05 \times 1.0 \times \sqrt[3]{6.8} = 19.3 \mathrm{m^3/d}$$

井点管数量 n 按公式（1-40）求出：

$$n = 1.1 \frac{Q}{q} = 1.1 \times \frac{929}{19.3} = 53 \text{ 根}$$

井点管间距 D 按公式（1-42）计算

$$D = \frac{157}{53} = 2.96 \mathrm{m} \text{ 取 } D = 2.0 \mathrm{m}$$

则

$$n = \frac{157}{2.0} = 79 \text{ 根}$$

4. 抽水设备选用

（1）选择真空泵。根据每套机组所带的总管长度为 157/2＝78.5（m），选用 W5 型干式真空泵。真空泵所需的最低真空度按公式（1-43）求出：

$$h_\mathrm{K} = 10 \times (7.0 + 1.0) = 80 \mathrm{Pa}$$

选择水泵。水泵所需的流量 Q

$$Q = 1.1 \times \frac{929}{2} = 511 \mathrm{m^3/d} = 21.3 \mathrm{m^3/h}$$

水泵的吸水扬程 H_s

$$H_s \geqslant 7.0 + 1.0 = 8.0\text{m}$$

由于本工程出水高度低，只要吸水扬程满足要求，则不必考虑总扬程。

根据水泵所需的流量与扬程，选择 2819 型离心泵（$Q=11\sim25\text{m}^3/\text{h}$，$H_s=8.0\sim6.0\text{m}$）即可满足要求。

（2）管井井点

管井井点就是沿基坑每隔一定距离设置一个管状井，每井单独用一台水泵不间断抽水，从而降低地下水位。在土的渗透系数较大（$K=20\sim200\text{m/d}$）、地下水充沛的土层中，适于采用管井井点法降水。

管井井点的设备主要由管井、吸（出）水管与水泵等组成（图 1-33）。管井可用钢管、竹管、混凝土管及焊接钢筋骨架管等。钢管管井的管身采用 $\phi200\sim250\text{mm}$ 的钢管，其过滤部分（滤管）采用钢筋焊接骨架（密排螺旋箍筋）外包细、粗两层滤网（如一层铁丝网和一层细纱滤网），长度为 $2\sim3\text{m}$。混凝土管井的内径为 400mm，管身为实管（无孔洞），滤管的孔隙率为 20%～25%。焊接钢筋骨架管直径可达 350mm，管身可为实管（无孔洞）或与滤管相同（上、下皆为滤管，透水性好）。吸（出）水管一般采用 $\phi50\sim100\text{mm}$ 的钢管或胶皮管，吸水管下端或潜水泵应沉入管井抽吸时的最低水位以下，为了

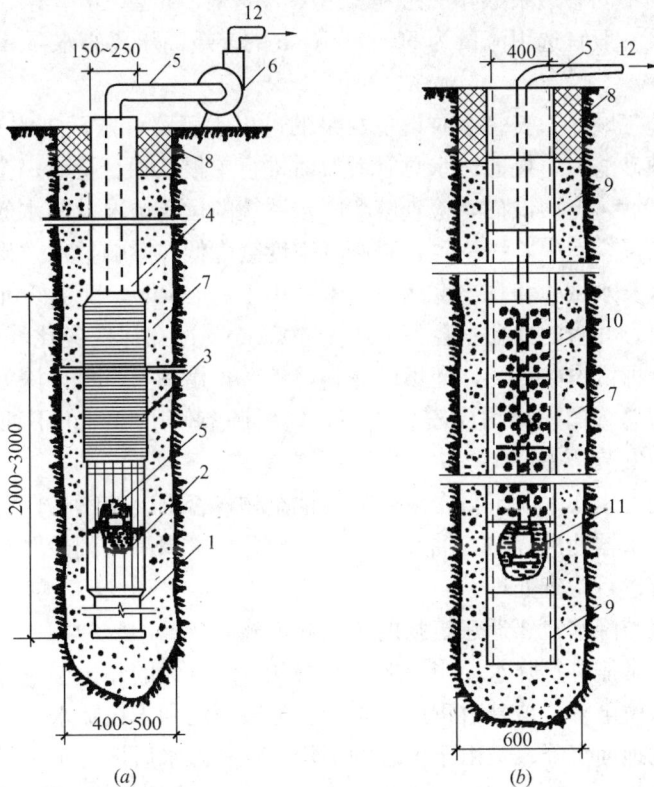

图 1-33　管井井点

（a）钢管管井；（b）混凝土管管井

1—沉砂管；2—钢筋焊接骨架；3—滤网；4—管身；5—吸水管；6—离心泵；7—过滤层；
8—黏土封口；9—混凝土实管；10—混凝土过滤管；11—潜水泵；12—出水管

启动水泵和防止在水泵运转中突然停泵时发生水倒灌，在吸水管底应装逆止阀。水泵可采用管径为 0.05～0.10m（ϕ50.8～101.6mm）的潜水泵或单级离心泵。

管井的间距，一般为 20～50m，深度为 8～15m，管井井点的水位降低值，井内可达 6～10m，两井中间为 3～5m。管井井点的设计计算，可参照轻型井点进行。

管井井管的沉设，可采用钻孔法成孔（泥浆护壁，参见钻孔灌注桩部分）。钻孔的直径，应比井管外径大 200mm，下井管前应进行清孔（降低沉渣厚度和泥浆密度），然后沉设井管并随即用粗砂或小砾石填充井管周围作为过滤层。

管井沉设中的最后一道工序是洗井。洗井的作用是清除井内泥砂和过滤层淤塞，使井的出水量达到正常要求。常用的洗井方法有水泵洗井法、空气压缩机洗井法等。

（3）喷射井点

当基坑开挖要求降水深度大于 6m，土层的渗透系数为 0.1～2.0m/d 的弱透水层时，适宜于采用喷射井点，其降水深度可达 20m。如采用轻型井点则必须用多级井点，增大了井点设备用量和土方开挖工程量。

喷射井点的设备，主要由喷射井管、高压水泵和管路系统组成。

当基坑宽度小于 10m 时，喷射井点可单排布置，当大于 10m 时，可双排布置，当基坑面积较大时，宜采用环形布置，井点间距一般采用 2～3m。喷射井点的型号以井点管外管直径表示，根据不同渗透系数，一般有 2 型、2.5 型、4 型、6 型等，以适应不同排水量要求。高压水泵一般宜选用流量为 50～80m³/h 的多级高压离心水泵，每套约能带动 20～30 根井管。

喷射井点的施工顺序：安装水泵设备及泵的进出水管路；敷设进水总管和排水总管；沉设井点管并灌填砂滤料，接通进水总管后及时进行单根试抽、检验；全部井点管沉设完毕，接通排水总管后，全面试抽，检查整个降水系统的运转情况及降水效果。井点管组装时必须保证喷嘴与混合室中心线一致，否则真空度会降低，影响抽水效果。组装后每根井点管均应在地面做泵水试验和真空度测定（不宜小于 93.1kPa，即 700mm 汞柱）。

沉设井点管时，井管的冲孔直径不应小于 400mm，冲孔深度应比滤管底深 1m 左右，冲孔完毕后，应立即沉设井点管，灌填砂滤料，最后再用黏土封口，深为 0.5～1.0m。井点管与进水、排水总管的连接均应安装阀门，以便调节使用和防止不抽水时发生回水倒灌。管路接头均应安装严密。

喷射井点所用的工作水，不得含泥砂和其他杂物，否则会使喷嘴、混合室等部位很快受到磨损，影响扬水器使用寿命。抽水时，如发现井点管周围有翻砂冒水现象时，应立即关闭该井点管，并进行检查处理。

（4）基坑开挖与降水对邻近建筑物的影响和措施

在基坑开挖时常需进行降水，当在弱透水层和压缩性大的黏土层中降水时，由于地下水流失造成地下水位下降、地基自重应力增加、土层压缩和土粒随水流失甚至被掏空等原因，会产生较大的地面沉降；又由于土层的不均匀性和降水后地下水位呈漏斗曲线，四周土层的自重应力变化不一致而导致不均匀沉降，使周围建筑物基础下沉或房屋开裂。另外，当在粉土地区建造高层建筑箱基，用钢板桩和井点降水开挖基坑时，除降水期间有所沉降外，在拔钢板桩时也会导致邻近建筑物的沉降和开裂。

在基坑降水开挖中，为防止因降水影响或损害降水影响范围内的建筑物，可采取以下几种措施：

1) 减缓降水速度，勿使土粒带出。具体做法是加长井点，减缓降水速度（调小离心泵阀），并根据土的粒径改换滤网，加大砂滤层厚度，防止在抽水过程中带出土粒。

2) 在降水区域和原有建筑物之间的土层中设置一道固体抗渗屏幕（止水帷幕）。即在基坑周围设一道封闭的止水帷幕，使基坑外地下水的渗流路径延长，以保持水位。止水帷幕的设置可结合挡土支护结构或单独设置。常用的有深层搅拌法、压密注浆法、密排灌注桩法、冻结法等。

3) 回灌井法。即在建筑物靠近基坑一侧，采用回灌井（沟），向土层内灌入足够量的水，使建筑物下保持原有地下水位，以求邻近建筑物的沉降达到最小程度。

回灌井点是防止井点降水损害周围建筑物的一种经济、简便、有效的方法，它能将井点降水对周围建筑物的影响减少到最低程度。为确保基坑施工的安全和回灌的效果，回灌井点与降水井点之间应保持一定的距离，一般不宜小于 6m，降水与回灌应同步进行。

1.5 有支护开挖

1.5.1 土壁支护

开挖基坑（槽）或管沟时，如果地质和场地周围条件允许，采用放坡开挖，往往是比较经济的。但在建筑物稠密地区施工，有时不允许按规定的放坡宽度开挖，或有防止地下水渗入基坑要求时，或深基坑（槽）放坡开挖所增加的土方量过大，此时需要用土壁支护结构来支撑土壁，以保证施工的顺利和安全，并减少对相邻已有建筑物等的不利影响。

当需设置土壁支护结构时，应根据工程特点、开挖深度、地质条件、地下水位、施工方法、相邻建筑物情况等进行选择和设计。土壁支护结构必须牢固可靠，经济合理，确保施工安全。常用的土壁支护结构有：钢（木）支撑、板桩、灌注桩、深层搅拌桩、地下连续墙等。

1. 板桩支护

板桩是一种支护结构，可用于抵抗土和水所产生的水平压力，既挡土又挡水（连续板桩）。当开挖的基坑较深，地下水位较高且有可能发生流砂时，如果未采用井点降水方法，则宜采用板桩支撑，使地下水在土中渗流的路线延长，降低水力坡度，阻止地下水渗入基坑内，从而防止流砂产生。在靠近原建筑物开挖基坑（槽）时，为了防止原有建筑物基础下沉，通常也多采用板桩支撑进行支护。

板桩的常用种类有木板桩、钢筋混凝土板桩、钢板桩和钢（木）混合板桩式支护结构等。在板桩支护结构中，钢板桩因其可以多次重复使用，打设方便，承载力高等优点，应用最广泛。

钢板桩是由带锁口或钳口的热轧型钢制成，把这种钢板桩互相连接打入地下，就形成连续钢板桩墙，既能挡土又能挡水。施工时先打下钢板桩挡住土再挖土，故桩与土密贴，坑壁土体位移小，沉陷也就小。钢板桩适用于软弱地基及地下水位较高、水量较多的深基坑支护结构，但在砂砾及密实砂土中施工困难。钢板桩断面形式很多，常用的钢板桩有平板形、Z形、波浪形（通常称为"拉森"板桩）几类（图 1-34）。平板桩容易打入地下，挡水和承受轴向力的性能良好；但长轴方向抗弯能力较小；波浪形板桩挡水和抗弯性能都较好。"拉森"式钢板桩的长度一般有 12m、18m、20m 三种，并可根据需要焊接成所需

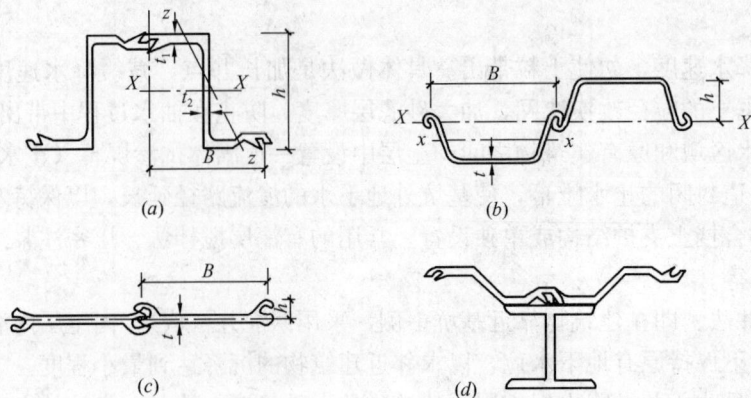

图 1-34　常用钢板桩截面形式
(a) z形板桩；(b) 波浪形板桩（"拉森"板桩）；(c) 平板桩；(d) 组合截面板桩

长度。为了适应高层建筑施工中因基坑开挖深度的增加或因其他原因而对钢板桩刚度的要求，也就是说要求有更大截面模量的钢板桩，而这并非一般热轧钢板桩所能解决的，于是国外出现了大截面模量的组合式钢板桩。如图 1-31 所示即为一种由工字钢和钢板桩拼焊而成的大截面钢板桩。

板桩支撑根据有无锚碇或支撑结构，分为无锚板桩和有锚板桩两类。无锚板桩即为悬臂式板桩，是依靠入土部分的土压力来维持板桩的稳定，它对于土的性质、荷载大小等较为敏感，一般悬臂长度不大于 5m。有锚板桩是在板桩上部用拉锚或顶撑加以固定，以提高板桩的支护能力。根据拉锚或顶撑层数不同，又分为单锚（撑）钢板桩和多锚（撑）钢板桩。实际工程中悬臂板桩与单锚（撑）板桩应用较多。

总结单锚板桩的工程事故，其失败原因主要有三个方面：

(1) 板桩的入土深度不够。当板桩长度不足或由于挖土超深或坑底土过于软弱，在土压力作用下，可能使板桩入土部分向外移动，使板桩绕拉锚点转动失效，坑壁滑坡（图 1-35a）。

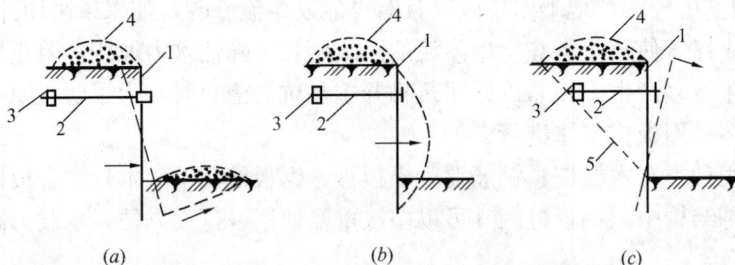

图 1-35　单锚板桩破坏情况及其原因
(a) 板桩入土深度不足；(b) 板桩截面太小；(c) 锚碇设置在土体破坏棱体以内
1—板桩；2—拉杆；3—锚碇；4—堆土；5—破坏面

(2) 板桩本身刚度不足。由于板桩截面太小，刚度不足，在土压力作用下失稳而弯曲破坏（图 1-35b）。

(3) 拉锚的承载力不够或长度不足。拉锚承载力过低被拉断，或锚碇位于土体滑动面内而失去作用，使板桩在土压力作用下向前倾倒（图 1-35*c*）。

此外，也可能因为软黏土发生圆弧滑动而引起整个板桩体系的破坏。

因此，对于单锚板桩，入土深度、锚杆拉力和截面弯矩被称为单锚板桩设计的"三要素"。

由（1）、（2）两种原因引起的破坏，除设计误差问题外，常常由于施工时大量弃土无计划地堆置于板桩后面的地面上所引起的，尤其雨期施工更易发生上述破坏，因此要特别注意。

2. 灌注桩支护

用灌注桩作为深基坑开挖时的土壁支护结构具有布置灵活、施工简便、成桩快、价格低等优点，所以发展较快，应用日趋广泛。灌注桩施工可采用人工挖孔灌注桩、干挖孔灌注桩、钻孔（泥浆护壁）灌注桩、螺旋钻孔灌注桩、沉管灌注桩等，灌注桩支护结构的结构类型及其适用范围见表 1-10。

灌注桩支护结构类型及其适用范围　　　　　　　　表 1-10

结构形式工		适 用 范 围
排桩结构	稀疏排桩	土质较好（黏土、砂土），地下水位较低或降水效果好的土层
	连续排桩	土质较差、地下水位高或降水效果差的土层
	框架式或双排式排桩	单排桩刚度或承载力不足时，适用于砂土、黏土层
组合排桩结构（排桩为平面直线形或平面拱形）	排桩加钢丝网水泥抹面	黏土、砂土和地下水位较低的土层
	排桩加压密注浆止水	排桩承重，压密注浆止水有防渗作用，用于中砂及黏性土层
	排桩加深层搅拌桩止水	排桩承重，深层搅拌桩相互搭接（不小于 200mm）成平面或拱形，有较好防漏、防渗效果，用于软土地层
	排桩加水泥旋喷桩止水	排桩承重，旋喷桩（水泥防渗墙）止水，用于软土、砂性土
	排桩加薄壁混凝土防渗墙	排桩承重，射水法施工的薄壁混凝土连续墙止水，用于开挖深度较深、地下水位较高的软土、砂性土
排桩或组合排桩加内支撑结构		排桩和内支撑承重、各种止水措施防渗，适用于悬壁桩承载力、刚度无法满足要求时
排桩或组合排桩加土层锚杆结构		适用于排桩和组合排桩承载力、刚度无法满足要求，开挖深度在 8m 以上者

仅用稀疏排桩挡土时，应采用可靠的降水措施以防止管涌和流砂现象发生，保证挖土和地下结构施工的顺利进行。当采用人工挖孔桩时多用此法，亦适用于其他类型灌注桩挡土结构。采用该法时桩间距不宜过大，以防桩间土体失稳。

连续排桩结构是将灌注桩（钢筋混凝土或素混凝土的）连续排列而成的一种连续式挡土结构，当桩排列紧密时可起防渗作用，从而不需井点降水，挡土止水一次完成。其桩的排列方式有多种，图1-36所示为常用排列方式，其中黑色桩为素混凝土桩，或采用砂桩注入砂浆或化学浆液形成无筋桩。

双排式灌注桩支护结构一般采用直径较小的灌注桩作双排布置，桩顶用圈梁连接，形成门式结构以增强挡土能力。当场地条件许可，单排悬臂结构刚度不足时，如经济指标较好，可采用双排桩支护结构。该种结构的特点是水平刚度大，位移小，施工简便。

双排桩在平面上可按三角形布置，也可按矩形布置（图1-37）。前后排桩距$\delta=1.5\sim3.0$m（中心距），桩顶连梁宽度一般为$(\delta+d+20)$，即比双排桩稍宽一点。

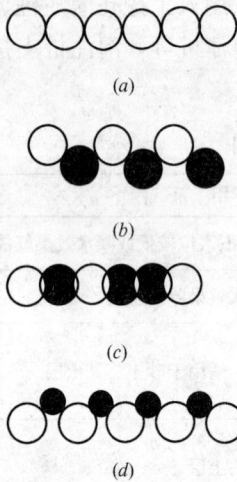

图1-36 连续排桩挡土止水结构

(a) 一字相接排列；(b) 交错相接排列；

(c) 一字搭接排列；(d) 交错大小桩排列

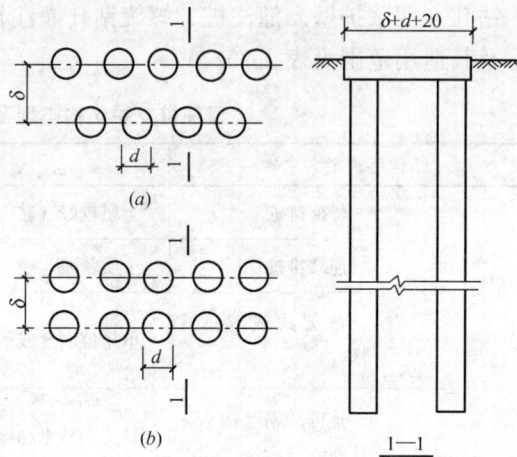

图1-37 双排桩挡土结构

(a) 三角形布置；(b) 矩形布置

当稀疏排桩间距 S 较大，桩间土体自身稳定性不足时，可在桩内侧（开挖面一侧）用钢丝网水泥抹面挡土（图1-38）。桩间净距一般在 1.0m 以内，顶部用圈梁连接，使桩受力均匀。

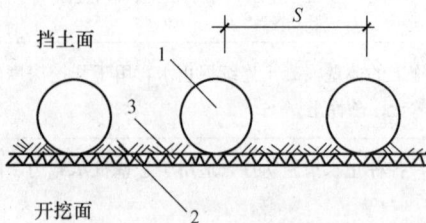

图1-38 排桩加钢丝网水泥抹面挡土

1—灌注桩；2—钢丝网水泥；3—砂土

当开挖基坑附近有道路、地下管线，或原有建筑物距离较近，开挖降水时，可能会引起地面沉降或不均匀沉降，从而导致地面下沉、管线损坏、原有建筑物开裂等不良后果。为了防止此种现象的产生，在支护结构施工时，一般可使支护结构形成连续帷幕，在挡土的同时起阻水作用。除前述密排灌注桩外，还可采用排桩加压密注浆止水、排桩加深层搅拌桩止水、排桩加水泥旋喷桩止水、排桩加薄壁混凝土防渗墙止水等组合支护结构。图1-39为上述几种结构的常用形式，均是在排桩挡土的基础上，增设连续帷幕（另设或与排桩结合）止水，施工时应注意采取措施保证支护结构的连续性，以确保止水效果良好。

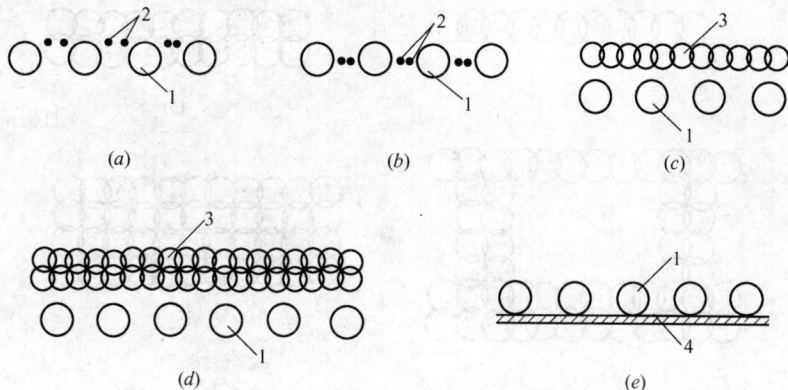

图 1-39　挡土兼止水支护结构

(a)、(b) 压密注浆止水；(c)、(d) 深层搅拌桩或水泥旋喷桩止水；(e) 薄壁混凝土防渗墙止水

1—灌注桩；2—压密注浆；3—深层搅拌桩或水泥旋喷桩；4—薄壁混凝土防渗墙

当基坑开挖深度过大，上述悬臂式支护结构不能满足要求（变形较大或截面过大）时，可采用内支撑或土层锚杆，增加支护桩的中间支点，减少悬臂长度，从而使桩的截面减小。内支撑或土层锚杆的层数与数量影响支护桩、内支撑或锚杆的截面尺寸，应考虑施工方便并通过技术经济比较后确定。

3. 水泥土深层搅拌桩支护

水泥土深层搅拌桩是加固软土地基的一种新方法，它是利用水泥、石灰等材料作为固化剂，通过深层搅拌机械，将软土和固化剂（浆液或粉体）强制搅拌，利用固化剂和软土之间所产生的一系列物理—化学反应，使软土硬结成具有整体性、水稳定性和一定强度的桩体。当其用作支护结构时，可作为重力式挡土墙，利用其自身重量挡土，同时，连续搭接（止水时不小于 200mm）形成的连续结构可兼作止水结构。当用于高层建筑深基坑支护结构时，一般基坑实际开挖深度不大于 7m，且基坑四周有一定宽度的施工场地。

根据水泥加固土的室内外试验结果，水泥土深层搅拌桩一般适用于加固各种成因的饱和软黏土如：流塑、软塑、软塑～可塑的黏性土、粉质黏土（包括淤泥、淤泥质土）和松散、稍密的粉土、砂性土。而对于有机含量高、酸碱度（pH 值）较低的黏性土的加固效果较差。另外，由于水泥土深层搅拌桩施工时，搅拌头对土体的强制搅拌力是由动力头（电动机）产生扭矩，再通过搅拌轴的转动传递至搅拌头的，因此其搅拌力是有限的，如土质过硬或遇地下障碍卡住搅拌头时，电动机工作电流将上升超过额定值，电机有可能被烧坏。因此，水泥土深层搅拌桩不适用于含有大量砖、瓦的填土、厚度较大的碎石类土、硬塑以上的黏性土和中密以上的砂性土，当土层中夹有条石、木桩、城砖、古墓、洞穴等障碍物时，也不适用于水泥土深层搅拌桩。

（1）水泥土搅拌桩的构造要求

根据目前的水泥土深层搅拌桩施工工艺，当用于深基坑支护结构中时，水泥土深层搅拌桩在平面上可排列成壁式、格栅式和实体式三种形式（图 1-40），其中壁式（单排或双排）主要用于组合支护结构中的止水帷幕中，格栅式和实体式一般用作挡土兼止水支护结构（水泥土挡墙）。

格栅式水泥土挡墙（图 1-40c）沿墙体纵向的相邻拉结格构墙之间的距离一般取墙宽，

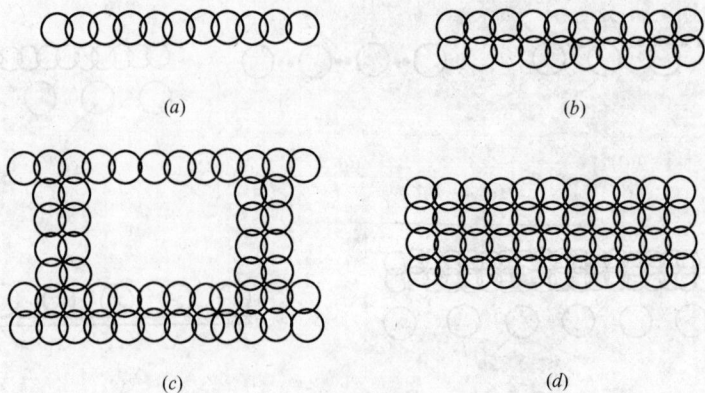

图 1-40　深层搅拌桩平面布置方式

(a)、(b) 壁式；(c) 格栅式；(d) 实体式

但不应大于 5m，拉结格构墙沿纵向的总厚度不应小于纵向长度的 1/4；挡墙的转角处宜采用圆弧形实墙（实体式）。纵向墙体与拉结格构墙搭接均不应小于 150mm，作为止水的纵墙搭接应不小于 200mm。

水泥土挡墙的宽度一般取开挖深度的 0.6~0.7 倍，墙体在基坑底面以下的嵌固深度宜取开挖深度的 0.8~1.0 倍。实际工程中根据基坑的平面尺寸、形状和地质条件，可以做成变阶段的宽度和深度。平面也可做成拱形。为了加强水泥土挡墙的整体性，减少地下水的渗流，挡墙可插毛竹（大头直径不小于 100mm，长度 4m 左右），在墙顶应设置钢筋混凝土压顶（地圈梁），厚度为 200mm，配筋为 $\phi12@200$ 的构造钢筋网（双层双向）。在可能的情况下，宜将压顶与基坑周围的混凝土路面、地面连成一体。

水泥土深层搅拌桩水泥掺量一般为所加固软土重量的 10%~18%，根据场地土质试验确定。

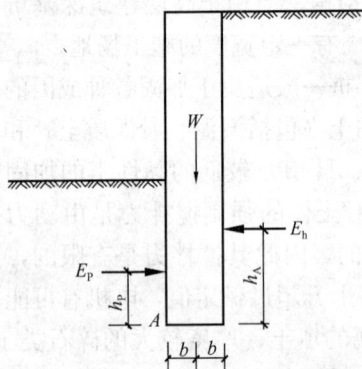

图 1-41　水泥土挡墙稳定验算

(2) 水泥土深层搅拌桩的设计

在此仅介绍水泥土深层搅拌桩水泥土挡墙的设计，水泥土挡墙可参照重力式挡土墙的设计与计算方法进行设计。对挡墙来说，主要包括挡墙底面水平滑动稳定性验算；墙体抗倾覆稳定性验算；土体的整体稳定性验算和墙身材料强度验算（承载力验算）。另外，还需对基坑开挖后基坑内管涌（流砂）、隆起的可能性，以及地面沉降等进行验算。

1) 抗滑动稳定性验算（图 1-41）

$$K_{h} = \frac{\mu W + E_{p}}{E_{A}} \geqslant 1.3 \qquad (1-44)$$

式中　K_{h}——抗滑稳定安全系数；

　　　W——挡墙自重（kN/m）；

　　　μ——挡墙底面与地基土之间的摩擦系数，可由试验确定，如缺少试验数据，可按表 1-11 选取；

　　　E_{p}——被动土压力合力（kN/m）；

　　　E_{A}——主动土压力合力（kN/m）。

水泥土挡墙底面与地基土之间摩擦系数产值 表 1-11

地基土类别		μ 值	地基土类别	μ 值
黏性土	可塑	0.25～0.30	中砂、粗砂、砾砂	0.40～0.50
	硬塑	0.30～0.35	碎石土	0.40～0.60
	坚硬	0.35～0.45	软质岩石	0.40～0.60
粉土	S≤0.5	0.30～0.40	表面粗糙的硬质岩石	0.65～0.75

2）抗倾覆稳定性验算

$$K_q = \frac{W \cdot b + E_p h_p}{E_A h_A} \geqslant 1.5 \qquad (1\text{-}45)$$

式中　　K_q——抗倾覆稳定安全系数；

b, h_p, h_A——分别是 W, E_p, E_A 对墙趾 A 的力臂（m）。

3）墙身应力验算

$$\sigma = \frac{W_1}{2b} < \frac{q_u}{2K} \qquad (1\text{-}46)$$

$$\tau = \frac{E_{A1} - W_1 \cdot \mu}{2b} < \frac{\sigma \cdot tg\varphi + C}{K} \qquad (1\text{-}47)$$

式中　　σ, τ——所验算截面处的法向应力和剪切应力（kPa）；

E_{A1}——所验算截面上部的主动土压力合力（kN/m）；

W_1——所验算截面上部的墙重（kN/m）；

q_u, φ, C——水泥土的抗压强度（kPa）、内摩擦角（°）、内聚力（kPa）；

K——水泥土强度的安全系数，$K = 1.5$。

（3）水泥土搅拌桩施工工艺

水泥土搅拌桩的施工工艺流程参见图 1-42。

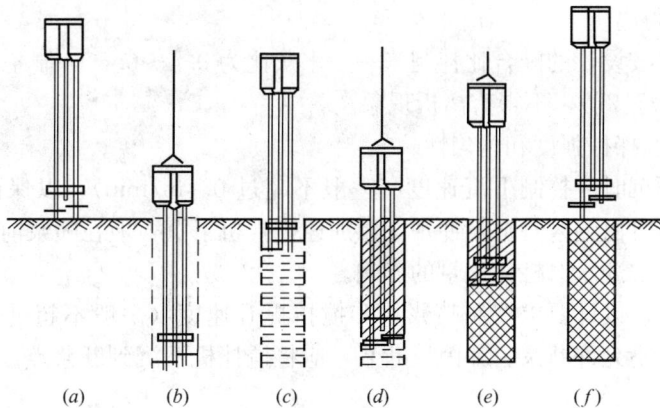

图 1-42　深层搅拌桩施工工艺流程

（a）就位；（b）预搅下沉；（c）喷浆搅拌提升；（d）重复搅拌下沉；（e）重复喷浆搅拌提升；（f）完毕

1）就位

起重机（或塔架）悬吊深层搅拌机到达指定桩位，使水泥喷浆口对准设计桩位，并使导向架与地面垂直。

2）预搅下沉

启动搅拌机电机，放松起重机钢丝绳，使搅拌机在自重和转动力矩作用下沿导向架边搅拌切土边下沉，下沉速度可由电动机的电流监测表和起重卷扬机的转速控制，工作电流不应大于70A。

3）制备水泥浆

待深层搅拌机下沉到设计深度后，开始按设计配合比拌制水泥浆，压浆前将拌好的水泥浆通过滤网倒入集料斗中。

4）喷浆搅拌提升

深层搅拌机下沉到设计深度后，开启灰浆泵，将水泥浆压入地基中，并且边喷浆，边旋转搅拌头，同时严格按照设计确定的提升速度提升深层搅拌机。

5）重复搅拌下沉和喷浆提升

重复步骤3）、4），当深层搅拌机第二次提升至设计桩顶标高时，应正好将设计用量的水泥浆全部注入地基土中，如未能全部注入，应增加一次附加搅拌，其深度视所余水泥浆数量而定。

6）清洗管路

每隔一定时间（视气温情况及注浆间隔时间而定），清洗管路中的残余水泥浆，以保证注浆顺利，不堵管。清洗时用灰浆泵向管路中压入清水进行。

（4）水泥土搅拌桩施工质量检查与控制

1）桩位准确，桩体垂直

放线桩位与设计位置误差不得大于20mm，桩机就位与桩位的误差不得大于50mm，成桩后与设计位置误差应小于100mm。

为保证搅拌桩垂直于地面，桩机就位后导向架的垂直度偏差不得超过1%，应加强检查。

2）水泥浆不得离析

水泥浆要严格按设计的配合比拌制（一般水灰比为0.4～0.6），制备好的水泥浆停置时间不宜过长（小于2h），不得有离析现象。

3）确保水泥搅拌桩强度和均匀性

搅拌机搅拌下沉时应控制下沉速度（一般不超过0.7m/min），以保证使软土充分搅碎。如下沉困难，可由输浆管适量冲水，以加速搅拌机下沉，但在喷浆前须将输浆管中的水排清，同时应考虑冲水对桩体质量的影响。

施工时要严格按设计要求控制喷浆量和搅拌提升速度（一般不超过0.5m/min）。输浆时应连续供浆，不允许断浆。如因故断浆，应将搅拌机下沉到断浆点以下0.5m处再喷浆提升。

4）确保加固体的连续性

相邻桩的施工间隔不得超过24h，否则应采取技术措施保证加固体的连续性（俗称接头处理）。

4. 地下连续墙

地下连续墙的施工工艺是利用特制的成槽机械在泥浆（又称稳定液，如膨润土泥浆）护壁的情况下进行开挖，形成一定槽段长度的沟槽；再将在地面上制作好的钢筋笼放入槽段内。采用导管法进行水下混凝土浇筑，完成一个单元的墙段，各墙段之间的特定的接头方式（如用接头管或接头箱做成的接头）相互连接，形成一道连续的地下钢筋混凝土墙。地下连续墙围护呈封闭状，则在基坑开挖后，加上支撑或锚杆系统，就可挡土和止水，便利了深基础的施工。如将地下连续墙作为建筑的承重结构则经济效益更好。

地下连续墙工艺具有如下优点：

1）墙体刚度大、整体性好，因而结构和地基变形都较小，既可用于超深围护结构，也可用于主体结构；

2）适用各种地质条件。对砂卵石地层或要求进入风化岩层时，钢板桩就难以施工，但却可采用合适的成槽机械施工的地下连续墙结构；

3）可减少工程施工时对环境的影响。施工时振动少，噪声低；对周围相邻的工程结构和地下管线的影响较小，对沉降及变位较易控制；

4）可进行逆筑法施工，有利于加快施工进度，降低造价。

但是，地下连续墙施工法也有不足之处，这主要表现在：

1）对废泥浆处理，不但会增加工程费用，如泥水分离技术不完善或处理不当，会造成新的环境污染；

2）槽壁坍塌问题。如地下水位急剧上升，护壁泥浆液面急剧下降，土层中有软弱疏松的砂性夹层，泥浆的性质不当或已变质，施工管理不善等均可能引起槽壁坍塌，引起邻近地面沉降，危害邻近工程结构和地下管线的安全。同时也可能使墙体混凝土体积超方，墙面粗糙和结构尺寸超出允许界限；

3）地下连续墙如用作施工期间的临时挡土结构，则造价可能较高，不够经济。

地下连续墙围护比排桩与深层搅拌桩围护的造价要高，要根据基坑开挖深度、土质情况和周围环境情况，并经技术经济比较认为经济合理，才可采用。一般来说，当在软土层中基坑开挖深度大于10m，周围相邻建筑或地下管线对沉降与位移要求较高，或用作主体结构的一部分，或采用逆筑法施工时，可采用地下连续墙。（地下连续墙的施工工艺详见1.5.2节。）

1.5.2 地下连续墙

地下连续墙的施工大体上需要经过六个环节的工艺过程，即挖导墙、筑导墙、挖槽、吊放接头管、吊放钢筋笼、浇灌水下混凝土及拔接头管成墙等，如图1-43所示。

1. 地下连续墙的施工机具

（1）成槽设备

成槽机具设备是地下连续墙施工的主要设备。由于地质条件变化很多，目前还没有能适用于所有地质条件的万能成槽机。因此，根据不同的土质条件和现场情况，选择不同的成槽机是极为重要的。

目前使用的成槽机，按成槽机理可分为抓斗式、回转式和冲击式3种。

1）抓斗式成槽机

抓斗式成槽机，以其斗齿切削土体，将土渣收容在斗体内，开斗放出土渣，再返回到挖土位置，重复往返动作，即可完成挖槽作业，这种机械是最简单的成槽机。

2）回转式成槽机

以回转的钻头切削土体进行挖掘，钻下的土渣随循环的泥浆排出地面。钻头回转方式

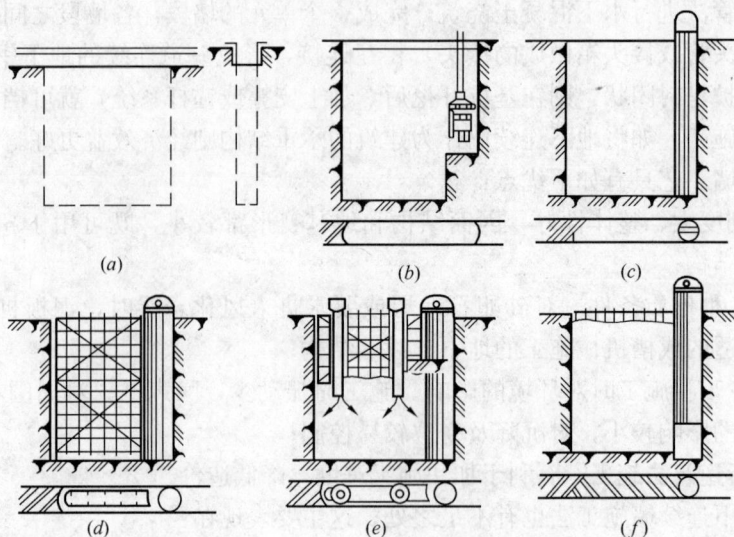

图 1-43　地下连续墙施工顺序

(a) 挖导沟、筑导墙；(b) 挖槽；(c) 吊放接头管；(d) 吊放钢筋笼；
(e) 浇灌水下混凝土；(f) 拔出接头管成墙

与挖槽面的关系有直挖和平挖两种。按钻头数目来分，有单头钻和多头钻之分，单头钻主要用来钻导孔，多头钻多用来挖槽。

回转式成槽机的排土方式一般均为反循环形式，排泥泵为潜水式，功率较高，钻机用钢索吊住，边排泥边下放，泵的能力可以选择，大的可以将卵石、漂石吸出，挖槽的速度是极快的。与其他挖槽机相比，这类机械的机械化程度较高，零部件很多，维修保养要求比较高，要有熟练的技术。

3）冲击式成槽机

冲击式成槽机有各种形状的钻头，通过上下运动或变换运动方向，冲击破碎地基土，借助泥浆循环把土渣带出槽外。

冲击钻机是依靠钻头的冲击力破碎地基土，所以不但对一般土层适用，对卵石、砾石、岩层等地层亦适用。另外，钻头的上下运动保持垂直，所以挖槽精度亦可保证。

（2）泥浆系统

泥浆系统由泥浆制备、泥浆处理设备、泥浆循环系统三部分组成。

1）泥浆制备

泥浆制备主要采用泥浆搅拌机。搅拌机按搅拌方法分两种，一是以螺旋浆高速旋转造成快速涡流进行搅拌的"高速旋转式搅拌机"，另一种是利用高压射水的喷射引力吸入膨润土进行搅拌的"喷射式搅拌机"。通常以使用第一种居多。

2）泥浆处理设备

一般情况下，泥浆从沟槽里排出地面之后，在流进沉淀池之前要经过振动筛处理，由振动筛分离出来的土渣和泥浆，最好都能以自然落下的方式进入排渣槽和沉淀池。

3）泥浆循环系统

泥浆循环系统主要由循环泵、循环泥浆贮浆池及排渣设备等组成。

（3）混凝土灌注系统

钢筋笼加工及吊放设备。

接头管一般以圆形为主，也有方形或异形接头管（接头箱）。导管的直径为200～300mm。为便于拆装应采用快速接头，一般为螺纹连接。混凝土浇筑后需用拔管机将接头管拔出。可用专用液压拔管机或大型吊机、振动拔桩锤等。

2. 地下连续墙的施工方法

（1）导墙施工

导墙在地下连续墙施工时起如下作用：

1）在成槽时起挡土作用；

2）用来确定成槽位置与单元槽段划分，还可用作测定成槽精度、标高、水平及垂直等的基准；

3）用于支承成槽机；

4）防止泥浆流失及雨水流入槽内等。

导墙的一般形式如图1-44所示。图1-44（a）断面最简单，适用于表层土性良好和导墙上荷载较小的情况；图1-44（b）为应用较多的形式，适用于表层土为杂填土、软黏土等承载力较低的情况，将导墙做成倒"L"形或上、下部皆向外伸出的"I"形；图1-44（c）适用于作用在导墙上的荷载很大的情况，可根据荷载的大小增减其伸出部分的长短。

（2）泥浆护壁技术

1）泥浆的组成与作用

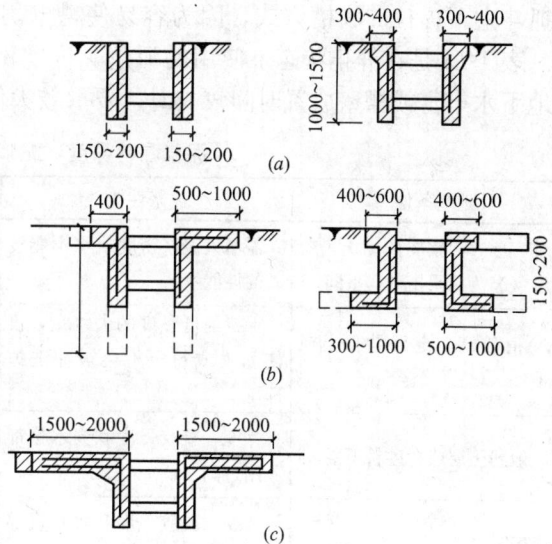

图 1-44　现浇混凝土导墙的断面形式

地下连续墙用的护壁泥浆主要有膨润土泥浆，其成分为膨润土、水和一些掺合物，配合比如表1-12所示。泥浆的作用为：固壁、携砂、冷却和润滑，其中以固壁作用为最重要。

膨润土泥浆的通常配合比 表 1-12

成　分	材料名称	通常用量（%）
固体材料	膨润土	6～8
悬溶液	水	100
增黏剂	CMC（甲基纤维素）	0～0.05
分散剂	Na_2CO_3、FCI（铁硼水质素磺酸盐）	0～0.05
加重剂	重晶石粉	必要时才用
防漏材料	石、锯末、化纤短料	必要时才用

2) 泥浆性能及质量控制指标

①泥浆密度

泥浆密度是一项极为重要的指标，须严格控制。泥浆密度宜每两小时测定一次。一般新制备的泥浆的密度应小于1.05；在成槽过程中由于泥浆中混入泥土，相对密度上升，但为了能顺利地浇筑混凝土，希望在成槽结束后，槽内泥浆的密度不大于1.15，槽底部泥浆的密度不大于1.25。泥浆密度过大，不但影响混凝土的浇筑，而且由于其流动性差而泥浆循环设备的功率消耗亦大。

②泥浆的黏度

泥浆要有一定的黏度，才可确保槽壁稳定。黏度可用漏斗形黏度计进行测定。不同的土质，有无地下水，挖槽方式，泥浆循环方式等对黏度有不同的要求。砂质土中的黏度应大于黏性土，地下水丰富土层要大于无地下水土层。泥浆静止状态下的成槽，尤其是用大型抓斗上下提拉的成槽方式，因为容易使槽壁坍塌，故黏度要大于泥浆循环成槽时的数值。表1-13是在静止状态下使用的泥浆黏度实例，表1-14是在循环状态下使用的实例。当地下水丰富或槽壁放置时间较长时，要取较大值。

泥浆漏斗黏度（泥浆静止状态） 表1-13

地基条件	泥浆性能	对策	漏斗黏度的经验值
$N>0\sim2$，软弱的黏土，粉土层（N为标贯击数，下同）	需增大泥浆密度或水不能浸入的性能	用高含量、高密度的陶土泥浆，掺加重晶石	100以上
N值较高，全部是黏土或粉土	保持最低黏度的失水量，仅使黏土或粉土不会被冲洗掉即可	泥浆浓度5%～6%，掺加少量CMC	25～33
一般粉土层或含砂粉土层	黏度，凝胶强度和失水量都不用过高	泥浆浓度7%～8%，掺加较少的CMC	30～38
一般砂层	黏度，凝胶强度和失水量都用标准值，泥皮既薄又结实	泥浆浓度8%～10%，掺加CMC	35～50
全部地层N值较低，黏土质粉土较多	泥浆浓度较低，增多CMC	泥浆浓度7%～9%，掺加较多的CMC	40～50
有地下水流出或潜流，预计有坍塌层	增大泥浆密度，提高黏度	泥浆浓度10%～12%，掺加CMC，重晶石及其他外加剂	80以上

泥浆漏斗黏度（泥浆循环状态） 表1-14

土质分类	漏斗黏度（s）	土质分类	漏斗黏度（s）
含砂粉土层	25～30	砂层	30～38
砂质黏土层	25～30	砂砾层	35～44
砂质黏土层	27～34		

③泥浆失水量和泥皮厚度

泥浆在沟槽内受压力差的作用，泥浆中的部分水会渗入土层，这种现象叫泥浆失水，渗失水的数量叫失水量，一般用30min内在一定压力作用下渗过一定面积的水量表示，单位为mL/30min。在泥浆失水时，于槽壁上形成一层固体颗粒的胶结物叫泥皮。泥浆失水量小，泥皮薄而致密，有利于稳定槽壁。

④泥浆 pH 值

泥浆 pH 值表示泥浆酸碱性的程度。pH＝7 为中性，pH＜7 为酸性，pH＞7 为碱性。膨润土泥浆呈弱碱性，pH 值一般以 8～9.5，pH 值越大，碱性越强，pH 值＞11，泥浆会产生分层现象，失去护壁作用。

⑤泥浆胶体率与稳定性

泥浆的胶体率是将 100mL 泥浆倾入 100mL 的量筒中，用玻璃片盖上静置 24h 后，观察量筒上部澄清液的体积。如其澄清液为 5mL，则该泥浆的胶体率为 95％，沉淀率为 5％。泥浆胶体率一般应大于 95％。

泥浆稳定性又称沉降稳定性，是衡量在地心引力作用下，是否容易下沉的性质。若下沉速度很小，甚至可略而不计，则称此种分散体系具有沉降稳定性。测定方法是将泥浆注满稳定计（也可用量筒代替），静置 24h 后，分别量测上下部分的泥浆密度，其上下部分密度的差值用以表示泥浆的稳定性。

对于一般的软土地基，泥浆质量的控制指标如表 1-15 所示。

泥浆质量的控制指标   表 1-15

指 标 名 称	新制备的泥浆	使用过的循环泥浆
黏度	19～21s	19～25s
密度	＜1.05	＜1.20
失水量	＜10mL/30min	＜20mL/30min
泥皮厚度	＜1mm	＜2.5m
稳定性	100％	—
pH 值	8～9	＜11

3）泥浆的制备

①材料的选择

膨润土在使用前要了解其化学成分，因为不同的膨润土，泥浆的浓度、外加剂的种类和掺量、泥浆的循环使用次数等亦不同。

一般情况下钠膨润土比钙膨润土的湿胀性大，但易受阳离子的影响，所以对于水中含有大量阳离子，或在施工过程可能产生阳离子污染时，宜采用钙膨润土。

外加剂有分散剂、增黏剂、加重剂与防漏剂。分散剂要选用不增加泥浆失水量的分散剂，如碳酸钠、三（聚）磷酸钠等。增黏剂的选择取决施工要求的泥浆黏度，一般常用羧甲基纤维素（CMC）作为增黏剂。加重剂是为加大泥浆相对密度，增强泥浆的液体支撑力，常用的加重剂掺合物是重晶石（密度 4.1～4.2kg/L）。防漏剂是为在透水性较大的土层中防止泥浆漏失而掺入的外加剂，如锯末、蛭石粉末等。

②泥浆配合比的确定

应首先根据为保持槽壁稳定所需的黏度来确定膨润土的掺量（一般为 6％～9％）和增粘剂 CMC 的掺量（一般为 0.013％～0.08％）。分散剂的掺量一般为 0％～0.5％。我国常用的分散剂是纯碱。

确定泥浆配合比，要根据原材料的特性，参考常用的配合比，通过试配后经过不断修正最后确定适用的配合比。

③泥浆的制备

泥浆制备包括泥浆搅拌与沉浆贮存。

泥浆搅拌机常用的有高速回转式搅拌机和喷射式搅拌机两类。高速回转式搅拌机（亦称螺旋桨式搅拌机）由搅拌机筒和搅拌叶片组成，它以高速回转（1000～1200转/分钟）的叶片使泥浆产生激烈的涡流，将泥浆搅拌均匀。另一种喷射式搅拌机是利用喷水射流进行拌合的搅拌方式，可以进行大容量的搅拌。其工作原理是用泵把水喷射成射流状，利用喷嘴附近的真空吸力，把加料器中膨润土吸出与射流进行拌合。用此法拌合泥浆，在泥浆达到设计浓度之前，可以循环进行。即喷嘴喷出的泥浆进入贮浆罐，如未达到设计浓度，贮浆罐中的泥浆再由泵经喷嘴与膨润土拌合，如此循环直至泥浆达到设计浓度。目前我国在地下连续墙施工中，多用此法进行泥浆制备。

制备膨润土泥浆一定要充分搅拌，否则如果膨润土溶胀不充分，会影响泥浆的失水量和黏度。一般情况下膨润土和水混合三小时后就有很大的溶胀，可供施工使用，经过一天就可达到完全溶胀。

增黏剂CMC较难溶解，最好先用水将CMC溶解成1%～3%的溶液，再掺入泥浆进行拌合。否则，宜慢慢地向泥浆中掺加，这可有效地增加泥浆的黏度。如一次投入，易形成未溶解的泥团状物体，不能充分发挥其作用。使用喷射式搅拌机，可提高CMC的溶解效率。

制备泥浆的投料顺序，一般按水、膨润土、CMC、分散剂、其他外加剂的次序进行。由于CMC溶液可能会妨碍膨润土溶胀，宜在膨润土之后投入。

为使泥浆在地下连续墙施工中充分发挥作用，最好在泥浆充分溶胀，即贮存三小时以上再使用。贮存泥浆可用钢贮浆罐或地下、半地下式贮浆池，其容积应满足施工需要。

4）泥浆的再生处理

在地下连续墙施工中，泥浆要与砂、土、混凝土和地下水等接触，膨润土、掺合料等会有所消耗，而且会混入一些土渣和电解质离子等，使泥浆劣化。

劣化后的泥浆要做再生处理，即通过加入一部分外加剂使劣化的泥浆指标满足工程要求，从而再行使用；另一部分废弃浆液则被排放外运。其中重要工序有土渣分离与化学再生处理二道。

①土渣分离处理

有重力沉降处理与机械处理两种方法，最好两种方法组合使有。先经重力沉降处理，利用泥浆和土渣的密度差使土渣沉淀。然后使用振动筛和旋流器，将粒径大和密度大的颗粒分离出去。

②污染泥浆的化学再生处理

浇筑混凝土所置换出来的泥浆，因有土渣混入及混凝土相接触而恶化。当泥浆中有阳离子时，它会吸附在膨润土颗粒的表面，土颗粒就容易相互凝聚，增加泥浆凝胶化倾向。在水泥乳状液中含有大量钙离子时，浇筑混凝土会使泥浆产生凝胶化。这种现象会导致泥皮构成性减弱也即槽壁稳定性减弱；黏性增高，土渣分离困难；在泵和管道内的流动阻力增大。要改进上述污染泥浆，可使用分散剂。对浇筑混凝土所置换出来的泥浆，在化学处理后，再进行土渣分离处理，即能再生调制重复使用。

（3）成槽

成槽是地下连续墙施工中的关键工序。因为槽壁形状基本上决定了墙体外形，所以挖槽的精度又是保证地下连续墙质量的关键之一。同时，成槽约占地下连续墙工期的一半，因此提高其成槽效率也能加快施工进度。

1）单元槽段的划分

地下墙施工时，预先沿墙体长度方向把墙体划分为若干个某种长度的施工单元，这种施工单元称为"单元槽段"。

槽段长度的选择，从理论上说，除去小于成槽机长度的尺寸不能施工外，各种长度均可施工，且愈长愈好。这样能减少地下墙的接头数（因为接头是地下墙的薄弱环节），从而提高了地下墙的防水性能和整体性。但实际上，槽段长度受许多因素的限制，在确定其长度时应综合考虑如下因素：

①地质条件

当土层不稳定时，为防止槽壁坍塌，应减少槽段长度，以缩短成槽时间。

②地面荷载

如附近有高大建筑物或较大的地面荷载时，也应缩减槽段长度，以缩小槽壁的开挖面和暴露时间。

③起重机起重能力

根据起重机的起重能力估算钢筋笼的重量和尺寸，以此推算槽段的长度。

④单位时间内混凝土的供应能力

一般情况下一个槽段长度内的全部混凝土量，宜在 4h 内浇灌完毕，即

$$槽段长度 = \frac{4h\,混凝土的最大供应量}{墙宽 \times 墙深}$$

⑤泥浆池（罐）的容积

一般情况下已有泥浆池（罐）的容积，应不小于每一槽段容积的 2 倍。

此外，划分槽段时尚应考虑槽段之间的接头位置，一般情况下接头应避免设在转角处或地下连续墙与内部结构的连接处，以保证地下连续墙有较好的整体性。槽段的长度多取 3～8m，但也有取 10m 甚至更长的情况。

2）成槽机的最小成槽长度

成槽机的挖掘长度与其形式有关，根据可挖单位长度来决定单元槽段，表 1-16 为各种成槽机的最小成槽长度。

各种成槽机的最小成槽长度　　　　　　　　　　表 1-16

成槽机形式	最小成槽长度（m）	成槽机形式	最小成槽长度（m）
重力式抓斗	2.5～2.8	多头钻	2.0～2.4
液压抓斗	2.2～3.0	冲击钻	墙厚的 1～2 倍

3）槽壁的稳定

地下墙施工时，应始终保持槽壁的稳定，自成槽开始至混凝土浇筑完毕为止，不应发生槽壁坍塌。槽壁稳定主要靠泥浆的静水压力，这个问题在理论上尚未很好解决，目前只能用泥浆的静水压力与理论计算的土压力值作比较，以此来判断槽壁的稳定。

泥浆护壁仍是目前地下墙施工中保持槽壁稳定的主要方法。选用适当的材料和配比，能得到良好性能的泥浆，保持与外压平衡，可保持槽壁稳定。但实际上随着泥浆在沟槽内搁置时间的延长，其性质会发生变化。例如由于泥浆中的土渣沉淀减小了泥浆密度；由于阳离子作用使泥浆恶化，使通过泥皮而渗出水量增多，产生泥浆面下降等。因此，尽管地基土压力和地下水压力没有变化，如长时间搁置，泥浆压力也会减少，泥浆和外压力之间的平衡也将丧失。

在地下墙施工安排中，不可忽视泥浆在槽内放置的时间。所谓放置时间是指成槽结束到浇筑混凝土之前这段时间，一般条件下为 2～3 天左右。在这段时间内无需采取特别措施，但要控制泥浆的性质、泥浆液面的高度以及地下水位的变动等，只要没有变化即无问题。如需搁置较长时间，应增加膨润土的掺量，增加密度。同时应防止沉淀使密度减小，以便使泥浆形成良好的泥皮或渗透沉积层。在搁置时间内，仍需进行泥浆质量控制，注意泥浆液面和地下水位的变化，防止雨水的流入等。

4）成槽要领

在成槽过程中，要特别注意以下几方面，以保证成槽顺利进行。

①确保场地的平整及地表层地基承载力。在作业场地内有成槽机、起重机、混凝土搅拌车等机械的运转，必须确保这些机械的正常运转。

②调整并时刻确保成槽机的垂直度。

③及时供应质量可靠的护壁泥浆。

④预先钻孔导向。对重力式抓斗成槽机，如操作人员无足够的经验或土质不理想时，可预先钻孔作导向，这对放置接头管是有利的。

⑤在回填土或极软土层中成槽时，可考虑进行注浆加固，以防止成槽时坍方。

⑥加强槽底清淤工作。清底方法一般有沉淀和置换法两种。

沉淀法是在土渣基本都沉淀到槽底之后再进行清底；置换法是在挖槽结束之后，对槽底进行认真清理，然后在土渣还没有再沉淀之前就用新泥浆把槽内的泥浆置换出来，使槽内泥浆的密度在 1.15kg/L 以下。我国多用后者的置换法进行清底。

（4）钢筋混凝土施工要点

1）钢筋笼的加工和吊放

根据地下连续墙墙体钢筋的设计尺寸，再按照槽段的具体情况，来决定钢筋笼的制作图，钢筋笼最好是尽量按单元槽段组成一个整体。

组装钢筋笼时要预先定下插入导管的位置，留有足够的空间。由于这部分空间要上下贯通，因而周围须增设箍筋、连接筋以便加固。另外为了不使钢筋卡住导管，应将纵向主筋放在内侧，而横向副筋放在外侧。纵筋放在槽内时，应距槽底 0.1～0.2m。纵筋底端应稍向里弯曲。钢筋最小间距要保持在 100mm 以上。

为了保证保护层达到规定厚度，可在钢筋笼外侧焊接上用带钢弯成定位块，用以固定钢筋笼的位置。以前曾用过砂浆垫块，但在吊下笼时很容易破损以及损伤槽壁壁面。定位块设置在里外两侧，在水平方向设置两个以上，在竖直方向约 5m 设一个。

钢筋笼长度除特殊情况外，一般不超过 10m。否则需要分段连接，接头以帮条焊接为宜，接头应尽量布置在应力小的位置。若钢筋笼过长，要用剪刀斜撑加固。

钢筋笼与其他结构相联结时，预留筋须先弯曲并用泡沫塑料盖住，待混凝土浇筑完毕后，以及将来土体开挖后再定位。

在地下连续墙拐角处的钢筋笼须加工成 L 形，接头不应当留在拐角处而放在直墙部位。

下钢筋笼之前，一定要将孔底残渣清除干净。稳定液的各项指标要符合规定。

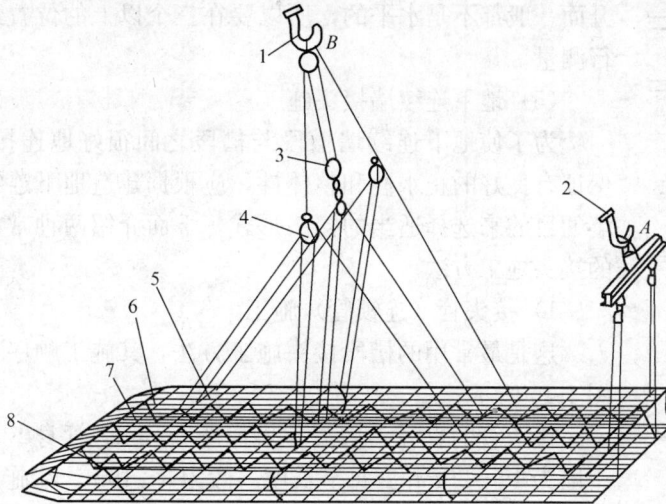

图 1-45 双钩吊装钢筋笼
1、2—吊钩；3、4—滑轮；5—卸甲；6—钢筋底端向内弯折；
7—纵向桁架；8—横向架立桁架

钢筋笼起吊时，顶部要用一根横梁（常用工字钢），其长度和钢筋笼尺寸相适应。钢丝绳须吊住四个角。为了不使钢筋笼在起吊时产生弯曲变形，常用二台吊车同时操作（也可用一台吊车的二个吊钩进行工作），一钩吊住顶部（B 钩），一钩吊住中间部位（A 钩），见图 1-45 所示。为了不使钢筋笼在空中晃动，钢筋笼下端可系绳索用人力控制。

钢筋笼插入槽孔时最重要的是对准单元槽段的中心。必须注意不要因为起重机操作不当或风的吹动，使笼子摆动而损坏槽壁壁面。在钢筋笼插不下去的时候，必须拔出来查明原因，采取措施重新插入。否则笼子容易变形，槽壁壁面也容易因碰撞产生大量沉渣。

2）混凝土灌注要点

地下连续墙的墙体混凝土是采用直升导管法浇筑水下混凝土方法灌注的。导管与导管采用丝扣联接，也可采用像消防用皮管的快速接头，以便于在钢筋笼中顺利升降。

槽段的混凝土是利用混凝土与泥浆的密度差浇下去的，故必须保证密度差在 1.1g/mm^3 以上。混凝土的密度是 2.3g/mm^3，槽内泥浆的密度应小于 1.2g/mm^3，若大于 1.2g/mm^3 就要影响灌注质量。混凝土要有良好的和易性且不发生离析。

导管的数量与槽段长度有关，槽段长度小于 4m 时，可使用一根导管；大于 4m 时，应使用 2 根或 2 根以上导管。导管间距根据导管直径决定，使用 150mm 导管时，间距 2m；使用 200mm 导管时，间距 3m。导管应尽量靠近接头。导管埋入混凝土的深度最小要大于 1.5m，最大要小于 9m，仅在当混凝土浇灌到地下连续墙墙顶附近时，导管内混凝土不易流出的时候，一方面要降低灌注速度，一方面可将导管的埋入深度减为 1m 左右。如果混凝土再灌注不下去，可将导管做上下运动，但上下运动的高度不能超过 30cm。在浇灌过程中，导管不能做横向运动，否则会使沉渣或泥浆混入混凝土内。在灌注过程中不能使混凝土溢出或流进槽内。

混凝土要连续灌注。不能长时间中断，一般可允许中断 5～10min，最大值允许中断 20～30min，以保持混凝土的均匀性。混凝土搅拌好之后，1.5h 内灌注完毕为宜。在夏天

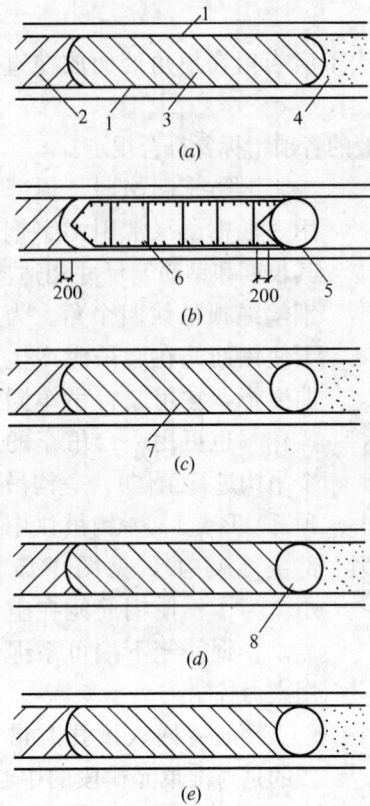

图 1-46　用接头管接头的施工过程
(a) 槽段开挖图；(b) 安放接头管及钢筋笼图；(c) 混凝土灌注图；(d) 接头管拔除图；(e) 单个槽段竣工图
1—导墙；2—已完工的混凝土地下墙；3—正在开挖的槽段；4—未开挖槽段；5—接头管；6—钢筋笼；7—完工的混凝土地下墙；8—接头管拔除后的孔洞

由于混凝土凝结较快，所以必须在搅拌好之后 1h 内尽快浇完，否则应掺入适当的缓凝剂。

在灌注过程中，要经常量测混凝土灌注量和上升高度。量测混凝土上升高度可用测锤。由于混凝土上升面一般都不是水平的，所以要在三个以上的位置进行测量。

（5）地下连续墙接头施工

为了使地下连续墙槽段与槽段之间很好地连接，保证有良好的止水性和整体性，应根据建造地下连续墙的目的来选择适当的接头形式。下面介绍两种常用的接头施工方法。

1）接头管（连锁管）施工

这是最常用的槽段接头施工方法，其施工顺序为图 1-46 所示。

接头管的直径一般要比墙厚小 50mm。管身壁厚一般为 19～20mm。每节长度一般为 5～10m，在施工现场的高度受到限制的情况下，管长可适当缩短。

为便于今后接头管的起拔，管身外壁必须光滑，还可在管身上涂抹黄油，然后用起重机吊放入槽孔内。开始灌注混凝土 2h 后，旋转半圆周，或提起 10cm。一般在混凝土开浇后 3～5h 开始起拔。具体起拔时间，应根据水泥品种、强度等级、混凝土的初凝时间等来决定。起拔时一般用 30t 起重机。开始时约每隔 20～30min 提拔一次，每次上拔 30～100cm。较大工程另备 100t 或 200t 千斤顶提升架，为应急之用。

接头管拔出后，已浇好的混凝土半圆形表面上，附着有水泥浆与稳定液混合而成的胶凝物，这必须除去，否则接头处止水性更差。胶凝物的铲除须用专门设备，我国有关部门曾用电动刷、刮刀等方法，使用也很简便。

2）接头箱接头

采用接头箱接头，可以使地下连续墙形成整体接头，接头的刚度较好。

接头箱接头的施工方法与接头管的施工方法相似，只是以接头箱代替接头管。一个单元槽段成槽挖土结束后，吊放接头箱，再吊放钢筋笼。由于接头箱的开口面被焊在钢筋笼端部的钢板封住，因而浇筑的混凝土不能进入接头箱。混凝土初凝后，与接头管一样逐步吊出接头箱，待后一个单元槽段再浇筑混凝土时，由于两相邻单元槽段的水平钢筋交错搭接，而形成整体接头，其施工过程如图 1-47 所示。

1.5.3　土钉墙支护

1. 土钉墙支护的概念

土钉墙支护是在基坑开挖过程中将较密排列的细长杆件土钉置于原位土体中，并在坡

58

面上喷射钢筋网混凝土面层。通过土钉、土体和喷射混凝土面层的共同工作，形成复合土体。土钉墙支护充分利用土层介质的自承力，形成自稳结构，承担较小的变形压力，土钉承受主要拉力，喷射混凝土面层调节表面应力分布，体现整体作用。同时由于土钉排列较密，通过高压注浆扩散后使土体性能提高。在实际施工中是边开挖边支护。施工快捷简便，经济可靠，得到广泛的应用。土钉墙支护见图 1-48。

土钉墙支护适用于地下水位以上或人工降水后的黏性土、粉土、杂填土及非松散砂土和卵石土等。对于淤泥质土、饱和软土应采用复合型土钉墙支护。土钉体及面层构造见图 1-49。

最常用的土钉材料是变形钢筋、圆钢、钢管及角钢等。土钉材料的置入可分为钻孔置入、打入或射入方式。最常用的是钻孔注浆型土钉。

钻孔注浆土钉是先在土中成孔，置入变形钢筋或钢管，然后沿全长注浆填孔。

打入土钉是用机械（如振动冲击钻、液压锤等），将角钢、钢筋或钢管打入土体。打入土钉不注浆，与土体接触面积小，钉长受限制，所以布置较密，其优点是不需预先钻孔，施工极为快速。

射入土钉是用高压气体作动力，将土钉射入土体。射入钉的土钉直径和钉长受一定限制，但施工速度更快。

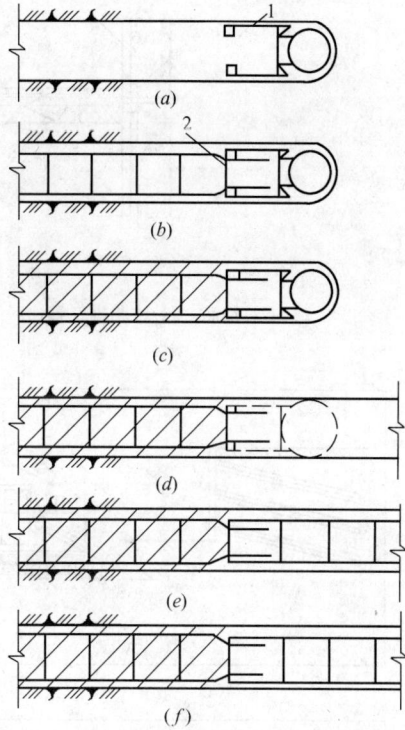

图 1-47 接头箱接头的施工过程

（a）插入接头箱；（b）吊放钢筋笼；（c）浇筑混凝土；（d）吊出接头箱；（e）放置后一个槽段的钢筋笼；（f）浇筑后一个槽段的混凝土形成整体接头

1—接头箱；2—焊在钢筋笼端部的钢板

注浆打入钉是将周围带孔、端部密闭的钢管打入土体后，从管内注浆，并透过壁孔将浆体渗到周围土体。

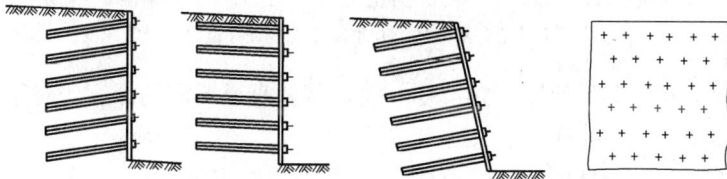

图 1-48 土钉墙支护简图

土钉支护中的喷射混凝土面层不属于主要挡土部件，在土体自重作用下主要是稳定开挖面上的局部土体，防止其崩落和受到侵蚀。

土钉墙支护施工顺序见图 1-50，具体为：

（1）开挖有限的深度；

（2）在开挖面上设置一排土钉；

（3）喷射混凝土面层；

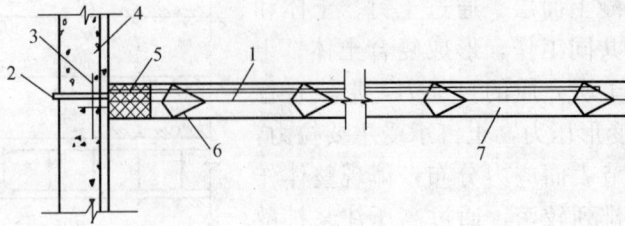

图 1-49　土钉体及面层构造

1—土钉钢筋；2—注浆排气管；3—井字钢筋（或垫板）；4—喷射混凝土面层（配钢筋网）；

5—止浆塞；6—土钉钢筋对中支架；7—注浆体

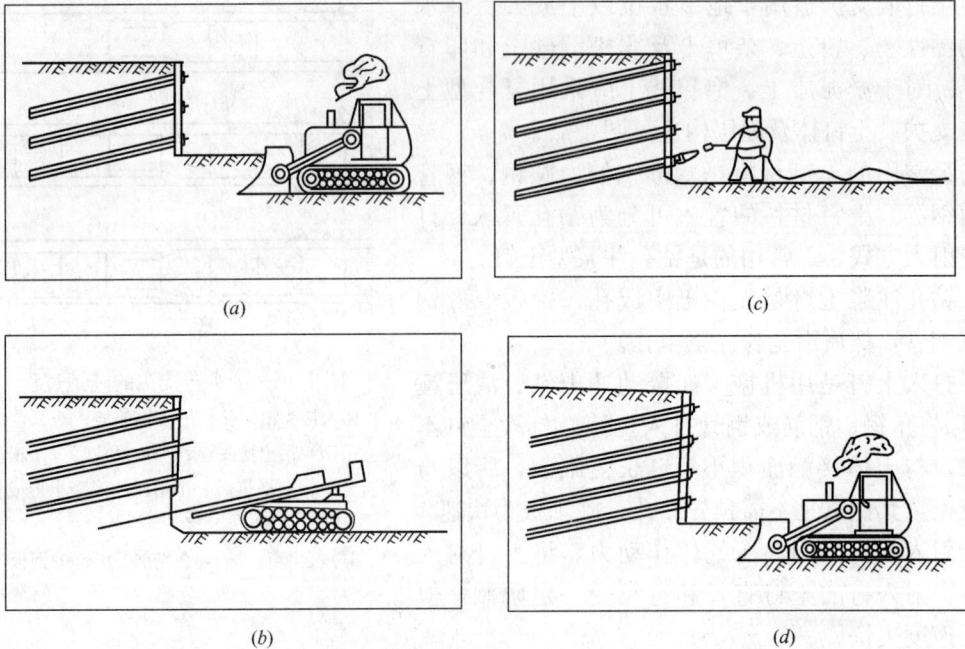

(a)

(c)

(b)

(d)

图 1-50　土钉墙支护施工顺序

(a) 开挖有限的深度；(b) 在开挖面上设置一排土钉；(c) 喷射混凝土面层；

(d) 继续向下开挖有限深度，并重复上述步骤，直至所需的深度

（4）继续向下开挖有限深度，并重复上述步骤，直至所需的深度。对于注浆土钉，一般是先钻孔，再置入土钉并注浆。

对于注浆土钉，一般是先钻孔，再置入土钉并注浆。

2. 土钉墙支护的特点

（1）土钉墙支护是通过沿土钉通长与周围土体接触形成复合体。在土体发生变形的条件下，通过土钉与土体接触界面上的粘结力或摩擦力，使土钉被动受拉，并通过受拉工作面给土体约束加固，提高整体稳定性和承载能力，增强土体变形的延性。

（2）土钉墙是原位土中的加筋技术，是在从上至下的开挖过程中将土钉置入土中，形成以土钉和它周围加固了的土体为一体的类似重力式挡土墙结构。

（3）土钉墙支护是边开挖边支护，流水作业，不占独立工期，施工快捷。

（4）设备简单，操作方便，施工所需场地小。材料用量和工程量小，经济效果好。

（5）土体位移小，采用信息化施工，发现墙体变形过大或土质变化，可及时修改、加固或补救，确保施工安全。

3. 土钉墙支护的作用机理

土体的抗剪强度较低，抗拉强度几乎为零，但土体具有一定的整体性，在基坑开挖时可使土体保持直立的临界高度，超过这个高度将发生突发性、整体性破坏。在土体中放置土钉与土共同工作，形成复合土体，有效地提高土体的整体刚度，弥补土体抗拉、抗剪强度的不足。通过相互作用和应力重分布，使土体自身结构强度的潜力得到充分发挥，改变土体破坏形态。

（1）土钉墙支护面位移沿高度呈线性变化，见图 1-51，类似绕趾部向外转动。最大水平位移发生在顶部。墙体内的水平变形随离开墙面距离增加而减少。最大水平位移 δ_{max} 与开挖深度以及设计安全系数有关，δ_{max} 约为 1‰～3.0‰。

（2）土钉在土体内空间排列形成空间骨架，起约束土体变形的作用，并与土体共同承担外荷载，在土体进入塑性状态后应力重分布，土钉分担应力增加：在可能的破坏面上达到峰值，破坏时土体碎裂，土钉屈服或被拉出。

（3）同一深度处土钉的拉力沿其长度变化，最大拉力部位随着向下开挖，从开始时靠近面层的端部，逐渐向里转移，最大值一般在土体可能失稳的破坏面上，见图 1-52。

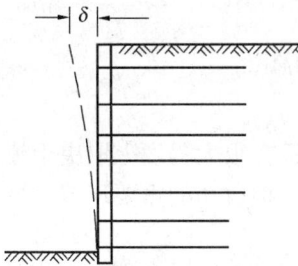

图 1-51 土钉墙支护面位移   图 1-52 土钉拉力沿土钉长度分布

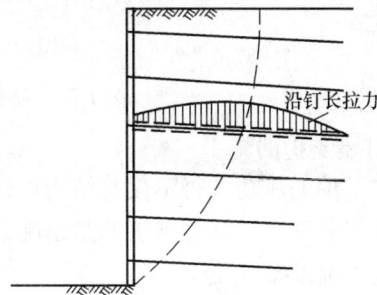

（4）土钉拉应力沿深度变化，中间大，两头小，接近梯形分布。临近破坏时底部土钉拉应力显著增大，复合体通过土钉的传递与扩散作用，将滑裂域内部分拉应力传递到后边稳定土体中，并扩散在较大的范围内，降低应力集中程度。

（5）土钉墙体后的土压力沿其高度分布呈中间大，上下小。压力的合力值远低于挡土墙理论给出的计算值，这表明土钉墙支护不同于一般的挡土墙，土压力的减小体现了土体与土钉的整体作用效果。

（6）土钉墙破坏时明显带有平移和转动性质，类似于重力式挡墙，其破坏形式有内部稳定破坏（局部滑动面破坏）和外部整体稳定破坏（滑移与倾覆），见图 1-53。

4. 复合型土钉墙支护

土钉墙支护是通过土钉、土体和喷射混凝土面层的共同工作形成复合土体的支护结构。因其工艺简单，经济可靠，在相当范围内得到应用，并取得良好的经济效益和社会效益，但土钉墙支护通常仅适用于地下水位较低、自立性能较好的土层中应用。对于较软弱

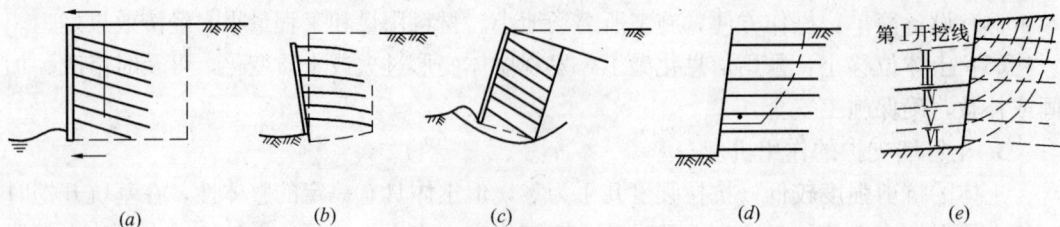

图 1-53 土钉墙支护破坏形式

(a) 滑移；(b) 倾覆；(c) 整体失稳；(d) 沿薄弱土层破坏；(e) 施工阶段开挖时整体失稳

的淤泥质地层应采用复合型土钉墙支护。

所谓复合型土钉墙支护就是以水泥搅拌桩等超前支护组成防渗帷幕，解决土体的自立性、隔水性以及喷射面层与土体的粘结问题。由超前支护、土钉和土体组成复合型土钉墙支护结构，见图 1-54。

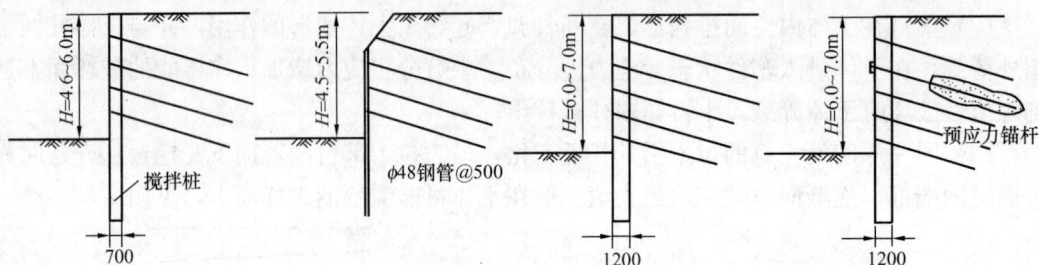

图 1-54 复合土钉墙结构简图

5. 土钉墙支护的施工

土钉墙支护的成功与否不仅与结构设计有关，而且在很大程度上取决于施工方法、施工工序和施工速度，设计与施工的紧密配合是土钉墙支护成功的重要环节。

(1) 施工前准备

1) 熟悉设计图；

2) 了解周边环境与地下管线情况；

3) 熟悉地质报告，注意土层分布及土的力学性能；

4) 检查机械设备完好性，检验所用材料性能；

5) 与挖土单位协调施工进度与计划；

6) 制定施工组织设计。

(2) 施工机具

土钉墙支护施工设备主要有：钻孔设备、混凝土喷射机及注浆泵。

(3) 施工工艺流程

施工工艺流程如图 1-55。

1) 按设计要求开挖工作面，修正边坡；

2) 喷射第一层混凝土；

3) 安设土钉（钻孔、插筋、注浆、垫板等）；

4) 绑扎钢筋网，留搭接钢筋，喷射第二层混凝土；

5) 开挖第二层土，按此循环，直到坑底标高。设置坡顶及坡底排水装置。

土钉制作　拌浆

施工放样 → 挖土 → 修边坡 → 钻孔 → 置土钉 → 第一次注浆 →

→ 扎钢筋网片 → 喷第一层混凝土 → 第二次注浆 → 喷第二层混凝土

混凝土拌料　　拌浆　　混凝土拌料

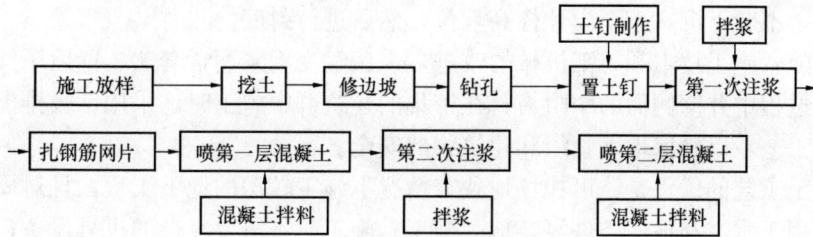

图 1-55　土钉墙支护施工框图

（4）支护施工

1）开挖、修坡

土方开挖用挖掘机作业，挖掘机开挖应离预定边坡线 0.4m 以上，以保证土方开挖少扰动边坡壁的原状土，一次开挖深度由设计确定，一般为：土钉垂直间距为 0.5～0.7m，正面宽度不宜过长，开挖后，用人工及时修整。

2）初喷混凝土

边坡修整后，立即喷射第一层混凝土，其厚度为 50～80mm。

3）土钉施工

①成孔，设置土钉。按设计规定的孔径、孔距及倾角成孔，成孔后及时将土钉（连同注浆管送入孔中，沿土钉长度每隔 2.0m，设置一对中支架。

②注浆。注浆时先高速低压从孔底注浆，当水泥浆从孔口溢出后，再低速高压从孔口注浆。

③编钢筋网，焊接土钉头。层与层之间的竖筋用对钩连接，竖筋与横筋之间用扎丝固定，土钉与垫板施焊。

④按设计所需厚度喷射第二层混凝土。

第一层土钉施工完毕后，开挖第二层土方，按此循环直至坑底标高。

施工过程中必须自始至终与现场测试监控相结合，通过变形等量测数据和施工中不断发掘的现场地质情况，及时反馈、修改设计，并指导下一步施工。据统计，土钉支护事故有 75% 发生在施工过程中，25% 发生在工程建成后，事故主要原因有：土体实际情况与设计测定不符，超开挖，以及水的作用及冻害等，这些事故大都与施工中取消本属必要的量测监控内容有关，以至不能及时发现问题和补救，因此施工中加强监控是十分必要的。

1.5.4　沉井（箱）的施工

把不同断面形状（圆形、方形或多边形、椭圆形、格形）的井筒或箱体，按边排土边下沉的方式，使其沉入地下，即沉井或沉箱。也有人将沉井叫做开口沉箱，把沉箱叫做闭口沉箱，也叫压气沉箱。

沉井是由刃脚、井筒、内阁墙等组成的、呈圆形或矩形筒状的钢筋混凝土结构，多用于超高层建筑的基础、重型设备的基础或桥墩、水泵站、取水结构。其施工方法有自沉法和压沉法。

沉井（箱）是修筑深基础和地下构筑物的一种特殊施工工艺，也是深基础工程的一种结构形式。施工时先在地面或基坑内制作开口的钢筋混凝土井身，待其达到设计的强度后，在井身内部分层挖土运出，井身在自重或在其他措施协助下克服与土壁间的摩阻力和刃脚的反力，不断下沉，直至设计标高就位，然后进行封底。

近年来随着施工技术和施工机械的改进，采用触变泥浆润滑套法、壁后压气法等来降低沉井下沉过程中井壁侧面的摩阻力；在密集的建筑群中施工时，采用钻吸排土技术和中心岛式施工工艺，以确保地下管线和建筑物的安全。

沉井施工工艺的优点是：可在场地狭窄情况下施工较深的地下工程，且对周围环境影响较小，适用于水文和地质条件复杂地区施工；施工时不需要复杂的机具设备；与土方大开挖施工方法相比，可以减少挖、运和回填的土方量。其缺点是工序较多，技术要求高，质量控制困难；能引起周围地层的变形；施工过程中，有振动。

按材料分，沉井类型有混凝土、钢筋混凝土、砖石等。应用最多的是钢筋混凝土沉井。

按平面形状不同，沉井的类型有圆形、方形、矩形、多孔形等，沉井的形状主要取决于其用途。由于圆形沉井受力性能好、易于控制下沉，应用最多。

沉井工艺一般适用于工业建筑的深坑（如料坑等）、设备基础、水泵房、桥墩、顶管的工作井、取水口等工程施工。沉井施工工艺如下：

1. 施工准备

（1）现场施工准备

场地平整；修建临时设施；水、电等动力供应等。进行地质钻探，以提供土层变化、地下水位、承压水等情况，对各土层要提供详细的物理力学指标，为制定可行的施工方案提供技术依据。

（2）技术准备

收集相关施工技术资料及地质资料，作为施工的依据；编制施工方案，施工方案是指导沉井施工的核心技术文件，要根据沉井结构特点、地质水文条件、已有的施工设备和过去的施工经验，经过详细的技术、经济比较，编制出技术上先进、经济上合理的切实可行的施工方案；布设测量控制网，事先要设置测量控制网和水准基点，作为定位放线、沉井制作和下沉的依据。如果附近存在建（构）筑物等，要设沉降观测点，以便定期进行沉降观测。

2. 沉井制作

沉井的施工程序为：平整场地—测量放线—开挖基坑—铺砂垫层和垫木或砌刃砖座—沉井浇筑—布设降水井点或挖排水沟、集水井—抽出垫木—沉井下沉封底—浇筑底板混凝土—施工内隔墙、梁、板及辅助设施。

（1）刃脚支设

沉井下部为刃脚，其支设方式取决于沉井重量和地基承载力。常用的方法有垫架法、砖砌垫座和土模。

在软弱地基上浇筑较重的沉井，常用垫架法（图1-56a）：垫架的作用是将上部沉井重量均匀传给地基，使沉井的井身在浇筑过程中不会产生过大不均匀沉降，不会因导致刃脚和井身产生裂缝而破坏；使井身保持垂直；便于拆除模板和支撑。直径（或边长）不超过8m的较小的沉井，土质较好时可采用垫座（图1-56b），砖垫座沿周长分成6～8段，中间留20mm空隙以便拆除，砖垫座内壁用水泥砂浆抹面。对质量轻的小型沉井，土质较好时，甚至可用土胎模（图1-56c），土胎模内壁也用砂浆抹面。刃脚支设用得较多的是

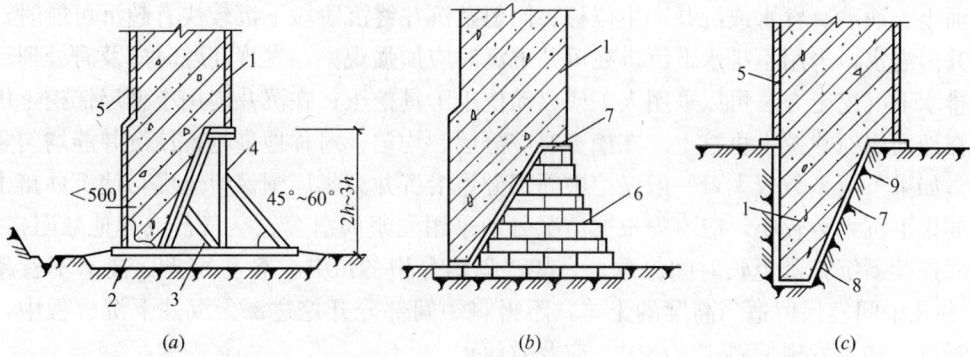

图 1-56 沉井刃脚支设

（a）垫架法；（b）砖垫座法；（c）土胎模法

1—刃脚；2—砂垫层；3—枕木；4—垫架；5—模板；6—砖垫座；

7—水泥砂浆抹面；8—刷隔离层；9—土胎模

垫架法。

（2）井壁制作

沉井制作可以在修建构筑物的地面上进行，也可以在基坑中进行，如果在水中施工还可以在人工筑岛上进行。沉井施工有下列几种方式：一次制作、一次下沉；分节制作、一次下沉；分节制作、分节下沉（制作与下沉交替进行）；如沉井过高，下沉时易倾斜，宜分节制作、分节下沉。采用分节制作、一次下沉时，制作高度不宜大于沉井短边或直径，总高度超过 12m 时，需要有可靠的计算依据和采取确保稳定的措施。沉井分节制作的高度，应保证其稳定性并能使其顺利下沉。分节制作时，水平接缝需要做成凸凹形，以利防水；如沉井内有隔墙，隔墙底面比刃脚高，与井壁同时浇筑时需要在隔墙下立排架或用砂堤支设隔墙底模。

钢筋由现场绑扎，也可在现场地面上预制成钢筋骨架或网片后安装。混凝土浇筑时应沿沉井周围均匀、分层浇筑。每节沉井应一次连续浇筑完毕，下节沉井的混凝土强度到70%后才允许浇筑上节沉井的混凝土。

（3）沉井下沉

沉井下沉前应进行混凝土强度检查、外观检查，对各种形式的沉井在施工阶段应进行结构强度计算、下沉验算和抗浮验算。沉井下沉时，要求第一节混凝土强度达到设计强度，其余各节应达到设计强度的 70%。

沉井下沉，其自重必须克服井壁与土间的摩阻力和刃脚、隔墙、横梁下的反力，采取不排水下沉时尚需克服水的浮力。当下沉系数不能满足要求时，可以在基坑中制作，减少下沉深度；或者在井壁顶部堆放钢、铁、砂石等材料以增加其附加荷重；或者在井壁与土壁间注入触变泥浆，以减少下沉摩阻力等措施。

大型沉井应待混凝土达到设计强度的 100% 时可拆除垫架（枕木、砖垫座），拆除时应分组、依次、对称、同步地进行。拆除时应加强观测，注意沉井下沉是否均匀。

（4）沉井下沉的施工方法

沉井下沉有排水下沉和不排水下沉两种方案。一般应采用排水下沉。排水下沉的方法有明沟、集水井排水、井点降水、井点与明沟排水相结合的方法。当土质条件较差，可能发生涌土、涌砂、冒水或沉井产生位移、倾斜及沉井终沉阶段下沉较快有超沉可能时，才向沉井内灌水，采用不排水下沉。在沉井下沉时应加强观察，发现问题时应及时处理。

排水下沉挖土方法可以采用人工或风动挖土工具挖土；在沉井内用小型反铲挖土机挖土、在地面用抓斗挖土机挖土。在挖土时应分层、均匀、对称地进行，使沉井能均匀竖直下沉。如果下沉系数较大，一般先挖中间部分，沿沉井刃脚周围保留土堤，使沉井挤土下沉；如果下沉系数较小，应事先根据情况分别采用泥浆润滑套、空气幕或其他减阻措施，使沉井连续下沉，避免长时间停歇。有架、隔墙分格的沉井，各孔挖土面高差不宜超过1m。井孔中间宜保留适当高度的土体，不得将中间部分开挖过深。沉井下沉过程中，应加强观测，如果发现偏斜、位移时，应及时纠正。

不排水下沉挖土方法采用抓斗、水力吸泥机或水力冲射空气吸泥等在水下挖掘。抓斗挖土是用吊车吊抓斗挖掘井底中央部分的土，使之形成锅底。在砂或砾石类土中，一般当锅底比刃脚低1～1.5m时，沉井即可靠自重将刃脚下土挤向中央锅底，再从井孔中继续抓土，沉井即可下沉。在黏质土或紧密土中，刃脚下土不易向中央坍落，则应配以射水管冲土。水力机械冲土是用高压水泵将高压水流通过进水管分别送进沉井的高压水枪和水力吸泥机，利用高压水枪射出的高压水流冲刷土层，使其形成一定稠度的泥浆汇流至集泥坑，然后用水力吸泥机将泥浆排出井外。

水力机械冲土的主要设备包括吸泥器（水力吸泥机或空气吸泥机）、吸泥管、扬泥管和高压水管、离心式高压水泵、空气压缩机（采用空气吸泥时用）等。

(5) 沉井封底（图1-57）

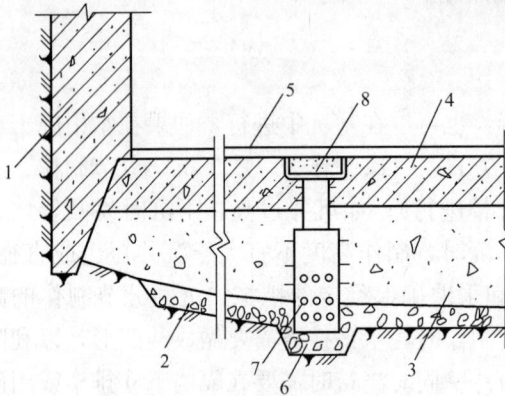

图1-57 沉井封底

1—沉井；2—卵石盲沟；3—封底混凝土；4—底板；5—砂浆面层；6—集水井；7—600～800mm带孔钢或混凝土管，外包尼龙网；8—法兰盘盖

当沉井下沉到距设计标高0.1m时，应停止井内挖土和抽水，使其靠自重下沉至设计标高或接近设计标高，再经2～3d下沉稳定或经观测在8h内累计下沉降不大于10mm时，即可进行沉井封底。封底方法有排水封底和不排水封底两种，宜尽可能采用排水封底。

方法是对井底进行修整使之成锅底形，由刃脚向中心挖放射形排水沟，填以卵石做成滤水暗沟，在中部设2～3个集水井，深1～2m，插入400～800mm四周带孔眼的钢管或混凝土管，外包二层尼龙窗纱，四周填以卵石，使井底的水流汇集在井中，用潜水泵排出，保持地下水位低于基底面0.5m以下。封底一般铺一层150～500mm厚碎石或卵石层，再在其上浇一层厚0.5～1.5m的混凝土垫层，在刃脚下切实填严，振捣密实，以保证沉井的最后稳定，达到50%设计强度后，在垫层上绑钢筋，两端伸入刃脚或凹槽内。封底混凝土与老混凝土接触面应冲刷干净，浇筑底板混凝土，浇筑应在整个沉井面积上分层、不间断地进行，由四周向中央推进，每层厚30～50cm，并用振捣器捣实，混凝土养护期间应继续抽水，待底板混凝土强度达到70%并经抗浮验算后，对集水井逐个停止抽水，逐个封堵。

（6）不排水封底（水下封底）

当井底涌水量很大或出现流砂现象时，沉井应在水下进行封底，待沉井基本稳定后，将井底浮泥清除干净，新老混凝土接触面用水枪冲刷干净，并抛毛石，铺碎石垫层。封底水下混凝土采用导管法浇筑。待水下封底混凝土达到所需强度后（一般养护 7～14d），从沉井内抽水，检查封底情况，进行抢漏补修，按排水封底施工上部钢筋混凝土底板。

1.5.5　钢与混凝土基坑支护

深基坑支护体系由两部分组成，一是围护墙；二是内支撑或者土层锚杆。它们与挡土桩墙一起，增强围护结构的整体稳定，不仅直接关系到基坑的安全和土方开挖，对基坑的工程造价和施工进度影响也很大。

作用在挡墙上的水、土压力可以由内支撑有效地传递和平衡，也可以由坑外设置的土锚维持其平衡，它们还能减少支护结构的位移。

内支撑可以直接平衡两端围护墙上所受到的侧压力，构造简单，受力明确。土锚设置在围护墙的背后，为挖土、结构施工创造了空间，有利于提高施工效率。在软土地区，特别是在建筑密集的城市中，应用比较多的还是支撑，因此本节以介绍支撑的施工为主。

1. 支撑结构概述

（1）支撑材料的选择

目前在一般建筑工程和市政工程中采用的支撑系统，按其材料可分为钢管支撑、型钢支撑、钢筋混凝土支撑，根据工程情况，有时在同一个基坑中采用钢结构和钢筋混凝土的组合支撑。

钢结构支撑具有自重小，安装和拆除都很方便，而且可以重复使用等优点。根据土方开挖进度，钢结构支撑可以做到随挖随撑，并可施加预紧力，这对控制墙体变形是十分有利的。因此，在一般情况下，应优先采用钢结构支撑。然而钢结构支撑整体刚度较差，安装节点比较多，当节点构造不合理，或施工不当不符合设计要求，往往容易造成因节点变形与钢结构支撑变形，进而造成基坑过大的水平位移。有时甚至由于节点破坏，造成断一点而破坏整体的后果。对此应通过合理设计、严格现场管理和提高施工技术水平等措施加以控制。

现浇钢筋混凝土结构支撑具有较大的刚度，适用于各种复杂平面形状的基坑。现浇节点不会产生松动而增加墙体位移。工程实践表明，在钢结构支撑施工技术水平不高的情况下，钢筋混凝土支撑具有更高的可靠性。但混凝土支撑有自重大、材料不能重复使用，安装和拆除需要较长工期等缺点。当采用爆破方法拆除支撑时，会出现噪声、振动以及碎块飞出等危害，在闹市区施工应予注意。由于混凝土支撑从钢筋、模板、浇捣至养护的整个施工过程需要较长的时间，因此不能做到随挖随撑，这对控制墙体变形是不利的，对于大型基坑的下部支撑采用钢筋混凝土时应特别慎重。

（2）支撑体系的结构形式

1）单跨压杆式支撑

当基坑平面呈窄长条状、短边的长度不很大时，采用这种形式具有受力明确，施工安装方便等优点，图 1-58 即为这种形式的示意图。

2）多跨压杆式支撑

当基坑平面尺寸较大，支撑杆件在基坑短边长度下的极限承载力尚不能满足围护系统

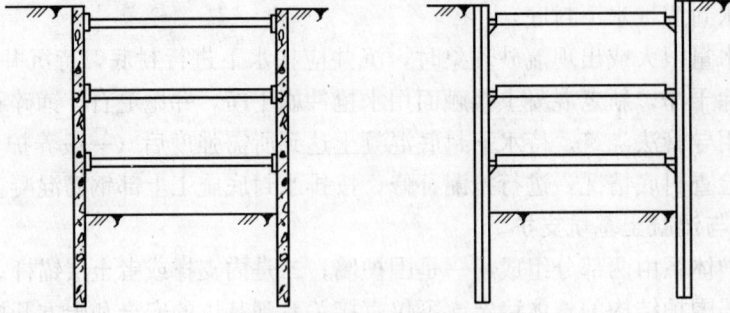

图 1-58　单跨压杆式支撑

的要求时，就需要在支撑杆件中部设置若干支点，就组成了多跨压杆式支撑系统，如图 1-59 所示。

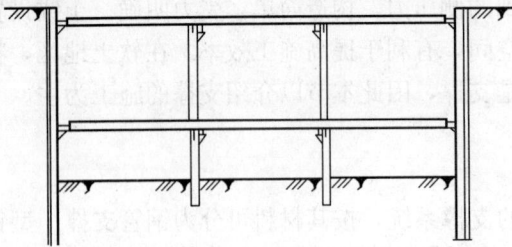

图 1-59　多跨压杆式支撑

（3）支撑布置的基本形式

一般情况下，支撑布置的基本形式有水平支撑体系和竖向斜撑体系两种。

1）水平支撑体系由围檩（即布置在围护墙内侧，并沿水平方向四周兜转的圈梁），水平支撑和立柱组成，如图 1-60 所示。水平支撑可以分为：贯通基坑全长或全宽的对撑或对撑桁架；位于基坑角部两邻边之间的斜角撑或斜撑桁架；位于对撑或对撑桁架端部的八字撑；由围檩和靠近基坑边的对撑为弦杆的边桁架；支撑之间的连系杆等。

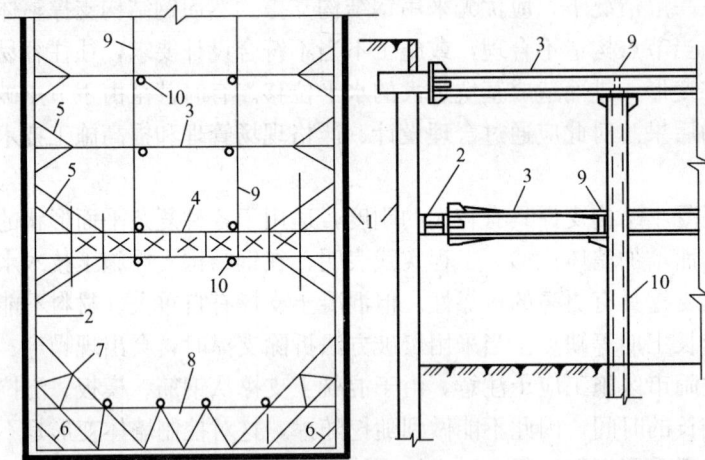

图 1-60　水平支撑体系

1—围护墙；2—围檩；3—对撑；4—对撑桁架；5—八字撑；6—斜角撑；7—斜撑桁架；8—边桁架；9—连系杆；10—立柱

水平支撑体系整体性好，水平力传递可靠，平面刚度较大，适合于大小深浅不同的各种基坑，适用范围较广。

2）竖向斜撑体系由围檩、竖向斜撑、斜撑基础、水平连系杆以及立柱等组成，如图

1-61 所示。

竖向斜撑体系要求土方采取"盆形"开挖，即先开挖中部土方，沿四周围护墙边预留土坡，待斜撑安装后，再挖除四周土坡。基坑变形受到土坡和斜撑基础变形的影响，一般适用于环境保护要求不高，开挖深度不大的基坑。对于平面尺寸较大，形状复杂的基坑，采用竖向斜撑方案可以获得较好的经济效果。

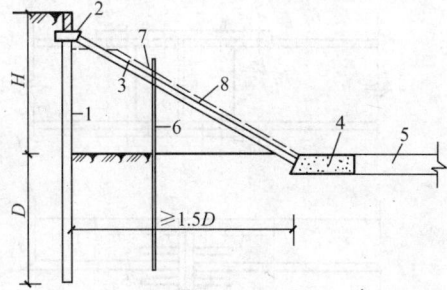

图 1-61　竖向斜撑体系
1—围护墙；2—檩条；3—斜撑；4—斜撑基础；
5—基础压杆；6—立柱；7—土坡；8—连系杆

3）钢筋混凝土支撑

目前基坑的平面尺寸越来越大，基坑宽度达数十米甚至上百米；基坑深度也越来越深，达十几米甚至三十多米。如果采用将支撑体系分解成单根压杆来进行计算的设计已不能满足工程的需要，如果设计的支撑体系缺乏整体刚度，其安全性就没有可靠的保证，这已在工程实践中得到证明。

为解决上述问题，将支撑体系在结构上设计成一个水平的封闭框架，并尽可能采用钢筋混凝土现浇结构，这样就大大提高了它的整体刚度。因为支撑是一种临时结构，只需要满足施工阶段的各项技术参数和工况要求。在方便施工、节省投资的前提下，尽可能地优化结构的几何布置，选择有足够刚度和受力性能良好的几何形式，从而实现安全、经济的最佳设计。

（4）支撑结构的构造

1）钢结构支撑的构造

钢支撑和钢围檩的常用截面有钢管、工字钢和槽钢，以及它们的组合截面，如图1-62所示。

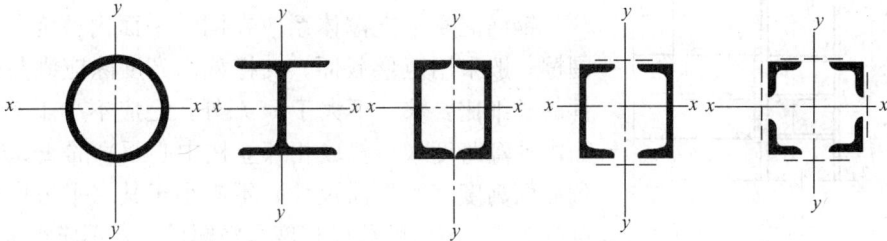

图 1-62　钢支撑的常用截面形式

节点构造是钢支撑设计中需要充分注意的一个重要内容，不合适的连接构造容易使基坑产生过大变形。

图 1-63 是 H 钢和钢管的几种拼接方法。其中图 1-63（a）为螺栓连接，图 1-63（b）为焊接。焊接连接一般可以达到截面等强度要求，传力性能较好，但现场工作量较大。螺栓连接的可靠性不如焊接，但现场拼装方便。

用 H 钢作围檩时，虽然在它的主平面内抗弯性能很好，但抗剪和抗扭性能较差，需要采取合适的构造措施加以弥补。图 1-64 是 H 钢围檩和支撑的连接，在围檩和围护墙之间填充细石混凝土可以使围檩受力均匀，避免受偏心力作用和产生扭转；在围檩和支撑的

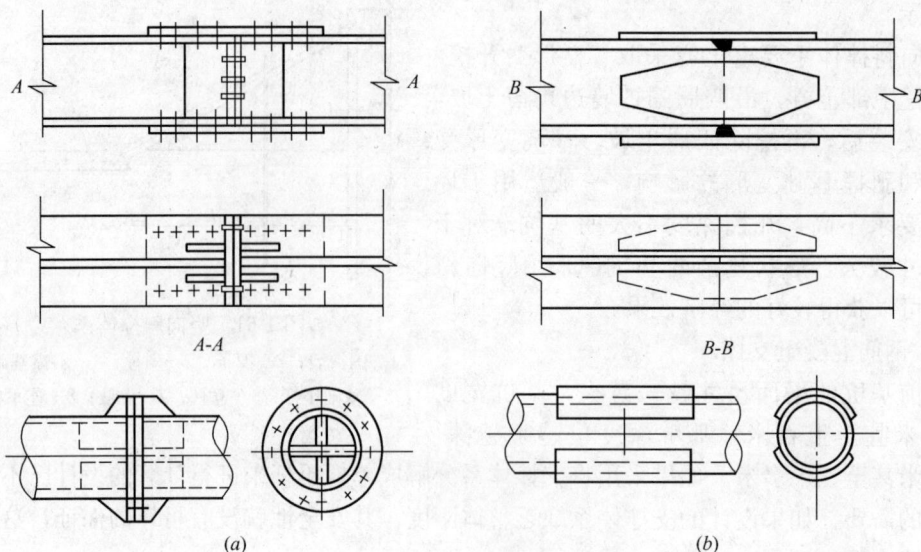

图 1-63　H 钢和钢管的拼接

(a) 螺栓连接；(b) 焊接

腹板上焊接加劲板可以增强腹板的稳定性和提高截面的抗扭刚度，防止局部压弯破坏。

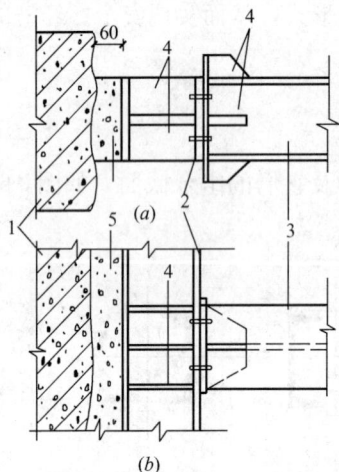

图 1-64　钢支撑和围檩的连接

(a) 剖面图；(b) 平面图

1—围护墙；2—钢围檩；3—钢支撑；
4—加劲板；5—细石混凝土填缝

纵横向水平支撑交叉点的连接有平接和叠接两种，如图 1-65 所示。一般说，平接节点比较可靠，可以使支撑体系形成较大的平面刚度。叠接连接施工方便，但是这种连接能否有效限制支撑在水平面内的压弯变形是值得怀疑的。

2）现浇钢筋混凝土支撑的构造

钢筋混凝土支撑体系应在同一平面内整浇。支撑及围檩一般采用矩形截面。支撑截面高度除应满足受压构件的长细比要求（不大于 75）外，还应不小于其竖向平面内计算跨度（一般取相邻立柱中心距）的 1/20。围檩的截面高度（水平向尺寸）不应小于其水平方向计算跨度的 1/8，围檩的截面宽度（竖向尺寸）不应小于支撑的截面高度。

混凝土围檩与围护墙之间不应留水平间隙。在竖向平面内围檩可采用吊筋与墙体连接，吊筋的间距一般不大于 1.5m，直径可根据围檩及水平支撑的自重，由计算决定。

当混凝土围檩与地下连续墙之间需要传递水平剪力时，应在墙体上沿围檩长度方向预留剪力钢筋或剪力槽。

3）立柱构造

一般情况下，在基坑开挖面以上采用格构式钢柱，其断面如图 1-66 所示，以方便主体工程基础底板钢筋施工，同时也便于和支撑构件连接。开挖面以下可采用直径不小于

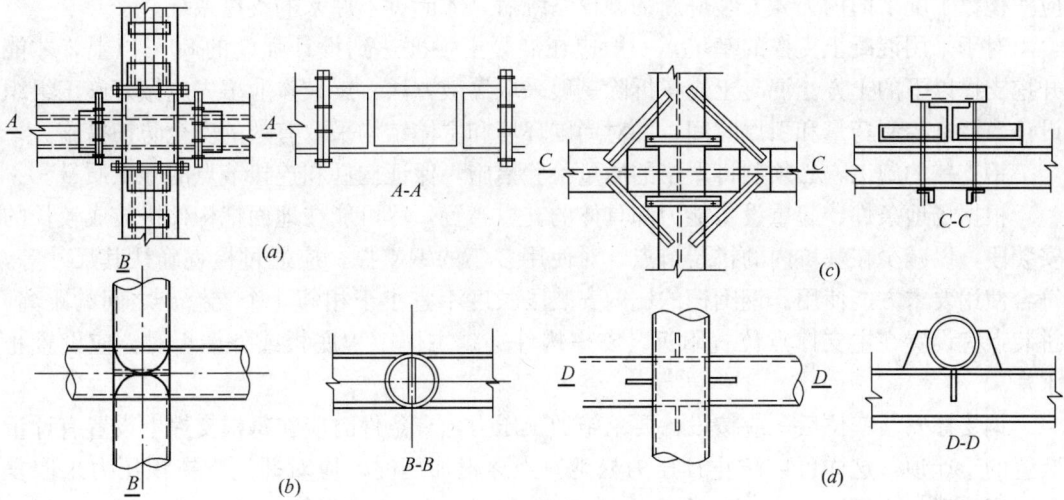

图 1-65 支撑交叉点的连接方式
(a) H 钢平接；(b) 钢管平接；(c) H 钢叠接；(d) 钢管叠接

650mm 的钻孔桩（也可利用工程桩），或采用与开挖面以上立柱截面相同的钢管及 H 型钢桩。当为钻孔桩时，其上部钢立柱在桩内的埋入长度应不小于钢立柱长边的四倍，并与桩内钢筋笼焊接。

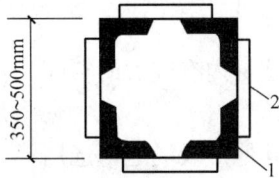

图 1-66 上立柱截面形式
1—角钢 L120×10；2—缀板或缀条

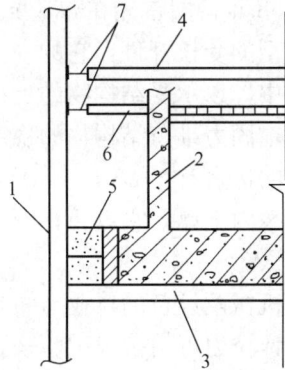

图 1-67 利用主体结构楼盖楔撑
1—围护墙；2—地下室外墙；3—混凝土垫层；4—水平支撑；
5—现浇混凝土带；6—短撑；7—围檩

为防止立柱沉降或坑底土回弹对支撑结构的不利影响，立柱的下端应支承在较好的土层上。在软土地区，立柱在开挖面以下的埋置深度不宜小于基坑开挖深度的 2 倍。

(5) 支撑结构的施工要点

支撑结构设计布置合理以后，确保施工质量也是非常重要的。支撑的安装和拆除顺序必须与支护结构的设计工况相符合，并与土方开挖和主体施工顺序密切配合。所有支撑应在地基上开槽安装，在分层开挖原则下做到先安装支撑，后开挖下部土方。在主体结构底板或楼板完成后，并达到一定的设计强度，可借助底板或楼板构件的强度和平面刚度，拆除相应部位的支撑，但在此之前必须先在围护墙与主体结构之间设置可靠的传力构造，如图 1-67 所示。传力构件的截面应按楔撑工况下的内力确定。当不能利用主体结构楔撑时，应按楔撑工况下的内力先安装好新的支撑系统后，才能拆下原来的支撑系统。

对于采用混凝土支撑的基坑，一般应在混凝土强度达到设计强度的 80％以上，才能开挖支撑以下的土方。混凝土支撑拆除一般采取爆破方法，爆破作业事先应做好施工组织设计，严格控制药量和引爆时间，并对周围环境和主体结构采取有效的安全防护措施。

钢支撑的施工，必须制订严格的质量检验措施，保证构件和连接节点的施工质量。

根据场地条件、起重设备能力和具体的支撑布置，尽可能在地面把构件拼装成较长的安装段，以减少在基坑内的拼装节点。对使用多年的钢支撑，应通过检查确认其尺寸等，符合使用要求方能使用。钢围檩的坑内安装段长度不宜小于相邻 4 个支撑点之间的距离。拼装点宜设置在主支撑点位置附近。支撑构件穿越主体工程底板或外墙板时，应设置止水片。

钢支撑安装就位后，应按设计要求施加预压力，有条件时应在每根支撑上设置有计量装置的千斤顶，这样可以防止预压力松弛。当逐根加压时，应对邻近支撑预压力采取复校。当支撑长度超过 30m 时，宜在支撑两端同时加压。支撑预压力应分级施加，重复进行。一般情况下，预压力控制在设计轴力的 50％，不宜过高。当预压力取用支撑轴力的80％以上时，应防止围护结构的外倾、损坏和对坑外环境的影响。

1.5.6 土层锚杆

1. 概述

土层锚杆是在岩石锚杆基础上发展起来的，在 20 世纪 50 年代前岩石锚杆就在隧道衬砌结构中应用。1958 年德国首先在深基坑开挖中用于挡土墙支护，锚杆进入非黏性土层。

锚杆是一种新型的受拉杆件，它的一端与工程结构物或挡土桩墙联结，另一端锚固在地基的土层或岩层中，以承受结构物的上托力、拉拔力、倾侧力或挡土墙的土压力、水压力，它利用地层的锚固力维持结构物的稳定。

使用锚杆技术的优点有：

（1）用锚杆代替内支撑，它设置在围护墙背后，因而在基坑内有较大的空间，有利于挖土施工；

（2）锚杆施工机械及设备的作业空间不大，因此可为各种地形及场地所选用；

（3）锚杆的设计拉力可由抗拔试验来获得，因此可保证设计有足够的安全度；

（4）锚杆可采用预加拉力，以控制结构的变形量；

（5）施工时的噪声和振动均很小。

我国最早用于地铁工程，20 世纪 80 年代初开始用于高层建筑深基坑支护。在天然土层中，锚固方法以钻孔灌浆为主，一般称为灌浆锚杆。受拉杆件有粗钢筋、高强钢丝束和钢绞线等不同的类型，锚杆层数从一层发展到深坑中的四层锚杆。

2. 锚杆的构造及类型

（1）锚杆的构造

锚杆支护体系由挡土结构物与土层锚杆系统两部分组成，如图 1-68 所示。

挡土结构物包括地下连续墙、灌注桩、挖孔桩及各种类型的板桩等。

灌浆土层锚杆系统由锚杆（索）、自由段、锚固段及锚头、垫块等组成。

（2）锚杆的类型

锚杆按锚固段的形式有圆柱形、扩大端部形及连续球形，如图 1-69 所示。对于拉力

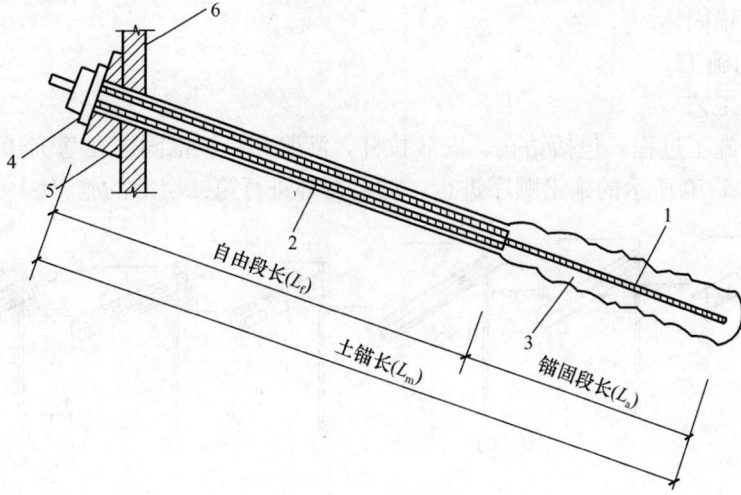

图 1-68 灌浆土层锚杆系统的构造示意图

1—锚杆（索）；2—自由段；3—锚固段；4—锚头；5—垫块；6—挡土结构

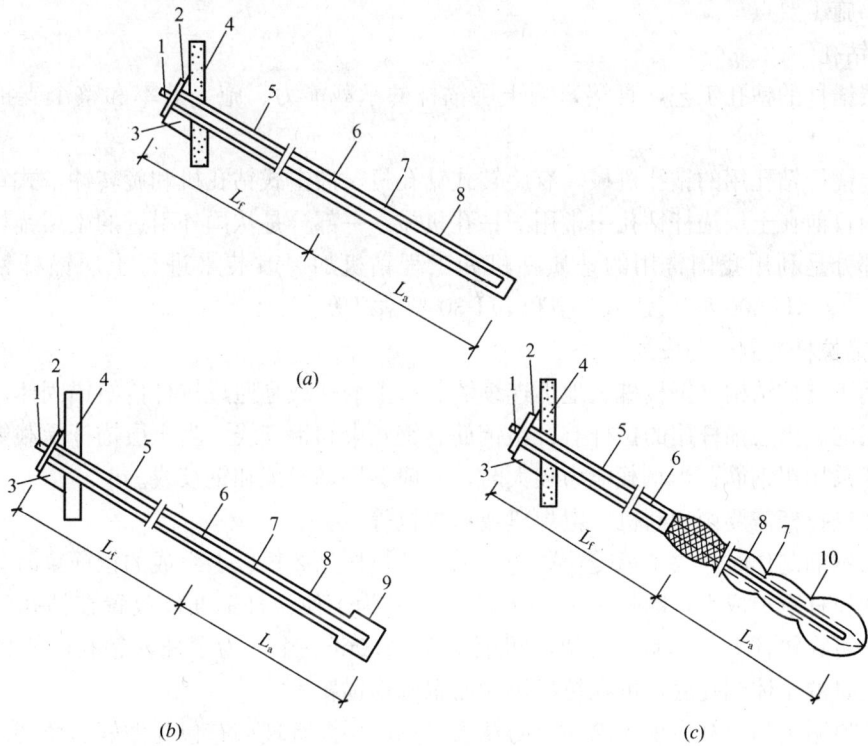

图 1-69 锚固段的形式

（a）圆柱形；（b）扩大端部形；（c）连续球形；

1—锚具；2—承压板；3—台座；4—围护结构；5—钻孔；6—注浆防腐处理；7—预应力筋；

8—圆柱形锚固体；9—端部扩大头；10—连续球体；L_f—自由段长度；L_a—锚固段长度；

不高，临时性挡土结构可采用圆柱形锚固体；锚固于砂质土、硬黏土层并要求较高承载力的锚杆，可采用端部扩大头形锚固体；锚固于淤泥质土层并要求较高承载力的锚杆，可采用连续球体形锚固体。

3. 土锚的施工

(1) 施工工艺

土层锚杆施工过程,包括钻孔、安放拉杆,灌浆和张拉锚固。在基坑开挖至锚杆埋设标高时,按图1-70所示的施工顺序进行,然后循环进行第二层等的施工。

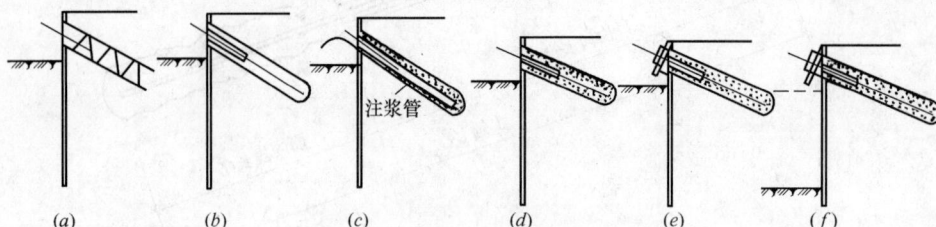

图1-70 锚杆施工顺序示意图

(a) 钻孔;(b) 插放钢筋或钢绞线;(c) 灌浆;(d) 养护;(e) 安装锚头,预应力张拉;(f) 挖土

(2) 施工要点

1) 钻孔

土层锚杆的钻孔工艺,直接影响土层锚杆的承载能力、施工效率和整个支护工程的成本。

土层锚杆钻孔用的钻孔机械,有旋转式钻孔机、冲击式钻孔机和旋转冲击式钻孔机三类。我国目前在土层锚杆钻孔中常用的钻孔机械,一部分是从国外引进的土层锚杆专用钻机,一部分是利用我国常用的地质钻机和工程钻机加以改装来进行土层锚杆钻孔,如XU-300型、XU-600型、XJ-100型和SH-30型钻机等。

2) 锚拉杆的制作与安放

作用于支护结构(钢板桩、地下连续墙等)上的荷载是通过拉杆传给锚固体,再传给锚固土层的。土层锚杆用的拉杆有:粗钢筋、钢丝束和钢绞线。当土层锚杆承载能力较小时,一般采用粗钢筋;当承载能力较大时,一般选用钢丝束和钢绞线。

制作锚拉杆需要用切断机、电焊机或对焊机等。

用粗钢筋制作时,为了承受荷载需要采用的拉杆是2根以上组成的钢筋束时,应将所需长度的拉杆点焊成束,间隔2~3m点焊一点。为了使拉杆钢筋能放置在钻孔的中心以便插入,可在拉杆下部焊船形支架,间距1.5~2.0m一个。为了插入钻孔时不致于从孔壁带入大量的土体到孔底,可在拉杆尾端放置圆形锚靴。

在孔口附近的拉杆应事先涂一层防锈漆并用两层沥青玻璃布包扎做好防锈层。

国内常用钢绞线锚索,一般钢绞线由3根,5根,7根,9根成索。钢绞线的制作是通过分割器(隔离件)组成,其距离为1.0~1.5m,如图1-71所示。

3) 灌浆

灌浆材料用强度等级为32.5的水泥,浆液配合比(重量比),可按表1-17采用。

锚固段注浆应分两次进行,第一次灌注水泥砂浆,第二次应在第一次注浆初凝后进行,压注纯水泥浆,注浆压力不大于上覆压力的2倍,也不大于8.0MPa。

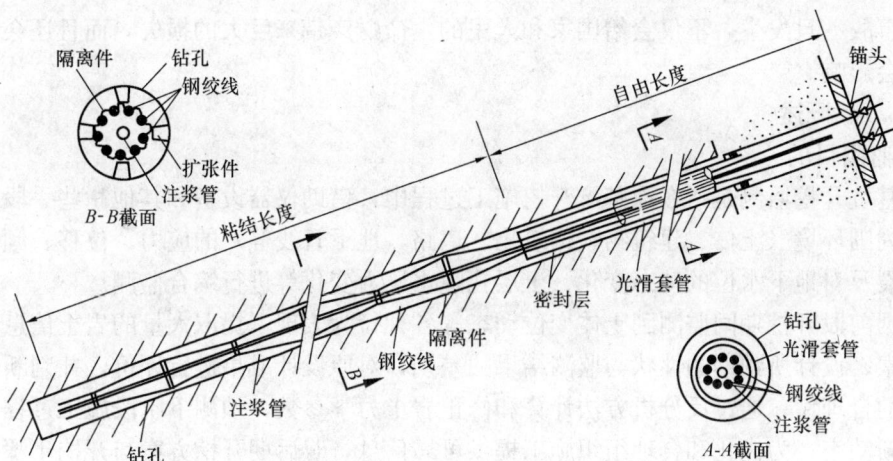

图 1-71 多股钢绞线锚杆示意图

土层锚杆注浆浆液配合比（重量比） 表 1-17

注浆次序	浆 液	强度等级为 42.5 的硅酸盐水泥	水	砂 ($d<0.5$mm)	早强剂
第一次	水泥砂浆	1	0.4	0.3	0.035
第二次	水泥浆			—	

4）预应力张拉

锚固体强度达到 75% 的水泥砂浆设计强度时，可以进行预应力张拉。

①为避免相邻锚杆张拉的应力损失，可采用"跳张法"即隔一拉一的方法；

②正式张拉前，应取设计拉力 10%～20%，对锚杆预张 1～2 次，使各部位接触紧密，杆体与土层紧密，产生初剪；

③正式张拉应分级加载，每级加载后恒载 3min 记录伸长值。张拉到设计荷载（不超过轴力），恒载 10min，再无变化可以锁定。

④锁定预应力以设计轴力的 75% 为宜。

1.6 基坑工程的监测

基坑工程中支护结构的变形、受力、位移由于受地质条件、荷载条件、材料性质、施工条件和外界因素的复杂影响，很难单纯从理论上准确计算，而这些特征值又是影响基坑安全、施工安全的重要标志。因此，对基坑工程的监测既是检验基坑设计理论正确性和发展设计理论的重要手段，同时又是及时指导正确施工、避免基坑工程事故发生的必要措施。

虽然在基坑支护结构设计和基坑开挖过程中人们采取了一系列的技术措施来保证基坑的安全，但实际工程中仍有不少基坑发生事故，主要表现为支护体系崩溃，基坑大面积滑坡；支护结构过分倾斜；水平位移过大；支护结构和被支护土体达到破坏状态；基坑周边土体变形过大，邻近建（构）筑物倾斜、开裂，甚至倒塌，基坑底回弹、隆起过大等。基坑工程事故一旦发生，不仅会给国家和人民的生命财产带来巨大的损失，而且还会产生不良的社会影响。

1.6.1 概述

1. 监测目的

深基坑开挖监测是指在深基坑开挖施工过程中，借助仪器设备和其他一些手段对支护结构、周围环境（土体、建筑物、构筑物、道路、地下管线等）的应力、位移、倾斜、沉降、开裂及对地下水位的动态变化、土层孔隙水压力变化等进行综合监测。

根据前段开挖期间监测到土体变位动态等各种行为表现，提取大量的岩土信息，及时比较勘察、设计所预期的性状与监测结果的差别，对原设计成果进行评价，并判断现行施工方案的合理性；通过反分析方法计算和修正岩土力学参数，预测下阶段施工过程中可能出现的新动态，为优化和合理组织施工提供可靠信息，对后期开挖方案与开挖步骤提出建议，对施工过程中可能出现的险情进行及时的预报；当有异常情况时，立即采取必要的工程措施，将问题消灭于萌芽状态，以确保工程安全。

2. 监测内容

（1）支护体系监测

支护体系的监测主要有以下一些内容：

1）支护结构沉降监测；

2）支护结构顶部水平位移监测；

3）支护结构倾斜监测；

4）支护体系完整性及强度监测；

5）支护体系应力监测；

6）支护体系受力监测。

（2）周围环境监测主要有以下一些内容：

1）邻近建筑物沉降、倾斜和裂缝发生时间及发展过程的监测；

2）邻近构筑物、道路、地下管网等设施变形的监测；

3）表层土体沉降、水平位移以及深层土体分层沉降和水平位移的监测；

4）桩侧土压力测试；

5）坑底隆起监测；

6）土层孔隙水压力测试；

7）地下水位监测。

具体监测项目的选定应视工程地质和水文地质条件、周围建筑物及地下管线、施工进度和基坑工程安全等级情况综合考虑。根据理论分析和大量的工程实践，监测项目可根据表1-18进行选取。

3. 监测仪器

基坑监测时所使用的仪器主要有：

（1）水准仪和经纬仪：主要用于测量支护结构、地下管线和周围环境的沉降和变位；

（2）测斜仪：用于支护结构和土体水平位移的观测；

（3）深层沉降标：用于量测支护结构后土体位移的变化，以判断支护结构的稳定状态；

<table>
<tr><th colspan="4">基坑监测项目表</th><th colspan="4" align="right">表 1-18</th></tr>
</table>

基坑侧壁安全等级 监测项目	一级	二级	三级	基坑侧壁安全等级 监测项目	一级	二级	三级
支护结构水平位移	应测	应测	应测	支撑轴力	应测	宜测	可测
周围建筑物、地下管线变形	应测	应测	宜测	立柱变形	应测	宜测	可测
地下水位	应测	应测	宜测	土体分层位移	应测	宜测	可测
桩、墙内力	应测	宜测	可测	支护结构水平荷载及抗力	宜测	可测	可测
锚杆拉力	应测	宜测	可测				

(4) 土压力计（盒）：用于量测支护结构后土体的压力状态（主动、被动和静止）、大小及变化情况，以检验设计计算的准确程度和判断支护结构的位移情况；

(5) 孔隙水压力计：用于观测支护结构后孔隙水压力的变化情况，以判断坑外土体的松密和移动；

(6) 水位计：用于量测支护结构后地下水位的变化情况，以检验降水效果；

(7) 钢筋应力计：用来量测支撑结构的轴力、弯矩等，以判断支撑结构是否稳定；

(8) 温度计：温度计一般和钢筋应力计一起埋设在钢筋混凝土支撑中，用来计算由于温度变化引起的应力；

(9) 混凝土应变计：用以测定支撑混凝土结构的应变，从而计算相应支撑断面内的轴力；

(10) 低应变动测仪和超声波无损检测仪：用来检测支护结构的完整性和强度。

无论是哪种类型的监测仪器，在埋设前都应从外观检验、防水性检验、压力率定和温度率定等几方面进行检验和率定。应变计、应力计、孔隙水压力计、土压力盒等各类传感器在埋设安装之前都应进行重复标定；水准仪、经纬仪、测斜仪等除须满足设计要求外，应每年由国家法定计量单位进行检验、校正，并出具合格证。

由于监测仪器设备的工作环境大多在室外甚至地下，而且埋设好的元件不能置换，因此在选用时还应考虑其可靠性、坚固性、经济性以及测量原理和方法、精度和量程等方面的因素。

1.6.2 监测方法

施工前应对周围建筑物和有关设施的现状、裂缝开展情况等进行调查，并做详细记录；也可拍照、摄像作为施工前的档案资料。对于同一工程，监测工作应固定观测人员和仪器，采用相同的观测方法和观测线路，在基本相同的情况下施测。

基准点应在施工前埋设，经观测确定其已稳定时方可投入使用；基准点一般不少于 2 个，并设在施工影响范围外，监测期间应定期联测以检验其稳定性；在整个施工期内，应采取有效保护措施，确保其在整个施工期间正常使用。

在施工之前应进行初始观测，初始观测不宜少于两次。支护结构施工期间、基坑开挖期间一般每天观测一次，当观测值相对稳定时，可适当降低观测频率；当达到报警指标或观测值变化速率加快或出现危险事故征兆时，应加密观测。

观测点布设时，为验证设计数据而设的测点应布置在设计中的最不利位置和断面；为指导施工而设的测点应布置在相同工况下的最先施工部位；表面变形测点的位置既要考虑反映监测对象的变形特征，又要便于采用仪器进行观测，还要有利于测点的保护；深埋测点不能影响和妨碍结构的正常受力，不能削弱结构的变形刚度和强度；深埋测点的埋设应有一定的提前量，一般不少于 30d，以便监测工作开始时测量元件已进入稳定的工作状态。在实施多项内容测试时，各类测点的布置在时空上应有机结合，力求使同一监测部位能同时反映不同的物理变化量。若测点在施工过程中遭破坏，应尽快在原来位置或尽量靠近原来位置补设测点，以保证该点观测数据的连续性。

1. 支护结构顶部水平位移监测

观测点沿基坑周边布置，一般埋设于支护结构圈梁顶部，支撑顶部宜适当选择布点，观测点精度为 2mm。监测时，测点的布置和观测间隔应遵循下面的原则：

（1）一般间隔 10～15m 布设一个监测点；在基坑转折处、距周围建筑物较近处等重要部位应适当加密布点。

（2）基坑开挖初期，可每隔 2～3d 监测一次；随着开挖过程进行，可适当增加观测次数，以 1d 观测一次为宜；当位移较大时，每天观测 1～2 次。

考虑到基坑开挖时，施工现场狭窄，测点常被阻挡等实际情况，可采用下列多种方法进行观测：

（1）采用铟钢丝、钢卷尺两用式位移收敛计进行观测

该法测点布设灵活方便，仪器结构不复杂，具有操作方便、读数可靠、测量精度高的优点，可准确地捕捉支护结构的细微变位。

（2）采用精密光学经纬仪进行观测

在有条件的场地，采用视准线法比较方便。在基坑长直边延长线两端静止的构筑物上设观测点和基准点，并在观测点位置旋转一定角度方向上设置校正点，然后监测基坑长直边上若干测点水平的位移。

当场地条件限制不能采用视准线法时，可采用前方交会法。在距基坑一定距离的稳定地段设置一条交会基线，或者设两个或多个工作基点，以此为基准，用交会方法测出各测点位移量。

2. 支护结构倾斜监测

支护结构倾斜监测一般用测斜仪进行。根据支护结构受力特点及周围环境等因素，在关键地方钻孔布设测斜管，用高精度测斜仪进行监测，根据支护结构在各开挖施工阶段倾斜变化，及时提供支护结构沿深度方向水平位移随时间变化的曲线，测量精度为 1mm。

设置在支护结构中的测斜点间距一般为 20～30m，每边不宜少于 2 个。测斜管埋置深度一般为 2 倍基坑的开挖深度，如埋设于支护墙内时，应与支护墙深度相同；如埋设于土体内时，宜大于支护墙埋深 5～10m。埋入的测斜管应保持竖直，并使一对定向槽垂直于基坑边。测斜管放置于支护结构后，一般用中细砂回填支护结构与孔壁之间的孔隙（最好用膨胀土、水泥、水按 1：1：6.25 的比例混合回填）。正式测试前应对测斜孔进行连续观测，取其稳定值作为初读数。目前工程中使用最多的是滑移式测斜仪，其测点间距一般就是探头本身的长度，因而可以认为量测结果沿整个测斜孔是连续的。

也可在基坑开挖过程中及时在支护结构侧面布设测点，用光学经纬仪观测支护结构倾斜。

3. 支护结构沉降监测

用精密水准仪按常规方法对支护结构关键部位进行沉降监测。基准点应设置在距支护结构边缘基坑开挖深度 5 倍以外（或 3 倍打桩深度以外）且不小于 50m 的稳定处。观测点除了埋设在支护结构的转角处外，无支撑的每隔 20m 左右布置一点，有支撑的应在支撑端头及每一立柱顶面都设置。

因工地条件限制，一些观测点不能做到前后视距相等，因而水准仪的 i 角一般不应大于 $10''$。对于面积不大的基坑，只要组成单一水准线路即可，一般要求线路上的最远测点相对于起始点的高程中误差不应大于 $\pm 1.0mm$。首次观测时，应按同一水准线路同时观测两次，每个测点的两次高程之差不宜超过 $\pm 1.0mm$，取中数作为初始值。

4. 支护结构应力监测

支护结构应力监测就是用钢筋应力计对桩身钢筋和锁口梁钢筋中较大应力断面处应力进行监测，以防止支护结构的结构性破坏。支撑轴力应在主撑跨中部位，每道支撑应选择有代表性的截面进行测量；支护墙（桩）弯矩测点应选择在基坑每边中心处布置，深度方向一般以 2~3m 为宜，并在支护体迎土、迎坑面呈对称布置。

5. 支护结构完整性和强度检测

以灌注桩为支挡结构时，可用低应变动测法对桩身缩颈、离析、夹泥、断裂等缺陷程度和缺陷部位以及桩身强度进行检测；以旋喷桩、水泥土搅拌桩为支挡结构时，可用低应变动测法或轻便触探法检测桩身强度和均匀性；对于地下连续墙，可用超声检测仪分段对墙体混凝土缺陷分布、均匀性和墙体混凝土强度进行非破损检测。对于有缺陷的桩，根据检测结果确定它们对支护结构稳定性的影响程度，并采取必要的处理措施。

6. 支撑结构受力监测

支撑结构受力监测就是对锚杆和钢筋混凝土及钢管内支撑受力状况进行监测。对锚杆，施工前应进行锚杆现场拉拔试验以求得锚杆容许拉力，在施工过程中用锚杆测力计监测锚杆实际受力情况；对于钢筋混凝土支撑杆件，主要采用钢筋应力计测量钢筋的应力和采用混凝土应变计测量混凝土的应变，然后通过钢筋与混凝土的共同工作、变形协调条件算出支撑的轴力；若对钢管支撑，可用压应力传感器或应变计等监测其受力状态变化，测试截面应选择在不产生拉应力的截面位置。

支撑结构受力监测应考虑温度变化、构件受力状态的影响。对混凝土支撑，尚应考虑混凝土收缩、徐变以及裂缝开展对监测结果的影响。

7. 邻近建（构）筑物沉降监测

在被观测建（构）筑物四周的适当位置（基坑开挖影响范围以外处）埋设 2~3 个沉降观测专用水准点，其深度宜与基础埋设深度相同，并应定期进行联测以检验其稳定性。观测点的位置和数量应根据建（构）筑物的体形特征、基础形式、结构类型及地质条件等因素综合考虑，一般应埋设在沉降差异较大的地方，同时考虑施工便利和不易损坏。

在沉降观测前应根据建筑物的重要性、使用要求、基础类型、工程地质条件及预估建筑物沉降大小等因素综合确定沉降水准测量等级。鉴于沉降观测资料连贯性的要求，严禁任意改用水准点和更改其标高。

8. 邻近建（构）筑物水平位移监测

当邻近建（构）筑物产生水平位移时，应在其纵横方向上设置观测点及控制点，如可判断其位移方向，则可只观测此方向上的位移。每次观测时，仪器必须严格对中，平面观测测点可用红漆画在墙（柱）上；亦可利用其沉降观测点，但需要凿出中心点或刻出十字线，并对所使用的控制点进行检查，以防止其变化。水平位移观测可根据现场通视条件采用视准线法或小角度法。

9. 邻近建（构）筑物倾斜监测

倾斜监测是对建（构）筑物的倾斜度、倾斜方向和倾斜速率进行测量，可根据不同的观测条件和要求选用下列不同的方法：

（1）当被测的建（构）筑物具有明显的外部特征点和宽敞的观测场地时，宜选用投点法和测水平角法；

（2）当被测的建（构）筑物内部有一定的竖向通视条件时，宜选用垂吊法和激光铅直仪观测法；

（3）当被测的建（构）筑物具有较大的结构刚度和基础刚度时，可选用倾斜仪法和差异沉降测定法。

10. 邻近建（构）筑物裂缝监测

对观测裂缝统一编号，每条裂缝至少应布设两组（两侧各一个标志为一组）观测标志，同时还应对裂缝观测日期、部位、长度、宽度进行详细记录。

裂缝宽度的测量分为一般测量和精密测量。一般测量可用裂缝观测仪（可精确至0.1mm）、小钢尺（可精确至0.5mm）观测，或用裂缝宽度板来对比；裂缝观测标志可用油漆平行性标志或用建筑胶粘贴金属标志，也可采用在主要裂缝部位粘贴骑缝石膏条。精密测量应采用仪表进行测量，可在裂缝两侧粘贴几对手持式应变计头子，用手持式应变计测量；也可粘贴安装千分表的支座，用千分表测量；当需要连续监测裂缝变化时，还可采用测缝计或传感器自动测计的方法观测。

裂缝深度的测量分为浅层裂缝测量和深层裂缝测量，前者可采用凿出法和单面接触超声波法，后者可采用取芯法和钻孔超声波法。

11. 邻近道路、管线变形监测

基坑开挖时水平方向影响范围为1.5～2倍开挖深度，因此用于水平位移及沉降的控制点一般应设置在基坑边2.5～3.0倍开挖距离以外，水平位移控制点方向可更远一些。

监测垂直位移的测点设置方式有抱箍式、直接式和模拟式，其中抱箍式和直接式也可用于水平位移的测点设置。抱箍式测点主要用于一些次要的干道和十分重要的管道，检测精度高，但埋设时必须开挖；直接式测点适用于埋设浅、管径较大的地下管线，开挖量小，但易受地下水位或地面积水的影响，从而影响测量精度；模拟式则适用于地下管线排列密集且管底标高相差不大，或因种种原因无法开挖的情况，简便易行，精度较低。

观测点位置和数量应根据管线走向、类型、埋深、材料、直径以及管道每节长度、管壁厚度、管道接头形式和受力要求等布置。开挖过程中，每天观测一次；变化较大时，应上午、下午各观测一次；混凝土底板浇完10d以后，每2～3d观测一次，直到地下室顶板完工，其后可每周观测一次，直到回填土完工；用钢板桩做支护时，起拔钢板桩时，应每天跟踪观测，直到钢板桩拔完、地面稳定。

由于水平方向位移观测一般只有单一方向位移，因此一般不必建立统一控制网，而只要建立独自方向的观测线即可。水平方向位移观测方法很多，一般采用小角度法和视准线法。小角度法适用于观测点零乱、不在同一条直线的情况；视准线法适用于直线管线的水平位移观测。

沉降观测方法可采用精密水准测量，一个测区一般应设置3个以上基准点，基准点要设置在3倍基坑开挖深度距离之外。由于基坑开挖周期一般较短，因此基准点可采用长1～1.5m的ϕ25的钢筋打入地下，地面用混凝土加固。

12. 基坑周围土体位移监测

对基坑周围土体位移监测一般应包括对表层土体水平位移、沉降和深层土体分层沉降及倾斜的监测。监测范围重点为基坑边开挖深度1.5～2.0倍范围内。基坑周围表层土体水平和沉降的位移监测可采用与临近道路、管线变形监测相类似的方法进行，但布点数量可适当；基坑周围土体分层沉降监测旨在测量各层土的沉降量和沉降速率，采用分层沉降仪。

分层沉降仪安装时，需先在土里钻孔，再将磁铁环埋入孔中预先设置的位置，并在孔中注入由膨润土、细砂、水泥等按比例制成的砂浆将分层沉降测管与孔壁之间的空隙填实。一般情况下，每层土体里应设置一个磁铁环。分层标埋好后，至少要在5d之后才能进行观测，并与基坑其他观测同时进行。分层沉降观测点相对于邻近工作基点的高差中误差应小于±1.0mm，每次观测结束都应提供时间—深度—沉降的曲线。

13. 孔隙水压力和桩侧土压力监测

桩侧土压力是支护结构设计计算中的重要参数，在开挖过程中对桩侧土压力进行监测，可以掌握桩侧土压力发展过程，并对设计中可能存在的问题及时加以解决。孔隙水压力的监测对控制各种打入桩引起的地表隆起、基坑工程开挖导致的地表沉降等方面起着十分重要的作用，并为控制沉桩速率和开挖、掘进速度等提供可靠依据；同时结合桩侧土压力的监测，可以进行土体有效应力分析，从而作为土体稳定计算的依据。

水压力和土压力的监测点应在坑外2～3m的范围内布置，一般每坑外布设一孔。根据支护结构的开挖深度常采用一孔多只方式埋设多个传感器，以测定不同深度内应力的变化规律。为取得稳定读数，一般应在基坑开挖或降水前2周埋设完毕。

桩侧土压力可采用钢弦式和电阻应变式压力盒，其量程应满足一定的要求，精度应小于1%。在平面上，土压力盒应紧贴监测对象布置；在立面上，应考虑计算土压力的图形，在不同性质的土层中布置土压力盒。土压力盒的埋设方法有多种，如挂布法、顶入法、弹入法、插入法等。

孔隙水压力计的埋设方法与土压力盒基本相同，但在细节上要求有所不同。采用的测量方法有电测法、液压法和气压法。

14. 基坑底部隆起监测

基坑隆起观测点的布设要由设计、施工、监测人员共同确定，根据基坑形状及地质条件，以最少的点数测出所需各纵横断面隆起为原则进行。由于隆起变形具有近似对称的特点，因此可根据下列要求在代表性位置和方向线上布设观测点：

（1）在基坑中央和距底边缘的1/4坑底处及其他变形特征位置必须设点。方形、圆形基坑可按单向对称布点；矩形基坑可按纵横向布点；复合矩形基坑可多向布点。场地地层情况复杂时，应适当增加点数。

（2）基坑外观测点应在坑内方向线的延长线上一定距离（基坑深度 1.5～2.0 倍）布置。

（3）观测点应避开地下管线与其他构筑物。

（4）观测路线应组成起始于工作基点的闭合或附合路线等具有检核条件的图形。除特殊情况外，应避免布设支线形式。

观测基准点应选择在基坑开挖深度 3 倍以外的稳定位置。回弹观测标采用钻孔法埋设，深度应在开挖面以下 0.3～0.5m，以免开挖时被挖去，回弹标上部钻孔内回填 1m 高的白灰后再填砂、土。开挖前回弹标的高程可用磁锤式和测杆式分层沉降标的测量方法；开挖后回弹标的高程可采用高程传递法进行测量；开挖中则可将两种方法结合起来应用。

由于基坑隆起对精度要求比较高，一般采用辅助测杆和钢尺锤测。在使用辅助杆施测时，事先必须精确测定辅助测杆长度和线膨胀系数，并需进行温度修正；如采用钢尺锤测，在观测前后都应对钢尺进行尺长检定。隆起观测采用几何水准法，观测次数不小于三次：第一次观测在基坑开挖之前，第二次在基坑开挖好之后，第三次在浇灌基础底板混凝土之前。

1.6.3 监测结果的分析与评价

1. 基坑变形控制保护等级

为了保护周围环境，必须根据周围建（构）筑物和管线的允许变位，确定基坑开挖引起的地层位移及相应支护结构的水平位移、周围地表沉降的允许值，以此作为基坑设计的控制标准。

一般根据基坑工程的重要性将基坑工程分为三级。符合下列情况之一时，属于一级基坑工程：

（1）重要工程或支护结构作为主体结构的一部分时；

（2）基坑开挖深度大于 10m 时；

（3）与临近建筑物、重要设施的距离在开挖深度以内的基坑；

（4）基坑范围内有历史文物、近代优秀建筑、重要管线等需要严加保护时。

对开挖深度小于 7m，且周围环境无特别要求时，属三级基坑工程。除一级和三级以外的均属二级基坑工程。当周围已有的设施有特殊要求时，尚应符合上述要求。

2. 基坑监测项目的警戒值和允许值

监测项目的警戒值（即监控值）确定非常重要，一般应根据支护结构计算时的设计（容许）值和周围环境情况，事先确定相应监测项目的警戒值。如支护结构的位移变形和受力情况，周围环境的沉降位移在警戒值允许范围以内，可以认为支护结构和周围环境是安全的，工程施工可照常进行，否则应调整施工组织设计，采取施工措施和相应的加固措施以确保基坑工程施工的安全。警戒值的确定需在安全和经济之间找到一个平衡，如警戒值控制太严会给施工带来不便，施工技术措施要加强，经济投入要增加；反之如警戒值控制太宽，会对支护结构和周围环境的安全带来威胁。一般情况下，警戒值的确定原则为：

（1）根据支护结构设计计算，使警戒值小于设计值；

（2）对需保护的地下管线等市政设施应满足保护对象的主管部门提出的要求；

（3）对需保护的建筑物应根据各类建筑物对变形的承受能力，确定控制标准；

（4）满足现行规范、规程的相应要求。

监测项目的警戒值应根据基坑自身的特点、监测目的、周围环境的要求，结合当地工程经验并和有关部门协商综合确定。一般情况下，每个项目的警戒值应由累计允许变化值和变化速率两部分控制，累计变化量的报警指标不应超过设计限值。管线报警指标一般以总变化量和单位长度内差异变形值两个量控制；周围建筑物报警指标应以累计沉降量、沉降速率、差异沉降量并结合裂缝观测进行控制。

对于不同等级的基坑，应按不同的变形标准进行设计和监测，表 1-19 给出了基坑的变形控制标准。

基坑变形的监测控制值 表 1-19

监控值 基坑类别	围护结构墙顶位移 （cm）	围护结构墙体最大位移 （cm）	地面最大沉降 （cm）
一级基坑	3	5	3
二级基坑	6	8	6
三级基坑	8	10	10

此外，确定变形控制标准时，应考虑变形的时空效应，并控制监测值的变化速率，一级工程宜控制在 2mm/d 之内，二级工程应控制在 3mm/d 之内。根据上海地区的经验，一些项目警戒值的取值如下：

（1）如果监测支护结构变形的目的只是为了保证基坑自身的安全，支护结构的最大水平位移一般为 80mm，位移速率为 10mm/d。当周围有需要严格保护的建（构）筑物时，应根据保护对象的要求来确定。

（2）煤气管道的变形沉降或水平位移不得超过 10mm，位移速率不超过 2mm/d。

（3）自来水管道的变形沉降或水平位移不得超过 30mm，位移速率不超过 5mm/d。

（4）坑内降水或基坑开挖引起的坑外地下水位下降不得超过 1000mm，下降速率不得超过 500mm/d。

（5）基坑开挖所引起的立柱桩隆起或沉降不得超过 10mm，发展速率不得超过 2mm/d。

（6）根据设计计算书，一般将弯矩及轴力的警戒值控制在 80％的设计允许最大值内。

3. 监测结果的分析与评价

通过监测获得准确的数据之后，应进行定量分析与评价，从而及时对基坑安全作出安全与否的评判，以指导下一步的施工。一旦发生险情，可及时进行预报，并提出合理化的建议和措施，直至解决问题。对监测结果的分析评价主要包括以下内容：

（1）对支护结构侧向位移进行细致的定量分析，包括位移速率和累计位移最大值及其所处位置，并及时绘制测斜变化曲线形态；对引起位移速率增大的原因如开挖、超挖、支撑不及时、渗漏、管涌等情况进行记录和深入分析。

（2）对沉降与沉降速率进行分析，区分其沉降原因是由于支护结构水平位移引起还是由于地下水位下降等引起，并与支护结构的侧向位移进行比较。一般来说，因基坑开挖引起的坑外沉降为侧向位移最大值的 0.8～1.0 倍。

（3）对各项监测结果进行综合分析，并相互验证和比较。用新的监测结果与原设计预期情况进行分析对比，判断现有设计、施工方案的合理性。必要时，及早采用相应预案对策或及时调整现有施工设计方案。

（4）根据监测结果全面分析基坑开挖对周边环境的影响和支护效果，并通过反分析查明工程施工的技术原因。

（5）用数值模拟法分析基坑施工期间各种情况下支护结构的位移变化规律和进行稳定性分析；用反分析法推算土体的特性参数，检验原设计计算方法的适宜性；采用各类预测手段预测后期施工中可能出现的新动态。

思 考 题

一、名词解释：

1. 土的可松性；2. 土的含水量；3. 场地平整；4. 场地设计标高；5. 零线；6. 施工高度；7. 土方调配；8. 坡度系数；9. 碾压法；10. 夯实法；11. 振动压实法；12. 集水井（坑）降水法；13. 流砂；14. 井点降水法；15. 板桩支护；16. 灌注桩支护；17. 水泥土深层搅拌桩；18. 地下连续墙；19. 土钉墙支护；20. 沉井；21. 土层锚杆；22. 基坑监测；23. 信息化施工

二、思考题

1. 土方工程的特点是什么？

2. 基坑工程具有什么特点？

3. 按照什么原则，将土分为八类？

4. 土的可松性对场地平整、基坑开挖土方量的计算与调配、土方挖掘机械与运输机械数量的计算等有什么影响？

5. 场地设计标高的确定应考虑哪些因素？

6. 简述正方形网格法计算场地平整土方量的步骤。

7. 土方调配原则是什么？

8. 选择土方机械的基本要求是什么？

9. 填方土料选择原则是什么？

10. 填方土料填筑方法有哪些？

11. 影响填土压实质量的因素有哪些？

12. 流砂发生的原因是什么？如何防治？

13. 井点系统埋设的程序是什么？

14. 基坑开挖与降水对邻近建筑物有什么影响？应采取什么措施？

15. 地下连续墙的施工大体上需要经过几个环节的工艺过程？

16. 导墙在地下连续墙施工时起什么作用？

17. 土钉墙支护的作用机理是什么？

18. 沉井施工工艺的优点是什么？

19. 钢筋混凝土支撑和钢结构支撑各有什么特点？

20. 土锚的施工工艺是什么？

21. 深基坑开挖监测的目的和内容是什么？

22. 目前常用的基坑监测方法有哪些？

23. 基坑监测项目的警戒值是如何确定的？

24. 对监测结果的分析评价主要包括哪些内容？

三、计算题

1. 已知某土样为505kg，放到105℃烘干箱烘干，剩余物质为478kg，问该土的含水率是多少？问该土按土的含水率划分是哪类土？

2. 已知某土的 $k_s=1.15$，$k'_s=1.08$，该土的天然体积是 $500m^3$。若回填 $500m^3$ 的土坑，是否会有剩土（松散状态下）？若有则剩土的体积是多少（松散状态下）？

3. 已知某土的 $k_s=1.15$，$k'_s=1.08$，该土的天然体积是 $500m^3$，若用运土体积为 $2.6m^3$ 的运土车运输，问运多少车？

4. 已知某方格四个角点的编号是 1、2、3、4，其施工高度分别是 $h_1=0.07m$、$h_2=-0.32m$、$h_3=-0.02m$、$h_4=0.30m$。方格网的边长 20m。求零点的位置，并计算该方格的土方量。

5. 已知某场地平整土方量计算条件如下图详示，方格网边长 20m，求土方量的大小。

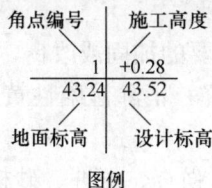

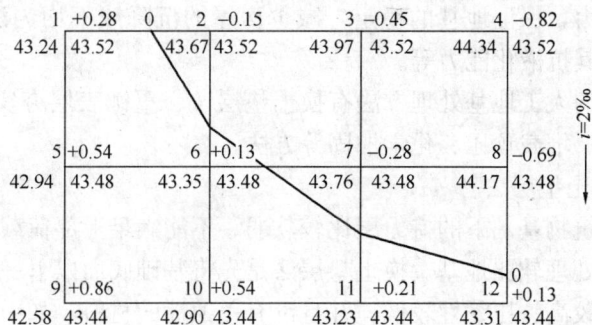

第 2 章 地基处理与桩基

2.1 地 基 处 理

地基处理就是按照上部结构对地基的要求，对地基进行必要的加固或改良，提高地基土的承载力，保证地基的稳定，减少房屋的沉降或不均匀沉降，消除湿陷性黄土的湿陷性，提高其抗液化能力等。

常用的人工地基处理方法有换土垫层法、重锤表层夯实、强夯、振冲、砂桩挤密桩、深层搅拌、堆载预压、化学加固等方法。

1. 换土垫层法

当建筑物基础下的持力层比较软弱，不能满足上部荷载对地基的要求时，常采用换地垫层法来处理软弱地基。换土垫层法是先将基础底面以下一定范围的软弱土层挖去，然后回填强度较高、压缩性较低、并且没有侵蚀性的材料，如中粗砂、碎石或卵石、灰土、素土、石屑、矿渣等，再分层夯实后作为地基的持力层。换土垫层按其回填的材料可分为灰土垫层、砂垫层、碎（砂）石垫层等。

（1）灰土垫层

灰土垫层是将基础底面以下一定范围内的软弱土层挖去，用按一定体积比配合的石灰和黏性土拌合均匀后，在最优含水率情况下分层回填夯实或压实而成。适用于地下水位较低，基槽经常处于较干燥状态下的一般黏性土地基的加固。一般常用的灰土垫层的配合比为 3：7 或 2：8。

（2）砂垫层和砂石垫层

砂垫层和砂石垫层是将基础下面一定厚度软弱土层挖除，然后用强度较高的砂或碎石等回填，并经分层夯实至密实，作为地基的持力层，以起到提高地基承载力、减少沉降、加速软弱土层排水固结、防止冻胀和消除膨胀土的胀缩等作用。

2. 夯实地基法

（1）重锤夯实法

重锤夯实是用起重机械将夯锤提升到一定高度后，利用自由下落时的冲击能重复夯打、击实基土表面，使其形成一层比较密实的硬壳层，从而使地基得到加固。适用于处理高于地下水位 0.8m 以上稍湿的黏性土、砂土、湿陷性黄土、杂填土和分层填土地基的加固处理。

（2）强夯法

强夯法是用起重机械将重锤（一般 8～30t）吊起从高处（一般 6～30m）自由落下，对地基反复进行强力夯实的地基处理方法。适用于处理碎石土、砂土、低饱和度的黏性土、粉土、湿陷性黄土及填土地基等的深层加固。

强夯所产生的振动和噪声很大，对周围建筑物和其他设施有影响，在城市中心不宜采用，必要时应采取挖防震沟（沟深要超过建筑物基础深）等防震、隔振措施。

3. 挤密桩施工法

（1）灰土挤密桩

灰土挤密桩是利用锤击将钢管打入土中，侧向挤密土体形成桩孔，将管拔出后，在桩孔中分层回填 2∶8 或 3∶7 灰土并夯实而成，与桩间土共同组成复合地基以承受上部荷载。适用于处理地下水位以上、天然含水量 12%～25%、厚度 5～15m 的素填土、杂填土、湿陷性黄土以及含水率较大的软弱地基等。

（2）砂石桩

砂桩和石桩统称砂石桩，是指用振动、冲击或水冲等方式在软弱地基中成孔后，再将砂或砂卵石（或砾石、碎石）挤压入土孔中，形成大直径的由砂或砂卵（碎）石所构成的密实桩体。适用于挤密松散砂土、素填土和杂填土等地基，起到挤密周围土层、增加地基承载力的作用。

（3）水泥粉煤灰碎石桩

水泥粉煤灰碎石桩（Cement Fly-ash Graval Pile）简称 CFG 桩，是近年发展起来的处理软弱地基的一种新方法。它是在碎石桩的基础上掺入适量石屑、粉煤灰和少量水泥，加水拌合后制成的具有一定强度的桩体。

4. 深层密实法

（1）振冲法

振冲法，又称振动水冲法，是以起重机吊起振冲器，启动潜水电机带动偏心块，使振冲器产生高频振动，同时开动水泵，通过喷嘴喷射高压水流成孔，然后分批填以砂石骨料，借振冲器的水平及垂直振动，振密填料，形成的砂石桩体与原地基构成复合地基，以提高地基的承载力，减少地基的沉降和沉降差的一种快速、经济有效的加固方法。振冲桩适用于加固松散的砂土地基。

（2）深层搅拌法

深层搅拌法是利用水泥浆作固化剂，采用深层搅拌机在地基深部就地将软土和固化剂充分拌合，利用固化剂和软土发生一系列物理、化学反应，使之凝结成具有整体性、水稳性好和较高强度的水泥加固体，与天然地基形成复合地基。

深层搅拌法适于加固较深、较厚的淤泥、淤泥质土、粉土和承载力不大于 0.12MPa 的饱和黏土和软黏土、沼泽地带的泥炭土等地基。

5. 预压法——砂井堆载预压法

砂井堆载预压是在含饱和水的软土或杂填土地基中用钢管打孔，灌砂设置一群排水砂桩（井）作为竖向排水通道，并在桩顶铺设砂垫层作为水平排水通道，先在砂垫层上分期加荷预压，使土中孔隙水不断通过砂井上升至砂垫层，排出地表，从而在建筑物施工之前，地基土大部分先期排水固结，减少了建筑物沉降，提高了地基的稳定性。适用于处理深厚软土和冲填土地基，多用于处理机场跑道、水工结构、道路、路堤、码头、岸坡等工程地基，对于泥炭等有机质沉积地基则不适用。

深基础的地基处理方法，详见 1.5 节有支护土方。

2.2 桩 基

桩基础是广义深基础中的一种。它是由桩和连接桩顶的承台组成,在承台上建造上部结构(图 2-1)。

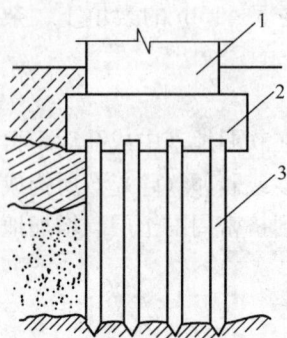

图 2-1 桩基础的组成
1—上部结构;2—承台;3—桩

桩基础中桩的作用是借其自身穿过松软的压缩性土层,将来自上部结构的荷载传递到地下深处具有适当承载力、且压缩性较小的土层或岩石上,或者将软弱土层挤压密实,从而提高地基土的承载能力,以减少基础的过多沉降量。承台的作用则是将各单桩联成整体,以承受并传递上部结构的荷载给群桩。桩基础不仅具有承载力大、沉降量小的特点,而且更便于实现机械化施工。尤其当软弱土层较厚,上部结构荷载很大,天然地基的承载能力不能满足设计要求时,采用桩基础则施工中可省去大量土方挖填、支撑装拆及降排水设施布设等工序,因而一般均能获得较好的经济效果。

桩的种类较多。按桩上的荷载传递机理可分为端承桩和摩擦桩两种类型。端承桩是指在极限承载力状态下,桩顶荷载由桩端阻力承受的桩;摩擦桩是指在极限承载力状态下,桩顶荷载由桩侧阻力承受的桩。按桩身的材料可分为木桩、混凝土或钢筋混凝土桩、金属桩、砂石(灰)桩四种类型。木桩自重小,具有一定的弹性,又便于加工、运输和施工,但承载力小,在干湿变化的环境中易腐烂,只在木材产地使用;混凝土和钢筋混凝土桩坚固耐用,承载力大,可按需要的截面形状和长度制作,不受地下水位变化的影响,施工也方便,在建筑工程中应用最为广泛;金属桩承载力高,设计灵活性大,桩长容易调节,运输较方便,但耗钢量大、成本高,目前我国只在少数重点工程中使用;砂石(灰)桩可就地取材,不用"三材",价格低廉,主要用于饱和软土层或松散杂填土的地基加固,起到排水固结及挤密土层的作用。按沉桩的施工方法可分为挤土桩(包括打入式和压入式预制桩)、部分挤土桩(包括预钻孔打入式预制桩和部分挤土灌注桩)、非挤土桩(各种非挤土灌注桩)和混合桩等四种类型。其中以采用混凝土预制桩和灌注桩最为普遍,本节主要介绍这两种桩的施工。

2.2.1 钢筋混凝土预制桩的施工

混凝土预制桩(简称预制桩)是一种先预制桩构件,然后将其运至桩位处,用沉桩设备把它沉入或埋入土中而成的桩。采用预制桩施工,其桩身质量易保证,机械化程度高,施工速度快,且不受气候条件变化的影响。但在土层变化复杂情况下桩的规格较多,桩入土后易被冲压破损而达不到设计标高。预制桩的施工过程主要有桩的预制和桩的沉入两个阶段。

1. 桩的预制

预制桩有实心桩和空心桩两种。为了便于预制,通常桩都做成方形截面的实心桩,其边长一般为 250~550mm,在工地预制。为了减少混凝土用量,桩也可做成圆形截面的空心桩,其外径一般为 300~550mm,在工厂用离心法预制。这种桩由于工厂化生产,不占施工场地,产量高,而且混凝土强度也高,还可以做成预应力管桩。单根桩的预制长度取决于制作场地、运输装卸能力和桩架高度。工厂预制时桩长一般不超过 12m；工地预制时桩长一般不超过 30m，且要求桩长 $L \leqslant 50$ 倍截面边长或外径，否则必须先分段预制，然后在沉桩过程中加以接长。

桩的预制包括制作、起吊、运输和堆放等过程。

（1）桩的制作

为适应预制桩施工全过程的需要，桩身混凝土强度等级宜不低于 C30，并由粒径为 5～40mm 的碎石或碎卵石粗骨料制作，不得以细骨料代替。钢筋骨架宜用点焊或绑扎，主筋用对焊或电弧焊连接，且主筋接头在桩身同一截面内的配置应符合下列要求：当为闪光焊和电弧焊时，对受拉钢筋不得超过 50%；相邻两根主筋接头截面的间距应大于 35d（d 为主筋直径），且不小于 500mm。主筋切割齐平，其桩顶部钢筋网片位置要准确，混凝土保护层厚度要均匀，以确保钢筋骨架受力不偏心，使混凝土有良好的抗裂和抗冲击性能；桩尖用短钢筋制作，应对正桩身纵轴线，并伸出混凝土外露 50～100mm，以确保在沉桩过程中的导向作用。

预制桩的制作有并列法、间隔法、重叠法和翻模法四种制桩方法，工地预制桩多数采用重叠法制作。当采用重叠法制作时，桩的重叠层数一般不超过 4 层；制桩模板要顶平、身直、尖正、尺寸准确；底模和场地应平整坚实，防止浸水沉陷；上下层桩及桩与底模间应刷隔离剂，使接触面不粘结，拆模时不得损坏桩棱角；上层桩或邻桩必须待下层桩或邻桩的混凝土达到设计强度的 30% 后才能浇筑；各层桩的混凝土均应由桩顶向桩尖进行连续浇筑，不得中断和留有施工缝，以保证桩身混凝土有良好的匀质性和密实性；制作完成后应及时浇水养护不得少于 7d。

（2）桩的起吊、运输

预制桩应在混凝土达到设计强度的 75% 后方可起吊，达到设计强度的 100% 后才可运输和沉桩。如需提前吊运和沉桩，则必须采取措施并经强度和抗裂度验算合格后方可进行。桩在起吊和搬运时，必须做到平稳并不得损坏棱角，吊点应符合设计要求。如无吊环，设计又未作规定时，可按吊点间的跨中弯矩与吊点处的负弯矩相等的原则来确定吊点位置。常见的几种吊点合理位置如图 2-2 所示。

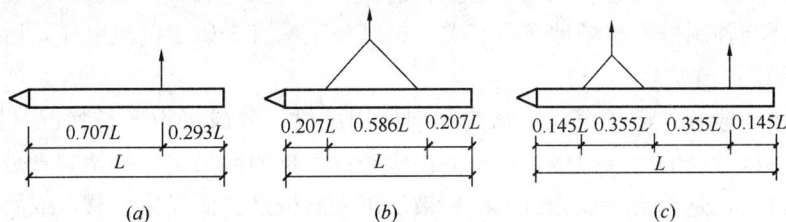

图 2-2　预制桩吊点的合理位置图
（a）一个吊点；（b）二个吊点；（c）三个吊点

预制桩的运输方式，当桩在短距离内搬运时，可在桩下垫以滚筒，用卷扬机拖桩拉运；当桩需长距离搬运时，可采用平板拖车或轻轨平板车拖运。桩在搬运前，必须进行制作质量的检查；桩经搬运后，再进行外观检查，所有质量均应符合规范的有关规定。

（3）桩的堆放

桩运到工地现场后，应按不同规格将桩分别堆放，以免沉桩时错用；堆放桩的地面必须平整坚实，设有排水坡度；堆放时不得超过 4 层，各层桩间应置放垫木，垫木的间距可根据吊点位置确定，并应上下对齐，位于同一垂直线上。

2. 沉桩前的准备工作

为使桩基施工能顺利地进行，沉桩前应根据设计图纸要求、现场水文地质情况和编制的施工方案，做好以下施工准备工作：

(1) 清除障碍物

沉桩前应认真清除现场（桩基周围 10m 以内）妨碍施工的高空、地上和地下的障碍物（如地下管线、地上杆线、旧有房基和树木等），同时还必须加固邻近的危房、桥涵等。

(2) 平整场地

在建筑物基线以外 4～6m 范围内的整个区域，或桩机进出场地及移动路线上，应做适当平整压实（地面坡度不大于 10％），并保证场地排水良好。否则由于地面高低不平，不仅使桩机移动困难，降低沉桩生产效率，而且难以保证使就位后的桩机稳定和入土的桩身垂直，以致影响沉桩质量。

(3) 进行沉桩试验

沉桩前应做数量不少于 2 根桩的沉桩工艺试验，用以了解桩的沉入时间、最终沉入度、持力层的强度、桩的承载力、以及施工过程中可能出现的各种问题和反常情况等，以便检验所选的沉桩设备和施工工艺，确定是否符合设计要求。

(4) 抄平放线、定桩位

在沉桩现场或附近区域，应设置数量不少于 2 个的水准点，以作抄平场地标高和检查桩的入土深度。根据建筑物的轴线控制桩，按设计图纸要求定出桩基础轴线（偏差值应不大于 20mm）和每个桩位（偏差值应不大于 10mm）。定桩位的方法，是在地面上用小木桩或撒白灰点标出桩位，或用设置龙门板拉线法定出桩位。其中龙门板拉线法可避免因沉桩挤动土层而使小木桩移动，故能保证定位准确。同时也可作为在正式沉桩前，对桩的轴线和桩位进行复核之用。

(5) 确定沉桩顺序

确定沉桩顺序，是合理组织沉桩的重要前提，它不仅与能否顺利沉入，确保桩位正确有关，而且还与预制桩堆放场地布置有关。桩基施工中宜先确定沉桩顺序，后考虑预制桩堆放场地布局。

沉桩顺序一般有：逐排沉设、从中间向四周沉设、分段沉设三种情况（图 2-3）。确定沉桩顺序时应考虑的因素很多，如桩的供应条件和桩的起吊进入桩架导管是否方便；沉桩时产生的挤土，是否会造成先沉入的桩被后沉入的桩推挤而发生位移，或后沉入的桩被

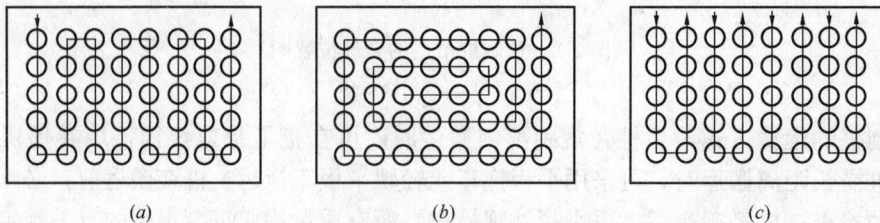

图 2-3 沉桩顺序图

(a) 逐排沉设；(b) 自中间向四周沉设；(c) 分段沉设

先沉入的桩挤紧而不能入土；桩架移位是否方便，有无空跑现象等。其中挤土影响为考虑的主要因素。为减少挤土影响，确定沉桩顺序的原则应如下：

1) 从中间向四周沉设，由中及外；
2) 从靠近现有建筑物最近的桩位开始沉设，由近及远；
3) 先沉设入土深度深的桩，由深及浅；
4) 先沉设断面大的桩，由大及小。

沉桩顺序确定后，还需考虑桩架是往后"退沉桩"还是向前"顶沉桩"。当沉桩地面标高接近桩顶设计标高时，沉桩后实际上每根桩还会高出地面。这是由于桩尖持力层的标高不可能完全一致，而预制桩又不能设计成各不相同的长度，因此桩顶高出地面是不可避免的。在此情况下，桩架只能采取往后退行沉桩的方法。由于往后退行沉桩不能事先将桩布置在地面，只能随沉桩随运桩。如沉桩后桩顶的实际标高在地面以下时，桩架则可以采取往前顶沉桩的方法。此时只要场地允许，所有的桩都可以事先布置好，避免桩的场内二次搬运。

3. 桩的沉设

预制桩按沉桩设备和沉桩方法，可分为锤击沉桩、振动沉桩、静力压桩和水冲沉桩等数种。现分述如下：

(1) 锤击沉桩

1) 沉桩设备

锤击沉桩又称打桩。它是利用打桩设备的冲击动能将桩打入土中的一种方法。打桩设备主要分为桩锤和桩架两大部分。

桩锤是对桩施加冲击力，把桩打入土中的工具。桩锤按其作用原理，可分为落锤、蒸汽锤和柴油锤等多种。

落锤用钢铸成，一般锤重为 5～20kN。其工作是利用人力或卷扬机，将锤提升至一定高度，然后使锤自由下落到桩头上而产生冲击力，将桩逐渐击入土中。落锤适用于黏土和含砂、砾石较多的土层中打桩。但因冲击能量有限，生产效率低，打桩速度慢，对桩顶的损伤较大，故只有当使用其他形式的桩锤不经济或小型工程中才被使用。

蒸汽锤是利用蒸汽的动力进行锤击，其效率与土质软、硬的关系不大，常用在较软弱的土层中打桩。按其工作原理可分为单动汽锤和双动汽锤两种，都须配一套锅炉设备。

柴油锤是以柴油为燃料，利用柴油点燃爆炸时膨胀产生的压力，将桩锤抬起，然后自由落下冲击桩顶。如此反复循环运动，把桩打入土中。根据冲击部分的不同，柴油锤可分为导杆式和筒式两种。导杆式柴油锤的冲击部分是沿导杆上下运动的汽缸，筒式柴油锤的冲击部分则是往复运动的活塞。柴油锤具有工效高，构造简单，移动灵活，使用方便，不需沉重的辅助设备，也不必从外部供给能源等优点。但施工噪声大、油滴飞散、排出的废气污染环境等缺点。不适于在过硬或过软的土层中打桩。

目前国外制造出以下两种形式的桩锤：液压锤和电磁锤。液压锤是由一外壳封闭起来的冲击体所组成，利用液压油来提升和降落冲击缸体。冲击缸体为内装有活塞和冲击头的中空圆柱形体，在活塞和冲击头之间，用高压氮气形成缓冲垫。当冲击缸体下落时，先是冲击头对桩施加压力，然后是通过可压缩的氮气对桩施加压力，如此可以延长施加压力的过程，使每一锤击能对桩得到更大的贯入度。同时，形成缓冲垫的氮气，还可使桩头受到缓冲和连续打击，从而防止了在高冲击力下的损坏。

电磁锤是由两截相连而固定的等直径圆筒和安装在圆筒内的两块相对面的极性相同、等直径等长度的永久磁铁组成。导磁材料制的上半截圆筒与电源、开关及变速器串联，而非磁性材料制成的下半截圆筒的下端则利用螺栓固定在桩顶上。由于筒内上下两块磁铁相对面的极性相同，故始终不会接触在一起而保持一定距离。以上磁铁块作为重锤，接通电源后在上半截圆筒所产生的磁力作用下，进行上下往复运动；下磁铁块的底端也是固定在桩顶上。施工时接通电源后，由于上半截圆筒内产生磁力作用，立即将上磁铁块吸引上来。当变速器内开关断电时，上半圆筒内的磁力即消失，上磁铁块便自由下落。由于上下两磁铁块的相对面的极性相同，因而产生相斥，故当下落的上磁铁块降落到圆筒内的一定位置时，便使下磁铁块产生了反作用力。利用该反作用力将桩击入土中。随电源启闭，重锤便在筒内上下往复循环，如此逐渐把桩打到设计标高位置。以上这两种桩锤施工时无噪声，无废气污染，冲击能量大，但目前尚未普遍使用。

桩架的作用是吊桩就位，固定桩的位置，承受桩锤和桩的重量，在打桩过程中引导锤和桩的方向，并保证桩锤能沿着所要求的方向冲击桩体。

桩锤重量的选择，应以土质情况为主，综合考虑现场环境、施工情况、设备条件以及桩的类型、规格和重量等各种因素来选定桩锤重量。若选锤不当，将造成打不下或损坏桩的现象。锤重与桩重的比例关系，一般是根据土质的沉桩难易度来确定，可参照表 2-1 选用。

桩架的选用，首先要满足锤型的需要。若是柴油锤，最好选用三点支撑式履带行走桩架，若是蒸汽锤，只能选用塔式桩架或直式桩架。其次，选用的桩架还必须符合如下要求：

①使用方便，安全可靠，移动灵活，便于装拆；

②锤击准确，保证桩身稳定，生产效率高，能适应各种垂直和倾斜角的需要；

③桩架的高度＝桩长＋桩锤高度＋桩帽高度＋滑轮组高度＋1～2m 的起锤工作余地的高度。

锤重与桩重的比值   表 2-1

桩 类 别	锤 类 别			
	单动汽锤	双动汽锤	柴油锤	落 锤
	比 值			
混凝土预制桩	0.4～1.4	0.6～1.8	1.0～1.5	0.35～1.5
木 桩	2.0～3.0	1.5～2.5	2.5～3.5	2.0～4.0
钢板桩	0.7～2.0	1.5～2.5	2.0～2.5	1.0～2.0

注：1. 锤重系指锤体总重，桩重系指桩身与桩帽的总量；

2. 桩的长度一般不超过 20m；

3. 土质较松软时取下限值，较坚硬时取上限值。

2）打桩工艺

①吊桩就位

按既定的打桩顺序，先将桩架移动至桩位处并用缆风绳拉牢，然后将桩运至桩架下，利用桩架上的滑轮组，由卷扬机提升桩。当桩提升至直立状态后，即可将桩送入桩架的龙门导管内，同时把桩尖准确地安放到桩位上，并与桩架导管相联接，以保证打桩过程中桩不发生倾斜或移位。桩就位后，在桩顶放上弹性垫层如草袋、废麻袋等，放下桩帽套入桩顶，桩帽上再放上垫（硬）木，即可降下桩锤压住桩帽。在桩的自重和锤重的压力下，桩便会沉入土中一定深度。待下沉达到稳定状态，并经全面检查和校正合格后，即可开始打桩。

②打桩

打桩开始时，应先采用小的落距（0.5～0.8m）做轻的锤击，使桩正常沉入土中约1～2m后，经检查桩尖不发生偏移，再逐渐增大落距至规定高度，继续锤击，直至把桩打到设计要求的深度。

打桩有"轻锤高击"和"重锤低击"两种方式。这两种方式，如果所做的功相同，而所得到的效果却不同。轻锤高击，所得的动量小，而桩锤对桩头的冲击大，因而回弹也大，桩头容易损坏，大部分能量均消耗在桩锤的回弹上，故桩难以入土。相反，重锤低击，所得的动量大，而桩锤对桩头的冲击小，因而回弹也小，桩头不易被打碎，大部分能量都可以用来克服桩身与土层的摩阻力和桩尖的阻力，故桩能很快地入土。此外，又由于重锤低击的落距小，因而可提高锤击频率，打桩效率也高。正因为桩锤频率较高，对于较密实的土层，如砂土或黏土也能较容易地穿过（但不适用于含有砾石的杂填土），所以打桩宜采用"重锤低击"。实践经验表明：在一般情况下，若单动汽锤的落距 $W \leqslant 0.6m$，落锤的落距不大于 1.0m 和柴油锤的落距不大于 1.50m 时，能防止桩顶混凝土被击碎或开裂。

③打桩注意事项

打桩属隐蔽工程，为确保工程质量，分析处理打桩过程中出现的质量事故和为工程质量验收提供必要的依据，因此打桩时必须对每根桩的施打，进行必要的数值测定和做好详细记录。

打桩时严禁偏打，因偏打会使桩头某一侧产生应力集中，造成压弯联合作用，易将桩打坏。为此，必须使桩锤、桩帽和桩身轴线重合，衬垫要平整均匀，构造合适。

桩顶衬垫弹性应适宜，如果衬垫弹性合适会使桩顶受锤击的作用时间及锤击引起的应力波波长延长，而使锤击应力值降低，从而提高打桩效率并降低桩的损坏率。故在施打过程中，对每一根桩均应适时更换新衬垫。

打桩入土的速度应均匀，连续施打，锤击间歇时间不要过长。否则由于土的固结作用，继续打桩使受阻力增大，不易打入土中。

打桩时如发现锤的回弹较大且经常发生，则表示桩锤太轻，锤的冲击动能不能使桩下沉，此时应更换重的桩锤。

打桩过程中，如桩锤突然有较大的回弹，则表示桩尖可能遇到阻碍。此时须减小锤的落距，使桩缓慢下沉，待穿过阻碍层后，再加大落距并正常施打。如降低落距后，仍存在这种回弹现象，应停止锤击，分析原因后再行处理；如桩的下沉突然加大，则表示可能遇到软土层、洞穴或桩尖、桩身已遭受破坏等。此时也应停止锤击，分析原因后再行处理。

若桩顶需打至桩架导杆底端以下或打入土中，均需送桩。送桩时，桩身与送桩的纵轴线应在同一垂直轴线上。

若发现桩已打斜，应将桩拔出，探明原因，排除障碍，用砂石填孔后，重新插入施打。若拔桩有困难，应在原桩附近再补打一桩。

打桩时尽量避免使用送桩，因送桩与预制桩的截面有差异时，会使预制桩受到较大的冲击力。此外，还会导致预制桩入土时发生倾斜。

3）打桩质量要求与验收

打桩质量评定包括两个方面：一是能否满足设计规定的贯入度或标高的要求；二是桩打入后的偏差是否在施工规范允许的范围以内。

①贯入度或标高必须符合设计要求

桩端达到坚硬、硬塑的黏性土、碎石土、中密以上的粉土和砂土或风化岩等土层时，应以贯入度控制为主，桩端进入持力层深度或桩尖标高可作为参考；若贯入度已达到而桩端标高未达到时，应继续锤击3阵，其每阵10击的平均贯入度不应大于规定的数值（一般在30~50mm）；桩端位于其他软土层时，以桩端设计标高控制为主，贯入度可作为参考。

上述所说的贯入度是指最后贯入度，即施工中最后10击内桩的平均入土深度。贯入度大小应通过合格的试桩或试打数根桩后确定，它是打桩质量标准的重要控制指标。最后贯入度的测量应在下列正常条件下进行：桩顶没有破坏；锤击没有偏心；锤的落距符合规定；桩帽与弹性垫层正常。

打桩时如桩端到达设计标高而贯入度指标与要求相差较大；或者贯入度指标已满足，而标高与设计要求相差较大。遇到这两种情况时，说明地基的实际情况与设计原来的估计或判断有较大的出入，属于异常情况，都应会同设计单位研究处理。打桩时如发现地质条件与勘察报告的数据不符，亦应与设计单位研究处理，以调整其标高或贯入度控制的要求。

②平面位置或垂直度必须符合施工规范要求

桩打入后，在平面上与设计位置的偏差不得大于100~150mm，垂直度偏差不大于0.5%。因此，必须使桩在提升就位时要对准桩位，桩身要垂直；桩在施打时，必须使桩身、桩帽和桩锤三者的中心线在同一垂直轴线上，以保证桩的垂直入土；短桩接长时，上下节桩的端面要平整，中心要对齐，如发现端面有间隙，应用薄钢板垫平焊牢；打桩完毕基坑挖土时，应制订合理的挖土施工方案，以防挖土而引起桩的位移和倾斜。

③打入桩桩基工程的验收必须符合施工规范要求

打入桩桩基工程的验收通常应按两种情况进行：当桩顶设计标高与施工场地标高相同时，应待打桩完毕后进行；当桩顶设计标高低于施工场地标高需送桩时，则在每一根桩的桩顶打至场地标高，应进行中间验收，待全部桩打完，并开挖到设计标高后，再做全面验收。

桩基工程验收时应提交下列资料：

①桩位测量放线图；

②工程地质勘察报告；

③材料试验记录；

④桩的制作与打入记录；

⑤桩位的竣工平面图；

⑥桩的静载和动载试验资料及确定桩贯入度的记录。

（2）振动沉桩

振动沉桩与锤击沉桩的施工方法基本相同，其不同之处是用振动桩机代替锤打桩机施工。振动桩机主要由桩架、振动锤、卷扬机和加压装置等组成。

振动锤是一个箱体，内装有左右两根水平轴，轴上各有一个偏心块，电动机通过齿轮带动两轴旋转，两轴的旋转方向相反，但转速相同。利用振动锤沉桩的工作原理是：沉桩时当启动电动机后，由于偏心块的转动产生离心力，其水平分力相互抵消，垂直分力则相互叠加，形成垂直振动力。由于振动锤与桩顶为刚性固定联接，当锤振动时，迫使桩和桩四周的土也处于振动状态，因此土被扰动，从而使桩表面摩阻力降低，在锤和桩的自重共同作用下，使桩能顺利地沉入土中。

振动沉桩施工方法是在振动桩机就位后，先将桩吊升并送入桩架导管内，再落下桩身直立插于桩位中。然后在桩顶扣好桩帽，校正好垂直度和桩位，除去吊钩，把振动锤放置于桩顶上并联牢。此时，由于在桩自重和振动锤重力作用下，桩便自行沉入土中一定深度，待稳定并经再校正桩位和垂直度后，即可启动振动锤开始沉桩。振动锤启动后产生振动力，通过桩身将此振动力传递给土层，迫使土体产生强迫振动，导致土层颗粒彼此间发生位移，因而减少了桩与土层之间的摩擦阻力，使桩在自重和振动力共同作用下沉入土中，直到沉至设计要求位置。振动沉桩一般控制最后三次振动（每次振动 10min），测出每分钟的平均贯入度，或控制沉桩深度，当不大于设计规定的数值时即认为符合要求。

振动沉桩具有噪声小，不产生废气污染环境，沉桩速度快，施工简便，操作安全等优点。振动沉桩法适用于砂质黏土、砂土和软土地区施工，但不宜用于砾石和密实的黏土层中施工。如用于砂砾石和黏土层中时，则需配以水冲法辅助施工。

（3）静力压桩

静力压桩与锤击沉桩施工方法基本相同，所不同之处是施工时使用静压力将预制桩压入土层中。

1）静力压桩的特点

①施工无噪声、无振动。使用静压力沉桩不产生噪声和振动，对周围环境的干扰和影响小，特别适宜于扩建工程和城市内桩基工程施工。

②节约材料，降低成本。沉桩时只受静压力，免去锤击应力，且桩又可分段预制、分段接长压入，桩的截面尺寸、混凝土强度等级及配筋量，只需满足吊装、压桩和建筑物使用阶段受力要求即可。因此约可节省钢材 47%，节省混凝土 26% 和降低造价 26%。

③提高施工质量。由于不受锤击，因而可避免桩顶破碎和桩身开裂现象。同时，压入桩所引起的桩周围土体隆起和水平位移比打入桩小得多，因而对土体结构的破坏程度和破坏范围要比打入桩小。因此，压入桩能确保施工质量。

④沉桩速度快。如某工程单桩由 4 段长度为 23.5m 的预制桩相接，每个台班可压 25 根桩。

⑤在压桩过程中，可以预估单桩承载力。由于压入桩的阻力与桩的承载力呈线性关系。因此，不用做试桩便可得出单桩承载力，这给桩基设计和施工带来极大方便。

但静力压桩只适用于软弱土地基和压垂直桩，压斜桩尚有困难，故使用范围有其局限性。

2）压桩机械设备及压桩方法

①压桩机械设备

压桩机有两种类型：一种是机械静力压桩机。它由压桩架（桩架与底盘）、传动设备（卷扬机、滑轮组、钢丝绳）、平衡设备（铁块）、量测装置（测力计、油压表）及辅助设备（起重设备、送桩）等组成。压桩机的工作原理是通过卷扬机的牵引，由钢丝绳、滑轮组及压梁，将压桩机自重及配重反压到桩顶上，使桩身分段压入土中。这种压桩机的高度为16～40m，静压力为400～1500kN，但设备较笨重（总重80～172t）。

另一种是液压静力压桩机。它由液压吊装机构、液压夹持、压桩机构（千斤顶）、行走及回转机构、液压及配电系统、配重铁等部分组成。其机械自重400kN，配重1600kN，纵横船接地压力38～61kN，移动速度4.2m/min，压桩速度2～3m/min。该机具有体积轻巧、使用方便等特点。

②适用范围

水冲沉桩法适用于砂土和砂石土或其他坚硬土层中沉桩施工。预制桩施工时，常遇到很难穿越的砂类土层，强制沉入易导致桩体损坏，此时若结合水冲法，可使桩易于沉入土中。水冲沉桩也可与锤击沉桩或振动沉桩结合使用，则更能显示其工效。其结合施工方法是，当桩尖水冲沉至离设计标高1～2m处时，停止射水，改用锤击或振动将桩沉到设计标高。这样可以避免桩尖处的土层因受水冲松动，提高桩的承载力。

水冲沉桩法施工，对周围原有建筑物的基础和地下设施等易产生沉陷，因此不适于在密集的城市建筑物区域内施工。

（4）沉桩对周围环境的影响及防治

1）对环境的影响

采用锤击法、振动法沉入的预制桩和用套管成孔法沉入的灌注桩，施工时除会产生刺耳的噪声、振动冲击和排放废气外，还会引起对土体的挤压，出现土体的隆起和位移，因而对周围原有的建筑物、地下管线等有影响。轻者使建筑物抹灰饰面脱落、墙体开裂；重者则使圈、过梁变形，门窗启闭困难，地下管线断裂，甚至基础被推移，导致严重影响居民生活和建筑物的正常使用，是一种公害，故一般不宜在建筑物密集的市区内施工。

2）防治措施

为了减轻或避免桩基施工时对周围建筑物和居民生活的危害影响，使其能适宜于在城市建筑区域内施工，就要设法减少或消除所产生的噪声、废气和对土体的冲击、挤压、振动。为此，应采用以下的防治措施：

①采用预钻孔沉桩。它是先在地面桩位处预钻孔，再在孔中插入预制桩，用沉桩机将桩身沉到设计标高位置。

②采用机械或人工成孔灌注桩。一般距原有建筑物2m即可施工。

③设置防震沟，以隔断振动传递。同时在开挖基坑时还要做支护，以防止土体向基坑发生侧移。

④在有条件的城市，可明令禁止使用锤击法或振动法进行桩基施工，以绝后患。

2.2.2 钢筋混凝土灌注桩的施工

混凝土灌注桩（简称灌注桩）是一种直接在现场桩位上使用机械或人工方法成孔，并在孔中灌注混凝土（或先在孔中吊放钢筋笼）而成的桩。所以灌注桩的施工过程主要有成孔和混凝土灌注两个施工阶段。

灌注桩与预制桩比较，具有施工简便，工期短，机械化程度高，节省钢材，基本上不用木材，不需截桩，故能降低造价，特别是当持力层顶面起伏不平时，桩长可在一定范围内随意取定，且还可以做成大直径和大深度桩等优点。如采用取土成孔的灌注桩，则其噪声小、无振动、无挤土、无废气排放，对周围建筑物、地下管线及居民生活无影响，特别适宜在建筑物密集的市区施工。但灌注桩也存有施工中易产生颈缩或断裂现象，混凝土灌注后不能及时承受上部结构荷载，冬期施工中困难较多，存在桩端处沉渣的检测和清除较困难等缺点。

灌注桩按成孔设备和成孔方法不同，可分为挤土成孔和取土成孔两大类。其中挤土成孔又分为套管成孔和爆扩成孔；取土成孔又分为钻孔成孔和挖孔成孔。灌注桩成孔前的准备工作与预制桩前的准备工作基本相同。但根据灌注桩施工的特点，在确定灌注桩成孔顺序时应注意以下两点：

（1）当成孔对土层无挤密或冲击作用时，一般可按成孔设备行走最方便路线等现场条件确定成孔顺序。

（2）当成孔对土层有挤密或冲击作用时，一般可结合现场施工条件，采用每隔 1～2 个桩位成孔；在邻桩混凝土初凝前或终凝后成孔；群桩基础中的中间桩先成孔而周围桩后成孔；同一桩基中不同深度的爆扩桩应先爆扩浅孔而后爆扩深孔等方法确定成孔顺序。

灌注桩的成孔控制深度应符合以下要求：

（1）当采用套管成孔时，必须保证设计桩长，对于摩擦桩其桩管入土深度的控制以标高为主，并以贯入度（或贯入速度）作为参考；对于端承桩其桩管入土深度的控制以贯入度（或贯入速度）为主，并以设计持力层标高对照作为参考。

（2）采用钻孔成孔时，必须保证桩孔进入硬土层达到设计规定深度，并清理孔底沉渣。

灌注桩施工是在地下成型的，为根除隐患，确保施工质量，必须进行质量检验，其方法有开挖检查和钻孔检查两种。前者限于观察检查外露部分，而后者则可取出芯棒进行检查。

1. 钻孔灌注桩

钻孔灌注桩是指利用钻孔机械钻出桩孔，并在孔中浇筑混凝土（或先在孔中吊放钢筋笼）而成的桩。根据钻孔机械的钻头是否在土层的含水层中施工，又分为泥浆护壁成孔和干作业成孔两种施工方法。这两种成孔方法的灌注桩均具有无振动、无挤土、噪声小、对周围建筑物的影响小等特点，适宜于在硬的、半硬的、硬塑的和软塑的黏性土中施工。但是，由钻孔成孔的灌注桩与其他方法成孔的灌注桩或预制桩比较，其承载力较低，沉降量也大。

（1）泥浆护壁成孔灌注桩施工

泥浆护壁成孔灌注桩的施工方法为先利用钻孔机械（机动或人工）在桩位处进行钻孔，待钻孔达到设计要求的深度后，立即进行清孔，并在孔内放入钢筋笼，水下浇筑混凝土成桩。在钻孔过程中，为了防止孔壁坍塌，孔中可注入一定稠度的泥浆（或孔中注入清水直接制浆）护壁进行成孔。泥浆护壁成孔灌注桩适用于在地下水位较高的含水黏土层，或流砂、夹砂和风化岩等各种土层中的桩基成孔施工，因而使用范围较广。其施工工艺流程如图 2-4 所示。

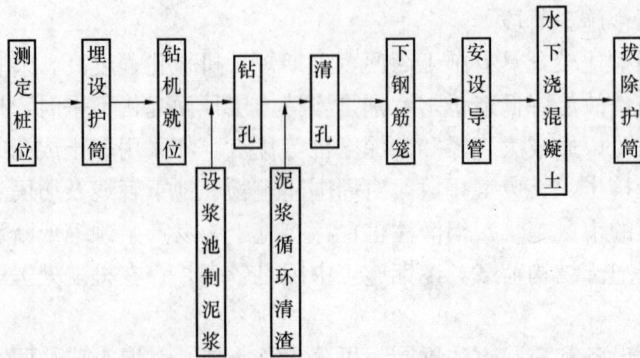

图 2-4 泥浆护壁成孔灌注桩工艺流程图

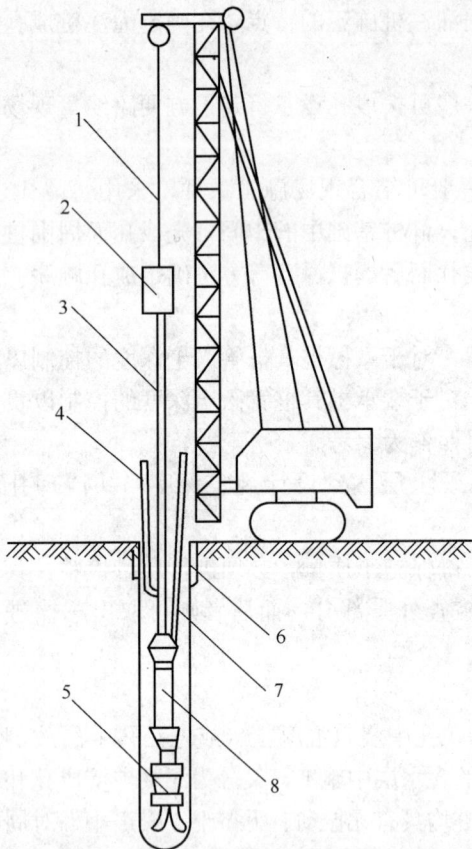

图 2-5 潜水钻机成孔

1—钢丝绳；2—滚轮（支点）；3—钻杆；4—软水管；5—钻头；6—护筒；7—电线；8—潜水电钻

1) 机械设备及成孔方法

泥浆护壁成孔灌注桩所用的成孔机械有冲击钻机、回转钻机及潜水钻机等。以下主要介绍潜水钻机成孔的灌注桩施工方法。

①潜水钻机（图 2-5）

潜水钻机由防水电机、减速机构和电钻头等组成。电机和减速机构装设在具有绝缘和密封装置的电钻外壳内，且与钻头紧密连接在一起，因而能共同潜入水下作业。这种钻机的优点是体积小、重量轻、携带方便；钻机由桩架及钻杆定位，钻孔时钻杆不需旋转，钻孔效率高；桩架轻便，移动灵活，钻进速度快（0.3~2m/min），钻孔深度大（最深达 50m）；钻机噪声小，操作劳动条件大有改善等优点。潜水钻机不仅适用于水下钻孔，而且也可用于地下水位较低的干土层中钻孔。

②埋设护筒

钻机钻孔前，应做好场地平整，挖设排水沟，设泥浆池制备泥浆。做试桩成孔，设置桩基轴线定位点和水准点，放线定桩位及其复核等施工准备工作。钻孔时，先安装桩架及水泵设备，桩位处挖土埋设孔口护筒，桩架就位后，钻机进行钻孔。

地表土层较好，开钻后不塌孔的场地可以不设护筒。但在杂填土或松软土层中钻孔时，应设护筒，以起定位、保护孔口、存贮泥浆和使其高出地下水位的作用。护筒用 4~8mm 厚度的钢板制作，内径应比钻头直径大 100mm，埋入土中深度不宜小于 1.0（黏土）~1.5m（砂土），其下端 0.5m 应击入土中；顶部应高出地面 400~600mm，并开设 1~2 个溢水口；护筒与坑壁之间应用无杂质的黏土填实，不允许漏水；护筒中心与桩位中的偏差应不大于 50mm。

③泥浆护壁钻孔

钻孔时应在孔中注入泥浆，并始终保持泥浆液面高于地下水位 1.0m 以上。因孔内泥浆比水重，泥浆所产生的液柱压力可平衡地下水压力，并对孔壁有一定的侧压力，成为孔壁的一种液态支撑。同时，泥浆中胶质颗粒在泥浆压力下，渗入孔壁表层孔隙中，形成一层泥皮，从而可以防止塌孔，保护孔壁。泥浆除护壁作用外，还具有携渣、润滑钻头、降低钻头发热、减少钻进阻力等作用。

如在黏土、亚黏土层中钻孔时，可在孔中注进清水，以原土造浆护壁、排渣。当穿砂夹层时，为防止塌孔，宜投入适量黏土以加大泥浆稠度；如在砂夹层较厚或砂土中钻孔时，则应采用制备泥浆注入孔内。

泥浆主要是膨润土或黏土和水的混合物，并根据需要掺入少量其他物质。泥浆的黏度应控制适当，黏度大，携带土屑能力强，但会影响钻进速度；黏度小，则不利护壁和排渣。泥浆的稠度也应合适，虽稠度大，护壁作用亦大，但其流动性变差，且还会给清孔和浇筑混凝土带来困难。一般注入的泥浆相对密度宜控制在 1.1～1.15 之间，排出的泥浆相对密度宜为 1.2～1.4。此外，泥浆的含砂率宜控制在 6% 以内，因含砂率大会降低黏度，增加沉淀，使钻头升温，磨损泥浆泵。

钻孔进尺速度应根据土层类别、孔径大小、钻孔深度和供水量确定。对于淤泥和淤泥质土不宜大于 1m/min，其他土层以钻机不超负荷为准，风化岩或其他硬土层以钻机不产生跳动为主。

④清孔

钻孔深度达到设计要求后，必须进行清孔。清孔之目的是清除钻渣和沉淀层，同时也为泥浆下浇筑混凝土创造良好条件，确保浇筑质量。以原土造浆的钻孔，可使钻机空转不进，同时射水，待排出泥浆的相对密度降到 1.1 左右，可认为清孔已合格。以注入制备泥浆的钻孔，可采用换浆法清孔，待换出泥浆的相对密度小于 1.15～1.25 时方可认为合格。

清孔结束时孔底泥浆沉淀物不可过厚，若孔底沉渣或淤泥过厚，则有可能在浇筑混凝土时被混入桩尖混凝土中，导致桩的沉降量增大，而承载力降低。因此，规定要求端承桩的沉渣厚度不大于 50mm。摩擦端承桩和端承摩擦桩的沉渣厚度不大于 100mm，摩擦桩的沉渣厚度不大于 300mm。

2）混凝土浇筑（图 2-6）

桩孔钻成并清孔完毕后，应立即吊放钢筋笼和浇筑水下混凝土。水下浇筑混凝土通常采用导管法，其施工工艺如下：

①吊放钢筋笼，就位固定。桩孔内配置钢筋的长度一般为桩长的 1/3～1/2。当钢筋全长超过 12m 时，钢筋笼宜分段制作，分段吊放，接头处用焊接连接，并使主筋接头在同一截面中数量不大于 50%，两接头错开不小于 500mm。为增加钢筋笼的纵向刚度和灌注桩的整体性，每隔 2m 焊 1ϕ12 的加强环箍筋，并要保证有 60～80mm 钢筋保护层的措施（如设置定位钢筋环或混凝土垫块）。吊放钢筋笼前要检查钢筋施工是否符合设计要求；吊放时要细心轻放，切不可强行下插，以免产生回击落土；吊放完毕并经检查符合设计标高后，将钢筋笼加以临时固定（如绑在护筒或桩架上），以防移动。

②吊放导管，水下浇筑混凝土。

③混凝土浇筑完毕，拔除导管。当混凝土连续浇筑至设计标高后，拔除导管，桩基混

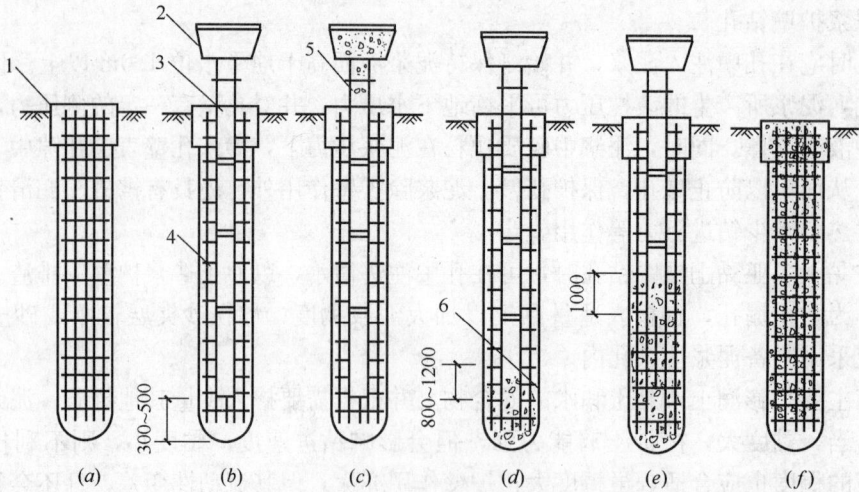

图 2-6 水下混凝土灌注工艺图

(a) 下钢筋笼；(b) 插下导管；(c) 漏斗满灌混凝土，(d) 剪塞混凝土下落孔底；

(e) 随浇混凝土随提升导管；(f) 拔除导管成桩

1—护筒；2—漏斗；3—导管；4—钢筋笼；5—隔水栓；6—混凝土

凝土浇筑完毕。

水下浇筑的混凝土强度等级不得低于C20；混凝土必须具有良好的和易性，坍落度一般采用180～220mm，细骨料尽量选用中砂（含砂率宜为40%～45%），粗骨料粒径不大于40mm，并不宜大于钢筋最小净距的1/3和导管内径的1/6～1/4；钢筋笼放入桩孔后4h内必须浇筑混凝土；水下浇筑混凝土应连续进行不得中断；混凝土实际灌注量不得小于计算体积；同一配合比试块数量每根桩不得少于1组。

3）施工中常遇问题及处理方法

泥浆护壁成孔灌注桩施工中，常会遇到护筒冒水、钻孔倾斜、孔壁塌陷和颈缩等问题，其原因和处理方法简述如下：

①护筒冒水

施工中发生护筒外壁冒水，如不及时采取防止措施，将会引起护筒倾斜、位移、桩孔偏斜，甚至产生地基下沉。护筒冒水的原因，是由于埋设护筒时周围填土不密实，或者起落钻头时触碰护筒。处理方法是，若在成孔施工开始时就发现护筒冒水，可用黏土在护筒四周填实加固；若在护筒已严重下沉或位移时发现护筒冒水，则应返工重埋。

②孔壁缩颈

当在软土地区钻孔，尤其在地下水位高、软硬土层交界处，极易发生颈缩。施工过程中，如遇钻杆上提或钢筋笼下放受阻现象时，就表明存在局部颈缩。孔壁颈缩的原因，是由于泥浆相对密度不当，桩的间距过密，成桩的施工时间相隔太短，钻头磨损过大等造成。处理方法是，采取将泥浆相对密度控制在1.15左右，施工时要跳开1～2个桩位钻孔，成桩的施工间隔时间要超过72h，钻头要定时更换等措施。

③孔壁塌陷

在钻孔过程中，如发现孔内冒细密水泡，或护筒内的水位突然下降，这些都表明有孔壁塌陷的迹象。塌孔会导致孔底沉淀增加，混凝土灌注量超方和影响邻桩施工。孔壁塌陷的原因，是由于土质松散，泥浆护壁不良（泥浆过稀或质量指标失控）；泥浆吸出量过大，护筒内水位高度不够；钻杆刚度不足引起晃动而导致碰撞孔壁和下钢筋笼时碰撞孔壁等引起的。处理方法是，如在钻进中出现塌孔时，首先应保持孔内水位，并可加大泥浆相对密度，减少泥浆泵排出量，以稳定孔壁；如塌孔严重，或泥浆突然漏失时，应停钻并在判明塌孔位置和分析原因后，立即回填砂和黏土混合物到塌孔位置以上1～2m，待回填物沉积密实，孔壁稳定后再进行钻孔。

④钻孔倾斜

钻孔时由于钻杆不垂直或弯曲，土质松软不一，遇上孤石或旧基础等原因，都会引起钻孔倾斜。处理方法是，如钻孔时发现钻杆有倾斜，应立即停钻，检查钻机是否稳定，或是否有地下障碍物，排除这些因素后，改用慢钻速，并提动钻头进行扫孔纠正，以便削去"台阶"；如用上述方法纠正无效，应在回填砂和黏土混合物至偏斜处以上1～2m，沉积密实后，重新进行钻孔施工。

（2）干作业成孔灌注桩施工

干作业成孔灌注桩的施工方法，是先利用钻孔机械（机动或人工）在桩位处进行钻孔，待钻孔深度达到设计要求时，立即进行清孔，然后钢筋笼吊入桩孔内，再浇筑混凝土而成桩。干作业成孔灌注桩，适用于地下水位以上的干土层中桩基的成孔施工。

1）机械设备及成孔方法

干作业成孔灌注桩所用的成孔机械有螺旋钻机、钻孔扩机、机动或人工洛阳铲等。以下主要介绍螺旋钻机成孔的灌注桩施工方法。

全叶螺旋钻机由电机、钻杆及钻头等组成（图2-7）。它是利用电动机动力旋转钻杆，钻杆带动钻头的螺旋叶片旋转切土，削下的土因钻头旋转而沿螺旋叶片上升而排出孔外。螺旋钻机的螺杆若按长度可分为长螺旋式钻杆（长度8～12m）和短螺旋式钻杆（长度3～5m），一般干作业成孔多采用长螺旋式钻机，其钻头外径分别为400mm、500mm和600mm三种，钻孔深度相应为8m、10m和12m三种。螺旋钻机钻杆若按叶片的螺距又可分为疏纹叶片式钻杆和密纹叶片式钻杆。在软塑土层中，含水量大时，可用疏纹叶片式钻杆，能较快地钻进土层；在可塑或硬塑黏土中，或含水量较小的砂土中，则可用密纹叶片式钻杆，能均匀缓慢地钻进土层。全叶螺旋钻机适用于地下水位以上的一般黏性土、硬土或人工填土层中

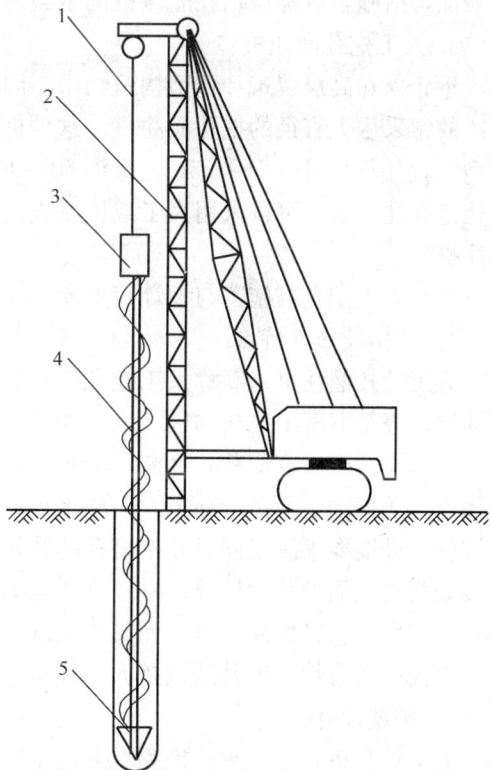

图2-7　螺旋钻机成孔
1—钢丝绳；2—导架；3—电动机；4—螺旋钻杆；5—钻头

钻孔。

采用螺旋钻机干作业成孔的施工方法是，先使钻机就位，钻杆对准桩孔中心点，然后使钻杆往下运动，待钻头刚接触地面土时，立即使钻杆转动。应注意钻机放置要平稳、垫实，并用线锤或水平尺检查钻杆是否平直，以保证钻头沿垂直方向钻进。在钻孔过程中如出现钻杆跳动，机架摇晃，钻不进或钻头发出响声时，表明钻机已出了异常情况，或可能遇到孔内有坚硬物，应立即停车检查，待查明原因后再做处理。操作中要随时注意钻架上的刻度标尺，当钻杆钻孔到达设计要求深度时，应先在原处空转清土，然后停止回转，提升钻杆出孔外。

2）混凝土浇筑及质量要求

桩孔钻成并清孔后，先吊放钢筋笼，后浇筑混凝土。为防止孔壁坍塌，避免雨水冲刷，成孔经检查合格后，应及时浇筑混凝土；若土层较好，没有雨水冲刷，从成孔至混凝土浇筑的时间间隔，也不得超过24h。混凝土强度等级不得低于C15，坍落度一般采用80～100mm；混凝土应连续浇筑，分层捣实，每层的高度不得大于1.50m；当混凝土浇筑到桩顶时，应适当超过桩顶设计标高，以保证在凿除浮浆层后，使桩顶标高和质量能符合设计要求。

孔底虚土清理的好坏，不仅影响桩的端承力和虚土厚度范围内的侧摩阻力，而且还影响孔底向上相当一段桩的侧摩阻力。因此必须认真对待孔底虚土的处理。通常采用加水泥来固结被钻具扰动的孔底虚土；向孔底夯入砂石混合料；或扩大桩的侧面以增大其与土的接触面等措施，以提高钻孔灌注桩的承载力。

2. 人工挖孔灌注桩

近年来在高层建筑和重型构筑物中，因荷载集中，基底压力大，对单桩承载力要求很高，故常采用大直径的挖孔灌注桩。这种桩是以硬土层作持力层、以端承力为主的一种基础型式，其直径可达1～3.5m，桩深60～80m，每根桩的承载力高达6000～10000kN。大直径挖孔灌注桩；可以采用人工或机械成孔，如果桩底部再进行扩大，则称"大直径扩底灌注桩"。

（1）人工挖孔桩施工与设计特点

1）结构及施工特点

人工挖孔灌注桩（简称人工挖孔桩）是指桩孔采用人工挖掘方法进行成孔，然后安放钢筋笼，浇筑混凝土而成的桩。人工挖孔桩其结构上的特点是单桩的承载能力高，受力性能好，既能承受垂直荷载，又能承受水平荷载。人工挖孔桩其施工上的特点是设备简单；无噪声、无振动、不污染环境，对施工现场周围原有建筑物的危害影响小；施工速度快，可按施工进度要求决定同时开挖桩孔的数量，必要时可各桩同时施工；土层情况明确，可直接观察到地质变化的情况；桩底沉渣能清理干净；施工质量可靠，造价较低。尤其当高层建筑选用大直径的灌注桩，而其施工现场又在狭窄的市区时，采用人工挖孔比机械挖孔具有更大的适应性。但其缺点是人工耗量大，开挖效率低，安全操作条件差等。

2）护壁设计

人工挖孔桩是综合灌注桩和沉井施工特点的一种施工方法，因而是二阶段施工和二次受力设计。第一阶段为挖孔成型施工，为了抵抗土的侧压力及保证孔内操作安全，第一次把它作为一个受轴侧力的筒形结构进行护壁设计；第二阶段为桩孔内浇筑混凝土施工，为了传递上部结构荷载，第二次又把它作为一个受轴向力的圆形实心端承桩进行设计。

桩身截面是根据使用阶段仅承受上部垂直荷载，而不承受弯矩进行计算的。桩孔护壁则是根据施工阶段受力状态进行计算的，一般可按地下最深护壁所承受的土侧压力及地下水侧压力，以确定其厚度，但不考虑施工过程中地面不均匀堆土产生偏压力的影响（图2-8）。护壁厚度 t 可按式（2-1）确定：

$$t \geqslant \frac{pD}{2f_c} \cdot K \tag{2-1}$$

式中　p——土及地下水对护壁的最大侧压力（MPa）；

　　　　D——人工挖孔桩桩身直径（mm）；

　　　　K——混凝土轴心受压的安全系数；

　　　　f_c——混凝土轴心受压的抗压强度（N/mm^2 或 MPa）。

因此，人工挖孔桩的直径除了要满足设计承载力外，还应考虑施工操作所需的最小尺寸要求。故桩径不宜小于 800mm，一般都在 1200mm 以上，桩底通常均需扩大。当采用现浇钢筋混凝土护壁时（图 2-9），护壁厚度一般为 $D/10+50$mm（D 为桩径），护壁内等距放置 $8\phi6\sim8$mm、长度约 1m 的直钢筋，插入下层护壁内，使上下层护壁有钢筋拉结，以防当某段护壁因出现流砂、淤泥，使摩擦力降低时，也不会造成护壁因自重而沉裂的现象发生。

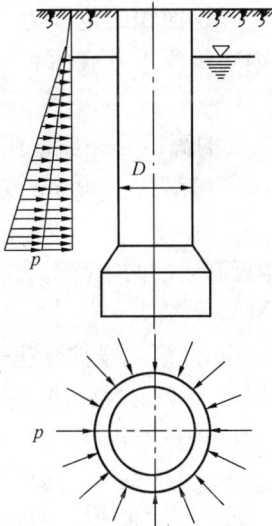

图 2-8　护壁受力状态图　　　　　图 2-9　混凝土护壁

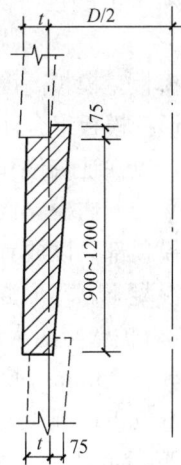

（2）施工机具及施工工艺

1）施工机具设备

人工挖孔桩施工机具设备可根据孔径、孔深和现场具体情况加以选用，常用的有以下一些：

①电动葫芦和提土桶

用于施工人员上下桩孔、材料和弃土的垂直运输。当孔洞小而浅（不大于 15m）时，可用独脚把杆或井架提升土石；当孔洞大而深时，也可用塔吊提升钢筋及混凝土。

②潜水泵

用于抽出桩孔中的积水。

③鼓风机和输风管

用于向桩孔中强送新鲜空气。

④镐、锹和土筐

用于挖土的工具，如遇坚硬土或岩石，还需另备风镐。

⑤照明灯、对讲机及电铃

用于桩孔内照明和桩孔内外联络用。

2）施工工艺

人工挖孔桩施工时，为确保挖土成孔施工安全，必须考虑预防孔壁坍塌和流砂现象的发生。因此，施工前应根据水文地质资料，拟订出合理的护壁措施和降排水方案。护壁方法很多，可以采用现浇混凝土护壁、喷射混凝土护壁、混凝土沉井护壁、砖砌体护壁、钢套管护壁、型钢——木板桩工具式护壁等多种。由于现浇混凝土护壁施工机具简单，安全可靠，进度易于调节，因而施工中以这种护壁最为普遍。

当为现浇混凝土护壁时，人工挖孔桩的施工工艺流程如下：

①放线定桩位。根据设计图纸测量放线，定出桩位及桩径。

②开挖桩孔土方。桩孔土方采取往下分段开挖，每段挖深高度取决于土壁保持直立状态而不塌方的能力而定，一般取 0.5～1.0m 为一段。开挖面积的范围为设计桩径加护壁的厚度。土壁必须修正修直，偏差控制在 20mm 以内，每段土方底面必须挖平，以便于支模板。

③支设护壁模板。模板高度取决于开挖土方施工段的高度，一般每步高为1m，由 4 块或 8 块活动弧形钢模板组合而成，支成有锥度的内模（有 75～100mm 放坡）。每步支模均以十字线吊中，以保证桩位和截面尺寸准确。

④放置操作平台。内模支设后，吊放用角钢和钢板制成的两半圆形合成的操作平台入桩孔内，置于内模顶部，以放置料具和浇筑混凝土操作。

⑤浇筑护壁混凝土。环形混凝土护壁厚 150～300mm（第一段护壁应高出地面 150～200mm），因它起着护壁与防水的双重作用，故护壁混凝土浇筑时要注意捣实。上下段护壁间要错位搭接 50～75mm（咬口连接），以便起连接上下段之用。

⑥拆除模板继续下段施工。当护壁混凝土强度达到 1N/mm²（常温下约经 24h）后，拆除模板，开挖下段的土方，再支模浇筑混凝土，如此重复循环直至挖到设计要求的深度。

⑦排出孔底积水。当桩孔挖到设计深度，并检查孔底土质是否已达到设计要求后，再在孔底挖成扩大头。待桩孔全部成型后，用潜水泵抽出孔底的积水。

⑧浇筑桩身混凝土。待孔底积水排除后，立即浇筑混凝土。当混凝土浇筑至钢筋笼的底面设计标高时，再吊入钢筋笼就位，并继续浇筑桩身混凝土而形成桩基。

（3）质量要求及施工注意事项

人工挖孔桩承载力很高，一旦出现问题就很难补救，因此施工时必须注意以下几点：

1）必须保证桩孔的挖掘质量。桩孔中心线的平面位置偏差不宜大于 20mm，桩的垂直偏差不宜大于1‰桩长，桩孔直径不得小于设计直径。在挖孔过程中，每挖深1m，应及时校核桩孔直径、垂直度和中心线偏差一次，以使其符合设计对施工允许偏差的规定要求。桩孔的挖掘深度应由设计人员根据现场土层的实际情况决定，不能按设计图纸提供的桩长参考数据来终止挖掘。一般为挖至比较完整的持力层后，再用小型钻机向下钻一深度不小于桩孔直径3倍的深孔取样鉴别，确认无软弱下卧层及洞隙后，才能终止挖掘。

2）注意防止土壁坍落及流砂事故。在开挖过程中，如遇有特别松散的土层或流砂层时，为防止土壁坍落及流砂，可采用钢护套管或预制混凝土沉井等作为护壁。待穿过松软层或流砂层后，再改按一般的施工方法，进行边掘进边浇筑混凝土护壁，继续开挖桩孔。流砂现象较严重时，应在成孔、桩身混凝土浇筑及混凝土终凝前，采用井点法降水。

3）注意清孔及防止积水。孔底浮土、积水是桩基降低甚至丧失承载力的隐患。因此混凝土浇筑前，应清除干净孔底浮土、石渣。混凝土浇筑时要防止地下水的流入，保证浇筑层表面不存有积水层。如果地下水量大，而无法抽干时，则可采用导管法进行水下浇筑混凝土。

4）必须保证钢筋笼的保护层及混凝土的浇筑质量。钢筋笼吊入孔内后，应检查其与孔壁的间隙，保证钢筋笼有足够的保护层。桩身混凝土采用C20～C30，坍落度100mm左右。为避免浇筑时产生离析，混凝土可采用圆形漏斗帆布串筒下料，连续浇筑，分步振捣，不留施工缝，每步厚度不得超过1m，以保证桩身混凝土的密实性。

5）注意防止护壁倾斜。位于松散回填土中时，应注意防止护壁倾斜。当倾斜无法纠正时，必须破碎重新浇筑混凝土。

6）必须制定切实可行的安全措施。工人在桩孔内作业，应严格按安全操作规程施工，并有切实可靠的安全措施。如孔下操作人员必须戴安全帽；孔下有人时孔口必须有监护；护壁要高出地面150～200mm，以防杂物滚入孔内；孔内设安全软梯，孔外周围设防护栏杆；孔下照明采用安全电压，潜水泵必须设有防漏电装置；应设鼓风机向井下输送洁净空气等。

3. 套管成孔灌注桩

套管成孔灌注桩是指用锤击或振动的方法，将带有预制混凝土桩尖或钢活瓣桩尖的钢套管沉入土中，待沉到规定的深度后，立即在管内浇筑混凝土或管内放入钢筋笼后再浇筑混凝土，随后拔出钢套管，并利用拔管时的冲击或振动使混凝土捣实而形成的桩，故又称沉管或打拔管灌注桩。

套管成孔灌注桩具有施工设备较简单，桩长可随实际地质条件确定，经济效果也好，尤其在有地下水、流砂、淤泥的情况下，可使施工大大简化等优点。但其单桩承载能力低，在软土中易于产生颈缩，且施工过程中仍有挤土、振动和噪声，造成对邻近建筑物的危害影响等缺点，故除了尚在少数小型工程中使用外，现已较少采用该法施工。

套管成孔灌注桩按沉管的方法不同，又分为锤击沉管灌注桩和振动沉管灌注桩两种。套管成孔灌注桩适用于一般黏性土、淤泥质土、砂土、人工填土及中密碎石土地基的沉桩。套管成孔灌注桩的施工工艺流程如图2-10所示。

（1）锤击沉管灌注桩

锤击沉管灌注桩是采用落锤、蒸汽锤或柴油锤将

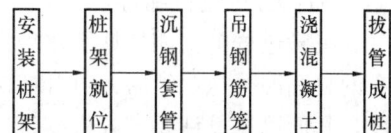

图2-10 套管成孔灌注桩施工工艺流程图

安装桩架 → 桩架就位 → 沉钢套管 → 吊钢筋笼 → 浇混凝土 → 拔管成桩

钢套管沉入土中成孔。

1）施工方法

锤击沉管灌注桩的施工方法是，先就位桩架，在桩位处用桩架吊起钢套管，对准预先设在桩位处的预制钢筋混凝土桩尖（也称桩靴）。套管与桩尖接口处垫以稻草绳或麻绳垫圈，以防地下水渗入管内。套管上端再扣上桩帽。经检查与校正套管的垂直度，使套管的偏斜满足不大于 0.5% 要求后，即可起锤打套管。锤击套管开始时先用低锤轻击，经观察无偏移后，才进入正常施打，直至把套管打入到设计要求的贯入度或标高位置时停止锤击，并用吊铊检查管内有无泥浆和渗水情况。然后用吊斗将混凝土通过漏斗灌入钢套管内，待混凝土灌满套管后，即开始拔管。套管内混凝土要灌满，第一次拔管高度应控制在能容纳第二次所需灌入的混凝土量为限，一般应使套管内保持不少于 2m 高度的混凝土，不宜拔管过高。拔管速度要均匀，一般应以 1m/min 为宜，能使套管内混凝土保持略高于地面即可。在拔管过程中应保持对套管连续低锤密击，使套管不断受振动而捣实混凝土。采用倒打拔管的打击次数，对单动汽锤不得少于 50 次/min，对自由落锤不得少于 40 次/min，在管底未拔到桩顶设计标高之前，倒打或轻击都不得中断。如此边浇筑混凝土，边拔套管，一直到套管全部拔出地面为止。以上这种施工工艺称为"单打套管成孔灌注桩"的施工方法（简称单打法）。

为了提高桩的设计承载力以减少桩的数量，或在施工中遇到问题需加以处理时，常采用"复打扩大套管成孔灌注桩"的施工方法（简称复打法）。其施工方法是在第一次单打法施工完毕并拔出桩管后，清除套管外壁上和孔周围地面上的污泥，立即在原桩位上再次安放桩尖，再做第二次套管成孔灌注桩（复打）施工（仅适于无配筋灌注桩，否则复打时要缩小桩径）。其沉管、浇筑混凝土及拔管等方法均与单打法时相同。复打的目的是使单打时未凝固的混凝土，由于受套管冲击挤压后在径向扩大了桩的直径，因而提高了混凝土的密实度和承载能力。

2）混凝土浇筑及质量要求

锤击沉管灌注桩桩身混凝土强度等级应不低于 C20；混凝土坍落度当配筋时宜为 80～100mm，素混凝土宜为 60～80mm；碎石粒径不大于 40mm。预制钢筋混凝土桩尖应有足够的承载力，混凝土强度等级不得低于 C30；套管下端与预制钢筋混凝土桩尖接触处应垫置缓冲材料；桩尖中心应与套管中心重合。

桩身混凝土应连续浇筑，分层振捣密实，每层高度不宜超过 1～1.5m；浇筑桩身混凝土时，同一配合比的试块每班不得小于 1 组；单打法的混凝土从拌制到最后拔管结束，不得超过混凝土的初凝时间；复打法以复打一次为宜，前后两次沉管的轴线应重合，且复打必须在第一次浇筑的混凝土初凝之前完成工作。

当桩的中距在套管外径的 5 倍以内或小于 2m 时，套管的施打必须在邻桩混凝土初凝时间内完成，或实行跳打施工。跳打时中间空出未打的桩，须待邻桩混凝土达到设计强度的 50% 后，方可进行施打。

在沉管过程中，如果地下水或泥浆有可能进入套管内时，应在套管内先灌入高 1.5m 左右的封底混凝土，然后方可开始沉管；沉管施工时，必须严格控制最后三阵 10 击的贯入度，其值可按设计要求或根据试验确定。同时应记录沉入每一根套管的总锤击次数及最后 lm 沉入的锤击次数。

（2）振动沉管灌注桩

1）机械设备和施工工艺

振动沉管灌注桩是利用振动锤将钢套管沉入土中成孔。振动沉管原理与振动沉桩原理完全相同。

振动沉管灌注桩施工方法是先就位桩架，在桩位处用桩架吊起钢套管，并将钢套管下端的活瓣桩尖闭合起来，对准桩位后再缓慢地放下套管，使活瓣桩尖垂直压入土中，然后开动振动锤使套管逐渐下沉。当套管下沉达到设计要求的深度后，便停止振动，立即利用吊斗向套管内灌满混凝土，并再次开动振动锤，进行边振动边拔管，同时在拔管过程中继续向套管内浇筑混凝土。如此反复进行，直至套管全部拔出地面后即形成混凝土桩身。

根据地基土层情况和设计要求不同，以及施工中处理所遇到问题时的需要，振动沉管灌注桩可采用单打法、反插法和复打法三种施工方法，现分述如下：

①单打法

当套管沉入土中至设计深度位置时，暂停振动并待混凝土灌满套管之后，再开动振动锤振动。先振动 5～10s，再开始拔管，并边振动边拔管。每拔管 0.5～1.0m，停拔振动 5～10s，如此反复进行，直至把桩管全部拔出地面即形成桩身混凝土。如采用活瓣桩尖时，拔管速度不宜大于 1.5m/min。单打法施工速度快，混凝土用量少，但桩的承载力低，适用于含水量较少的土层。振动沉管灌注桩一般宜采用单打法。

②反插法

当套管沉入土中至设计要求深度时，暂停振动并待混凝土灌满套管之后，先振动后再开始拔管。每次拔管高度为 0.5～1.0m，向下反插深度不宜超过活瓣桩尖长度的 2/3。在拔管过程中应分段添加混凝土，保持套管内混凝土表面始终不低于地坪表面，或高于地下水位 1.0～1.5m 以上，并应控制拔管速度不得大于 0.5m/min。如此反复进行，直至把套管全部拔出地面即形成混凝土桩身。反插法能扩大桩的截面，从而提高了桩的承载力，但混凝土耗用量较大，一般只适用于饱和土层。

③复打法

施工方法及要求与锤击沉管灌注桩的复打法相同。

2）质量要求

振动沉管灌注桩的混凝土强度等级不宜低于 C15；桩身配筋时混凝土坍落度宜为 80～100mm，素混凝土宜为 60～80mm；沉管活瓣桩尖应具有足够承载力和刚度，活瓣之间的缝隙应严密。

在浇筑混凝土和拔管时应保证混凝土的质量，当在测得混凝土确已流出套管后，方能再继续拔管，并使套管内应始终保持有不少于 2m 高度的混凝土，以便管内混凝土有足够的压力，防止混凝土在管内的阻塞。混凝土灌入量的要求与锤击灌注桩相同。

为保证混凝土桩身免受破坏，若桩的中心距在 4 倍套管外径以内时，均应进行跳打法施工，或者在邻桩混凝土初凝之前将该桩施工完毕；又为保证桩的承载力要求，必须严格控制最后两个两分钟的沉管贯入度，其值按设计要求或根据试桩和当地长期的施工经验确定。

（3）施工中常遇问题和处理方法

套管灌注桩施工过程中常会遇到发生断桩、瓶颈桩、吊脚桩和桩尖进水进泥等问题，现就其发生原因及处理方法简述如下：

1) 断桩

断桩一般都发生在地面以下软硬土层的交接处，并多数发生在黏性土中，砂土及松土中则很少出现。断裂的裂缝贯通整个截面，呈水平或略带倾斜状态。产生断桩的主要原因是桩距过小，打邻桩时受挤压、隆起而产生水平推力和上拔力；软硬土层间传递水平变形大小不同，产生水平剪力；桩身混凝土终凝不久，其强度尚软弱时就受振动而产生破坏等影响因素所致。处理方法是经检查发现有断桩后，应将断桩段拔去，略增大桩的截面面积或加箍筋后，再重新浇筑混凝土。

2) 瓶颈桩

瓶颈桩是指桩的某处直径缩小形似"瓶颈"，其截面面积不符设计要求。多数发生在黏性大、土质软弱、含水率高，特别是饱和的淤泥或淤泥质软土层中。产生瓶颈桩的主要原因是，在含水率较大的软土层中沉管时，土受挤压便产生很高的空隙水压力，待桩管拔出后，这种水压力便作用到新浇筑的混凝土桩身上。当某处空隙水压力一旦大于新浇筑混凝土侧压力时，则该处就会发生不同程度的颈缩现象。此外，当拔管速度过快，管内混凝土量过小，混凝土出管性差时也会造成缩颈。处理方法是，施工中应经常检查混凝土的下落情况，如发现有颈缩现象，应及时进行复打。

3) 吊脚桩

吊脚桩是指桩的底部混凝土隔空或混进泥砂而形成松散层部分的桩。产生的主要原因是，预制钢筋混凝土桩尖承载力或钢活瓣桩尖刚度不够，沉管时被破坏或变形，因而水或泥砂进入套管；预制混凝土桩尖被打坏而挤入套管，拔管时桩尖未及时被混凝土挤出或钢活瓣桩尖未及时张开，待拔管至一定高度时才挤出或张开而形成吊脚桩。处理方法是，如发现有吊脚桩，应将套管拔出，填砂后重打。

4) 桩尖进水进泥

桩尖进水进泥常发生在地下水位高或含水量大的淤泥和粉泥土土层中沉桩时出现。产生的主要原因是，由于钢筋混凝土桩尖与套管接合处或钢活瓣桩尖闭合不紧密；钢筋混凝土桩尖被打破或钢活瓣桩尖变形等所致。处理方法是，将套管拔出，清除管内泥砂，修整桩尖钢活瓣变形缝隙，用黄砂回填桩孔后再重打；若地下水位较高，待沉管至地下水位时，先从套管内灌入 0.5m 厚度的水泥砂浆作封底，再灌 lm 高度混凝土增压，然后再继续下沉套管。

4. 爆扩灌注桩

爆扩灌注桩（简称爆扩桩）是由桩柱和扩大头两部分组成。爆扩桩一般桩身直径为 d $=200\sim350$mm，扩大头直径为 $D=2.5\sim3.5d$，桩距为 $l\geqslant1.5D$，桩长为 $H=3\sim6$m（最长不超过 10m）；混凝土强度等级不宜低于 C15，粗骨料粒径不宜大于 25ram；混凝土坍落度在引爆前为 $100\sim140$mm，在引爆后为 $80\sim120$mm。

爆扩桩的一般施工过程是：用钻孔或爆破方法使桩身成孔；孔底放进有引出导线的雷管炸药包；孔内灌入适量用作压爆的混凝土；通电使雷管炸药引爆，孔底便形成圆球状空腔扩大头，瞬间孔中压爆的混凝土即落入孔底空腔内；桩孔内放入钢筋笼，浇筑桩身及扩大头混凝土而成爆扩桩（图 2-11）。

爆扩桩的特点是用爆扩方法使土层压缩形成扩大头，因而增加了地基对桩端的支承

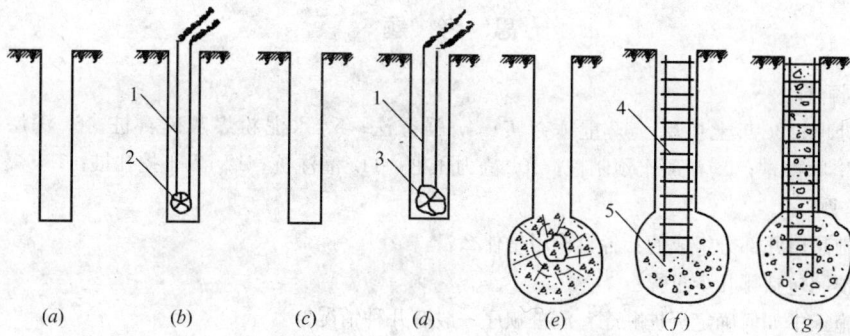

图 2-11 爆扩灌注桩施工工艺图

(a) 钻导孔；(b) 放炸药条；(c) 爆扩桩孔；(d) 放炸药包；(e) 爆扩大头；(f) 放钢筋笼；(g) 浇混凝土

1—导线；2—炸药条；3—炸药包；4—钢筋笼；5—混凝土

面；又由于爆炸使土层压缩挤密，进而又提高了地基的承载力。这种桩具有成孔简便，节省劳力和成本低廉等优点。爆扩桩适应性广泛，除软土、砂土和新填土外，其他各种土层中均可使用，尤其适用于大孔隙的黄土地区施工。

（1）爆扩成孔

爆扩桩成孔的方法，可根据土质情况确定，一般有人工成孔（洛阳铲或手摇钻）、机钻成孔、套管成孔和爆扩成孔等多种。其中爆扩成孔的方法是，先用洛阳铲或钢钎打出一个直孔，孔的直径当土质较好时用 40～70mm，当土质差且地下水又较高时用约 100mm；然后在直孔内吊入玻璃管装的炸药条，管内放置 2 个串联的雷管。经引爆并清除积土后即形成桩孔。

（2）爆扩大头

扩大头的爆扩，宜采用硝铵炸药和电雷管进行，同一工程中宜采用同一种类的炸药和雷管。炸药用量应根据设计所要求的扩大头直径，由现场试验确定。药包制成近似球体，用能防水的塑料薄膜等材料紧密包扎，并用防水材料封闭浸水，以免受潮后出现瞎炮。每个药包内放 2 个并联的雷管与引爆线路相联接。药包制成后，先用绳子将其吊放入孔底，然后再灌 150～200mm 厚的砂子。如桩孔内有积水时，应在药包上绑扎重物，使其沉入孔底。随着从桩孔中灌入一定量的混凝土后，即进行扩大头的引爆。

扩大头引爆前，灌入的压爆混凝土量要适当。量过少会引起压爆混凝土"飞扬"现象；量过多则又可能产生混凝土"拒落"事故。一般情况下压爆混凝土量应达 2～3m 高，或约为扩大头体积的一半为宜。为保证施工质量，必须严格遵守如下引爆顺序：当相邻桩的扩大头在同一标高时，若桩距大于爆扩影响间距，可采用单爆方式，反之宜用联爆方式；当相邻的扩大头不在同一标高时，必须是先浅后深，否则会造成深桩柱的变形或开裂。扩大头引爆后，压爆混凝土落入空腔底部。此时应进行检查扩大头的尺寸，并将扩大头底部混凝土捣实，随即吊入钢筋笼（主筋数量宜为 4～6 根，箍筋间距宜为 200mm），并灌注桩身混凝土。混凝土应分层捣实，连续浇筑完毕，不留施工缝。

爆扩桩的平面位置和垂直度的允许偏差与钻孔灌注桩相同。桩身直径允许偏差为 ±20mm，桩孔底面标高允许低于设计标高 150mm，扩大头直径允许偏差为 ±50mm。

思 考 题

一、名词解释：

1. 地基处理；2. 灰土垫层；3. 重锤夯实；4. 强夯法；5. 水泥粉煤灰碎石桩；6. 深层搅拌法；7. 端承桩；8. 摩擦桩；9. 混凝土预制桩；10. 静力压桩；11. 灌注桩；12. 人工挖孔桩；13. 爆扩桩

二、简答题：

1. 桩基础是由几部分组成的？各自作用是什么？

2. 桩的预制包括哪几个过程？

3. 桩基施工中如何确定沉桩顺序？沉桩顺序一般有几种情况？

4. 沉桩前的准备工作有哪些？

5. 桩架的作用是什么？

6. 简述打桩施工工艺。

7. 沉桩对周围环境有什么影响？如何防治？

8. 打桩质量评定包括哪两个方面？

9. 灌注桩施工特点是什么？

10. 简述人工挖孔桩施工工艺。

第3章 混凝土结构

混凝土结构工程包括素混凝土、钢筋混凝土和预应力混凝土结构工程。

钢筋混凝土工程在建筑施工中，无论在人力、物力消耗和对工期的影响方面都占有非常重要的地位。钢筋混凝土工程包括现浇钢筋混凝土结构施工与采用装配式预制钢筋混凝土构件的工厂化施工两个方面。但现浇钢筋混凝土结构的整体性好，抗震能力强，钢材消耗少，特别是近些年来一些新型工具式模板和施工机械的出现，使钢筋混凝土工程现浇施工达到较好的技术经济指标，得到迅速的发展。尤其是目前我国的高层建筑大多数为现浇钢筋混凝土结构，高层建筑的发展亦促进了钢筋混凝土施工技术的提高。

钢筋混凝土结构施工包括模板工程、钢筋工程和混凝土工程。

模板工程方面，采用了工具式支模方法与组合式钢模板，还推广了大模板、滑升模板、爬模、提模、台模、隧道模和预应力混凝土薄板、压型钢板、永久模板等新技术。

钢筋工程方面，不但生产和应用了多种高强度普通低合金钢筋，而且在钢筋加工工艺方面，亦提高了机械化、自动化的水平，采用了数字程序控制调直剪切机、光电控制点焊机、钢筋拉联动线等，还在电焊技术、气压焊、冷压套筒连接和线性规划用于钢筋下料等方面取得不少成绩。

混凝土工程方面已实现了混凝土搅拌站后台上料机械化、称量自动化和混凝土搅拌自动化或半自动化，扩大了商品混凝土应用范围，还推广了混凝土强制搅拌、高频振动、混凝土搅拌运输车和混凝土泵等新工艺。特别是近年来流态混凝土等新型混凝土的出现，将会引起混凝土工艺很大的变化。

装配式钢筋混凝土构件的生产工艺方面，推广了拉模、挤压工艺、立窑和折线窑养护、热拌热模、远红外线和太阳能养护等新工艺。

在预应力钢筋混凝土工艺中，也出现了折线张拉、曲线张拉、无粘结后张等新技术。

3.1 模 板 工 程

模板是浇捣混凝土的模壳，是使结构或构件成型的模型，是钢筋混凝土工程的重要组成部分。现浇钢筋混凝土结构用模板的造价约占钢筋混凝土工程总造价的30%，总用工量的50%，因此，采用先进的模板技术，对于提高工程质量、加快施工速度、提高劳动生产率、降低工程成本和实现文明施工都具有十分重要的意义。

模板的设计、制作和施工等应符合《高层建筑混凝土结构技术规程》JGJ 3—2002中关于模板工程的规定，其中，组合钢模板、大模板、滑升模板等的设计、制作和施工尚应符合国家现行标准《组合钢模板技术规范》GB 50214—2001、《大模板多层住宅结构设计与施工规程》JGJ 20—84、《液压滑动模板施工技术规范》GBJ 113—87、《液压滑动模板施工安全技术规程》JGJ 65—89 中的相应规定。

模板系统由模板和支撑两部分组成。模板按其形式不同可以分为整体式模板、定型模板、滑升模板、移动模板、台模等；按材料不同可以分为木模板、钢模板、塑料模板、玻璃钢模板等。对模板系统的基本要求是：

（1）保证结构和构件各部分的尺寸和相互位置的正确；

（2）具有足够的承载能力、刚度和稳定性，能可靠地承受混凝土的自重和侧压力，以及在施工过程中所产生的荷载；

（3）构造简单，装拆方便，并满足便于钢筋的绑扎、安装和混凝土的浇筑、养护等要求；

（4）模板的接缝应严密，不漏浆。

3.1.1 模板的类型

目前，在我国高层建筑的现浇钢筋混凝土中，为简化模板安装、拆除，节省模板材料，加快施工工程进度，在墙体结构施工中，使用的模板形式除定型组合模板外，也使用了一些大型工具式模板，如液压滑模、爬升模板、大模板等；在楼盖施工中，除采用定型组合模板外，还使用了钢框复合胶合板模板、台模、永久性模板等一系列施工速度快、成型效果好的工具式模板。

1. 组合钢模板

组合钢模板又称组合式定型小钢模，是使用最早且较广泛的一种组合式模板，利用它可以进行钢筋混凝土结构施工，即可事先按设计好的要求组拼成梁、柱、墙、楼板的大型模板，再整体吊装就位，也可以采取散装散拼的方法，灵活方便。

（1）组合钢模板的组成

组合钢模板由钢模板和配件两大部分组成。钢模板包括平面模板、阴角模板、阳角模板、连接角模等通用模板（图 3-1）和倒棱模板、梁腋模板、柔性模板、搭接模板、可调模板及嵌补模板等专用模板。配件的连接件包括 U 形卡、L 形插销、钩头螺栓、紧固螺栓、对拉螺栓、扣件（图 3-2）；配件的支承件包括钢楞、柱箍、钢支柱、早拆柱头、斜撑、组合支架、扣件式钢管支架、门式支架、碗扣式支架、方塔式支架、梁卡具、圈梁卡和桁架等。

钢模板采用模数制设计，宽度以 100mm 为基础，并以 50mm 为模数进级；长度以 450mm 为基础，并以 150mm 为模数进级（长度超过 900mm 时，以 300mm 进级）；边肋孔距均取 150mm，可横、竖向拼接，且可以拼成以 50mm 为进级的任何尺寸的模数。

（2）模板设计

模板工程施工前，应根据结构施工图、施工总平面图及施工设备和材料供应等现场条件，编制模板工程的施工设计，并列入工程项目的施工组织设计。为加快组合钢模板的周转使用，宜采用下列措施：进行层分段的流水作业；竖向结构与横向结构分开施工；充分利用有一定强度的混凝土结构支承上部模板结构；采用预先组装大片模板的方式整体装拆；采用各种可以重复使用的整体模架。

1）刚度及强度验算

组合钢模板承受的荷载应根据现行国家标准《混凝土结构工程施工及验收规范》GB

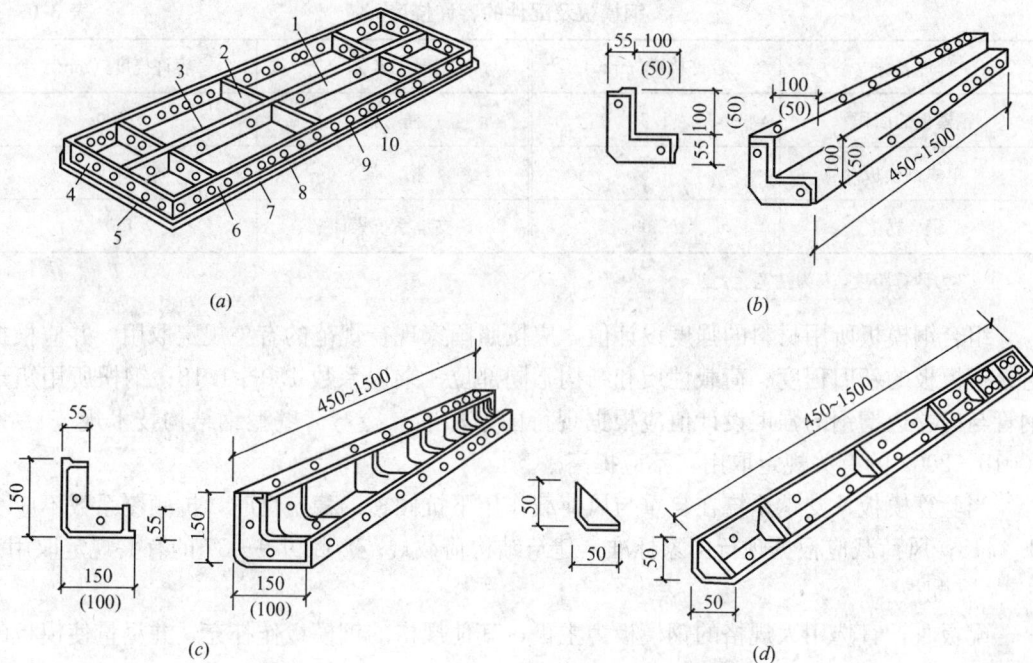

图 3-1 钢模板类型

(a) 平面模板；(b) 阳角模板；(c) 阴角模板；(d) 连接角模

1—中纵肋；2—中横肋；3—面板；4—横肋；5—插销孔；

6—纵肋；7—凸棱；8—凸鼓；9—U 形卡孔；10—钉子孔

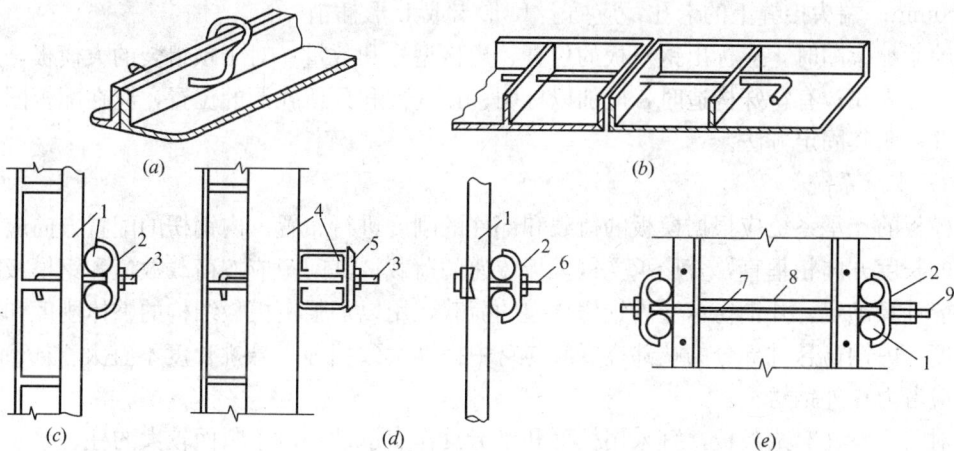

图 3-2 模板连接件

(a) U 形卡连接；(b) L 形插销；(c) 钩头螺栓连接；(d) 紧固螺栓连接；(e) 对拉螺栓连接

1—圆钢管钢楞；2—3 形扣件；3—钩头螺栓；4—内卷边槽钢钢楞；5—蝶形扣件；

6—紧固螺栓；7—对拉螺栓；8—塑料套管；9—螺母

50204—2002 的有关规定进行计算；组成模板结构的钢模板、钢楞和支柱应采用组合荷载验算其刚度，其容许挠度应符合表 3-1 的规定。

113

部件名称	容许挠度（mm）	部件名称	容许挠度（mm）
钢模板的面积	1.5	柱箍	$b/500$
单块钢模板	1.5	桁架	$l/1000$
钢楞	$l/500$	支承系统累计	4.0

注：l 为计算跨度，b 为柱宽。

组合钢模板所用材料的强度设计值，应按照国家现行规范的有关规定取用，并应根据组合钢模板的新旧程度、荷载性质和结构不同部位，乘以系数 1.0～1.18；钢楞所用矩形钢管与内卷边槽钢的强度设计值应根据现行国家标准《冷弯薄壁型钢结构技术规范》GB 50018—2002 的有关规定取用，不应提高。

当验算模板及支承系统在自重与风荷载作用下抗倾覆的稳定性时，抗倾覆系数不应小于 1.15；风荷载应根据现行国家标准《建筑结构荷载规范》GDJ 9—87 的有关规定取用。

2）配板

配板时，宜选用大规格的钢模板为主板，其他规格的钢模板作补充，并尽量使模板的规格少、数量少、拼木量少。钢模板的配板，应根据配模面的形状、几何尺寸以及支撑形式而决定；钢模板长向接缝宜采用错开布置，以增加模板的整体刚度。应采取措施减少和避免在钢模板上钻孔，如为设置对拉螺栓或其他拉筋，需要在钢模板上钻孔时，应使钻孔的模板能多次周转使用。柱、梁、墙、板的各种模板面的交接部分，应采用连接简便、结构牢固的专用模板。相邻钢模板的边肋，都应用 U 形卡插卡牢固，U 形卡的间距不应大于 300mm；端头接缝上的卡孔，应插上 U 形卡或 L 形插销。

绘制配板图时，应标出钢模板的位置、规格型号和数量；对于预组装的大模板，应标绘出其分界线；有特殊构造时，应加以标明；预埋件和预留孔洞的位置，应在配板图上标明，并注明其固定方法。

3）支承系统

模板的支承系统应根据模板的荷载和部件的刚度进行布置。内钢楞的配置方向应与钢模板的长度方向相垂直，直接承受钢模板传递的荷载；其间距应按荷载数值和钢模板的力学性能计算确定。外钢楞承受内钢楞传递的荷载，用以加强钢模板结构的整体刚度和调整平直度；内钢楞悬挑部分的端部挠度应与跨中挠度大致相等，悬挑长度不宜大于 400mm，支柱应着力在外钢楞上。

对于一般柱、梁模板，宜采用柱箍和梁卡具作支承件；对于断面较大的柱、梁，宜用对拉螺栓和钢楞。模板端缝齐平布置时，一般每块钢模板应有两个支承点；错开布置时，其间距可不受端缝位置的限制。对于在同一工程中可多次使用的预组装模板，宜采用钢模板和支承系统连成整体的模架，整体模架可随结构部位及施工方式而采取不同的构造形式。

支承系统应经过设计计算，保证具有足够的强度和稳定性。当支柱或其节间的长细比大于 110 时，应按临界荷载进行核算，安全系数可取 3～3.5。支承系统中，对连续式和排架式的支柱应适当配置水平撑与剪刀撑，保证其稳定性。

(3) 模板配板示例

1) 楼板配板

楼板组合钢模板是由立柱、内外背楞、钢模板组成，如图 3-3 所示。配板时，采用齐缝拼装，用阴角模与梁模拼接，四角尺寸不足之处用拼木；采用钢管做双层背楞，可调钢支柱做顶撑。组合钢模板的刚度较大，当混凝土板的厚度不大时，可充分利用组合钢模板的刚度，最好采用错缝拼装，并设置单层背楞，可节省模支撑材料，提高材料周转率。

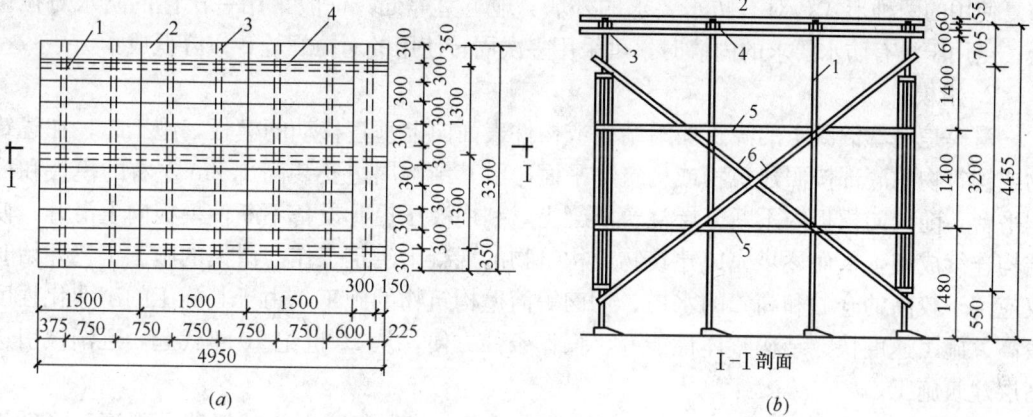

图 3-3 楼板模板的配板及支撑

(a) 配模板；(b) 剖面图

1—$\phi48\times3.5$ 钢管支柱；2—钢模板；3—2$\phi160\times40\times2.5$ 内钢楞；4—2$\phi60\times40\times2.5$ 外钢楞；5—$\phi48\times3.5$ 水平撑；6—$\phi48\times3.5$ 剪刀撑

2) 墙板配板

组合钢模板组装的墙模板由平面钢模板、拼木条、内钢楞、外钢楞、对拉螺栓、扣件、支撑等组成，如图 3-4 所示。采用组合钢模板配置墙模板时，由于是模数制的定型模

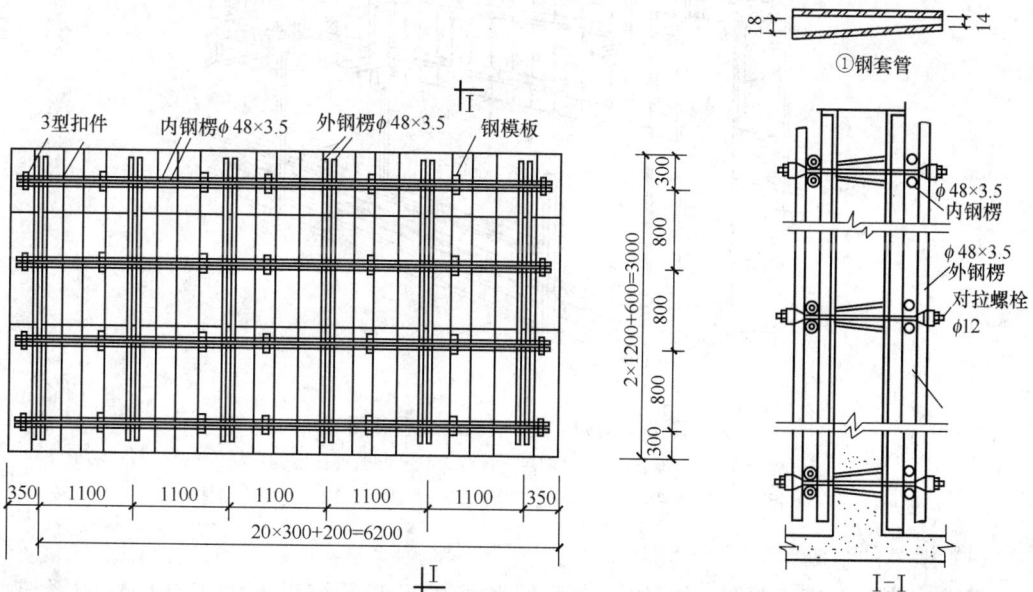

图 3-4 墙模板的配板

板，因此，当尺寸不能凑足时，可在顶端和侧边镶拼木条。墙模板可以齐缝配置，也可以错缝配置，当齐缝配置时，可以预先将打好穿墙螺栓孔洞的模板配置在规定的位置上，以免去现场打孔；当错缝配置时，模板整度较好。

当墙高度不大，或浇筑速度很慢时，可以只用单层背楞就能满足要求。横排模板采用竖向内楞，竖排模板采用横向内楞；内楞和外楞可以采用槽钢，也可以采用钢管，当采用钢管时，用对拉螺栓加3形扣件将内楞和外楞固定在模板上。对拉螺栓有不能回收和可多次回收重复使用的两种形式，对有防水要求的外墙、地下室等处，一般采用一次性的防水对拉螺栓；当用于没有防水要求的内墙时，可采用多次周转使用的对拉螺栓，以降低成本。

2. 滑模

滑模是随着混凝土的浇筑而沿结构或构件表面向上垂直移动的模板，施工时，在建筑物或构筑物的底部按照建筑物或构筑物平面，沿其结构周边安装高1.2m左右的模板和操作平台，随着向模板内不断分层浇筑混凝土，利用液压提升设备不断使模板向上滑升，使结构连续成型，从而逐步完成建筑物或构筑物的混凝土浇筑工作。滑模的施工工艺开始时仅应用于较高的仓贮和高耸的水塔、烟囱等筒壁构筑物的施工，由于其施工的工业化程度较高、施工速度快、结构整体性能好、操作条件方便，从20世纪70年代起，逐渐被引进高层建筑施工。

采用液压滑升模板（图3-5）可大量节约模板，节省劳动力，减轻劳动强度，降低工程成本，加快施工进度，提高了施工机械化程度，但耗钢量大，一次投资多。

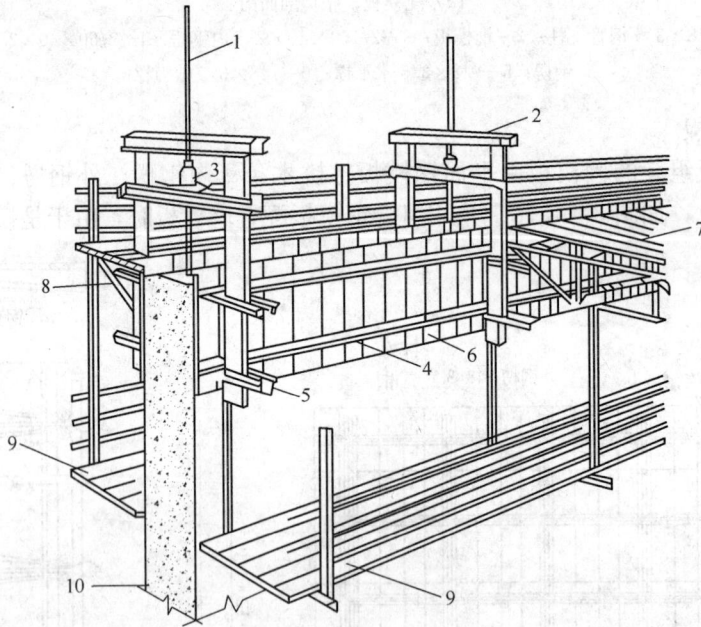

图 3-5 液压滑升模板组成示意图
1—提升杆；2—提升架；3—液压千斤顶；4—围圈；5—围圈支托；
6—模板；7—操作平台；8—外挑三脚架；9—吊脚手；10—混凝土墙体

（1）滑模的组成

滑模的装置由模板系统、操作平台系统和液压提升系统以及施工精度控制系统等组成。

1）模板系统

模板系统由模板、围圈、提升架及其附属配件组成。

①模板

模板又称围板，其作用是使混凝土能按照设计的几何形状及尺寸准确成形，并保证表面质量符合要求；主要承受浇筑混凝土时的冲击力、侧压力以及滑动时的摩阻力和模板滑空、纠偏等情况下的外加荷载。

为了防止混凝土在浇筑时的外溅，在采取滑空方法来处理建筑物水平结构施工时，外模板上端应比内模板高出 100～200mm，下端应比内模板长 300mm 左右。模板的材料可以选用木材、钢材或钢木混合材料制成，目前以钢材为主；如采用定型组合钢模板时，则需在边框增加与围圈固定相适应的连接孔。模板的高度，当用于墙模时为 1m，柱模时为 1.2m，筒壁结构为 1.2～1.6m；模板的宽度以考虑组装及拆卸方便为宜，一般为 300mm。

模板之间的连接，可采用螺栓（M8）或 U 形卡。为了减少滑动时模板与混凝土的摩阻力，便于滑升脱模，模板的上、下口应形成一定的锥度（斜度）。模板支承在围圈上的方法有挂在围圈上和搁在围圈上，亦可采用 U 形螺栓（模板背面有横楞）和钩头螺栓（模板背面无横楞）连接。

②围圈

围圈又称围檩，其横向布置在模板外侧，一般上下各布置一道，分别支承在提升架的立柱上，并把模板与提升架联系在一起，构成模板系统。围圈的作用是固定模板，保证模板所构成的几何形状及尺寸，也可作为操作平台、内外挑挂架子的支承部件，因此，主要承受模板传来的荷载（包括水平和垂直两个方向）以及操作平台、内外挑挂架子传来的荷载。

上下围圈的间距视模板的高度而定，以使模板受力时变形最小为原则，若模板高 1～1.2m，上下围圈间距宜在 600～700mm；围圈距模板上口不宜大于 250mm，距模板下口不宜大于 150mm。

围圈可使用角钢、槽钢或工字钢，一般采用 8～10 号的槽钢或工字钢；围圈的连接宜采用等刚度的型钢连接，连接螺栓每边不少于 2 个，并形成刚性节点；围圈放置在提升架立柱的支托上，用 U 形螺栓固定。

③提升架

提升架又称千斤顶架或门架，它是安装千斤顶并与围圈、模板形成整体的主要构件，其作用是约束固定围圈的位置，防止模板的侧向变形，并将模板系统和操作平台系统连成一体，将其全部荷载传递给千斤顶和支承杆。提升架承受的荷载有围圈传来的垂直、水平荷载和操作平台、内外挑挂架子传来的荷载等。

提升架的平面构造形式一般为"I"形、"Y"形、"X"形、"II"形、"口"形等几种（图 3-6），立面构造形式常用的有开形和门形两种。提升架一般用 12 号槽钢制作横梁，立柱可用 12～16 号槽钢做成单肢式、格构式或桁架式；横梁与立柱的拼装连接，可采用焊接连接，亦可采用螺栓拼装。提升架立柱的高度，应使模板上口到提升架横梁下皮间的净空能满足施工要求。

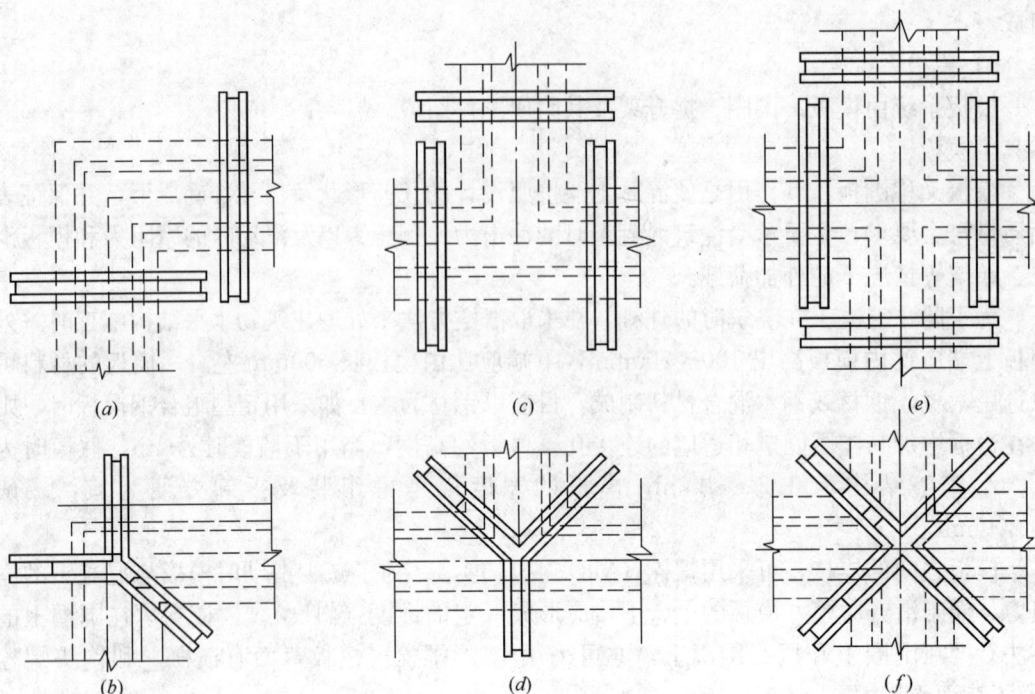

图 3-6 提升架平面构造形式

(a) L形墙用"I"形提升架；(b) L形墙用"Y"形提升架；(c) T形墙用"Ⅱ"形提升架
(d) T形墙用"Y"形提升架；(e) 十字形墙用"口"形提升架；(f) 十字形墙用"X"形提升架

在沉降缝（伸缩缝）、圆弧形墙体交叉处、厚墙壁等摩阻力及局部荷载较大部位，可采用双千斤顶提升架，见图 3-7。当提升架上布置两个以上（含两个）的千斤顶时，其荷载的分配必须均匀，以免支承杆因偏心受压，造成弯曲变形。

2）操作平台系统

操作平台系统（图 3-8）主要包括主操作平台、外挑脚手架、吊脚手架等，在施工需要时，还可设置辅助平台，以供材料、工具、设备堆放和施工人员进行操作的场所。

①主操作平台

主操作平台既是施工人员进行绑扎钢筋、浇筑混凝土、提升模板的操作场所，也是材料、工具、设备等堆放的场所。对于逐层空滑楼板同时施工的施工工艺，要求操作平台板采用活动式，便于反复揭开，进行楼板施工。一般将提升架立柱内侧、提升架之间的平台板采用固定式，而提升架立柱外侧的平台板采用活动式。

②外挑脚手架、吊脚手架

外挑脚手架一般由三角挑架、楞木、铺板等组成，其外挑宽度为 0.8～1.0m. 外侧一般需设安全护栏，三角挑架可支承在立柱上或挂在围圈上。

吊脚手架是供检查墙（柱）体混凝土质量并进行修饰、调整，拆除模板（包括洞口模板），引设轴线、高程，以及支设梁底模板等操作之用。外吊脚手架悬挂在提升架外侧立的柱和三角挑架上，内吊脚手架悬挂在提升架内侧立柱和操作平台上。

3）液压提升系统

液压提升系统是承担全部滑升模板装置、设备及施工荷载向上滑升的动力装置，由

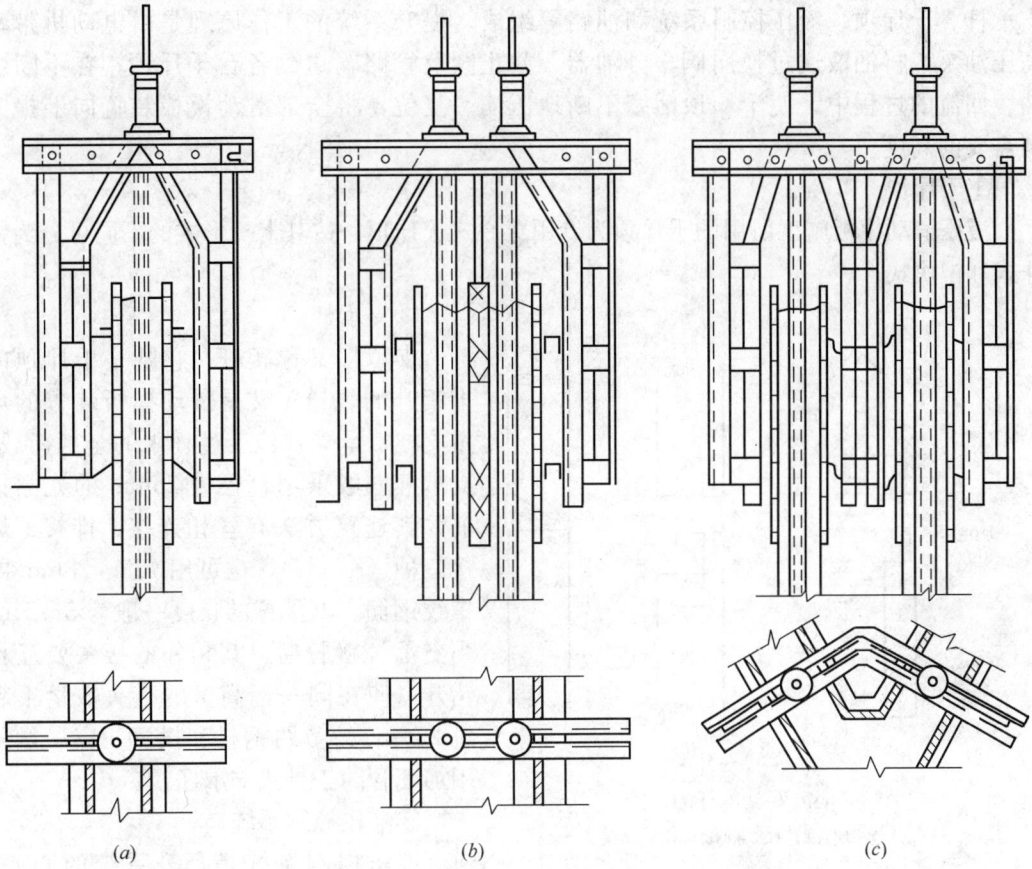

图 3-7　不同结构部位提升架构造示意图

(a) 单墙体；(b) 伸缩缝处墙体；(c) 弧形转角处墙体

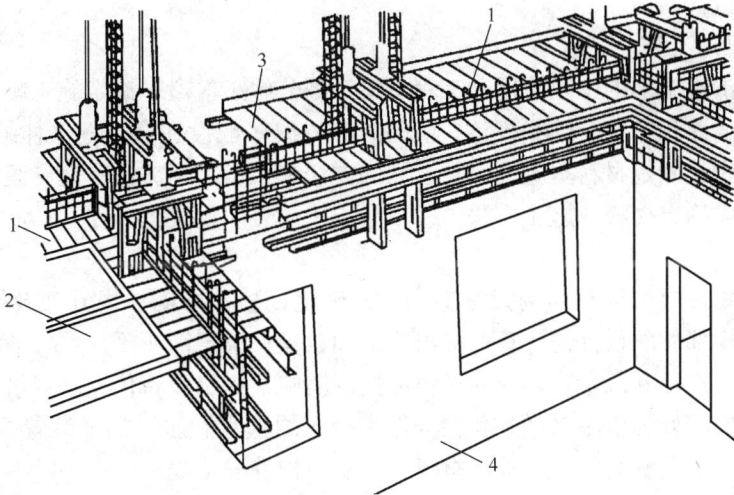

图 3-8　活动平台板操作平台

1—固定平台板；2—活动平台板；3—外挑操作平台；4—下一层已施工完的现浇墙体活动式

平台板宜用型钢做框架，上铺多层胶合板或木板，再铺设铁板保护

支承杆、千斤顶、液压控制系统和油路等组成。提升系统的工作原理是由电动机带动高压油泵，将油液通过换向阀、分油器、截止阀及管路输送到各台千斤顶；在不断供油、回流的过程中，使千斤顶活塞不断地压缩、复位，将全部滑动模板装置向上提升到需要的高度。

①千斤顶

液压滑动模板施工所用的千斤顶为专用穿心式千斤顶，按其卡头形式的不同可分为钢珠式和楔块式。

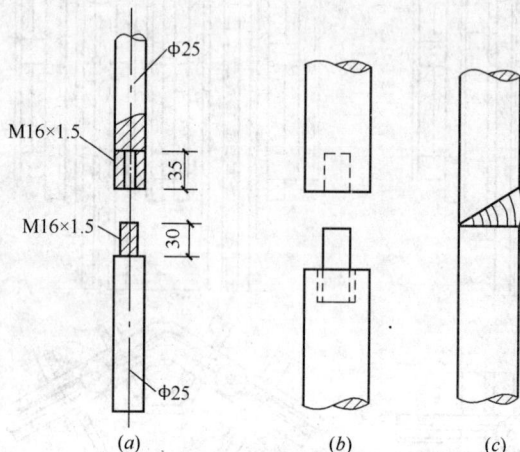

图 3-9　Φ25 支承杆的连接
(a) 丝扣连接；(b) 榫接；(c) 焊接

②支承杆

支承杆又称爬杆，它既是千斤顶向上爬升的轨道，又是滑动模板装置的承重支柱，承受着施工过程中的全部荷载。支承杆一般采用直径为 25mm 的光圆钢筋，其连接方法有丝扣连接、榫接、焊接三种（图 3-9），也可用 $\phi25\sim28mm$ 的螺纹钢筋。支承杆的长度一般为 $3\sim5m$，当支承杆接长时，其相邻的接头要互相错开，使在同一标高上的接头数量不超过 25%。为节约钢材和投资，应尽量采用加套管的工具式支承杆。

③液压控制系统

液压控制系统是提升系统的心脏，主要由能量转换装置（电动机、高压齿轮泵等）、能量控制和调节装置（如换向阀、溢流阀、分油器等）以及辅助装置（油箱、滤油器、油管、管接头等）三部分组成。

（2）模板设计

1）设计原则

确定采用滑模施工的工程范围和工程对象；划分施工区段，确定施工顺序，应尽可能使每一个区段的面积相等，形状规整，区段的分界线一般设在变形缝（伸缩缝、沉降缝、抗震缝）处为宜；确定材料垂直和水平运输的方法和人员上下方法；房屋建筑采用滑模施工时，还要考虑确定楼板的施工方法。

2）设计内容

绘制建筑物多层结构平面的投影叠合图；确定模板、围圈、提升架及操作平台的布置，并进行各类部件的设计与计算，提出规格和数量；确定液压千斤顶、油路及液压控制台的布置，提出规格和数量；制定施工精度控制措施，提出设备仪器的规格、数量；对特殊部位制定特殊的处理措施（如附着在操作平台上的垂直和水平运输装置等），进行设计和布置；绘制滑模装置组装图，提出材料、设备、构件一览表。

（3）墙（柱）滑模施工工艺

1）滑模系统的组装

模板在组装前，要检查起滑线以下已经施工好的基础或结构的标高和平面尺寸，并标出建筑物的设计轴线、墙体边线和提升架的位置。滑模的组装顺序见图 3-10。

2）滑升工艺

模板的滑升可分为初滑、正常滑升、末滑三个主要阶段。

初滑阶段是指工程开始时进行的初次提升模板阶段（包括在模板空滑后的首次继续滑升），主要对滑模装置和混凝土凝结状态进行检查。初滑操作的基本做法是混凝土分层（分层厚度为 300mm 左右，分层间隔时间应小于混凝土初凝时间）浇筑到模板高度的 2/3，当第一层混凝土的强度达到出模强度时，进行试探性的提升，即将模板提升 1～2 个千斤顶行程（3～6mm），观察并全面检查液压系统和模板系统的工作情况。试升后，每浇筑 200～300mm 高度，再提升 3～5 个行程，直至浇筑到距模板上口 50～100mm，即到正常滑升阶段。

在正常滑升阶段，模板滑升速度是影响混凝土施工质量和工程进

```
┌─────────────┐
│  安装提升架  │
└─────────────┘
      │
┌─────────────┐
│  安装围圈    │
└─────────────┘
      │
┌─────────────┐     ┌─────────────┐        ┌──────────────┐
│ 绑钢筋及    │────│  安装模板    │        │ 安装外挑平台  │
│ 装设预埋件  │     └─────────────┘        │ 及安全栏杆    │
└─────────────┘           │              └──────────────┘
                  ┌─────────────┐
                  │ 组装操作平台 │
                  └─────────────┘
                          │              ┌──────────────┐
┌─────────────┐   ┌─────────────┐        │  安装油路管线  │
│  安装千斤顶  │   │ 安装液压控制台│        └──────────────┘
└─────────────┘   └─────────────┘
                  ┌─────────────┐
                  │   通油排气    │
                  └─────────────┘
                  ┌─────────────┐
                  │  连动式运转   │
                  └─────────────┘
                  ┌─────────────┐
                  │  插入支承杆   │
                  └─────────────┘
                  ┌─────────────┐
                  │ 浇灌初升混凝土 │
                  └─────────────┘
                  ┌───────────────┐
                  │ 初升后大检查和调整│
                  └───────────────┘
                  ┌─────────────┐
                  │  进入正常滑升  │
                  └─────────────┘
          ┌───────────────────────┐
          │ 升高3m左右安装内外吊脚手 │
          └───────────────────────┘
          ┌─────────────┐
          │  架设安全网等  │
          └─────────────┘
```

图 3-10　滑模装置的组装顺序图

度的关键因素，原则上滑升速度应与混凝土出模强度相适应，并应根据滑升模板结构的支承情况来确定。当支承杆不会发生失稳时，滑升速度可按混凝土出模强度来确定；当支承杆受压可能会发生失稳时，滑升速度由支承杆的稳定性来确定。在正常气温条件下，滑升速度一般控制在 150～300mm/h 范围内，出模强度以 0.2～0.4N/mm² 为宜。

末滑阶段是配合混凝土的最后浇筑阶段，模板滑升速度比正常滑升时稍慢。混凝土浇完后，尚应继续滑升，直至楼板与混凝土脱离不致被粘住为止。

在滑升过程中浇筑混凝土应严格执行分层浇筑、均匀交圈的制度。每层混凝土浇筑厚度应控制在 300mm 左右，并保持水平，不得出现高差过大的现象；每个浇筑区段中混凝土的布料，一般从中间部分开始，各层浇筑方向要交错进行，并经常交换方向，尽量使布料均匀；混凝土的浇筑宜由人工均匀浇入模板，不得用料斗直接向模板内倾倒，以免对模板造成过大侧压力和冲击力。

3）滑框倒模工艺

滑框倒模施工工艺是在滑模施工工艺的基础上发展而成的一种施工方法，兼有滑模和倒模的优点，因此易于保证工程质量，但操作较为繁琐，劳动量较大，速度略低于滑模。

滑框倒模的模板不与围圈直接挂钩，模板与围圈之间增设竖向滑道，滑道固定于围圈内侧，可随围圈滑升。滑道的作用相当于模板的支承系统，既能抵抗混凝土的侧压力，又可约束模板的位移，且便于模板的安装。滑道的间距按模板的材质和厚度决定，一般为

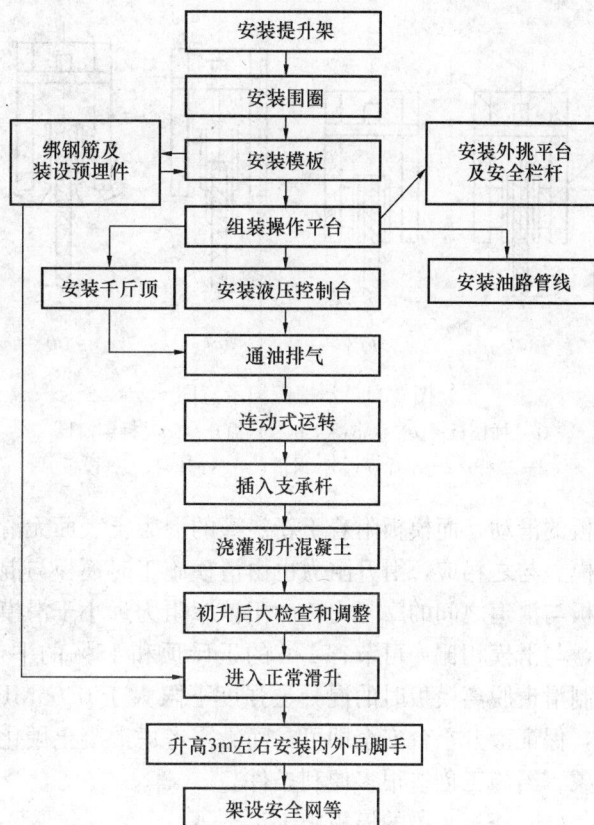

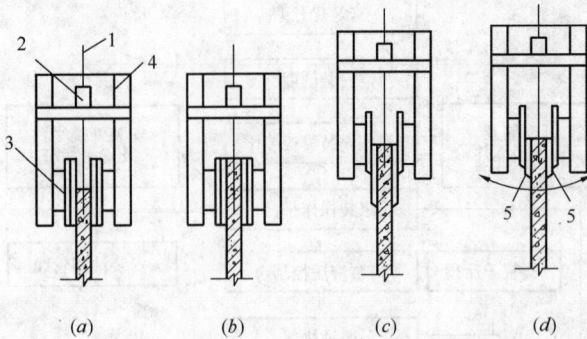

图 3-11 滑框倒模示意图

(a) 插模板；(b) 浇混凝土；(c) 提升；(d) 拆倒模板

1—爬杆；2—千斤顶；3—滑道；4—提升架；5—模板

300～400mm；长度为 1～1.5m，可采用外径 30mm 左右的钢管。

模板在施工时与混凝土之间不产生滑动，而与滑道之间产生相对滑动，即只滑框，不滑模。当滑道随围圈滑升时，模板附着于新浇灌的混凝土表面留在原位，待滑道滑升一层模板高度后，即可拆除最下一层模板，清理后倒至上层使用，见图 3-11。

在滑框倒模工艺中，将滑模时模板与混凝土之间滑动变为滑道与模板的滑动，而模板附着于新浇灌的混凝土表面无滑动，因此，模板由滑动脱模变为拆倒脱模。与之相应，滑升阻力也由滑模施工时模板与混凝土之间的摩阻力变为滑框倒模时的模板与滑道之间的摩阻力，由于该摩阻力远小于滑模工艺的摩阻力，相应地可减少提升设备，与滑模相比，可节省 1/6 的千斤顶和 15% 的平台用钢量。另外，滑框倒模工艺只需控制滑道脱离模板时的混凝土强度下限大于 0.05MPa，不致引起混凝土坍塌和支承杆失稳，保证滑升平台安全即可，而无需考虑混凝土硬化时间延长造成的混凝土粘模、拉裂等现象，给施工创造很多便利条件。

(4) 楼板、梁的模板施工工艺

1) 现浇楼板模板

采用滑模施工的建筑物，其现浇楼板结构的施工多采用"逐层空滑楼板并进法"、"先滑墙体楼板跟进法"和"降模法"。

①逐层空滑楼板并进法

当每层墙体滑动至上一层楼板底标高位置时，停止墙体混凝土的浇筑，待混凝土达到脱模强度后，将模板进行连续提升，直至墙体混凝土脱模，再将模板向上空滑，使模板下口与墙体上皮脱空一段高度（高度由楼板厚度决定），然后将操作平台的活动平台吊开，进行现浇楼板模板的吊装和支模等工序。为了防止模板全部脱空后产生平移或扭转变形，当楼板为单向板，且横墙承重时，只需将横墙模板脱空，非承重纵墙可比横墙多浇筑 50cm 左右，使纵墙模板与纵墙不脱空，以保持模板的稳定；当楼板为双向板时，则内外墙模板全部需脱空，故应将外墙外模板适当加长。

②先滑墙体楼板跟进法

当墙体连续滑动数层后，即可自下而上地进行逐层楼板的施工。先将每间操作平台的活动平台板揭开，由活动平台洞口吊入楼板的模板、钢筋和混凝土材料；亦可从已完墙体窗口处的受料挑台将所需模板等材料输入房间内施工。

③降模法

利用桁架或纵横梁结构将每间的楼板模板组成整体，通过吊杆、钢丝绳或链条悬吊于建筑物上（图 3-12），先浇筑屋面板和梁，待混凝土达到一定强度后，用手推降模车将降模平台下降到下一层楼板的高度，加以固定后进行浇筑，如此反复进行，直至底层，最后

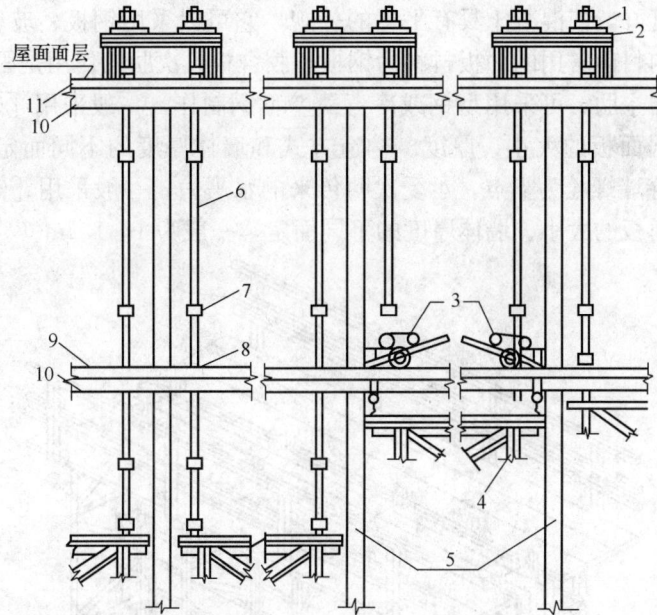

图 3-12 楼板降模施工示意图

1—螺帽；2—槽钢；3—降模车；4—平台桁架；5—柱；6—吊杆；
7—接头；8—楼板留孔；9—楼板；10—梁；11—屋面板

将降模平台在地面上拆除。

2）梁模板

当梁的断面高度较小时，可在墙顶留出梁窝（两侧用钢板网卡住），待模板滑空后支梁和楼板的模板，即梁与楼板一起浇筑施工；当梁的断面高度较大时，应优先选择梁、墙、柱模板同时组装的方案。

由于梁在施工中是间断的，垂直方向不连续，因此，在梁的端头部位应设置堵头板。当只施工柱、墙时，用堵头板将梁的端头隔断，仅浇筑墙、柱混凝土，梁的模板处于空滑状态，此时梁的支承杆需加固处理；当模板滑动到梁底标高时，将堵头板插销拔去或进行活动挂钩，并在柱、墙主筋上焊上短钢筋头，用以阻止堵头板上移；当墙、柱、梁模板继续向上滑动时，堵头板不动，逐渐从模板下脱出，这样墙、柱、梁模板互相连通，在绑扎钢筋后，即可同时浇筑混凝土。

3．大模板

大模板是一种大尺寸的工具式模板，通常一块墙面用一块大模板，因为其质量大，装拆皆需起重机械吊装。大模板施工法可提高机械化程度，减少用工量和缩短工期，常应用于剪力墙和筒体体系的高层建筑施工中。目前我国采用大模板施工的结构体系有内外墙全现浇、外墙预制内墙现浇（内浇外挂）以及外墙砌砖内墙现浇（内浇外砌）三种；对于高层住宅，主要采用内外墙全现浇和内浇外挂这两种方法，前者适用于 16 层以上的高层，后者适用于 16 层以下并有建筑抗震要求的高层。

（1）大模板的构造与类型

1）构造

一块大模板由面板、次肋、主肋、支撑桁架、稳定机构及附件组成，见图 3-13。面板要求平整、刚度好，使混凝土具有平整的外观，它可以采用钢板、玻璃钢板、胶合板、木材等制作，国内目前常用的面板材料为钢板和胶合板。次肋的作用是固定面板，并把混凝土侧压力传递给主肋，可采用型钢或冷弯薄壁型钢制作，一般采用［6.5槽钢或L8角钢；肋的间距根据面板的大小、厚度、构造方式和墙体厚度的不同而定，一般为300～500mm。主肋以穿墙螺栓为支点，承受次肋传来的水平力，一般采用［6.5槽钢或［8槽钢，其间距根据模板的大小、墙体厚度的不同而定，一般为1～1.2m。

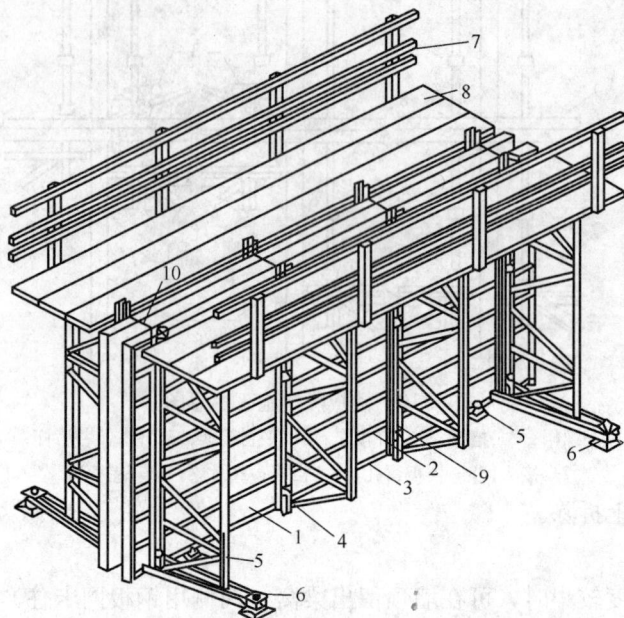

图 3-13 大模板构造示意图

1—面板；2—次肋；3—支撑桁架；4—主肋；5—调整水平用的螺旋千斤顶；6—调整垂
直用的螺旋千斤顶；7—栏杆；8—脚手平台；9—穿墙螺栓；10—卡具

每块大模板采用2～4榀桁架作为支撑机构，并用螺栓或焊接将其与主肋连接在一起，主要承受风荷载和偶然水平力，以加强模板的刚度，防止模板倾覆；也可作为操作平台的支座，以承受施工荷载。稳定装置是大模板的重要组成部分，由水平与垂直调节螺旋千斤顶组成，在施工时，它能把作用力传递给地面或楼板，以保证楼板的垂直度；在堆放时，用以保证模板的稳定性。

附件是大模板不可缺少的组成部分，它包括操作平台、穿墙螺栓等。操作平台可供浇筑混凝土时人员在其上行走和操作之用；穿墙螺栓的作用是加强模板刚度，以承受新浇混凝土的侧压力，并控制两块模板的间距。

2）类型

常用的大模板类型主要有平模、小角模、大角模、筒模。

①平模

平模（图3-13）是以一个整面墙面制作成一块模板，能较好地保证墙面的平整度。当房间四面墙体都采用平模布置时，其主要特点是横墙与纵墙混凝土分两次浇筑；在一个流水段范围内，先支横墙模板，待拆模后再支纵墙模板；所有模板接缝均在纵横墙交接的阴角处，因此，便于接缝处理，减少修理用工，模板加工量较少，周转次数多，适用性强，模板组装和拆卸方便，模板不落地或少落地。但由于纵横墙须分开浇筑，故竖向施工缝多，从而影响房屋的整体性，并且安排施工比较麻烦。

②小角模

图 3-14（a）的小角模是为了适应纵横墙一起浇筑而在纵横墙相交处附加的一种模板，它设置平模转角，并在其一端焊上角钢制成，从而使每个房间的内模形成封闭的支撑体系。采用小角模布置时，模板的整体性好，组拆方便，墙面平整，但墙面接缝多，修理工作量大，角模加工精度也要求较高。小角模有两种做法，如图 3-14（b）、（c）所示，一种是在角钢内侧焊扁钢，拆模后会在墙面形成凸出的棱；另一种是在角钢外侧焊扁钢，拆模后会在墙面留有扁钢的凹槽。

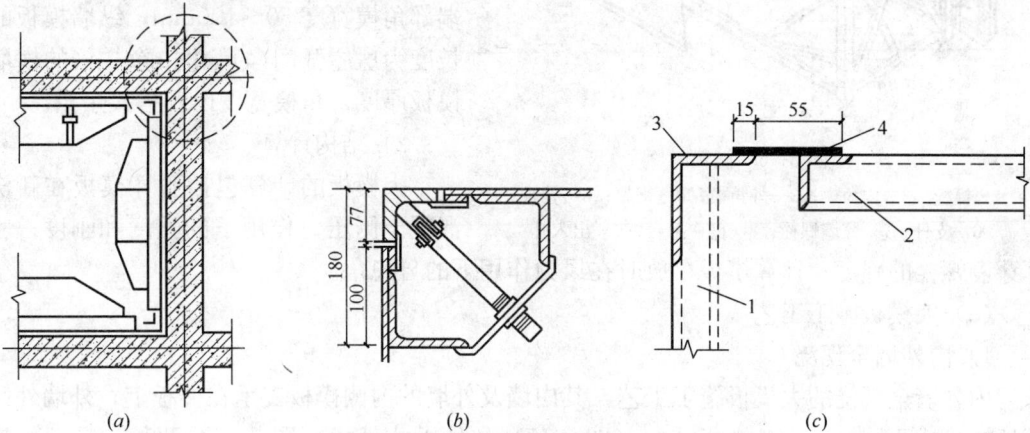

图 3-14 小角模

（a）小角模布置；（b）扁钢焊在角钢内侧；（c）扁钢焊在角钢外侧

1—横墙模板；2—纵墙模板；3—角钢 100×63×6；4—扁钢 70×5

③大角模

大角模（图 3-15）系由上下 4 个大合叶连接起来的两块平模，并由 3 道活动支撑和地脚螺栓等组成。采用大角模布置时，房间的纵横墙体混凝土可以同时浇筑，房屋的整体性好，且还具有稳定、拆装方便、墙体阴角方整、施工质量好等特点；但是，大角模也存在加工要求精细、运转麻烦、墙面平整度差、接缝在墙的中部等缺点。

④筒模

筒模（图 3-16）是将一个房间的 3 面或 4 面现浇墙体的大模板通过挂轴悬挂在同一钢架上，墙角用小角模封闭而构成一个筒形单元体。采用筒模布置时，由于模板的稳定性好，纵横墙体混凝土能同时浇筑，故结构的整体性好，施工简单，减少了模板的吊装次数，操作安全，劳动条件好；缺点是模板每次都要落地，且模板自重大，需要大吨位的起重设备，模板加工精度要求

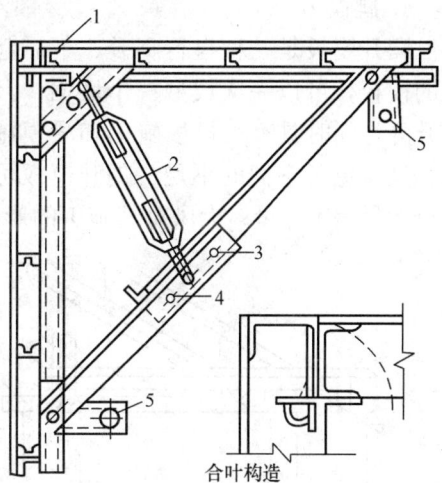

图 3-15 大角模

1—合叶；2—花篮螺丝；3—固定销子；

4—活动销子；5—调整用螺旋千斤顶

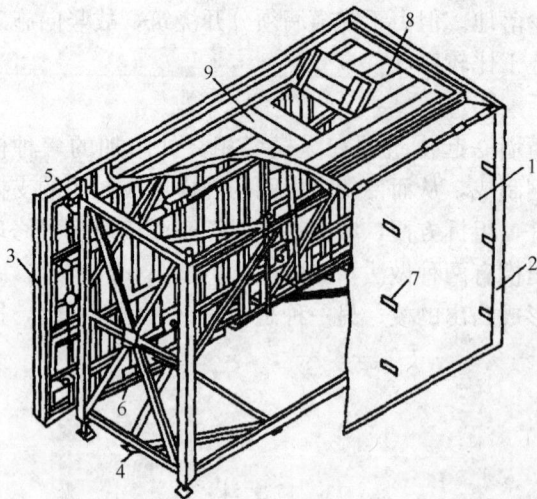

图 3-16 筒模

1—模板；2—内角模；3—外角模；4—钢架；5—挂轴；
6—支杆；7—穿墙螺栓；8—操作平台；9—出入孔

高，灵活性差，安装时必须按房间弹出十字中线就位，比较麻烦。

（2）模板设计

1）尺寸确定

大模板的外形尺寸设计应根据房屋的开间、进深、层高、构成尺寸和模板的构造决定。大模板的高度为房屋净高扣除考虑模板不平和坐浆的余量 20mm；横墙模板的长度为房屋进深净尺寸扣除端部角模宽度 50～100mm；纵墙模板的长度为房屋开间净尺寸扣除 2 倍的横墙模板厚度、角模宽度以及搭接余量。

2）结构计算

大模板的计算包括验算模板在新浇混凝土侧压力作用下的强度和刚度；验算穿墙螺栓的强度；计算模板存放时在风力作用下的自稳角。

（3）大模板施工工艺

1）内外墙全现浇

内外墙全现浇的大模板施工工艺，其内墙及外墙的内侧模板支承在楼板上；外墙外侧模板按形式不同，分为悬挑式外模（图 3-17）和外承式外模（图 3-18）两种，它们的施工工艺流程分别如图 3-19 与图 3-20 所示。

2）外墙预制内墙现浇（内浇外挂）

外墙预制内墙现浇的施工工艺流程见图 3-21。

4．爬模

爬升模板是一种自行爬升、不需起重机吊运的模板，可以一次成型一个墙面，且可以自行升降，同时具有大模板施工和滑模施工的优点，又避免了它们的不足。爬升模板可减少起重机的吊运工作量；大风对其施工的影响较小；

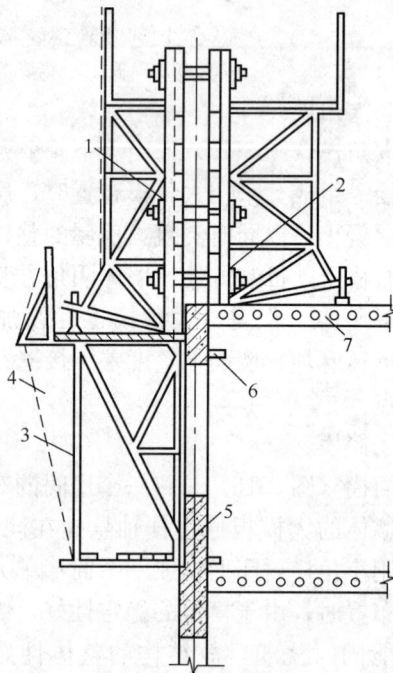

图 3-18 外承式外模

1—外墙外模；2—外墙内模；3—外承架；4—安全网；5—现浇外墙；6—穿墙卡具；7—楼板

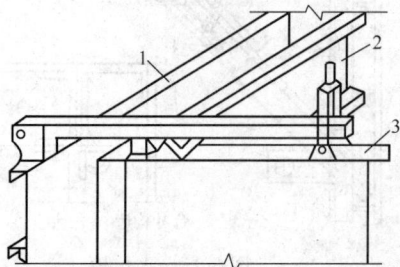

图 3-17 悬挑式外模

1—外墙外模；2—外墙内模；3—内墙模板

126

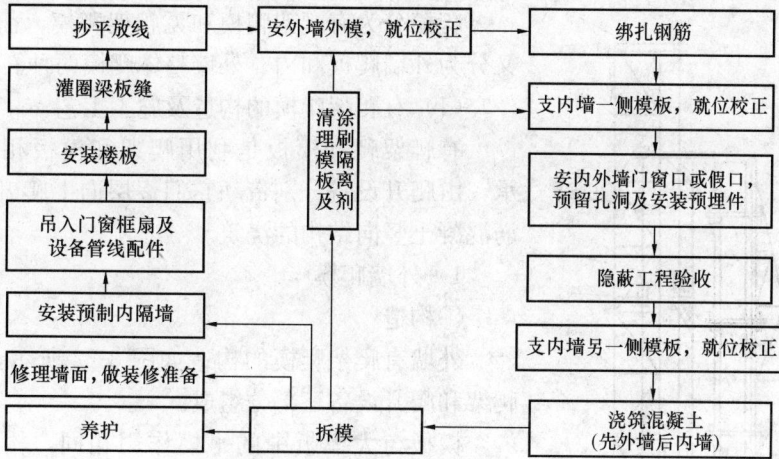

图 3-19　悬挑式外模施工工艺流程

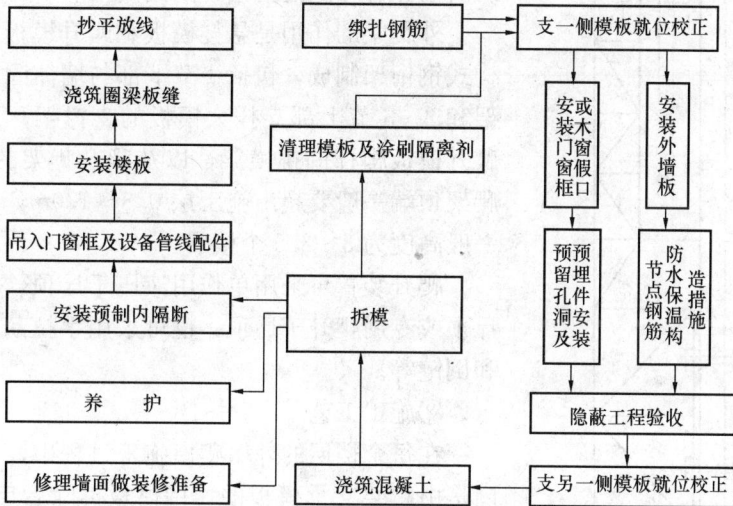

图 3-20　外承式外模施工工艺流程

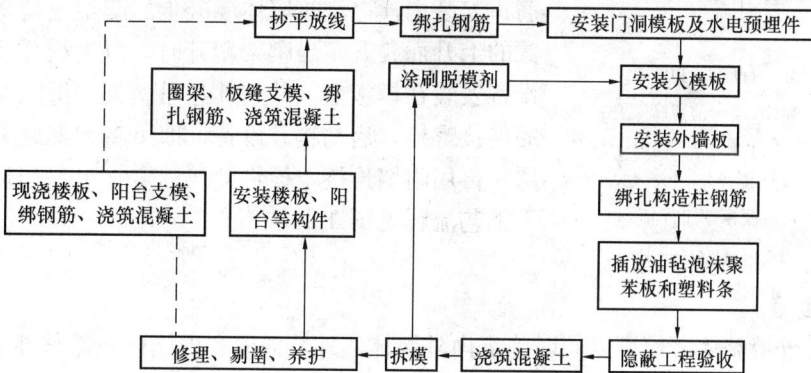

图 3-21　外墙预制内墙现浇的施工工艺流程

施工工期较易控制;爬升平稳,工作安全可靠;墙体模板安装时易于校正,施工精度较高;模板与爬架的爬升、安装、校正等工序与楼层施工的其他工序可平行作业。

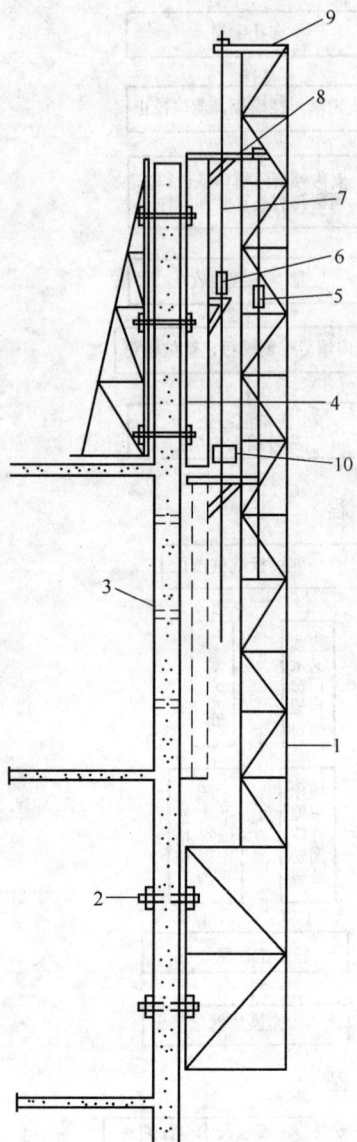

图 3-22 有爬架的爬模

1—爬架；2—螺栓；3—预留爬架孔；4—
爬模；5—爬架千斤顶；6—爬模千斤顶；
7—爬杆；8—模板挑横梁；9—爬架挑横
梁；10—脱模架千斤顶

爬模分为有爬架爬模和无爬架爬模，而有爬架爬模又分为外墙爬模和内、外墙整体爬模两种。

（1）有爬架爬模的构造及施工工艺

有爬架爬升模板是利用爬架和模板相互交替作支承，由爬升设备分别带动它们逐层向上爬升，以完成钢筋混凝土竖向结构的浇筑。

1）外墙爬模

①构造

外墙有爬架爬模的构造如图 3-22 所示，其由模板、爬架和爬升设备三部分组成。

模板与大模板中的平模作用相同，构造也基本相同，其高度一般为层高增加 100～300mm，与下层已浇筑的墙体有一定的搭接，用做模板下端的固定和定位。

外爬架的作用是悬挂模板和爬升模板。一般采用格构式钢桁架制成，包括 1 节下部与墙体固定连接的附墙架和 2～3 节上部支托大模板的支撑架；顶部装有悬吊爬升模板爬杆的挑横梁，以及爬升爬架的千斤顶架等。爬架顶端一般要超出施工层 0.8～1.0m，因此，外爬架一般高度为 3～3.5 个楼层。

爬升装置可采用单作用液压千斤顶、双作用液压千斤顶或专用爬升千斤顶，也可采用手拉葫芦、电动葫芦和倒链等。

②施工工艺

在每个楼层的外墙爬模施工过程中，大多数的时间内是由爬架支承模板的，待模板拆除后启动爬升设备，并带动模板向上爬升，达到要求的标高后进行绑扎钢筋、安装内模、浇筑墙体混凝土。爬架也要随着施工层数的上升而爬升，当爬架爬升时，以模板作支承，爬升设备安装在模板上，并用其悬吊爬架，拆除爬架与墙体的连接螺栓，启动爬升设备，即可将爬架爬升一个施工层，再用附墙连接螺栓将爬架固定在上一层墙上，其施工工艺流程见图 3-23。

2）内、外墙整体爬模

①构造

用内、外墙整体爬模可以同时施工内外墙体，外墙内模和内墙模板需与外墙外模同时爬升，故除外爬架外，还需要设置内爬架。内爬架设置在纵、横墙交接处，其高度略大于两个楼层高，也采用格构式钢构件，截面较小。

②施工工艺

内、外墙整体爬模的施工工艺流程见图 3-24。

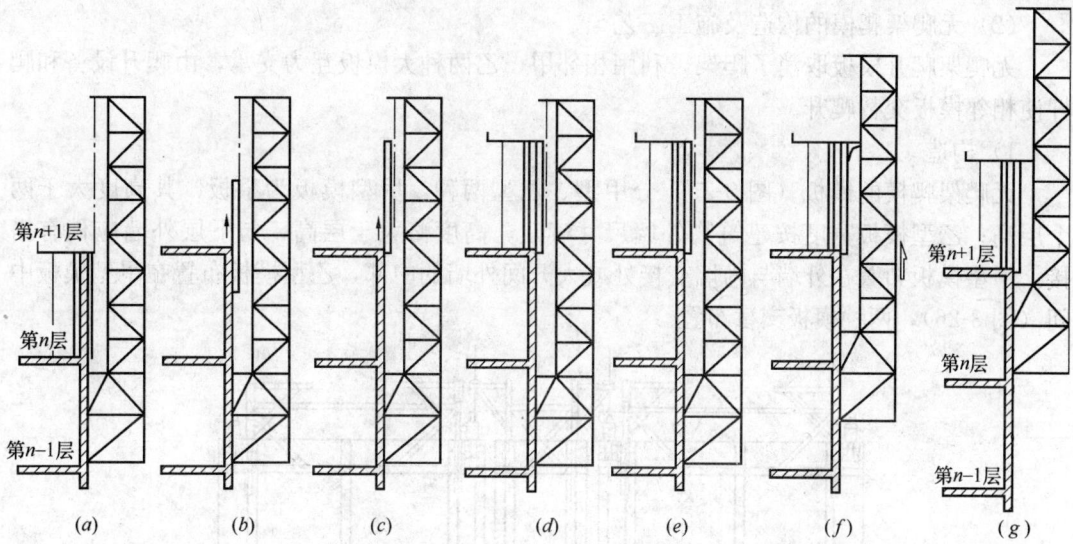

图 3-23　有爬架爬模的工艺流程

(a) 浇筑第 n 层墙体混凝土；(b) 以爬架为支撑爬升模板；(c) 外模板校正固定；(d) 绑扎第 $n+1$ 层钢筋，
安装墙体内模；(e) 浇筑第 $n+1$ 层墙体混凝土；(f) 以模板为支承爬升爬架；(g) 固定爬架

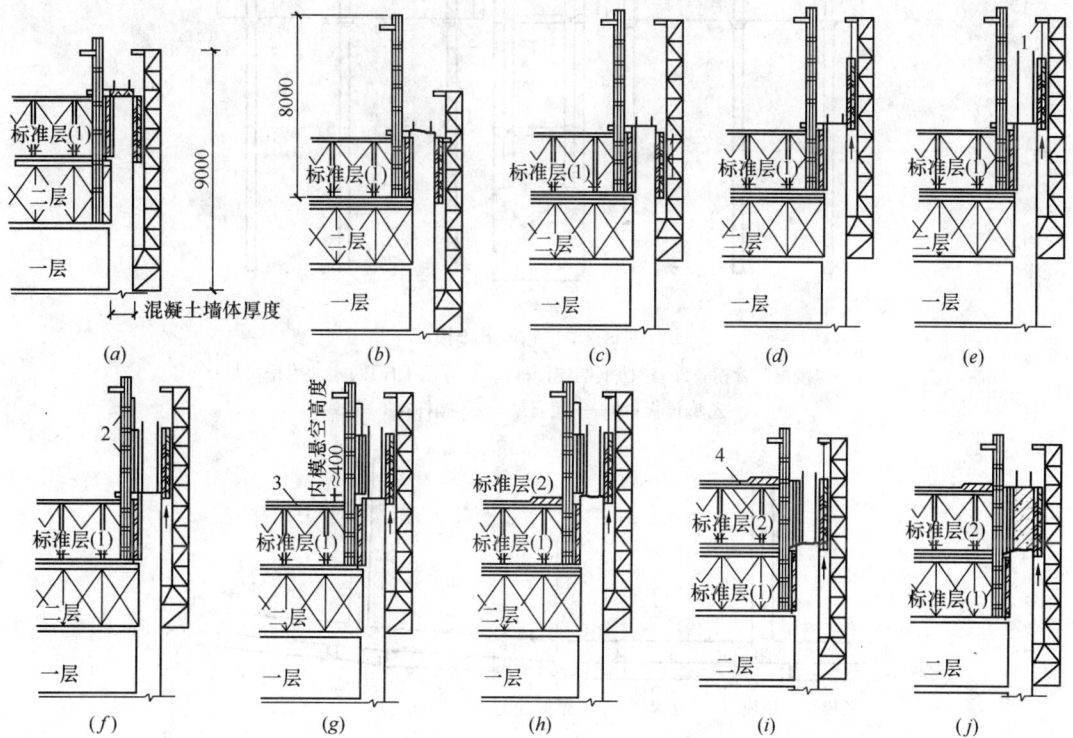

图 3-24　内、外墙整体爬模工艺流程

(a) 弹线浇导墙；(b) 升内架（外墙边）；(c) 升外架；(d) 升外模；(e) 扎筋；(f) 升内模；(g) 铺楼面底模；
(h) 扎楼板钢筋浇楼板混凝土；(i) 校正内外模搭台模架；(j) 浇上层墙混凝土

1—外模板；2—内模板；3—楼面底模；4—上层底模架

129

（2）无爬架爬模的构造及施工工艺

无爬架爬升模板取消了爬架，利用相邻甲、乙两种大模板互为支承，由爬升设备和爬杆使相邻模板交替爬升。

1）构造

无爬架爬模的模板（图 3-25）分甲型、乙型两种，甲型模板为窄板，其高度大于两个层高；乙型模板宽度按建筑物外墙尺寸确定，高度略大于层高，与下层外墙应稍有搭接。甲型模板布置在外墙与内墙交接处或大开间外墙的中部，乙型模板布置在甲型模板中间（图 3-26），两种模板交替布置。

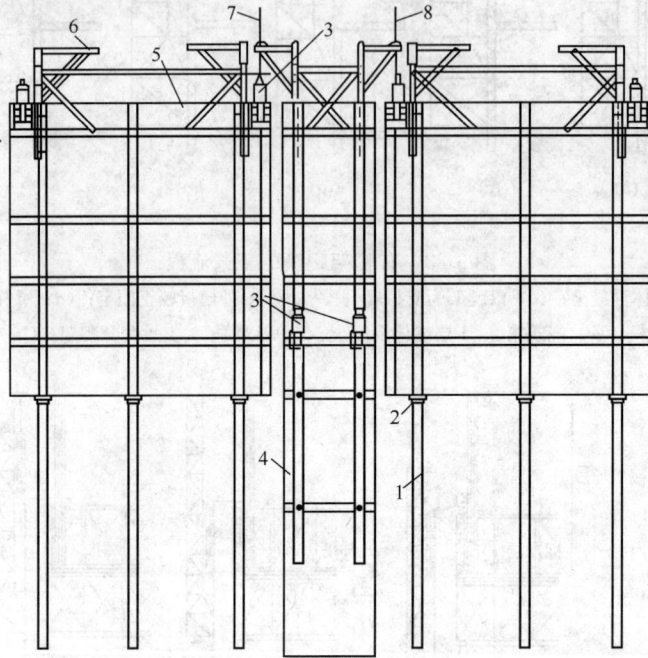

图 3-25　无爬架爬模

1—"生根"背楞；2—背楞上端连接板；3—液压千斤顶；4—甲型模板；
5—乙型模板；6—三角爬架；7—爬杆；8—卡座

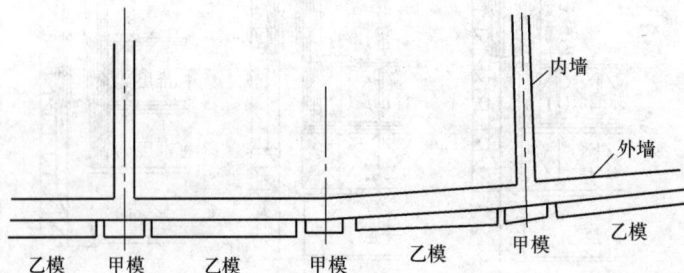

图 3-26　无爬架爬模模板布置

2）施工工艺

甲型、乙型模板就位、校正后，紧固穿墙螺栓，浇筑混凝土，待混凝土达到拆模强度后，先拆除甲型模板的穿墙螺栓，利用布置在乙型模板上口的提升设备，将甲型模板爬升一个楼层高度后固定；再拆除乙型模板的穿墙螺栓，利用布置在甲型模板中部偏下的提升设备，将乙型模板爬升至与甲型模板上口齐平，则完成了一个层高的爬升，其施工工艺流程见图3-27。

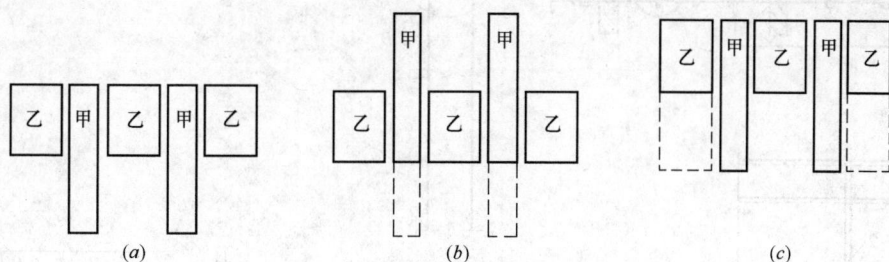

图 3-27 无爬架爬模的工艺流程
(a) 模板就位，浇筑混凝土；(b) 甲型模板爬升；(c) 乙型模板爬升，就位，浇筑混凝土

5. 楼盖模板

在高层建筑中，为满足抗震要求或方便施工，楼板往往要求采用现浇楼板。楼盖模板常用的形式有组合模板、台模、永久性模板，以及可以同时施工墙体和楼板的隧道模等。

(1) 组合模板

1) 组合钢模板

采用组合钢模板作为楼盖模板时，可以散装散拼，也可以预拼装成几块再铺设。模板支承可以用满堂脚手架，也可用桁架支模（图3-28）。当梁、柱、墙已经先行施工，板下有空间作业时，可采用吊挂支模，以节约支撑材料（图3-29）。

2) 钢框木（竹）组合模板

钢框木（竹）组合模板是以热轧异型钢为钢框架，以覆面胶合板作板面，并加焊若干钢肋承托面板的一种组合式模板，由模板块、连接件、支承件等组成。模板块包括平面模板和角模，其与组合钢模板的组成与搭设都很相似；连接件和

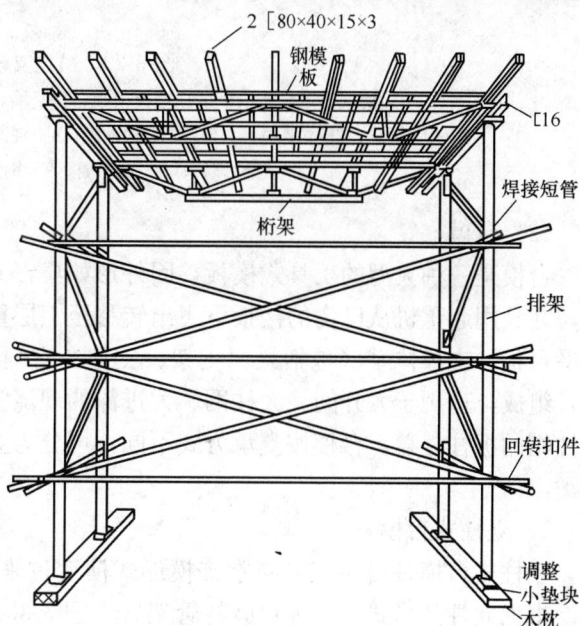

图 3-28 组合钢模板用于楼板模板

支承件可以与组合钢模板的相同，也可以采用图3-28所示的支承系统，即由底脚螺栓、支柱、柱头、桁架梁、水平撑、斜撑等组成。支柱间距在2m以内，其上部有一快拆柱头，上设可升降的梁托；将支承模板的桁架梁挂在柱头梁托上，快拆柱头的上表面与模板面齐平。当混凝土浇筑3～7d，达到设计强度的50%时，即可降下梁托（此时支柱顶板仍与混凝土面接触）；拆卸桁架梁后即可拆除模板，待混凝土养护到规定强度时，再拆除支柱，这样可以加快模板的周转，所以称为快拆模板体系或早拆模板体系。

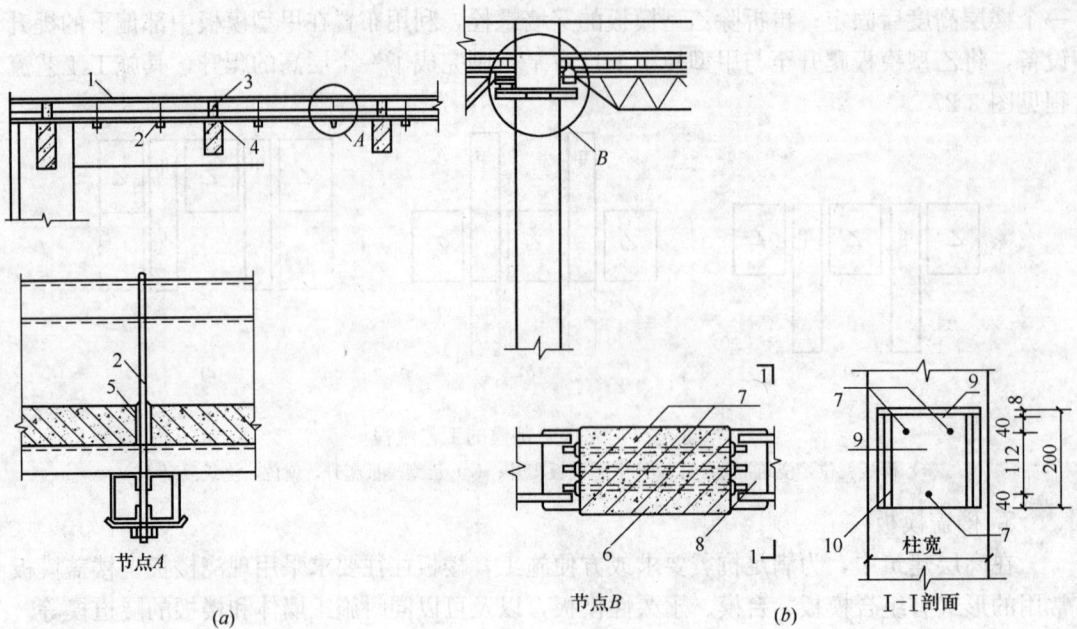

图 3-29 吊挂支模

(a) 梁、柱先行施工，吊挂楼板模板；(b) 墙、柱先行施工，悬挂楼面模板

1—ϕ75 钢管；2—ϕ12 吊杆；3—木块和木楔；4—混凝土预制块；5—塑料套管；6—柱；

7—对拉螺栓；8—钢牛腿；9—钢板；10—加劲板

(2) 台模

台模是一种大型的工具式模板，因外形如桌，又称桌模，它可以整体安装、脱模和转运，并利用起重机从已浇的楼板下飞出转移至上层重复使用，所以又称为飞模。台模主要由平台板、支撑体系（包括梁、支架、支撑、支腿等）和其他配件（如升降和行走机构等）组成，适用于大开间、大柱网、大进深的现浇钢筋混凝土楼盖施工，尤其适用于现浇无柱帽的板柱楼盖。台模按支承方式不同，可分为立柱式台模、桁架式台模、悬架式台模三类。

1）立柱式台模

立柱式台模是由传统的满堂支模形式演变过来的，由面板、次梁、主梁和立柱等组成。根据立柱的形式又分为双肢柱管架式（图 3-30a）、钢管脚手架式（图 3-30b）和门型组合式（图 3-31）三种。

台模拼装完毕后，利用塔式起重机的 4 个点起吊至楼层，待台模吊至楼层一定高度时，安装台架的 4 根可调支撑，然后按设计要求调整台模的水平与垂直位置，梁侧模可在台模就位后挂在台模边缘上，梁底模直接用可调支撑支承。

台模的降落与推出可采用台模转运车，该车由装有万向导轮的平面转运和垂直升降部件组成。当脱模时，将台模转运车推入被拆台模的底部，转动该车丝杆，使该车上方的支撑槽钢托住台模后，把台模 4 个支承腿收缩至规定的高度固定。为使台模转移时保持重心低，继续将台模降落至适当高度，然后由转运车把台模转移到活动金属平台上，用塔式起重机吊至上一楼层。

132

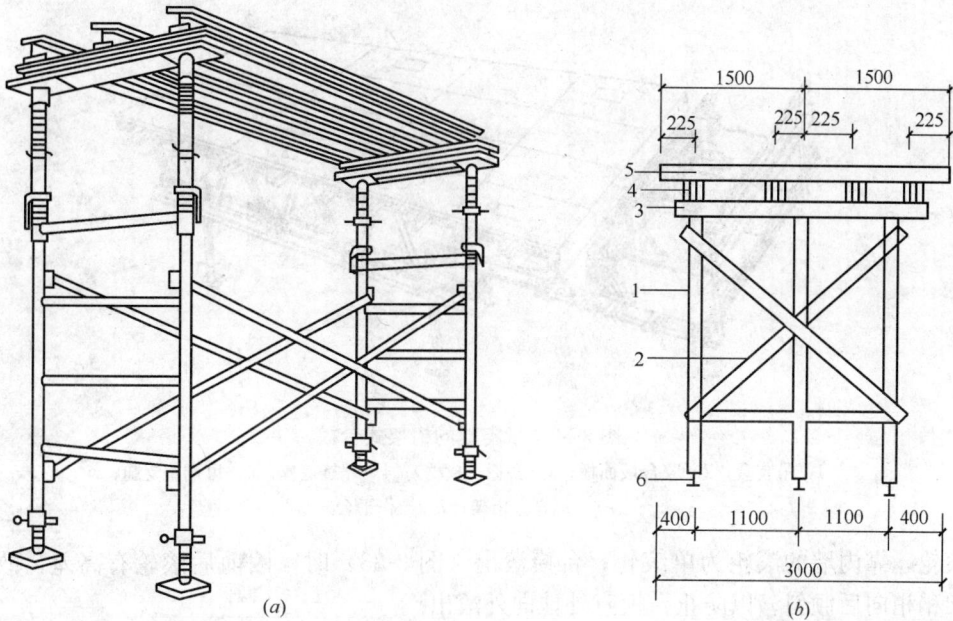

图 3-30 立柱式台模（一）

（a）双肢柱管架式；（b）钢管脚手架式

1—支柱；2—支撑；3—主梁；4—次梁；5—面板；6—内缩式伸缩腿

2）桁架式台模

桁架式台模（图 3-32）主要由桁架、主梁、搁栅（龙骨）及辅助承力支腿构件组成，适合于大开间、大进深、无柱帽的现浇无梁楼盖结构。由于受荷面积较大，为减轻台模的质量，各部件宜用铝合金材料。

当浇筑的混凝土强度达到标准强度的 70% 时，方可拆模；拆模前，先用 4 个液压千斤顶在支腿附近支托桁架下弦杆，并向上微微顶紧，然后将支腿的螺旋千斤顶旋松，使之不再承力，并将其推入外套之中。

为使台模顺利脱模和推出楼面，台模的下部应安装滚轮；台模降落设备采用液压降落千斤顶车，当滚轮与楼面接触时，才能移去液压千斤顶车；当台模整体下降到滚轮上后，即可水平外移。靠外墙的滚轮为摆

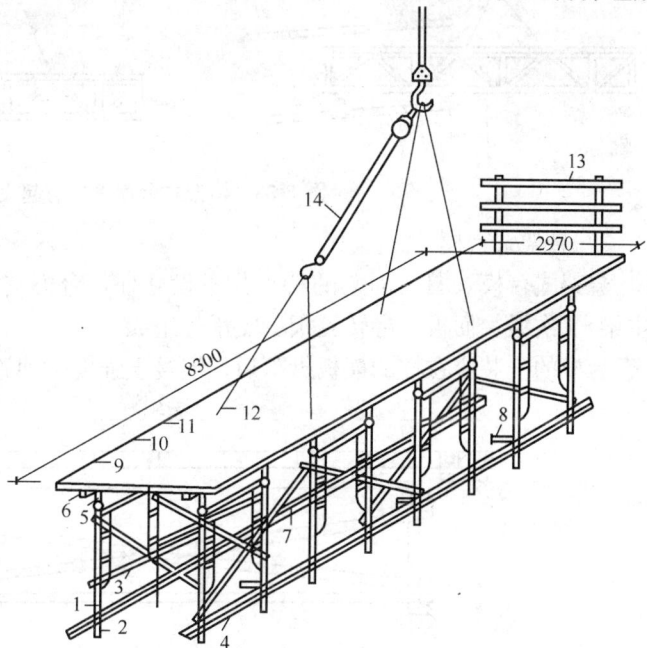

图 3-31 立柱式台模（二）——门型组合式

1—门型组合式脚手架；2—可调节的底托；3—拉杆；4—长角钢；5—顶托；6—大龙骨；7—人字撑；8—水平拉杆；9—小龙骨；10—木板；11—薄钢板；12—吊环；13—栏杆；14—电动环链

133

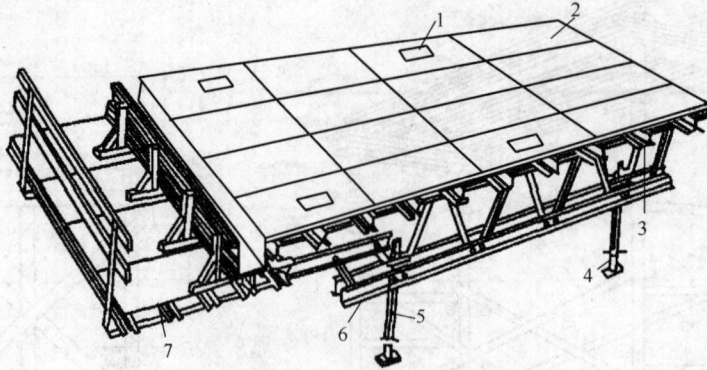

图 3-32　带支腿的桁架式台模

1—吊装盒；2—胶合板面板；3—搁栅（横楞）；4—螺旋底座；5—可调钢支腿；

6—铝合金桁架；7—操作平台

动滚轮，靠内墙的滚轮为单滚轮；台模滚出（图 3-33）时，因前后滚轮有高差，故应使桁架稍稍向后倾斜，以防止台模意外地向外滚出。

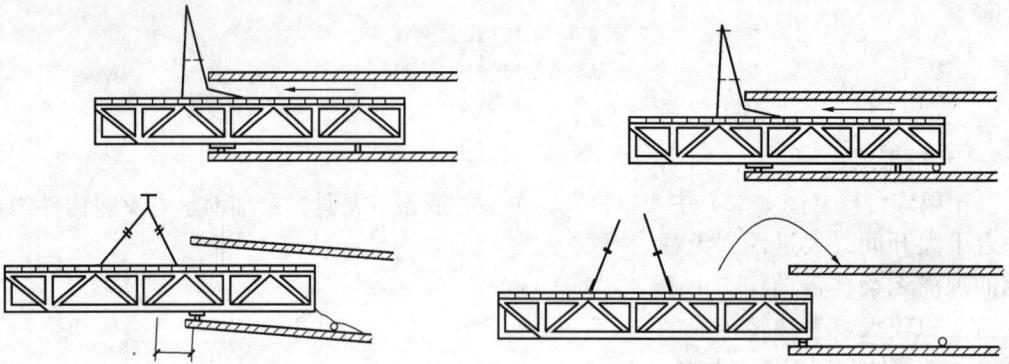

图 3-33　桁架式台模滚出与起飞过程

3）悬架式台模

悬架式台模（图 3-34）的特点是不设立柱，台模支承在柱子或墙体托架上，由桁架（主梁）、次梁、面板、翻转翼板、支承等组成。

台模的安装应在柱的模板拆除后、混凝土强度达到施工的承载要求时才能进行，在台

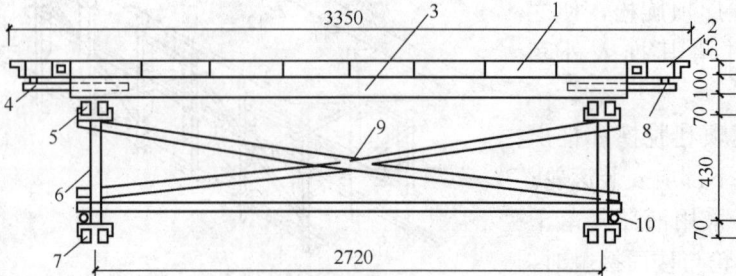

图 3-34　悬架式台模

1—组合钢模板；2—翻转翼板；3—次梁；4—伸缩管；5—桁架上弦；6—桁架腹杆；

7—桁架下弦；8—垫块；9—支撑；10—吊环

134

模安装前，先将钢牛腿与预埋螺栓相连接，然后在牛腿顶面安放木梁，再用起重机将台模吊装就位放在 4 个牛腿上，同时支起翻转翼板并处理好柱、板、梁等处的节点。

台模下降前，在承接台模的楼面上放置 6 只地滚轮，通过操纵 4 台手拉葫芦将台模平稳下降至地滚轮上，随即将台模外移，待部分台模移至楼层口外时，就将 4 根吊索与台模吊耳扣牢，然后用起重机将台模全部拉出楼层，并吊至上一层楼再安装就位，如图 3-35 所示。

（3）永久性模板

永久性模板亦称一次性模板，其在结构构件混凝土浇筑后不拆除，并构成构件受力或非受力的组成部分，一般广泛应用于房屋建筑的现浇钢筋混凝土楼板工程。目

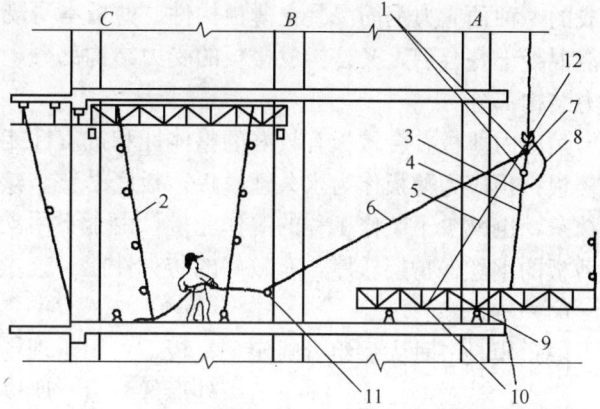

图 3-35　悬架式台模降模转移示意图
1—2t 导链；2—靠柱梯架；3—卸扣；4，5，7，8—钢丝绳；
6—尼龙绳；9—地滚轮；10—卸扣；11—φ148mm×
3.5mm 钢管；12—吊钩

前，我国常用的永久性模板的材料一般有压型钢板模板和预应力钢筋混凝土薄板模板两种。

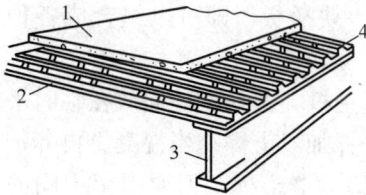

图 3-36　压型钢板组合楼板
1—混凝土；2—压型钢板；
3—钢梁；4—剪力钢筋

1）压型钢板模板

压型钢板模板是采用镀锌或经防腐处理的薄钢板，经成型机冷轧成具有梯波形截面的槽型钢板或开口式方盒状钢壳的一种工程模板材料，一般应用于现浇密肋楼板工程（图 3-36）中。当压型钢板安装后，在肋底内面铺设受拉钢筋，在肋的顶面焊接横向钢筋或在其上部受压区铺设网状钢筋，待楼板混凝土浇筑后，压型钢板不再拆除，并成为密肋楼板结构的组成部分。

当无吊顶顶棚设置要求时，压型钢板下表面可直接喷、刷装饰涂层，并能获得较好的装饰效果。为了形成平整的顶棚面，还可以在压型钢板下表面连接一层附加钢板，这样既可提高模板的刚度，又可以在空格内布置电器设备线路等。为确保压型钢板与混凝土能共同作用，应做好叠合面的处理，如图 3-37 所示。

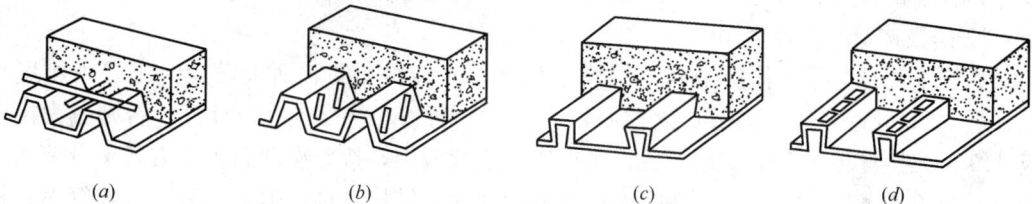

图 3-37　压型钢板与混凝土的叠合面处理
(a) 无痕开口式压型钢板，上翼焊剪力钢筋；(b) 有痕开口式压型钢板；
(c) 无痕闭口式压型钢板；(d) 有痕闭口式压型钢板

2）预应力薄板模板

预应力钢筋混凝土薄板一般在构件预制工厂的台座上生产，是通过施加预应力配筋制作成的一种预应力钢筋混凝土薄板构件。薄板本身既是现浇楼板的永久性模板，与楼板的现浇混凝土叠合后，又是构成楼板的受力结构部分，与楼板组成组合板，或构成楼板的非受力结构部分。

预应力薄板叠合楼板有较好的整体性和抗震性能，特别适用于高层建筑和大开间房屋的楼板；预应力薄板作为永久性模板，板底平整，减少了现场混凝土的浇筑量，顶棚可不做抹灰，也减少了装修工程的湿作业量。由于不用支模，节省了模板和支模的人工。预应力薄板的钢丝保护层较厚，有较好的防火性能。

（4）隧道模

隧道模是一种大型组合式定型模板，可用于现场同时浇筑墙体和楼板的混凝土，因其

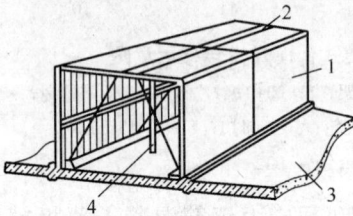

图 3-38　隧道模
1—双拼隧道模；2—插板；
3—楼板；4—竖撑

外形像隧道，所以称为隧道模。隧道模能将各开间沿水平方向逐段、逐间地整体浇筑，故施工的建筑物整体性好、抗震性好、施工速度快，但模板的一次投资大，模板自重大，起吊和转运需较大的起重机。隧道模有全隧道模（整体式隧道模）和双拼式隧道模（图 3-38）两种，前者自重大，推移时多需铺设轨道，目前逐渐少用；后者由两个半隧道模对拼而成（两个半隧道模的宽度可以不同），再增加一块插板，即可以组合成各种开间需要的宽度。

当混凝土浇筑后达到一定强度时，可先拆除半边的隧道模，并移出墙面放在临时平台上，再用起重机转运至上层或其他施工段，楼板临时用竖撑加以支撑；当混凝土再养护一段时间（视气温和养护条件而定）后，即可拆除另一半边的隧道模（但要保留中间的竖撑，以减少施工期间楼板的跨度）。

3.1.2　模板工程设计

定型模板和专用模板的拼装在其适用范围内一般不需要进行设计或验算，但重要结构的模板、特殊形式的模板或超出适用范围的定型和专用模板均应该进行设计或验算，以确保安全，保证质量。

模板工程设计的目的在于合理选择模板的材料和支撑体系；确保模板及支撑系统有足够的承载能力、刚度和稳定性，便于安装与拆除。模板工程设计的内容有选型、选材、荷载计算、结构计算、构造设计、拟订制作安装和拆除方案、绘制模板图等。

1. 模板构造与计算简图

面板主要承受垂直作用于其上的均布荷载，并传给次肋，面板设计时主要由刚度控制。当次肋间距 l 与面板厚度 t 之比 $l/t \leqslant 100$ 时，可按小挠度连续板计算；否则按大挠度板计算，大挠度板一般刚度不满足。在小挠度连续板中，按照次肋布置的方式又分单向板和双向板，前者加工容易，但刚度小；后者刚度大，结构合理，但加工复杂、焊缝多、易变形。单向板面板计算时，取 1m 宽的计算单元，次肋视为支承，按连续梁计算，强度和挠度都要满足要求；双向板面板计算时，取一个区格作为计算单元，其四边支承情况取决于混凝土的浇筑情况，在满载情况下，可取三边固定、一边简支的不利情况进行计算。

次肋的作用是固定面板，并把面板传来的混凝土侧压力传递给主肋。面板若按单向板设计，则只有水平（或垂直）次肋；面板若按双向板设计，则水平肋、垂直肋都有。次肋的计算简图是以主肋为支承的连续梁，为降低耗钢量，设计时应考虑使之与面板共同工作，按组合截面计算截面抵抗矩，验算强度和挠度。

主肋以穿墙螺栓为固定支点，承受次肋传来的水平力，其计算简图为以穿墙螺栓为支点的连续梁。计算时，亦可考虑面板、竖向次肋和主肋共同工作，此时按组合截面进行验算。

穿墙螺栓作为主肋的支点，承担支座集中力，螺栓承担的拉应力应满足小于钢材的抗拉强度的要求。

2. 模板设计荷载

模板设计时，应考虑模板及其支架的自重、新浇混凝土自重、钢筋自重、施工人员及设备荷载、振捣混凝土产生的荷载、新浇混凝土对模板侧面的压力以及倾倒混凝土时产生的荷载等。

（1）模板及其支架的自重标准值

模板及其支架的自重标准值应根据模板设计图纸确定，对肋形楼板及无梁楼板，其模板的自重标准值可按表3-2采用。

楼板模板自重标准值（kN/m²）　　　　　　　　　　　　表3-2

模板构件的名称	木模板	定型组合钢模板	钢框胶合板模板
平板的模板及小楞	0.3	0.5	0.40
楼板模板（包括梁模板）	0.5	0.75	0.60
楼板模板及其支架自重（楼层高度 4m 以下）	0.7	1.1	0.95

（2）新浇混凝土自重标准值

新浇混凝土的自重标准值，对普通混凝土用 24kN/m³，对其他混凝土可根据实际重力密度确定。

（3）钢筋自重标准值

钢筋自重标准值根据设计图纸确定，一般梁板结构每立方米钢筋混凝土的钢筋自重标准值，楼板为 1.1kN，梁为 1.5kN。

（4）施工人员及设备荷载标准值

计算模板及直接支承模板的小楞时，均布活荷载为 2.5kN/m²，另以集中荷载 2.5kN 进行验算，取二者中较大的弯矩值；计算支承小楞的构件时，均布活荷载为 1.5kN/m²；计算支架立柱及其他支承结构构件时，均布活荷载为 1.0kN/m²。放置在模板上的大型浇筑设备（上料平台等）、混凝土泵等荷载按实际情况计算，当木模板板条宽度小于 150mm 时，集中荷载可以考虑由相邻两块板共同承受；如混凝土堆集料的高空超过 100mm 时，则按实际情况计算。

（5）振捣混凝土时产生的荷载标准值

振捣混凝土时产生的荷载标准值，对水平面模板取 2.0kN/m²，对垂直面模板取 4.0kN/m²（作用范围在有效压头高度之内）。

(6) 新浇混凝土对模板侧面的压力标准值

影响混凝土侧压力的因素很多，如与混凝土组成有关的骨料种类、水泥用量、外加剂、坍落度等都有影响，但更重要的还是外界影响，如混凝土的浇筑速度、混凝土的温度、振捣方式、模板情况、构件厚度等。混凝土的浇筑速度是一个重要的影响因素，最大侧压力一般与其成正比，但当其达到一定速度后，再提高浇筑速度，则对最大侧压力的影响就不明显。混凝土的温度影响混凝土的凝结速度，温度低，凝结慢，混凝土侧压力的有效压头高，最大侧压力就大；反之，最大侧压力就小。模板情况和构件厚度影响混凝土拱作用的发挥，因之对侧压力也有影响。

我国规范推荐的计算公式系采用内部振捣器时新浇混凝土作用于模板的侧压力标准值，按式（3-1）和式（3-2）计算，并取两式中的较小值，即：

$$F = 0.22\gamma_c t_0 \beta_1 \beta_2 V^{\frac{1}{2}} \tag{3-1}$$

$$F = \gamma_c H \tag{3-2}$$

式中 F——新浇混凝土对模板的侧压力标准值（kN/m²）；

γ_c——混凝土的重力密度（kN/m³）；

t_0——新浇混凝土的初凝时间（h），可按实测确定，但当缺乏试验资料时，可采用 $t_0 = 200/(T+15)$ 计算，T 为混凝土入模时的温度（℃）；

V——混凝土的浇筑速度（m/h）；

H——混凝土侧压力计算位置处至新浇混凝土顶面的总高度（m）；

β_1——外加剂影响修正系数，当不掺外加剂时取 1.0，掺具有缓凝作用的外加剂时取 1.2；

β_2——混凝土坍落度影响修正系数，当坍落度小于 30mm 时，取 0.85；当坍落度为 50～90mm 时，取 1.0；当坍落度为 110～150mm 时，取 1.15。

(7) 倾倒混凝土时产生的荷载标准值

倾倒混凝土时，对垂直面模板产生的水平荷载标准值按表 3-3 采用。当采用滑升模板、水平移动式模板等特种模板时，应按相应的规范、规程或规定计算荷载标准值；对利用模板张拉和锚固预应力筋等产生的荷载亦应另行计算。

倾倒混凝土时产生的水平荷载标准值（kN/m²）　　　　　　　表 3-3

项　次	向模板中供料方法	定型组合钢模板
1	用溜槽、串筒或由导管输出	2
2	用容量为小于 0.2m³ 的运输器具倾倒	2
3	用容量为 0.2～0.8m³ 的运输器具倾倒	4
4	用容量为大于 0.8m³ 的运输器具倾倒	6

注：作用范围在有效压头高度以内。

当计算模板及其支架荷载的设计值时，应采用荷载标准值乘以相应的荷载分项系数求得，其荷载分项系数按表 3-4 采用；参与模板及其支架荷载效应组合的各项荷载，应符合表 3-5 规定。

荷 载 分 项 系 数			表 3-4
项 次	荷 载 类 别	γ_i	
1	模板及支架自重		
2	新浇筑混凝土自重	1.2	
3	钢筋自重		
4	施工人员及施工设备荷载	1.4	
5	振捣混凝土时产生的荷载		
6	新浇筑混凝土对模板侧面的压力	1.2	
7	倾倒混凝土时产生的荷载	1.4	

参与模板及其支架荷载效应组合的各项荷载		表 3-5
模 板 类 别	参与组合的荷载项	
	计算承载能力	验算刚度
平板和薄壳的模板及支架	1、2、3、4	1、2、3
梁和拱模板的底板及支架	1、2、3、5	1、2、3
梁、拱、柱（边长不大于 300mm）、墙（厚不大于 100mm）的侧面模板	5、6	6
大体积结构、柱（边长大于 300mm）、墙（厚大于 100mm）的侧面模板	6、7	6

3. 计算规定

计算钢模板、木模板及支架时都应遵守相应结构的设计规范。验算模板及其支架的刚度时，其最大变形值不得超过下列允许值：对结构表面外露的模板，其允许值为模板构件计算跨度的 1/400；对结构表面隐蔽的模板，其允许值为模板构件计算跨度的 1/250；对支架的压缩变形值或弹性挠度，其允许值为相应的结构计算跨度的 1/1000。

支架立柱或桁架应保持稳定，并用撑拉杆件固定。验算模板及其支架在自重和风荷载作用下的抗倾倒稳定性时，应符合有关的规定。

3.2 钢 筋 工 程

1. 钢筋的种类和进场验收

（1）钢筋的种类

钢筋的种类很多，土木工程中常用的钢筋按直径的大小可分为：钢丝（直径 3～5mm）、细钢筋（直径 6～10mm）、中粗钢筋（直径 12～20mm）和粗钢筋（直径大于20mm）。

钢筋按生产加工工艺可分为：热轧钢筋、冷拉钢筋、冷拔低碳钢丝、热处理钢筋、碳素钢丝、刻痕钢丝和钢绞线。

钢筋按力学性能可分为：HPB235、HRB335、HRB400 和 RRB400 四种级别。级别越高，其强度和硬度越高，而塑性逐级降低。为了便于识别，在不同级别的钢材端头涂有不同颜色的油漆。

钢筋按轧制的外形可分为：光圆钢筋、带肋钢筋（月牙形、螺旋形、人字形钢筋）。

钢筋按供应形式可分为：盘圆钢筋（直径不大于 10mm）和直条钢筋（长度 6～

12m)。

钢筋按化学成分可分为：碳素钢钢筋和普通低合金钢钢筋。碳素钢的含碳量直接影响它的强度，含碳量增高，强度和硬度都增大，但塑性和韧性降低，性质变脆。对于强度高，但塑性和韧性差的高碳钢筋，因破坏时无明显的信号而突然断裂，故一般不宜于土木工程中。普通低合金钢钢筋是在普通碳素钢（低碳钢和中碳钢）中加入少量的合金元素（锰、钒、钛）冶炼而成。锰能提高强度并改善可焊性；钒、钛能提高强度并能改善塑性和可焊性；加入少量的硅能够增加钢筋的弹性、强度。随着冶炼技术的发展，我国生产了多种高强度的低合金钢钢筋，大大改变了过去土木工程中主要采用普通素钢钢筋的落后面貌，从而大量节约了钢材。

钢筋在结构中的作用可分为：受力钢筋、架立钢筋和分布钢筋。

（2）钢筋的进场验收

钢筋出厂应有质量证明书或试验报告单。钢筋端头或每捆（盘）钢筋均应有标志。钢筋运至工地后，应分别按炉罐（批）号及直径分别堆存、分批检验。检查内容包括查对标志和外观检查，并按规定抽取试样对钢筋进行力学性能检验，合格后方可使用。钢筋外观检查的内容是：钢筋应平直、无损伤、表面不得有裂纹、油污、颗粒状或片状老锈。无论什么时候，一旦发现钢筋脆断、焊接性能不良或力学性能显著不正常等现象，应该对该批钢筋进行化学成分检验或其他专项检验。

对国外进口钢筋，应按住房和城乡建设部的有关规定办理，亦应注意力学性能和化学成分的检验。

2. 钢筋的连接

钢筋连接常用的连接方法：焊接连接、绑扎连接、机械连接。

（1）钢筋的焊接

钢筋焊接的类型分为熔焊和压焊两种。

熔焊过程实质上是利用热源产生的热量，把母材和填充金属熔化，形成焊接熔池，当电源离开后，由于周围冷金属的导热及其介质的散热作用，焊接熔池温度迅速下降，并凝固结晶形成焊缝。如电弧焊、电渣焊、热剂焊。

压焊过程实质上是利用热源，包括外加热源和电流通过母材所产生的热量，使母材加热达到局部熔化，随即施加压力，形成焊接接头。如电阻点焊、闪光对焊、电渣压力焊、气压焊、埋弧压力焊。

钢筋常用的焊接工艺有：闪光对焊、电弧焊、电渣压力焊、点焊、对焊及埋弧压力焊等。用电焊代替钢筋的绑扎，可以节约大量钢材，而且连接牢固、工效高、成本低。

钢筋的焊接质量与钢材的可焊性、焊接工艺有关。可焊性与含碳量、合金元素的数量有关，含碳、锰数量增加，则可焊性差；而含适量的钛，能改善可焊性。焊接工艺（焊接参数与操作水平）亦影响焊接质量，即使可焊性差的钢材，若焊接工艺合宜，亦可获有良好的焊接质量。当环境温度低于－5℃，即为钢筋低温焊接，此时应调整焊接工艺参数，使焊接和热影响区缓慢冷却。风力超过4级，应有挡风措施。环境温度低于－20℃时不得进行焊接。

钢筋焊接的一般规定如下：

①在工程开工或每批钢筋正式焊接之前，必须进行现场条件下钢筋焊接性能试验。合

；格后，方能正式生产。

②钢筋焊接生产之前，必须清除钢筋、钢丝或钢板焊接部位的铁锈、熔渣、油污等；钢筋端部的扭曲、弯折应予以矫直或切除。

③进行钢筋电阻点焊、闪光对焊、电渣压力焊或埋弧压力焊时，班前应试焊两个接头。经外观检查合格后，方可按选择的焊接参数进行生产。

④在点焊机、对焊机、电渣压力焊机或埋弧压力焊机的电源开关箱内装设电压表，以便观察电压波动情况。当电源电压降为8％时，电阻点焊或闪光对焊应停止焊接；如电源电压降大于5％时，则不宜进行电渣压力焊或埋弧压力焊。

1）闪光对焊

闪光对焊广泛用于钢筋纵向连接及预应力钢筋与螺端杆的焊接。热轧钢筋的焊接宜优先用闪光对焊，不可能时才用电弧焊。钢筋闪光对焊的原理是利用对焊机使两段钢筋接触，通过低电压的强电流，待钢筋被加热到一定温度变软后，进行轴向加压顶锻，形成对焊接头。

钢筋闪光对焊工艺常用的有连续闪光焊、预热闪光焊和闪光—预热—闪光焊。对RRB400级钢筋，有时在焊接后还进行通电热处理。通电热处理的目的，是对焊接头进行一次退火或高温回火处理，以消除热影响区产生的脆性组织，改善接头的塑性。通电热处理的方法，是焊毕稍冷却后松开电极，将电极钳口调至最大距离，重新夹住钢筋，待接头冷却至暗黑色（焊后约20～30s），进行脉冲式通电处理（频率约2次/s，通电5～7s）。待钢筋表面呈桔红色并有微小氧化斑点出现时即可。焊接不同直径的钢筋时，其截面比不宜超过1.5。焊接参数按大直径钢筋选择并减少大直径钢筋的调伸长度。焊接时先对大直径钢筋预热，以使两者加热均匀。负温下焊接，冷却快，易产生淬硬现象，内应力也大。为此，负温下焊接应减小温度梯度和冷却速度。为使加热均匀，增大焊件受热区，可增大调伸长度10％～20％，变压器级数可降低一级或二级，应使加热缓慢而均匀，降低烧化速度，焊后见红区应比常温时长。

钢筋闪光对焊后，除对接头进行外观检查（无裂纹和烧伤、接头弯折不大于4°、接头轴线偏移不大于0.1钢筋直径，也不大于2mm），还应按《钢筋焊接及验收规程》JGJ 18—2003的规定进行抗拉试验和冷弯试验。

2）电弧焊

电弧焊接适用于各种形状的钢材焊接，是金属焊接中使用较广泛的工艺。钢筋工程中的电弧焊，主要有预制构件中的钢筋与预埋铁件的搭接接头电弧焊，以及现浇构件钢筋安装中的帮条接头电弧焊或搭接接头电弧焊。

①电弧焊的设备

电弧焊的主要设备是电弧焊机。弧焊机可分为交流和直流这两类。交流弧焊机（焊接变压器）具有结构简单、价格低廉、保养维护方便等优点。建筑工地常用的型号有BX3-120-1、BX3-300-2、BX3-500-2、BX2-1000等。直流弧焊机有旋转式直流弧焊机和焊接整流器两种类型。旋转式直流弧焊机为焊接发电机，电动机或原动机带动弧焊发电机整流发电；焊接整流器，是一种将交流电变为直流电的手弧焊接电源。

电焊条由焊芯和药皮组成。适用于钢筋工程的焊条叫结构钢焊条，其表示方法为"结×××"或"T×××"。三个数字中第一、第二个数字表示焊缝能达到的抗拉强度，单位为 N/mm²；第三个数字表示药皮类型。

钢筋焊接常用焊条的牌号，药皮类型和主要用途见表 3-6 所示。

常用焊条牌号药皮类型及其主要用途 表 3-6

焊条牌号	药皮牌号	电流种类	主 要 用 途
结 421	钛型	交直流	焊接低碳钢薄钢板
结 422 E4303	钛钙型	交直流	焊接低碳钢和同强度的普通低合金钢
结 423 E4301	钛铁矿型	交直流	焊接低碳钢结构和同强度等级的普通低合金钢
结 424	氧化铁型	交直流	焊接低碳钢结构
结 426 E4315	低氢型	交直流	焊接重要的低碳钢及某些普通低合金钢结构
结 427 E4316	低氢型	直流	同上
结 502 E5003	钛钙型	交直流	焊接 16 锰钢及同强度等级普通低合金钢的一般钢结构
结 503	钛铁矿型	交直流	同上
结 506 E5016	低氢型	交直流	焊接中碳钢及某些重要的普通低合金钢结构如 16 锰钢
结 507 E5015	低氢型	直 流	焊接中碳钢及 16 锰钢等重要的普通低合金钢结构
结 557	低氢型	直 流	焊接中碳钢及相应强度的普通低合金钢结构
结 606	低氢型	交直流	同上
结 707	低氢型	直 流	同上

药皮的作用是在电弧周围形成保护性气体和起脱氧作用，使氧化物形成熔渣浮于焊缝金属表面，使焊缝不受有害气体的影响和稳定电弧燃烧。焊条直径有 2.0mm、2.5mm、3.2mm、4.0mm、5.0mm、6.0mm6 种。

②电弧焊接接头的主要形式

电弧焊接接头的主要形式有搭接电弧焊接头和帮条电弧焊接头。

搭接接头如图 3-39 所示。主要用于焊接直径 10～40mm 的 HPB235、HRB335 级钢筋。此种接头应优先采用双面焊缝形式。焊缝的高度不应小于钢筋直径的 0.3 倍，焊缝宽度不应小于直径的 0.7 倍。

帮条接头如图 3-40 所示。主要用于焊接直径 10～40mm 的 HPB235、HRB335 和

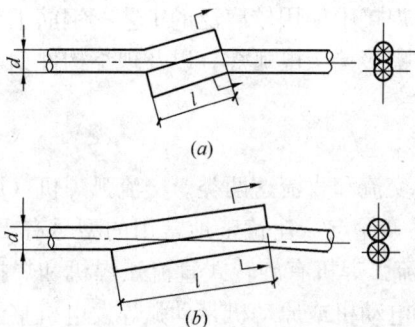

图 3-39 搭接电弧焊接头
(a) 双面焊；(b) 单面焊
d—钢筋直径；l—搭接长度

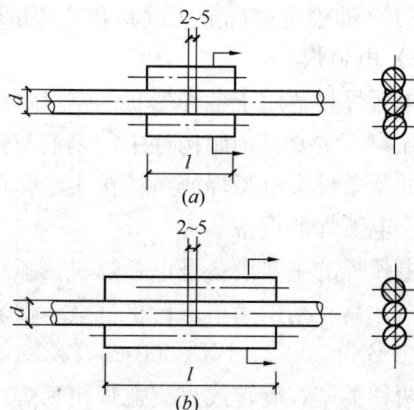

图 3-40 帮条电弧焊接头
(a) 双面焊；(b) 单面焊
d—钢筋直径；l—帮条长度

HRB400 级钢筋。此种接头应优先采用双面焊缝形式。所采用的帮条的长度，应满足下列要求：当被焊接的钢筋为 HPB235 级钢筋时，应不小于被焊接钢筋截面直径 $4d$（单面焊为 $8d$）；当被焊接的钢筋为 HRB335 和 HRB400 级钢筋时，则不应小于被焊接钢筋截面直径 $5d$（单面焊为 $10d$）。如帮条与被焊接钢筋的强度等级不同时，还应该按钢筋的计算强度进行换算。

③钢筋电弧焊的焊接工艺

施焊前，钢筋的装配与定位，应符合以下规定：

a. 采用帮条焊接时，两主筋端面之间的间距应为 2～5mm；

b. 采用搭接焊接时，钢筋的预安和安装，应保证两钢筋的轴线在同一直线上（在现场预制构件安装条件下，节点处的钢筋进行搭接焊接时，如钢筋预弯确实有困难的，可不预弯）；

c. 帮条和主筋之间用四点定位焊接固定；搭接焊接时，用两点固定；定位焊缝应离帮条或搭接端部 20mm 以上。

施焊时，引弧应在帮条或搭接钢筋的一端开始，收弧应将在帮条或搭接钢筋端头上的弧坑填满。多层施焊时，第一层焊缝应有足够的熔深，主焊缝与定位焊缝，特别在定位焊缝的始端与终端，应熔合良好。

钢筋接头采用帮条焊接或搭接焊接时，焊缝长度不应小于帮条或搭接长度，焊缝高度 $h \geqslant 0.3d$，并不得小于 4mm；焊缝宽度 $b \geqslant 0.7d$，并不得小于 10mm。钢筋与钢板接头采用搭接焊接时，焊缝高度 $h \geqslant 0.35d$，并不得小于 6mm；焊缝宽度 $b \geqslant 0.5d$，并不得小于 8mm。

④电弧焊操作要点

焊接前应将钢材的焊接区域进行清理，去油污、除浮锈、露水和粘着物等，并且应对制作物件进行如下检查：

a. 是否与图纸相符；

b. 在搬运过程中有无变形；

c. 搭接区是否已进行预弯等。

在一般情况下，搭接接头均应采用双面焊接。只有在操作位置受阻不能采用双面焊时，才允许采用单面焊。

钢筋焊接时，应检查焊接地线与钢筋接触是否良好，防止因起弧而烧伤钢筋；带有垫板或帮条的接头，引弧应在钢板或帮条上进行。无钢板或帮条的接头，引弧应在形焊部位，防止烧伤主筋；引弧应在帮条或搭接钢筋的一端开始，收弧时应在帮条或搭接钢筋的端头上。第一层应有足够的熔深，主焊缝与定位缝结合应良好，焊缝表面应平顺，弧坑应填满；采用帮条焊接时，帮条钢种及直径应与主筋相同；HRB335、HRB400 级的钢筋，电弧焊接头进行多层施焊时，应采用"回火焊道施焊法"，即最后回火道的长度比前层焊道在两端各缩短 4～6mm，以减少或消除前层焊道及过热区的淬硬组织，改善接头的性能；焊接开始时应有助手扶正焊件，无助手时应先用钢丝绑扎定位，再在焊区先做两点定位焊。如钢筋变形，应先行纠正，不宜采用定位焊强行组装；焊接操作应注意调节电流。焊接电流过大容易咬肉、飞溅、焊条发红；电流过小则电弧不稳定、夹渣或未焊透。立焊时，电流要比平焊时低 10％～15％；仰焊时，电流要比平焊时低 15％～20％。

⑤电弧焊使用与安全

a. 在焊机周围，严禁停放易燃物品，预防火灾。焊接操作现场场地应有消防设施。

b. 焊接工人操作时必须穿戴好劳保用品。

c. 在室内进行手工电弧焊，应该有排气通风装置；焊接工人操作处应设置挡板，防止弧光伤害眼睛或皮肤。

d. 焊机必须专人操作、管理，非专机人员不得擅自操作，也不允许两台焊机使用同一闸刀开关电源。

e. 焊机必须装设接地线，地线电阻不应大于4Ω。手柄、焊钳把手应绝缘。

f. 不允许将焊机电源开关、变压器等电器部分的外罩拆除，防止钢材与电源或变压器接触。

3) 电渣压力焊

电渣压力焊是利用电流通过渣池产生的电阻热将钢筋混凝土中的竖向钢筋的端部熔化，待达到一定程度后，施加压力使钢筋焊合。这种焊接方法是一种立焊方法，能避免当钢筋采用搭接或帮条电弧焊时，所造成的错位大和焊接时间长的不足，比电弧焊容易掌握，工效高。电渣压力焊在建筑施工中多用于现浇钢筋混凝土结构构件内竖向或斜向（倾斜度在4:1的范围内）钢筋的焊接接长。与电弧焊比较，它工效高、成本低，我国在一些高层建筑施工中已取得很好的效果。

电渣压力焊分为自动电渣压力焊及手工电渣压力焊两种。

①电渣压力焊机具

自动电渣压力焊设备（图3-41）包括：焊接电源、控制箱、操作箱、焊接机头等。焊接电源宜采用BX2-1000型焊接变压器，也可以采用较小容量的同型号焊接变压器并联使用。焊接机头由电动机、减速器、凸轮、夹具、提升杆、焊剂盒等组成。

手工电渣压力焊设备包括：焊接电源、控制箱、焊接夹具、焊剂盒等组成。焊接电源与自动电渣压力焊相同。焊接夹具应具有一定的刚度，使用灵巧，坚固耐用，上、下钳同心（图3-42）。焊剂盒内径为90～100mm，与所焊接钢筋的直径大小相适应。

电渣压力焊一般采用431型焊药。

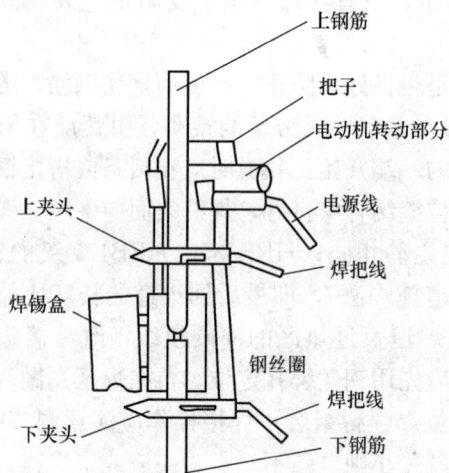

图3-41 自动电渣压力焊机示意图   图3-42 手工电渣压力焊示意图

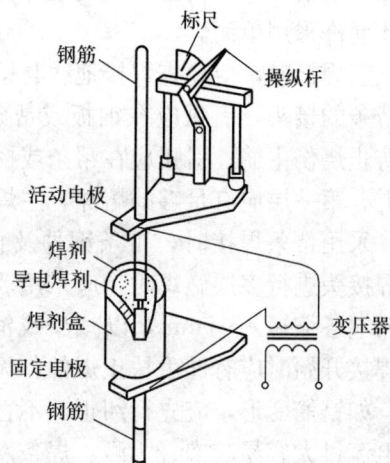

②电渣压力焊焊接工艺

竖向钢筋电渣压力焊工艺过程包括引弧电弧、电渣和预压过程。

电渣压力焊工艺，根据渣池形成的不同，可分为以下三种：

a. 导电焊剂法

当上钢筋较长而直径较大时，宜采用"导电焊剂法"。此时，要求钢筋端面预先平整，并选用粒度为 8~10mm 的导电焊剂 1~2 块，放入两钢筋端面之间。施焊时接通焊接电路，使导电焊剂及钢筋端部相继熔化形成渣池，维持数秒后，借助操纵压杆使上钢筋缓缓下降，此时应防止上钢筋下降过快或过慢，以免电流短路或断路，从而维持良好的电渣过程；待熔化留量达到规定数值后，切断焊接电路，用力迅速顶压，挤出金属熔渣和熔化金属，使之形成坚实的焊接接头，待冷却 1~3min 后，卸下夹具，敲去熔渣。

b. 电弧引燃法

当上钢筋直径较小而焊机功率较大时，宜采用"电弧引燃法"。此时，钢筋断面无须加工平整。施焊前，先将钢筋端面互相接触，装满焊剂。施焊时接通电路，立即操纵压杆使两钢筋之间形成 2~3mm 的空隙而产生电弧，借助操纵杆使上钢筋缓缓上升，进行电弧过程（焊接直径 25mm 的钢筋时提升高度约为 8mm）。之后，进行电渣过程和顶压过程。

c. 铅丝球引燃法

当钢筋端面较平整而焊机功率又较小时，宜采用"铅丝球引燃法"。此时，将铅丝球（用 22 号铅丝绕成直径为 10~15mm 的紧密小球）放入两钢筋端面之间，而后装满焊剂，进行焊接。同时，为了保证钢筋位置准确和施焊顺利进行，应搭设一定高度的支撑架。

③电渣压力焊的操作要点

a. 手工电渣压力焊

施焊前，应根据钢筋直径确定焊接参数。电渣压力焊的参数主要包括渣池电压、焊接电流、接通时间等。具体可参考表 3-7。

电渣压力焊焊接参数　　　　　　　　　　　　　　　　表 3-7

钢筋直径 (mm)	渣池电压 (V)	焊接电流 (A)	焊接通电时间（s）	
			电弧过程 t_1	电渣过程 t_2
16	25~35	200~250	14	4
20		300~350	17	5
25		400~450	21	6
32		600~650	27	7
36		700~750	30	8
40		850~900	33	9

首先，将钢筋直径端部 120mm 范围内铁锈杂质刷净，用电极上的夹具夹紧钢筋（当上部钢筋较长时，应搭设架子稳定钢筋）。钢筋端头应在焊剂盒中部，待上、下钢筋轴线对中后，在上、下钢筋间放入一个由 22 号铅丝绕成直径为 10~15mm 的铅丝小球或放入导电剂（当钢筋直径较大时）。在焊剂盒底部垫好石棉垫，合上焊剂盒，放满焊剂。施焊时，接通电路，使导电剂、钢筋端部及焊剂熔化，形成导电的渣池，维持数秒后，借助操纵杆将上钢筋缓缓下送，且使焊接电压稳定在 20~25V 范围内。钢筋下送速度不能过快

或过慢，以防止造成电流短路或断路，要维持好电渣形成过程。待熔化量达到一定数值时，即切断电源，并迅速用力顶锻钢筋，挤出全部熔渣和熔化金属，使形成坚实接头。过1~3min冷却后，即可打开焊剂盒，收回焊剂，卸下夹具，敲去熔渣，焊接过程完毕。

b. 自动电渣压力焊

自动电渣压力焊，宜采用钢丝圈引弧法，钢丝圈高为10~12mm。焊接的引弧、电弧、电渣与顶压过程由凸轮自动控制。

钢筋电渣压力焊时，应采取措施，扶持钢筋上端，以防止上、下钢筋错位和夹具变形。

4）电阻点焊

电阻点焊主要用于钢筋的交叉连接，如用来焊接钢筋网片、钢筋骨架等。它生产效率高、节约材料，应用广泛。

电阻点焊的工作原理是，当钢筋交叉点焊时，接触点只有一点，接触处接触电阻较大，在接触的瞬间，电流产生的全部热量都集中在一点上，因而使金属受热而熔化，同时在电极加压下使焊点金属得到焊合。

常用的点焊机有单点点焊机、多头点焊机（一次可焊数点，用于焊接宽大的钢筋网）、悬挂式点焊机（可焊钢筋骨架或钢筋网）、手提式点焊机（用于施工现场）。

电阻点焊的主要工艺参数为：变压器级数、通电时间和电极压力。在焊接过程中应保持一定的预压机锻压时间。通电时间根据钢筋直径和变压级数而定。电极压力则根据钢筋级别和直径选择。焊点应有一定的压入深度。点焊热轧钢筋时，压入深度为较小钢筋直径的30%~45%；点焊冷拔低碳钢丝时，压入深度为较小钢丝直径的30%~35%。电阻点焊不同直径钢筋时，如较小钢筋的直径小于10mm，大小钢筋直径之比不宜大于3，如较小钢筋的直径为12.14mm时，大小钢筋直径之比则不宜大于2。应根据较小直径的钢筋选择焊接工艺参数。焊点应进行外观检查和强度试验。热轧钢筋的焊点应进行抗剪试验。冷加工钢筋的焊点除进行抗剪试验外，还应进行拉伸试验。焊接质量应符合《钢筋焊接及验收规程》JGJ 18—2003中的有关规定。

5）气压焊

气压焊接钢筋是利用乙炔—氧混合气体燃烧的高温火焰对已有初始压力的两根钢筋端面接合处加热，使钢筋端部产生塑性变形，并促使钢筋端面的金属原子互相扩散，当钢筋加热到约1250~1350℃（相当于钢材熔点的0.80~0.90倍左右，此时钢筋加热部位呈桔黄色，有白亮闪光出现）时进行加压顶锻，使钢筋内的原子得以再结晶而焊接在一起。

钢筋气压焊接属于热压焊。在焊接加热过程中，加热温度只为钢材熔点的0.8~0.9倍，钢材未呈熔化液态，且加热时间较短，钢筋的热输入量较少，钢筋材质不会出现劣化倾向。另外，它设备轻巧、使用灵活、效率高、节省电能、焊接成本低、可进行全方位（竖向、水平、斜向）焊接，所以在我国逐步得到推广。

6）钢筋焊接的质量检查与验收

①钢筋电弧焊接头

a. 外观检查

钢筋电弧焊接头外观缺陷比较明显，容易检查，而且如裂纹、咬边、焊瘤等缺陷对接头强度影响较大，因此要求逐个进行外观检查。外观检查主要是目测，或借助5~10倍的低倍放大镜进行，焊缝尺寸的量测可采用米尺、卡尺等。

根据国家标准《钢筋焊接及验收规程》JSJ 18—96 规定了钢筋电弧焊接头外观检查的质量要求。裂纹是完全不允许的；咬边深度、气孔、夹渣及焊缝的厚度宽度允许偏差见表 3-8 所示。

钢筋电弧焊接头外观检查尺寸偏差允许值 表 3-8

	焊缝宽度 (mm)	焊缝厚度 (mm)	焊缝长度 (mm)	横向咬边深度 (mm)	在长 2d 焊缝表面上的气孔及夹渣		在全部焊缝表面上的气孔及夹渣	
					数 量	面 积	数 量	面 积
帮条焊	0.01d	0.05d	0	0.5	2 个	6mm²	无要求	无要求
搭接焊	0.01d	0.05d	0	0.5	2 个	6mm²	无要求	无要求

b. 力学性能试验

力学性能试验，原则上是切取试件进行拉伸试验。在一般建筑物中，应从成品中每批随机切取 3 个接头进行拉伸试验；对于不便切取试件的装配式结构，应模拟现场最不利的生产条件（如施焊位置、钢筋间距等）制作模拟试件；每批的接头数量问题，考虑到在工厂条件下生产效率高，质量比较稳定，故限定 300 个同级别钢筋焊接接头为一批；在装配式框架结构的同一楼层或连续、交叉施焊的两个楼层中，接头数量较多，而且又是比较短的时间内完成的，因此规定以 300 个接头为一批，超过 300 个时，为两批。

钢筋电弧焊接头拉伸试验结果应符合以下要求：

3 个热轧钢筋接头试件的抗拉强度均不得小于该级别钢筋规定的抗拉强度；余热处理 HRB400 级钢筋接头试件的抗拉强度均不得小于热轧 HRB400 级钢筋规定的抗拉强度 570MPa。

3 个接头试件均应断于焊缝之外，并应至少有 2 个试件呈延性断裂。

当试验结果，有 1 个试件的抗拉强度小于规定值，或有 1 个试件断裂于焊缝，或有 2 个试件发生脆性断裂时，应再取 6 个试件进行复验。复验结果当有 1 个试件的抗拉强度小于规定值，或有 1 个试件断裂于焊缝，或有 3 个试件呈脆性断裂时，应确认该批接头为不合格品。

②钢筋电渣压力焊接头

a. 外观检查

电渣压力焊接头应逐个进行外观检查，外观检查结果应符合下列要求：

（i）四周焊包凸出钢筋表面的高度应不小于 4mm；

（ii）钢筋与电极接触处，应无烧伤缺陷；

（iii）接头处的弯折角不得大于 4°；

（iv）接头处的轴线偏移不得大于钢筋直径的 0.1 倍，且不得大于 2mm。

外观检查不合格的接头应切除重焊，或采取补强焊接措施。

b. 力学性能试验

在进行力学性能试验时，应从成品中每批随机切取 3 个接头进行拉伸试验。每批接头应按下列规定抽取试件：在一般建筑物中，应以 300 个同级别钢筋接头为一批；在现浇钢筋混凝土多层结构中，应以每一楼层或施工区段中 300 个同级别钢筋接头为一批，不足

300 个接头的仍应作为一批。

电渣压力焊接头拉伸试验结果，3 个试件的抗拉强度均不得小于该级别钢筋规定的抗拉强度。

当试验结果有 1 个试件的抗拉强度低于规定值，应再取 6 个试件进行复验。复验结果，当仍有 1 个试件的抗拉强度小于规定值，应确认该批接头为不合格品。

（2）钢筋的机械连接

钢筋的机械连接形式有带肋钢筋套筒挤压连接、钢筋锥螺纹套管连接、钢筋直螺纹套管连接等数种，钢筋锥螺纹套管连接因其连接可靠性存在缺陷，目前已不常使用。

钢筋挤压连接是将两根带肋钢筋插入套筒内，利用挤压机沿径向或轴向压缩套筒，使之产生塑性变形，靠变形后的钢套筒对钢筋的握裹力来实现钢筋的连接。

挤压连接分径向和轴向挤压连接两种。径向挤压连接是采用挤压机和压模，沿套筒直径方向，从套筒中间依次向两端挤压套筒，把插在套筒内两根钢筋紧固成一体形成机械接头；轴向挤压连接是采用挤压机和压模，沿钢筋轴线方向挤压金属套筒，把插在套筒内两根待连接热轧钢筋紧固成一体形成机械接头。

1）带肋钢筋套筒挤压连接

带肋钢筋套筒挤压连接是将两根待接钢筋插入优质钢套筒，用挤压连接设备沿径向挤压钢套筒，使之产生塑性变形，依靠变形后的钢套筒与被连钢筋纵、横肋产生的机械咬合成为整体的钢筋连接方法。

这种连接方法具有接头性能可靠、质量稳定、不受气候及焊工技术水平的影响、连接速度快、安全、无明火、节能等优点，可连接各种规格的同径和异径钢筋（直径相差不大于 5mm），也可连接可焊性差的钢筋，但价格较贵。

①钢套筒

钢套筒的材料宜选用强度适中、延性好的优质钢材，其力学性能宜符合下列要求：$\sigma_s = 225 \sim 350 \text{N/mm}^2$，$\sigma_b = 375 \sim 500 \text{N/mm}^2$，$\sigma_s \geqslant 20\%$。

②挤压设备

钢筋挤压设备由压接钳、高压泵及高压胶管等配件组成。

③挤压工作

a. 准备工作

钢筋端头的锈、泥砂、油污等杂物应清理干净；钢筋与套筒应进行试套，对不同直径钢筋的套筒不得串用；钢筋端部应划出定位标记与检查标记；检查挤压设备情况，并进行试压。

b. 挤压作业

钢筋挤压连接宜先在地面上挤压一端套筒，在施工区插入待接钢筋后再挤压另端套筒；压接钳就位时，应对正钢套筒压痕位置的标记，并应与钢筋轴线保持垂直；压接钳施压顺序由钢套筒中部顺序向端部进行。每次施压时，主要控制压痕深度。

2）镦粗直螺纹钢筋套筒连接

镦粗直螺纹钢筋连接是通过对钢筋端部冷镦扩粗、切削螺纹，再用连接套筒对接钢筋。这种接头综合了套筒挤压接头和锥螺纹接头的优点，具有接头强度高、质量稳定、施工方便、连接速度快、应用范围广、综合经济效益好等优点。

钢筋端部经局部冷镦扩粗后，不仅横截面扩大而且强度也有所提高，再在镦粗段上切削螺纹时不会造成钢筋母材横截面的削弱，因而能保证充分发挥钢筋母材强度，其工艺分下列三个步骤：钢筋端部扩粗；切削直螺纹；用连接套筒对接钢筋。

为充分发挥钢筋母材强度，连接套筒的设计强度不小于钢筋抗拉强度标准值的1.2倍。直螺纹标准套筒的标准型接头是最常用的，套筒长度均为2倍钢筋直径，以 $\phi25mm$ 钢筋为例，套筒长度50mm，钢筋螺纹长度25mm。套筒拧入一端钢筋并用扳手拧紧后，螺纹端面即在套筒中央，再将另一端钢筋螺纹拧入并用普通扳手拧紧，利用两端螺纹相互对顶力锁定套筒位置。

扩口型接头是在连接套筒的一端增加5～6mm长的45°角的扩口段，以利钢筋对中入扣。

镦粗直螺纹加工的质量控制主要有下料、镦粗、套丝、套筒质量等环节。

3）带肋钢筋套筒挤压连接

工程中应用带肋钢筋套筒挤压接头时，应由技术单位提交有效的形式检验报告与套筒出厂合格证。现场检验，一般只进行接头外观检验和单向拉伸试验。

①取样数量

同批条件为：材料、等级、形式、规格、施工条件相同。一批的数量为500个接头，不足此数时也作为一个检验批。

对每一检验批，应随机抽取10%的挤压接头做外观检验；抽取三个试件做单向拉伸试验。

在现场检验合格的基础上，连续10个验收批单向拉伸试验合格率为100%时，可以扩大验收所代表的接头数量一倍。

②外观检查

挤压接头的外观检查，应符合下列要求：

挤压后套筒长度应为1.10～1.15倍原套筒长度，或压痕处套筒的外径为0.8～0.9倍原套筒的外径；挤压接头的压痕道数应符合形式检验确定的道数，接头处弯折不得大于4°，挤压后的套筒不得有肉眼可见的裂缝。

如外观质量合格数不小于抽检数的90%，则该批为合格。如不合格数超过抽检数的10%，则应逐个进行复验。在外观不合格的接头中抽取六个试件做单向拉伸试验再判别。

③单项拉伸试验

挤压接头试件的钢筋母材应进行抗拉强度试验。三个接头试件的抗拉强度均应满足A级或B级抗拉强度的要求；对A级接头，试样抗拉强度尚应不小于0.9倍钢筋母材的实际抗拉强度（计算实际抗拉强度时，应采用钢筋的实际横截面面积）。如有一个试件的抗拉强度不符合要求，则加倍抽样复验。

4）镦粗直螺纹钢筋套筒连接

镦粗直螺纹接头的现场拼接比较简单，不需用扭力扳手，仅用普通管钳扳手拧紧即可，现场钢筋接头的外观检查主要检查螺纹是否全部拧入连接套筒，一般要求套筒两侧外露的钢筋螺纹不超过一个完整丝扣。超出时应做适当调节使其居中，并确认螺纹已拧到套筒中线位置。

接头的现场检验制度仍按《钢筋机械连接通用技术规程》JGJ 107中的抽检制度，同一施工条件下采用同一批材料的同等级、同形式、同规格接头，以 500 个为一个检验批进行检验与验收，不足 500 个也作为一个检验批。对接头的每一检验批，必须在工程中随机截取 3 个试件做单向拉伸试验，按设计要求的接头性能等级进行检验与评定。当 3 个试件单向拉伸试验结果符合强度要求时，该检验批评为合格。如有 1 个试件不合格，应再取 6 个试件进行复检。复检中如仍有 1 个试件不合格，则该检验批评为不合格。在现场连续检验 10 个检验批，其全部单向拉伸试件一次抽检均合格时，检验批接头数量可扩大 1 倍。

（3）钢筋的绑扎连接

钢筋的绑扎接头是采用 20～22 号退火钢丝或钢丝按规范规定的最小钢筋搭接长度，绑扎在一起的钢筋接头。

钢筋绑扎时，钢筋交叉点应采用钢丝扎牢；板和墙的钢筋网，除外围两行钢筋的相交点全部扎牢外，中间部分交叉点可相隔交错扎牢，保证受力钢筋位置不产生偏移；梁和柱的箍筋应与受力钢筋垂直设置，弯钩叠合处应沿受力钢筋方向错开设置。钢筋绑扎搭接长度的末端与钢筋弯曲处的距离，不得小于钢筋直径的 10 倍，且接头不宜在构件最大弯矩处。钢筋搭接处，应在中部和两端用钢丝扎牢。受拉钢筋和受压钢筋接头的搭接长度接头位置要符合《混凝土结构工程施工及验收规范》的规定。

3. 钢筋配料

配料是根据构件配筋图计算构件各钢筋的直线下料长度、总根数及钢筋的总重量，然后编制钢筋的配料单，作为备料加工的依据。为使钢筋满足设计要求的形状和尺寸，需要对钢筋进行弯折，而弯折后钢筋各段的长度总和并不等于其在直线状态下长度，所以要对钢筋剪切下料长度加以计算。各种钢筋的下料长度可按下式计算：

钢筋下料长度＝外包尺寸＋钢筋末端弯钩或弯折增长值－钢筋中间部位弯折的量度差值。

其中，钢筋的外包尺寸＝构件长度－混凝土构件的保护层厚度。

钢筋配料计算，除应满足图纸要求外，还应考虑有利于加工运输和安装。在使用搭接焊和绑扎接头时，下料长度计算应考虑搭接长度。配料时，除图纸注明钢筋类型外，还要考虑施工需要的附加钢筋。

4. 钢筋的安装与验收

钢筋绑扎时，其交叉点应采用钢丝扎牢，板和墙的钢筋网，除靠近外围两排钢筋的交叉点全部扎牢外，中间部分交叉点可以间隔交错扎牢，但必须保证受力钢筋不发生位置的偏移；双向受力的钢筋，其交叉点应全部扎牢；梁柱箍筋，除设计有特殊要求外，应与受力钢筋垂直设置，箍筋弯钩叠合处，应沿受力主筋方向错开设置；柱中竖向钢筋搭接时，角部钢筋的弯钩平面与模板面的夹角，对矩形柱应为 45°，对多边形柱应为模板内角的平分角；对圆形柱钢筋的弯钩平面应与模板的切平面垂直；中间钢筋的弯钩面应与模板面垂直；当采用插入式振捣器浇筑小型截面柱时，弯钩平面与模板的夹角不得小于 15°。

柱筋的安装一般在柱模板安装前进行；梁一般先安装梁模，再安装梁筋；楼板模板安装后，即可安装板筋。

工地上常用预制的水泥砂浆垫块在模板和钢筋之间来保证钢筋的保护层厚度。垫块布置成梅花形，间距不超过 1m。构件有双层钢筋时，上层钢筋通过绑扎短筋或设置垫块来固定。基础或楼板的双层钢筋，固定时一般采用钢筋撑脚来保证钢筋的质量，间距 1m。

雨篷、阳台等部位的悬臂板，更需要严格的控制负筋，以防悬臂板断裂。

钢筋网片和骨架绑扎完毕后，应符合表 3-9 的规定。

钢筋安装位置的允许偏差和检查方法　　　　　　　　　表 3-9

项　　目		允许偏差/mm	检查方法
绑扎钢筋网	长、宽	±10	钢尺检查
	网眼尺寸	±20	钢尺量连续三档，取最大值
绑扎钢筋骨架	长	±10	钢尺检查
	宽、高	±5	钢尺检查
受力钢筋	间距	±10	钢尺量两端、中间各一点，取大值
	排距	±5	
保护层厚度	基础	±10	钢尺检查
	柱、梁	±5	钢尺检查
	板、墙、壳	±3	钢尺检查
绑扎箍筋、横向钢筋间距		±20	钢尺量连续三档，取最大值
钢筋弯起点位置		20	钢尺检查
预埋件	中心线位置	5	钢尺检查
	水平高差	+3,0	钢尺和塞尺检查

3.3 混 凝 土 工 程

混凝土工程包括混凝土制备、运输、浇筑捣实和养护等施工过程，各个施工过程相互联系和影响，任一施工过程处理不当都会影响混凝土工程的最终质量。近年来混凝土外加剂发展很快，它们的应用影响了混凝土的性能和施工工艺。此外，自动化、机械化的发展和新的施工机械和施工工艺的应用，也大大改变了混凝土工程的施工面貌。

由于现代建筑施工的特点，它要求混凝土产品质量精度高、保障混凝土施工的连续性及考虑某些混凝土建筑施工的特殊性，混凝土的选用目前基本上都采用商品混凝土。

1. 混凝土的运输

对混凝土拌合物运输的基本要求是：不产生离析现象、保证规定的坍落度和在混凝土初凝之前能有充分时间进行浇筑和捣实。

匀质的混凝土拌合物，为介于固体和液体之间的弹塑性物体，其中的骨料，由于作用其上的内摩阻力、粘着力和重力处于平衡状态，而能在混凝土拌合物内均匀分布和处于固定位置。在运输过程中，由于运输工具的颠簸振动等动力的作用，粘着力和内摩阻力将明显削弱。由此骨料失去平衡状态，在自重作用下向下沉落，质量越大，向下沉落的趋势越强，由于粗、细骨料和水泥浆的质量各异，因而各自聚集在一定深度，形成分层离析现象。这对混凝土质量是有害的，为此，运输道路要平坦，运输工具要选择恰当，运输距离要限制以防止分层离析。如已产生离析，在浇筑前要进行二次搅拌。

现代建筑施工，混凝土用量大，工程条件复杂，施工技术要求高。例如高层建筑基础工程的大体积混凝土数量巨大，有的达数千立方米，对于这些大体积混凝土的浇筑，宜采用商品混凝土，采用混凝土搅拌运输车运输，并利用混凝土泵（泵车）进行浇筑。

（1）混凝土泵

混凝土泵是一种有效的混凝土运输和浇筑工具，它以泵为动力，沿管道输送混凝土，可以一次完成水平及垂直运输，将混凝土直接输送到浇筑地点，是发展较快的一种混凝土运输方法。

混凝土泵按驱动方式分为两大类，即活塞式混凝土泵和挤压式泵。活塞式混凝土泵中，根据动力的不同分为机械式活塞泵和液压式活塞泵；根据行走方式分为固定式和拖式、汽车式（泵车）活塞泵。高层建筑施工所用的混凝土泵主要是液压式拖式活塞泵和液压式汽车式活塞泵。拖式混凝土泵，其工作机构装在可移动的底盘上，由其他运输工具拖动转移工作地点。汽车式混凝土泵，其工作机构装在汽车底盘上，且都带有布料杆，移动方便，机动灵活，移至新的工作地点不需进行很多准备工作即可进行混凝土浇筑工作，因而是目前大力发展的机种。常用的活塞式混凝土泵的压力为 5MPa，水平运输距离可达600m，垂直距离 150m，排量为 $10\sim80\mathrm{m^3/h}$。

液压活塞式混凝土泵的工作原理如图 3-43 所示。它主要由料斗、液压缸、活塞、混凝土缸、阀门、Y 形管、冲洗设备、液压系统、动力系统等组成。工作时，由混凝土搅拌机或由混凝土搅拌运输车卸出的混凝土拌合物倒入料斗，在阀门操纵系统作用下，阀门 7 开启，阀门 8 关闭，液压活塞在液压作用下通过活塞杆带动活塞 2 后移，料斗内的混凝土拌合物在自重和吸力作用下进入混凝土缸。然后，液压系统中的压力油进出反向，活塞 2 向前推压，同时阀门 7 关闭、阀门 8 开启，混凝土缸中的混凝土拌合物在压力作用下通过Y 形管进入输送管而被输送至浇筑地点。由于两个缸交替进料和出料，因而使混凝土泵能连续稳定地进行输送。

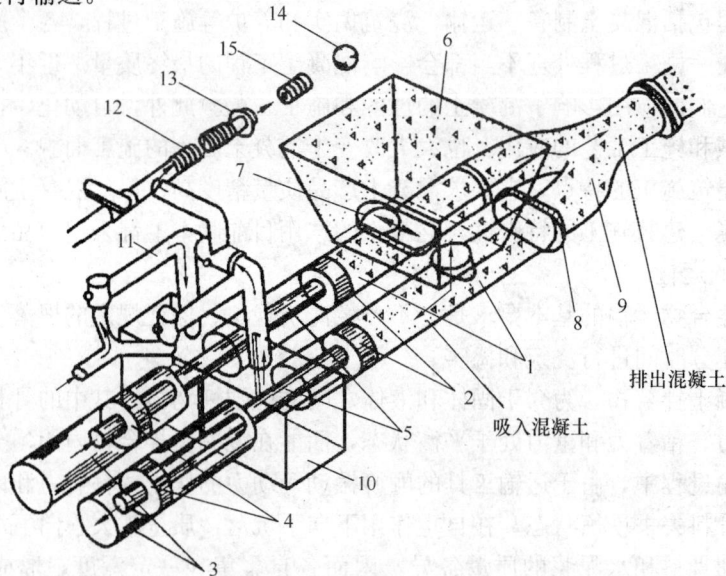

图 3-43　液压活塞式混凝土泵的工作原理图

1—混凝土缸；2—推压混凝土的活塞；3—液压缸；4—液压活塞；5—活塞杆；6—料斗；7—吸入阀门；8—排出阀门；9—Y 形管；10—水箱；11—水洗装置换向阀；12—水洗用高压软管；13—水洗用法兰；14—海绵球；15—清洗活塞

泵送结束要及时清洗泵体和管道，用水清洗时将管道拆开，放入海绵球 14 及清洗活塞 15，再通过法兰 13 使高压水软管 12 与管道连接，高压水推动活塞 15 和海绵球 14，将残存的混凝土压出并清洗管道。

分配阀是活塞式混凝土泵中的一个关键部件，控制着混凝土缸的排出和吸入以及管道的通闭，直接影响混凝土泵的使用性能。分配阀应具有良好的吸入和排出性能、良好的转换性能、耐磨性以及良好的密封性和排除阻塞的性能。双缸活塞式混凝土泵中两个混凝土缸的吸入行程和排出行程的相互转换，料斗口和输送管依次和两个混凝土缸相接通都必须设置分配阀来完成。分配阀具有两位（吸料、排料）四通（通料斗、两个混凝土缸和输送管）的机能。单缸的活塞式混凝土泵，混凝土缸依次吸入和排出。吸入混凝土拌合物时，混凝土缸和料斗相接通；排出混凝土拌合物时，两个混凝土缸与输送管相接通。即分配阀具有两位（吸料、排料）三通（通料斗、混凝土缸和输送管）的机能。

混凝土泵用的分配阀，分为转动式分配阀、闸板式分配阀和管形分配阀三类，目前应用较多的是后面两类。闸板式分配阀是在油压泵的作用下靠往返运动的钢闸板周期地开启和封闭混凝土缸的进料口和出料口而达到进料和排料的目的。闸板式分配阀的种类很多，主要有平置式（卧式）、斜置式和摆动式几种。管形分配阀是以管件的摆动来达到混凝土拌合物吸入和排出的目的。这种分配阀一般置于料斗中，其本身即输送管的一部分，它一端与输送管接通，另一端可以摆动。对于单缸混凝土泵，当管形阀管口摆离混凝土缸口而被料斗壁封住时，混凝土缸进行吸料；当管形阀管口摆回来对准混凝土缸口时，混凝土缸则进行排料。对于双缸混凝土泵，管形阀的管口与两个混凝土缸的缸口交替接通，对准哪一个缸口，哪一个缸就进行排料；同时另一个缸则进行吸料。管形分配阀结构简单，流道通畅、耐用，维修方便，由于省去 Y 形管，还可以减少阻塞事故。同时由于料斗的离地高度降低，便于混凝土搅拌运输车向料斗卸料，因此应用比较广泛。管形分配阀的缺点是它置于料斗中，使料斗中的搅拌叶片布置困难，容易产生死角，如混凝土的坍落度较小，阻力大，管阀的摆动速度较小，有时会影响混凝土缸的吸入效率。

用混凝土泵浇筑的结构物，要加强养护，防止因水泥用量较大而引起龟裂。如混凝土浇筑速度快，对模板的侧压力大，模板和支撑应保证稳定和有足够的强度。

（2）布料杆

现代建筑高度高，混凝土用量大，为了保证施工的进度和工期，在使用混凝土泵或泵车进行楼盖等混凝土构件浇筑时宜采用布料杆进行布料，以加速混凝土的浇筑工作。

布料杆分为混凝土泵车布料杆和独立式布料杆两类。混凝土泵车布料杆与混凝土泵一同装在汽车底盘上，组成混凝土泵车。这种布料杆多安装在司机室后方的回转支承架上，回转支承架以液压马达驱动、内齿轮传动的滚珠盘为底座，可做 360°回转。这种布料杆目前几乎全是液压驱动的三节折叠式，服务的范围较大（图 3-44）。

混凝土泵车上的布料杆既担负混凝土拌合物运输又完成布料和摊铺工作。布料杆由臂架和混凝土输送管组成。布料杆能够抬高、放低、伸缩和回转，在其所及的范围内可以进行水平和垂直方向的输送，甚至能跨越障碍物进行混凝土浇筑。

在高层建筑施工中，独立式布料杆应用也比较多。独立式布料杆（图 3-45）有移置式、管柱式和塔架式，一般是安装在底座、管柱或格构式塔架上，甚至安装在起重机的外伸臂上，以扩大其布料范围，来适应各种建筑物和构筑物的混凝土浇筑工作。

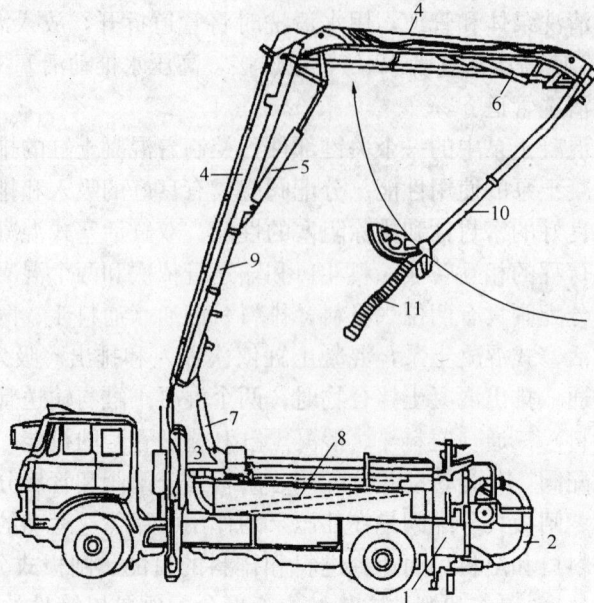

图 3-44 带布料杆的混凝土泵车

1—混凝土泵；2、8、9、10—混凝土输送管；3—布料杆支承装置；4—布料杆臂架；5、6、7—油缸；11—软管

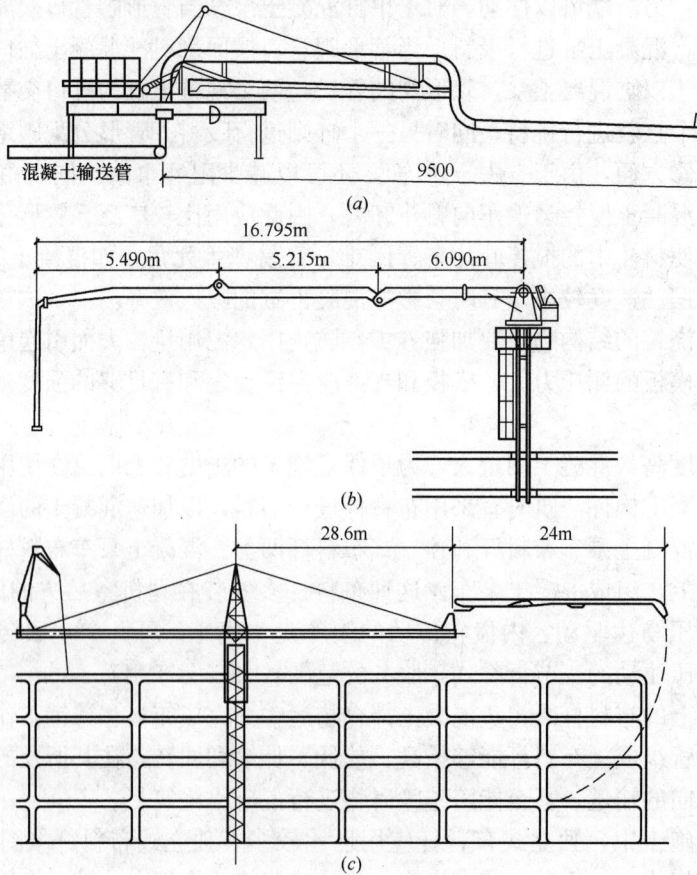

混凝土输送管

9500

(a)

16.795m

5.490m   5.215m   6.090m

(b)

28.6m   24m

(c)

图 3-45 独立式布料杆

(a) 移置式；(b) 管柱式；(c) 塔架式

154

选择混凝土运输方案时，技术上可行的方案可能不只一个，这就要进行综合的经济比较来选择最优方案。

（3）混凝土泵型号的选择与混凝土搅拌运输车数量的确定

1）混凝土泵的型号选择

混凝土泵的型号选择，主要根据单位时间所需的浇筑量及泵送距离确定。如基础尺寸不是很大，可用布料杆直接浇筑时，宜选用带布料杆的混凝土泵车；否则需布管，采用一次接长至最远处、边浇边拆的方式。

混凝土泵或泵车的数量按式（3-3）计算，重要工程宜有备用泵。

$$N = \frac{Q}{Q_A t} \tag{3-3}$$

式中　N——混凝土泵（泵车）的台数；

　　　Q——混凝土浇筑数量（m³/h）；

　　　Q_A——混凝土泵（泵车）的实际平均输出量（m³/h）；

　　　t——施工作业时间（h）。

2）混凝土搅拌运输车数量的确定

大体积混凝土基础结构施工用的商品混凝土宜用混凝土搅拌运输车供应，混凝土泵不应间断，宜连续供应。为保证顺利泵送，混凝土搅拌运输车的台数应为：

$$N_g = \frac{Q'}{60Q_B}\left(\frac{60L}{v} + T\right) \tag{3-4}$$

式中　N_g——混凝土搅拌运输车的台数；

　　　Q'——混凝土泵（泵车）单位时间计划泵送量（m³/h）；

　　　Q_B——混凝土搅拌运输车的装载量（m³）；

　　　L——混凝土搅拌运输车往返一次的行程（km）；

　　　v——混凝土搅拌运输车的平均车速（km/h）；

　　　T——往返一次因装料、卸料、冲洗、停歇等的总停歇时间（h）。

混凝土泵与混凝土搅拌运输车的配套使用，应使混凝土搅拌站的供应和混凝土搅拌运输车的运输能力大于混凝土泵的泵送能力，以保证混凝土泵能连续工作，保证不堵塞。

（4）泵送混凝土工艺对混凝土材料的要求

泵送混凝土工艺对混凝土的配合比有如下要求：碎石最大粒径与输送管内径之比宜为1:3，卵石可为1:2.5，以免堵塞，如用轻骨料则以吸水率小者为宜并宜用水预湿，以免在压力作用下强烈吸水，使坍落度降低在管道中形成阻塞。砂宜用中砂，通过0.315mm筛孔的砂应不小于15%。砂率宜控制在40%～50%，如粗骨料为轻骨料还可适当提高。水泥用量不宜过少，否则泵送阻力增大，最小水泥用量视输送管径和泵送距离而定，一般可为300kg/m³。泵送混凝土的坍落度宜为8～18cm，泵送高度大时还可放大。

2. 混凝土的浇筑与振捣

混凝土浇筑要保证混凝土的均匀性和密实性，要保证结构的整体性、尺寸准确和钢筋、预埋件的位置正确，拆模后混凝土表面要平整、光洁。

浇筑前应检查模板、支架、钢筋和预埋件的正确性。由于混凝土工程属于隐蔽工程，因而对混凝土量大的工程、重要工程或重点部位的浇筑，以及其他施工中的重大问题，均应随时填写施工记录。

(1) 混凝土浇筑

1) 混凝土浇筑应注意的问题

① 防止离析

浇筑混凝土时，混凝土拌合物由料斗、漏斗、混凝土输送管、运输车内卸出时，如自由倾落高度过大，由于粗骨料在重力作用下，克服粘着力后的下落动能大，下落速度较砂浆快，因而可能形成混凝土离析。为此，混凝土自高处倾落的自由高度不应超过 2m，在竖向结构中限制自由倾落高度不宜超过 3m，否则应沿串筒、斜槽、溜管或振动溜管等下料。

② 正确留置施工缝

混凝土结构多要求整体浇筑，如因技术或组织上的原因不能连续浇筑时，且停顿时间有可能超过混凝土的初凝时间，则应事先确定在适当位置留置施工缝。施工缝是结构中的薄弱环节，因而宜留在结构受力最上的部位，同时又要照顾到施工的方便。由于混凝土的抗拉强度约为其抗压强度的 1/10，因而施工缝宜留在剪力较小的部位。柱子宜留在基础顶面、梁或吊车梁牛腿的下面、吊车梁的上面、无梁楼盖柱帽的下面，板连成整体的大断面梁应留在板底面以下 20~30mm 处。单向板应留在平行于板短边的任何位置。肋形楼盖宜顺着次梁方向浇筑，应留在次梁跨度的中间 1/3 范围内，也可留在纵横墙的交接处。双向受力的楼板、大体积混凝土结构、拱、薄壳、多层框架等及其他结构复杂的结构，应按设计要求留置施工缝。

在施工缝处继续浇筑混凝土时，应除掉水泥薄膜和松动石子，加以湿润并冲洗干净，先铺抹水泥浆或与混凝土砂浆成分相同的砂浆一层，待已浇筑的混凝土的强度不低于 $1.2N/mm^2$ 时才允许继续浇筑。

2) 混凝土凝筑方法

① 现浇多层钢筋混凝土框架结构的浇筑

浇筑这种结构首先要划分施工层和施工段，施工层一般按结构层划分，而每一施工层如何划分施工段，则要考虑工序数量、技术要求、结构特点等。要做到当木工在第一施工层安装完模板，准备转移到第二施工层的第一施工段上时，下面第一施工层的第一施工段所浇筑的混凝土强度应达到允许工人在上面操作的强度（$1.2N/mm^2$）。

施工层与施工段确定后，就可求出每班（或每小时）应完成的工程量，据此选择施工机具和设备并计算其数量。

混凝土浇筑前应做好必要的准备工作，如模板、钢筋和预埋管线的检查和清理以及隐蔽工程的验收；浇筑用脚手架、走道的搭设和安全检查；根据试验室下达的混凝土配合比通知单准备和检查材料；施工用具的准备等。

浇筑柱子时，一施工段内的每排柱子应由外向内对称浇筑，不要由一端向另一端推进，预防柱子模板逐渐受推倾斜而误差积累难以纠正。断面在 400mm×400mm 以内，或有交叉箍筋的柱子，应在柱子模板侧面开孔以斜溜槽分段浇筑，每段高度不超过 2m，断面在 400mm×400mm 以上、无交叉箍筋的柱子，如柱高不超过 4.0m，可从柱顶浇筑；如用轻骨料混凝土从柱顶浇筑，则柱高不得超过 3.5m。柱子开始浇筑时，底部应先浇筑一层厚 50~100mm 与所浇筑混凝土内砂浆成分相同的水泥砂浆或水泥浆。浇筑完毕，如柱顶处有较大厚度的砂浆层，则应加以处理。柱浇筑后，应间隔 1～1.5h，待混凝土拌合物初步沉实，再浇筑上面的梁板结构。

梁和板一般同时浇筑，从一端开始向前推进。只有当梁高大于 1m 时才允许将梁单独浇筑，此时的施工缝留在楼板板面下 20～30mm 处。梁底与梁侧面注意振实，振动器不要直接触及钢筋和预埋件。楼板混凝土的虚铺厚度应略大于板厚，用表面振动器或内部振动器振实，用铁插尺检查混凝土厚度，振捣完后用长的木抹子抹平。

为保证捣实质量，混凝土应分层浇筑，每层厚度如表 3-10 所示。

混凝土浇筑层的厚度　　　　　　　　　　　　　表 3-10

项　次	捣实混凝土的方法	浇筑层厚度（mm）
1	插入式振动	振动器作用部分长度的 1.25 倍
2	表面振动	200
3	人工捣固 （1）在基础或无筋混凝土和配筋稀疏的结构中 （2）在梁、墙板、柱结构中 （3）在配筋密集的结构中	250 200 150
4	轻骨料混凝土 插入式振动 表面振动（振动时需加荷）	300 200

浇筑叠合式受弯构件时，应按设计要求确定是否设置支撑，且叠合面应有一定的凹凸差。

② 大体积钢筋混凝土结构浇筑

大体积钢筋混凝土结构在工业建筑中多为设备基础，在高层建筑中多为厚大的桩基承台或基础底板等，其上有巨大的荷载，整体性要求较高，往往不允许留施工缝，要求一次连续浇筑完毕。另外，大体积钢筋混凝土结构浇筑后水泥的水化热量大，由于体积大，水化热聚积在内部不易散发，混凝土内部温度显著升高，而表面散热较快，这样形成较大的内外温差，内部产生压应力，而表面产生拉应力，如温差过大则易于在混凝土表面产生裂纹。在混凝土内部逐渐散热冷却产生收缩时，由于受到基底或已浇筑的混凝土的约束，接触处将产生很大的拉应力，当拉应力超过混凝土的极限抗拉强度时，与约束接触处会产生裂缝，甚至会贯穿整个混凝土块体，由此带来严重的危害。大体积钢筋混凝土结构的浇筑，上述两种裂缝（尤其是后一种裂缝）都应设法防止。

要防止大体积混凝土浇筑后产生裂缝，就要降低混凝土的温度应力，这就必须减少浇筑后混凝土的内外温差（一般不宜超过 25℃）。为此，应优先选用水化热低的水泥，降低水泥用量，掺入适量的粉煤灰，降低浇筑速度和减小浇筑层厚度，或采取人工降温措施。必要时，经过计算和取得设计单位同意后可留施工缝而分层浇筑（大体积混凝土温度的监测与控制详见 3.1.4 节）。

如要保证混凝土的整体性，则要保证使每一浇筑层在初凝前就被上一层混凝土覆盖并捣实成为整体。

大体积钢筋混凝土结构的浇筑方案，一般分为全面分层、分段分层和斜面分层（图3-46）三种。全面分层法要求的混凝土浇筑强度较大。根据结构物的具体尺寸、捣实方法和混凝土供应能力,可通过计算选择浇筑方案。如用矿渣硅酸盐水泥或其他泌水性较大的水泥拌制的混凝土,浇筑完毕后,必要时应排除泌水,进行二次振捣。浇筑宜在室外气温较低时进行。混凝土最高浇筑温度不宜超过 28℃。

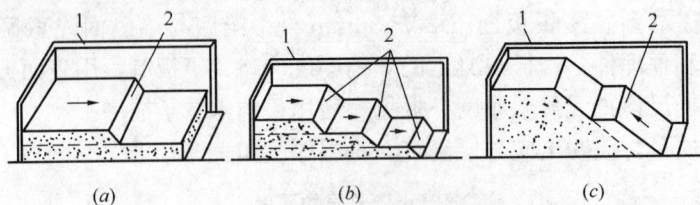

图 3-46　大体积混凝土浇筑方案
(a) 全面分层;(b) 分段分层;(c) 斜面分层
1—模板;2—新浇筑的混凝土

③ 水下浇筑混凝土

深基础、沉井、沉箱和钻孔灌注桩的封底,以及地下连续墙施工等,常需要进行水下浇筑混凝土,地下连续墙是在泥浆中浇筑混凝土。水下或泥浆中浇筑混凝土,目前多用导管法（图 3-47）。

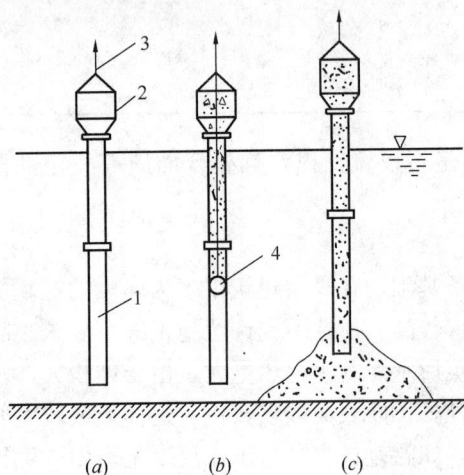

图 3-47　导管法浇筑水下混凝土设备和浇筑过程示意图

(a) 组装设备;(b) 导管内悬吊球塞,浇入混凝土;
(c) 不断浇入混凝土,提升导管
1—导管;2—承料漏斗;3—提升机具;4—球塞

导管直径为 250～300mm（至少为最大骨料粒径的 8 倍）,每节长 3m,用法兰密封连接,顶部有漏斗。导管用起重设备吊住,可以升降。浇筑前,导管下口先用球塞（木、橡皮等）堵塞,球塞用绳子或钢丝吊住。然后在导管内灌注一定数量的混凝土,将导管插入水下使其下口距地基面的距离 h_1 约 300mm 进行浇筑,距离太小易堵管,太大则要求管内混凝土量较多,因为开管前管内的混凝土量要使混凝土冲出后足以封住并高出管口。当导管内混凝土的体积及高度满足上述要求后,剪断吊住球塞的绳子进行开管,使混凝土在自重作用下迅速排出球塞进入水中。此后一面均衡地浇筑混凝土,一面慢慢提起导管,导管下口必须始终保持在混凝土表面以下一定数值。下口埋得越深,则混凝土顶面越平,但也越难浇筑。

在整个浇筑过程中,一般应避免在水平方向移动导管,直到混凝土顶面接近设计标高时,才可将导管提起,换插到另一浇筑点。一旦发生堵管,如此几小时内不能排除,应立即换插备用导管。浇筑完毕,应清除顶面与水接触的厚约 200mm 的一层松软部分。如水下结构物面积大,可用几根导管同时浇筑。

(2) 混凝土振捣

混凝土拌合物浇筑之后,需经密实成型才能赋予混凝土制品或结构一定的外形和内部结构。强度、抗冻性、抗渗性、耐久性等皆与密实成型的好坏有关。

当前,混凝土拌合物密实成型的途径有三:一是借助于机械外力（如机械振动）来克服拌合物的剪应力而使之液化；二是在拌合物中适当多加水以提高其流动性，使之便于成型，成型后用离心法、真空作业法等将多余的水分和空气排出；三是在拌合物中掺入高效能减水剂，使其坍落度大大增加，可自流浇筑成型。此处仅讨论前一种方法。

1）混凝土振动密实的原理

混凝土振动密实的原理，在于产生振动的机械将一定频率、振幅和激振力的振动能量通过某种方式传递给混凝土拌合物时，受振混凝土拌合物中所有的骨料颗粒都受到强迫振动，它们之间原来赖以保持平衡并使混凝土拌合物保持一定塑性状态的粘着力和内摩擦力随之大大降低，受振混凝土拌合物呈现出所谓的"重质液体状态"，因而混凝土拌合物中的骨料犹如悬浮在液体中，在其自重作用下向新的稳定位置沉落，排除存在于混凝土拌合物中的气体，消除空隙，使骨料和水泥浆在模板中得到致密的排列和迅速有效的填充。

振动密实的效果和生产率，与振动机械的结构形式和工作方式（插入振动或表面振动），振动机械的振动参数（振幅、频率、激振力）以及混凝土拌合物的性质（骨料粒径、坍落度等）密切有关。混凝土拌合物的性质影响着混凝土系统的自然频率，它对各种参数的振动在其中的传播呈现出不同的阻尼和衰减，有着适应它的最佳频率和振幅。振动机械的结构形式和工作方式，决定了对混凝土传递振动能量的能力，也决定了它适用的有效作用范围和生产率。

2）振动机械的选择

振动机械按其工作方式分为：内部振动器、外部振动器、表面振动器和振动台（图3-48）。

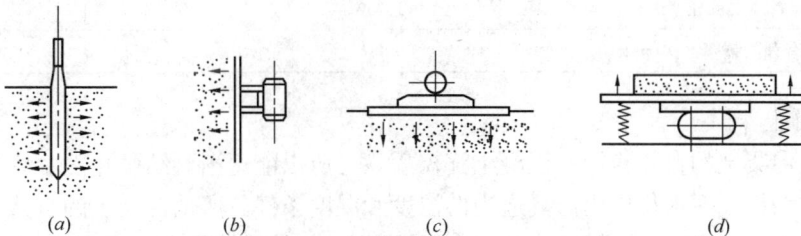

图 3-48　振动机械示意图

(a) 内部振动器；(b) 外部振动器；(c) 表面振动器；(d) 振动台

内部振动器又称插入式振动器，其工作部分是一棒状空心圆柱体，内部装有偏心振子，在电动机带动下高速转动而产生高频微幅的振动。多用于振实梁、柱、墙、厚板和大体积混凝土结构等。

用内部振动器捣混凝土时，应垂直插入，并插入下层尚未初凝的混凝土中 50～100mm，以促使上下层结合。插点的分布有行列式和交错式两种（图3-49）。对普通混凝土插点间距不大于 1.5R（R 为振动器作用半径），对轻骨料混凝土则不大于 1.0R。

表面振动器又称平板振动器，它由带偏心块的电动机和平板（木板或

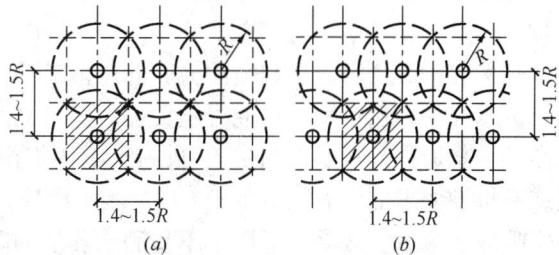

图 3-49　振动棒插点的布置（R＝8～10 倍振动棒半径）

(a) 行列式；(b) 交错式

钢板）等组成。在混凝土表面进行振捣，适用于楼板、地面等薄型构件。

外部振动器又称附着式振动器，它通过螺栓或夹钳等固定在模板外部，是通过模板将振动传给混凝土拌合物，因而模板应有足够的刚度。它宜用于振捣断面小且钢筋密的构件。其有效作用范围可通过实测确定。

振动台是混凝土制品厂中的固定生产设备，用于振实预制构件。

3）振动烈度的确定

实践证明，影响混凝土振实的基本参数为振幅 A、频率 ω 和振动时间 t。确定振动烈度，即根据混凝土拌合物的特性正确选择 A、ω 和 t。$L = A^3 \omega^2$ 称为振动烈度，无论 A 与 ω 怎样变化，只要振动烈度 L 的值相同则振实效果亦相同。

振动烈度根据混凝土拌合物的水灰比 ω/c 而定，如 $\omega/c = 0.55$，$L_{最佳} = 850\text{cm}^2/\text{s}$，$\omega/c = 0.45$，则 $L_{最佳} = 1400\text{cm}^2/\text{s}$。要增大 L 一般宜增加频率，不宜加大振幅。

频率选择取决于骨料大小和混凝土拌合物的流动性。骨料小者可选用高频率，反之则用较低频率。干硬性混凝土用高频率有效，由于振动衰减慢，能增大振动作用半径，功效较高。较合适的频率与骨料粒径的关系如表 3-11 所示。

频率确定后，根据需要的振动烈度即可确定振幅。从机械设计角度出发，功率相同时，频率较高，振幅越小，则振动器的重量和尺寸也越小。

振动时间与混凝土拌合物的坍落度和振动器的振动烈度有关，它可由试验确定。

振动频率与骨料粒径的关系　　　　　　　　　　　表 3-11

碎石最大粒径（mm）	10	20	40
最有利的频率（次/min）	6000	3000	2000

3. 混凝土养护

此处指混凝土的自然养护。混凝土浇捣后，之所以能逐渐凝结硬化，主要是因为水泥水化作用的结果，而水化作用需要适当的温度和湿度条件。所谓混凝土的自然养护，即在平均气温高于 $+5$℃的条件下于一定时间内使混凝土保持湿润状态。

混凝土浇筑后，如气候炎热、空气干燥，不及时进行养护，混凝土中水分会蒸发过快，出现脱水现象，使已形成凝胶体的水泥颗粒不能充分水化，不能转化为稳定的结晶，缺乏足够的粘结力，从而会在混凝土表面出现片状或粉状剥落，影响混凝土的强度。此外，在混凝土尚未具备足够的强度时，其中水分过早的蒸发还会产生较大的收缩变形，出现干缩裂纹，影响混凝土的整体性和耐久性。所以混凝土浇筑后初期阶段的养护非常重要。混凝土浇筑完毕 12h 以内就应开始养护。干硬性混凝土应于浇筑完毕后立即进行养护。

自然养护分洒水养护和喷涂薄膜养生液养护两种。

洒水养护即用草帘等将混凝土覆盖，经常洒水使其保持湿润。养护时间长短取决于水泥品种，普通硅酸盐水泥和矿渣硅酸盐水泥拌制的混凝土，不少于 7d；掺有缓凝型外加剂或有抗渗要求的混凝土不少于 14d。洒水次数以能保证湿润状态为宜。

喷涂薄膜养生液养护适用于不易洒水养护的高耸构筑物和大面积混凝土结构。它是将过氯乙烯树脂塑料溶液用喷枪喷涂在混凝土表面上，溶液挥发后在混凝土表面形成一层塑料薄膜，将混凝土与空气隔绝，阻止其中水分的蒸发以保证水化作用的正常进行。有的薄膜在养护完成后能自行老化脱落，所以不宜喷洒在以后要做粉刷的混凝土表面上。在夏季，薄膜成型后要防晒，否则易产生裂纹。

地下建筑或基础，可在其表面涂刷沥青乳液以防止混凝土内水分蒸发。

混凝土必须养护至其强度达到 $1.2N/mm^2$ 以上，确保在其上行人。

至于拆模，当设计无要求时，侧模只要能保证混凝土表面和棱角不致因拆模而损坏即可拆除。至于底模，则根据结构类型和跨度，要分别达到《混凝土结构工程施工及验收规范》规定的强度才允许拆除，否则，一定要经过验算。

拆模后如发现有缺陷，应及时修补。对数量不多的小蜂窝或露石的结构，可先用钢丝刷或压力水清洗，然后用 $1:2 \sim 1:2.5$ 的水泥砂浆抹平。对蜂窝和露筋，应凿去全部深度内的薄弱混凝土层和个别突出的骨料，用钢丝刷和压力水清洗后，用比原强度等级高一级的细骨料混凝土填塞，并仔细捣实。对影响结构承重性能的缺陷，要会同有关单位研究后慎重处理。

4. 混凝土质量的检查

混凝土质量检查包括拌制和浇筑过程中的质量检查和养护后的质量检查。在拌制和浇筑过程中，对组成材料的质量检查每一工作班至少两次；拌制和浇筑地点坍落度的检查每一工作班至少两次；在每一工作班内，如混凝土配合比由于外界影响而有变动时，应及时检查；对混凝土搅拌时间应随时检查。

混凝土的坍落度与指定坍落度之间的允许偏差　　　　　　　　　　　　　　表 3-12

混凝土指定坍落度（cm）	允许偏差（cm）	混凝土指定坍落度（cm）	允许偏差（cm）
6 以下	±1.5	12 以上	±2.5
6～12	±2.0		

对于预拌（商品）混凝土，应在商定的交货地点进行坍落度检查，混凝土的坍落度与指定坍落度之间的允许偏差应符合表 3-12 的规定。

混凝土养护后的质量检查，主要指抗压强度检查，如设计上有特殊要求时，还需对其抗冻性、抗渗性等进行检查。混凝土的抗压强度是根据 15cm 边长的标准立方体试块在标准条件下（20±3℃的温度和相对湿度 90％以上）养护 28d 的抗压强度来确定。评定强度的质量的试块，应在浇筑处或制备处随机抽样制成，不得挑选。试块的最优取样率暂时还无法确定，目前确定的试块组数为：

（1）每拌制 100 盘且不超过 $100m^3$ 的相同配合比的混凝土，取样不得少于 1 组；

（2）每工作班拌制的相同配合比的混凝土不足 100 盘时，取样不得少于 1 组；

（3）现浇楼层，每层取样不得少于 1 组。

若有其他需要，如为了检查结构或构件的拆模、出厂、吊装、张拉、放张及施工期间临时负荷的需要等。尚应留置与结构或构件同条件养护的试件，试件组数按实际需要确定。每组三个试件应在同盘混凝土中取样制作。其强度代表值取三个试件试验结果的平均值，作为该组试件强度代表值；当三个试件中的最大或最小的强度值，与中间值相比超过中间值 15％时，取中间值代表该组的混凝土试件强度；当三个试件中的最大和最小的强度值，与中间值相比均超过中间值 15％时，则其试验结果不应作为评定的依据。

混凝土强度应分批验收。同一检验批的混凝土应由强度等级相同，龄期相同以及生产工艺和配合比基本相同的混凝土组成。按单位工程的验收项目划分检验批，每个验收项目应按《建筑安装工程质量检验评定标准》GB 301—88 确定。同一检验批的混凝土强度，应以同批内全产标准试件的强度代表值评定。

当混凝土的生产条件较长时间内能保持一致，且同一品种混凝土的强度变异性能保持稳定时，由连续三组试件代表一个检验批，其强度应同时满足式（3-5）、式（3-6）的要求：

$$m_{fcu} \geqslant f_{cu,k} + 0.7\sigma_0 \tag{3-5}$$

$$f_{cu,min} \geqslant f_{cu,k} - 0.7\sigma_0 \tag{3-6}$$

当混凝土强度等级不超过 C20 时，强度的最小值尚应满足式（3-7）的要求：

$$f_{cu,min} \geqslant 0.85 f_{cu,k} \tag{3-7}$$

当混凝土强度等级不超过 C20 时，强度的最小值则应满足式（3-8）的要求：

$$f_{cu,min} \geqslant 0.90 f_{cu,k} \tag{3-8}$$

式中　　m_{fcu}——同一检验批混凝土立方体抗压强度的平均值（N/mm²）；

　　　　$f_{cu,k}$——混凝土立方体抗压强度标准值（N/mm²）；

　　　　σ_0——检验批混凝土立方体抗压强度标准值（N/mm²）；

　　$f_{cu,min}$——同一检验批混凝土立方体抗压强度的最小值（N/mm²）。

检验批混凝土立方体抗压强度的标准差，应根据前一个检验期内同一品种混凝土试件的强度数据，按式（3-9）计算：

$$\sigma_0 = \frac{0.59}{m}\Sigma\Delta f_{cu,i} \tag{3-9}$$

式中　　$\Delta f_{cu,i}$——第 i 批试件立方体抗压强度中最大值与最小值之差；

　　　　m——用以确定该检验批混凝土立方体抗压强度准值的数据总批数。

上述检验期不应超过三个月，且在该期间内强度数据的总批数不得少于 15。

当混凝土的生产条件不满足上述规定时，或在前一个检验期内的同一品种混凝土没有足够的数据来确定检验批混凝土立方体抗压强度的标准差时，应由不少于 10 组的试件代表一个检验批，其强度应同时满足式（3-10）、式（3-11）的要求：

$$m_{fcu} - \lambda_1 S_{fcu} \geqslant 0.9 f_{cu,k} \tag{3-10}$$

$$f_{cu,min} \geqslant \lambda_2 f_{cu,k} \tag{3-11}$$

式中　　S_{fcu}——同一检验批混凝土立方体抗压强度的标准差（N/mm²）；按式（3-12）计算：

$$S_{fcu} = \sqrt{\frac{\Sigma f_{cu,i} - nm_{fcu}}{n-1}} \tag{3-12}$$

　　　　$f_{cu,i}$——第 i 组混凝土立方体抗压强度值；

　　　　n——一个检验批混凝土的组数；

　　　　　　当 S_{fcu} 的计算值小于 $0.06 f_{cu,k}$ 时，取 $S_{fcu} = 0.06 f_{cu,k}$；

　　　　λ_1、λ_2——合格判定系数，按表 3-13 取值：

试件细数	10～14	15～24	≥25
λ_1	1.70	1.65	1.60
λ_2	0.90	0.85	

由于施工质量不良、管理不善，试件与结构中混凝土质量不一致，或对试件检验结果有怀疑时，可采用从结构或构件中钻取芯样的方法，或采用非破损检验方法，按有关规定对结构或构件混凝土的强度进行推定，作为处理混凝土质量问题的一个重要依据。

5. 混凝土冬期施工

（1）混凝土冬期施工原理

混凝土之所以能凝结、硬化并获得强度，是由于水泥和水进行水化作用的结果。水化作用的速度在一定湿度条件下主要取决于温度，温度愈高，强度增长也愈快，反之则慢。当温度降至0℃以下时，水化作用基本停止，温度再继续降至−2～−4℃，混凝土内的水开始结冰，水结冰后体积增大8％～9％，在混凝土内部产生冰晶应力，使强度很低的水泥石结构内部产生微裂纹，同时减弱了水泥与砂石和钢筋之间的粘结力，从而使混凝土强度降低。

受冻的混凝土在解冻后，其强度虽能继续增长，但已不能达到原设计的强度等级。试验证明，混凝土遭受冻结带来的危险，与遭冻的时间早晚、水灰比等有关，遭冻时间愈足，水灰比愈大，则强度损失愈多，反之则损失少。

经过试验得知，混凝土经过预先养护达到一定强度后再遭冻结，其后期抗压强度损失就会减少。一般把遭冻结其后抗压强度损失在5％以内的预养强度值定为"混凝土受冻临界强度"。

混凝土冬期施工除上述早期冻害之外，还需注意拆模不当带来的冻害。混凝土构件拆模后表面急剧降温，由于内外温差较大会产生较大的温度应力，亦会使表面产生裂纹，在冬期施工中亦应力求避免这种冻害。

为此，"混凝土结构工程施工及验收规范"规定，凡根据当地多年气温资料室外日平均气温连续五天稳定低于＋5℃时，就应采取冬期施工的技术措施进行混凝土施工。因为从混凝土强度增长情况看，新拌混凝土在＋5℃的环境下养护，其强度增长很慢。而且在日平均气温低于＋5℃时，最低气温已低于−1～0℃，混凝土已有可能受冻。

（2）混凝土冬期施工方法的选择

混凝土冬期施工方法分为三类：混凝土养护期间不加热的方法、混凝土养护期间加热的方法和综合方法。混凝土养护期间不加热的方法包括蓄热法、掺化学外加剂法；混凝土养护期间加热的方法包括电极加热法、电器加热法、感应加热法、蒸汽加热法和暖棚法；综合方法即把上述两类方法综合应用，如目前最常用的综合蓄热法，即在蓄热法基础上掺加外加剂（低温早强剂或防冻剂）或进行短时加热等综合措施。

选择混凝土冬期施工方法，要考虑自然气温、结构类型和特点、原材料、工期限制、能源情况和经济指标。对工期不紧和无特殊限制的工程，从节约能源和降低冬期施工费用考虑，应优先选用养护期间不加热的施工方法或综合方法；在有工期限制、施工条件又允许时才考虑选用混凝土养护期间的加热的方法。一般要经过技术经济比较才能确定。一个理想的冬期施工方案，应当是杜绝混凝土早期受冻的前提下，用最低的冬期施工费用，在最短的施工期限内，获得优良的施工质量。

3.4 大体积混凝土温度监测和控制

高层建筑的基础大多是由体积较大的钢筋混凝土底板、墙体、深梁、桩或承台构成，这些部位结构厚实，混凝土用量大，工程条件复杂，施工技术要求高。浇筑混凝土后结构会产生温度和收缩变形而导致出现裂缝，这些裂缝不仅会影响到建筑物的美观，而且会影响建筑物的使用功能，如高层建筑地下室外墙的裂缝渗水问题。近年来，随着城市建设的发展，地下工程日益增多，在地下室工程施工中，外墙裂缝是一个较为普遍的质量问题，已引起工程界的重视。因此，在大体积混凝土基础工程的施工中，除了保证一般混凝土的施工要求外，还应该考虑对混凝土裂缝的防治。

3.4.1 大体积混凝土的温度裂缝

大体积混凝土由于截面大、水泥用量大，水泥水化释放的水化热会产生较大的温度变化，由此形成的温度应力是导致产生裂缝的主要原因。

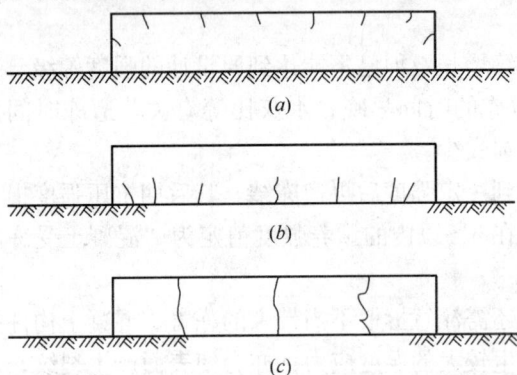

图 3-50 温度裂缝
(a) 表面裂缝；(b) 深层裂缝；(c) 贯穿裂缝

1. 裂缝种类

大体积混凝土内出现的温度裂缝，按其深度一般可分为表面裂缝、深层裂缝和贯穿裂缝三种，如图 3-50 所示。贯穿裂缝切断了结构断面，可能破坏结构整体性、耐久性和防水性，影响正常使用，危害严重；深层裂缝部分切断了结构断面，也有一定危害性；表面裂缝虽然不属于结构性裂缝，但在混凝土收缩时，由于表面裂缝处断面削弱且易产生应力集中，故能促使裂缝进一步发展。

混凝土浇筑初期，水泥水化产生大量的水化热，使混凝土的温度很快上升，但由于混凝土表面散热条件较好，热量可向大气中散发，因而温度上升较少；而混凝土内部由于散热条件较差，热量散发少，因而温度上升较多，内外形成温度梯度，从而形成内约束。结果是混凝土内部产生压应力，面层产生拉应力，当该应力超过混凝土的抗拉强度时，混凝土表面就产生裂缝。

混凝土浇筑后数日，水泥水化热基本上已释放，混凝土从最高温逐渐降温，降温的结果引起混凝土收缩；再加上由于混凝土中多余的水分蒸发等引起的体积收缩变形，受到地基和结构边界条件的约束（外约束）而不能自由变形，导致产生温度应力（拉应力），当该温度应力超过龄期下混凝土的抗拉强度时，则从约束面开始向上开裂形成收缩裂缝。如果该温度应力足够大，严重时可能产生贯穿裂缝。

一般来说，由于温度收缩应力引起的初始裂缝不影响结构物的承载能力（瞬时强度），而仅对耐久性和防水性产生影响。对不影响结构承载力的裂缝，为防止钢筋腐蚀、混凝土碳化、防水防渗等，应对裂缝加以封闭或补强处理。对于地下或半地下结构来说，混凝土的裂缝主要影响其防水性能，一般当裂缝宽度在 0.1～0.2mm 时，虽然早期有轻微渗水，但经过一段时间后，裂缝可以自愈；如超过 0.2～0.3mm，则渗水量按裂缝宽度的 3 次方比例增加，须进行化学注浆处理。所以，在地下工程中，应尽量避免超过 0.3mm 且贯穿全断面的裂缝。

2. 裂缝产生的原因

大体积混凝土施工阶段产生的温度裂缝，是其内部矛盾发展的结果，一方面是混凝土内外温差产生应力和应变，另一方面是结构的外约束和混凝土各质点间的内约束阻止这种应变，一旦温度应力超过混凝土所能承受的抗拉强度，就会产生裂缝。

(1) 水泥水化热

水泥的水化热是大体积混凝土内部热量的主要来源，由于大体积混凝土截面厚度大，水化热聚集在混凝土内部不易散失。水泥水化热引起的绝热温升与混凝土单位体积中水泥用量与水泥品种有关，并随混凝土的龄期按指数关系增长，一般在 10～12d 达到最终绝热温升，但由于结构自然散热，实际上混凝土内部的最高温度大多发生在混凝土浇筑后 3～5d。

浇筑初期，混凝土的强度和弹性模量都很低，对水化热引起的急剧温升约束不大，因此相应的温度应力也较小。随着混凝土龄期的增长，弹性模量的增高，对混凝土内部降温收缩的约束也就愈来愈大，以至产生很大的温度应力，当混凝土的抗拉强度不足以抵抗温度应力时，便开始出现温度裂缝。

(2) 外界气温变化

大体积混凝土结构施工期间，外界气温的变化情况对防止大体积混凝土开裂有重大影响。外界气温越高，混凝土的浇筑温度也越高，如果外界温度下降，则会增加混凝土的降温幅度，特别是在外界温度骤降时，会增加外层混凝土与内部混凝土的温差，这对大体积混凝土极为不利。

混凝土的内部温度是由外界温度、浇筑温度、水化热引起的绝热温升和结构散热降温等各种温度的叠加，而温度应力则是温差所引起的温度变形造成的，温差越大，温度应力也越大；同时由于大体积混凝土不易散热，混凝土内部有时高达 80℃ 以上，且延续时间较长，因此，应研究合理的温度控制措施，以防止大体积混凝土内外温差引起的过大温度应力。

(3) 约束条件

结构在变形时会受到一定的抑制而阻碍其自由变形，该抑制即称"约束"，大体积混凝土由于温度变化产生变形，这种变形受到约束才产生应力。在全约束条件下，混凝土结构的变形为：

$$\varepsilon = \Delta T \cdot \alpha \tag{3-13}$$

式中 ε——混凝土收缩时的相对变形；

ΔT——混凝土的温差；

α——混凝土的温度膨胀系数。

当 ε 超过混凝土的极限拉伸值时，结构便出现裂缝。由于结构不可能受到全约束，而且混凝土还受到徐变变形，所以温差在 25℃ 甚至 30℃ 情况下混凝土亦可能不开裂。无约束就不会产生应力，因此，改善约束对于防止混凝土开裂有重要意义。

（4）混凝土收缩变形

混凝土的拌合水中，只有约 20％的水分是水泥水化所必需的，其余 80％的水都是要被蒸发的。混凝土在水泥水化过程中会产生体积变形，其中多数是收缩变形，少数是膨胀变形，取决于所采用的胶凝材料的性质。混凝土中多余水分的蒸发是引起混凝土体积收缩的主要原因之一，这种干燥收缩变形不受约束条件的影响，若存在约束，即产生收缩应力。

在大体积混凝土温度裂缝的计算中，可将混凝土的收缩值换算成相当于引起同样温度变形所需要的温度值，即"收缩当量温差"，以便按照温差计算混凝土的应力。

3.4.2 大体积混凝土裂缝的控制

对于大体积混凝土结构，为防止其在施工中产生温度裂缝，应着重从混凝土的材质、施工中的养护、环境条件和结构设计上进行控制，从而保证减少混凝土温升、延缓混凝土降温速率、减小混凝土的收缩、提高混凝土的极限拉伸值、改善约束和构造设计，以达到控制裂缝的目的。

1. 混凝土材料

（1）选择水泥品种

混凝土温升的热源是水泥水化热，故选用中低热的水泥品种，可减少水化热，使混凝土减少升温。例如，优先选用强度等级为 32.5 级和强度等级为 42.5 级的矿渣硅酸盐水泥，因同强度等级的矿渣水泥和普通硅酸盐水泥相比，3d 的水化热可减少 28％。

在结构施工过程中，由于结构设计的硬性规定极大地制约了材料的选择，混凝土强度不可能因为考虑到施工工作性能的优劣而有所增减，因此，在保证混凝土强度的前提下，如何尽可能地减小水化热这个问题就显得尤其重要。例如，在某项对地下室墙体大体积混凝土调查的 22 项工程中，选用矿渣硅酸盐水泥的工程共有 5 项（表 3-14），均无出现严重裂缝，其中 4 号、5 号工程的外墙厚度较大（400mm），墙体延长米也较长（184m、215m），但由于选用矿渣水泥降低了水化热，故取得了一定的效果。

部分地下室外墙（选用矿渣硅酸盐水泥）裂缝情况一览表　　　　　表 3-14

序号	墙厚（mm）	墙长（mm）	混凝土等级	水泥品种及强度等级	水泥用量（kg/m³）	裂缝情况
1	220	84	C30S8	强度等级为 42.5 级的矿渣硅酸盐	385	无
2	300	84	C30S6	强度等级为 42.5 级的矿渣硅酸盐	385	无
3	350	125	C30S6	强度等级为 42.5 级的矿渣硅酸盐	401	少量
4	400	184	C30S6	强度等级为 42.5 级的矿渣硅酸盐	384	少量
5	400	215	C30S6	强度等级为 42.5 级的矿渣硅酸盐	390	少量

（2）减少水泥用量

由于水泥水化热而导致的温度应力是地下室墙板产生裂缝的主要原因，且混凝土的强度、抗渗等级越高，结构产生裂缝的概率也越高。在地下室外墙施工中，除了在保证设计要求的条件下尽量降低混凝土的强度等级以减少水化热外，还应该充分利用混凝土的后期强度。实验数据表明，每立方米的混凝土水泥用量每增（减）10kg，水泥水化热使混凝土的温度相对升（降）达 10℃。

高层建筑的施工工期一般都很长，基础结构承受的设计荷载要在较长的时间后才被施加在其上，所以只要能保证混凝土的强度在 28d 后继续增长，并在预计的时间内达到或超过设计强度即可。根据结构实际承受荷载的情况，对结构的刚度和强度进行复算，并取得设计和质检部门的认可后，可采用 f_{45}、f_{60} 或 f_{90} 替代 f_{28} 作为混凝土的设计强度，这样可使每立方米混凝土的水泥用量减少 $40 \sim 70 kg/m^3$，混凝土的水化热温升相应减少 $4 \sim 7℃$。

（3）选择外加剂

现代化施工中，泵送商品混凝土是一种必不可少的材料，其对原材料的供应有很高的技术要求，但是，由于混凝土搅拌的生产环境比较差，混凝土通常处于高温、高湿、高粉尘、高振动的条件下，因此，必须确保设备的稳定运行和精确度，才能保证有高质量的混凝土。由于泵送商品混凝土的大流动性与抗裂性的要求有一定矛盾，所以在选择泵送商品混凝土时，应在满足最小坍落度的条件下尽可能地降低水灰比。泵送商品混凝土由于有流动性与和易性的要求，使混凝土的坍落度增加，水灰比增大，水泥强度等级提高，水泥用量、用水量、砂率均增加，骨料粒径减小，外加剂增加，导致混凝土的收缩及水化热作用都比以往大量增加。混凝土中水泥用量及强度等级的提高可以明显地增加强度，但需要指出的是，混凝土的抗拉强度、抗剪强度和粘结强度虽然均随抗压强度的增加而增加，但它们与抗压强度的比值却随强度的提高而变得愈来愈小，因此，在裂缝控制中，决定混凝土抗力的抗拉强度（即极限拉伸）的提高不足以弥补增大的水化热所带来的负面影响。为了解决泵送混凝土的这些问题，合理地选择外加剂就显得十分重要了。

1）减水剂

木质素磺酸钙（简称木钙）属于阴离子表面活性剂，对水泥颗粒有明显的分散效应，并能使水的表面张力降低而引起加气作用，因此，在混凝土中掺入水泥用量约 0.25% 的木钙减水剂，不仅能使混凝土的和易性有明显的改善，同时又减少了 10% 左右的拌合水，节约了 10% 左右的水泥，从而降低了水化热。

2）粉煤灰

粉煤灰是泵送混凝土的重要组成部分，它能有效地提高混凝土的抗渗性能，显著改善混凝土拌料的工作性能，并具有减水作用。由于粉煤灰的火山灰活性效应及微珠效应，使具有优良性质的粉煤灰（不低于二级）在一定掺入量下（水泥质量的 15%～20%）的强度还会有所增加，包括早期强度；同时，粉煤灰的掺入可以使混凝土密实度增加，收缩变形有所减少，泌水量下降，坍落度损失减小。通过预配试验，可取得降低水灰比、减少水泥浆用量、提高混凝土可泵性等良好的效果，特别是可以明显地延缓水化热峰值的出现，降低温度峰值，并能改善混凝土的后期强度。

3）膨胀剂

普通硅酸盐水泥配置的砂浆或混凝土在干燥时会产生收缩，砂浆的收缩率为 0.1%～0.2%，混凝土的收缩率为 0.04%～0.06%，而一般混凝土的极限拉伸仅为 0.01%～0.02%，其结果导致混凝土开裂，从而破坏了结构的整体性，降低了抗渗性能。因此，在混凝土中适当地掺入膨胀剂（AEA：矾土水泥、天然明矾石、硬石膏；UEA：烧结明矾石、天然明矾石、硬石膏等）置换相同质量的水泥，使其吸收部分水化热后发生化学反应，在混凝土中产生 0.2～0.7MPa 的膨胀自应力，从而使混凝土处于受压状态，抵消由于干缩而产生的拉应力，避免裂缝的发生和发展，同时大大提高了混凝土的抗渗性能和后期抗压强度，达到混凝土结构本身抗裂防水的目的。在施工中，合理使用补偿收缩混凝土，在结构自防水的同时可以实行无缝设计、无缝施工，对节约成本、缩短工期有一定的现实意义。

另一方面，由于膨胀剂 AEA、UEA 在混凝土中形成膨胀物钙矾石时需吸收大量的水，在商品泵送混凝土中，掺入膨胀剂会增加混凝土坍落度的损失，影响混凝土的泵送施工，因此，在使用时须考虑膨胀剂与泵送剂的双掺。

(4) 选择粗、细骨料

1) 含泥量

砂石的含泥量对于混凝土的抗拉强度与收缩都有很大的影响，在某些控制不是很严格的情况下，在浇捣混凝土的过程中会发现有泥块，这会降低混凝土的抗拉强度，引起结构严重开裂，因此应严格控制。

2) 骨料粒径

在施工中，增大粗骨料的粒径可减少用水量，并使混凝土的收缩和泌水量减小，同时也相应地减少水泥的用量，从而减少了水泥的水化热，最终降低混凝土的温升，因此，粗骨料的最大粒径应尽可能的大一些，以便在发挥水泥有效作用的同时达到减少收缩的目的。对于地下室外墙大体积混凝土，粗骨料的规格往往与结构的配筋间距、模板形状以及混凝土浇筑工艺等因素有关。一般情况下，连续级配的粗骨料配置的混凝土具有较好的和易性、较少的用水量和水泥用量、较高的抗压强度，应优先选用。

3) 砂率和细度模数

在配合比中，砂率过高意味着细骨料多，粗骨料少，这对抗裂不利。由于泵送混凝土的输送管道除直管外，还有锥形管、弯管和软管等，当混凝土通过锥形管和弯管时，混凝土颗粒间的相对位置就会发生变化，此时若混凝土的砂浆量不足，就会产生堵管现象，因此，在混凝土的级配中，应当在满足可泵性的条件下尽可能地降低砂率。在选择细骨料时，应以中、粗砂为宜，根据有关试验资料表明，当采用细度模数为 2.79、平均粒径为 0.38 的中、粗砂比采用细度模数为 2.12、平均粒径为 0.336 的细砂，每立方米混凝土可减少用水量 20~25kg，水泥用量可相应减少 28~35kg，这样就降低了混凝土的温升和混凝土的收缩。

2. 外部环境

(1) 混凝土浇筑与振捣

对于地下室墙体结构的大体积混凝土浇筑，除了一般的施工工艺以外，应采取一些技术措施，以减少混凝土的收缩，提高极限拉伸，这对墙体防止产生温度裂缝很有作用。

改进混凝土的搅拌工艺对改善混凝土的配合比、减少水化热、提高极限拉伸有着重要的意义。传统的混凝土搅拌工艺在混凝土搅拌过程中水分直接润湿石子表面，并在混凝土成型和静置的过程中，自由水进一步向石子与水泥砂浆界面集中，形成石子表面的水膜层；在混凝土硬化以后，由于水膜层的存在而使界面过渡层疏松多孔，削弱了石子与硬化水泥砂浆之间的粘结，形成了混凝土最薄弱的环节，从而对混凝土的抗压强度和其他物理力学性能产生不良的影响。为了进一步提高混凝土质量，采用二次投料的砂浆裹石或净浆裹石搅拌新工艺，可有效地防止水分向石子与水泥砂浆的界面集中，使硬化后界面过渡层的结构致密，粘结加强，从而使混凝土的强度提高 10％ 左右，也提高了混凝土的抗拉强度和极限拉伸值；当混凝土的强度基本相同时，可减少 7％ 左右的水泥用量。

另外，对浇筑后的混凝土进行二次振捣，能排除混凝土因泌水而在粗骨料、水平钢筋下部生成的水分和空隙，提高混凝土与钢筋的握裹力，防止因混凝土沉落而出现的裂缝，减小内部微裂，增加混凝土密实度，使混凝土的抗压强度提高 10％～20％，从而提高抗裂性。

混凝土二次振捣的恰当时间是指混凝土经振捣后还能恢复到塑性状态的时间，一般称为振动界限，在实际工程中应由试验确定。由于采用二次振捣的最佳时间与水泥的品种、水灰比、坍落度、气温和振捣条件等有关，同时，在确定二次振捣时间时，既要考虑技术上的合理，又要满足分层浇筑、循环周期的安排，在操作时间上要留有余地，避免由于这些失误而造成"冷接头"等质量问题。

（2）混凝土浇筑温度

混凝土从搅拌机出料后，经过运输、泵送、浇筑、振捣等工序后的温度称为混凝土的浇筑温度。由于浇筑温度过高会引起较大的干缩，因此应适当地限制混凝土的浇筑温度，一般情况下，建议混凝土的最高浇筑温度应控制在 40℃ 以下。

（3）混凝土出机温度

为了降低大体积混凝土总温升和减小结构的内外温差，控制出机温度是很重要的。在混凝土的原材料中，石子的比热较小，但其在每立方米混凝土中所占的质量较大。水的比热最大，但它在混凝土中占的质量却最小。因此，对混凝土的出机温度影响最大的是石子和水的温度，砂的温度次之，水泥的温度影响最小。针对以上的情况，在施工中，为了降低混凝土的出机温度，应采取有效的方法降低石子的温度。在气温较高时，为了防止太阳的直接照射，可在砂、石子堆场搭设简易遮阳装置，必要时，须向骨料喷射水雾或使用前用冷水冲洗骨料。

（4）混凝土养护

地下室外墙浇筑以后，为了减少升温阶段的内外温差，防止因混凝土表面脱水而产生干缩裂缝，应对混凝土进行适当的潮湿养护；为了使水泥顺利进行水化，提高混凝土的极限拉伸和延缓混凝土的水化热降温速度，防止产生过大的温度应力和温度裂缝，应加强对混凝土进行保湿和保温养护。另外，施工中采取合理的技术措施很重要，例如采用带模养护、推迟拆模时间等方法都对防止裂缝产生有很大的作用。

潮湿养护是在混凝土浇筑后，在其表面不断地补给水分，其方法有淋水，铺设湿砂层、湿麻袋或草袋等，并最好在表面盖一层塑料薄膜。潮湿养护的时间是越长越好，但考虑到工期因素，一般不少于半个月，重要结构不少于 1 个月。混凝土浇筑后数月内，即使养护完毕，也不宜长期直接暴露在风吹日晒的条件下。对于地下室墙体这一类的结构，也可采用自动喷淋管（塑料管带有细孔）进行自动给水养护，用长墙上的水平淋水管长期连续对墙体进行淋水养护，效果是比较好的。如使用养护剂涂层进行养护时，必须注意养护剂的质量及必要的涂层厚度，同时还应提供一定的潮湿养护条件，覆盖一层塑料薄膜。

保温养护时，可采用 2～3 层的草袋或草垫之类的保温材料进行覆盖养护。

（5）防风和回填

外部气候也是影响混凝土裂缝发生和开展的因素之一，其中，风速对混凝土的水分蒸发有直接的影响，不可忽视，地下室外墙混凝土应尽量封闭门窗，减少对流。

土是最佳的养护介质，地下室外墙混凝土施工完毕后，在条件允许的情况下应尽快回填。

3. 约束条件

（1）后浇带

后浇带是在现浇钢筋混凝土结构中、在施工期间留设的临时性的温度和收缩变形缝，该缝根据工程安排保留一定时间，然后用混凝土填筑密实成为整体的无伸缩缝结构。

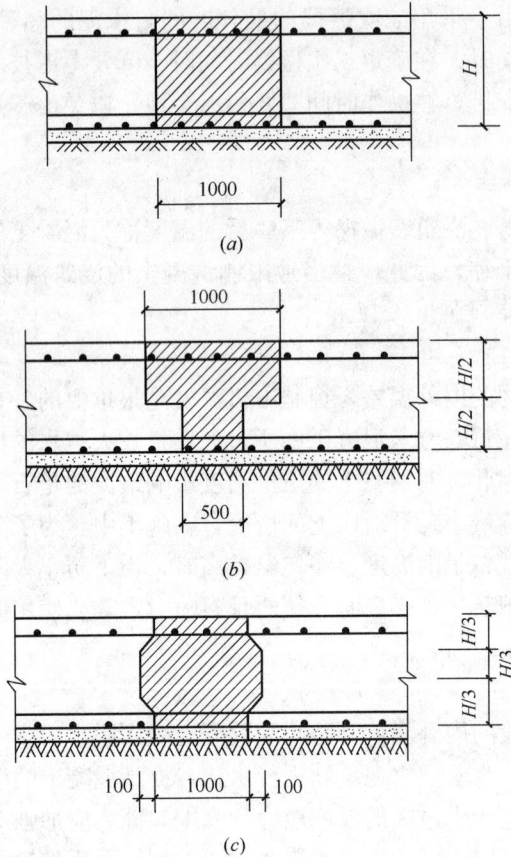

图 3-51 后浇带构造
（a）平接式；（b）T字式；（c）企口式

后浇带的间距由最大整浇长度的计算确定，一般正常情况下其间距为 20～30m。用后浇带分段施工时，其计算是将降温温差和收缩分为两部分，在第一部分内结构被分成若干段，使之能有效地减小温度和收缩应力；在施工后期再将这若干段浇筑成整体，继续承受第二部分降温温差和收缩的影响。这两部分降温温差和收缩作用下产生的温度应力叠加，其值应小于混凝土的设计抗拉强度，此即是利用后浇带控制产生裂缝并达到不设永久性伸缩缝的原理。

后浇带的构造有平接式、T字式、企口式三种，如图 3-51 所示。后浇带的宽度应考虑施工方便，避免应力集中，其宽度可取 700～1000mm。当地上、地下都为现浇钢筋混凝土结构时，在设计中应标明后浇带的位置，并应贯通地上和地下整个结构，但钢筋不应截断。

后浇带的保留时间一般不宜少于40d，在此期间，早期温差及30%以上的收缩已经完成。在填筑混凝土之前，必须将整个混凝土表面的原浆凿清形成毛面，清除垃圾及杂物，并隔夜浇水浸润。填筑的混凝土可采用浇筑混凝土、膨胀混凝土或无收缩水泥，要求混凝土强度等级比原结构提高 5～10N/mm²，并保持不少于 15d 的潮湿养护。

（2）应力释放带

正常情况下后浇带的间距为 20～30m，但在许多实际工程中，由于设计、施工条件的制约，后浇带的间距往往超过这个范围。例如，在浇筑地下室外墙时，当地下室外墙很长或是环状全封闭结构时，其水平方向的约束应力相当大，若无处释放，就极容易产生竖向裂缝，因此在这类地下室外墙板上合理布置应力释放带，有目的地给予诱导释放，可以有效地减少或防止竖向裂缝的发生。

工程一：该工程 1 标段地下室外墙总长达 480m，原设计设置两条后浇带（单片墙长

170

为 70m 左右）。在现场施工中，为防止发生外墙竖向裂缝，经研究在敏感部位增设两条应力释放带。至结构施工完毕，由观测结果可知，1 标段地下室外墙只发现 6 条细微裂缝。同样一个工地，未采取措施但条件相仿的 2 标段出现裂缝 65 条。

工程二：原地下室外墙总长 210m，设计要求在主楼与墙裙之间设置一条宽 800mm 的后浇带。在施工中，为防止外墙裂缝，设置了若干条宽 800mm 的应力释放带，间距 20m 左右，经观测该工程地下室外墙未发现裂缝。

通过工程实例的分析可以看出，无论是设置后浇带还是设置应力释放带，施工中只要整体浇筑的墙体长度在计算所确定的范围内，裂缝就可以得到有效的控制。

（3）构造设计

地下室墙体在结构设计时应注意构造配筋的重要性，它对结构抗裂性能的影响很大，但目前国内外对此都不够重视。对连续板不宜采用分离式配筋，应采用上下两层的连续配筋；对转角处的楼板宜配上下两层放射筋，其直径为 8～14mm，间距约为 200mm，同时应尽可能采用小直径、小间距。在孔洞周围、变截面转角处，由于温度变化和混凝土收缩会产生应力集中而导致裂缝，因此，可在孔洞四周增配斜向钢筋、钢筋网片；在变截面处做局部处理，使截面逐步过渡，同时增配抗裂钢筋，防止裂缝。

上海浦东国际机场登机廊超长混凝土大梁总长 1374m，每个施工段长 72m；它的结构断面尺寸为底宽 2.7m，内侧高 2.32m，外侧高 1.403m。在施工过程中，为了控制裂缝，除了采取设置后浇带、改进混凝土级配、合理掺入外加剂、冷却循环水等措施以外，还注重了增加抗裂构造钢筋的设置，即沿梁口两侧增设了一定数量的 $\phi12$ 的抗裂钢筋绑扎在箍筋内，箍筋外再增设 $\phi4@100$ 的抗裂筋，以抵抗收缩裂缝的产生。施工结束，在混凝土拆模后，仅在沟槽发现少量裂缝（宽度小于 0.1mm），并未影响清水混凝土的外观质量，达到设计要求。

（4）滑动层

由于边界条件在约束下才会产生温度应力，因此，在与外约束的接触面上设置滑动层可以大大减弱外约束。可在外约束两端各 1/5～1/4 的范围内设置滑动层；对约束较强的接触面，可在接触面上直接设滑动层。滑动层的做法有铺设一层刷有两道热沥青的油毡，或铺设 10～20mm 厚的沥青砂，或铺设 50mm 厚的砂或石屑层。

（5）缓冲层

在高、低底板交接处和底板地梁等处，用 30～50mm 厚的聚苯乙烯泡沫塑料作垂直隔离层（图 3-52），以缓冲基础收缩时的侧向压力。

4. 预应力技术

随着社会的飞速发展，楼是越造越高、基础是越挖越深。在裂缝的控制过程中，混凝土的材料是最关键的因素，它决定着水化热的大小。但是，由于强

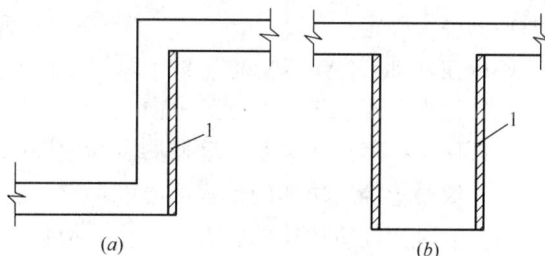

图 3-52　缓冲层示意图
（a）高、低底板交接处；（b）底板地梁处
1—聚苯乙烯泡沫塑料

度的要求往往无法更改，C40、C50 甚至更高强度等级的混凝土还是经常会出现在工程中，因此，对混凝土材料的精选只能保证尽量降低水化热，而无法从根本上防止裂缝的出

现。泵送商品混凝土的广泛应用，是现代化施工的象征，但它的大流动性等特性与混凝土的抗裂性有着一定的矛盾。外加剂的应用虽然可以在保持一定优良工作性能的同时降低水化热，但往往是改善了一方面又影响了另一方面，也无法从根本上解决问题。

基础的特点决定着它会受到较大的约束，尽管在施工过程中所采用的后浇带或应力释放带处理是一种有效的方法，但是也带来了施工的另一些困难。比如，后浇带本身的处理比较复杂，如果措施不当，就很可能会成为渗漏水的突破口；后浇带或应力释放带的有效设置间距比较小（20～30m），在一些长墙施工中，过多的设置会影响工期等等。

时尚要求当今的建筑设计、结构设计更趋向于个性化、人文化，这也在客观上给施工增加了难度。大量的曲线、弧线的应用和不规则角度的出现使建筑物充满了生气，但却给混凝土的养护带来了麻烦，使养护工作只能在条件允许的情况下尽力而为。

鉴于以上这些情况，主动采取措施控制裂缝是施工中对裂缝控制的有效途径之一。例如，可采用预应力钢筋对超长地下室外墙、弧线、环线形地下室外墙施工中的裂缝进行控制。

3.4.3 工程监测

在大体积混凝土施工过程中，温控施工的现场监测是非常重要的。在大体积混凝土的温控施工中，除应进行水泥水化热的测试外，在混凝土浇筑过程中应进行混凝土浇筑温度的监测，在养护过程中应进行混凝土浇筑块体升降温、里外温差、降温速度及环境温度等的监测。温控监测的方法有很多，应根据工程实际情况来进行选择，并利用计算机辅助处理数据。这些监测工作给施工管理人员及时提供信息，反映大体积混凝土浇筑块体内温度变化的实际情况，以便及时采取有效、合理的施工技术措施，为作出准确的决策而提供科学的依据。

1. 测点布置

大体积混凝土浇筑块体温度监测点的布置，以真实地反映出混凝土块体的里外温差、降温速度及环境温度为原则，一般可按下列方式考虑：

（1）温度测点的布置范围以所选择的混凝土浇筑块体平面图对称轴线的半条轴线为测温区（对长方体可取较短的对称轴线），在测温区内，温度测点呈平面布置；

（2）在测温区内，温度监测的位置和数量可根据混凝土浇筑块体内温度场的分布情况及温控的要求确定；

（3）在基础平面半条对称轴线上，温度监测点的点位应不少于 4 个；

（4）在沿混凝土浇筑厚度的方向上，每一个点位的监测数量应不少于 5 个；

（5）保温、养护效果及环境监测点的数量应根据具体情况需要确定；

（6）混凝土浇筑块体的外表面温度，应以混凝土外表以内 50mm 处的温度为准；

（7）混凝土浇筑块体的底表面温度，应以混凝土浇筑块体底表面以上 50mm 处的温度为准。

2. 测温仪器

（1）XMDU64 系列数字巡检仪

XMDU64 系列数字巡检仪是将工业过程中最常见的需要进行监控的温度、压力、流量等过程参数集中在一起进行显示，并根据需要进行报警、打印。土木工程大体积混凝土的测温常采用该巡检仪，它可实现最多 64 路信号的监测。在大体积混凝土内布置测点与巡检仪相连接，并在巡检仪上设定报警值，便于监测。图 3-53 为巡检仪与测点的连接位置，图 3-54 为巡检仪的面板。

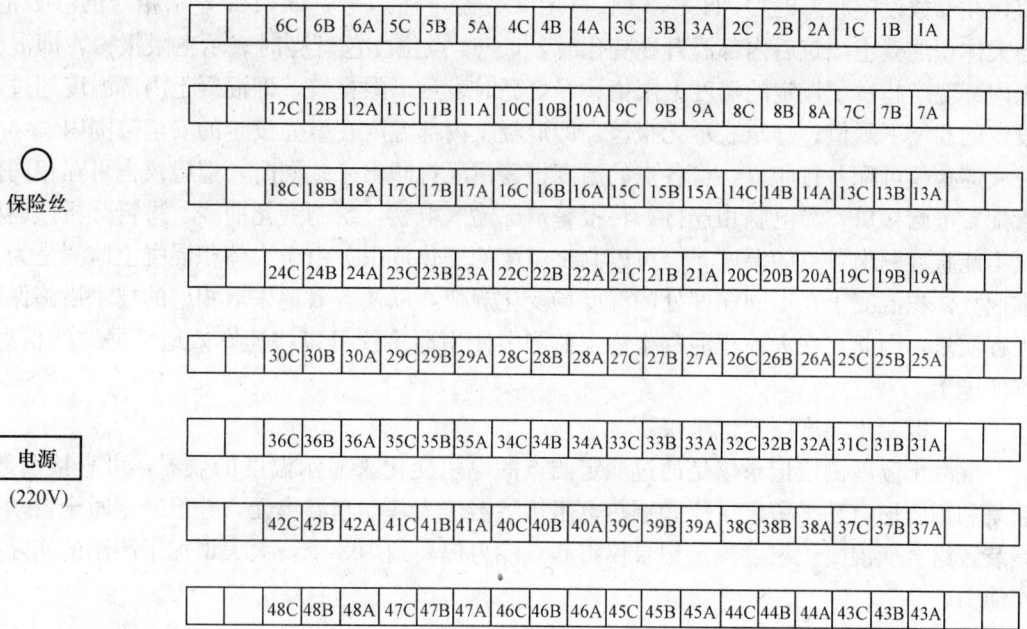

		6C	6B	6A	5C	5B	5A	4C	4B	4A	3C	3B	3A	2C	2B	2A	1C	1B	1A		

		12C	12B	12A	11C	11B	11A	10C	10B	10A	9C	9B	9A	8C	8B	8A	7C	7B	7A		

保险丝 ○

		18C	18B	18A	17C	17B	17A	16C	16B	16A	15C	15B	15A	14C	14B	14A	13C	13B	13A		

		24C	24B	24A	23C	23B	23A	22C	22B	22A	21C	21B	21A	20C	20B	20A	19C	19B	19A		

		30C	30B	30A	29C	29B	29A	28C	28B	28A	27C	27B	27A	26C	26B	26A	25C	25B	25A		

电源
(220V)

		36C	36B	36A	35C	35B	35A	34C	34B	34A	33C	33B	33A	32C	32B	32A	31C	31B	31A		

		42C	42B	42A	41C	41B	41A	40C	40B	40A	39C	39B	39A	38C	38B	38A	37C	37B	37A		

		48C	48B	48A	47C	47B	47A	46C	46B	46A	45C	45B	45A	44C	44B	44A	43C	43B	43A		

图 3-53　巡检仪与测点的连接位置

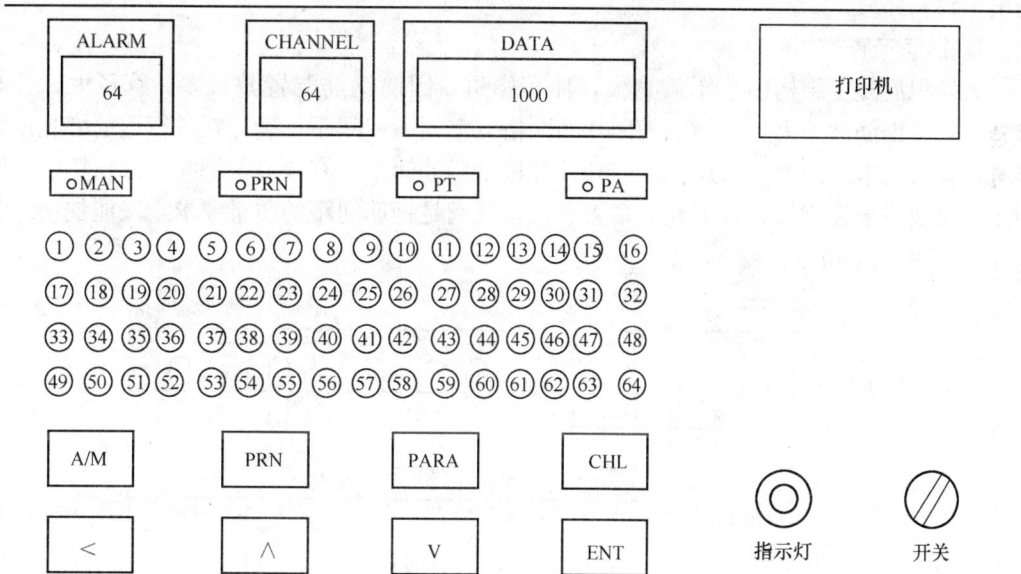

ALARM	CHANNEL	DATA	打印机
64	64	1000	

○MAN　　○PRN　　○PT　　○PA

① ② ③ ④ ⑤ ⑥ ⑦ ⑧ ⑨ ⑩ ⑪ ⑫ ⑬ ⑭ ⑮ ⑯
⑰ ⑱ ⑲ ⑳ ㉑ ㉒ ㉓ ㉔ ㉕ ㉖ 27 28 29 30 31 32
33 34 35 36 37 38 39 40 41 42 43 44 45 46 47 48
49 50 51 52 53 54 55 56 57 58 59 60 61 62 63 64

A/M	PRN	PARA	CHL		
<	∧	V	ENT	指示灯 ◎	开关 ⊘

XMDU64

图 3-54　巡检仪面板结构

　　MAN 灯亮表示当前为定点检测状态，灯暗表示当前为巡徊检测状态，定点检测是指仪器对一个点位置上的混凝土温度进行测定；巡徊检测则表示仪器从 1 位置到 64 位置逐点测定混凝土内部各位置的温度，并对温度高低按预先设定的报警界限作出报警提示。

在巡徊检测或定点检测时，CHANNEL 显示测量通道号，DATA 显示对应的测量值；在参数设定状态时，CHANNEL 显示参数设定通道号，DATA 显示相应的参数值。当大体积混凝土浇筑后内部温升在变化时，1～64 点位红色灯亮时表示上限报警，即混凝土内部温度超过了设定的温度上限值；绿灯亮时表示下限报警，即混凝土内部温度超过了设定的温度下限值；灯暗表示无报警，即混凝土内部温度在事先设定的安全范围内。

巡检仪可配备打印机，将各点的温度报警情况打印出来；同时，巡检仪也可在相同位置配置电脑接口，与电脑相连接，将报警情况输入电脑，绘制变化曲线，进行分析。巡检仪不能直接测出各点的温度，但可以测出温度的变化范围。由于大体积混凝土监测是为了掌握大体积混凝土在不同深度处的温度场变化规律，以便有效地采取相应的技术措施保证工程质量，因此，在大体积混凝土施工监测中使用巡检仪可以快速有效地掌握这些信息，方便施工。

（2）混凝土温度测定记录仪

混凝土温度测定记录仪是通过测定测点的电阻变化来显示温度的仪器，可直接读数，它是利用图形自动平衡记录仪和铜热电阻传感器作为基本测温单元，并组装定时全自动扩展装置组合。混凝土温度测定记录仪将测点能力提高到 108 个，大大增加了测温的实际操作能力。

3.4.4　大体积混凝土基础施工

大体积混凝土基础结构的施工方法根据基础形式而定，分为钢筋工程、模板工程和混凝土工程三部分。

1. 钢筋工程

大体积混凝土结构由于承载力大，体积厚重，因此钢筋配置数量多、直径大、分布密、上下层钢筋高差大。为使钢筋网片的网格方整划一、间距正确，在进行钢筋绑扎或焊接时，宜采用卡尺限位，卡尺长 4～5m，并根据钢筋间距设有缺口，绑扎时在长钢筋的两端用卡尺缺口卡住钢筋，待绑扎后拿去卡尺，既满足钢筋间距的质量要求，又能加快绑扎速度，如图 3-55 所示。

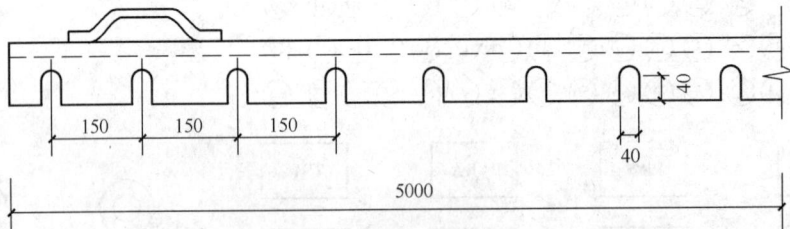

图 3-55　绑扎钢筋用角钢卡尺

基础钢筋的连接，可用气压焊、对接焊、锥螺纹和套筒挤压连接等。在基础施工中，竖向钢筋的连接采用电渣压力焊工艺，粗钢筋要在基坑内底板处边行连接，故多用锥螺纹套管连接或挤压连接。

大体积混凝土结构由于厚度大，多有上、下两层双向钢筋，为保证上层钢筋的标高和位置准确无误，应设立钢筋支架以支撑上层钢筋。钢筋支架由角钢焊制，每隔一定距离

（一般 2m 左右）设置一个，且相互间有一定的拉结，以保持稳定（图 3-56）。支架除了支撑上层钢筋外，亦可支撑操作平台上的施工荷载。

钢筋网片和骨架多在钢筋加工厂成型，运到工地进行安装；工地有时亦设简易钢筋加工成型机械，以便临时补缺。

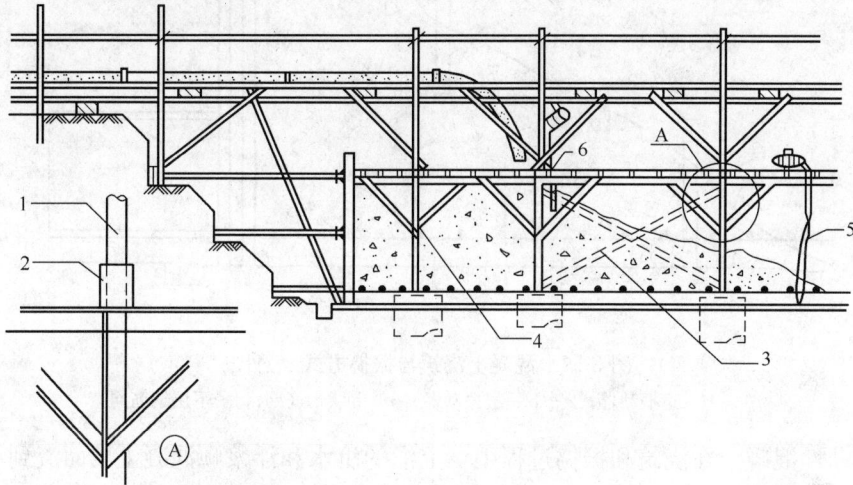

图 3-56　钢筋支架及操作平台
1—ϕ48 脚手管；2—插座管（内径 ϕ50）；3—剪刀撑；4—钢筋支架；5—前道振捣；
6—后道振捣

2. 模板工程

模板是保证工程结构外形和尺寸的关键，而混凝土对模板的侧压力是确定模板尺寸的依据。大体积混凝土采用泵送工艺，其特点是速度快、浇筑面集中，不可能同时将混凝土均匀地分送到浇筑混凝土的各个部位，而是一下子就使某一部分的混凝土升高很大，然后再移动输送管，依次浇筑另一部分的混凝土。因此，采用泵送工艺的大体积混凝土的模板，不能按传统、常规的办法配置，而是应根据实际受力状况，对模板和支撑系统等进行计算，以确保模板体系具有足够的强度和刚度。

3. 混凝土工程

计算好混凝土泵（泵车）和混凝土搅拌运输车的数量，搞好施工组织设计。混凝土泵（泵车）能否顺利泵送，在很大程度上取决于其在平面上的合理布置与施工现场道路的畅通。利用泵车时，宜尽量使其靠近基坑，以扩大布料杆的浇筑半径；混凝土泵（泵车）的受料斗周围宜有能够同时停放两辆混凝土搅拌运输车的场地，这样可轮流向泵或泵车供料，使调换供料时不至于停歇。

如使商品混凝土工厂中的搅拌机、混凝土搅拌运输车和混凝土泵（泵车）相对固定，则可简化指挥调度，提高工作效率。

由于泵送混凝土的流动性大，当基础厚度不很大时，可采用多斜面分层循序推进、一次到顶的方法（图 3-57），这种自然流淌形成斜坡的混凝土浇筑方法，能较好地适应泵送工艺。混凝土的振捣也要适应斜面分层浇筑的工艺，一般在每个斜面层的上、下各布置一道振动器，上面的一道布置在混凝土卸料处，以保证上部混凝土的捣实；下面一道振动器布置在近坡脚处，以确保下部混凝土的密实。随着混凝土浇筑的向前推进，振动器也相应跟上。

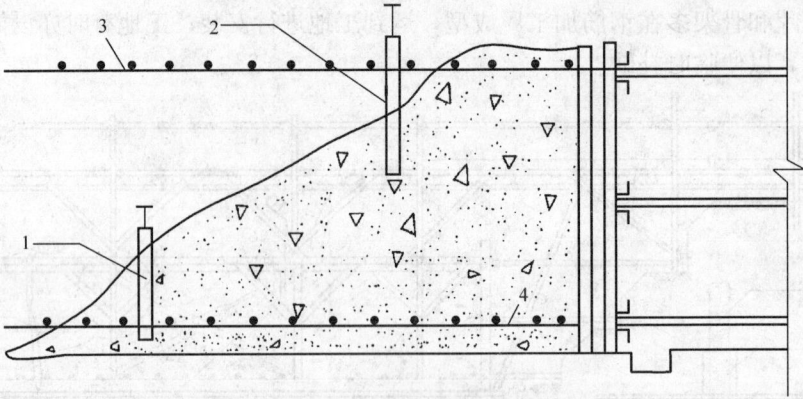

图 3-57 混凝土浇筑与振捣方式示意图
1—上—一道振动器；2—下—一道振动器；3—上层钢筋网；4—下层钢筋网

大流动性混凝土在浇筑和振捣过程中，上涌的泌水和浮浆顺混凝土坡面流到坑底，由于混凝土垫层在施工时已预留一定坡度，因此，可使大部分泌水顺垫层坡度通过侧模底部预留孔排出坑外；少量来不及排除的泌水随着混凝土向前浇筑推进而被赶至基坑顶部，并由模板顶部的预留孔排出。当混凝土大坡面的坡脚接近顶端模板时，应改变混凝土浇筑方向，即从顶端往回浇筑，与原斜坡相交成一个集水坑；另外有意识地加强两侧模板处的混凝土浇筑强度，使集水坑逐步在中间缩小成水潭，然后用软轴泵及时排除，这样就基本上排除了最后阶段的所有泌水。

大体积混凝土（尤其用泵送混凝土）的表面水泥浆较厚，因而在浇筑后应进行处理。一般先初步按设计标高用长刮尺刮平，然后在初凝前用铁滚筒碾压数遍，再用木蟹打磨压实，以闭合收水裂缝，经 12h 左右再用塑料薄膜和草袋覆盖充分，浇水湿润养护。

3.5 预应力混凝土工程施工技术

预应力混凝土是在结构受力之前，对结构构件受拉区的钢筋在弹性范围内进行拉伸，利用钢筋的弹性回缩，对受压区的混凝土预先施加预压应力，以提高结构构件的抗裂性、刚度和耐久性等性能的技术。预应力混凝土，与普通钢筋混凝土比较，具有构件截面小、自重轻、刚度大、抗裂度高、耐久性好、材料省等优点，但预应力混凝土施工时，需要专门的材料与设备、特殊的工艺，单价较高。在大开间、大跨度与重荷载的结构中，采用预应力混凝土结构，可以减少材料用量，扩大使用功能，综合经济效益好，在现代结构中具有广阔的发展前景。

预应力混凝土按施工方式的不同可分为：预制预应力混凝土、现浇预应力混凝土和叠合预应力混凝土等。

预应力混凝土按预应力度的大小可分为：全预应力混凝土和部分预应力混凝土。全预应力混凝土是在全部使用荷载下受拉边缘不允许出现拉应力的预应力混凝土，适用于要求混凝土不开裂的结构。部分预应力混凝土是在全部使用荷载下受拉边缘允许出现一定的拉应力或裂缝的混凝土，其综合性能较好，费用较低，适用面广。

按预加应力的方法不同可分为：先张法预应力混凝土和后张法预应力混凝土。按预应力筋粘结状态又可分为：有粘结预应力混凝土和无粘结预应力混凝土。

在建筑工程中，预应力混凝土结构体系主要有部分预应力混凝土现浇框架结构体系和无粘结预应力混凝土现浇楼板结构体系。在特种构筑物中，预应力混凝土结构也用于电视塔、安全壳、筒仓、储液池等。此外，预应力技术在房屋加固与改造中也得到推广应用。

3.5.1 先张法

先张法是在浇筑混凝土构件之前，张拉预应力筋，并将其临时锚固在台座上或钢模上，然后浇筑混凝土，待混凝土达到一定强度（一般不低于混凝土强度标准值的75%），保证预应力筋与混凝土之间有足够的粘结力时，放松预应力筋。当预应力筋弹性回缩时，借助于混凝土与预应力筋之间的粘结力，使混凝土产生预压应力。图3-58为先张法混凝土构件生产示意图。

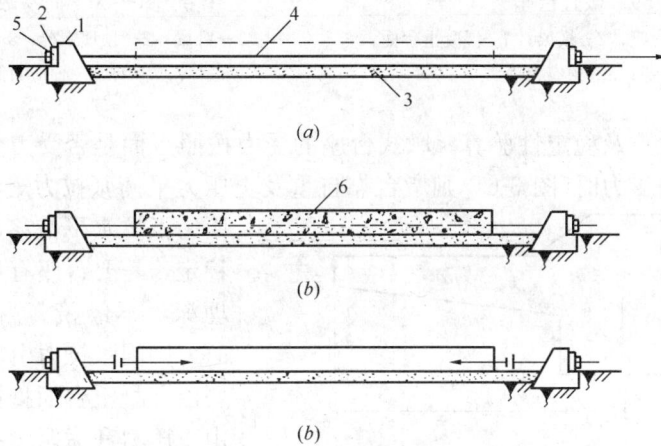

图 3-58　先张法混凝土构件生产示意图
(a) 张拉预应力筋；(b) 浇筑混凝土；(c) 放松预应力筋
1—台座承力墩；2—横梁；3—台面；4—预应力筋；5—夹具；6—构件

先张法工艺根据生产设备的不同又可分为台座法和机组流水法两种工艺。用台座法生产时，预应力筋的张拉、锚固，混凝土构件的浇筑、养护以及预应力放松等工序均在台座上进行。采用台座法生产，设备成本较低，但大多为露天作业，劳动条件较差。机组流水法是用钢模代替台座，预应力筋的张拉力主要是由钢模承受。机组流水法大多用在预制厂生产定型的中小型构件。该方法的机械化程度高，劳动条件好，且厂房占用场地面积小，但一次性投资费用大，耗用钢材多。

先张法大多用于生产中小型预应力构件，如屋面板、楼板、小梁、檩条等。

1. 先张法生产用的台座、夹具及张拉机具

（1）台座

台座是先张法生产工艺的主要设备之一。台座按其构造形式不同分为墩式台座和槽式

台座两大类。

1）墩式台座

墩式台座又称重力式台座，由固定在地面的承力台墩 1、横梁 2、混凝土台面 3 等组成（图 3-59），适用于永久性预制厂制作中小型预应力构件，是目前用得最广泛的一种台座形式。简易墩式台座如图 3-60 所示。

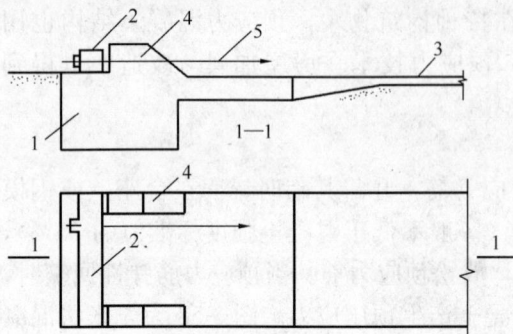

图 3-59　墩式台座
1—钢筋混凝土墩式台座；2—横梁；3—混凝土台面；
4—牛腿；5—预应力筋

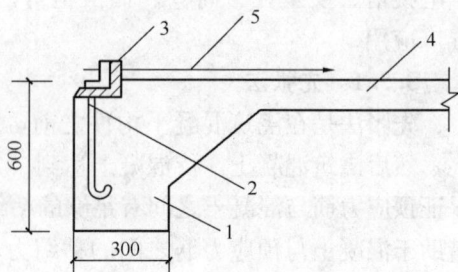

图 3-60　简易墩式台座
1—卧梁；2—预埋螺栓；3—角钢；4—台面；
5—预应力筋

台座的受力特点及稳定性验算。墩式台座的受力按照台面是否受力分为两种情况考虑。当不考虑台面受力时（图 3-61）则墩台靠自重及土压力平衡张拉力矩，靠土压力和摩阻力抵抗水平滑移，为确保台座的稳定，需要台座有足够大的自重和埋深，不经济。当考虑台面受力时，则因张拉力引起的水平滑移主要由混凝土台面抵抗，很少一部分由土压力和摩阻力抵抗，因此，可以减少埋深。由张拉力引起的倾覆

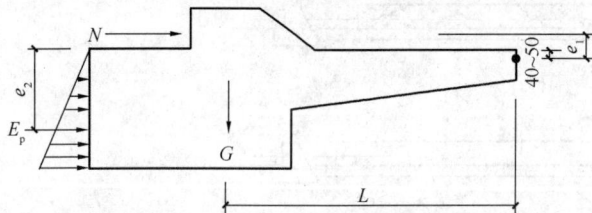

图 3-61　墩式台座的稳定性计算简图

力矩靠台墩的自重对台座与台面上的结合点的力矩来平衡，由于力矩中心的上移引起倾覆力矩的减少，从而也可以减少台墩的自重和埋深。台墩倾覆点的位置，按理论计算倾覆点应在混凝土台面的表面处；但考虑到台墩的倾覆趋势使得台面端部顶点出现局部应力集中和混凝土面抹面层的施工质量问题，因此倾覆点的位置宜取在混凝土台面往下 4～5cm 处。

为保证台座的正常工作，需对台座进行稳定性验算，按照公式分别对台座进行抗倾覆验算和抗滑移验算。

$$K = \frac{M_1}{M} = \frac{GL + E_p e_2}{N e_1} \geqslant 1.5$$

$$K_c = \frac{N_1}{N} \geqslant 1.3$$

式中　K——抗倾覆安全系数（一般不小于 1.50）；

178

K_c——抗滑移安全系数（一般不小于1.3）；

M——倾覆力矩（由预应力筋的张拉力产生）；

N——预应力筋的张拉力；

N_1——抗滑移力；

e_1——张拉力合力作用点至倾覆点的力臂；

M_1——抗倾覆力矩（由台座自重力和土压力等产生）；

G——台墩的自重力；

L——台墩重心至倾覆点的力臂；

E_p——台墩后面的被动土压力合力（当台墩埋置深度较浅时，可以忽略不计）；

e_2——被动土压力合力至倾覆点的力臂。

如果考虑台面与台墩共同工作，则不做抗滑移计算，而应进行台面的承载力计算。

2）槽式台座

槽式台座又称柱式或压杆式台座，主要由传力柱、上横梁、下横梁、砖墙组成（图3-62），它既可以承受钢筋张拉时的反力，又可以作为构件采用蒸汽养护时的养护槽。

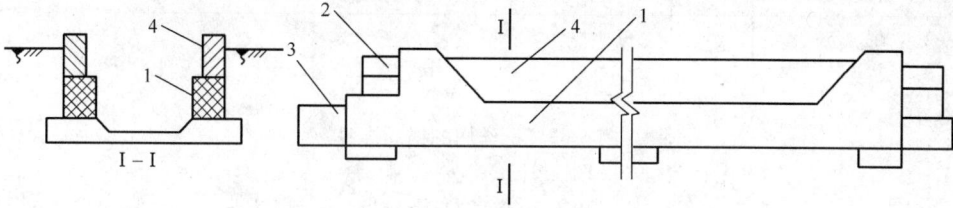

图3-62 槽式台座
1—传力柱；2—上横梁；3—下横梁；4—砖墙

槽式台座适用于在预制厂制作粗钢筋配筋的大型构件，如吊车梁、屋架等。台座长度一般为45m（可生产6根6m吊车梁）或76m（可生产10根6m吊车梁，或3榀24m屋架，或4榀18m屋架）。槽式台座能承受的张拉力大（1000～4000kN），台座变形较小，但建造时较墩式台座消耗材料多。

槽式台座也需进行强度和稳定性计算。端柱和传力柱的强度按钢筋混凝土结构偏心受压构件计算。槽式台座端柱抗倾覆力矩由端柱、横梁自重力及部分张拉力组成。

（2）夹具

夹具是先张法构件施工时为保持预应力筋的拉力并将其固定在张拉台座（或钢模）上用的临时性锚固装置。先张法中使用的夹具，按其用途不同，可分为张拉夹具和锚固夹具两种。在张拉时，用于把预应力筋夹住并与测力器相连的工具称为张拉夹具；张拉完毕后，用于把预应力筋临时固定在台座横梁（或钢模）上的工具，称为锚固夹具。夹具是一种重复使用的工具，在设计与制作时要求加工简单、用料省、成本低、使用方便、安全可靠，并能多次重复使用。

由于先张法中所用的预应力筋有钢丝（$d \leqslant 5mm$）和钢筋之分，所用的夹具相应地也可以分为两类：

1）钢丝用的夹具

钢丝常用的锚固夹具有圆锥齿板式夹具和圆锥三槽式夹具（图3-63），它们可用于锚

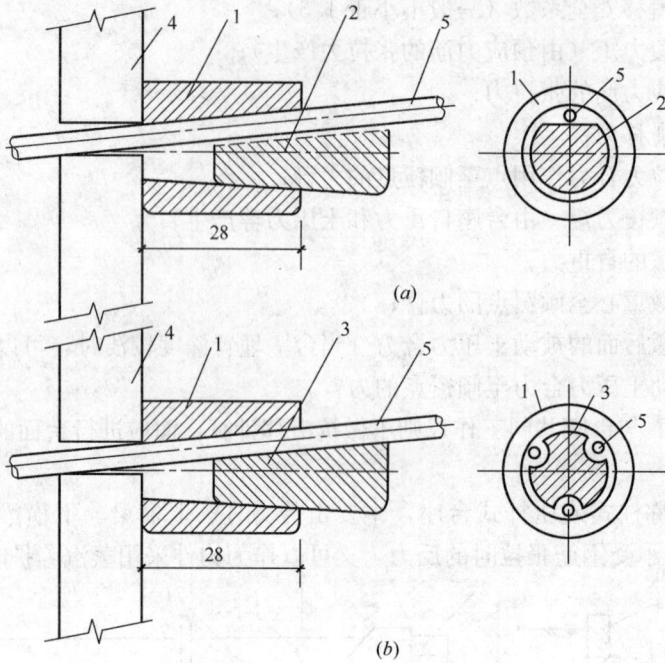

图 3-63　钢丝用的锚固夹具

(a) 圆锥齿板式；(b) 圆锥三槽式

1—套筒；2—齿板；3—锥销；4—定位板；5—预应力筋

固三根以下 φ3～5 的钢丝；钢丝用的张拉夹具种类很多，各地使用的不完全相同，图 3-64 所示为使用较普遍的两种夹具。在短线机组流水法生产构件时，钢丝常用镦头锚具直接嵌

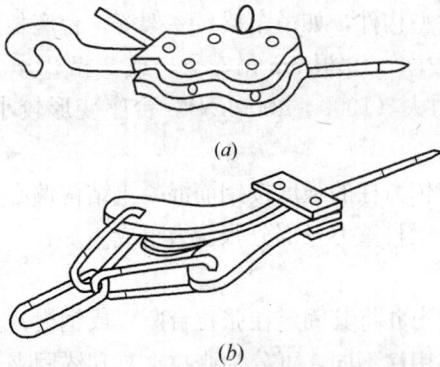

图 3-64　钢丝用的张拉夹具

(a) 钳式夹具；(b) 偏心式夹具

固在钢模的端部，然后多根钢丝成组张拉。钢丝镦头一般采用液压冷镦器直接冷镦而成。合格的镦头应具有一定的外形尺寸要求，如直径 5mm 钢丝的镦头，其直径约为 7.5mm，镦头高约为 5.2mm，镦头不应有裂纹，先张法钢丝的镦头强度不应低于钢丝标准抗拉强度的 90％。

2）钢筋用的夹具

钢筋常用的锚固夹具和张拉夹具，如图 3-65 所示。在台座上钢筋与钢筋或钢筋与工具式螺杆之间的连接，可使用如图 3-66 所示的连接器。

(3) 张拉机具

目前，在台座上生产先张法预应力构件时，预应力筋大多采用单根张拉式，即预应力筋是逐根进行张拉和锚固，常用的张拉机具有以下几种。

1）电动螺杆张拉机

电动螺杆张拉机是根据螺旋推动原理制成的。拉力控制一般采用弹簧测力计，上面设有行程开头，当张拉到规定的拉力时能自行停车。电动螺杆张拉机用于张拉钢丝。电动螺

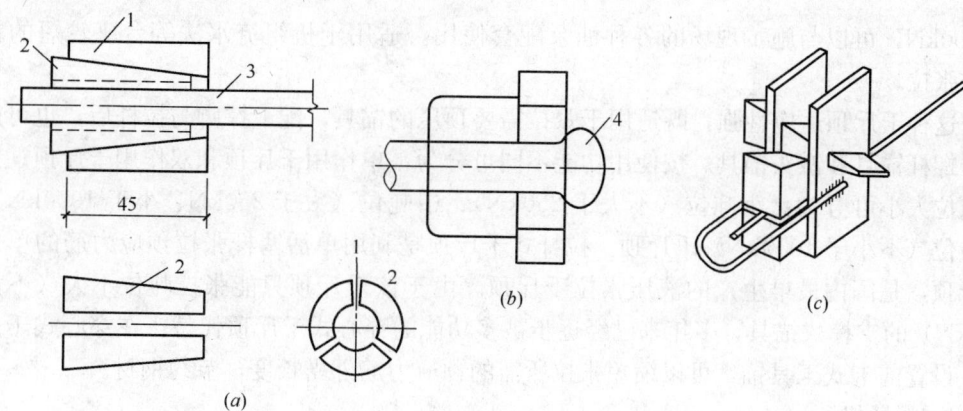

图 3-65 钢筋用的夹具

(a) 圆套筒三片式夹具（穿心式夹具）；(b) 单根镦头夹具；(c) 压销式夹具（张拉用）

1—套筒；2—夹片；3—预应力筋；4—镦头

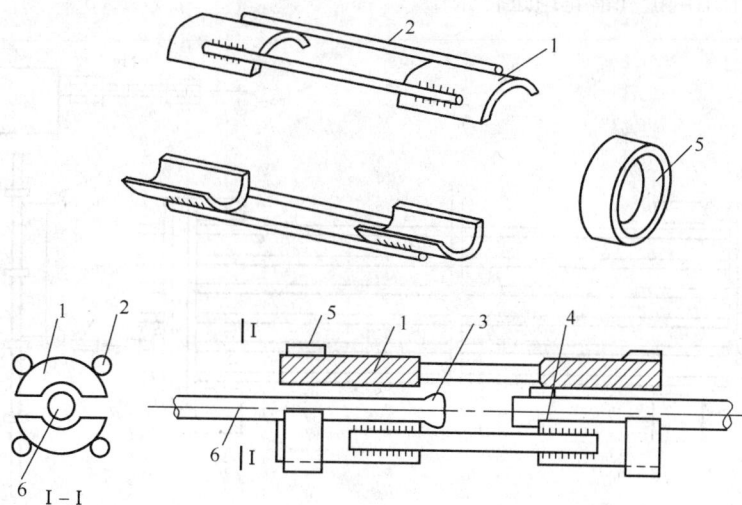

图 3-66 套筒双拼式连接器

1—半圆套臂；2—连接筋；3—钢筋镦头；4—工具式螺杆；5—钢圈；

6—预应力筋

杆张拉机操作时，按张拉力数值调整测力计标尺，钢丝插入钢丝钳中夹住，开动电动机，螺杆向后运动，钢丝被张拉。当达到张拉力数值时，电动机自动停止转动。锚固好钢丝使电动机反向旋转。此时，螺杆向前运动，放松钢丝，完成张拉操作。

2）液压张拉千斤顶

液压张拉千斤顶，按机型不同可分为：拉杆式千斤顶、穿心式千斤顶、锥锚式千斤顶和台座式千斤顶等。穿心式千斤顶是一种具有穿心孔，利用双液缸张拉预应力筋和顶压锚具的双作用千斤顶。

使用液压千斤顶可以和其他设施配套，一次张拉多根钢筋，也可以一次张拉一根钢筋。张拉直径为 13～20mm 的单根钢筋，可采用 YC-20 型千斤顶。这种千斤顶最大拉力为 200kN，可以与施工现场的各种油泵配套使用。适用于机组流水法等台座较短的预应力筋张拉。

这种千斤顶适应性强，既适用于张拉需要顶压的锚具，配上撑脚与拉杆后，也可用于张拉螺杆锚具和镦头锚具。按使用功能不同可分为：单作用千斤顶和双作用千斤顶；按张拉吨位大小可分为：小吨位（不大于 250kN）、中吨位（大于 250kN、小于 1000kN）和大吨位（不小于 1000kN）千斤顶。拉杆式千斤顶是利用单活塞杆张拉预应力筋的单作用千斤顶，是国内最早生产的液压张拉千斤顶。由于该千斤顶只能张拉吨位不大（不大于 600kN）的支撑式锚具，多年来已经逐步被多功能的穿心式千斤顶代替。在穿心式千斤顶中，设置前卡式工具锚，可以缩短张拉所需的预应力筋外露长度，节约钢材。

3）卷扬机

当台座较长，千斤顶的张拉行程不能满足需要时，采用卷扬机张拉较为有效。图 3-67 所示为利用卷扬机进行单根钢筋张拉和用弹簧测力计的现场布置图。测力计采用行程开头自动控制，当张拉力达到设计要求的拉力时，卷扬机可以自动断电停车。如果没有卷扬机，也可以采用倒链和滑轮组进行张拉。

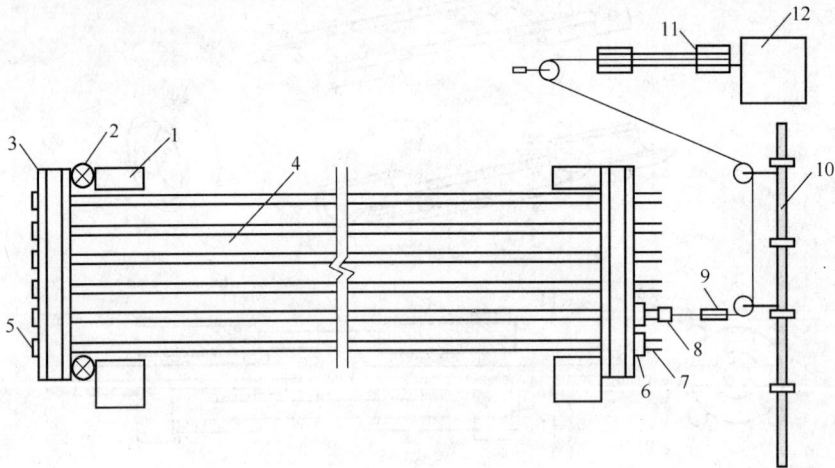

图 3-67　用卷扬机张拉的设备布置

1—台座；2—放松装置；3—横梁；4—钢筋；5—镦头；6—垫块；7—穿心式夹具；
8—张拉夹具；9—弹簧测力计；10—固定梁；11—滑轮组；12—卷扬机

在选择张拉机具时，为了保证设备、人员的安全和张拉力准确，张拉机具的张拉力不应小于预应力筋所需张拉力的 1.5 倍，张拉机具的张拉行程不小于预应力筋伸长值的 1.1～1.3 倍。

2. 先张法预应力混凝土构件的制作

（1）预应力筋的张拉

预应力筋的张拉应该符合设计要求，控制应力 σ_{con} 不宜超过表 3-15 的要求。预应力筋的张拉控制应力，当要求提高构件在施工阶段的抗裂性能，而在使用阶段受压区内设置的预应力筋，或者要求部分抵消由于应力松弛、摩擦、钢筋分批张拉以及预应力筋与张拉台座之间的温差等因素产生的预应力损失时，表中的张拉控制应力限值可提高 $0.05f_{ptk}$。

项 次	预应力筋种类	张拉方法	
		先张法	后张法
1	消除应力钢丝、钢绞线	$0.75 f_{ptk}$	$0.75 f_{ptk}$
2	热处理钢筋	$0.70 f_{ptk}$	$0.65 f_{ptk}$

预应力筋的张拉是预应力混凝土施工中的关键工序。由于张拉控制应力的大小将直接影响制作构件的质量，张拉力越高，建立的预应力值越大，构件的抗裂性也越好；但预应力筋在使用过程中经常处于过高应力状态下，构件出现裂缝的荷载与破坏荷载接近，往往在破坏前没有明显的警告，这是危险的。另外，如果张拉力过大，造成构件反拱过大或预拉区出现裂缝，也是不利的；反之，张拉阶段预应力损失越大，建立的预应力值越低，则构件可能过早出现裂缝，也是不安全的。因此，施工时应准确建立预应力值。

如何准确地控制张拉应力，使之达到设计要求的控制应力，是预应力筋张拉工作中一个极为重要的问题。为了确保质量，预应力筋的张拉应严格按照设计要求进行。如果设计中没有具体要求，可以按照以下的张拉程序进行。

$$0 \rightarrow 1.05\sigma_{con} \xrightarrow{\text{持荷 2min}} \sigma_{con}$$
$$0 \rightarrow 1.03\sigma_{con}$$

建立上述第一种张拉程序的目的是为了减少松弛预应力损失。所谓"松弛"，即钢材在常温、高应力状态下具有不断产生塑性变形的现象。松弛的数值与控制应力和延续时间有关，控制应力高，松弛也大，所以钢丝、钢绞线的松弛损失比冷拉热轧钢筋大；松弛损失还随着时间的延续而增加，在第 1min 内可以完成损失总值的 50% 左右，24h 则可以完成 80%。如果先超张拉 5%，再持荷 2min，则可以减少 50% 以上的松弛损失。为了方便起见，一般采用第二种张拉程序，即一次张拉至 $1.03\sigma_{con}$，超张拉 3%，主要是为了补偿设计中预料不到的某些因素可能造成的预应力损失。

预应力筋在张拉过程中或张拉完毕后，是否达到设计要求，可以用应力控制的方法，并用伸长值来校核。此外，也可以用专用的测力计直接测定预应力筋的张拉力。

多根预应力筋同时张拉时，应该预先调整初应力，使其相互之间的应力一致。当采用应力控制方法张拉时，应校核预应力筋的伸长值。实际伸长值与设计计算理论伸长值的相对允许偏差为 ±6%。预应力筋张拉锚固后，实际预应力值与工程设计规定检验值的相对允许偏差应在 ±5% 以内。在张拉过程中预应力钢断裂或滑脱的数量，严禁超过结构中同一截面预应力钢丝总根数的 3%，且每束钢丝不得超过一根；对多跨双向连续板，其同一截面应该按每跨计算。先张法构件在浇筑混凝土前发生断裂或滑脱预应力筋必须予以更换。预应力筋张拉锚固后，预应力筋的位置与设计位置的偏差不得大于 5mm，且不得大于构件截面最短边长的 4%。在张拉过程中，应按混凝土结构工程施工及验收规范要求填写施加预应力记录表。

施工中应注意安全。张拉时，正对钢筋两端禁止站人。敲击锚具的锥塞或楔块时，不应用力过猛，以免损伤预应力筋使其断裂伤人，但又要锚固可靠。冬期张拉预应力筋时，其温度不宜低于 −15℃，应考虑预应力筋容易脆断的危险。

（2）混凝土的浇筑与养护

1) 混凝土的浇筑

预应力筋张拉完毕后即可浇筑混凝土。在台座上浇灌混凝土时，可以从台座的一端向另一端顺序进行。一次同时浇灌的生产线，取决于浇筑速度和模板的构造形式，但每条生产线上的构件必须一次连续浇灌完毕。

浇灌混凝土时必须严格控制水灰比，振捣必须密实，因此振捣的时间可以适当放长。在预应力构件的端部和节点部位，因钢筋布置一般较密，放松预应力筋时，端部又有应力集中现象，故对该部分混凝土的振捣应特别注意。刚浇捣的混凝土构件，应注意防止踩踏外露的预应力筋，以免破坏混凝土与预应力筋之间的粘结力。

构件采用叠层生产时，应待下层构件混凝土强度达到 $5.0N/mm^2$ 以上时，方可浇捣上层构件混凝土（一般当平均气温高于 20℃时，每两天可叠浇一层），每次叠浇时，必须先在下层构件的表面涂刷隔离剂，以防止各层互相粘结。

2) 混凝土养护

用台座法制作的预应力混凝土构件，一般采用自然养护，为了缩短混凝土的养护时间，加速台座的周转率，提高生产量，也可以采用蒸汽养护或加早强剂。

当构件用槽式台座生产，采用蒸汽养护时，由于受拉钢筋与台座之间的温差将引起预应力损失，其原因是，混凝土与钢筋虽有着相近的线膨胀系数，但如果混凝土在浇捣后温度立即升高，因混凝土与钢筋还未结成整体，钢筋受热后虽然能引起膨胀，但却无法伸长（因两端已锚固在台座上，而台座温度的升高比钢筋小，长度基本不变），因而钢筋变松，张拉应力减少。为了减少这种损失，通常采用二次升温的办法，即初次升温的温差控制在 20℃内，待构件混凝土强度达到 $10N/mm^2$（钢丝配筋）以上时，再按一般规定继续升温养护。此时增加温度已经不再会引起钢筋内的应力降低，因钢筋与混凝土已经结成整体，两者之间已有足够的粘结力，在温度的影响下不能伸缩，因而应力不变。

当采用钢模制作预应力混凝土构件，将钢筋直接锚固在钢模上，温度升高时，由于模板与钢筋有同样变形，因而不会引起应力损失，可以采用一般的加热养护制度。

3) 预应力筋的放松

预应力筋的放松是预应力建立的过程，放松方法和顺序是否正确，直接影响构件的质量，因此，在放松之前应确定可靠的放松顺序和放松方法，采取相应的技术措施确保工程质量。

预应力筋的放松必须待混凝土达到设计规定的强度以后才可以进行。当设计无要求时应不低于设计的混凝土立方体抗压强度标准值的 75%。

对于配筋不多的中小型钢筋混凝土构件，钢丝放松可采用剪切（用断丝钳）、锯割（用无齿锯）和熔断（用氧乙炔焰）等方法进行。在长线台座上，宜从生产线中间的构件剪起，这样可以减小回弹，同时由于第一构件剪筋后，预应力筋的收缩力往往大于构件与底模之间的摩擦阻力，因而构件与底模会自动分离，便于构件脱模。对于每一块预应力构件，应从外向内对称放，以避免过度扭转引起构件的端部开裂。

对于配筋较多的钢筋混凝土构件，所有钢丝应该同时放松，不允许采用逐根放松的方法；否则，最后几根钢丝将因承受过大的应力而突然断裂。同时放松的方法可用放松横梁来实现，横梁千斤顶或预先设置在横梁点处的放松装置砂箱放松或楔块放松如图 3-68 或图 3-69 所示。

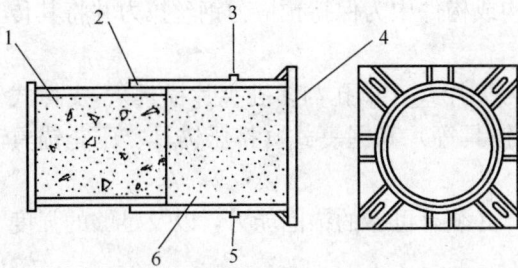

图 3-68　砂箱放松
1—活塞；2—缸套箱；3—进砂口；4—钢套箱底板；
5—出砂口；6—砂

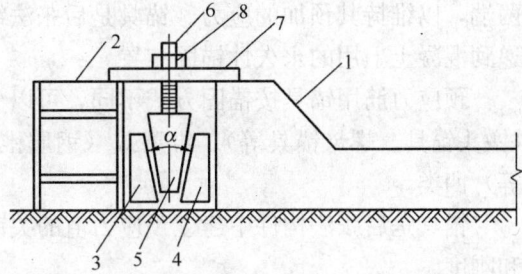

图 3-69　楔块放松
1—台座；2—横梁；3、4—钢板；5—钢楔块；
6—螺杆；7—承力板；8—螺母

钢筋的放松，不允许用剪断或割断等方式突然放松，而应采用千斤顶、砂箱、预热熔割等方式缓慢地进行放松。钢筋数量较少时，可以采用逐根加热熔断或借助预先设置在钢筋端部的砂箱等装置单根放松。当钢筋数量较多时，所有钢筋应该同时放松，此时宜采用砂箱或千斤顶进行放松。

采用氧乙炔焰预热粗钢筋放松时，应在烘烤区轮换加热每根钢筋，使其同步升温。此时钢筋内力徐徐下降，外形慢慢伸长，待钢筋出现缩颈，即可切断。此法应注意防止烧伤构件。

3.5.2　后张法

后张法是先制作构件或先浇筑结构混凝土，并在预应力筋的部位预先留出孔道，待混凝土达到设计规定的强度等级以后，在预留孔道内穿入预应力筋，并按设计要求的张拉控制应力进行张拉，利用锚具把预应力筋锚固在构件端部，最后进行孔道灌浆。张拉后的钢筋通过锚具传递预应力，使构件或结构混凝土得到预压。

后张法的特点是直接在构件上张拉预应力筋，构件在张拉过程中受到预压力而完成混凝土的弹性压缩。因此，混凝土的弹性压缩，不直接影响预应力筋的有效预应力值的建立。后张法适宜于在施工现场制作大型构件（如屋架等），以避免大型构件长途运输中的麻烦。

后张法除作为一种预加应力的工艺方法外，还可以作为一种预制构件的拼装手段。大型构件（如拼装式大跨度屋架）可以预制成小型块体，运至施工现场后，通过预加应力的手段拼装成整体；或者各种构件安装就位后，通过预加应力的手段，拼装成整体预应力结构。但后张法预应力的传递主要依靠预应力筋两端的锚具，锚具作为预应力筋的组成部分，永远留置在构件上，不能重复使用。这样，不仅需要耗用的钢材多，而且锚具加工要求高，费用昂贵，加上后张法工艺本身要预留孔道、穿筋、张拉、灌浆等因素，故施工工艺比较复杂，成本也比较高。

预应力后张法构件的生产分为两个阶段：第一阶段为构件的生产；第二阶段为施加预应力阶段，其中包括预应力筋的制作、预应力筋的张拉和孔道灌浆等工艺。

1. 后张法的锚具和张拉机具

（1）锚具和预应力筋的制作

在后张法预应力混凝土结构中，预应力筋张拉以后，需要采取一定措施锚固在构件的两端，以维持其预加的应力。锚具是后张法结构或构件中为保持预应力钢丝拉力并将其传递到混凝土上用的永久性锚固装置。

预应力筋用锚具按锚固方式不同，可以分为夹片式（单孔与多孔夹片锚具）、支撑式（镦头锚具、螺母锚具等）、锥塞式（钢质锥形锚具等）和握裹式（挤压锚具、压花锚具等）四类。

锚具是后张法构件中建立预应力值的关键，必须有可靠的锚固能力，以及足够的强度和刚度。

后张法构件中所使用的预应力筋有螺纹钢筋、碳素钢丝和钢绞线等，相对应的锚固体系有粗钢筋锚固体系、钢绞线锚固体系、钢丝束锚固体系等。

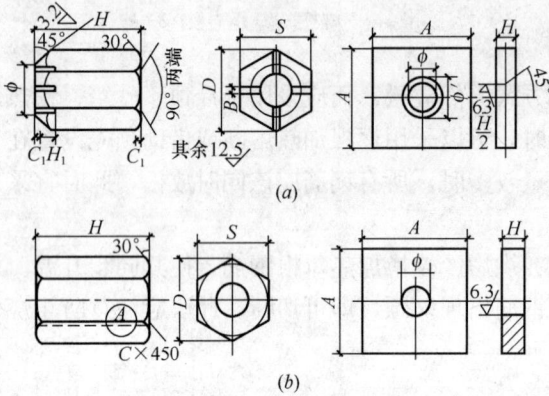

图 3-70　精轧螺纹钢筋的连接
(a) 锥面螺母与垫板；(b) 平面螺母与垫板

1) 粗钢筋锚固体系

粗钢筋的锚固体系主要有精轧螺纹锚固体系和冷轧螺纹锚固体系两种。精轧螺纹钢筋是一种用热轧方法在整根钢筋表面上轧出不带纵肋而横肋为不连续的梯形螺纹的直条钢筋，该钢筋在任意截面处都能拧上带内螺纹的连接器进行接长或拧上特制的螺栓进行锚固，无需冷拉与焊接，施工方便，主要用于房屋、桥梁与构筑物等直线筋。精轧螺纹钢筋锚具是利用与该钢筋螺纹匹配的特制螺母锚固的一种支撑式锚具。精轧螺纹钢筋锚具包括螺母与垫板，如图 3-70 所示。螺母分为平面螺母和锥面螺母两种。

冷轧螺纹锚具，又称轧丝锚具，是用冷滚压方法在光圆钢筋端部滚压出一定长度的螺纹，并配有螺母。这种方法加工的螺纹，其外径大于原钢材外径而螺纹内径仅略小于原钢材直径，考虑到冷加工强化作用，可仍按原钢材直径使用。这种锚具在竖向筋中采用较多。张拉端冷轧螺纹锚固体系，如图 3-71 所示。内埋式固定端的螺母与锚垫板合一，做成锥形螺母。

预应力筋下料长度的计算，应考虑锚具的特点、接头数量、构件长度等因素。

2) 钢绞线锚固体系

① 多孔夹片锚固体系

多孔夹片锚固体系是由多孔夹片锚具、锚垫板（也称铸铁喇叭管、锚座）、螺旋筋等组成，如图 3-72 所示。

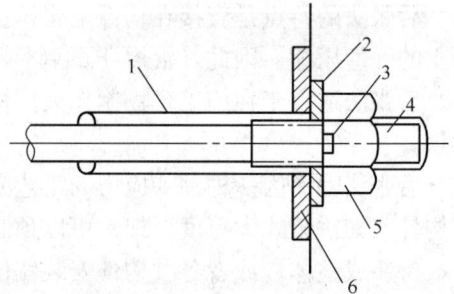

图 3-71　张拉端冷轧锚固体系
1—孔道；2—垫圈；3—排气槽；4—冷轧
螺纹头；5—螺母；6—锚垫板

这种锚具是在一块多孔的锚板上，利用每个锥形孔装一副夹片，夹持一根钢绞线。其优点是任何一根钢绞线锚固失效，都不会引起整体锚固失效。每束钢绞线的根数不受

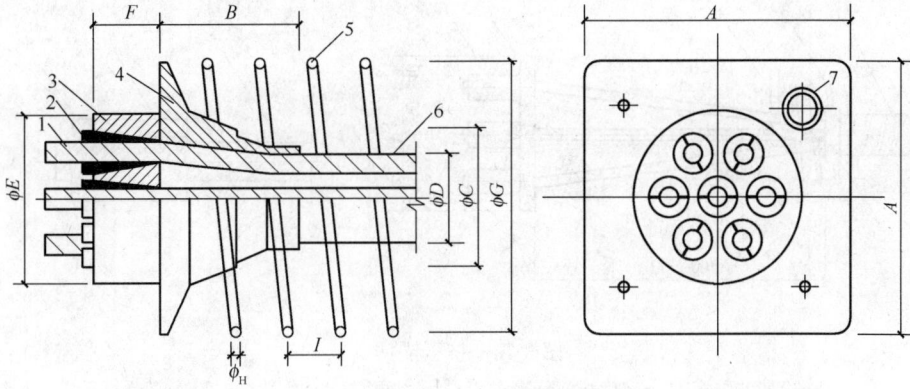

图 3-72　多孔夹片锚固体系

1—钢绞线；2—夹片；3—锚板；4—锚垫板（铸铁喇叭管）；5—螺旋筋；6—金属波纹管；7—灌浆孔

限制。

多孔夹片锚固体系在后张法有粘结预应力混凝土结构中用途最广。主要品牌有 QM、OVM、HVM、B&S、YM、YLM、TM 等。

该锚固体特点有：夹片的外径、长度减少了 2mm，齿高做了适当减小，齿形角适当增大，保持现有弹性槽（主要适应钢绞线直径变动量大，如果直径可控时，也可以取消弹性槽）；锚板的锥孔尺寸相应适当缩小，锥孔间距减少 2mm，减缓了钢绞线在锚垫板内的弯折程度；优化锚垫板形状与尺寸，改善了锚下的应力状态；适当减少了螺纹筋的直径，使其等于或稍小于锚垫板的边长。

②　扁形夹片锚固体系

BM 型扁锚体系是由扁形夹片锚具、扁形锚垫板等组成。扁锚的优点：张拉槽口扁小，可减少混凝土板厚，钢绞线单根张拉，施工方便；主要适用于楼板、城市低高度箱梁以及桥面横向预应力等。

③　固定端锚固体系

固定端锚具有以下几种类型：挤压锚具、压花锚具、环形锚具等。

其中，挤压锚具既可以埋在混凝土结构内，也可以安装在结构之外，对有粘结预应力的钢绞线、无粘结预应力的钢绞线都适用，应用范围最广。压花锚具仅用于固定端空间较大且有足够的粘结长度的情况，但成本最低。环形锚具仅用于薄板结构、大型建筑物的墙和墩等。固定端锚具，也可选用张拉端夹片锚具，但必须安装在构件外，不得埋在混凝土中，以免浇筑混凝土时夹片松动。

a）挤压锚具

P 型挤压锚具是在钢绞线端部安装异形钢丝衬圈和挤压套，利用专用挤压机将挤压套挤过模孔后，使其产生塑性变形而握紧钢绞线，挤压套与钢绞线之间没有任何空隙，形成可靠的锚固，用于有粘结预应力的钢绞线。如图 3-73 所示。当一束钢绞线的根数较多，设置整块钢垫板有困难时，可将钢垫板分为若干块。

b）压花锚具

H 型压花锚具是利用专用压花机将钢绞线端头压成梨形散花头的一种握裹式锚具，如图 3-74 所示。

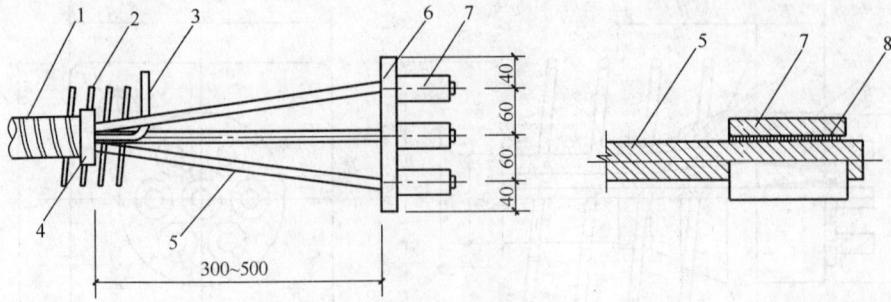

图 3-73　挤压锚具

1—金属波纹管；2—螺旋筋；3—排气管；4—约束圈；5—钢绞线；6—锚垫板；

7—挤压锚具；8—异形钢丝衬圈

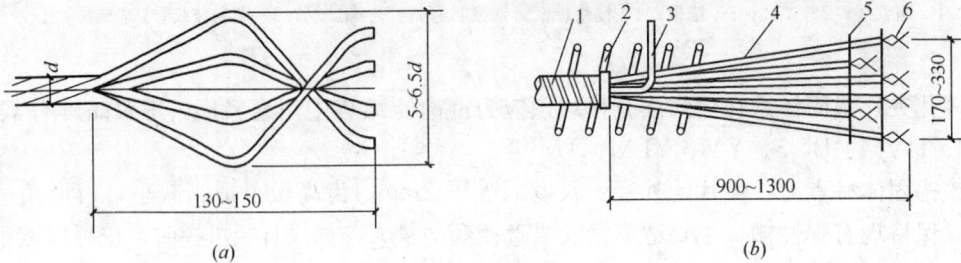

(a)　　　　　　　　　　　(b)

图 3-74　压花锚具

1—波纹管；2—螺旋筋；3—排气管；4—钢绞线；5—构造筋；6—压花锚具

多根钢绞线的梨形头应分排埋置在混凝土内。为了提高压花锚具四周混凝土及散花头根部混凝土的抗裂强度，在散花头头部配置构造筋，在散花头根部配置螺旋筋。混凝土强度不低于 C30，压花锚具构件截面边缘不小于 900mm。

c）钢绞线连接器

单根钢绞线锚头连接器是由带外螺纹的夹片锚具、挤压锚具与带内螺纹的套筒组成。前段筋采用带外螺纹的夹片锚具锚固，后段筋的挤压锚具穿在带内螺纹的套筒内，利用该套筒的内螺纹拧在夹片锚具的外螺纹上，起到连接作用。

单根钢绞线接长连接器是由两个带内螺纹的夹片锚具和一个带外螺纹的连接头组成。为了防止夹片松脱，在连接头与夹片之间装有弹簧。

3）钢丝束锚固体系

钢丝束一般由几根到几十根直径为 3～5mm 的平行的碳素钢丝组成。目前常用的锚具有钢质锥形锚具、钢丝束镦头锚具和锥形螺杆锚具等。

①钢质锥形锚具

由锚环和锚塞组成（图 3-75），锚环为带有圆锥形孔洞的圆环，锚塞为周围带齿的圆锥体，中间有一个直径为 10mm 的小孔作为锚固后灌浆之用。钢质锥形锚具适用于锚固 18 根 ϕ5 碳素钢丝所组成的钢丝束，现主要用于桥梁方面的后张法结构，需要用锥锚式 YZ 型千斤顶进行张拉和顶压锚固。

②钢丝束镦头锚具

钢丝束镦头锚具分 DM5A 型和 DM5B 型两种（图 3-76）。DM5A 型由锚环和螺母组

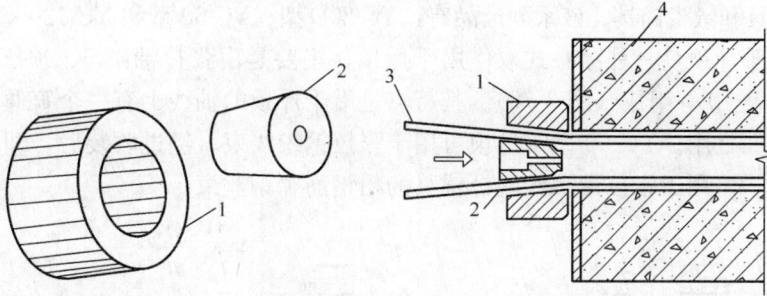

图 3-75　钢质锥形锚具
1—锚环；2—锚塞；3—钢丝束；4—构件

成，用于张拉端；DM5B 型用于固定端。钢丝束镦头锚具适用于锚固 12～54 根，φ5 碳素钢丝组成的钢丝束，需要用拉杆式千斤顶进行张拉。

③锥形螺杆锚具

由锥形螺杆、套筒、螺母等组成（图 3-77），适用于锚固 14～28 根直径 5mm 的碳素钢丝所组成的钢丝束，需用 YL-60 型拉杆式千斤顶或经改装的 YC-60 型千斤顶进行张拉。

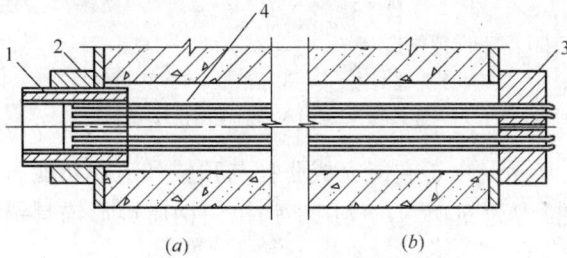

图 3-76　钢丝束镦头锚具

(a) DM5A 型锚具；(b) DM5B 型锚具

1—锚环；2—螺母；3—锚板；4—钢丝束

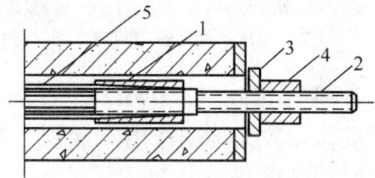

图 3-77　锥形螺杆锚具

1—套筒；2—锥形螺杆；3—垫板；

4—螺母；5—钢丝束

钢丝束的制作包括调直、下料、编束和安装锚具等工序。为了防止钢丝束扭结，钢丝必须编束。编束工作在平整的场地上将钢丝理顺放平，然后沿全长每隔 1m 用钢丝编成帘子状。

（2）张拉机具设备

后张法常用的张拉设备有拉杆式千斤顶、穿心式千斤顶和锥锚式千斤顶以及供油用的高压油泵。为保证张拉控制力的准确、可靠，预应力筋张拉机具设备及仪表，应定期维护和校验。张拉设备应配套标定，并配套使用。张拉设备的标定期限不应超过半年。当在使用过程中出现反常现象时或在千斤顶检修后，应该重新标定，未经标定的设备不能直接用于工程施工。

1）拉杆式千斤顶常用的张拉力为 600kN，可用张拉带螺丝端杆的粗钢筋以及其他一些带螺丝杆锚具的钢丝束。由于这种千斤顶只能完成张拉钢筋一个动作，故又称为单作用千斤顶。因该种千斤顶张拉的吨位不高，目前已被多功能的穿心式千斤顶所代替。

2）穿心式千斤顶是一种具有穿心孔，利用双液缸张拉预应力筋和顶压锚具的双作用千斤顶。这种千斤顶适应性强，既适用于张拉需要顶压的锚具，配上撑脚与拉杆后，也可以用

189

于张拉螺杆锚具和镦头锚具。该系列产品有：YC-20D 型、YC-60 型和 YC-120 型千斤顶等。

YC-60 型千斤顶是一种穿心式双作用千斤顶，主要是由张拉油缸 5、顶压油缸 6、顶压活塞 7 和弹簧 10 等组成（图 3-78）。其特点是沿千斤顶的轴线上有一个直通的穿心孔道作为穿预应力筋之用。YC-60 型千斤顶可用于张拉钢绞线束。经过改装后，即加撑脚、张拉杆和连接器，可用于张拉带螺丝端杆锚具的粗钢筋和钢丝束。

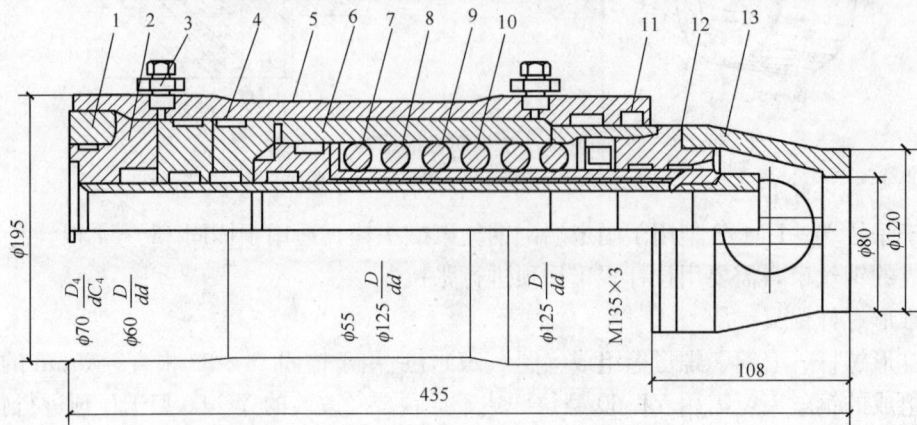

图 3-78　YC-60 型千斤顶构造

1—端盖螺母；2—堵头；3—聚氨酯 O 型密封圈；4—聚氨酯 Y 形密封圈；5—张拉油缸，6—顶压油缸；
7—顶压活塞；8—穿心套；9—保护套；10—回程弹簧；11—连接套；12—JA 型防尘圈；13—撑套

3）锥锚式（双作用）千斤顶如图 3-79 所示。由于它能完成张拉与顶锚和退楔功能三个动作，故又称三作用千斤顶。常用的张拉力为 600kN，仅用于张拉用钢质锥形锚具锚固的钢丝束。

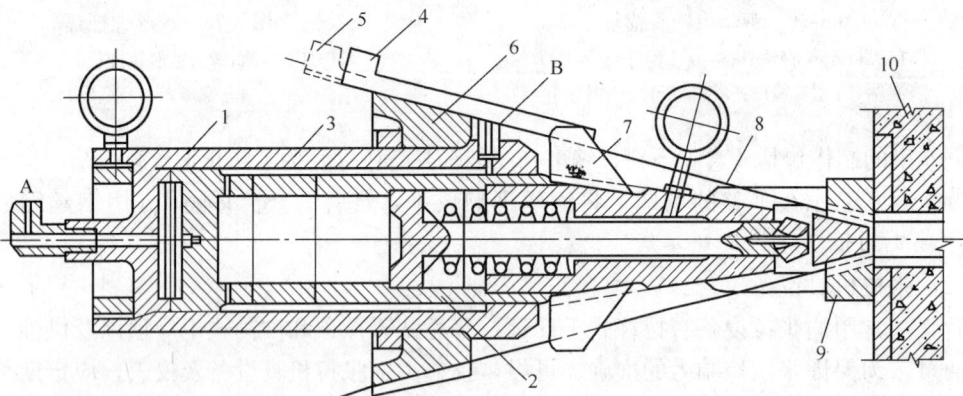

图 3-79　锥锚式千斤顶

1—张拉缸；2—顶压缸；3—退楔缸；4—楔块（张拉时的位置）；5—楔块（退出时的位置）；6—锥形卡环；
7—退楔翼片；8—钢丝；9—锥形锚具；10—构件；A、B—油嘴

2．后张法施工工艺

（1）孔道留设

预应力筋孔道的形状有直线、曲线和折线三种。在预应力混凝土构件中，常见的布筋形式有以下几种：单抛物线形、正反抛物线形、直线与抛物线形和双折线形。在有粘结预

应力的混凝土构件中，需要按照预应力筋设计的位置和形状预留孔道。留设孔道时，要求孔壁光滑、位置准确，形状和尺寸符合要求。常用的孔道留设方法有以下几种。

1）钢管抽芯法

制作后张法预应力混凝土构件时，采用在预应力筋位置预先埋设钢管，然后浇捣混凝土，待混凝土初凝后，再将钢管旋转抽出的留孔方法。为避免钢管产生挠曲和浇捣混凝土时位置发生偏移，每隔 1.0m 用钢筋井字架固定牢靠。钢管接头处可用长度为 30～400mm 的薄钢板套管连接。在混凝土浇筑后，每隔一定时间慢慢转动钢管，避免钢管与混凝土粘结在一起；待混凝土初凝后、终凝前抽出钢管，即形成孔道。钢管抽芯法仅适用于留设直线孔道。

用于预留孔道的钢管应光滑平直，否则转动时易导致混凝土孔壁开裂。钢管长度一般不超过 15m，以便于转管和抽管。对于长度较大的构件（15m 以上），可用两根钢管相接，接头地方可用套管、硬木塞相连。用两根管子相接的管子，转管时两头旋转方向应相反。

抽管顺序宜先上后下，若先下后上，则在抽拔上层孔道时，下层孔道有塌陷的可能。抽管可用人工或卷扬机，抽管要边抽边转，速度均匀，与孔道成一直线。

在留设预应力筋孔道的同时，还要在设计规定位置留设灌浆孔。一般在构件两端和中间每隔 12m 留一个直径 20mm 的灌浆孔，并在构件两端各设一个排气孔。

2）胶管抽芯法

胶管由于具有弹性好和便于弯曲的特点，故预留曲线孔道时大多采用胶管抽芯法。目前常用的胶管有 5～7 层夹布胶皮管和专供预应力混凝土留孔用的钢丝网橡胶管（或厚橡胶管）两种。

夹布胶皮管质软、弹性好，使用时为了增加胶管的刚度，需要在管中充入 0.6～0.8N/mm² 的压力水或空气（无充水或充气设备时，可在管内插入细钢筋或钢丝代替），此时胶管外径增大 3～4mm，然后浇筑混凝土。待混凝土初凝后，将胶管中的压力水（或空气）放出，抽出胶管，孔道即形成。采用夹布胶皮管留孔，由于胶管充水或充气后管径膨胀，放水或放气后管径缩小，自行与混凝土脱离，很容易抽拔。

采用胶管抽芯法预留孔道的优点是：浇筑混凝土后不需转动，胶管很容易抽拔，对抽管时间要求也不严，稍迟仍可抽出。另外，采用胶管留孔，孔壁混凝土不易开裂，胶管也不易损坏。缺点是需要一些加压设备（采用夹布胶皮管时）和较多固定位置用的井字架（间距不大于 50mm）。

3）预埋管法

预埋管法就是利用与孔道直径相同的金属螺旋软管或塑料波纹管等埋在构件中，无需抽出。一般在预应力筋密集或采用曲线配筋和抽管有困难时采用。

螺旋管的安装，应事先按设计图中预应力筋的曲线坐标在箍筋上定出曲线位置。螺旋管的固定（图3-80），应采用钢筋支托，其间距为 0.8～1.2m。钢筋支托应焊在箍筋上，箍筋底部应垫实。螺旋管固定后，

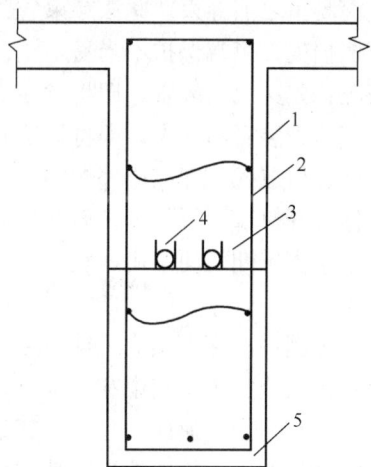

图 3-80　金属螺旋管的固定

1—梁侧模；2—箍筋；3—钢盘支托；

4—螺旋管；5—垫块

必须用钢丝扎牢,以防浇筑混凝土时螺旋管上浮而引起严重的质量事故。在螺旋管安装就位的过程中,应该尽量避免反复弯曲,以防管壁开裂。同时,还应防止电焊火花烧伤管壁。

预应力筋孔道两端,应设置灌浆孔和排气孔。灌浆孔可设置在锚垫板上或利用灌浆管引至构件外,其间距对于抽芯成型孔道不宜大于12m。孔径应能保证浆液畅通,一般不宜小于20mm。曲线预应力筋孔道的每个波峰处,应设置泌水管。泌水管伸出梁面的高度不宜小于0.5m,泌水管也可以兼作灌浆孔用。

灌浆孔的做法,对于一般预制构件,可采用木塞留孔。木塞应抵紧钢管、胶管或螺旋管,并应固定,严防混凝土在振捣时脱开。对现浇预应力结构金属螺旋管留孔,其做法是在螺旋管上开口,用带嘴的塑料弧形压板与海绵片覆盖并用钢丝扎牢,再接增强塑料管(外径20mm,内径16mm)。为了保证留孔质量,金属螺旋管上可先不开孔,在外接塑料管内插一根钢筋,待孔道灌浆前,再用钢筋打穿螺旋管。

(2) 混凝土浇筑

浇筑混凝土之前,应进行预应力隐蔽工程验收,其内容包括:预应力筋的品种、规格、数量、位置等;预应力筋锚具和连接器的品种、规格、数量、位置等;预留孔道的规格、数量、位置、形状及灌浆孔、排气兼泌水管等;锚固区局部加强构造等。隐蔽工程验收合格后即可进行混凝土浇筑。

(3) 预应力筋的准备和张拉

1) 预应力筋的准备

如果多根钢绞线同时穿一个孔道时,应对钢绞线进行编束,钢绞线编束宜用20号钢丝绑扎,间距2~3m。编束时应先将钢绞线理顺,并尽量使各根钢绞线松紧一致。

为了保证钢丝束两端钢丝的排列顺序一致,穿束与张拉时不至于产生紊乱,每束钢丝都必须先进行编束。根据锚具形式,可以采用不同的编束方法。

2) 预应力筋的穿束

根据穿束与浇筑混凝土之间的先后关系,分为先穿束和后穿束两种。先穿束法即在浇筑混凝土之前穿束。此法穿束省力,但穿束占用工期,束的自重引起的波纹管摆动会增大摩擦损失,束端保护不当易生锈。按穿束与预埋波纹管之间的配合,又可以分为以下三种情况:先穿束后装管,即将预应力筋先穿入钢筋骨架内,然后将螺旋管逐节从两端套入并连接;先装管后穿束,即将螺旋管先安装就位,然后将预应力筋穿入;将波纹管和预应力筋组装后放入,即在梁外侧的脚手架上将预应力筋与套从钢筋骨架顶部放入就位,箍筋应先做成开口箍,再封闭。后穿束法即在浇筑混凝土之后穿束,此法可在混凝土养护期内进行,不占工期,便于用通孔器或高压水通孔,穿束后即行张拉,易于防锈,但穿束较为费力。

根据一次穿入预应力筋的数量,穿束方法可以分为整束穿和单根穿。钢丝束应整束穿;钢绞线宜采用整束穿,也可以用单根穿。穿束工作可由人工、卷扬机和穿束机进行。卷扬机宜采用慢速。用穿束机穿束适用于大型桥梁与构筑物单根穿钢绞线的情况。穿束机有两种类型:一是由油泵驱动链板夹持钢绞线,传送速度可以任意调节,穿束可进可退,使用方便;二是由电动机经减速箱减速后,由两对滚轮夹持钢绞线传送,进退由电动机正反转控制。

在预应力筋穿束时，应该注意以下几个方面的问题：第一，在穿束时应注意预应力筋的保护，避免预应力筋扭曲；第二，在穿束前应对孔道进行通孔，穿束困难时，不得强行穿过，应该查明原因进行处理后方可继续施工；第三，在穿束时应注意与锚具的连接顺序和方法。

（4）混凝土强度检验

预应力筋张拉前，应提供构件混凝土的强度试压报告。混凝土的立方体强度满足设计要求后，方可施加预应力。施加预应力时，构件的混凝土强度应在设计图纸上标明；如果设计无要求时，不应低于设计立方体抗压强度标准值的 75%。混凝土构件为拼装构件，立缝处混凝土或砂浆强度如设计无要求时，不应低于块体混凝土设计强度的 40%，且不得低于 $15N/mm^2$。以上要求主要是防止在张拉过程中，由于混凝土强度不够，引起构件开裂和减少拼装构件在拼缝处的压缩变形，以确保预应力构件的制作质量。

（5）预应力筋的张拉

为保证预应力筋张拉后能够建立起有效的预应力，应该根据预应力混凝土构件的特点制定相应的张拉方案。主要包括预应力筋的张拉设备选择、张拉方式、张拉顺序、张拉程序、预应力损失及校核等。

1）预应力筋张拉的控制

在预应力筋张拉时，应该控制好预应力筋的张拉应力，具体张拉值应满足表 3-12 的要求，确定应力时还应考虑施工方法的影响。张拉工艺应能保证同一束中各根预应力筋的应力均匀一致；后张法施工中，当预应力筋是逐根或逐束张拉时，应保证各阶段不出现对结构不利的应力状态；同时，宜考虑后批张拉预应力筋所产生的结构构件的弹性压缩对前批张拉预应力筋的影响，确定张拉力。当采用应力控制方法张拉时，应校核预应力筋的伸长值，实际伸长值与设计计算理论伸长值的相对允许偏差为 ±6%。预应力筋张拉锚固后实际建立的预应力值与工程设计规定检验值的相对允许偏差为 ±5%。

2）张拉的方式

根据预应力混凝土结构特点、预应力筋的形状与长度方法的不同，预应力筋张拉方式有以下几种。

a）一端张拉方式。张拉设备放置在预应力筋一端的张拉方式。

b）两端张拉方式。张拉设备放置在预应力筋两端的张拉方式。

c）分批张拉方式。对配有多束预应力筋的构件或结构分批进行张拉的方式。后批预应力筋张拉所产生的混凝土弹性压缩对前批张拉的预应力筋造成预应力损失，所以前批张拉的预应力筋张拉力应该加上该弹性压缩损失值，或者将弹性压缩损失平均值统一增加到每根预应力筋的张拉力内。

d）分段张拉方式。在多跨连续梁板分段施工的预应力筋需要逐段进行张拉的方式。对大跨度多跨连续梁，在第一段混凝土浇筑与预应力筋张拉锚固后，第二段预应力筋利用锚头连接器接长，以形成统长的预应力筋。

e）分阶段张拉方式。在后张传力梁等结构中，为了平衡各阶段的荷载，采取分阶段逐步施加预应力的方式。所加荷载不仅是外载（如楼层重量），也包括由内部体积变化（如弹性缩短、混凝土收缩与预应力筋的徐变）产生的荷载。梁的跨中处下部与上部纤维应力应控制在容许范围内。这种张拉方式具有应力、挠度与反拱容易控制、材料省等优点。

f) 补偿张拉方式。在早期预应力损失基本完成后，再进行张拉的方式。采用这种补偿张拉，可以克服弹性压缩损失，减少钢材应力松弛损失、混凝土收缩徐变损失等，以达到预期的预应力效果。

3) 张拉程序

后张法预应力筋的张拉程序根据构件类型、锚固体系、预应力筋的松弛等因素来确定。

当采用低松弛钢丝和钢绞线时，张拉程序为

$$0 \rightarrow \sigma_{con}$$

当采用普通松弛预应力筋时，可以按照以下程序进行：

$$对于镦头锚具等可拆卸锚具 \ 0 \rightarrow 1.05\sigma_{con} \xrightarrow{持荷 2min} \sigma_{con}$$

$$对于夹片锚具等不可拆卸锚具 \ 0 \rightarrow 1.03\sigma_{con}$$

4) 由于张拉程序引起的应力损失以及弥补或减少损失的措施

由于孔道摩阻引起的预应力损失。预应力张拉阶段，存在着由于孔道摩阻引起的预应力损失，预应力损失直接影响着预应力筋的应力分布。一端张拉时，孔道摩阻预应力损失是沿着构件长度方向自张拉端至固定端逐渐增大，使预应力筋中的有效预应力值自张拉端至固定端逐渐减小。由于上述预应力损失的存在，预应力筋在张拉和锚固阶段，当预应力筋不长时，一般可以采用一端张拉，对跨中预应力筋有效应力的建立没有什么影响；只有当预应力筋较长，在固定端有效预应力的建立时应力损失较大，故宜采用两端张拉工艺。为了保证一端张拉的质量，在施工中应注意预留孔道的质量和预应力筋的制作质量，尤其是对焊钢筋接头毛刺应做打光处理，尽可能减少影响；当多根预应力筋张拉时，张拉端应交错布置在构件的两端，以保证构件应力的均匀性。

混凝土构件压缩对前批张拉的预应力筋产生的损失。分批张拉预应力筋时，混凝土构件压缩对前批张拉的预应力筋会产生损失。当构件配有多根（束）预应力筋时，为了避免构件在张拉过程中承受过大的偏心压力，应分批、分阶段、对称地进行张拉，如图 3-81 所示，配有四根钢筋的屋架，张拉时可分两批对角张拉，即先张拉两根 1 号筋，再张拉两根 2 号筋。但此时应注意，由于在张拉第二批钢筋时会使混凝土继续产生弹性压缩，使第一批已经张拉好的钢筋产生预应力损失，因此张拉前必须算出由于分批张拉所造成的应力损失，并加到前批张拉钢筋的张拉控制应力值里去。在实际施工中，除了采用上述方法外，也可以采用反复张拉的方法去消除分批的张拉损失。例如：第一次先将两根 1 号筋张

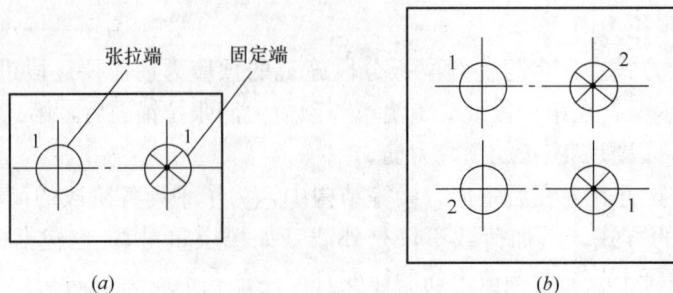

(a)   *(b)*

图 3-81　预应力张拉

194

拉至控制应力的 50%，第二次将 2 号筋张拉至控制应力的 100%（或 105%），第三次再将两根 1 号筋张拉至控制应力的 100%，最后在每根预应力筋的非张拉端进行张拉复核。

对于预应力筋张拉应符合设计要求，当设计无具体要求时，应符合下列规定：当孔道为抽芯成型时，对曲线预应力筋和长度大于 24m 的直线预应力筋，应在两端张拉，对于长度不大于 24m 的直线预应力筋，可在一端张拉；当孔道为预埋波纹管时，对曲线预应力筋和长度大于 30m 的直线预应力筋，宜在两端张拉，对于长度不大于 30m 的直线预应力筋可在一端张拉。当同一截面中有多根一端张拉的预应力筋时，张拉端宜分别设置在结构构件的两端。当两端同时张拉一根预应力筋时，宜先在一端锚固后，在另一端补足张拉力后再进行锚固。

平卧叠浇构件制作时，构件自重作用产生的摩阻损失。对于平卧重叠制作的构件（如后张法屋架），由于构件自重的作用会产生摩阻损失，其大小与构件形式、隔离层材料和张拉方式等有关，目前尚无精确的测定数据。现在大多采用逐层加大张拉力的方法一次张拉，即最上层（第一层）构件可按设计要求的控制应力张拉，不予提高，下面几层构件的张拉控制应力适当加大，见表 3-16。

平卧叠浇构件逐层增加的张拉百分数　　　　　　　　　　　　表 3-16

预应力筋类别	隔离剂类型	逐层增加的张拉百分数			
		顶层	第二层	第三层	底层
高强钢丝束	Ⅰ	0	1.0	2.0	3.0
	Ⅱ	0	1.5	3.0	4.0
	Ⅲ	0	2.0	3.5	5.0

注：第一类隔离剂：塑料薄膜、油纸。

第二类隔离剂：废机油滑石粉、纸筋灰、石灰水废机油、柴油石蜡。

第三类隔离剂：废机油；石灰水、石灰水滑石粉。

要保证底层构件的控制应力，热轧钢筋不得大于屈服强度的 95%，钢丝、钢绞线和热处理钢筋不大于抗拉强度的 75%。后张法构件一般均采用千斤顶张拉，张拉力一般是用油压表控制，并用钢筋的伸长值来进行校核。

在张拉过程中，应该避免预应力筋断裂或滑脱，当发生断裂或滑脱时，对于后张法预应力结构构件，断裂或滑脱的数量严禁超过同一截面预应力筋总根数的 3%，且每束钢丝不得超过一根；对于多跨双向连续板，其同一截面应按每跨计算；对于先张法预应力构件，在浇筑混凝土前发生断裂或滑脱的预应力筋必须予以更换。

后张法预应力筋锚固后的外露部分宜采用机械方法切割，其外露长度不宜小于预应力筋直径的 1.5 倍，且不宜小于 30mm。

（6）孔道灌浆与锚具封闭防护

预应力筋张拉后应尽快进行灌浆，孔道内水泥浆应饱满、密实。孔道灌浆的目的是为了防止钢筋锈蚀，增加结构的耐久性，并使预应力筋与构件之间有良好的粘结力，有利于增加构件的整体性。

灌浆用的灰浆应能与钢筋及孔壁很好地粘结，因此灰浆应有较高的强度、足够的流动性、较好的保水性（3h 后的泌水率宜控制在 2%，最大不得超过 3%）和较小的干缩性。

由于水灰比对灰浆的干缩性、泌水性及流动性有直接影响，是保证灰浆质量的关键之一，故必须严格控制。要求灰浆应采用强度等级不低于32.5级的普通硅酸盐水泥调制，灌浆用水泥浆的水灰比不应大于0.45，灌浆用水泥浆的抗压强度不应小于$30N/mm^2$，泌水应该能在24h内全部重新被水泥吸收。

由于纯水泥浆沉缩性大，凝结后往往留有月牙形空隙，因此可在灰浆中掺入膨胀剂，以增加孔道的密实性。但严禁掺入对预应力具有腐蚀作用的外加剂。对单根钢筋预应力筋及孔隙较大的孔道，水泥浆中可掺入适量的细砂。

灌浆前，对抽管成孔的预留孔道要用压力水冲洗干净，对预埋成孔的可采用压缩空气清孔。对可能产生漏浆的部位应该进行封堵。灌浆可以用电动或手动灰浆泵进行。水泥浆倒入灰浆泵时应该过筛，以免管道发生堵塞。泵内应保持一定量的灰浆，以免漏入空气。

灌浆顺序应先下后上，以免上层孔道泥浆把下层孔道堵住。直线孔道灌浆可以从构件的一端到另一端，依次进行。在灌满孔道并封闭排气孔后，宜再继续加压至$0.5\sim 0.7MPa$，稳压2min后再封闭灌浆孔。在曲线孔道上由侧向灌浆时，应从孔道最低处开始向两端进行，直至最高点排气孔溢出浓浆为止。灌浆人员应穿戴保护用具，防止水泥浆射出伤人。

如果构件采用拼装方法施工时，灌浆时要做试块，当灰浆强度达到$15N/mm^2$以上，混凝土强度达到75%设计强度标准值时才允许吊装。

孔道灌浆完毕后，锚具的封闭保护应符合设计要求；当设计无具体要求时，应符合下列规定：应采取防止锚具腐蚀和遭受机械损伤的有效措施；凸出式锚固端锚具的保护层厚度不应小于50mm。外露预应力筋的保护层厚度：处于正常环境时，不应小于20mm；处于易受腐蚀的环境时，不应小于50mm。

3. 后张无粘结预应力混凝土工艺

后张无粘结预应力混凝土施工方法是在预应力钢筋表面涂刷防腐油脂或防腐沥青涂料层并包裹塑料布（管）后，按照设计的位置和形状铺设在安装好的模板内，然后浇筑混凝土，待混凝土达到设计要求后，进行预应力筋的张拉锚固。有粘结预应力体系是一种常规做法，需要留孔与灌浆，与混凝土粘结较好，能充分发挥预应力筋的设计强度，适用于集中配筋的重要部位，如大梁等重要结构。无粘结预应力体系是一项新技术，无需留孔与灌浆，施工方便，摩擦损失小，但不能充分发挥预应力筋的设计强度（可达设计强度的80%～85%），适用于为适应大开间、大柱网建筑结构分散配筋的楼板、配筋不多的小梁与密肋梁以及扁梁等。至于在大梁等重要结构中是否采用无粘结预应力体系，要看梁的负荷状况、施工要求及经济分析确定。

(1) 无粘结预应力筋

制作单根无粘结预应力筋时，宜优先选用防腐油脂作涂料层。使用防腐沥青时，用密缠塑料带作外包层，缠绕层数不少于两层。用防腐油脂作涂料层的无粘结筋的张拉摩擦系数不大于0.12，用防腐沥青作涂料层的无粘结筋的张拉摩擦系数不大于0.25。由于无粘结预应力筋的长度大，有时又呈曲线形，正确确定其摩阻损失十分重要。事实证明，塑料外包层和预应力筋的截面形式是影响摩阻损失的主要因素。

(2) 锚具

钢丝束无粘结筋的张拉端和固定端均可采用镦头锚具或夹片式锚具；钢绞线无粘结筋

的张拉端可用夹片式锚具，固定端宜用压花式埋固锚具。无粘结筋的锚具性能应符合 I 类锚具的规定。

（3）布筋工艺

预应力筋的铺设。在无粘结预应力筋使用前，应该逐根检查外包层，对轻微破坏者，可以用包塑料带的方法补好，对破坏严重者应予以报废。铺设无粘结筋时，可以用铁马凳控制其曲率，铁马凳的间距不宜大于 2.0m，并用钢丝与无粘结筋扎牢。对双向配筋的无粘结筋，应先铺设标高较低的无粘结筋，再铺设标高较高者，避免两个方向的无粘结筋相互穿插编结。

无粘结预应力筋的铺设，通常是在底部钢筋铺设后进行。水电管线一般宜在无粘结筋铺设后进行，且不得将无粘结筋的竖向位置抬高或压低。支座处负弯矩钢筋通常是在最后铺设。无粘结预应力筋的铺设应符合下列要求：无粘结预应力筋的定位应牢固，浇筑混凝土时不应出现移位和变形；端部的预埋锚垫板应垂直于预应力筋；内埋式固定端垫板不应重叠，锚具与垫板应贴紧；无粘结预应力筋成束布置时应能保证混凝土密实，并能裹住预应力筋；无粘结预应力筋的护套应完整，局部破损处应采用防水胶带缠绕紧密。

张拉端模板应按施工图中规定的无粘结预应力筋的位置钻孔。张拉端的承压板应使用钉子固定在木模板的端模板上或用点焊固定在钢筋上。

无粘结预应力曲线筋或折线筋末端的切线应与承压板相垂直，曲线段的起始点至张拉锚固点应有不小于 300mm 的。当张拉端采用凹入式做法时，可以采用塑料穴模或泡沫塑料、木块等形成凹口，如图 3-82 所示。

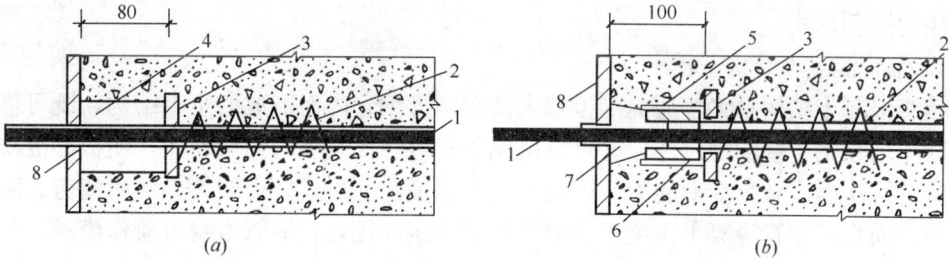

图 3-82 无粘结筋张拉端凹口做法
（a）泡沫穴模；（b）塑料穴模
1—无粘结筋；2—螺旋筋；3—承压钢板；4—泡沫穴模；5—锚环；6—带杯口的塑料套管；
7—塑料穴模；8—模板

（4）无粘结预应力筋的张拉

无粘结预应力筋张拉前，应清理锚垫板表面，并检查锚垫板后面的混凝土质量。如果有空鼓现象等质量缺陷，应在无粘结预应力筋张拉前修补完毕。板中的无粘结筋一般采用前卡千斤顶单根张拉，并用单孔夹片锚具锚固。单孔夹片锚具适用于锚固单根无粘结预应力钢绞线、钢丝束。单孔夹片锚具是由锚环与夹片组成，夹片的种类很多。按片数可以分为三片式或二片式。二片式夹片的背面上部锯有一条弹性槽，以提高锚固性能，但夹片容易沿纵向开裂；也有的通过优化夹片尺寸和改进热处理工艺，取消了弹性槽。按开缝形式可分为直开缝与斜开缝。直开缝夹片最为常用，斜开缝偏转角的方向应该与钢绞线的扭角相反。预应力筋锚固时，夹片自动跟进，不需要顶压。

无粘结预应力混凝土楼盖结构的张拉顺序，宜先张拉楼板，后张拉楼面梁。板中的无粘结筋，可依次张拉，梁中的无粘结筋宜对称张拉。无粘结曲线预应力筋的长度超过35m时，宜采取两端张拉。当筋长超过70m时，宜采取分段张拉。对成束无粘结筋，在正式张拉前宜先用千斤顶往复拉抽动1～2次，以降低张拉的摩阻损失。在无粘结筋张拉过程中，当有个别钢丝发生滑脱或断裂时，可相应降低张拉力，但滑脱或断裂的钢丝根数，不应超过结构同一截面钢丝总数的2%。在梁板顶面或墙壁侧面的斜槽内张拉无粘结预应力筋时，宜采用变角张拉装置。

　　无粘结预应力筋张拉伸长值的校核与有粘结预应力筋相同；对于超长无粘结筋，由于张拉初期的阻力大，初拉力以下的伸长值比常规推算伸长值小，应该通过试验修正。

　　(5) 封锚

　　无粘结筋张拉完毕后，无粘结预应力筋的锚固区，应立即用防腐油脂或水泥浆通过锚具或其他附件上的灌注孔，将锚固部位张拉形成的空腔全部灌注密实，以防无粘结筋发生局部锈蚀。无粘结预应力筋锚固后的外露长度不小于30mm，多余部分宜用手提砂轮锯切割，但不得采用电弧切割。在锚具与锚垫板表面涂上防水涂料。为了使无粘结筋端头全封闭，在锚具端头涂防腐润滑油脂后，要罩上封端塑料盖帽。

3.6　钢与混凝土组合结构施工技术

　　在高层建筑组合结构中，钢管混凝土结构、型钢混凝土结构是钢与混凝土组合结构主要采用的两种形式。

　　1. 钢管混凝土结构工程

　　钢管混凝土结构是将普通混凝土填入薄壁圆形钢管内而形成的组合结构，既可借助内填混凝土增强钢管壁的稳定性，又可借助钢管对核心混凝土的约束作业，使核心混凝土具有更高的抗压强度和抗变形能力，因此，具有强度高、质量轻、塑性好、耐疲劳、耐冲击等优点。而且，钢管混凝土在施工方面也具有一定的优点，钢管本身可兼作模板，可省去支模和拆模的工作；钢管兼有钢筋和箍筋的作用，制作钢管比制作钢骨架省工，钢管即劲性承重骨架，可省去支撑，缩短工期，施工不受季节限制。钢管混凝土最适合大跨、高层、重载和抗震、抗爆结构的受压杆件。

　　钢管可用直缝焊接的钢管、螺旋形缝焊接钢管和无缝钢管，其直径不得小于100mm，壁厚不宜小于4mm。钢管外径与壁厚之比 D/t 宜限制在 $85235/f_v\sim20$ 之间，此处 f_v 为钢材屈服强度；对于承重柱，为使其用钢量与一般混凝土相近，可取 D/t 为70左右；对于桁架，为使其自重与钢结构相似，可取 D/t 为25左右。为了减小变形和经济的考虑，钢管混凝土结构的混凝土强度等级不宜低于C30。钢管也可采用其他形式代替，如密排的螺旋形箍筋、方格钢筋网和复合方形箍筋等，以实现混凝土的套箍强化，见图3-83。

　　钢管混凝土结构施工兼有钢结构施工和混凝土结构施工的内容和特点。

　　(1) 钢管制作

　　钢管可用卷制焊接钢管，焊接时长直焊缝与螺旋焊缝均可，卷管方向应与钢板压延方向一致。卷管内径对 Q235 钢不应小于钢板厚度的 35 倍；对 16Mn 钢不应小于钢板厚度的 40 倍。卷制钢管前，应根据要求将板端开好坡口，坡口端应与管轴严格垂直。钢材应

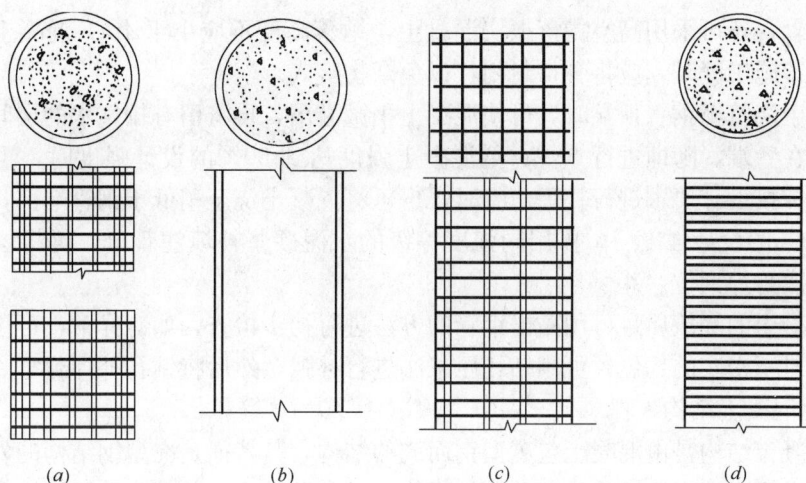

图 3-83 套箍混凝土

(a) 螺旋式和环形箍；(b) 钢管；(c) 横向方格钢筋网；(d) 预应力螺旋钢丝

有出厂合格证。

当用滚床卷管和手工焊接时，亦可采用直流电焊机进行反接焊接施工，以得到较稳定的焊弧，并能获得含氢量较低的焊缝；焊条型号应与主体金属强度相适应；焊缝质量应达到二级焊缝的要求。钢管内壁不得有油污等物。

（2）钢管柱拼接组装

根据运输条件，柱段长度一般以 10m 左右为宜；在现场组装的钢管柱的长度，应根据施工要求和吊装条件确定。钢管对接应严格保持焊后肢管平直，特别应注意焊接变形对肢管的影响。一般宜用分段反向焊接顺序，分段施焊应尽量保持对称；肢管对接间隙应适当放大 1.5～2.0mm，以抵消收缩变形。焊接前，小直径的钢管采用点焊定位；大直径的钢管可另用附加钢筋焊于钢管外壁作临时固定，固定点的间距以 300mm 为宜，且不少于 3 点。为确保连接处的焊缝质量，可在管内接缝处设置附加长度为 20mm、厚度为 3mm 的衬管，并与管内壁保持 0.5mm 的膨胀间隙，以确保焊缝根部的质量。

格构柱的肢管和腹杆的组装顺序应严格按工艺要求进行，两者的连接尺寸和角度必须准确，连接处的间隙应按板全展开图进行放样，且焊接次序应考虑焊接变形的影响。钢管构件必须在所有焊缝检查合格后方能按设计要求进行防腐处理，吊点的位置应有明显标记。

（3）钢管柱吊装

吊装时应注意减少吊装荷载作用下的变形，吊点位置应根据钢管本身的强度和稳定性验算后确定。当吊装钢管柱时，上口应包封，以防止异物落入管内；当采用预制钢管混凝土构件时，应待管内混凝土达到设计强度的 50% 后方可进行吊装。钢管柱吊装就位后，应立即进行校正并加以临时固定，以保证构件的稳定性。

（4）管内混凝土浇筑

在一般情况下，钢管内部无钢筋骨架，因此，混凝土浇筑十分方便。混凝土自钢管上口浇筑，并用振捣器振捣。当管径大于 350mm 时，采用内部振动器，每次振动时间不少于 30s，一次浇筑高度不宜超过 2m；当管径小于 350mm 时，可采用附着式捣动器捣实。

对大直径钢管，还可采用高空抛落振实混凝土，抛落高度不应小于 4m。混凝土浇筑宜连续进行，需留施工缝时，应将管口封闭，以免杂物落入。

当混凝土浇筑至钢管顶端时，可使混凝土稍微溢出，再将留有排气水的层间横隔板或封顶板紧压在管端，随即进行点焊；待混凝土强度达到 50% 的设计强度时，再将层间横隔板或封顶板按设计要求进行补焊。有时，也可将混凝土浇至稍低于钢管端部，待混凝土强度达到 50% 的设计强度后，再用同强度等级的水泥砂浆补填注管口，再将层间横隔板或封顶板一次封焊到位。

管内混凝土的浇筑质量可用敲击钢管的方法进行初步检查，如有异常，可用超声脉冲技术检测。对不密实的部位，可用钻孔压浆法进行补强，然后将钻孔补焊封牢。

2. 型钢混凝土结构工程

型钢混凝土结构是由混凝土包裹型钢而成的结构，其特征是在型钢结构的外面有一层混凝土外壳。型钢混凝土可作为多种构件，能组成各种结构，并可代替钢结构和钢筋混凝土结构应用于工业和民用建筑中，其中，型钢混凝土梁和柱是最基本的构件。型钢混凝土结构具有下述优点：

1）型钢混凝土中的型钢不受含钢率的限制，其构件的承载能力可以高于同样外形的钢筋混凝土构件的承载能力 1 倍以上，因而可以减小构件截面。特别是高层建筑，构件截面减小可以增加使用面积和层高，经济效益很大。

2）型钢在混凝土浇筑之前已形成钢结构，并具有较大的承载能力，能承受构件自重和施工荷载，因此，可将模板悬挂在型钢上，不需另设支撑，从而加快施工速度；在高层建筑中，型钢混凝土不必等待混凝土达到一定强度即可继续施工上层，因而可缩短工期；由于无临时立柱，为进行设备安装提供了可能。

3）型钢混凝土结构的延性比钢管混凝土结构明显提高，尤其是实腹式型钢，因而，此种结构具有良好的抗震性能。

4）型钢混凝土结构较钢结构在耐久性、耐火性等方面均胜一筹，且型钢混凝土框架较钢框架可节省钢材 50% 或者更多。

型钢混凝土中的型钢，除采用轧制型钢外，还可广泛采用焊接型钢，并配合使用钢筋和钢箍。型钢分为实腹式和空腹式两种（图 3-84）。实腹式型钢可用型钢或钢板焊成，常用截面形式为工字形、I 形、〔形、T 形、十字形等和矩形及圆形钢管，其制作简便，承载能力大；空腹式构件的型钢由缀板或缀条连接角钢或槽钢组成，其构件较节省材料。

(1) 型钢混凝土结构构造

1) 型钢混凝土梁

型钢混凝土梁的实腹式型钢一般为工字形，可用轧制工字钢和 H 型钢，但大多是用钢板焊制的，焊成的截面可根据需要设计，上下翼缘不必相等，沿梁全长也不必强求一律，以充分发挥材料的性能为前提，尽量节约钢材。有时采用两根槽钢做成实腹式截面，便于穿过管道或剪力墙的钢筋。

型钢混凝土梁的空腹式型钢一般采用角钢焊成桁架，腹杆可用小角钢或圆钢，圆钢直径不宜小于其长度的 1/40；当上、下弦杆间距大于 600mm 时，腹杆宜用角钢。

框架梁的型钢应与柱子的型钢做成刚性连接，梁的自由端应设置专门的锚固件，可将钢筋焊在角钢上，或用角钢、钢板做成刚性支座。

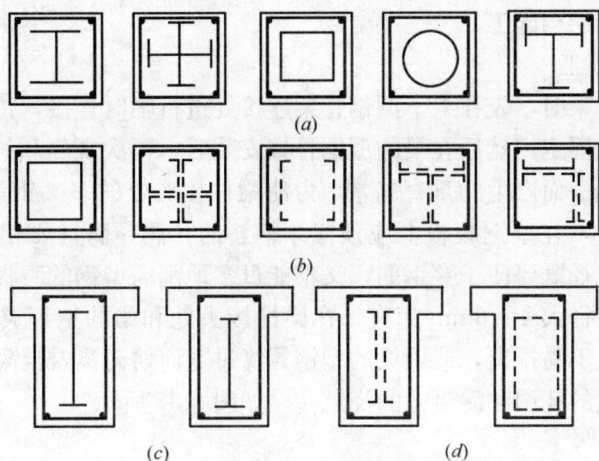

图 3-84　型钢混凝土柱、梁截面

(a) 实腹式型钢混凝土柱截面；(b) 空腹式型钢混凝土柱截面；(c) 实腹式型钢
混凝土梁截面；(d) 空腹式型钢混凝土梁截面

2) 型钢混凝土柱

型钢混凝土柱的实腹式型钢多用钢板焊接而成，通常十字形截面用于中柱，T 字形截面用于边柱，L 形截面用于角柱；空腹式型钢一般由角钢或 T 型钢作为纵向受力构件，圆钢或角钢作为腹杆。也可用钢板作为缀板型钢，缀板型钢混凝土柱的抗震性能类似于钢筋混凝土柱，但不如有斜腹杆的桁架型钢柱的抗震性能好。

3) 梁柱节点

梁柱节点设计和施工都应重视，图 3-85 为实腹式型钢截面常用的几种梁柱节点形式。

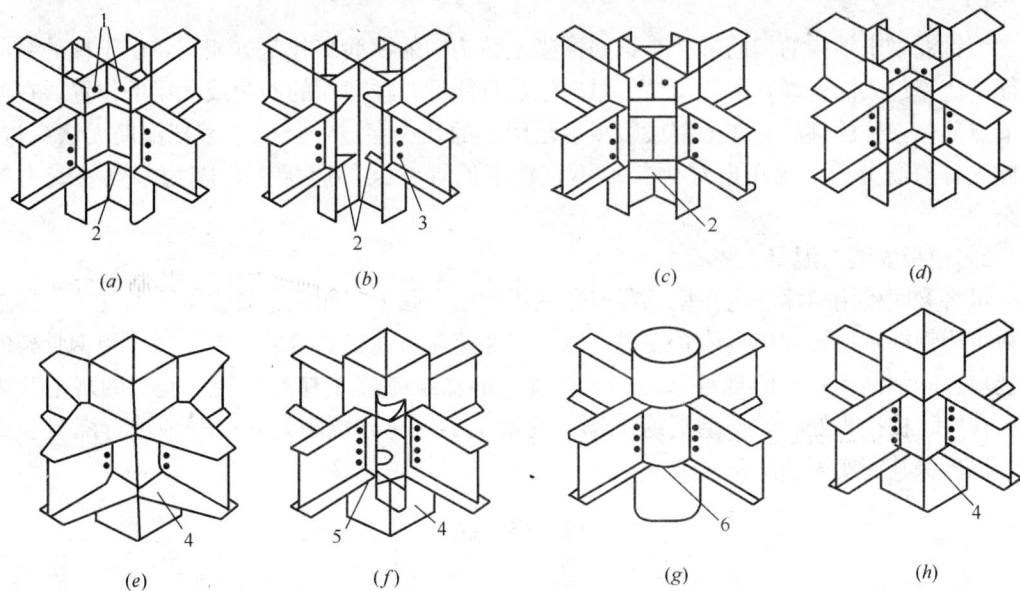

图 3-85　实腹式型钢梁柱节点

(a) 水平加劲板式；(b) 水平三角加劲板式；(c) 垂直加劲板式；(d) 梁翼缘贯通式；(e) 外隔板式；
(f) 内隔板式；(g) 加劲环式；(h) 贯通隔板式

1—主筋贯通孔；2—加劲板；3—箍筋贯通孔；4—隔板；5—留孔；6—加劲环

（2）型钢混凝土结构施工

1）型钢和钢筋施工

安装柱的型钢骨架时，先在上下型钢骨架连接处进行临时连接，待纠正垂直偏差后再进行焊接或高强螺栓固定，然后在梁的型钢骨架安装后，再次观测和纠正因荷载增加、焊接收缩或螺栓松紧不一而产生的垂直偏差。为使梁柱接头处的多叉钢筋贯通且互不干扰，加工柱的型钢骨架时，在型钢腹板上应预留穿钢筋的孔洞，而且要相互错开，如图 3-86 所示。预留孔洞的孔径既要便于穿钢筋，又不能过多地削弱型钢的腹板，因此，一般预留孔洞的孔径较钢筋直径大 4～6mm 为宜。在梁柱接头处和梁的型钢翼缘下部，由于浇筑混凝土时有部分空气不易排出，或因梁的型钢翼缘过宽而妨碍浇筑混凝土，因此，应在一些部位预留排除空气的孔洞和混凝土的浇筑孔，如图 3-87 所示。

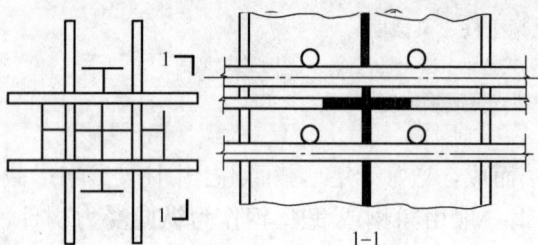

图 3-86　梁柱接头处穿钢筋预留孔的位置

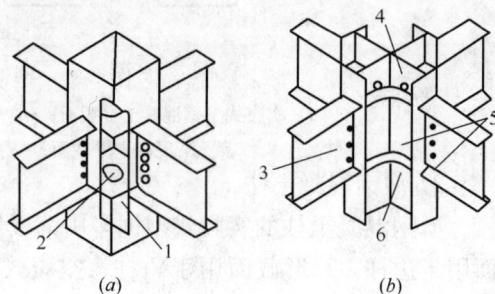

图 3-87　梁柱接头处预留孔洞位置
1—柱内加劲肋板；2—混凝土浇筑孔；3—箍筋通过孔；4—梁主筋通过孔；5—排气孔；6—柱腹板加劲肋

型钢混凝土结构的钢筋绑扎与钢筋混凝土结构中的钢筋绑扎基本相同，由于柱的纵向钢筋不能穿过梁的翼缘，因此，柱的纵向钢筋只能设在柱截面的四角或无梁的位置。在梁柱节点部位，柱的箍筋应在型钢梁腹板上已留好的孔中穿过，但由于整把箍筋无法穿过，因此先将箍筋分段，再用电焊焊接；不宜将箍筋焊在梁的腹板上，因为节点处受力较复杂。

2）模板安装与混凝土浇筑

可将梁底模用螺栓固定在型钢梁或角钢桁架的下弦上，而完全省去梁下的支撑。楼盖模板可用钢框木模板和快拆体系支撑，以达到加速模板周转的目的。施工时，型钢骨架的安装应遵守钢结构有关的规范和规程；混凝土的浇筑应遵守有关混凝土施工的规范和规程。在梁、柱接头处和梁型钢翼缘下部等混凝土不易充分填满处，应仔细进行浇筑和捣实，以确保其密实度和防止开裂。

思　考　题

一、名词解释：

1. 模板；2. 组合钢模板；3. 滑模；4. 大模板；5. 爬模；6. 台模；7. 闪光对焊；8. 带肋钢筋套筒挤压连接；9. 电渣压力焊；10. 钢筋配料；11. 施工缝；12. 自然养护；13. 预应力混凝土；14. 先张法；15. 后张法；16. 控制应力 σ_{con}；17. 钢管混凝土结构；18. 型钢混凝土结构

二、简答题：

1. 模板的分类有哪些？对模板系统的基本要求是什么？
2. 组合钢模板由几部分构成？
3. 组合钢模板配板时应遵照什么原则？
4. 模板工程设计的目的是什么？有哪些设计内容？
5. 钢筋的进场验收应注意哪些方面的内容？
6. 钢筋常用的焊接工艺有哪些？钢筋焊接的一般规定是什么？
7. 混凝土拌合物运输的基本要求是什么？
8. 泵送混凝土工艺对混凝土材料的要求是什么？
9. 浇筑混凝土时如何防止离析？
10. 如何正确留置混凝土施工缝？
11. 混凝土振动密实的原理是什么？
12. 混凝土质量检查包括哪些内容？
13. 混凝土冬期施工原理是什么？
14. 大体积混凝土结构，为防止其在施工中产生温度裂缝，应着重从哪几个方面进行控制？
15. 大体积混凝土施工阶段产生的温度裂缝原因有哪些？
16. 简述先张法的施工工艺。
17. 预应力钢筋的张拉程序有哪些？
18. 简述后张无粘结预应力混凝土工艺。
19. 简述型钢混凝土结构具有的优点。

第4章 钢 结 构

钢结构是从承重骨架的材料角度定义的，即指结构体系中主要受力构件由钢材做成的房屋建筑。钢结构房屋的结构体系主要是由钢板、热轧型钢或冷加工成型的薄壁型钢通过连接、制造、组装而成，和其他材料的房屋结构相比，具有以下几个方面的特点：

（1）强度高，质量轻。

钢材与其他建筑材料诸如混凝土、砖石和木材相比，强度要高得多，弹性模量也高，因此结构构件质量轻且截面小，特别适用于跨度大、荷载大的构件和结构。即使采用强度较低的钢材，其强度与密度的比值也比混凝土和木材大得多，从而在同样受力条件下的钢结构自重轻。结构自重的降低，可以减小地震作用，进而减小结构内力，还可以使基础的造价降低，这个优势在软土地区更加明显。此外，构件轻巧也便于运输和安装。

（2）材料均匀，塑性、韧性好，抗震性能优越。

由于钢材组织均匀，接近各向同性，而且在一定的应力幅度内几乎是完全弹性的，弹性模量大，有良好的塑性和韧性，为理想的弹性—塑性体。钢结构的实际工作性能比较符合目前采用的理论计算模型，因此可靠性高。

钢材塑性好，钢结构不会因偶然超载或局部超载而突然断裂破坏；钢材韧性好，使钢结构较能适应振动荷载，地震区的钢结构比其他材料的工程结构更耐震，钢结构一般是地震中损坏最少的结构。

（3）制造简单，工业化程度高，施工周期短。

钢结构所用的材料单纯，且多是成品或半成品材料，加工比较简单，并能够使用机械操作，易于定型化、标准化，工业化生产程度高。因此，钢构件一般在专业化的金属结构加工厂制作而成，精度高，质量稳定，劳动强度低。

构件在工地拼装时，多采用简单方便的焊接或螺栓连接，钢构件与其他材料构件的连接也比较方便。有时钢构件还可以在地面拼装成较大的单元后再进行吊装，以降低高空作业量，缩短施工工期。施工周期短，使整个建筑更早投入使用，不但可以缩短贷款建设的还贷时间，减少贷款利息，而且提前收到投资回报，综合效益高。

（4）构件截面小，有效空间大。

由于钢材的强度高，构件截面小，所占空间也就小。以相同受力条件的简支梁为例，混凝土梁的高度通常是跨度的 1/10~1/8，而钢梁约是 1/16~1/12，如果钢梁有足够的侧向支承，甚至可以达到 1/20，有效增加了房屋的层间净高。在梁高相同的条件下，钢结构的开间可以比混凝土结构的开间大 50%，能更好地满足建筑上大开间、灵活分割的要求。柱的截面尺寸也类似，避免了"粗柱笨梁"现象，室内视觉开阔，美观方便。

另外，民用建筑中的管道很多，如果采用钢结构，可在梁腹板上开洞以穿越管道，如果采用混凝土结构，则不宜开洞，管道一般从梁下通过，从而要占用一定的空间。因此在楼层净高相同的条件下，钢结构的楼层高度要比混凝土的小，可以减小墙体高度，并节约室内空调所需的能源，减小房屋维护和使用费用。

（5）节能、环保。

与传统的砌体结构和混凝土结构相比，钢结构属于绿色建筑结构体系。钢结构房屋的墙体多采用新型轻质复合墙板或轻质砌块，如高性能 NALC 板（即配筋加气混凝土板）、复合夹心墙板、幕墙等；楼（屋）面多采用复合楼板，如压型钢板—混凝土组合板、轻钢龙骨楼盖等，符合建筑节能和环保的要求。

钢结构的施工方式为干式施工，可避免混凝土湿式施工所造成的环境污染。钢结构材料还可利用夜间交通流畅期间运送，不影响城市闹市区建筑物周围的日间交通，噪声也小。另外，对于已建成的钢结构也比较容易进行改建和加固，用螺栓连接的钢结构还可以根据需要进行拆迁，也有利于环境保护。

（6）钢材耐热性好，但耐火性差。

钢材耐热而不耐火，随着温度升高而强度降低。温度在 250℃ 以内，钢的性质变化很小，温度达到 300℃ 以后，强度逐渐下降，达到 450～650℃ 时，强度为零。因此，钢结构的防火性比钢筋混凝土差，一般用于温度不高于 250℃ 的场所。当钢结构长期受到 100℃ 辐射热时，钢材不会有质的变化，具有一定的耐热性；当温度到 150℃ 以上时，需要隔热层加以保护。有特殊防火要求的建筑，钢结构更需要用耐火材料围护，对于钢结构住宅或高层建筑钢结构，应根据建筑物的重要性等级和防火规范加以特别处理。例如，利用蛭石板、蛭石喷涂层、石膏板或 NALC 板等加以防护。防护使钢结构造价有所提高。

（7）钢材耐腐蚀性差，应采取防护措施。

钢材在潮湿环境中易于锈蚀，处于有腐蚀性介质的环境中更易生锈，因此，钢结构必须进行防锈处理。尤其是暴露在大气中的结构、有腐蚀性介质的化工车间以及沿海建筑，更应特别注意防腐问题。

钢结构的防护可采用油漆、镀铝（锌）复合涂层。但这种防护并非一劳永逸，需相隔一段时间重新维修，因而其维护费用较高。目前国内外正发展不易锈蚀的耐候钢，此外，长效油漆的研究也取得进展，使用这种防护措施可延长钢结构寿命，节省维护费用。

虽然钢结构体系具有很多优点，但我国毕竟还处于发展的初期阶段，目前需要解决的问题还很多，比如钢结构技术及配套体系有待于进一步开发、研究和完善；需要妥善解决防腐、防火问题；工程造价也需要进一步降低。

4.1 建筑钢材的主要性能及其分类

我国《钢结构设计规范》GB 50017—2003 推荐的结构钢材主要有以下四个牌号：Q235、Q345、Q390 和 Q420。Q235 属于普通碳素结构钢，其余为低合金高强度结构钢。

1. 力学性能

钢材的力学性能是指标准条件下钢材的屈服强度、抗拉强度、伸长率、冷弯性能和冲击韧性等，也称机械性能。

（1）屈服强度

钢材单向拉伸应力—应变曲线中屈服平台对应的强度称为屈服强度，也称屈服点，是建筑钢材的一个重要力学特征。屈服点是弹性变形的终点，而且在较大变形范围内应力不会增加，形成理想的弹塑性模型。低碳钢和低合金钢都具有明显的屈服平台，而热处理钢材和高碳钢则没有。

（2）抗拉强度

单向拉伸应力—应变曲线中最高点所对应的强度，称为抗拉强度，它是钢材所能承受的最大应力值。由于钢材屈服后具有较大的残余变形，已超出结构正常使用范畴，因此抗拉强度只能作为结构的安全储备。

（3）伸长率

伸长率是试件断裂时的永久变形与原标定长度的百分比。伸长率代表钢材断裂前具有的塑性变形能力，这种能力使得结构制造时，钢材即使经受剪切、冲压、弯曲及捶击作用产生局部屈服而无明显破坏。伸长率越大，钢材的塑性和延性越好。

屈服强度、抗拉强度、伸长率是钢材的三个重要力学性能指标，钢结构中所有钢材都应满足规范对这三个指标的规定。

（4）冷弯性能

根据试样厚度，在常温条件下按照规定的弯心直径将试样弯曲 $180°$，其表面无裂纹和分层即为冷弯合格。冷弯性能是一项综合指标，冷弯合格一方面表示钢材的塑性变形能力符合要求，另一方面也表示钢材的冶金质量（颗粒结晶及非金属夹杂等）符合要求。重要结构中需要钢材有良好的冷、热加工工艺性能时，应有冷弯试验合格保证。

（5）冲击韧性

冲击韧性是钢材抵抗冲击荷载的能力，它用钢材断裂时所吸收的总能量来衡量。单向拉伸试验所表现的钢材性能都是静力性能，韧性则是动力性能。韧性是钢材强度、塑性的综合指标，韧性越低则发生脆性破坏的可能性越大。韧性值受温度影响很大，当温度低于某一值时将急剧下降，因此应根据相应温度提出要求。

2. 化学成分

碳素结构钢由纯铁、碳及多种杂质元素组成，其中纯铁约占 99%。低合金结构钢中，还加入合金元素，但总量通常不超过 5%。钢材的化学成分对其性能有着重要的影响。

碳（C）是形成钢材强度的主要成分。纯铁较软，而化合物渗碳体及混合物珠光体则十分坚硬，钢的强度来自渗碳体和珠光体。碳含量提高，钢材强度提高，但塑性、韧性、冷弯性能、可焊性及抗锈蚀性能下降，因此不能采用碳含量高的钢材。含碳量低于 0.25% 时为低碳钢，介于 0.25%～0.6% 时为中碳钢，大于 0.6% 时为高碳钢，结构用钢材的含碳量一般不大于 0.22%。

锰（Mn）、硅（Si）、钒（V）、铌（Nb）、钛（Ti）都是有益元素，我国低合金钢都含有后三种元素，作为锰以外的合金元素。硫（S）、磷（P）、氧（O）、氮（N）则都是有害元素，因此其含量必须严格控制。

3. 建筑钢材的类别

（1）钢材牌号的表示方法

钢材的牌号也称钢号，如 Q235-B·F，由以下四部分按顺序组成：

1）代表屈服强度的字母"Q"，是屈服强度中"屈"字的第一个汉语拼音字母；

2）钢材名义屈服强度值，单位为 N/mm^2；

3）钢材质量等级符号，碳素钢和低合金钢的质量等级数量不相同，Q235 有 A、B、

C、D 四个级别，Q345、Q390 和 Q420 则有 A、B、C、D、E 五个级别，A 级质量最低，其余按字母顺序依次增高；

4）钢材脱氧方法符号，有沸腾钢（符号 F）、半镇静钢（符号 b）、镇静钢（符号 Z）和特殊镇静钢（符号 TZ）四种，其中镇静钢和特殊镇静钢的符号可以省去。

对于高层钢结构和重要钢结构，根据行业标准《高层建筑结构用钢材》YB 4104—2000 的规定，其牌号的表示方法有所不同，如 Q345GJC，有以下四部分顺序组成：

1）代表屈服强度的字母"Q"；

2）钢材名义屈服强度值，单位为 N/mm^2；

3）代表高层建筑的汉语拼音字母"GJ"；

4）质量等级符号，有 C、D、E 三种。

（2）碳素结构钢

根据国家标准《碳素结构钢》GB/T 700—2006 的规定，依据屈服点不同，碳素结构钢分为 Q195、Q215、Q235、Q255 及 Q275 五种。Q195 和 Q215 的强度较低，而 Q255 和 Q275 的含碳量较高，已超出低碳钢的范畴，故 GB 50017 仅推荐了 Q235 这一钢号。

（3）低合金高强度结构钢

国家标准《低合金高强度结构钢》GB/T 1591—2008 规定，低合金高强度结构钢分为 Q295、Q345、Q390、Q420 及 Q460 等五种，其中 Q345、Q390 和 Q420 是 GB50017 推荐使用的钢种，目前最常用的是 Q345 钢。

（4）国产板材及型材的规格

钢结构构件宜优先选用国产型材，以减少加工量，降低造价。型材有热轧和冷成型两类。当型材尺寸不合适时，则用钢板、型材制作。各种规格及截面特征均应按相应技术标准选用，钢结构常用板材、型材的技术标准如下：

1）《热轧钢板和钢带》GB 709—2006，厚度 0.5～200mm，用"一"表示。

2）《冷轧钢板和钢带》GB 708—2006，厚度 0.2～5.0mm。

3）《花纹钢板》GB/T 3277—1991，厚度 2.5～8.0mm。

4）《高层建筑结构用钢板》YB 4104—2000，厚度 16～100mm。

5）《热轧 H 型钢和剖分 T 型钢》GB/T 11263—2005，分宽翼缘（HW）、中翼缘（HM）、窄翼缘（HN）、桩用（HP）四个系列，截面高度 100～700mm，截面表示方法：HN350×175×7×11（截面高度×截面宽度×腹板厚度×翼缘厚度）。

6）《热轧工字钢》GB 706—1988，截面高度 100～630mm，自 I20 起，每种高度有 b 型或 b、c 型加厚截面规格，如 I36b、I36c。

7）《热轧槽钢》GB 707—1988，截面高度 50～400mm，自 [14 起，每种高度有 b 型或 b、c 型加厚截面规格，如 [25b、[25c。

8）《热轧等边角钢》GB 9787—1988，规格 L20×3～L200×24。

9）《热轧不等边角钢》GB 9788—1988，规格 L25×16×3～L200×125×18。

10）《焊接 H 型钢》YB 3001—2005，规格 BH300×200×6×10～BH1200×600×14×25。

11）《高频焊薄壁 H 型钢》JG/T 137—2001，规格 FLH100×50×2.3×3.2～FLH400×200×6×8。

12)《无缝钢管》GB/T 8162—2008，规格○32×2.5～○630×16。

13)《直缝电焊钢管》GB/T 13793—2008，规格○32×2～○630×5.5。

14)《螺旋焊钢管》GB 9711—88，规格○219.1×5.5～○1420×16。

15)《通用冷弯开口型钢》GB 6723—1986，包括冷弯角钢、冷弯 C 型钢、冷弯 Z 型钢。

(5) 焊接材料

焊条的型号根据熔敷金属力学性能、药皮类型、焊接方位和焊接电流种类分为很多种类，焊条直径的基本尺寸有 1.6、2.0、2.5、3.2、4.0、5.0、5.6、6.0、6.4、8.0mm 等规格。

碳素钢焊条有 E43 系列（E4300～E4316）和 E50 系列（E5001～E5048）两类，低合金钢焊条也有 E50 系列（E5000-×～E5027-×）和 E55 系列（E5500-×～E5518-×）两类。

焊丝是成盘的金属丝，按其化学成分及采用熔化极气体保护电弧焊时熔敷金属的力学性能进行分类，直径有 0.5、0.6、0.8、1.0、1.2、1.4、1.6、2.0、2.5、3.0、3.2mm 等规格。碳素钢焊丝和低合金钢焊丝的型号有 ER50 系列、ER55 系列、ER62 系列、ER69 系列等。

(6) 螺栓

钢结构连接用螺栓性能等级分 3.6 级、4.6 级、4.8 级、5.6 级、6.8 级、8.8 级、9.8 级、10.9 级、12.9 级等 10 余个等级，其中 8.8 级及以上螺栓材质为低碳合金钢或中碳钢并经热处理（淬火、回火），通称为高强度螺栓，其余通称为普通螺栓。

螺栓性能强度等级由两部分数字组成，分别表示螺栓材料的公称抗拉强度值和屈强比值。例如，性能等级 4.6 级的螺栓，其含义是：

1) 螺栓材质公称抗拉强度达 400MPa 级；

2) 螺栓材质的屈强比值为 0.6；

3) 螺栓材质的公称屈服强度达 400×0.6＝240MPa 级。

性能等级 10.9 级的高强度螺栓，其材料经过热处理后，能达到：螺栓材质公称抗拉强度达 1000MPa 级；螺栓材质的屈强比为 0.9；螺栓材质的公称屈服强度达 1000×0.9＝900MPa。

高强度螺栓采用经过热处理的高强度钢材做成，从性能等级上可分为 8.8 级和 10.9 级，记作 8.8s、10.9s，符号含义同普通螺栓。高强度螺栓从受力特征上可分为摩擦型连接、承压型连接两类。根据螺栓构造及施工方法不同，可分为大六角头高强度螺栓和扭剪型高强度螺栓两类，尺寸及规格见附录 2。8.8 级仅用于大六角头高强度螺栓，10.9 级用于扭剪型高强度螺栓和大六角头高强度螺栓。一个螺栓连接副包括螺栓、螺母、垫圈三部分。

普通螺栓包括 C 级螺栓、A 级和 B 级螺栓。C 级螺栓也称粗制螺栓，一般由 Q235 钢制成，包含 4.6 级和 4.8 级两个级别。级别符号含义以 4.6 为例："4"表示材料的最低抗拉强度为 400N/mm^2，"6"表示屈强比（屈服强度与抗拉强度的比值）为 0.6。C 级螺栓加工粗糙，制造安装方便，但需要的数量较多。A、B 级螺栓也称精制螺栓，加工尺寸精确，制造安装复杂，目前在钢结构中已比较少用。

（7）圆柱头栓钉

圆柱头栓钉是一个带圆柱头的实心钢杆，在钉头埋嵌焊丝，起到拉弧的作用。它需要专用焊机焊接，并配置焊接瓷环，以保证焊接质量。圆柱头栓钉适用于各类钢结构构件的抗剪件、埋设件和锚固件。

焊接瓷环根据焊接条件分为下列两种类型：B1 型，用于栓钉直接焊于钢梁、钢柱上，B2 型用于栓钉穿透压型钢板后焊于钢梁上。圆柱头栓钉的规格、外形尺寸见附录 2。国家标准《电弧螺柱焊用圆柱头焊钉》GB/T 10433—2002 规定的公称直径有 6～22mm 共七种，钢结构及组合楼板中常用的栓钉直径有 16mm、19mm 和 22mm 三种。

（8）锚栓

锚栓是用于钢构件与混凝土构件之间的连接件，如钢柱柱脚与混凝土基础间的连接、钢梁与混凝土墙体的连接等。锚栓分受力和构造配置两种，受力时仅考虑承受拉拔力，构造配置主要起安装定位作用。

锚栓是一种非标准件，直径和长度随工程情况而定，用于柱脚时通常采用双螺母紧固，以防止松动。锚栓一般采用未经加工圆钢制作而成，材料宜采用 Q235 钢或 Q345 钢。

4.2 钢结构工程的加工制作

1. 钢结构的制作特点

（1）钢结构制作的基本元件大多系热轧型材和板材。用这些元件组成薄壁细长构件，外部尺寸小，重量轻，承载力高。虽然说，钢材的规格和品种有一定的限度，但我们可以把这些元件组成各种各样的几何形状和尺寸的构件，以满足设计者的要求。构件的连接可以焊接、栓接、铆接、粘结来形成刚接和铰接等多种连接形式。

（2）完整的钢结构产品，需要通过将基本元件使用机械设备和成熟的工艺方法，进行各种操作处理，达到规定的产品预定的要求目标。现代化的钢结构制造厂应具有进行冲、切、剪、折、割、钻、铆、焊、喷、压、滚、弯、卷、刨、铣、磨、锯、涂、抛、热处理、无损检测等加工能力的设备，并辅以各种专用胎具、模具、夹具、吊具等工艺装备，对所设计的钢结构构件，几乎所有的形状和尺寸都能按设计达到要求，而且制作也渐渐趋向于高精度、高水平。

（3）钢结构间的连接也由原来的铆接发展成焊接和高强度螺栓连接。目前钢结构构件的连接，大多为混合式，一般在工厂的制作均以焊接速接居多，现场的螺栓速接居多，或者部分相互交叉使用。

2. 钢结构工程加工制作的准备工作

建筑钢结构工程由于构件类型多、技术复杂、制作工艺要求严格，一般均由专业工厂来加工，并组织大流水作业生产。加工前应做好准备工作，包括审查设计图纸；绘制加工工艺图，并据此编制钢结构制作的指导书；备料，不仅应算出材料的净用量，要考虑一定的损耗量，目前国内外都以采取增加加工余量的方法来代替损耗。

（1）图纸审核的主要内容

1）设计文件是否齐全，设计文件包括设计图、施工图、图纸说明和设计变更通知单等。

2) 构件的几何尺寸是否齐全。

3) 相关构件的尺寸是否正确。

4) 节点是否清楚，是否符合国家标准。

5) 标题栏内构件的数量是否符合工程总数。

6) 构件之间的连接形式是否合理。

7) 加工符号、焊接符号是否齐全。

8) 结合本单位的设备和技术条件考虑，能否满足图纸上的技术要求。

9) 图纸的标准化是否符合国家规定等。

（2）编制工艺规程

钢结构构件的制作是一个严密的流水作业过程，除生产计划外，制作单位应编制出完整、正确的施工工艺规程，以确保技术上的先进性、经济上的合理性以及具有良好的劳动条件和安全性。对于普遍通用性的问题，则可以制定工艺守则，说明工艺要求和工艺规程。

根据产品的特点、工程量的大小和安装施工进度，将整个工程划分成若干个生产工号或生产单元，以便分批投料、配套加工、配套出成品。

从施工详图中摘出零件，编制出工艺流程表或工艺过程卡，内容包括零件名称、件号、材料牌号、规格、件数、工序顺序号、工序名称和内容、所用设备和工艺装备的名称及编号、工时定额等。除此之外，关键零件应标注加工尺寸和公差，重要工序应画出工序图等。

（3）配料与材料拼装

根据来料尺寸和用料要求统筹安排、合理配料。当钢材不是根据所需的尺寸采购，或零件尺寸过长、大而无法生产、运输时，还应根据材料的实际需要进行拼接，并按相应的要求确定拼接位置。

备料时根据施工图纸材料表算出各种材质、规格的材料净用量，再加一定数量的损耗，编制材料预算计划提出材料预算时，需根据使用长度合理订货，以减少不必要的拼接和损耗。对拼接位置有严格要求的吊车梁翼缘和腹板等，配料时要与桁架的连接板搭配使用，即优先考虑翼缘板和腹板，将配下的余料做小块连接板。小块连接板不能采用整块钢板切割，否则计划需用的整块钢板就可能不够应用，而翼缘和腹板割下的余料则没有用处。使用前应对每一批钢材核对质量保证书，必要时应对钢材的化学成分和机械性能进行复验，以保证符合钢材的损耗率，为考核各种钢材实际消耗的平均值，工程预算一般按实际所需加 10% 提出材料需用量。

（4）编制工艺卡和零件流水卡

根据工程设计图纸和技术文件提出的构件成品要求，确定各加工工序的精度要求和质量要求，并结合单位的设备状态和实际的加工能力、技术水平，确定各个零件下料、加工的流水顺序，即编制出零件流水卡。工艺卡包含的内容一般为确定各工序采用的设备和工装模具；确定各工序的技术参数、技术要求、加工余量、加工公差、检验方法及标准，以及确定材料定额和工时定额等。

（5）工艺试验

工艺试验分焊接试验、摩擦面的抗滑移系数试验和工艺性试验三种，通过试验获得的技术资料和数据是编制技术文件的重要依据，用以指导工程施工。

(6) 组织技术交底

钢结构构件的生产从投料开始，经过下料、加工、装配、焊接等一系列的工序过程，在这样一个综合性的加工生产过程中要确保工程质量，就要要求制作单位在投产前必须组织技术交底，并通过对制作中的难题进行研究讨论和协商，达到意见统一，以解决生产过程中的具体问题。

技术交底准备及其内容有：根据构件尺寸考虑原材料对接方案和接头在构件中的位置；考虑总体的加工工艺方案及重要工装方案；对构件的结构不合理处或施工有困难的，要与需方或者设计单位做好变更签证手续；列出图纸中的关键部位或者有特殊要求的地方加以重点说明。

3. 钢结构构件的加工制作工艺流程

(1) 放样

在整个钢结构制造中，放样工作是非常重要的一环，因为所有的零件尺寸和形状都必须先行放样，然后依样进行加工，最后才把各个零件装配成一个整体。因此，放样工作的准确与否将直接影响产品的质量。

放样即根据加工工艺图，以 1:1 的要求放出各种接头节点的实际尺寸，并对图纸尺寸进行核对。对平面复杂的结构如圆弧等，要在平整的地面上放出整个结构的大样，制作出样板和样杆以作为下料、铣平、剪制、制孔等加工的依据。在制作样板和样杆时应考虑加工余量（一般为 5mm）；对焊接构件应按工艺需要增加焊接收缩余量（表 4-1），钢柱的长度必须增加荷载压缩的变形量。如图纸要求桁架起拱，放样时上、下弦应同时起拱，并规定垂直杆的方向仍然垂直水平线，而不与下弦垂直。

放样应在专门的钢平台或平板上进行，平台应平整，尺寸应满足工程构件的尺寸要求，放样划线应准确清晰。样板和样杆是构件加工的标准，应使用质轻、坚固不宜变形的材料（如薄钢板、扁板、塑料等）制成并精心使用，妥善保管，其允许偏差应符合相应的规定。

焊 接 收 缩 余 量 表 4-1

结构类型	焊件特征和板厚	焊缝收缩量（mm）
钢板对接	各种板厚	长度方向每米焊缝 0.7； 宽度方向每个接口 1.0
实腹结构及 焊接 H 型钢	断面高不大于 100mm 且板厚不大于 25mm	四条纵焊缝每米共缩 0.6； 焊透梁高收缩 1.0； 每对加劲焊缝，梁的长度收缩 0.3
	断面高不大于 100mm 且板厚大于 25mm	四条纵焊缝每米共缩 1.4； 焊透梁高收缩 1.0； 每对加劲焊缝，梁的长度收缩 0.7
	断面高大于 100mm 的 各种板厚	四条纵焊缝每米共缩 0.2； 焊透梁高收缩 1.0； 每对加劲焊缝，梁的长度收缩 0.5
格构式结构	屋架、托架、支架等轻型桁架	接头焊缝每个接口为 1.0； 搭接贴角焊缝每米 0.5
	实腹柱及重型桁架	搭接贴角焊缝每米 0.25

结构类型	焊件特征和板厚	焊缝收缩量（mm）
圆筒形结构	板厚不大于16mm	直焊缝每个接口周长收缩1.0； 环焊缝每个接口周长收缩1.0
	板厚大于16mm	直焊缝每个接口周长收缩2.0； 环焊缝每个接口周长收缩2.0

（2）号料

根据放样提供的构件零件的材料、尺寸、数量，在钢材上画出切割、铣、刨边、弯曲、钻孔等加工位置，并标出零件的工艺编号。号料前，应根据图纸用料要求和材料尺寸合理配料，尺寸大、数量多的零件应统筹安排、长短搭配、先大后小或套材号料；号料时，应根据工艺图的要求尽量利用标准节头节点，使材料得到充分的利用而损耗率降到最低值；大型构件的板材宜使用定尺料，使定尺的宽度或长度为零件宽度或长度的倍数；另外，根据材料厚度和切割方法适当增加切割余量（表4-2）。号料的允许偏差应符合相应的规定。

切割余量　　　　　　　　　　表4-2

序 号	切割方式	材料厚度（mm）	割缝宽度留量（mm）
1	剪、冲下料		不留
2	气割下料	不大于10	1～2
		10～20	2.5
		20～40	3.0
		40以上	4.0

（3）下料

钢材的下料方法有气割、机械剪切、等离子切割和锯切等，下料的允许偏差应符合相应的规定。

1）气割

利用氧气和燃料燃烧时产生的高温熔化钢材，并以高压氧气流进行吹扫，使金属按要求的尺寸和形状切割成零件。它可以对各种钢材进行切割，而氧气的纯度对气体消耗量、切割速度、切割质量有很大的关系。

氧气切割是钢材切割工艺中最简单、最方便的一种，近年来又通过提高火焰的喷射速度使效率和质量大为提高，目前多头切割和电磁仿形、光电跟踪等自动切割也已经广泛使用。

2）机械剪切

用剪切机和冲切机切割钢材是最方便的切割方法，适用于较薄板材和曲线切割。当钢板厚度较大时，不容易保证其平直，且离剪切边缘2～3mm的范围内会产生严重的冷作硬化，使脆性增大。剪切采用碳工具钢和合金工具钢，剪切的间隙应根据板厚调整。

3）等离子切割

利用特殊的割炬，在电流、气流及冷却水的作用下，产生高达2000～3000℃的等离子弧熔化而进行切割。切割时不受材质的限制，具有切割速度高、切口狭窄、热影响区小、变形小且切割质量好的特点，可用于切割用氧割和电弧所不能切割或难以切割的钢材。切割时，应先清除钢材表面切割区域的铁锈、油污等；切割后，断口上不得有裂纹和大于 1.0mm 的缺棱。

(4) 边缘加工

有些构件如支座支承面、焊接对接口、焊缝坡口和尺寸要求严格的加劲板、隔板、腹板、有孔眼的节点板等，以及由于切割下料产生硬化的边缘或带有有害组织的热影响区，一般均需边缘加工进行刨边、刨平或刨坡口，其方法有刨边、铣边、铲边、切边、磨边、碳弧气刨和气割坡口等。刨边使用刨床，比较费工，生产效率低，成本高；铣边的光洁度比刨边的差一些；铲边使用风镐，设备简单，操作方便，但生产效率低，劳动强度大，加工质量不高；碳弧气刨利用碳棒与被刨削的金属间产生的电弧将工件熔化，压缩空气随即将熔化的金属吹掉；气割坡口将割炬嘴偏斜成所需要的角度，然后对准开坡口的位置运行割炬。边缘加工的允许偏差应符合相应的规定。

(5) 平直

钢材在运输、装卸、堆放和切割过程中，有时会产生不同的弯曲波浪变形，如变形值超过规范规定的允许值时，必须在下料之前及切割之后进行平直矫正。常用的平直方法有人工矫正、机械矫正、火焰矫正和混合矫正等。钢材校正后的允许偏差应符合相应的规范规定。

1) 人工矫正

人工矫正采用锤击法，锤子使用木锤，如用铁锤，应设平垫；锤的大小、锤击点和着力的轻重程度应根据型钢的截面尺寸和板料的厚度合理选择。该法适用于薄板或比较小的型钢构件的弯曲、局部凸出的矫正，但普通碳素钢在低于 −16℃、低合金钢低于 −12℃ 时，不得使用本法，以免产生裂纹。矫正后的钢材表面不应有明显的凹面和损伤，锤痕深度不应大于 0.5mm。

采用本法时，应根据型钢截面的尺寸和板厚合理选择锤的大小，并根据变形情况确定锤击点和着力的轻重程度。当型钢边缘局部弯曲时，亦可配合火焰加热。

2) 机械矫正

机械矫正适用于一般板件和型钢构件的变形矫正，但普通碳素钢在低于 −16℃、低合金钢低于 −12℃ 时不得使用本法。板料变形采用多辊平板机，利用上、下两排辊子将板料的弯曲部分矫正调直；型钢变形多采用型钢调直机。

3) 火焰矫正

火焰矫正变形一般只适用于低碳钢和 16 锰钢，对于中碳钢、高合金钢、铸铁和有色金属等脆性较大的材料，则由于冷却收缩变形产生裂纹而不宜采用。其中，点状加热适于矫正板料局部弯曲或凹凸不平；线状加热多用于 10mm 以上板的角变形和局部圆弧、弯曲变形的矫正；三角形加热面积大，收缩量也大，适于型钢、钢板及构件纵向弯曲的矫正。火焰加热的温度一般为 700℃，最高不应超过 900℃。

4) 混合矫正

混合矫正法适用于型材、钢构件、工字梁、吊车梁、构架或结构构件的局部或整体变形的矫正，常用方法有矫正胎加撑直机、压力机、油压机或冲压机等，或用小型液压千斤顶，或加横梁配合热烤。该法是将零部件或构件两端垫以支承件，通过压力将其凸出变形部位矫正。

（6）弯曲

钢板或型钢冷弯的工艺方法有滚圆机滚弯、压力机压弯以及顶弯、拉弯等，各种工艺方法均应按型材的截面形状、材质、规格及弯曲半径制作相应的胎膜，并经试弯符合要求后方准正式加工。大型设备用模具压弯可一次成型；小型设备压较大圆弧应多次冲压成型，并边压边移位，边用样板检查至符合要求为止。冷弯后零件的自由尺寸的允许偏差应符合相应的规定。

煨弯是钢材热加工的一种方式，它是将钢材加热到1000～1100℃（暗黄色）时立即进行煨弯，并在500～550℃（暗黑色）之前结束。钢材加热如超过1100℃，则晶格将会发生裂隙，材料变脆，致使质量急剧降低而不能使用；如低于500℃，则钢材产生蓝脆而不能保证煨弯的质量，因此一定要掌握好加热温度。

（7）制孔

1）钻孔

钻孔有人工钻孔和机床钻孔两种方式，前者采用手枪式或手提式电钻直接钻孔，多用于钻直径较小、板厚较薄的孔，也可以采用手抬式压杠电钻钻孔，其不受工件位置和大小的限制，可钻一般钢结构的孔；后者采用台式或立式摇臂钻床钻孔，其施钻方便，工效和精度都较高。如钻制精度要求高的A级、B级螺栓孔或折叠层数多、长排连接、多排连接的群孔时，可借助钻模卡在工件上制孔。各级螺栓孔孔径和孔距的允许偏差应符合相应规范规定。

2）扩孔

扩孔采用扩孔钻或麻花钻，当麻花钻扩孔时，需将后角修小，以使切屑少而易于排出，可提高孔的表面光洁度，其主要用于构件的安装和拼装。

3）锪孔

锪孔是将已钻好孔的上表面加工成一定形状的孔，常用的有锥形埋头孔、圆柱形埋头孔等。锥形埋头孔应用专用的锥形孔钻制孔，或用麻花钻改制；圆柱形埋头孔应用柱形钻，钻前端设导向柱，以确保位置的正确。

4）冲孔

冲孔一般用于冲制非圆孔（圆孔多用钻孔）和薄板孔。冲孔的直径应大于板厚，否则易损坏冲头。如大批量冲孔时，应按批抽查孔的尺寸及孔的中心距，以便及时发现问题而及时纠正；当环境温度低于－20℃时应禁止冲孔；冲裁力应按相应的公式计算得到。

5）铰孔

铰孔是用绞刀对已经粗加工的孔进行精加工，可提高孔的表面光洁度和精度。

（8）钢球制造

钢球有加劲肋和不加劲肋两种，在管形杆件桁（网）架结构中，常用焊接空心球来连接钢管杆件。将加热到800～900℃的钢板放于专用模具中，并以2000～3000kN的压力制成半球；用自动气割切去多余的边缘，再用车床车出坡口；将两个半球在专用胎具上调整好直径、椭圆度、错口、间隙，最后用环焊缝把两个半球焊成整个钢球。具体施工工艺详见 4.1.6 节内容。

影响热压球质量的因素主要有钢板轧制的公差；模具（阴模、阳模）的公差；材料加热时钢板中心与边缘温度的不一致；轧制时球在模具的底部和上口容易增厚而中部容易减薄等。钢球外观的质量应符合相应的规定，而焊缝质量采用超声波探伤检查。

4.3 钢构件的组装与预拼装

1. 钢构件的组装

钢结构构件的组装是遵照施工图的要求，把已加工完成的各零件或半成品构件，通过焊接或螺栓连接等工序，用装配的手段组合成为独立的成品，这种装配的方法通常称为组装。组装根据所装构件的特性以及组装程度，可分为部件组装、组装、预总装。

组装后构件的大小应根据运输道路、现场条件、运输和安装单位的机械设备能力与结构受力的允许条件来确定，只要条件允许，构件应划分得大一些，以减少现场的安装工作量，提高钢结构工程的施工质量。

组装应按工艺方法的组装次序进行，当有隐蔽焊缝时，必须先施焊，经检验合格后方可覆盖；为减少大件组装焊接的变形，一般应先采取小件组装，经矫正后再整体大部件组装；组装要在平台上进行，平台应测平，胎膜需牢固地固定在平台上；根据零件的加工编号，严格检验核对其材质、外形尺寸，毛刺飞边应清楚干净，对称零件要注意方向以免错装；组装好的构件或结构单元，应按图纸用油漆编号。

组装方法有地样法、仿形复制法、立装法、卧装法和胎膜法等。

地样法是在装配平台上以 1∶1 的比例得出构件实样，然后根据零件在实样上的位置分别组装构成，适用于桁架、构架等小批量结构的组装；仿形复制法先按地样法组装成单面（单片）结构，然后将定位点焊牢并翻身作为复制胎膜，并在其上装配另一单面结构，往返两次组装，适用于横断面互为对称的桁架结构；立装法是根据构件的特点和零件的稳定位置，选择自上而下或自下而上的组装，适用于放置平稳、高度不大的结构或大直径的圆筒；卧装法是将构件处于卧位后进行组装，适用于断面不大但长度较大的细长构件；胎膜法是将构件的零件用胎膜定位在装配的位置上，然后进行组装，拼装胎膜时，应注意预留各种加工余量，适用于构件批量大、精度要求高的产品。

组装时各种连接方法的优缺点和适用范围见下表 4-3。

各种钢结构连接方法的优缺点及适用范围　　　　　　　　表 4-3

连接方法	优 缺 点	适 用 范 围
焊接	1. 构造简单，加工方便，易于自动化操作； 2. 不削弱杆件截面，可节约钢材； 3. 对疲劳较敏感	除少数直接承受动力荷载的结构连接，如繁重工作制吊车梁与有关构件的连接在目前情况下不宜用焊接外，其他可广泛用于工业及民用建筑钢结构中
铆接	1. 韧性和塑性较好，传力可靠，质量易于检查； 2. 构造复杂，用钢量多，施工麻烦	1. 直接承受动力荷载的结构连接； 2. 按荷载、计算温度及钢号宜选用铆接的结构

连接方法		优 缺 点	适 用 范 围
普通螺栓	C级	1. 杆径与孔径间有较大空隙,结构拆装方便; 2. 只能承受拉力; 3. 费料	1. 适用于安装和需要装拆的结构; 2. 用于承受拉力的连接,如有剪力作用,需另设支托
	A级 B级	1. 杆径与孔径间孔隙小,制造和安装较复杂; 2. 能承受拉力和剪力	用于较大剪力的安装连接
高强螺栓		1. 连接紧密; 2. 受力好,耐疲劳; 3. 安装简单迅速,施工方便; 4. 便于养护和加固	1. 用于直接承受动力荷载结构的连接; 2. 钢结构的现场拼装和高空安装连接的重要部位,应优先采用; 3. 在铆接结构中,松动的铆钉可用高强螺栓代换; 4. 凡不宜用焊接而用铆接的,可用高强螺栓代替

(1) 焊接连接

应根据钢结构的种类,焊缝的质量要求,焊缝形式、位置和厚度等选定合适的焊接方法,并以选用焊条、焊丝、焊剂型号、焊条直径以及焊接的电焊机和电流。选择的焊条、焊丝型号应与主体金属相适应,当采用两种不同强度的钢材焊接连接时,宜采用与高强度钢材相适应的焊接材料。为减少焊接变形,应选择合理的焊接顺序,如对称法、分段逆向焊接法、跳焊法等。

焊缝的外观质量用肉眼和低倍放大镜检查,要求焊缝金属表面焊波均匀,不得有表面气孔、咬边、焊瘤、弧坑、表面裂缝和严重飞溅等缺陷。焊缝的内部质量主要用超声波探伤,检查项目包括夹渣、气孔、未焊透部位和裂缝等。

型钢的工厂接头位置,在桁架中宜设在受力不大的节间内或节点处;在工字钢和槽钢梁上宜设在跨度中央 $1/4 \sim 1/3$ 的范围内,工字钢和槽钢柱的接头位置不限。如经过计算,并能保证焊接质量的,则其接头位置也不受限制。

近年来开始采用的对接焊连接的工厂接头,能节约连接用的角钢和钢板,经济效益好。为此,型钢应斜切,斜度为 $45°$;肢部较厚的应双面焊,或开有缺口;焊接时应考虑焊缝的变形,以减少焊后矫正变形的工作量;对工字钢、槽钢应区别受压和受拉部位,对角钢应区别拉杆和压杆,受拉部位和拉杆应用斜焊缝,受压部位和压杆应用直焊缝。

1) 实腹工字形截面构件

钢结构中受力大的部位或断面构件,当轧制 H 型钢不能满足要求时,都采用焊接 H 型钢,可以采用手工焊、CO_2 半自动焊和 CO_2 自动焊。先将腹板放在装配台上,再将两块翼缘板立放两侧,3 块板对齐后通过专用夹具将其夹紧或顶紧,并在对准装配线后进行定位焊;在梁的截面方向预留焊缝收缩量,并加撑杆。上、下翼缘的通长角焊缝可以在平焊位置或 $45°$ 船形位置采用自动埋弧焊。构件长度方向应在焊接成型检验合格后再进行端头加工,焊接连接梁的端头开坡口时应预留收缩量。其允许偏差应符合相应的规定。

2) 封闭箱形截面构件

钢结构构件的柱子和受力大的部位的梁均采用封闭箱形断面。先利用构件内的定位隔板将箱形截面和受力隔板的挡板焊好,再将受力隔板和柱内两相对面的非受力隔板焊好,最后封第 4 块板，点焊成型后进行矫正。在柱子两端焊上引弧板，再按要求把柱的四棱焊好，检查合格后再用电渣焊焊接受力隔板的另两侧。

箱形结构封闭后，在受力隔板的两相对焊缝处用电钻把柱板打一通孔，相对的两条焊缝用两台电渣焊机对称施焊。待各部焊缝焊完后，矫正外形尺寸，再焊上连接板，加工好下部坡口。

3）十字形截面构件

钢结构构件下部柱子多采用十字形截面，并包钢筋混凝土，组装时由两个 T 形和一个共字形焊接而成。由于十字形端面的拘束度小，焊接时容易变形，故除严格控制焊接顺序外，整个焊接工作必须固定在模架上（或再加临时支撑）进行。

4）桁架

桁架组装多用仿形装配法，即先在平台上放实样，据此装配出第一面桁架，并施行定位焊，之后再用它作为胎膜进行复制。在组装台上按图纸要求的尺寸（包括拱度）进行放线，焊上模架。先放弦杆，矫正外形尺寸后点焊定形，点焊的数量必须满足脱胎时桁架的不变形。桁架的上弦节点与上弦杆应进行槽焊。为保证质量，节点板的厚度和槽焊深度应保证设计的尺寸。

5）钢板

钢板组装系在装配平台上进行，将钢板零件摆列在平台上，调整粉线，用撬杆等工具将钢板平面对界接缝对齐，用定位焊固定；对接焊缝的两端设引弧板，尺寸不小于 100mm×100mm。

焊接构件组装的允许偏差应符合附录 1 中的规定。

（2）螺栓连接

1）高强螺栓

高强螺栓连接按其受力状况可分为摩擦型连接、摩擦—承压型连接、承压型连接和张拉型连接等类型，而摩擦型连接是目前钢结构中广泛使用的基本连接形式。高强螺栓从外形上可分为大六角头和扭剪型两种；按性能等级可分为 8.8 级、10.9 级和 12.9 级等。大六角头的高强螺栓有 8.8 级和 10.9 级两种，其连接副含一个螺栓、一个螺母、两个垫圈（螺头和螺母两侧各一个）；扭剪型高强螺栓只有 12.9 级，其连接副含一个螺栓、一个螺母、一个垫圈。

高强螺栓连接前应先对摩擦面进行处理，常用的方法有喷砂、喷丸、砂轮打磨和酸洗。喷砂的范围不小于 4 倍的板厚，喷砂面不得有毛刺、泥土和溅点。打磨的方向应与构件的受力方向垂直，倒模后的表面应呈铁色，且无明显的不平；不得涂刷油漆后再打磨。

对每一个连接接头，应先用临时螺栓或冲钉定位，本身不得作为临时安装螺栓。安装高强螺栓时，螺栓应自由穿入孔内，不得强行敲打和气割扩孔；如不能自由穿入，可用绞刀进行修整。螺栓穿入的方向宜一致，应便于操作，并注意垫圈的正反面。拧紧一般应分初拧和终拧，但对大型节点应分初拧、复拧和终拧，终拧时应采用专用扳手将尾部的梅花头拧掉；复拧扭矩应等于初拧扭矩，大六角螺栓的初拧扭矩宜为终拧的一半；施拧宜由螺栓群中央顺序向外拧紧，并于当天终拧完毕。高强螺栓紧固后应按相应的标准进行检验和测定，如发现欠拧、漏拧时应补拧，超拧时应更换。

连接钢板的孔径应略大于螺栓直径，并应采取钻孔成型的方法，钻孔后的钢板表面应平整，孔边无飞边和毛刺，连接板表面无焊接飞溅物、油污等，螺栓孔径的允许偏差应符合相应的规定。

2）普通螺栓

普通螺栓连接是将普通螺栓、螺母、垫圈机械地连接在一起。普通螺栓按形式分为六角头螺栓、双头螺栓、钩头螺栓等；按制作精度可分为 A、B、C 三级（A 级、B 级为精制螺栓，C 级为粗制螺栓），钢结构中除特殊说明外，一般采用 C 级螺栓。螺母的强度设计应选用与之匹配的螺栓中最高性能等级的螺栓强度，当螺母拧紧到螺栓保证荷载时，必须不发生螺纹脱扣。垫圈按形状分为圆平垫圈、方形垫圈、斜垫圈和弹簧垫圈四种。螺栓的排列位置主要有并列和交错排列两种，确定螺栓间的间距时，既要考虑连接效果（连接强度和变形），又要考虑螺栓的施工。

安装永久螺栓前应检查建筑物各部分的位置是否正确，其精度是否满足相应规范的要求。螺栓头下面的垫圈一般不应多于两个，螺母头下面的垫圈一般不应多于 1 个，并不得采用大螺母代替垫圈；螺栓拧紧后的外露螺纹不应少于两个螺距。对大型接头应采用复拧，以保证接头内各个螺栓能均匀受力。精致螺栓的安装孔内宜先放入临时螺栓和冲钉，当条件允许时也可直接放入永久螺栓。螺栓孔不得使用气割扩孔，扩孔后的 A 级、B 级螺栓孔不允许使用冲钉。普通螺栓的连接对螺栓的紧固力没有要求，以操作工的手感及连接接头的外形控制为准，使被连接接触面能密贴而无明显间隙即可。

2. 钢结构构件的预拼装

为保证安装的顺利进行，应根据构件或结构的复杂程度、设计要求或合同协议规定，在构件出厂前进行预拼装；有些复杂的构件，由于受运输、安装设备能力的限制，也应在加工厂先行拼装，待调整好尺寸后进行编号，再拆开运往现场，并按编号的顺序对号入座进行安装。预拼装一般分平面预拼装和立体预拼装（管结构）两种状态，预拼装的构件应处于自由状态，不得强行固定。预拼装时构件与构件的连接为螺栓连接，其连接部位的所有节点连接板均应装上；除检查各部位的尺寸外，还应用试孔器检查板叠孔的通过率。为保证穿孔率，零件钻孔时可将孔径缩小一级（3mm），在拼装定位后再进行扩孔至设计孔径的尺寸；对于精制螺栓的安装孔，在扩孔时应留 0.1mm 左右的加工余量，以便铰孔。施工中错孔在 3mm 以内时，一般用绞刀铣孔或锉刀锉孔，其孔径扩大不得超过原孔径的 1.2 倍；错孔超过 3mm，可采用与母材材质相匹配的焊条补焊堵孔，修磨平整后重新打孔。预拼装检验合格后，应在构件上标注上下定位中心线、标高基准线、交线中心点等必要标记，必要时焊上临时撑杆和定位器等。其允许偏差应符合相应的规定。

焊接构件预拼装的允许偏差应符合附录 2 中的有关规定。

4.4 钢 结 构 的 安 装

1. 安装前的准备工作

在建筑钢结构的施工中，钢结构安装是一项很重要的分部工程，由于其规模大、结构复杂、工期长、专业性强，因此操作时除应执行国家现行《钢结构设计规范》、《钢结构工程施工质量验收规范》外，还应注意以下几点：

（1）在钢结构详图设计阶段，即应与设计单位和生产厂家相结合，根据运输设备、吊装机械、现场条件以及城市交通规定的要求确定钢构件出厂前的组装单元的规格尺寸，尽量减少现场或高空的组装，以提高钢结构的安装速度。

（2）安装前，应按照施工图纸和有关技术文件，结合工期要求、现场条件等，认真编制施工组织设计，作为指导施工的技术文件；应进行有关的工艺试验，并在试验结论的基础上，确定各项工艺参数，编出各项操作工艺；应对基础、预埋件进行复查，运输、堆放中产生的变形应先矫正。

（3）安装时，应在具有相应资格的责任工程师的指导下进行。根据施工单位的技术条件组织专业技术培训，使参与安装的有关人员确实掌握有关知识和技能，并经考试取得合格证。

（4）安装用的专用机具和检测仪器，如塔式起重机、气体保护焊机、手工电弧焊机、气割设备、碳弧气刨、栓钉焊机、电动和手动高强螺栓扳手、超声波探伤仪、激光经纬仪、测厚仪、水平仪、风速仪等，应满足施工要求，并应定期进行检验。土建施工、构件制作和结构安装三个方面使用的钢尺，必须用同一标准进行检查鉴定，并应具有相同的精度。

（5）在确定安装方法时，必须与土建、水电暖卫、通风、电梯等施工单位结合，做好统筹安排、综合平衡工作；安装顺序应保证钢结构的安全稳定和不导致永久变形，并且能有条不紊地进行。

（6）安装宜采用扩大组装和综合的方法，平台或胎架应具有足够的刚度，以保证拼装精度。扩大拼装时，对易变形的构件应采取夹固措施；综合安装时，应将结构划分为若干独立的体系或单元，每一体系或单元其全部构件安装完后，均应具有足够的空间刚度和稳定性。

（7）安装各层框架构件时，每完成一个层间的柱后应立即矫正，并将支撑系统装上后，方可继续安装上一个层间，同时考虑下一层间的安装偏差。柱子等矫正时，应考虑风力、温差和日照的影响而产生的自然变形，并采取一定的措施予以消除。吊车梁和天车轨道的矫正应在主要构件固定后进行。各种构件的连接接头必须经过校正、检查合格后，方可紧固和焊接。

（8）设计中要求支撑面刨光顶紧的接点，其接触的两个面必须保证有 70% 的贴紧，当用 0.3mm 的塞尺检查时，插入深度的面积不得大于总面积的 30%，边缘最大间隙不得大于 0.8mm。

钢结构工程安装前，应做好以下准备工作：

（1）技术准备

应加强与设计单位的密切结合。认真审查图纸，了解设计意图和技术要求，并结合施工单位的技术条件，确保设计图纸实施的可能性，从而减少出图后的设计变更。

了解现场情况，掌握气候条件。钢结构的安装一般均作为分包项目进行，因此，对现场施工场地可堆放构件条件、大型机械运输设备进出场条件、水电源供应和消防设施条件、临时用房条件等，需要进行全面的了解，统一规划；另外，对自然气候条件，如温差、风力、湿度及各个季节的气候变化等进行了解，以便于采取相应的技术措施，编制好钢结构安装的施工组织设计。

编制施工组织设计。应在了解和掌握总承包施工单位编制的施工组织设计中对地下结构与地上结构施工、主题结构与群房施工、结构与装修、设备施工等安排的基础上，择优选定施工方法和施工机具。对于需要采取的新材料、新技术，应组织力量进行试验（如厚钢板的焊接等）。

（2）施工组织与管理准备

明确承包项目范围，签订分包合同；确定合理的劳动组织，进行专业人员技术培训工作；进行施工部署安排，对工期进度、施工方法、质量和安全要求等进行全面交底。

（3）物质准备

加强与钢构件加工单位的联系，明确由工厂预拼装的部位和范围及供应日期；进行钢结构安装中所需各种附件的加工订货工作和材料、设备采购等工作；各种机具、仪器的准备；按施工平面布置图的要求，组织钢构件及大型机械进场，并对机械进行安装及试运行。

（4）构件验收

构件制作完后，检查和监理部门应按施工图的要求和《钢结构工程质量验收规范》GB 50205—2001 的规定，对成品进行验收。

钢构件成品出厂时，制造单位应提交产品、质量证明书和下列技术文件：

1）设计更改文件、钢结构施工图，并在图中注明修改部位。

2）制作中对问题处理的协议文件。

3）所用钢材和其他材料的质量证明书和试验报告。

4）高强度螺栓摩擦系数的实测资料。

5）发运构件的清单。

钢构件进入施工现场后，除了检查构件规格、型号、数量外，还需对运输过程中易产生变形的构件和易损部位进行专门检查，发现问题应及时通知有关单位做好签证手续以便备案，对已变形构件应予以矫正，并重新检验。

（5）基础复测

1）基础施工单位至少在吊装前七天提供基础验收的合格资料。

2）基础施工单位应提供轴线、标高的轴线基准点和标高水准点。

3）基础施工单位在基础上划出有关轴线和记号。

4）支座和地脚螺栓的检查分二次进行，即首次在基础混凝土浇灌前与基础施工单位一起对地脚螺栓位置和固定措施检查，第二次在钢结构安装前做最终验收。

5）提供基础复测报告，对复测中出现的问题应通知有关单位，提出修改措施。

6）为防止地脚螺栓在安装前或安装螺纹受到损伤，宜采用锥形防护套将螺纹进行防护。

测量仪器和丈量器具是保证钢结构安装精度的检验工具，土建、钢结构制作、结构安装和监理单位均应按规范要求，执行统一标准。

（6）构件检验

1）检查构件型号、数量。

2）检查构件有无变形，发生变形应予矫正和修复。

3）检查构件外形和安装孔间的相关尺寸，划出构件的轴线。

4）检查连接板、夹板、安装螺栓、高强螺栓是否齐备，检查摩擦面是否生锈。

5）不对称的主要构件（柱、梁、门架等）应标出其重心位置。

6）清除构件上污垢、积灰、泥土等，油漆损坏处应及时补漆。

2. 钢结构安装平面控制网的布置

（1）平面控制网的布置

钢结构安装的测量放线工作，既是各阶段诸工序的先行工序，又是主要工序的控制手段，是保证工程质量的中心环节。钢结构施工中的测量、安装和焊接必须三位一体，以测量为控制中心，密切配合互相制约。钢结构安装控制网应选择在结构复杂、拘束度大的轴线上，施工中首先应控制其标准点的安装精度，并考虑对称原则及高层投递，便于施测。控制线间距以 30～50m 为宜，点间应通视易量。网形应尽量组成与建筑物平行的闭合图，以便闭合校核。当地下层与地上层平面尺寸及形状差异较大时，可选用两套控制网，但应尽量选用纵横线各一条共用边，以保证足够的准确度。

量距的精度应高于 1/20000，测角和延长直线的精度应高于±5″；控制网应不少于 3 条线，以便校核；高层可用相对标高或设计标高的要求进行控制。

标高点宜设在各层楼梯间，用钢尺测量。当按相对标高安装时，建筑物高度的累计偏差不得大于各节柱制作允许偏差的总和；当按设计标高安装时，应以每节柱为单位进行标高的调整工作，将每节柱焊缝的收缩变形和在荷载下压缩变形值加到柱的制作长度中去。第一节柱子的标高，可采用加设调整螺母的方法，精确控制柱子的标高；同一层柱顶的标高差必须控制在规范允许值内，它直接影响着梁安装的水平度；考虑深基开挖后土的回弹值，则安装至±0.000 时应进行调整，安装中可不考虑建筑物的沉降量。

（2）放线

钢构件在工厂制作时应标定安装用轴线及标高线，在中转仓库进行预检时，应用白漆标出白三角，以便观测。钢构件安装及钢筋混凝土件放线，均用记号笔标注，标高线及主轴线均用白漆标注。现场地面组拼的钢构件，必须校核其尺寸，保证其精度。

（3）竖向投点

建筑钢结构安装的竖向投递点宜采用内控法，激光经纬仪投点采用天顶法。布点应合理，各层楼应预留引测孔，投递网经闭合检验后方可排尺放线。每节柱控制网的竖向投递，必须从底层地面控制轴线引测到高层，而不应从下节柱的轴线引测，以免产生累积误差。当超高层钢结构控制网的投测在 100m 以上时，因激光光斑发散影响到投测精度时，需采用接力法将网点反至固定层间，经闭合校验合格后作为新的基点和上部投测的标准。

（4）安装精度的测控

影响钢结构垂直度的主要因素有钢构件的加工制作、控制网的竖向投递精度、钢梁施焊后焊缝横向收缩变形、高空的风振、电梯井柱与边柱的垂直度等，因此要加强构件的验收管理和预检工作；采用合理的施焊顺序，摸索和掌握收缩规律，坚持预留预控值，综合处理；风大停测或设挡风设施；安装主梁时对相邻柱的垂直度进行监测等措施。

安装中每节柱子垂直度的校正应选用两台经纬仪，在相互垂直位置投点，固定支架在柱顶的连接板上；水平仪可放柱顶测设，并设有光学对点器，激光仪支托焊在钢柱上，并设有相应的激光靶与柱顶固定。竖向投递网点以±0.000 处为基线向上投点。

第一节柱子的标高，有柱顶下控制标高线来确定柱子的支垫高度，以保证上部结构的精度；柱脚变形差值留在柱子底板与混凝土基础的间隙中。

采用相对标高法测定柱的标高时，先抄出下节柱顶标高，并统计出标高值，根据此值与相应的预检柱的长度值，进行综合处理，以控制层间标高符合规范要求；同时要防止标高差的累计使建筑物总高度超限。

柱底位移控制时，下节柱施焊后投点于柱顶，测得柱顶位移值，根据柱子垂直度综合考虑下节柱底的位移值，既减小垂直偏差，又减小柱连接处的错位。安装带有贯通梁的钢柱时，为严防错位和扭转而影响上部梁的安装方向，故应在柱间连接板处加垫板调整。

安装次梁时，次梁面的标高应调整与主梁一致；压型钢板安装及栓钉焊接应放线；特殊结构的放线要根据设计图纸的不同而异，并应在技术交底书中标明控制方法。

由于不考虑温差、日照因素对测量柱垂直度的影响，故无论在什么时候，都以当时经纬仪的垂直平面进行测量校正，这样温度变化将会使柱子顶部产生一个位移值。这些偏差在安装柱与柱之间的主梁时用外力强制复位，使柱顶回到设计位置，再紧固柱子和梁接头腹板上的高强螺栓，使结构的几何形状固定下来。这时柱子断面内可产生 $300\sim400\mathrm{N}/\mathrm{cm}^2$ 的温度应力，但经试验证实，它比由于构件加工偏差或安装积累偏差进行强制校正时的内应力要小得多。

(5) 竣工测量

竣工测量不仅是验收和评价工程是否按设计施工的基本依据，更是工程交付使用后进行管理、维修、改建及扩建的依据。做好竣工测量的关键是从施工准备开始就有次序地、一项不漏地积累各项预检资料，尤其还要保管好设计图纸、各种设计变更通知和洽商记录。

工程验收后，建筑场地的平面控制网和标高控制网应是竣工测量的第一份资料，也是以后实测竣工位置（坐标与标高）的基本依据；原地面的实测标高与基坑开挖后的坑底标高，可作为实际土方量计算的依据，也是基础实际挖深的依据；建筑物定位放线、垫层上底线以及±0.000首层平面放线的验收资料是确定建筑物位置的主要资料，也是绘制竣工总平面图的依据；建筑场地内的各种地下管线与构筑物的验收资料都是绘制总图的依据。

凡按图施工没有变更的，可在新的原施工图上加盖"竣工图"标志；无大变更的，可在新的原施工图上修改内容，须反映在竣工图上或在相应部位用文字说明、标注变更设计洽商记录的编号，并附上洽商记录复印件。竣工总图的内容应包括总平面图，上、下水道图，动力管道图以及电力与通信线路图，其绘制内容应符合相应的规定。

3. 钢结构工程的安装

(1) 安装顺序

安装多采用综合法，其顺序一般是平面内从中间的一个节间（如标准节间框架）开始，以一个节间的柱网为一个单元，先安装柱，后安装梁，然后往四周扩展；垂直方向自上而下，组成稳定结构后分层安装次要构件，一节间一节间地完成，以便消除安装误差累积和焊接变形，使误差减低到最小限度。在起重机起重能力允许的情况下，为减少高空作业、确定安装质量、减少吊装次数，应尽量在地面组拼好，一次吊装就位。

(2) 安装要点

1) 安装前，应对建筑物的定位轴线、平面封闭角、底层柱的安装位置线、基础标高和基础混凝土强度进行检查，待合格后才能进行安装。

2) 凡在地面拼装的构件，需设置拼装架组拼，易变形的构件应先进行加固。组拼后的尺寸经校验无误后，方可安装。

3）合理确定各类构件的吊点。三点或四点吊凡不易计算者，可加设倒链协助找重心，待构件平衡后起吊。

4）钢构件的零件及附件应随构件一并起吊。对尺寸较大、质量较大的节点板，应用铰链固定在构件上；钢柱上的爬梯、大梁上的轻便走道也应牢固固定在构件上；调整柱子垂直度或支撑夹板，应在地面与柱子绑好，并一起起吊。

5）当天安装的构件，应形成空间稳定体系，以确保安装质量和结构的安全。

6）每个流水段一节柱的全部钢构件安装完毕并验收合格后，方能进行下一流水段钢结构的安装。

7）安装时，应注意日照、焊接等温度引起的热影响，施工中应有调整因构件伸长、缩短、弯曲引起偏差的措施。

（3）安装校正

安装前，首先确定是采用设计标高安装还是采用相对标高安装。柱子、主梁、支撑等大构件安装时，应立即进行校正；校正正确后，应立即进行永久固定，以确保安装质量。

柱子安装时，应先调整标高，再调整位移，最后调整垂直偏差；应按规范规定的数值进行校正，标准柱子的垂直偏差应校正到±0.000；用缆风绳或支撑校正柱子时，必须使缆风绳或支撑处于松弛状态，并使柱子保持垂直，才算完毕；当上柱和下柱发生扭转错位时，可在连接上下柱的临时耳板处，加垫板进行调整。

主梁安装时，应根据焊缝收缩量预留焊缝变形量。对柱子垂直度的监测，除监测两端柱子的垂直度变化外，还要监测相邻用梁连接的各根柱子的变化情况，除预留焊缝收缩值外，各项偏差均符合规范的规定。

当每一节柱子的全部构件安装、焊接、栓接完成并验收合格后，才能从地面引测上一节柱子的定位轴线。各部分构件的安装质量检查记录，必须是安装完成后验收前的最后一次实测记录，中间的检查记录不得作为竣工验收的记录。

（4）构件连接

钢柱之间常用坡口焊接连接；主梁与钢柱的连接，一般上、下翼缘用坡口焊连接，而腹板用高强螺栓连接；次梁与主梁的连接基本上是在腹板处用高强螺栓连接，少量再在上、下翼缘处用坡口焊连接。柱与梁的焊接顺序是先焊接顶部柱、梁的节点，再焊接底部柱、梁的节点，最后焊接中间部分的柱、梁节点。高强螺栓连接两个连接构件的紧固顺序是先主要构件，后次要构件；工字形构件的紧固顺序是上翼缘—下翼缘—腹板；同一节柱上各部梁柱节点的紧固顺序是柱子上部的梁柱节点—柱子下部的梁柱节点—柱子中部的梁柱节点；每一节安设紧固高强螺栓的顺序是摩擦面处理—检查安装连接板—临时螺栓连接—高强螺栓连接紧固—初拧—终拧。

高强度螺栓连接施工主要分扭矩法施工和转角法施工。所谓扭矩法施工，就是施工前确定施工扭矩值大小，然后使用扳手按此扭矩拧到位即可；转角施工即为施工前确定螺母旋转角度值，然后使用扳手拧到控制角度即可。扭剪型高强度螺栓连接副就是采用扭矩法施工的原理进行施工的，只不过其控制扭矩是自标量的；高强度大六角头螺栓则即可采用扭矩法，亦可以采用转角法施工。

高强度螺栓紧固一般应分二次进行，第一次为初拧，第二次为终拧，这是因为接头板材一般总有些翘曲和不平，板层之间不密贴，当一个接头有两个以上螺栓时，先紧固的螺栓就有一部分预拉力损耗在钢板的变形上，当邻近螺栓拧紧板缝消失后，其预拉力就会松弛。为减少这种损失，使接头中各螺栓受力均匀，一般规定高强度螺栓紧固至少分两次进行，即初拧和终拧。对大型螺栓群接头还需增加一次复拧。初拧和复拧扭矩原则上可为终拧扭矩的 50% 左右。

高强度螺栓的紧固应按一定的顺序进行，这是因为由于连接板的翘曲不平等变形随意紧固或一端或两端开始紧固，会使接头产生附加内力，也可能造成摩擦面空鼓，影响摩擦传力。螺栓的紧固顺序总的原则应该是从接头刚度较大的部位向约束较小的方向顺序进行，具体为：

1）一般接头应从接头中心顺序向两端进行紧固，如图 4-1 所示。

2）箱型接头应按图 4-2 所示 A、B、C、D 的顺序进行：

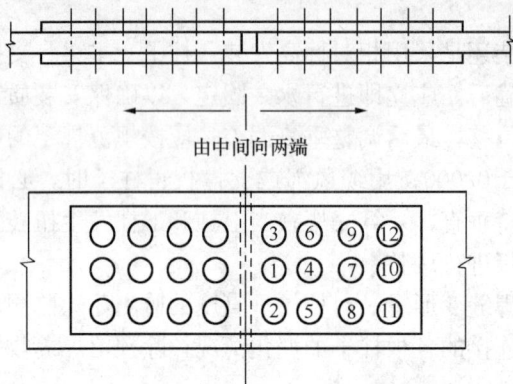

由中间向两端

图 4-1　一般接头螺栓紧固顺序

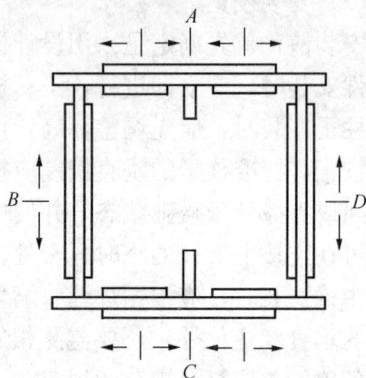

图 4-2　箱型接头螺栓紧固顺序

3）工字梁接头栓群应按图 4-3 所示①～⑥顺序进行：

4）工字形柱对接螺栓紧固顺序应为先翼缘后腹板。

5）两个接头栓群的紧固顺序应先为主要构件接头，后为次要构件接头。

高强度螺栓连接中，摩擦面的状态对连接接头的抗滑移承载力有很大的影响，因此，摩擦面必须进行处理，常见的处理方法如下：

①喷砂或喷丸处理

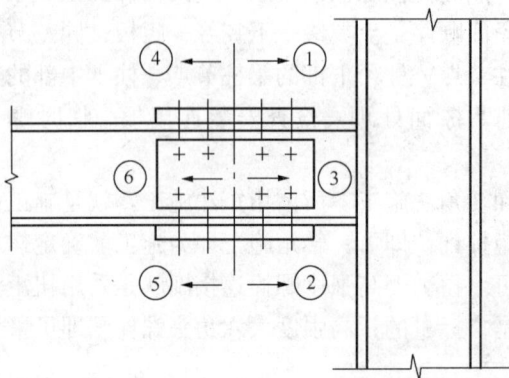

图 4-3　工字梁接头紧固顺序

砂粒粒径为 1.2～1.4mm，喷射时间为 1～2min，喷射风压为 0.5 Pa，处理完表面粗糙度可达 45～50μm。

②喷砂后生赤锈处理

喷砂后放露天生锈 60～90d，表面粗糙度可达到 55μm，安装前应对表面清除浮锈。

③喷砂后涂无机富锌漆处理

该处理是为了防锈，一般要求涂层厚度为 0.6～0.8μm。

④砂轮打磨

使用粗砂轮沿与受力方向垂直打磨,打磨后置于露天生锈效果更好。表面粗糙度可达50μm以上,但离散性较大。

⑤手工钢丝刷清理

使用钢丝刷将钢材表面的氧化薄钢板等污物清理干净,该处理比较简便,但抗滑移系数较低,适用于次要结构和构件。

高强度螺栓连接中,因板厚公差、制造偏差及安装偏差等原因,接头摩擦面间产生间隙。当摩擦面间有间隙时,有间隙一侧的螺栓紧固力就有一部分以剪力形式通过拼接板传向较厚一侧,结果使有间隙一侧摩擦面间正压力减少,摩擦承载力降低,或者说有间隙的摩擦面其抗滑移系数降低。因此在实际工程中,一般规定高强度螺栓连接接头板缝间隙采用下列方法处理:

1)当间隙不大于1mm时,可不做处理;

2)当间隙在1~3mm时,将厚板一侧削成1:10缓坡过渡,在这种情况下也可以加填板处理(图4-4);

3)当间隙大于3mm时,应加填板处理,填板材质及摩擦面应与构件做同样级别的处理(图4-5)。

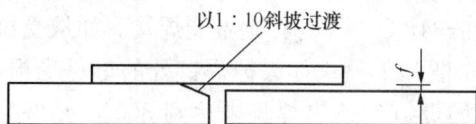

图 4-4 接头缓坡过渡   图 4-5 接头加垫板处理

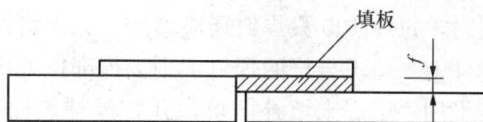

(5)压型钢板安装

建筑钢结构的楼盖一般多采用压型钢板与现浇钢筋混凝土叠合层组合而成,它既是楼盖的永久性支承模板,又与现浇层共同工作,是建筑物的永久组成部分。

压型钢板分为开口式和封闭式两种。开口式分为无痕(上翼加焊剪力钢筋)、带压痕(带加劲肋、上翼压痕、腹板压痕)、带加劲肋三种;封闭式分无痕、带压痕(在上翼缘)、带加劲肋和端头锚固等几种形式。其配件有抗剪连接件,包括栓钉、槽钢和弯筋。栓钉和弯筋、栓钉的端部镶嵌脱氧和稳弧焊剂,其用钢的机械性能及抗拉强度设计值应符合《栓钉焊接技术规程》(CECS 226—2007)的规定。配件包括堵头板和封边板。焊接瓷环是栓钉焊一次性辅助材料,其作用是熔化金属成型,焊水不外溢,起铸模作用;熔化金属与空气隔绝,防止氧化;集中电弧热量并使焊肉缓冷;释放焊接中有害气体,屏蔽电弧光与飞溅物;充当临时支架。

1)压型钢板安装

压型钢板安装时其工序间的流程为:

钢结构主体验收合格—打设支顶桁架—压型钢板安装焊接—栓钉焊接—封板焊接—交验后设备管道、电路线路施工,钢筋绑扎—混凝土浇筑。其施工要点是:

①压型钢板在装、卸、安装中严禁用钢丝绳捆绑直接起吊;运输及堆放应有足够的支点,以防变形;铺设前应将弯曲变形者校正好;钢梁顶面要保持清洁,严防潮湿及涂刷油漆。

② 下料、切孔采用等离子弧切割机操作,严禁用乙炔氧气切割;大孔四周应补强。

③ 需支搭临时的支顶架,由施工设计确定,待混凝土达到一定强度后方可拆除。

④ 压型钢板按图纸放线安装、调直、压实并对称电焊,要求波纹对直,以便钢筋在波内通过,并要求与梁搭接在凹槽处,以便施焊。

2)栓钉焊接

将每个焊接栓钉配用耐热的陶瓷电弧保护罩用焊钉焊机的焊枪顶住,采用自动定时的电弧焊到钢结构上。栓钉焊分栓钉直接焊在工件上的普通栓钉焊和穿透栓钉焊两种,后者是栓钉在引弧后先熔穿具有一定厚度的薄钢板,然后再与工件熔成一体,其对瓷环强度及热冲击性能要求较高。瓷环产品的质量好坏,直接影响栓钉的质量,故禁止使用受潮瓷环,当受潮后要在250℃温度下焙烘1h,中间放潮气后使用;保护罩或套应保持干燥,无开裂现象。

焊钉应具有材料质量证明书,规格尺寸应符合要求,表面无有害皱皮、毛刺、微观裂纹、扭歪、弯曲、油垢、铁锈等,但栓钉头部的径向裂纹和开裂如不超过周边至钉体距离的一半,则可以使用;下雨、雪时不能在露天焊。平焊时,被焊构件的倾斜度不能超过15°。

每日或每班施焊前,应先焊两只焊钉做目检和弯曲30°的试验;当母材温度在0℃以下时,每焊100只焊钉还应增加一只焊钉试验,在−18℃以下时,则不能焊接。如从受拉构件上去掉不合格的焊钉,则去掉部位处应打磨光洁和平整;如去掉焊钉处的母材受损,则采用手工焊来填补凹坑,并将焊补表面修平;如焊钉的挤出焊脚未达到360°,允许采用手工焊补焊,补焊的长度应超出缺陷两边各9.5mm。

栓钉在施焊前必须经过严格的工艺参数试验,对不同厂家、批号、材质及焊接设备的栓焊工艺,均应分别进行试验后确定工艺。栓钉焊的工艺参数包括焊接形式、焊接电压、电流、栓焊时间、栓钉伸长度、栓钉回弹高度、阻尼调整位置,在穿透焊中还包括压型钢板的厚度、间隙和层次。栓焊工艺经过静拉伸、反复弯曲及打弯试验合格后,现场操作时还需根据电缆线的长度、施工季节、风力等因素进行调整。当压型钢板采用镀锌钢板时,应采用相应的除锌措施后焊接。

钢结构安装的允许偏差见附录中有关的规定。

4.5 钢结构工程的涂装

4.5.1 钢结构的防火

1. 概述

火灾作为一种人为灾害是指火源失去控制、蔓延发展而给人民生命财产造成损失的一种灾害性燃烧现象,它对国民经济和人类环境造成巨大的损失和破坏。随着国民经济的高速发展和钢产量的不断提高,近年来,钢结构被广泛地应用于各类建筑工程中,钢结构本身具有一定的耐热性,温度在250℃以内,钢的性质变化很小,温度达到300℃以后,强度逐渐下降,达到450~650℃时,强度为零。因此钢结构防火性能较钢筋混凝土为差,一般用于温度不高于250℃的场合。所以研究钢结构防火有着十分重大的意义。

我国目前按建筑设计防火规范进行钢结构设计。国家标准《建筑设计防火规范》、《高层民用建筑设计防火规范》对建筑物的耐火等级及相应的构件应达到的耐火极限均有具体规定，在设计时，只要保证钢构件的耐火极限（表 4-4）大于规范要求的耐火极限即可。

钢构件的耐火极限 表 4-4

名 称 耐火极限（h） 耐火等级	高层民用建筑			一般工业与民用建筑				
	钢柱	钢梁	楼板屋顶承重钢构件	支承多层的钢柱	支承平台的钢柱	钢梁	楼板	屋顶承重钢构件
一级	3.00	2.00	1.50	3.00	2.50	2.00	1.50	1.50
二级	2.50	1.50	1.00	2.50	2.00	1.50	1.00	0.50
三级	—	—	—	2.50	2.00	1.00	0.50	—

目前钢结构构件常用的防火措施主要有防火涂料和构造防火两种类型。

2. 防火涂料

（1）防火涂料材料介绍

钢结构防火涂料分为薄涂型和厚涂型两类。钢结构防火涂料按涂层的厚度来划分，可分类如下：

1）B类

薄涂型钢结构防火涂料。涂层厚度一般为 27mm，有一定装饰效果，高温时涂层膨胀增厚，具有耐火隔热作用，耐火极限可达 0.52h，故又称钢结构膨胀防火涂料。这类涂料又称膨胀装饰涂料或膨胀油灰，它的基本组成是：胶粘剂有机树脂或有机与无机复合物 10%；有机和无机绝热材料 30%；颜料和化学助剂 5%～15%；熔剂和稀释剂 10%～25%。一般分为底涂、中涂和面涂（装饰层）涂料。使用时，涂层一般不超过 7mm，有一定装饰效果，高温时能膨胀增厚，可将钢构件的耐火极限由 0.25h 提高到 2h 左右。

2）H类

厚涂型钢结构防火涂料。涂层厚度一般为 85mm，粒状表面，密度较小，热导率低，耐火极限可达 0.53h，又称为钢结构防火隔热涂料。这类涂料又称无机轻体喷涂料或无机耐火喷涂物，其基本组成是：胶结料（硅酸盐水泥基无机高温胶粘剂等）10%～40%；骨料（膨胀蛭石、膨胀珍珠岩或空心微珠、矿棉等）30%～50%；化学助剂（增稠剂、硬化剂、防水剂等）1%～10%；自来水 10%～30%。根据设计要求，不同厚度的涂层，可满足防火规范对各钢构件耐火极限的要求，涂层厚度一般在 7mm 以上，干密度小，热导率低，耐火隔热性好，能将钢构件的耐火极限由 0.25h 提高到 1.5～4h。

3）超薄型钢结构膨胀防火涂料

这类涂料的开展，始于 20 世纪 90 年代中期，其构成与性能特点介于饰面型防火涂料和薄涂型钢结构膨胀防火涂料之间，其中的多数品种属于溶剂型，因此有的又叫钢结构防火漆。基本组成是基料（酚醛、氨基酸、环氧等树脂）15%～35%；聚磷酸铵等膨胀阻燃材料 35%～50%；钛白粉等颜料与化学助剂 10%～25%；溶剂和稀释剂：10%～30%。

超薄型防火涂料的理化性能要求和试验方法类似于饰面型防火涂料，耐火性能试验同于厚涂型、薄涂型钢结构防火涂料，与厚涂型和薄涂型钢结构防火涂料相比，超薄型钢结构防火涂料粒度更小更细，装饰性更好，涂层更薄是其突出特点。一般涂刷 1～3mm，耐火极限可达 0.5～1h。

（2）涂料的选用

对室内裸露钢结构，轻型屋盖钢结构及装饰要求的钢结构，当规定其耐火极限在1.5h 以下时，应选用薄涂型钢结构防火涂料。室内隐蔽钢结构，高层钢结构及多层厂房钢结构，当规定耐火极限在 1.5h 以上时，应选用厚涂型钢结构防火涂料。除此之外，还要满足以下几点要求：

1）钢结构防火涂料必须有国家检测机构的耐火性能检测报告和理化性能检测报告，有消防监督机关颁发的生产许可证，方可选用。选用的防火涂料质量应符合国家有关标准的规定，有生产厂方的合格证，并应附有涂料品名、技术性能、制造批号、贮存期限和使用用说明等。

2）室内裸露钢结构、轻型屋盖钢结构及有装饰要求的钢结构，当规定耐火极限在1.5h 及以下时，宜选用薄涂型钢结构防火涂料。

3）室内隐蔽钢结构，高层全钢结构及多层厂房钢结构，当规定其耐火极限在 2h 及以上时，应选用厚涂型钢结构防火涂料。

4）露天钢结构，如石油化工企业，油（汽）罐支撑，石油钻井平台等钢结构，应选用符合室外钢结构防火涂料产品规定的厚涂型或薄型钢结构防火涂料。

5）对不同厂家的同类产品进行比较选择时，宜查看近两年内产品的耐火性能和理化性能检测报告，产品定期鉴定意见，产品在工程中应用情况和典型实例。并了解厂方技术力量、生产能力及质量保证条件等。

6）选用涂料时，特别注意下列几点：

① 不要把饰面型防火涂料用于钢结构，饰面型防火涂料是保护木结构等可燃基材的阻燃材料，薄薄的涂膜达不到提高钢结构耐火极限的目的。

② 不应把薄涂型钢结构膨胀防火涂料用于保护 2h 以上的钢结构。薄涂型膨胀防火涂料之所以耐火极限不太长，是由自身的原材料和防火原理决定的。这类涂料含较多的有机成分，涂层在高温下发生物理、化学变化，形成炭质泡膜后起隔热作用。膨胀泡膜强度有限，易开裂、脱落，炭质在 1000℃高温下会逐渐灰化掉。要求耐火极限 2h 以上的钢结构，必须选用厚涂型钢结构防火隔热涂料。

③ 不得将室内钢结构防火涂料，未加改进和采取有效的防水措施，直接用于喷涂保护室外的钢结构。露天钢结构必须选用耐水、耐冻融循环，耐老化，并能经受酸、碱、盐等化学腐蚀的室外钢结构防火涂料进行喷涂保护。

④ 在一般情况下，室内钢结构防火保护不要选择室外钢结构防火涂料，为了确保室外钢结构防火涂料优异的性能，其原材料要求严格，并需应用一些特殊材料，因而其价格要比室内用钢结构防火涂料贵得多。但对于半露天或某些潮湿环境的钢结构，则宜选用室外钢结构防火涂料保护。

⑤ 厚涂型防火涂料基本上由无机质材料构成，涂层稳定，老化速度慢，只要涂层不脱落，防火性能就有保障。从耐久性和防火性考虑，宜选用厚涂型防火涂料。

3. 构造防火

钢结构构件的防火构造可分为外包混凝土材料，外包钢丝网水泥砂浆、外包防火板材，外喷防火涂料等几种构造形式。喷涂钢结构防火涂料与其他构造方式相比较具有施工方便，不过多增加结构自重、技术先进等优点，目前被广泛应用于钢结构防火工程。

4. 钢结构防火施工

钢结构防火施工可分为湿式工法和干式工法。湿式工法有外包混凝土、钢丝网水泥砂浆、喷涂防火涂料等。干式工法主要是指外包防火板材。

(1) 湿式工法

外包混凝土防火，在混凝土内应配置构造钢筋，防止混凝土剥落。施工方法和普通钢筋混凝土施工原则上没有任何区别。由于混凝土材料具有经济性、耐久性、耐火性等优点，一向被用做钢结构防火材料。但是，浇捣混凝土时，要架设模板，施工周期长，这种工法一般仅用于中、低层钢结构建筑的防火施工。

钢丝网水泥砂浆防火施工也是一种传统的施工方法，但当砂浆层较厚时，容易在干后产生龟裂，为此建议分遍涂抹水泥砂浆。

钢结构防火涂料采用喷涂法施工。方法本身有一定的技术难度，操作不当，会影响使用效果和消防安全。一般规定应由经过培训合格的专业施工队施工。

施工应在钢结构工程验收完毕后进行。为了确保防火涂层和钢结构表面有足够的粘结力，在喷涂前，应清除钢结构表面的锈迹锈斑，如有必要，在除锈后，还应刷一层防锈底漆。且注意防锈底漆不得与防火涂料产生化学反应。另外，在喷涂前，应将钢结构构件连接处的缝隙用防火涂料或其他防火材料填平，以免火灾时出现薄弱环节。

当防火涂料分底层和面层涂料时，两层涂料相互匹配。且底层不得腐蚀钢结构，不得与防锈底漆产生化学反应，面层若为装饰涂料，选用涂料应通过试验验证。

对于重大工程，应进行防火涂料抽样检验。每 100t 薄型钢结构防火涂料，应抽样检查一次粘结强度，每使用 500t 厚涂型防火涂料，应抽样检测一次粘结强度和抗压强度。

薄涂型钢结构防火涂料，当采用双组份装时，应在现场按说明书进行调配。出厂时已调配好的防火涂料，施工前应搅拌均匀。涂料的稠度应适当，太稠，施工时容易反弹，太稀，易流淌。

薄涂型涂料的底层涂料一般都比较粗糙，宜采用重力式喷枪喷涂，其压力约为 0.4MPa，喷嘴直径为 4～6mm。喷后的局部修补可用手工抹涂。当喷枪的喷嘴直径可调至 1～3mm 时，也可用于喷涂面层涂料。

底涂层喷涂前应检查钢结构表面除锈是否满足要求，灰尘杂物是否已清除干净。底涂层一般喷 2～3 遍，每遍厚度控制 2.5mm 以内，视天气情况，每隔 8～24h 喷涂一次，必须在前一遍基本干燥后喷涂。喷射时，喷嘴应于钢材表面保持垂直，喷口至钢材表面距离在以保持在 40～60cm 为宜。喷射时，喷嘴操作人员要随身携带测厚计检查涂层厚度，直至达到设计规定厚度方可停止喷涂。若设计要求涂层表面平整光滑时，待喷完最后一遍后应用抹灰刀将表面抹平。

薄涂型面涂层很薄，主要起装饰作用，所以，面层应在底涂层经检测符合设计厚度，并基本干燥后喷涂。应注意不要产生色差。

厚涂型钢结构防火涂料不管是双组份、单组份，均需要现场加水调制，一次调配的涂料必须在规定的时间内用完，否则会固化堵塞管道。

厚涂型钢结构防火涂料宜采用压送式喷涂机喷涂，空气压力为 0.4～0.6MPa，喷口直径宜采用 6～10mm。

厚喷涂型每遍喷涂厚度一般控制在 5～10mm，喷涂必须在前一遍基本干燥后进行，厚度检测方法与薄涂型相同，施工时如发现有质量问题，应铲除重喷。有缺陷应加以修补。

防火涂料施工完毕，涂料、涂装遍数全数检查，涂层厚度按构件数抽查 10%，且同一类涂层的构件不应少于 3 件。涂层厚度用干漆膜测厚仪实测。检查时注意以下事项：

1）由于每种涂料（油漆）安全干透的时间不同，从几小时到几十个小时，甚至若干天后才能彻底干透，如果测量每层厚度，涂装的时间就很长，工程上不现实，因此只检测涂层总厚度。当涂装由制造厂和安装单位分别承担时，才进行单层干漆膜厚度的检测。

2）每个构件检测 5 处，每处的数值为 3 个相距 50mm 测点涂层干漆膜厚度的平均值。每处 3 个测点的平均值应不小于标准涂层厚度的 90%，且在允许偏差范围内；3 点中的最小值应不小于标准涂层厚度的 80%。

3）标准涂层厚度是指设计要求的涂层厚度值；当设计无要求时，室外应为 $150\mu m$，室内应为 $125\mu m$。

防火涂层厚度应符合设计要求。

（2）干式防火工法

干式防火工法在我国高层钢结构防火施工中曾有过应用，如用石膏板防火，施工时用胶粘剂粘贴。常用的板材有轻质混凝土预制板、石膏板、硅酸钙板等。施工时，应注意密封性，不得形成防火薄弱环节，所采用的粘贴材料预计的耐火时间内应能保证受热而不失去作用。

4.5.2 钢结构的防腐

1. 概述

众所周知，钢结构最大的缺点是易于锈蚀，钢结构在各种大气环境条件下使用产生腐蚀，是一种自然现象。新建造的钢结构一般都需仔细除锈、镀锌或刷涂料，以后隔一定的时间又要重新维修。

现行国家标准《涂装前钢材表面锈蚀等级和除锈等级》GB 8923—88 中规定，钢材表面锈蚀划分为 A、B、C、D 四个等级，其文字叙述如下：

A 级：全面地覆盖氧化皮而几乎没有蚀锈的钢材表面；

B 级：已发生锈蚀，并且部分氧化皮已经剥落的钢材表面；

C 级：氧化皮已因锈蚀而剥落，或者可以刮除，并且有少量点蚀的钢材表面；

D 级：氧化皮已因锈蚀而全面剥离，并且已普遍发生点蚀的钢材表面。

规范规定钢材表面锈蚀等级为 C 级及 C 级以上，即 A 级、B 级、C 级，对锈蚀达到 D 级时，不予推荐。

为了减轻或防止钢结构的腐蚀，目前国内外基本采用涂装方法进行防护，即采用防护层的方法防止金属腐蚀。常用的保护层有以下几种：

（1）金属保护层

金属保护层是用具有阴极或阳极保护作用的金属或合金，通过电镀、喷镀、化学镀、热镀和渗镀等方法，在需要防护的金属表面上形成金属保护层（膜）来隔离金属与腐蚀介质的接触，或利用电化学的保护作用使金属得到保护，从而防止了腐蚀。如镀锌钢材，锌在腐蚀介质中因它的电位较低，可以作为腐蚀的阳极而牺牲，而铁则作为阴极而得到了保护。金属镀层多用在轻工、仪表等制造行业上，钢管和薄钢板也常用镀锌的方法。

（2）化学保护层

化学保护层是用化学或电化学方法，使金属表面上生成一种具有耐腐蚀性能的化合物薄膜，以隔离腐蚀介质与金属接触，来防止对金属的腐蚀。如钢铁的氧化、铝的电化学氧化以及钢铁的磷化或钝化等。

（3）非金属保护层

非金属保护层是用涂料、塑料和搪瓷等材料，通过涂刷和喷涂等方法，在金属表面形成保护膜，使金属与腐蚀介质隔离，从而防止金属的腐蚀。如钢结构、设备、桥梁、交通工具和管道等的涂装，都是利用涂层来防止腐蚀的。

2. 钢结构的防腐施工

（1）基本要求

1）加工的构件和制品，应经验收合格后，方可进行表面处理。

2）钢材表面的毛刺、电焊药皮、焊瘤、飞溅物、灰尘和积垢等，应在除锈前清理干净，同时也要铲除疏松的氧化皮和较厚的锈层。

3）钢材表面如有油污和油脂，应在除锈前清除干净。如只在局部面积上有油污和油脂，一般可采用局部处理措施；如大面积或全部面积上都有，则可采用有机溶剂或热碱进行清洗。

4）钢材表面上有酸、碱、盐时，可采用热水或蒸汽冲洗掉。但应注意废水的处理，不能造成污染环境。

5）有些新轧制的钢材，为了防止在短期内存放和运输过程中不锈蚀，而涂上保养漆。对涂有保养漆的钢材，要视具体情况进行处理。如保养漆采用固化剂固化的双组份涂料，而且涂层基本完好，则可用砂布、钢丝绒进行打毛或采用轻度喷射方法处理，并清理掉灰尘之后，即可进行下一道工序的施工。

6）对钢材表面涂车间底漆或一般底漆进行保养的涂层，一般要根据涂层的现状及下道配套漆决定处理方法。凡不可以做进一步涂装或影响下一道涂层附着力的，应全部清除掉。

（2）除锈方法的选择

工程实践表明，钢材基层表面处理的质量，是影响涂装质量的主要因素。钢材表面处理的除锈方法主要有：手工工具除锈、手工机械除锈、喷射或抛射除锈、酸洗（化学）除锈和火焰除锈等。各种除锈方法的特点，见表4-5。

各种除锈方法的特点 表 4-5

除锈方法	设备工具	优　点	缺　点
手工、机械	砂布、钢丝刷、铲刀、尖锤、平面砂磨机、动力钢丝刷等	工具简单，操作方便、费用低	劳动强度大、效率低、质量差，只能满足一般涂装要求
喷射	空气压缩机、喷射机、油水分离器等	能控制质量，获得不同要求的表面粗糙度	设备复杂，需要一定操作技术，劳动强度较高，费用高，污染环境
酸洗	酸洗槽、化学药品、厂房	效率高，适用大批件，质量较高，费用低	污染环境，废液不易处理，工艺要求较严

不同的除锈方法，其防护效果也不同，见表4-6。

不同除锈方法的防护效果（年）　　　　　　　　　表 4-6

除锈方法	红丹、铁锈各两道	两道铁锈
手工	2.3	1.2
A级不处理	8.2	3.0
酸洗	＞9.7	4.6
喷射	＞10.3	6.3

1）喷射或抛射除锈

喷射或抛射除锈分四个等级，除锈等级以字母"Sa"表示。

钢材表面除锈前，应清除厚的锈层、油脂和污垢；除锈后应清除钢材表面上的浮灰和碎屑。喷射或抛射除锈等级，其文字部分叙述如下：

①Sa1 轻度的喷射或抛射除锈：

钢材表面应无可见的油脂或污垢，并且没有附着不牢的氧化皮、铁锈和油漆涂层等附着物。

②Sa2 彻底的喷射或抛射除锈

钢材表面无可见的油脂和污垢，并且氧化皮、铁锈等附着物已基本清除，其残留物应是牢固附着的。

③Sa21/2 非常彻底地喷射或抛射除锈

钢材表面无可见的油脂、污垢、氧化皮、铁锈和油漆涂层等附着物，任何残留的痕迹应仅是点状或条纹状的轻微色斑。

④Sa3 使钢材表观洁净的喷射或抛射除锈

钢材表面应无可见的油脂、污垢、氧化皮、铁锈和油漆涂层等附着物，该表面应显示均匀的金属光泽。

2）手工和动力工具除锈等级：

手工和动力工具除锈可以采用铲刀、手锤或动力钢丝刷、动力砂纸盘或砂轮等工具除锈，以字母"St"表示。

钢材表面除锈前，应清除厚的锈皮、油脂和污垢。除锈后应清除钢材表面上的浮灰和碎屑。手工和动力工具除锈等级，其文字部分叙述如下：

①St2 彻底的手工和动力工具除锈

钢材表面应无可见的油脂和污垢，并且没有附着不牢的氧化皮、铁锈和油漆涂层等附着物。

②St3 非常彻底的手工和动力工具除锈

钢材表面应无可见的油脂和污垢，并且没有附着不牢的氧化皮、铁锈和油漆涂层等附着物。除锈应比 St2 更为彻底，底材显露部分的表面应具有金属光泽。

3）火焰除锈等级：

火焰除锈以字母"F_1"表示。

钢材表面除锈前，应清除厚的锈层。火焰除锈应包括在火焰加热作业后，以动力钢丝刷清除加热后附着在钢材表面的附着物。火焰除锈等级，其文字叙述如下：

F_1 火焰除锈：钢材表面应无氧化皮、铁锈和油漆涂层等附着物，任何残留的痕迹应仅为表面变色（不同颜色的暗影）。

选择除锈方法时，除要根据各种方法的特点和防护效果外，还要根据涂装的对象，目的、钢材表面的原始状态、要求的除锈等级、现有的施工设备和条件以及施工费用等，进行综合考虑和比较，最后才能确定。

3. 钢材涂料的选择和涂层厚度的确定

（1）涂料的选用原则

涂料品种繁多，对品种的选择是直接决定油漆工程质量好坏的因素之一。一般选择应考虑以下方面因素：

1）使用场合和环境是否有化学腐蚀作用的气体，是否为潮湿环境；

2）是打底用，还是罩面用；

3）按工程质量要求、技术条件、耐久性、经济效果、非临时性工程等因素，来选择适当的涂料品种。不应将优质品种降格使用，也不应勉强使用达不到性能指标的品种。

各类防腐涂料的优缺点见表 4-7。

各类防腐涂料的优缺点　　　　　　　　　　　表 4-7

涂料种类	优　点	缺　点
油脂漆	耐候性较好，可用于室内外作底漆和面漆，涂刷性好、价廉	干燥较慢，机械性能较差，水膨胀性大，不耐碱，不能打磨
天然树脂漆	干燥比油脂漆快，短油度漆膜坚硬，长油度漆膜柔软，耐候性较好	机械性能差，短油度漆膜耐候性差，长油度漆膜不能打磨
酚醛漆	干燥较快，漆膜坚硬，耐水，纯酚醛漆耐化学腐蚀，并有一定的绝缘性	漆膜较脆，颜色易变深，耐候性较差，易粉化
沥青漆	耐潮、耐水性好，耐化学腐蚀，价廉	耐候性差，不能制造色漆，易渗色，不耐溶剂
醇酸漆	光泽较亮，保光、保色性好，附着力较好，施工性能好，可刷、喷、滚、烘	漆膜较软，耐水、耐碱性差，不能打磨
氨基漆	漆膜坚硬，光泽亮，耐热性、耐候性好，耐水性较好，附着力较好	需加热固化，烘烤过度漆膜发脆
硝基漆	干燥迅速，耐油，漆膜坚韧耐磨，可打磨抛光	易燃，清漆不耐紫外光线，不能在 60℃ 以上温度使用
纤维素漆	耐候性、保色性好，可打磨抛光，个别品种耐热、耐碱、绝缘性较好	附着力较差，耐潮性差
过氯乙烯漆	耐候性好，耐化学性优良，耐水、耐油、防延燃性好，三防性（防湿热、防霉、防盐雾）性能好	附着力较差，不能在 70℃ 以上温度使用，固体份低
乙烯漆	柔韧性好，色泽浅淡，耐化学性较好，耐水性好	耐溶剂性差，固体份低，高温时碳化，清漆不耐晒
丙烯酸漆	漆膜色浅，保色性好，耐候性优良，有一定的耐化学腐蚀性，耐热性较好	耐溶剂性差，固体份低

涂料种类	优　点	缺　点
聚酯漆	耐磨，有较好的绝缘性，耐热性较好	干性不易掌握，施工方法较复杂，对金属附着力差
聚氨酯漆	耐磨、耐潮、耐水、耐热、耐溶剂性好，耐化学腐蚀，有良好的绝缘性，附着力好	漆膜易粉化、泛黄，遇潮起泡，施工条件较高，有一定毒性
环氧漆（胺固化）	漆膜坚硬，附着力好，耐化学腐蚀，绝缘性好	耐候性差，易粉化，保光性差，韧性差
环氧酯漆	耐候性较好，附着力好，韧性较好	耐化学腐蚀性差，不耐溶剂
氯化橡胶漆	漆膜坚韧，耐磨、耐水、耐潮，绝缘性好，有一定的耐化学腐蚀性	耐溶剂性差，耐热性差，耐紫外线性差，易变色
高氯化聚乙烯漆	耐臭氧，耐化学腐蚀，耐油，耐候性好，耐水	耐溶剂性差
氯磺化聚乙烯漆	耐臭氧性能和耐候性较好，韧性好，耐磨性好，耐化学腐蚀，吸水性低，耐油	耐溶剂性较差，漆膜光泽较差
有机硅漆	耐高温，耐候性好，耐潮、耐水、绝缘性好	漆膜坚硬较脆，耐汽油性差，附着力较差，一般需烘烤固化
无机富锌底漆	漆膜坚牢、耐水、耐湿、耐温，防锈性能好	要求钢材表面除锈等级较高，漆膜韧性差，不能在寒、湿条件下施工

　　根据不同的大气环境选择相适应的防腐涂料。涂装的钢结构在使用过程中，除受大气腐蚀（温度、湿度的影响）外，更主要受环境空气（含腐蚀介质的影响）和条件（温度、湿度的影响）的腐蚀。但由于涂料的性能不同，适用于各类大气腐蚀的程度也不相同，见表 4-8。

各种大气与相适应的涂料种类　　　　　　　　表 4-8

涂料种类	城镇大气	工业大气	化工大气	海洋大气	高温大气
酚醛漆	△				
醇酸漆	✓	✓			
沥青漆			✓		
环氧树脂漆			✓	△	△
过氯乙烯漆			✓	△	
丙烯酸漆		✓	✓	✓	
聚氨酯漆					△
氯化橡胶漆		✓	✓	△	
氯磺化聚乙烯漆		✓	✓	✓	
有机硅漆					✓

　　注：✓——可用；△——尚可用。

　　根据不同的除锈等级选择相适应的防腐涂料（表 4-9）。

各种底漆	喷射或抛射除锈			手工除锈		酸洗除锈
	Sa3	Sa2$\frac{1}{2}$	Sa2	St3	Sa2	SP-8
油基漆	1	1	1	2	3	1
酚醛漆	1	1	1	2	3	1
醇酸漆	1	1	1	2	3	1
磷化底漆	1	1	1	2	4	1
沥青漆	1	1	1	2	3	1
聚氨酯漆	1	1	2	3	4	2
氯化橡胶漆	1	1	2	3	4	2
氯磺化聚乙烯漆	1	1	2	3	4	2
环氧漆	1	1	1	2	3	1
环氧煤焦油	1	1	1	2	3	1
有机富锌漆	1	1	1	3	4	3
无机富锌漆	1	1	2	4	4	4
无机硅底漆	1	2	3	4	4	2

注：1——好；2——较好；3——可用；4——不可用。

根据不同的施工方法选择相适应的涂料（表 4-10）。

涂料种类 / 施工方法	酯胶漆	油性调合漆	醇酸调合漆	酚醛漆	醇酸漆	沥青漆	硝基漆	聚氨酯漆	丙烯酸漆	环氧树脂漆	过氯乙烯漆	氯化橡胶漆	氯磺化聚乙烯漆	聚酯漆	乳胶漆
刷涂	1	1	1	1	2	2	4	4	4	3	4	3	2	2	1
滚涂	2	1	1	2	2	3	5	3	3	3	5	3	2	2	2
浸涂	3	4	3	2	3	3	3	3	3	3	3	3	3	1	2
空气喷涂	2	3	2	2	1	2	1	1	1	2	1	1	1	2	2
无气喷涂	2	3	2	2	1	1	1	1	1	2	1	1	1	2	2

注：1——优；2——良；3——中；4——差；5——劣。

（2）涂层厚度的确定

涂层结构形式有：底漆—中间漆—面漆；底漆—面漆；底漆和面漆是一种漆。钢结构涂装设计的重要内容之一，是确定涂层厚度。涂层厚度的确定，应考虑以下因素：

1）钢材表面原始状况；

2）钢材除锈后的表面粗糙度；

3）选用的涂料品种；

4）钢结构使用环境对涂料的腐蚀程度；

5）预想的维护周期和涂装维护条件。

涂层厚度，一般是由基本涂层厚度、防护涂层厚度和附加涂层厚度组成。

基本涂层厚度，是指涂料在钢材表面上形成均匀、致密、连续漆膜所需的最薄厚度（包括填平粗糙度波峰所需的厚度）。

防护涂层厚度，是指涂层在使用环境中，在维护周期内受腐蚀、粉化、磨损等所需的厚度。

附加涂层厚度，是指因以后涂装维修和留有安全系数所需的厚度。

涂层厚度应根据需要来确定，过厚虽然可增强防腐力，但附着力和机械性能都要降低；过薄易产生肉眼看不到的针孔和其他缺陷，起不到隔离环境的作用。

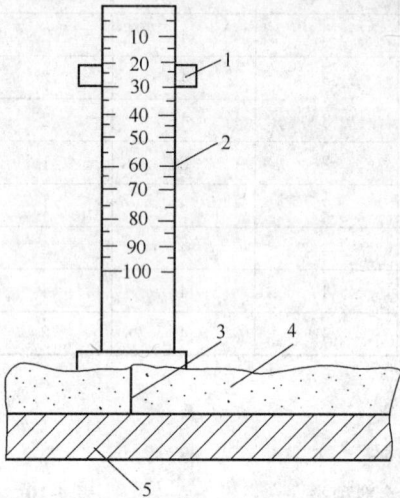

图 4-6　测厚度示意图

1—标尺；2—刻度，3—测针；

4—防火涂层；5—钢基材

施工时涂层厚度应符合设计的相应规定。

（3）钢结构防火涂料涂层厚度的测定

1）测针

测针（厚度测量仪），由针杆和可滑动的圆盘组成，圆盘始终保持与针杆垂直，并在其上装有固定装置，圆盘直径不大于 30mm，以保证完全接触被测试件的表面。如果厚度测量仪不易插入被插材料中，也可使用其他适宜的方法测试。

测试时，将测厚探针（图 4-6）垂直插入防火涂层直至钢基材表面上，记录标尺读数。

2）测点选定

①楼板和防火墙的防火涂层厚度测定，可选两相邻纵、横轴线相交中的面积为一个单元，在其对角线上，按每米长度选一点进行测试。

②全钢框架结构的梁和柱的防火涂层厚度测定，在构件长度内每隔 3m 取一截面，按图 4-7 所示位置测试。

③桁架结构，上弦和下弦按第 2 款的规定每隔 3m 取一截面检测，其他腹杆每根取一截面检测。

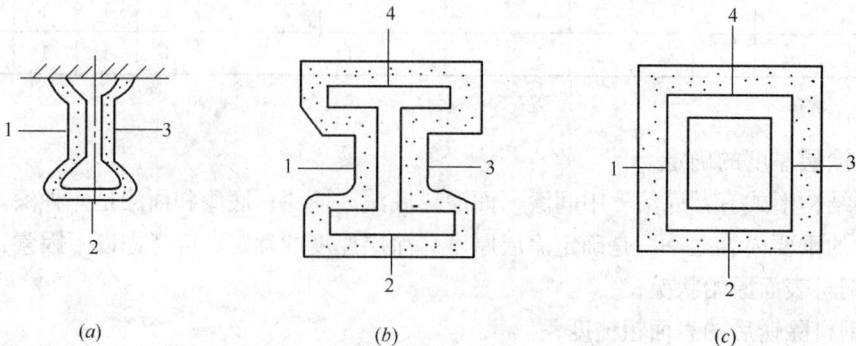

(a)　　　　　　　　　(b)　　　　　　　　　(c)

图 4-7　测点示意图

(a) 工字梁；(b) 工型柱；(c) 方形柱

注：图中 1、2、3、4 为测点位置

236

3）测量结果

对于楼板和墙面，在所选择的面积中，至少测出 5 个点：对于梁和柱在所选择的位置中，分别测出 6 个和 8 个点。分别计算出它们的平均值，精确到 0.5mm。

4.6 网架结构的安装

网架是一种新型结构，钢网架不仅具有跨度大、覆盖面积大、结构轻、省料经济等特点，同时还有良好的稳定性和安全性。因而网架结构一出现就引起人们极大的兴趣和注目，越来越多的为工程建设所采用。尤其是大型的文化体育中心多数采用网架结构。国内如上海体育馆、上海游泳馆和辽宁体育馆，都别具风采。不但是结构新颖，造型雄伟壮观，而且场内没有一根柱子，视野开阔，使人心旷神怡。

网架结构的形式较多，如双向正交斜放网架、三向网架、四角锥网架和蜂窝形三角锥网架等。网架的选型可视工程平面形状和尺寸、支撑情况、跨度、荷载大小、制作和安装情况等因素，综合进行分析确定。

4.6.1 网架结构的施工

1. 一般规定

（1）钢材材质必须符合设计要求，如无出厂合格证或有怀疑时，必须按现行国家标准《钢结构工程施工及验收规范》（GB 50205—95）的规定进行机械性能试验和化学分析，经证明符合标准和设计要求后方可使用。混凝土质量应符合现行国家标准《混凝土结构工程施工及验收规范》（GBJ 204—1983）的要求。

（2）网架的制作与安装，应符合《网架结构工程质量检验评定标准》JGJ 78—91 并编制施工组织设计，在施工中必须认真执行。

（3）网架的制作安装、验收及土建施工放线使用的所有钢尺必须标准统一，丈量的拉力要一致。当跨度较大时，应按气温情况考虑温度修正。

（4）焊接工作宜在工厂或预制拼装厂内进行，以减少高空或现场工作量。

现场的钢管焊接应由四级以上技工进行，并经过焊接球节点与钢管连接的全位置焊接工艺考核合格方可参加施工。当采用焊接钢板节点时，应选择合理的工艺顺序，以减少焊接变形及焊接应力。

（5）网架的安装方法，应根据网架受力和构造特点，在满足质量、安全、进度和经济效果的要求下，结合当地的施工技术条件综合确定。网架的安装方法及适用范围如下：

①高空散装法

适用于螺栓连接节点的各种类型网架，并宜采用少支架的悬挑施工方法。

②分条或分块安装法

适用于分割后刚度和受力状况改变较小的网架，如两向正交正放四角锥、正放抽空四角锥等网架，分条或分块的大小应根据起重能力而定。

③高空滑移法

适用于正放四角锥、正放抽空四角锥、两向正交正放四角锥等网架，滑移时滑移单元应保证成为几何不变体系。

④整体吊装法

适用于各种类型的网架，吊装时可在高空平移或旋转就位。

⑤整体提升法

适用于周边支承及多点支承网架，可用升板机、液压千斤顶等小型机具进行施工。

⑥整体顶升法

适用于支点较少的多点支承网架。

（6）采用吊装或提升、顶升的安装方法时，其吊点的位置和数量的选择，应考虑下列因素：

①宜与网架结构使用时的受力状况相接近；

②吊点的最大反力不应大于起重设备的负荷能力；

③各起重设备的负荷宜接近。

（7）安装方法选定后，应分别对网架施工阶段的吊点反力、挠度、杆件内力、提升或顶升时支承柱的稳定性和风载下网架的水平推力等项进行验算，必要时应采取加固措施。施工荷载应包括施工阶段的结构自重及各种施工活荷载。安装阶段的动力系数，当采用提升法或顶升法施工时，可取 1.1；当采用拔杆吊装时，可取 1.2；当采用履带式或汽车式起重机吊装时，可取 1.3。

（8）无论采用何种施工方法，在正式施工前均应进行试拼及试安装，当确有把握时方可进行正式施工。

（9）在网架结构施工时，必须认真清除钢材表面的氧化皮和锈蚀等污染物，并及时采取防腐蚀措施。不密封的钢管内部必须刷防锈漆，或采取其他防锈措施。焊缝应在清除焊渣后涂刷防锈漆。不能为考虑锈蚀而在设计施工中任意加大钢材截面或厚度。

2. 网架的制作与拼装

（1）节点与杆件制作

网架的节点分为焊接钢板节点、焊接空心球节点、螺栓球节点和支座节点等。

1）焊接钢板节点

焊接钢板节点，一般由十字节点板和盖板组成。十字节点板可用两块带企口的钢板对插焊接而成，也可由三块焊成，如图 4-8 所示。焊接钢板节点多用于双向网架和四角锥体组成的网架。

制作时先按图纸用硬纸剪成足尺样板，并在样板上标出杆件及螺栓中心线，钢板即以样板下料，平面尺寸允许偏差为 ±2mm，板厚为 ±0.5mm。

制作时，钢板之间先按设计图纸要求角度进行定位点焊，然后以角尺及样板为标准，用锤轻击逐渐校正，要求夹角偏差不大于 ±20′，用标准角规检查

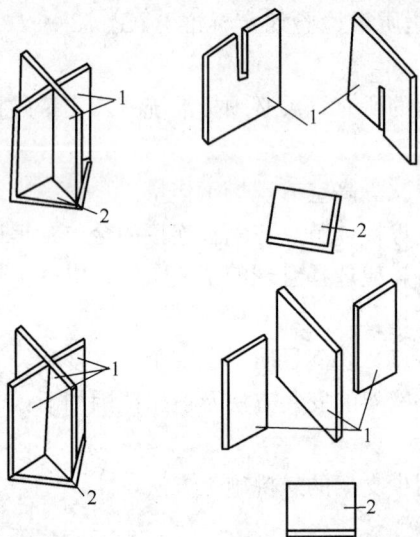

图 4-8　焊接钢板节点
1—十字节点板；2—盖板

合格后进行全面施焊。为防止焊接变形，带有盖板的节点可用夹紧器夹紧后再焊（图 4-9），焊接顺序见图 4-10，并应严格控制电流，分批焊接，例如用 φ4 焊条，电流控制在 210A 以下，当焊缝高度为 6mm 时，分两批焊接。为使焊缝左右均匀，焊件应倾斜成船形焊接。

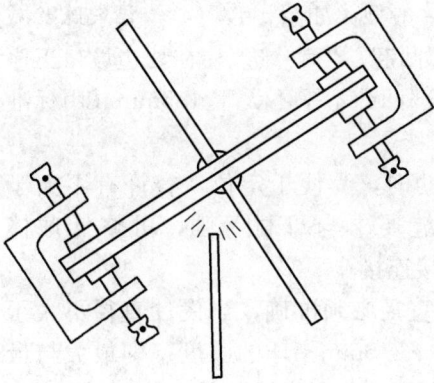

图 4-9　用夹紧器焊接　　　　　　　　图 4-10　焊接顺序

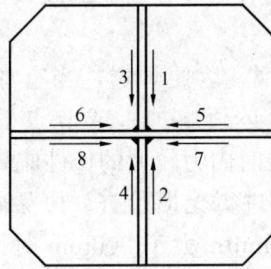

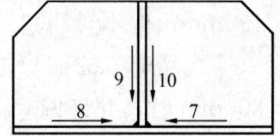

2）焊接空心球节点

空心球是由两个压制的半球焊接而成的。分为加肋和不加肋两种，如图 4-11 所示。适用于连接钢管杆件的连接。

当空心球的外径不小于 300mm 时，且内力较大，需要提高承载能力时，球内可加环肋，其厚度不应小于球壁厚，同时焊件应连接在环肋的平面内。

球节点与杆件相连接时，两杆件在球面上的距离不得小于 2mm。如图 4-12 所示。

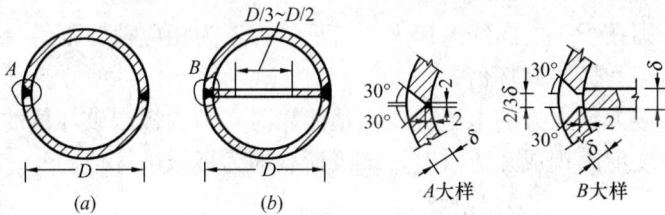

图 4-11　空心球剖面图　　　　　　图 4-12　空心球节点示意图
(a) 不加肋；(b) 加肋

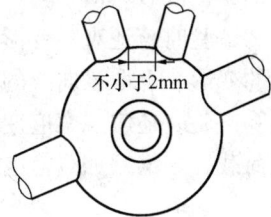

焊接球节点的半圆球，宜用机床加工成坡口。焊接后的成品球的表面应光滑平整，不得有局部凸起或折皱，其几何尺寸和焊接质量应符合设计要求。制作过程如图 4-13。首先下料，下料直径约为 $2D$（D 为球外径）。然后将板坯均匀加热至约 800℃，呈略淡的枣红色（图 4-13a）；在漏膜中进行热压，压成半球形（图 4-13b）。

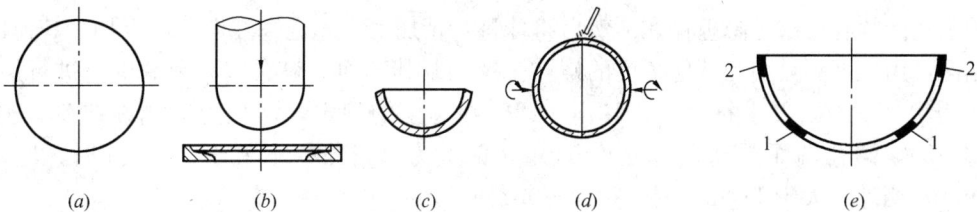

图 4-13　焊接球节点制作过程
(a) 下料、加热；(b) 热压；(c) 切边、剖口；(d) 焊接；(e) 热轧半球壁厚不均匀情况
1—偏薄；2—偏厚

热压的半圆球容易产生的弊病有：壁厚不均匀，一般规律如图 4-13（e），要求球壁减薄量不大于 13%，且不超过 1.5mm；"长瘤"，即局部凸起；"荷叶边"，在切边坡口工序中应将其切去不留痕迹，要求不应有明显的波纹，局部凹凸不平不大于 1.5mm（用标准弧形套膜、钢尺目测）。

半球剖口时建议不留根，以便焊透，当有加劲肋时，为便于定位，容许有不大于 1.5mm 的凸台，但焊接时必须熔掉。球节点的焊缝要求与母材等强，可略低球体 1.5mm，但不宜凸起。拼装时内力较大的杆件应骑焊接连接。

成品球应按 1% 作抽样进行无损检查。成品球的直径必须准确，当设计直径不大于 300mm 时，允许偏差 ±1.5mm；大于 300mm 时，为 ±2.5mm。球的圆度（即最大与最小直径之差）不好，将会增加拼装麻烦。允许偏差同前述球直径允许偏差。检测时选定 6 点（3 对）每对互成 90°，用卡钳、游标卡尺或 V 形块及百分表测量，取 3 对直径差的算术平均值。

成品球还应在最大错边处，测量其错边量，最大错边量应不大于 1mm。

成品球的强度是材质和制造技术的综合反映，因此有必要进行抽检。受拉与受压球力学性状是不同的，受拉球表现以强度破坏，而受压球则以失稳破坏为主要特征。试验时球节点的破坏特征可能有下列几种：

①试验时如仅观察仪表荷载盘，当继续加荷而仪表盘的荷载读数却不上升，该级荷载读数即为极限破坏值；

②试验时若还观察变形时，则在 P—△ 曲线（P 为加荷重量；△ 为相应荷载下沿受力方向的变形）上取该曲线的峰值即为极限破坏值；

③试验时还应观察应变，在应力最大处的电阻应变值达流限时，即为极限破坏值的前一级荷载，如继续加载，电阻应变值出现成片流限时，该级荷载即为极限破坏值。

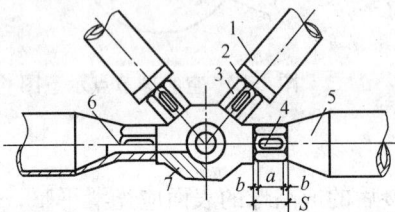

图 4-14　螺栓球节点图
1—钢管；2—封板；3—套管；4—销子；
5—锥头；6—螺栓；7—钢球

3）螺栓球节点

螺栓球节点是通过螺栓将管形截面的杆件和钢球连接起来的节点，一般由螺栓、钢球、销子、套管和锥头或封板等零件组成，如图 4-14 所示。

首先将坯料加热后膜锻成球坯，进行正火处理，毛坯直径的允许偏差值为：当直径不大于 110mm 时，偏差为 +2mm，−1mm；当直径大于 110mm 时，偏差为 +3mm，−1.5mm。水雷式球也可铸造，但如处理不好容易产生裂纹。螺栓球节点的毛坯严禁有裂纹等隐患存在。然后将球进行精加工，先定基准螺孔，再加工其他螺孔的端面，用分度夹具加工其他角度的螺孔。螺孔及其端面一般在车床及铣床上进行加工。螺孔为粗牙螺纹，要求符合 GB 197—816H 级精度的规定，螺孔角度允许偏差为 ±30′（图 4-15）。螺孔端面距球心尺寸 L 的允许偏差为：当球径不大于 110mm 时，L 为 ±0.2mm；当球径大于 110mm 时，L 为 ±0.25mm。

对螺栓球节点也应进行强度试验，主要检验螺孔的抗拉强度。制造厂应进行定期抽样检查，以控制本厂产品质量。

高强螺栓由于每根杆件仅有一根高强螺栓连接，因此，高强螺栓必须 100% 合格，应

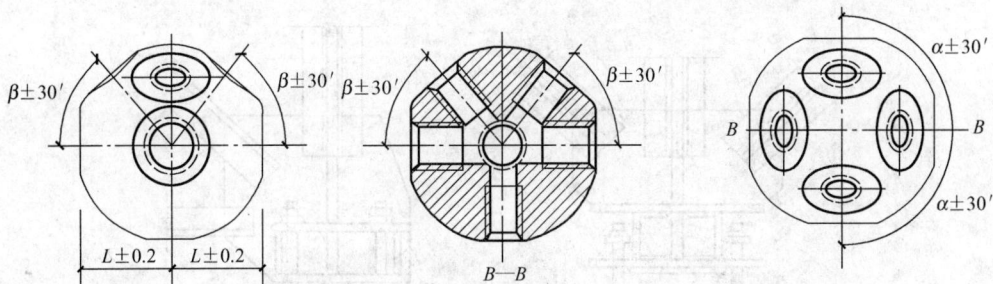

图 4-15　螺栓球节点螺孔角度及端面尺寸允许偏差

逐根检验其表面硬度，严禁有裂纹，螺纹应完好无损伤，螺栓的长度偏差范围在－0.1～+0.5mm 之间。

4）支座节点

常用的压力支座节点有下列四种：

①平板压力支座节点，如图 4-16 所示。一般适用于较小跨度的支座。

②单面弧形压力支座节点，如图 4-17 所示。弧形支座板的材料一般用铸钢，也可以用厚钢板加工而成，适用于大跨度网架的压力支座。

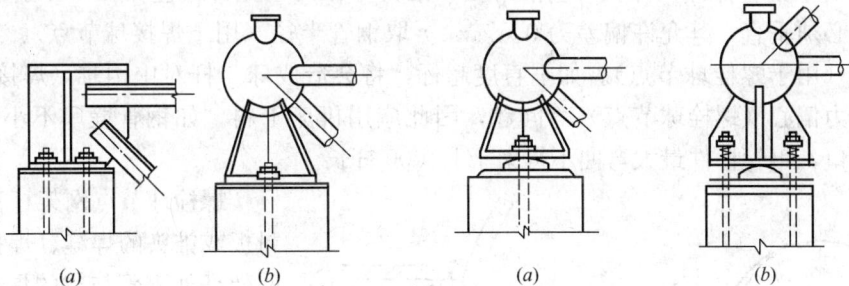

| (a) | (b) | (a) | (b) |

图 4-16　网架平板支座节点图　　　图 4-17　单面弧形压力支座节点图

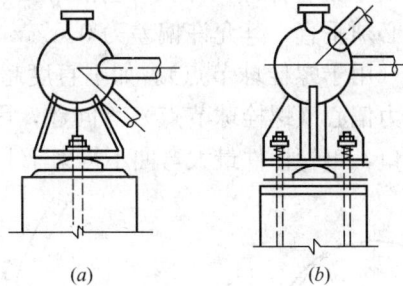

　　　　　　　　　　　　　　　　　　（a）两个螺栓连接；（b）四个螺栓连接

③双面弧形压力支座节点，如图 4-18 所示。适用于跨度大，下部支承结构刚度大的网架压力支座。

④球形铰压力支座节点，适用于多支点的大跨度网架的压力支座。单面弧形支座，适用于较大的跨度网架受拉力的支座，如图 4-19 所示。

以上各式支座用螺栓固定后，应加副螺母防松，螺母下面的螺纹段的长度不宜过长，避免网架受力时，产生反作用力，即向上翘起及产生侧向拉力而使螺母松脱和螺纹部分断裂。

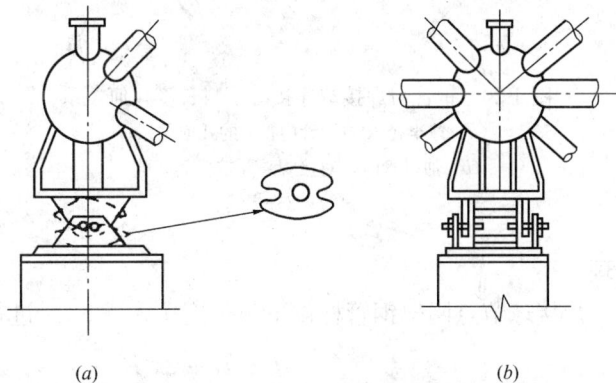

| (a) | (b) |

图 4-18　双面弧形压力支座

（a）侧视图；（b）正视图

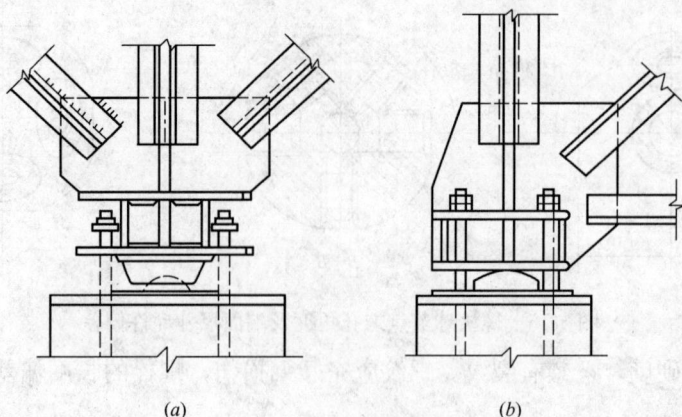

图 4-19　球形支座图
(a) 球铰压力支座；(b) 单面弧形拉力支座

5）杆件

对于角钢杆件，由于多为贴角焊缝，焊缝长度易调节，故下料长度允许偏差可放宽为 ±2mm；对于钢管杆件，杆长（包括封板、锥头等在内）允许偏差为 ±1mm。杆件端面与杆轴线必须垂直，其允许偏差为 $0.5\% r$，r 取钢管半径（用于焊接球节点）、封板或锥头等半径（用于螺栓球节点）。如垂直度超标，将会造成球与杆对中困难（焊接球节点）或造成传力偏心（螺栓球节点）等问题，因此应用机床下料。如钢管壁厚不小于 4mm，则必须剖口，钢管杆件最大弯曲不得大于 1/1000 杆长。

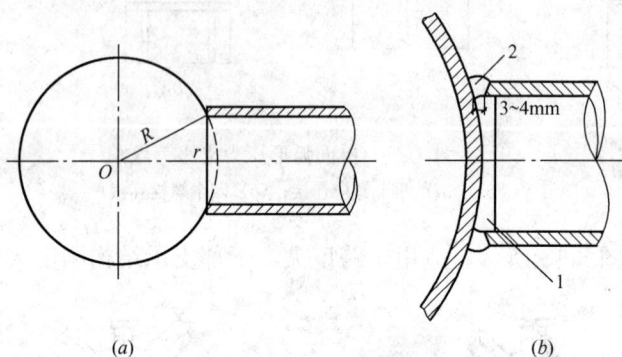

图 4-20　钢管与焊接球连接时下料长度几何关系
(a) 球半径 R 与钢管内径 r 的几何关系；
(b) 加衬管时，对接焊缝要求杆间间隙
1—衬管；2—焊缝

螺栓球节点网架杆件钢管与封板或锥头的焊缝、焊接球节点网架杆件钢管与球的焊缝质量检验以超声波无损检验方法较方便，且成本低，现已制定了专门的超声波探伤及质量分级标准，可以据此进行焊缝质量检验。

螺栓球节点网架杆件与节点间容易出现缝隙（特别是拉杆部位），因此，空气中水气容易侵入；钢管的防腐处理及安装后对接缝处的填嵌工作很重要。建议在焊接前对钢管进行酸洗磷化处理。

焊接球节点网架钢管杆件下料长度按式（4-1）进行计算（图 4-20）。

$$l = l_1 - 2\sqrt{R^2 - r^2} + l_2 - l_3 \tag{4-1}$$

式中　l——下料长度；

l_1——根据起拱要求算出的杆件中心线长；

l_2——预留焊接收缩量（2～3.5mm）；

l_3——对接焊根部宽（3～4mm）；

R——球节点外半径；

r——钢管内半径。

影响焊接收缩量的因素较多，如焊接尺、外界气温、焊接电流强度、焊接方法（多次循环间隙焊还是集中一次焊等）、焊工操作技术等。收缩量不易留准确，当缺乏经验时应在现场实验确定。当用单面焊接双面成型工艺时 $l_3=0$。

短钢管允许接长，连接处剖口加衬管，按对接缝要求焊接，但接长管一般仅用于压杆。

（2）网架结构拼装

网架结构的施工原则是：

1）合理分割，即把网架根据实际情况合理地分割成各种单元体，使其经济地拼成整个网架。有下列几种方案：即直接由单根杆件、单个节点总拼成网架；由小拼单元到总拼成网架，小拼单元—中拼单元—总拼成网架。

2）尽可能多地争取在工厂或预制场地焊接，尽量减少高空作业量。因为这样可以充分利用起重设备将网架单元翻身而能较多地进行平焊。

3）节点尽量不单独在高空就位，而是和杆件连接在一起拼装，在高空仅安装杆件。

划分小拼单元时，应考虑网架结构的类型及施工方案等条件。小拼单元一般可划分为平面桁架型或锥体型两种。划分时应作方案比较以确定最优者。图 4-21 所示为斜放四角锥网架两种划分方案的实例。其中图 4-21（a）方案的工厂焊接工作量占总工作量约35%，而图 4-21（b）方案却占70%左右，显然图 4-21（b）方案较好。但桁架系网架的小拼单元，应该划分成平面桁架型小拼单元。

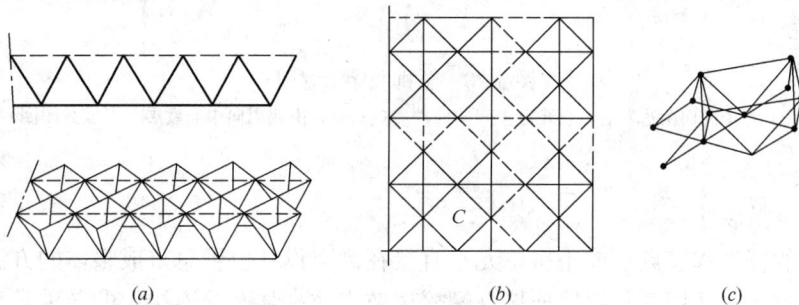

图 4-21　小拼单元划分方案举例

（a）桁架型小拼单元；（b）锥体型小拼单元；（c）C单元立体图

小拼单元应在专门的拼装膜架上焊接，以确保几何尺寸的准确性。小拼模架有平台型（图 4-22a、图 4-22b）和转动型（图 4-22c）两种。平台型模架仅作定位焊用，全面施焊应将单元体吊运至别处进行；而转动型模架则单元体全在此模架上进行施焊，由于模架可转动，因而焊接条件好，易于保证质量。

为保证网架在总拼过程中具有较少的焊接应力和便于调整尺寸，合理的总拼顺序应该是从中间向两边或从中间向四周发展（图 4-23a、图 4-23b），它具有三个优点：

①可减少一半的累计偏差；

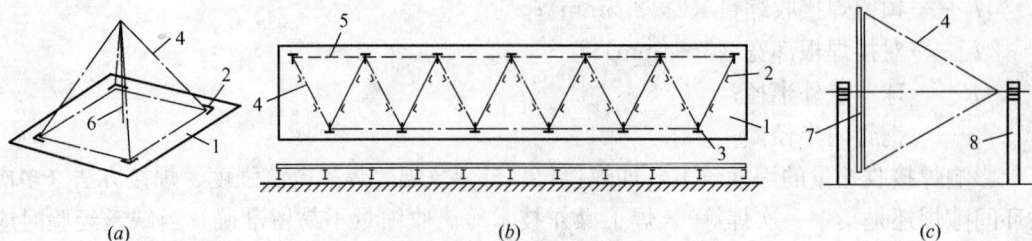

图 4-22　小拼单元拼装模架

(a)、(b) 平台型模架；(c) 转动型模架

1—拼装平台；2—定位角钢；3—搁置节点槽口；4—网架；

5—临时加固杆；6—标杆；7—转动模架；8—支架

②保持一个自由收缩边，可大大减少焊接收缩应力；

③向外扩展边便于铆工随时调整尺寸。

总拼时严禁形成封闭圈，因为在封闭圈中焊接（图 4-23c）会产生很大的焊接收缩应力。

网架焊接时一般先焊下弦，使下弦收缩而略向上拱，然后焊接腹杆及上弦。如先焊上弦，则易造成不易消除的人为挠度。

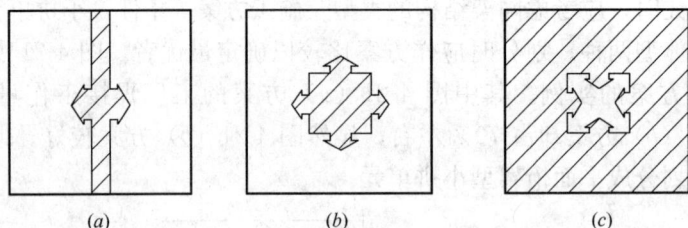

图 4-23　总拼顺序示意图

(a) 由中间向两边发展；(b) 由中间向四周发展；(c) 由四周向中间发展（形成封闭圈）

3. 网架安装

（1）高空散装法

将网架的杆件和节点（或小拼单元）直接在高空设计位置总拼成整体的方法称高空散装法。高空散装法适用于非焊接连接（螺栓球节点或高强螺栓连接）的各种类型网架，并宜采用少支架的悬挑施工方法。因为焊接连接的网架采用高空散装法施工时，不易控制标高和轴线，另外还需采取防火措施。

1）工艺特点

高空散装法分全支架法（即搭设满堂脚手架）和悬挑法两种。全支架法可将一根杆件、一个节点的散件在支架上总拼或以一个网格为小拼单元在高空总拼；悬挑法是为了节省支架，将部分网架悬挑。

高空散装法的特点是网架在设计标高一次拼装完成。其优点为可用简易的起重运输设备，甚至不用起重设备即可完成拼装，可适应起重能力薄弱或运输困难的山区等地区。其缺点为现场及高空作业量大，同时需要大量的支架材料。

2）拼装支架

用于高空散装法的拼装支架必须牢固，不宜采用竹、木材料，设计时应对单肢稳定、整体稳定进行验算，并估算其沉降量。沉降量不宜过大，并应采取措施，能在施工中随时进行调整。

支架的单肢稳定验算可按一般钢结构设计方法进行；各种支架的整体稳定验算公式均根据欧拉稳定理论并考虑格构柱剪切力推导而来，在此不再详述。

支架的整体沉降量由钢管接头的空隙压缩、钢杆的弹性压缩、地基的沉陷等组成。如地基不好，应夯实加固，并用木板铺地以分散支柱传来的集中荷载。高空散装法要求支架沉降不超过 5mm。大型网架施工时，可对支架进行试压，以取得有关资料。

拼装支架不宜用木或竹搭设，因为它们容易变形且易燃，故当网架用焊接连接时禁用。

支架拆除应从中央逐圈向外分批进行，每圈下降速度必须一致，应避免个别支点集中受力，造成拆除困难。对于大型网架，应根据自重挠度分批进行拆除。

3）螺栓球节点网架的拼装

螺栓球节点网架的安装精度由工厂保证，现场无法进行大量调整。高空拼装时，一般从一端开始，以一个网格为一排，逐排前进。拼装顺序为：下弦节点—下弦杆—腹杆及上弦节点—上弦杆—校正—全部拧紧螺栓。校正前，各工序螺栓均不拧紧。如经试拼，确有把握时也可以一次拧紧。

（2）分条（分块）吊装法

将网架从平面分割成若干条状或块状单元，每个条（块）状单元在地面拼装后，再由起重机吊装到设计位置总拼成整体，此法称分条（分块）吊装法。

1）工艺特点

条状单元一般沿长跨方向分割，其宽度约为1～3个网格，其长度为L_2或$L_2/2$（L_2为短跨跨距）。块状单元一般沿网架平面纵横向分割成矩形或正方形单元。每个单元的重量以现有起重机能胜任为准。条（块）与条（块）之间可以直接拼装，也可空一网格在高空拼装。由于条（块）状单元是在地面拼装，因而高空作业量较高空散装法大为减少，拼装支架也减少很多，又能充分利用现有起重设备，故较经济。这种安装方法适用于分割后网架的刚度和受力状况改变较小的各类中小型网架，如两向正交正放四角锥、正放抽空四角锥等网架。

2）单元划分

条（块）状单元有如下几种分割方法：

①单元相互靠紧，下弦用双角钢分在两个单元上（图 4-24a），可用于正放四角锥网架；

②单元相互靠紧，上弦用剖分

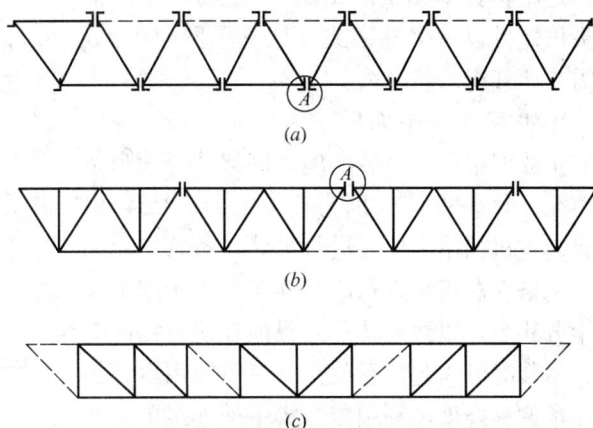

图 4-24　网架条（块）状单元划分方法

注：A 表示剖分式安装节点

(a)

(b)

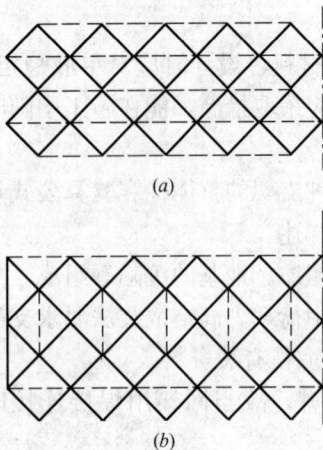

图 4-25　斜放四角锥网架
上弦加固示意图
（虚线表示临时加固杆件）

式安装节点连接（图 4-24b），可用于斜放四角锥网架；

③单元间空一网格，在单元吊装后再在高空将此空格拼成整体（图 4-24c），可用于两向正交正放或斜放四角锥网架（图 4-25）。

网架分割成条（块）状单元后，其自身应是几何不变体系，同时还应有足够的刚度，否则应采取临时加固措施。对于正放类网架，分成条（块）状单元后，一般不需要加固。但对于斜放类网架，分成条（块）状单元后，由于上（下）弦为菱形结构可变体系，必须加固后方可吊装，图 4-25 所示为斜放四角锥条状单元上弦加固方案。块状单元可沿周边加设临时加固杆件。斜放类网架虽然加固后可以分成条块单元吊装，但增加了施工费用，因此这类网架不宜分割，宜整体安装或高空散装。

3）挠度控制

条状单元在吊装就位过程中的受力状态属平面结构体系，而网架是按空间结构设计的，因此条状单元在总拼前的挠度比形成整体网架后的挠度大（除非设计时考虑施工状态而增高网架），故在合拢前必须在中部用支撑顶起，调整其挠度使其与整体网架挠度符合。块状单元在地面拼成后，应模拟高空支承条件，观察其挠度，以确定是否要调整。

4）几何尺寸控制

条（块）状单元尺寸、形状必须准确，以保证高空总拼时节点吻合及减少积累误差，可采取预拼装或在现场临时配杆等措施解决。

图 4-26 为一平面尺寸为 45m×36m 的斜放四角锥网架分块吊装实例。该网架分成 4 个块状单元，而每块间留出一节间，在高空总拼时连接成整体，每个单元的尺寸为 15.75m ×20.25m，在单元周边均有加固杆件，以形成稳定结构，单元重约 12t。就位时，在网架中央仅需搭设一个井字式支架支承网架单元，所需支架甚少，较经济。

图 4-27 为一平面尺寸为 45m×45m 两向正交正放网架分条吊装实例。网架共分 3 个条状单元，每条重量分别为 15t、17t、15t，由两台起重机抬吊一单元进行吊装，条状单元间空一网格在总拼时进行高空连接。由于施工场地十分狭小，以致条状单元只能在建筑物内制作，吊装时倾斜起吊后就位，总拼前用钢管加千斤顶调整挠度，利用装修脚手架连接单元间杆件。

（3）高空滑移法

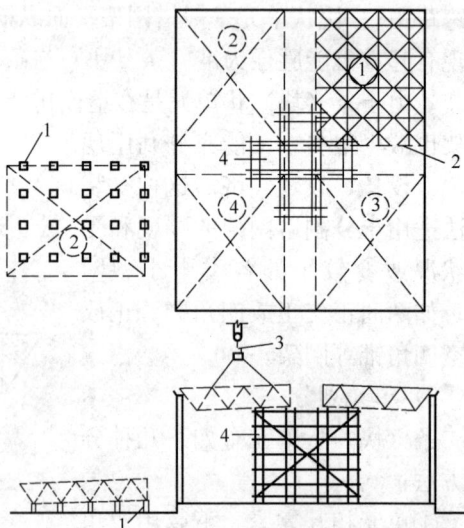

图 4-26　网架分块吊装工程
1—单元拼装用砖墩；2—临时封闭杆件；
3—起重机吊钩；4—拼装支架的杆件

246

1) 工艺特点

将网架条状单元在建筑物上由一端滑移到另一端，就位后总拼成整体的方法称高空滑移法。

高空滑移法分为两种方法：单条滑移法和逐条积累滑移法。

单条滑移法（图 4-28a）是将条状单元一条一条地分别从一端滑移到另一端就位安装，各条单元之间分别在高空再连接。即逐条滑移，逐条连成整体。

逐条累计滑移法（图 4-28b）则是先将条状单元滑移一段距离后（能连接上第二条单元的宽度即可），连接上第二条单元后，两条单元一起再滑移一段距离（宽度同上），再接第三条，三条又一起滑移一段距离……如此循环操作直至接上最后一条单元为止。

第一种方法的特点是摩阻力小，如装上滚轮，当小跨度时可不必用机械牵引，用橇棍即可撬动，但单元之间的连接需要脚手架；第二种方法的特点是在建筑物一端搭设支架（或利用建筑物屋顶平台），牵引力逐次加大，要求滑移速度较慢（约为 1m/min），一般需要多门滑轮组变速，故采用小型卷扬机或手动葫芦牵引即可。

高空滑移法按摩擦方式的不同可分为滚动摩擦式（即在网架上安装有滚轮）和滑动摩擦式两种。

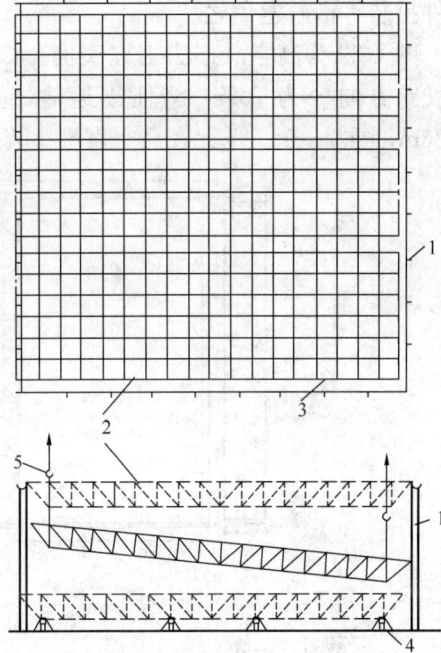

图 4-27 网架分条吊装工程实例
1—柱；2—网架；3—为吊装而拆去
4—拼装支架；5—起重机吊钩

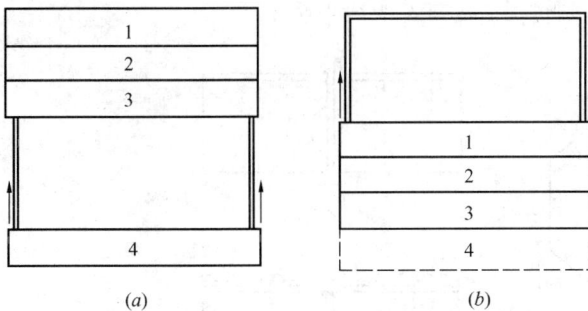

图 4-28 高空滑移法分类图
(a) 单条滑移法；(b) 逐条累计滑移法

待滑移的网架条状单元可以在地面或高空制作。滑移方式除水平滑移外，还可利用屋面坡度下坡滑移，以节约动力。有时因条件限制也可上坡滑移。

高空滑移法的主要优点是网架的滑移可与其他土建工程平行作业，而使总工期缩短，如体育馆或剧场等土建、装修及设备安装等工程量较大的建筑，更能发挥其经济效果。因此端部拼装支架最好利用室外的建筑物或搭设在室外，以便空出室内更多的空间给其他工程平行作业。在条件不允许时才搭设在室内的一端。其次是设备简单，不需大型起重设备、成本低。特别在场地狭小或跨越其他结构、设备等而起重机无法进入时更为合适。

当选用逐条累积滑移法时，条状单元拼接时容易造成轴线偏差，可采取试拼、套拼或散件拼装等措施避免之。

图 4-29 为高空滑移法工程实例。该工程平面尺寸为 45m×55m，斜放四角锥网架，沿长跨方向分为 7 条，为便于运输，沿短跨方向又分为两条，每条尺寸为 22.5m×7.86m，重 7~9t。单元在高空直接拼装。图 4-30 为上弦剖分式安装节点。

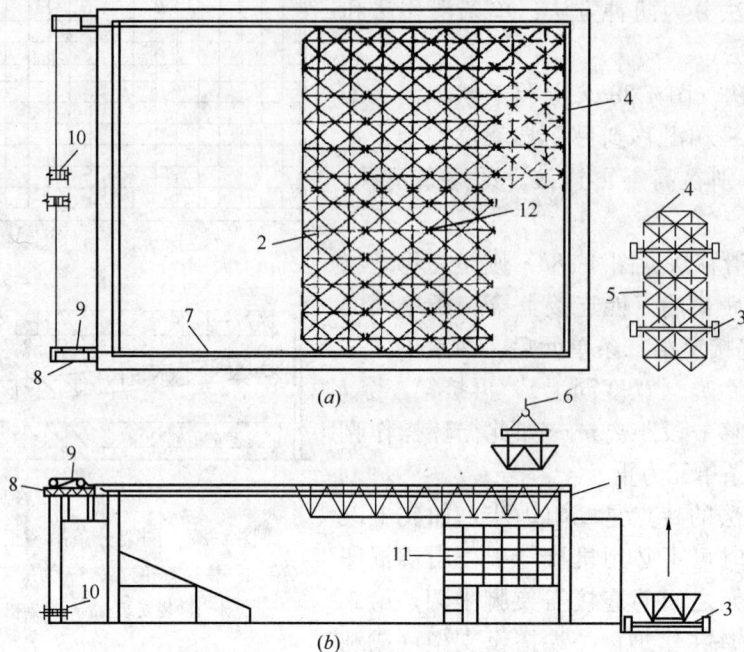

图 4-29 滑移安装网架结构工程实例

(a) 平面；(b) 剖面

1—天钩梁；2—网架（临时加固杆件未示出）；3—拖车架；4—条状单元；5—临时加固杆件；

6—起重机吊钩；7—牵引绳；8—反力架；9—牵引滑轮组；

10—卷扬机；11—脚手架；12—剖分式安装节点

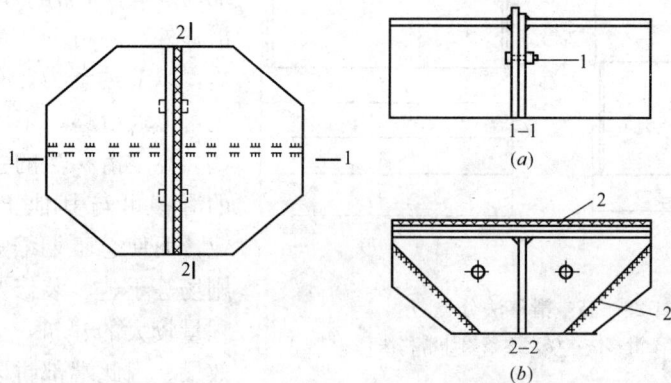

图 4-30 剖分式安装节点示意图

(a) 平面；(b) 侧面

1—M25 安装螺栓；2—拼装时焊缝

2）滑移装置

高空滑移法中的滑移装置，主要有滑轨、导向轮和牵引设备组成。

①滑轨

滑移用轨道有各种形式（图4-31），对于中小型网架可用圆钢、扁铁、角钢或小槽钢构成，对于大型网架可用钢轨、工字钢、槽钢等构成。滑轨可用焊接或螺栓固定于梁上。其安装水平度及接头要求与吊车梁轨道相同。滑轨标高宜与网架支座同高，这样拆除滑轨较方便。采用滚动摩擦式滑移时，滚轮也可装于侧边，以便拆除滑轨及安装网架支座。

②导向轮

导向轮为滑移安全保险装置，一般设在导轨内侧，在正常滑移时导向轮与导轨脱开，其间隙为10～20mm，只有当同步差或拼装偏差超出规定值较大时才会碰上（图4-32）。当滑移时若两台卷扬机的启动或停车不一致也会造成导向轮与导轨顶紧情况。这时的顶力由式（4-2）计算求得：

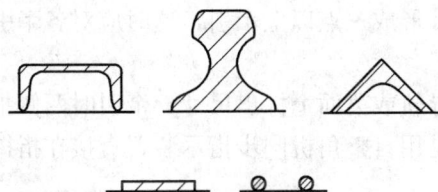

图4-31 各种滑轨形式

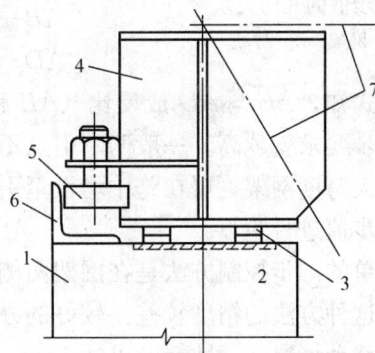

图4-32 导轨与导向轮设置
1—天钩梁；2—预埋钢板；3—滑轨；
4—网架支座；5—导轮；6—导轨；7—网架

$$R_1 = R_2 = (T - F_1) S/L \tag{4-2}$$

式中 T——总牵引力，$T = T_1 + T_2$；

　　F_1——一边滑轨的摩阻力，$F_1 = \xi \mu G_{ok}/2$；

　　ξ——阻力系数，取 1.3～1.5；

　　μ——摩擦系数，滑动摩擦时，μ 取 0.12～0.15；滚动摩擦时，μ 取 0.09～0.1；

　　G_{ok}——网架等总自重标准值；

　　S——可近似取网架跨度；

　　L——可近似取网架已拼单元前后端间支座长度。

③牵引力与牵引速度

牵引设备需确定牵引力与牵引速度。所需牵引力根据摩擦方式不同，用式（4-3）、式（4-4）计算：

滑动摩擦时： $$F_t \geqslant \mu_1 \xi G_{ok} \tag{4-3}$$

滚动摩擦时， $$F_t \geqslant \left(\frac{k}{r_1} + \mu_2 \frac{r}{r_1} \right) G_{ok} \tag{4-4}$$

式中 F_t——所需的总牵引力；

k——滚动摩擦系数，对于铸铁轮或钢轮与钢轨，取 0.5mm；

r——轴的半径（mm）；

r_1——滚轮外圆半径（mm）；

其他符号同前。

为了使网架能平稳地滑移，速度不宜过快，牵引速度一般应控制在 1m/min 以内。

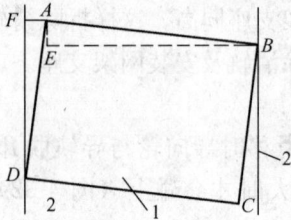

图 4-33　网架滑移时
不同步值的几何关系

1—网架；2—导轨

④同步控制

高空滑移法滑移网架时，各牵引点的速度应尽量同步。当设置导向轮时，两侧的牵引允许不同步值，与导向轮间隙及网架积累长度有关。如图 4-33 所示，A 和 B 两牵引点允许不同步值由式（4-5）确定。

$$AE = AB \cdot AF/AD \qquad (4\text{-}5)$$

式中　AF——两倍导向轮间隙；

　　　AB——网架跨度；

　　　AD——网架滑移单元长。

由上式知，AE 与 AD 成反比（AB 和 AF 为定值），说明随着网架的接长，AE 逐渐变小，同步要求就越高。一般两牵引点不同步值控制在 50mm 以下。

对于大跨度网架，可在跨中增设牵引点，形成三点以上牵引，这时应对各牵引点间的允许不同步值进行验算。

最简单的同步控制方法是在网架两侧的导轨或梁面上标出尺寸，牵引时两侧报告滑移距离，但这种方法的精度较差。较好的办法是用自整角机同步指示装置直接在指挥台观察各牵引点移动情况，读数精度可达 1mm。

⑤挠度调整

当单条滑移时，其施工挠度的情况与分条吊装法完全相同，当逐条累积滑移时，网架是两端自由搁置的立体桁架。因而滑移时网架虽仅承受自重，但其挠度仍较形成整体后为大，因此在连接新单元前，应将已滑移好的部分网架进行挠度调整，然后再拼接。滑移时应加强对施工挠度的观测并随时调整。

为减少滑移时的施工挠度，可采取适当增加网架高度、开口边临时增至三层网架或设置中间滑轨等措施。

（4）整体提升及整体顶升法

将网架在地面就位拼成整体，用起重设备垂直地将网架整体提（顶）升至设计标高并固定的方法，称整体提（顶）升法。

1）工艺特点

提升的概念是起重设备位于网架的上面，通过吊杆将网架提升至设计标高。可利用结构柱作为提升网架的临时支承结构，也可另设格构式提升架或钢管支柱。提升设备可用通用千斤顶或升板机。对于大中型网架，提升点位置宜与网架支座相同或接近，中小型网架则可略有变动，数量也可减少，但应进行施工验算。

有时也可利用网架为滑模平台，柱子用滑模方法施工，当柱子滑模施工到设计标高时，网架也随着提升到位，这种方法俗称升网滑模。

顶升的概念是千斤顶位于网架之下，一般是利用结构柱作为网架顶升的临时支承结构。

提升法和顶升法的共同优点是可以将屋面板、防水层、顶棚、供暖通风与电气设备等全部在地面或最有利的高度施工，从而大大节省施工费用；同时，提（顶）升设备较小，用小设备可安装大型结构。所以这是一种很有效的施工方法。

提升法适用于周边支承或点支承网架，顶升法则适用于支点较少的点支承网架的安装。图 4-34 所示为用升板机整体提升网架的工程实例。

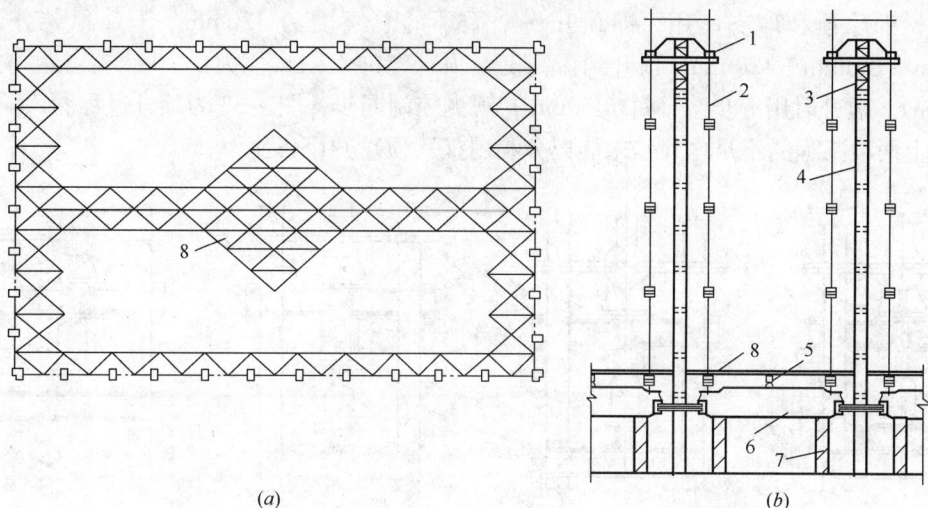

图 4-34　升板机整体提升网架工程

(a) 平面；(b) 局部侧面

1—升板机；2—吊杆；3—小钢柱；4—结钩柱；5—网架支座；6—框架梁；7—搁置砖礅；8—屋面板

该工程平面尺寸为 44m×60.5m，屋盖选用斜放四角锥网架，网架自重约 110t，设计时考虑了提升工艺要求，将支座搁置在柱间框架梁中间，柱距 5.5m，柱高 16.20m。提升前将网架就位总拼，并安装好部分屋面板。接着在所有柱上都安装一台升板机，吊杆下端则钩扎在框架梁上。柱每隔 1.8m 有一停歇孔，作倒换吊杆用，整个提升工作进行得较顺利，提升点间最大升差为 16mm，小于《网架结构设计与施工规程》规定的 30mm。这种提升工艺的主要问题是网架相邻支座反力相差较大（最大相差约 15kN），提升时可能出现提升机故障或倾斜。提升前在框架梁端用两根 10 号槽钢连接，并对 1/4 网架吊杆用电阻应变仪进行跟踪测量，检测结果表明每个升板机的一对吊杆受力基本相等。吊杆内力能自行调整。

图 4-35 所示为某六点支承的抽空四角锥网架，平面尺寸为 59.4m×40.5m，

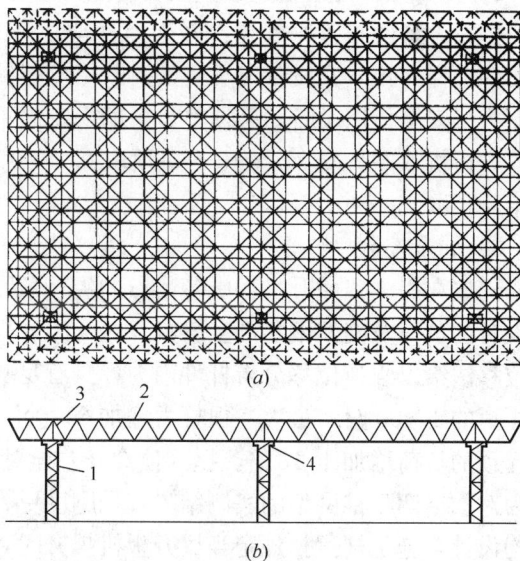

图 4-35　某网架顶升施工图

(a) 平面；(b) 立面

1—柱；2—网架；3—柱帽；4—球支座

网架重约 45t，用 6 台起重能力为 320kN 的通用液压千斤顶，采用顶升法将网架顶升至 8.7m 高。

为了便于在地面整体拼装而不搭设拼装支架，采用了与网架同高的伞形柱帽。由四根角钢组成的柱子从腹杆间隙中穿过，千斤顶的使用冲程为 150mm（最大冲程为 180mm）。根据千斤顶的尺寸、冲程、横梁尺寸等确定上下临时缀板的距离为 420mm，缀板作为搁置横梁、千斤顶和球支座用。即顶升一个循环的总高度为 420mm。千斤顶共分三次（150mm＋150mm＋120mm）顶升到该高度，顶升容许不同步值为 1/1000 支点距离（即 24.3mm）。顶升时用等步法（每步 50mm）观测控制同步。图 4-36 为顶升过程图。

以上两项工程的不足之处是未能充分利用提（顶）升设备能力。

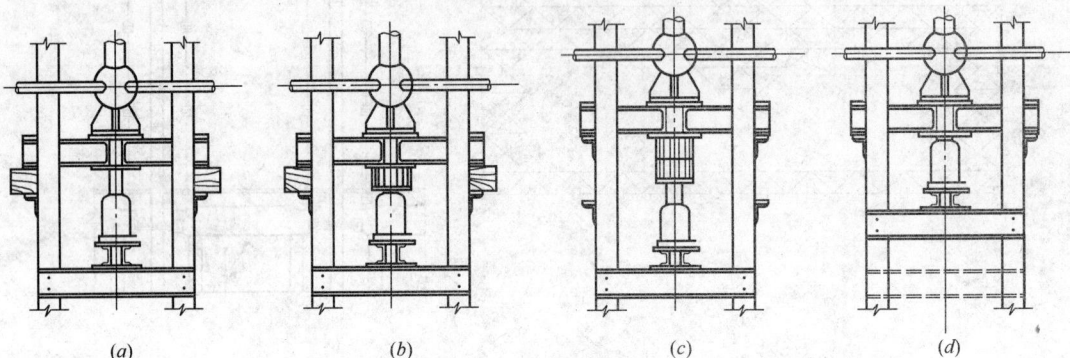

图 4-36　顶升过程图

(a) 顶升 150mm，两侧垫方形垫块；(b) 回油，垫圆垫块，重复 1、2 循环后；
(c) 垫两块垫块，顶升一个冲程，安装两侧上缀板；(d) 回油，下级板升一级

2）提（顶）升设备的布置及负荷能力

提升设备的布置原则是：网架提（顶）升时的受力情况应尽量与设计的受力情况类似；每个提（顶）升设备所承受的荷载尽可能接近。

为了安全使用设备，必须将设备的额定起重量乘以折减系数，作为使用负荷。当提升时，升板机取 07～0.8，液压千斤顶取 0.5～0.6。顶升时，液压千斤顶取 0.4～0.6，丝杆千斤顶取 0.6～0.8。

3）同步控制

网架在提（顶）升过程中各吊点的提（顶）升差异，将对网架结构的内力、提（顶）升设备的负荷及网架偏移产生影响。经实测和理论分析比较，提（顶）升差异可用空间桁架位移法给以强迫位移分析杆件内力，具有足够精度。现场测试表明，提（顶）升差为支点距离的 1/400 时，最大一根杆力增加 61.6N/mm²，而该杆自重内力为 20N/mm²。这时千斤顶的负荷增加 1.27 倍。提（顶）升差异对杆力的影响程度与网架刚度有关，以上数据为对抽空四角锥网架的实测结果，如刚度更大的网架，引起的附加内力将更大。《网架结构设计与施工规程》规定当用升板机提升时，允许升差为相邻提升点距离的 1/400，且不大于 30mm。

从上列规定可知，顶升法规定的允许升差值较提升法严。这是因为顶升的升差不仅引起杆力增加，更严重的是会引起网架随机性的偏移，一旦网架偏移较大时，就很难纠偏。

因此，顶升时的同步控制主要是为了减少网架的偏移，其次才是为了避免引起过大的附加内力。而提升时升差虽也会造成网架偏移，但危险程度要小。

顶升时当网架的偏移值达到需要纠正的程度时，可采用将千斤顶垫斜、另加千斤顶横顶或人为造成反升差等逐步纠正，严禁操之过急，以免发生事故。由于网架偏移是一种随机过程，纠偏时柱的柔度、弹性变形等又给纠偏以干扰，因此纠偏的方向及尺寸不一定如人意。故顶升时应以预防偏移为主。顶升时必须严格控制升差并设置导轨。

导轨在顶升法施工中很重要，它不仅能保证网架垂直的上升，而且还是一种安全装置。导轨可利用结构柱或单独设置。

同步观测控制方法同前。

4）柱的稳定性

提（顶）升时一般均用结构柱作为提（顶）升时临时支承结构，因此，可利用原设计的框架体系等来增加施工期间柱的刚度。例如当网架升到一定高度后，施工框架结构的梁或柱间支撑，再提升网架。如提（顶）升期间结构不能形成框架或原设计为独立柱，则需对柱进行稳定性验算。如果稳定性不够，则应采取加固措施。对于升网滑模法尤应注意，因为混凝土的出模强度极低（$0.1 \sim 0.3 \text{N/mm}^2$），所以要加强柱间的支撑体系，并使混凝土 3d 后达到 10N/mm^2 以上，施工时即据此要求控制滑模速度。例如某工程实测 1.5d 混凝土强度可达 14N/mm^2 左右，则滑升速度可控制在 1.3m/d。此外，还应考虑风力的影响，当风速超过五级时应停止施工，并用缆风绳拉紧锚固，缆风绳应按能抵抗七级风计算。

（5）整体吊装法

将网架在地面总拼成整体后，用起重设备将其吊装至设计位置的方法称为整体吊装法。

1）工艺特点

用整体吊装法安装网架时，可以就地与柱错位总拼或在场外总拼，此法适用于焊接连接网架，因此地面总拼易于保证焊接质量和几何尺寸的准确性。其缺点是需要较大的起重能力。整体吊装法往往由若干台桅杆或自行式起重机（履带式、汽车式等）进行抬吊。因此大致上可分为桅杆吊装法和多机抬吊法两类。当用桅杆吊装时，由于桅杆机动性差，网架只能就地与柱错位总拼，待网架抬升至高空后，再进行旋转或平移到设计位置。由于桅杆的起重量大，故大型网架多用此法，但需大量的钢丝绳、大型卷扬机及劳动力，因而成本较高。但如用多根中小型钢管桅杆整体吊装网架，则成本较低。

2）空中移位

当采用多根桅杆吊装时，有网架在空中移位的问题，其原理是利用每根桅杆两侧起重滑轮组中产生水平分力不等（即水平合力不等于零），而推动网架移动。当网架垂直提升时（图 4-37a），桅杆两侧滑轮组夹角相等，两侧滑轮组受力相等（$T_1 = T_2$），水平力也相等（$H_1 = H_2$）。网架在空中移位时（图 4-37b），每根桅杆的同一侧滑轮组钢丝绳徐徐放松，而另一侧滑轮组不动。此时右侧钢丝绳因松弛而拉力 T 变小，左边则由于网架重力作用相应增大，水平分力也不等，即 $H_1 > H_2$，网架就朝 H_1 所指的方向移动。至放板的滑轮组停止放松后，重新处于拉紧状态，则 $H_1 = H_2$，移动也即停止。此时的力平衡方程式为

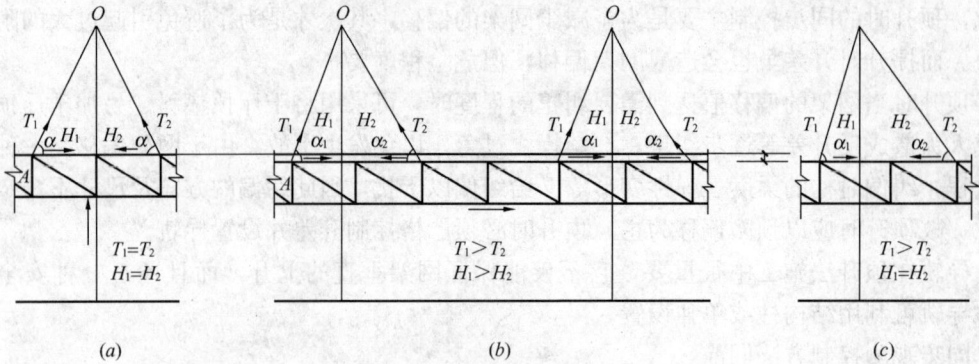

图 4-37 空中移位原理图

(a) 垂直提升，水平分力相等；(b) 空中位移，水平分力不等；(c) 移位后恢复平衡状态

$$T_1 \sin\alpha_1 + T_2 \sin\alpha_2 = Q \tag{4-6}$$

$$T_1 \cos\alpha_1 = T_2 \cos\alpha_2 \tag{4-7}$$

因为 $\alpha_1 > \alpha_2$，故 $T_1 > T_2$。

吊装时当桅杆各滑轮组相互平行布置则网架发生平移；如各滑轮组布置在同一圆周上，则发生旋转。网架移动时由于钢丝绳的放松，网架会产生少量下降。

对于中小型网架还可用单根桅杆进行吊装。

3) 同步控制与折减系数

网架整体吊装，各吊点应同起同落。相邻吊点的允许高差为吊点距离的 1/400，且不大于 100mm。控制同步最简易的方法是等步法，即各起重机同时吊升一段距离后停歇检查，吊平后再吊升一段距离，直至设计标高。也可采用自整角机同步指示装置观测提升差值。

当多台起重机抬吊时，有可能出现快慢、先后不同步情况，使某些起重机负荷加大，因此每台起重机应对额定负荷乘以折减系数，当四台起重机抬吊时，乘以 0.75，如起重机两两吊点穿通，则乘以 0.8~0.9。当缺乏经验时应做现场测试确定折减系数。

4.6.2 网壳结构施工

网壳结构节点和杆件制作精度比网架高。安装方法可沿用网架施工的各种方法，但可根据某种网壳的特点而选用特殊的安装方法，从而达到经济合理的要求。

1. 高空散装法

高空散装法是目前国内外网壳结构施工应用较多的方法，有全支架法和悬挑法两种，适用于各类网壳结构的安装，特别是单层网壳基本上都采用此法。网壳拼装的杆件技术问题之一是各节点的坐标控制，尤其是焊接节点网壳，用全支架法拼装易于掌握各节点的坐标位置。螺栓球节点拼装时也需要有一个支托。

当网壳结构为三角形网格时，可采用悬挑法拼装，为控制悬挑部分的标高，可相隔一定距离设一支点。如美国新奥尔良 (New Orleans U. S. A) 体育馆屋盖球面网壳直径为 207m，网壳厚 2.24m (图 4-38)，屋面层采用压型钢板（板厚 1.2mm，肋高 38mm），在上面喷涂 25.4mm 的聚氨酯，再复以 0.6mm 的合成橡胶，屋面层和钢结构一起共重 97.5kg/m²。拼装时采用部分悬挑的少支架拼装法，支架布置见图 4-38 (b)，剖面见图 4-38 (c)。

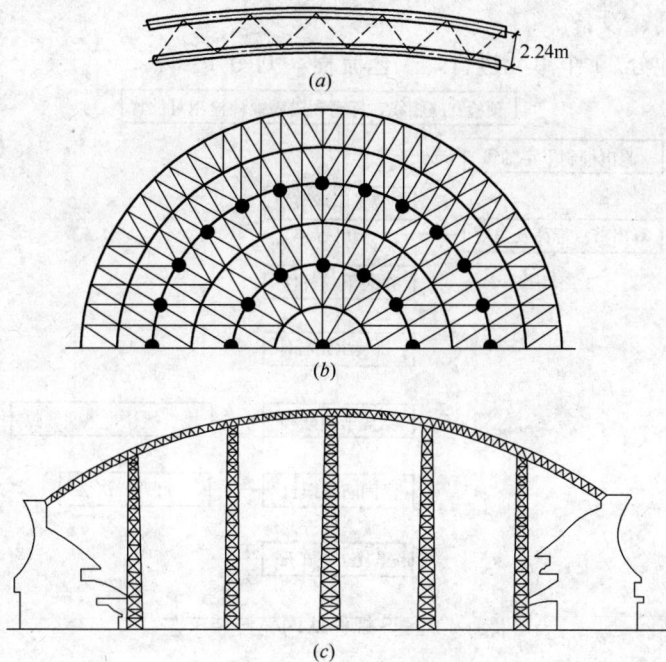

图 4-38　新奥尔良体育馆拼装图

(a) 桁架图；(b) 支架位置：黑圆点表示拼装支架位置，共 37 个；(c) 支架剖面

【例 4-1】　北京某游泳馆工程

该游泳馆面积为 5558 ㎡，屋面为日本"NS 桁架"，螺栓球网壳，平面呈橄榄形（图 4-39），网壳为正高斯曲率曲面。该工程共有杆件 4000 多根，球节点 1068 个，杆件均为钢管。

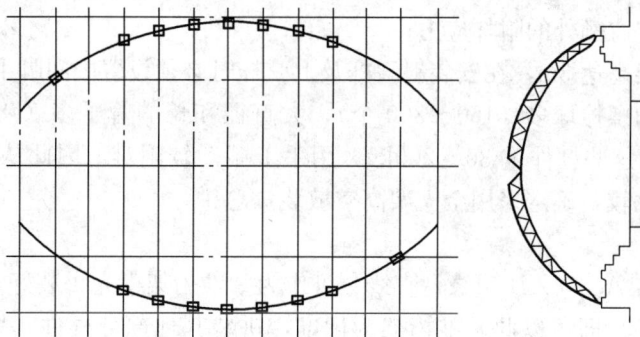

图 4-39　NS 桁架螺栓球网壳示意图

网壳拼装前需要做好以下准备工作：

（1）搭设拼装支架（满堂脚手架），支架顶面按网壳下弦曲面形状搭成台阶形，每层台阶按规定标高满铺脚手架，用小型可调支架来支承球节点；

（2）将一个球及四根腹杆拼成小拼单元；

（3）清点杆件、球的编号及数量；

（4）复核标高、轴线及支座锚固螺栓位置；

（5）检查机具、设备。

拼装时对称地分 11 个单元进行，工艺流程，见图 4-40。

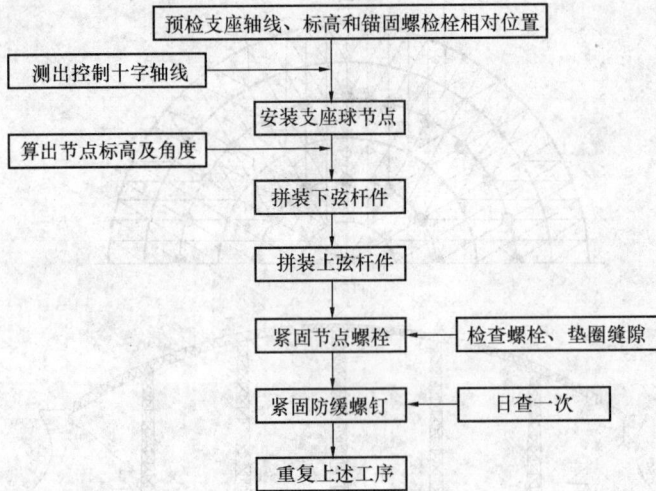

预检支座轴线、标高和锚固螺栓相对位置

测出控制十字轴线 → 安装支座球节点

算出节点标高及角度 → 拼装下弦杆件

拼装上弦杆件

紧固节点螺栓 ← 检查螺栓、垫圈缝隙

紧固防缓螺钉 ← 日查一次

重复上述工序

图 4-40　NS 螺栓球网壳接装工艺

【例 4-2】　日本筑波国际科学技术博览会集会大厅

1. 拼装方案的选择

该双曲抛物面网壳屋盖有如下特点：

（1）屋盖曲面复杂，只有侧面上弦杆是直线杆件，其他部分的杆件上下左右角度和长度的变化都很微小；

（2）节点螺栓位置的精度要求较高；

（3）每个扇形屋盖由 A、B、C 三点支承，总拼时必须形成一个稳定的结构，施工时，支承部分不应有额外的附加应力；

（4）由于桁架高达 3m，在安装斜腹杆及上弦杆时必须设置中间脚手架；

（5）大尺寸的螺栓球多（160～300 个），大直径和长的管子多（ϕ89.1～267.4），最长杆达 5823mm，这些杆件重 30～200kg，用手工搬动较困难，因此从安全和方便施工、经济性等多方面比较，确定采用全支架高空散装法总拼。

2. 拼装顺序

由于扇形屋盖 AC 和 AB 边缘是直线，可作为基准桁架事先拼装好，其精度和制作的配合经检查合格后，即可以此基准桁架为标准，拼装其他部分杆件。另外，在正式拼装前，应先在工厂内试拼。图 4-41 所示为网壳拼装流程图。现分别简述如下。

（1）下弦球节点坐标的测设。在三个支点测量的同时，下弦球的坐标在地面进行放样画线，即在混凝土地坪垫层上将基准桁架和网壳下弦中心线画出来。

（2）安装拼装用支架。以网壳的三列三段网格作为一个拼装支架单元，每个单元支架可以拼装两个下弦球。支架在地面组装后用起重机吊装就位。

（3）支架的调整。支架上承托球节点的支柱位置，直接从地面上的放样点用激光经纬仪投到支柱的托架上（图 4-42）。

（4）下弦单元的地面小拼装和高空总拼。下弦单元是将一个球和两根杆作为一个单元在地面上的支架上进行小拼。第一个扇形屋盖拼装时，是先将下弦全部拼装完毕后再拼装其余的杆件，而第二个扇形屋盖则是将下弦和斜杆同时拼装。小拼单元组装是在专用的支架上拼装的（图4-43）。

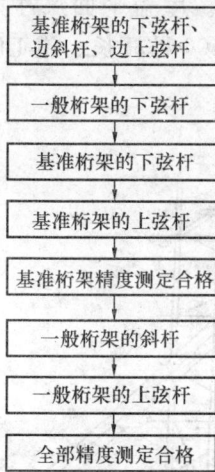

图 4-41　网壳拼装流程

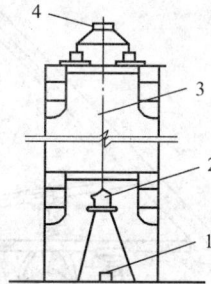

图 4-42　球节点支架
1—放样中心点；2—激光经纬仪；
3—激光束；4—上弦球支架

图 4-43　下弦小拼单元组装专用支架

（5）杆件尺寸的调整。下弦球节点调整杆件尺寸（螺栓球间距）采用正反扣螺栓调整。

（6）斜腹杆的地面小拼装和高空总拼。为了提高拼装效率，设置了中间层脚手架，采用一个上弦节点带三根斜腹杆的地面小拼法，斜腹杆的角度与下弦一样，采用专用导轨控制（图4-44）。

（7）中间层脚手架的设置。下弦及斜杆安装完成后，即设置中间层脚手架，以便安装上弦杆。在拼装支架拆除后，此中间脚手架仍然保留，作安装屋面板之用。

（8）安装下弦杆。

（9）支架拆除。全部拼装完毕后，下降支架，并测量自重挠度。实测得最大挠度为123mm，与计算值大致相同。

该工程要求支点间距的允许偏差为±5mm，拼装前曾担心这些控制值达不到要求。但由于加工精度高，上弦杆拼装时能自行调整等，结果很顺利地满足要求。原订3个月的拼装工期，实际上第一个扇形屋盖拼装用了24d，第二个22d就拼装完毕。

2. 分条（分块）安装法

分条（分块）安装法适用于分割成条（块）单元后其刚度和受力状况改变较小的网壳，分条或分块的大小应根据起重机的负荷能力而定。

北京丰台体育馆，其平面形状为腰圆形，两边悬挑。屋盖平面尺寸为 76.633m × 54.562m（图 4-45）。双层网壳，f＝4m，共 2056 根杆，506 种杆长。施工时选用在地面拼成条状单元，由塔吊吊装到中部支架上再拼接合拢。

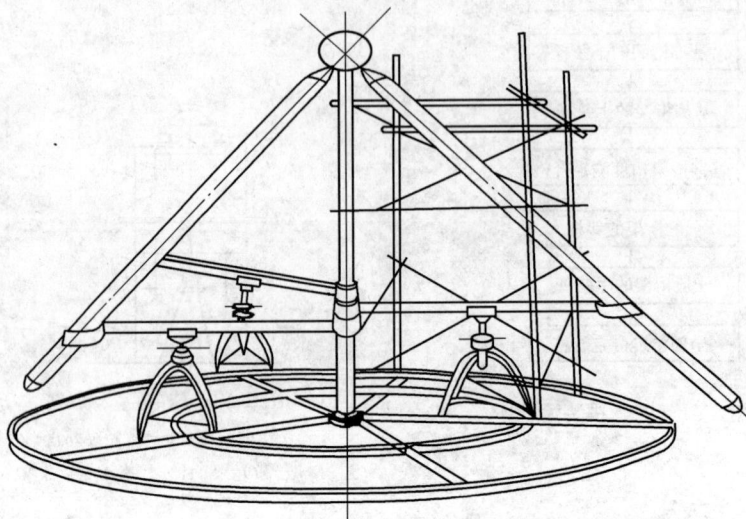

图 4-44　斜腹杆拼装专用支架

以下仅介绍曲面控制方法。

1）测量控制

根据该网壳结构平面特点，决定采用角度交汇法控制网壳安装的测量精度（图4-46），首先以 WJ-3 的支座 A 预埋板中心点为控制点，经纬仪后视 B 点，钢尺测量出跨度 AB 距离，并确定 B 点。由设计图纸给出的跨度 CD 推算出 BB′，在△BC′C 中求出∠CAB′，将仪器支在支座 A 处对准 B 点转角度 α，在 C 支座上找点画线。另在△BC′C 中，已知 BC′，CC′，求出∠C′BC，再将仪器支在 B 处对准 A 点转角度 90°+α′，仍在 C 支座预埋件上找点画线，该线与先画的线相交点即为 WJ-4 支座 C 中心点。

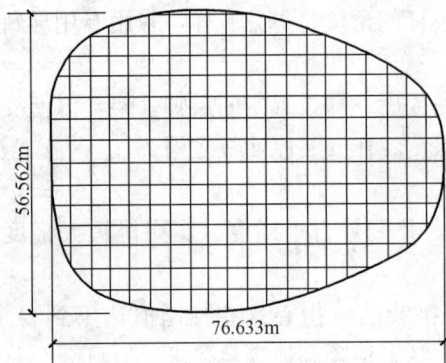

图 4-45　北京丰台体育馆网壳平面图

2）平面曲线控制

为保证网壳施工质量，杆件计算要准确，下料要符合规范要求，编号无误，下料、编号应由专人负责。

为便于控制几何尺寸、满足安装时刚度要求，在跨中偏西一格沿建筑物纵向中心线，在主桁架下弦节点设置长 76.152m，宽 9.876m 拼装支架，每半榀桁架在地面拼成条状单元后，吊至高空，一端支在柱顶圈梁上，另一端则支在支架上。

3. 外扩法

用外扩（内扩）拼装法可节省大量支架，工程实例如三菱未来馆（图 4-47）等。

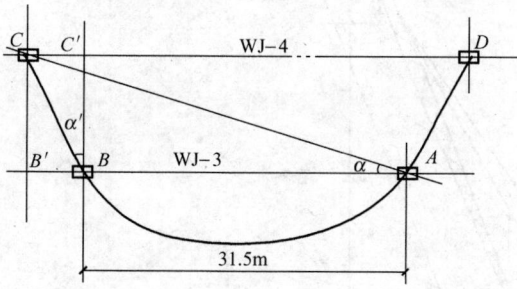

图 4-46　网壳中心线测量示意图

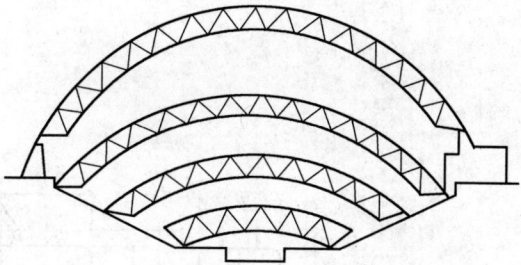

图 4-47　三菱未来馆外扩法拼装网壳

4. 内扩法

球面网壳，可逐圈向内拼装，利用开口壳来支承壳体自重，这种拼装方法视网壳尺寸大小，应经过验算确定是否用无支架拼装或少支架拼装法。如果在开始几圈中，网壳出现较大挠度，可用少量支柱来支托，以消除其挠度。

4.7　起重机械

在结构吊装工程常用的起重机械有履带式起重机、汽车式起重机、轮胎式起重机、塔式起重机和桅杆式起重机等。

4.7.1　履带式起重机

履带式起重机由行走装置、回转机构、机身及起重臂等部分组成。履带式起重机的特点是操纵灵活，使机身可回转 360°，采用链式履带的行走装置，使对地面的平均压力大为减少，可在一般平整坚实的场地上行驶和进行吊装作业。目前在单层工业厂房装配式结构吊装中得到广泛的使用。但它的缺点是稳定性较差，不宜超负荷吊装。

1. 履带式起重机的常用型号及其性能

（1）履带式起重机的常用型号

常用的履带式起重机（图 4-48）型号有国产的 W_1-50、W_1-100、W_1-200。履带式起重机技术参数见表 4-11。

履带式起重机技术参数表　　　　　　　　　　表 4-11

符号	名　称	起重机型号			
		W_1-50	W_1-100	W_1-200	KH-180
A	机身尾部至回转中心距离	2900	3300	4500	4000
B	机身宽度	2700	3120	3200	3080
C	机身顶距地面高度	3200	3675	4125	3080
D	机身底部距地面高度	1000	1045	1190	1065
E	起重臂下铰点中心距地面高度	1555	1700	2100	1700
F	起重臂下铰点中心距回转中心的距离	1000	1300	1600	900
G	履带长度	3420	4005	4950	5400
M	履带架宽度	2850	3200	4050	4300/3300
N	履带板宽度	550	675	800	760
J	行走底架距地面高度	300	275	390	360
K	机身上部支架距地面高度	3480	4170	6300	5470

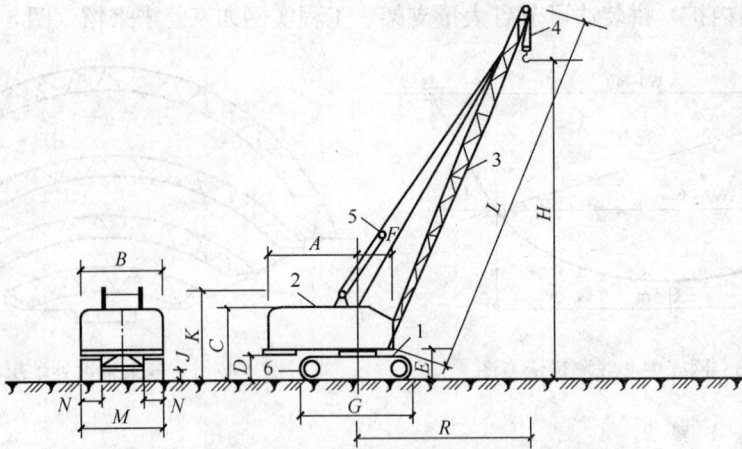

图 4-48 履带式起重机

1—底盘；2—机棚；3—起重臂；4—起重滑轮组；5—变幅滑轮组；6—履带

A、B—外形尺寸符号；L—起重臂长度；H—起升高度；R—工作幅度；M—履带架宽度

(2) 履带式起重机的技术性能

履带式起重机主要技术性能包括三个主要参数：起重量 Q、起重高度 H 和起重半径 R。这三个参数相互制约，起重量、起重高度和起重半径的大小，取决于起重臂长度及其仰角。每一种型号的起重机都有几种臂长，当起重臂长度一定时，随着仰角的增大，起重量和起重高度增加，而起重半径减小。当起重杆长度增加而起重机仰角不变时，起重半径和起重高度增加而起重量减小。

履带式起重机的主要技术性能可以查有关手册中的起重机性能表或起重机性能曲线，表 4-12 列有 W_1-50、W_1-100、W_1-200 履带式起重机的主要技术性能参数。

履带式起重机主要技术性能参数　　　　　　　　表 4-12

参　　数		单位	型　　号								
			W_1-50			W_1-100				W_1-200		
起重臂长度		m	10	18	18 带鸟嘴	13	23	27	30	15	30	40
最大起重半径		m	10	17.0	10.0	12.5	17.0	15.0	15.0	15.5	22.5	30.0
最小起重半径		m	3.7	4.5	6	4.23	6.5	8.0	9.0	4.5	8.0	10.0
起重量	最小起重半径时	t	10.0	7.5	2.0	15.0	8.0	5.0	3.6	50.0	20.0	8.0
	最大起重半径时	t	2.6	1.0	1.0	3.5	1.7	1.4	0.9	8.2	4.3	1.5
起重高度	最小起重半径时	m	9.2	17.2	17.2	11.0	19.0	23.0	26.0	12.0	26.8	36
	最大起重半径时	m	3.7	7.6	14	5.8	16.0	21.0	23.8	3.0	19	25

2. 履带式起重机的稳定性验算

起重机的稳定性能是指整个机身在起重机作业时的稳定程度。起重机在正常条件下工作，一般可以保持机身的稳定，但在进行超负荷吊装或接长吊杆时，需进行稳定性验算，以保证起重机在吊装中不会发生倾覆事故。

履带式起重机的稳定性应该以起重机处于最不利工作状态即稳定性最差时（即车身与行驶方向垂直）进行验算。此时，履带的轨链中心 A 为倾覆中心，起重机的安全条件为：

当考虑吊装荷载及附加荷载（风荷载、刹车惯性力和回转离心力等）时，应满足式（4-8）的要求：

$$K_1 = \frac{稳定力矩}{倾覆力矩} \geqslant 1.15 \quad (4-8)$$

当仅考虑吊装荷载时，应满足式（4-9）的要求：

图 4-49　履带式起重机稳定性验算示意图

$$K_2 = \frac{稳定力矩}{倾覆力矩} \geqslant 1.4 \quad (4-9)$$

K_1、K_2 为稳定系数。按 K_1 验算比较复杂，一般用 K_2 简化验算，由图 4-49 可得：

$$K_2 = \frac{G_1 L_1 + G_2 G_2 + G_0 L_0 - G_3 d}{Q(R - L_2)} \geqslant 1.4 \quad (4-10)$$

式中　　　　G_0——起重机平衡重；

　　　　　　G_1——起重机机身可转动部分的重量；

　　　　　　G_2——起重机机身不转动部分的重量；

　　　　　　G_3——起重臂重量（起重臂接长时应为接长后的重量）；

　　　　　　Q——吊装荷载（包括构件和索具重量）；

L_1、L_2、d、L_0——重心至 A 点的距离。

3. 履带式起重机使用安全技术

（1）起重机应在平坦坚实的地面上作业、行走和停放。在正常作业时，坡度不得大于 30°，并应与沟渠、基坑保持安全距离；

（2）启动前应重点检查的项目：各安全防护装置及指示仪表齐全完好；钢丝绳及连接部位符合规定；燃油、润滑油、液压油、冷却水等添加充足；各连接件无松动；

（3）启动前应将主离合器分离，各操纵杆放在空档位置，并应按照规定启动内燃机；

（4）内燃机启动后，应检查各仪表指示值，待运转正常再接合主离合器，进行空载运转，顺序检查各工作机构及其制动器，确认正常后，方可作业；

（5）作业时，起重臂的最大仰角不得超过出厂规定。当无资料可查，不得超过 78°；

（6）起重机变幅应缓慢平稳，严禁在起重臂未停稳前变换档位；起重机载荷达到额定起重量的 90% 及以上时，严禁下降起重臂；

（7）在起吊载荷达到额定起重的 90% 以上时，升降动作应慢速进行。严禁同时进行两种及以上动作；

（8）起吊重物时应先稍离地面试吊，当确认重物已挂牢，起重机的稳定性和可靠性均良好，再继续起吊。在重物升起过程中，操作人员应把脚放在制动踏板上，密切注意起升重物，防止吊钩冒顶。当重机停止运转而重物仍悬在空中时，即使制动踏板被固定，仍应脚踩在制动踏板上；

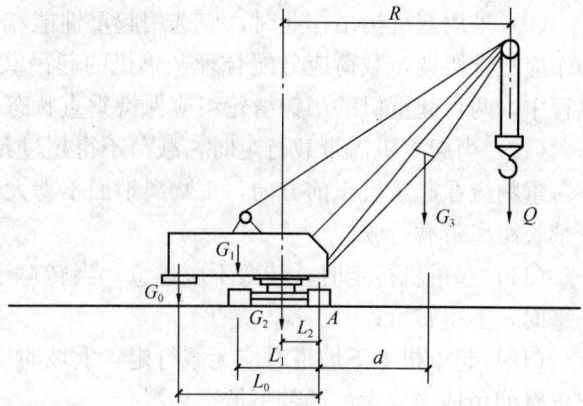

（9）采用双机抬吊作业时，应选用起重性能相似的起重机进行。抬吊时应统一指挥，动作应配合协调，载荷应分配合理，单机的起吊载荷不得超过允许载荷的80%。在吊装过程中，两台起重机的吊钩滑轮组应保持垂直状态；

（10）当起重机需带载行走时，载荷不得超过允许起重量的70%，行走道路应坚实平整，重物应在起重机正前方向，重物离地面不得大于500mm，并应拴好拉绳，缓慢行驶。严禁长距离带载行驶；

（11）起重机行走时，转弯不应过急，当转弯半径过小时，应分次转弯；当路面凹凸不平时，不得转弯；

（12）起重机上下坡道时应无载行走，上坡时应将起重臂仰角适当放小，下坡时应将起重臂仰角适当放大。严禁下坡空档滑行；

（13）作业后，起重臂应转至顺风方向，并降至40°～60°之间，吊钩应提升到接近顶端的位置，应关停内燃机，将各操纵杆放在空档位置，各制动器加保险固定，操纵室和机棚应关门加锁。

4.7.2　汽车式起重机

汽车式起重机（见图4-50）是把起重机构安装在通用或专用汽车底盘上的全回转、自行式起重机。起重臂采用高强度钢板做成箱形结构，吊臂可根据需要自动逐节伸缩，并设有各种限位和报警装置。起重动力一般由汽车发动机供给，如果装在专用汽车地盘上，则另备专用动力，与行使动力分开。汽车式起重机的优点是行使速度快，机动性能耗，对路面的破坏性很小；缺点是吊重时必须使用支腿，因而不能负荷行驶。适用于构件运输的装卸工作和结构吊装作业。

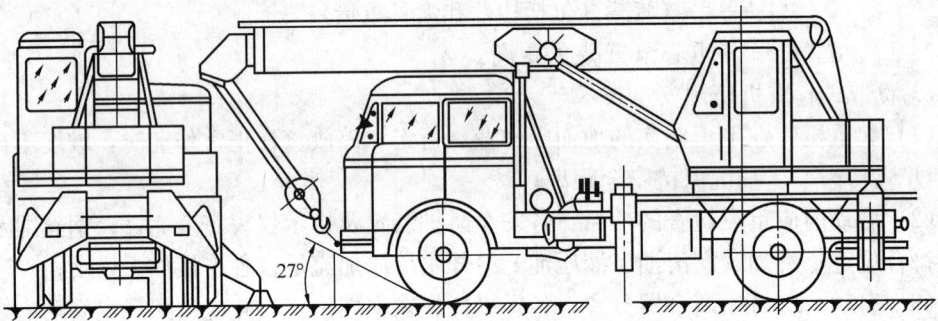

图4-50　汽车式起重机外形

常用的汽车式起重机有：Q型（机械传动和操纵）和QY系列（全液压传动和伸缩式起重臂）及QD型（多电机驱动各工作机械）。我国制造的 Q_2-8、Q_2-12 和 Q_2-16 型汽车式起重机，最大起重量分别为8t、12t、和16t。Q_2-32 型的起重机臂长32m，最大起重量为32t；起重臂分别为四节，外面的一节固定、里面的三节可以伸缩，可用于一般厂房的构件吊装。

我国制造的汽车式起重机的最大起重量已达65t。引进的大型汽车式起重机有：日本的NK-400型（起重量达40t）；NK-800型（起重量为80t）。

使用汽车式起重机吊装时，先压实场地，放好支腿，将转台调整到基本水平，并在支腿内侧垫以保险枕木，以防支腿失灵时发生事故。所有需要吊装的构件，要放在起重机的回转半径范围内。

汽车式起重机使用安全技术：

（1）起重机行驶和工作的场地应保持平坦坚实，并应与沟渠、基坑保持安全距离；

（2）启动前应重点检查：各安全保护装置和指示仪表齐全完好；钢丝绳及连接部位符合规定；燃油、润滑油、液压油及冷却水添加充足；各连接件无松动；轮胎气压符合规定；

（3）作业前，应全部伸出支腿，并在撑脚板下垫方木，调整机体使回转支承面的倾斜度在无载荷时不大于1/1000。支腿有定位销的必须插上。底盘为弹性悬挂的起重机，放支腿前应先收紧稳定器；

（4）作业中严禁扳动支腿操纵阀。调整支腿必须在无载荷时进行，并将起重臂转至正前或正后方可再行调整；

（5）起重臂伸缩时，应按规定程序进行，在伸臂的同时应相应下降吊钩。当限制器发出警报时，应立即停止伸臂。起重臂缩回时，仰角不宜太小；

（6）起重臂伸出后，出现前节臂杆的长度大于后节伸出长度时，必须进行调整，消除不正常情况后，方可作业；

（7）起重臂伸出后，或主副臂全部伸出后，变幅时不得小于各长度所规定的仰角；

（8）起吊作业时，汽车驾驶室内不得有人，重物不得超越驾驶室上方，且不得在车的前方起吊；

（9）作业中发现起重机倾斜、支腿不稳等异常现象时，应立即使重物降落在安全的地方，下降中严禁制动；

（10）重物在空中需要较长时间停留时，应将起升卷筒制动锁住，操作人员不得离开操纵室；

（11）起吊重物达到额定起重量的90%以上时，严禁同时进行两种及以上的操作动作；

（12）作业后，应将起重臂全部缩回放在支架上，再收回支腿。吊钩应用专用钢丝绳挂牢；应将车架尾部两撑杆分别撑在尾部下方的支座内，并用螺母固定；应将阻止机身旋转的销式制动器插入销孔，并将取力器操纵手柄放在脱开位置，最后应锁住起重操纵室门；

（13）行驶前，应检查并确认各支腿的收存无松动，轮胎气压应符合规定。行驶时水温应在80~90℃范围内，水温未达到80℃时，不得高速行驶；

（14）行驶时应保持中速，不得紧急制动，过铁道口或起伏路面时应减速，下坡时严禁空档滑行，倒车时应有人监护；

（15）行驶时，严禁人员在底盘走台上站立或蹲坐，并不得堆放物件。

4.7.3 轮胎式起重机

轮胎式起重机（图4-51）是把起重机构装在加重型轮胎和轮轴组成的特制底盘上的全回转、自行式起重机，其吊装机构和行走机械均有一台柴油发动机控制。一般吊装时都用四个支腿支撑，否则起重量会大大减小。轮胎起重机的特点是：行驶时对路面的破坏性较小，行驶速度比汽车起重机慢，但比履带起重机快。

目前，国产常用的轮胎式起重机有机械式（QL）、液压式（QLY）和电动式

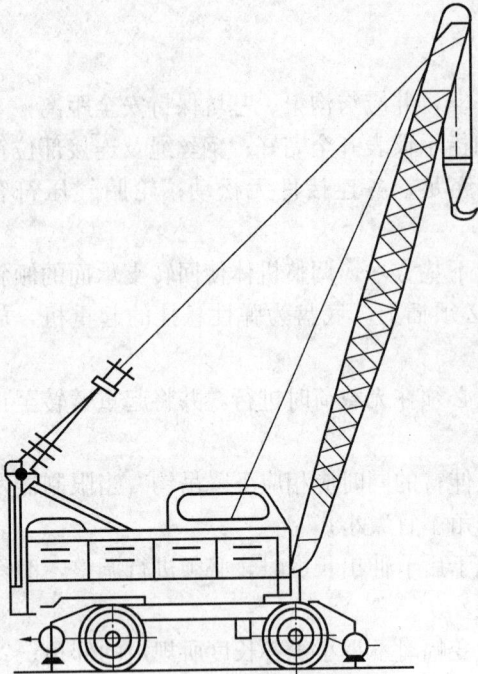

图 4-51 轮胎式起重机的外形

(QLD)，均可用于一般工业厂房的结构吊装。

轮胎式起重的使用安全技术要求可参照汽车式起重机的要求。

4.7.4 塔式起重机

塔式起重机简称塔机，塔机在工程施工中用于建筑结构和工业设备的安装、吊运建筑材料和建筑构件，主要作用是重物的垂直运输和施工现场内的短距离水平运输。

塔机具有竖直的塔身，起重臂安装在塔身的顶部，形成"Γ"形的工作空间，起重臂可回转360°，具有较高的有效高度和较大的工作半径。因此，塔式起重机在多层及高层装配式结构吊装中得到广泛的应用。目前塔机正沿着轻型多用、移动灵活等方向发展。

1. 塔机的分类

（1）按结构形式分类

1）固定式塔式起重机

即通过连接件将塔身基架固定在地基基础或结构物上，进行起重作业的塔式起重机。

2）移动式塔式起重机

即具有运行装置，可以行走的塔式起重机。根据运行装置的不同，又可分为轨道式、轮胎式、汽车式、履带式。

3）自升式塔式起重机

即依靠自身的专门装置，增、减塔身标准节或自行整体爬升的塔式起重机。根据升高方式的不同又分为附着式和内爬式的两种。附着式塔式起重机是按一定间隔距离，通过支撑装置将塔身锚固在建筑物上的自升塔式起重机。内爬式塔式起重机是设置在建筑物内部，通过支承在结构物上的专门装置，使整机能随着建筑物的高度增加而升高的塔式起重机。

（2）按旋转形式分类

1）上旋转式塔机

即塔身不旋转，而是通过支承装置安装在塔顶上的转塔（起重臂、平衡臂、塔帽等组成）旋转，其优点是起升高度可根据需要调整，可以在平衡臂超过建筑物高度的情况下更接近建筑物，从而扩大起吊范围。其缺点是塔机重心高，安装拆卸较复杂，必须严格保证塔机的稳定性。

2）下旋转式塔机

即塔身与起重臂同时旋转，旋转支承机构在塔身的底部，其优点是：塔机重心低，稳定性较好；塔身所受的弯矩较小；便于维修、保养和拆装；其缺点是塔机起重力矩较小，起重高度受到限制，旋转平台尾部突出。为了塔机回转方便，必须使尾部与建筑物保持一定的安全距离。

（3）按变幅方式分类

1）小车变幅塔式起重机

即起重小车沿起重臂运行进行变幅的塔式起重机。

2）动臂变幅塔式起重机

即臂架做俯仰运动进行变幅的塔式起重机。

3）折臂式塔式起重机

即根据起重作业的需要，臂架可以弯折的塔式起重机。它可以同时具备动臂变幅和小车变幅的性能。

（4）按架设方式分类

1）非自行架设塔式起重机

即依靠其他起重设备进行组装架设成整机的塔式起重机。

2）自行架设塔式起重机

即依靠自身的动力装置和机构能实现运输状态与工作状态相互转换的塔式起重机。

（5）按起重能力分类

1）轻型塔机

起重力矩不大于 40t·m（现改为 kN·m），一般适用于楼层不高的民用建筑或单层厂房的建筑施工，如 QT15、QT25、QTG40 等。

2）中型塔机

起重力矩 60～120t·m，适用于高层建筑和工业厂房的综合吊装的施工，如 QTG60、QT60/80、QT80 等。

3）重型塔机

适用于工业厂房、多层工业厂房、水力水电工程等施工中的大型设备吊装，如 QTZ200。

塔机的型号和型号的编制，按照《建筑机械与设备产品型号编制方法》（ZBJ 04008—88）执行。型号编制见图 4-52 所示。

塔机型号分类及表示方法见表 4-13。

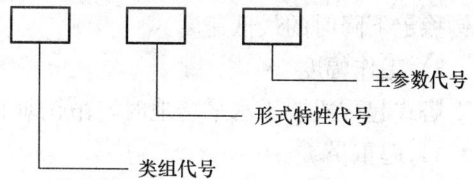

图 4-52 塔机型号编制

主参数代号
形式特性代号
类组代号

塔式起重机型号分类及表示方法（ZBJ 04008—88）　　　　表 4-13

分类	组别	型号	特性	代号	代号含义	主　参　数	
						名　称	单位表示法
建筑起重机	塔机 Q、T（起、塔）	轨道式	—	QT	上回转式塔式起重机	额定起重力矩	kN·m×10^{-1}
			Z（自）	QTZ	上回转自升式塔式起重机		
			A（下）	QTA	下回转式塔式起重		
			K（快）	QTK	下回转自升式塔式起重机		
		固定式 G（固）	—	QTG	固定式塔式起重机		
		内爬升式 P（爬）	—	QTP	内爬升式塔式起重机		
		轮胎式 L（轮）	—	QTL	轮胎塔式起重机		
		汽车式 Q（汽）	—	QTQ	汽车式塔式起重机		
		履带式 U（履）	—	QTU	履带塔式起重机		

2. 塔机的性能参数

塔机的技术性能用各种数据来表示，即性能参数。

（1）主参数

根据《塔式起重机分类》（JG/T5037—93），塔式起重机以公称起重力矩为主参数。公称起重力矩是指起重臂为基本臂长时最大幅度与相应起重量的乘积，单位为 kN·m。

（2）基本参数

1）起升高度（最大起升高度）

塔式起重机运行或固定状态时，空载、塔身处于最大高度、吊钩位于最大幅度外，吊钩支承面对塔式起重机支承面的允许最大垂直距离。

2）工作速度

塔式起重机的工作速度参数包括起升速度、回转速度、小车变幅速度、整机运行速度和稳定下降速度等。

最大起升速度：塔式起重机空载，吊钩上升至起升高度（最大起升高度）过程中稳定运动状态下的最大平均上升速度。

回转速度：塔式起重机空载，风速小于 3m/s，吊钩位于基本臂最大幅度和最大高度时的稳定回转速度。

小车变幅速度：塔式起重机空载，风速小于 3m/s，小车稳定运行的速度。

整机运行速度：塔式起重机空载，风速小于 3m/s，起重臂平行于轨道方向稳定运行的速度。

最低稳定下降速度：吊钩滑轮组为最小钢丝绳倍率，吊有该倍率允许的最大起重量，吊钩稳定下降时的最低速度。

3）工作幅度

塔式起重机置于水平场地时，吊钩垂直中心线与回转中心线的水平距离。

4）起重量

起重机吊起重物和物料，包括吊具（或索具）质量的总和。起重量又包括两个参数，一个是基本臂幅度时的起重量，另一个是最大起重量。

5）轨距

两条钢轨中心线之间的水平距离。

6）轴距

前后轮轴的中心距。

7）自重

不包括压重、平衡重塔机全部自身的重量。

3. 塔机的主要机构和安全装置

塔机主要由金属结构、工作机构、安全控制装置和电气控制系统等部分组成。

（1）塔机的金属结构

塔机金属结构基础部件包括底架、塔帽、塔身、起重臂、平衡臂、转台等部分。

1）底架

塔机底架结构的构造形式由塔机的结构形式（上回转和下回转）、行走方式（轨道式或轮胎式）及相对于建筑物的安装方式（附着及自升）而定。下回转轻型快速安装塔机多采用平面框架式底架，而中型或重型下回转塔机则多用水母式底架。上回转塔机，轨道中央要求用做临时堆场或做为人行通道时，可采用门架式底架。自升式塔机的底架多采用平面框架加斜撑式底架。轮胎式塔机则采用箱形梁式结构。

2）塔身

塔身结构形式可分为两大类：固定高度式和可变高度式。轻型吊装高度不大的下旋转塔机一般采用固定高度塔身结构，而其他塔机的塔身高度多是可变的。可变高度塔身结构可分为折叠式塔身、伸缩式塔身、下接高式塔身、中接高式塔身和上接高式塔身五种形式。

3）塔帽

塔帽结构形式多样，有竖直式、前倾式及后倾式。同塔身一样，主弦杆采用无缝钢管、圆钢、角钢或组焊方钢管制成，腹杆用无缝钢管或角钢制作。

4）起重臂

小车变幅臂架一般采用正三角形断面，一般长 30～40m，也有 50m 和超过 50m 的。俯仰变幅臂架多采用矩形断面格桁结构，由角钢或钢管组焊而成，节与节之间采用销轴连接、法兰盘连接或高强螺栓连接。臂架结构钢材选用 16 锰、20 号或 0235。

5）平衡臂

上回转塔机的平衡臂多采用平面框架结构，主梁采用槽钢或工字钢，连系梁及腹杆采用无缝钢管或角钢制成。重型自升塔机的平衡臂常采用三角断面格桁结构。

（2）塔机的工作机构

塔机最基本的工作机构有起升机构、变幅机构、回转机构和大车行走机构。

1）起升机构

塔机的起升机构绝大多数采用电动机驱动。常见的驱动方式是：滑环电动机驱动；双电机驱动，即使用高速电动机和低速电动机，或负荷作业电动机及空钩下降电动机。

2）变幅机构

变幅机构包括动臂变幅和小车变幅。动臂变幅的变幅机构用途包括改变起重臂的仰角和起重高度和改变吊重的幅度。小车变幅是吊重由载重小车沿起重臂移动来改变幅度，而起重臂本身不改变，采用的传动方式是：变极电机—少齿差减速器或圆柱齿轮减速器、圆锥齿轮减速器—钢丝绳卷筒。

3）回转机构

塔式起重机的回转机构由回转支承机构和使转动部分旋转的驱动机构。

塔机回转驱动机构常用的驱动方式是：滑环电动机—液力耦合器—少齿差行星减速器—开式小齿轮—大齿圈（回转支承装置的齿圈）。轻型和中型塔机只装一台回转机构，重型的一般装用 2 台回转机构，而超重型塔机则根据起重能力和转动质量的大小，装设 3 台或 4 台回转机构。

4）大车行走机构

轻、中型塔机采用 4 轮式行走机构，重型采用 8 轮或 12 轮行走机构，超重型塔机采用 12～16 轮式行走机构。

（3）塔机的安全装置

根据《塔式起重机设计规范》（GB/T13752—1992）和《塔式起重机技术条件》（GB

9462—1999）规定，为了保证塔机的安全作业，防止意外事故，塔机必须配备各类安全保护装置。安全装置有下列几种：

1）起重力矩限制器

起重力矩限制器主要作用是防止塔机超载的安全装置，避免塔机由于严重超载而引起塔机的倾覆或折臂等恶性事故。起重力矩限制器仅对塔机臂架的纵垂直平面内的超载力矩起防护作用，不能防护斜吊、风载、轨道的倾斜或陷落等引起的倾翻事故。根据力矩限制器的构造和塔式起重机形式的不同，起重力矩限制器可安装在塔帽、起重臂根部和端部等部位。力矩限制器主要分为机械式和电子式两大类，机械力矩限制器按弹簧的不同可分为螺旋弹簧和板弹簧两类。

当起重力矩超过其相应幅度的规定值并小于规定值的 110% 时，起重力矩限制器应使塔机停止提升方向及向臂端方向变幅的动作。对小车变幅的塔机，起重力矩限制器应分别由起重量和幅度进行控制。

2）起重量限制器

起重量限制器的作用是保护起吊物品的重量不超过塔机允许的最大起重量，是用以防止塔机的吊物重量超过最大额定荷载，避免发生机械损坏事故。起重量限制器主要分为电子式和机械式两种。根据构造不同它可装在起重臂头部、根部等部位。

3）起升高度限位器

起升高度限位器是用来限制吊钩接触到起重臂头部或接触到载重小车之前，或是下降到最低点（地面或地面以下若干米）以前，使起升机构自动断电并停止工作，防止因起重钩起提升过度而碰坏起重臂的装置，可使起重钩在接触到起重臂头部之前，起升机构自动断电并停止工作。常用的安装形式是安装在起重臂端头附近和起升卷筒附近两种。

对动臂变幅的塔机，当吊钩装置顶部升至起重臂下端的最小距离为 800mm 处时，应能立即停止起升运动。对小车变幅的塔机，吊钩装置顶部至小车架下端的最小距离根据塔机形式及起升钢丝绳的倍率而定。上回转式塔机 2 倍率时为 1000mm，4 倍率时为 700mm。下回转塔机 2 倍率时为 800mm，4 倍率时为 400mm，此时应能立即停止起升运动。

4）幅度限位器

幅度限位器是用来限制起重臂在俯仰时不超过极限位置的装置。当起重的俯仰达到一定限度之前发出警报，当达到限定位置时，则自动切断电源。

动臂式塔机的幅度限制器是用以防止臂架在变幅时，变幅到仰角极限位置时（一般与水平夹角为 63°~70°之间时），切断变幅机构的电源，使其停止工作，同时还设有机械止挡，以防臂架因起幅中的惯性而后翻。动臂变幅的塔机应设置最小幅度限位器和防止臂架反弹后倾装置。

小车运行变幅式塔机的幅度限制器是用来防止运行小车超过最大或最小幅度的两个极限位置。一般小车变幅限位器是安装在臂架小车运行轨道的前后两端，用行程开关达到控制。小车变幅的塔机应设置小车行程限位开关和终端缓冲装置。限位开关动作后应保证小车停车时其端部距缓冲装置最小距离为 200mm。

5）行程限位器

小车行程限位器设于小车变幅式起重臂的头部和根部，它包括终点开关和缓冲器（常用的有橡胶和弹簧两种），用来切断小车牵引机构的电路，防止小车越位而造成安全事故。大车行程限位器，包括设于轨道两端尽头的制动缓冲装置和制动钢轨以及装在起重机行走台车上的终点开关，用来防止起重机脱轨。

6）夹轨钳

装设于行走底架（或台车）的金属结构上，用来夹紧钢轨，防止起重机在大风情况下被风力吹动而行走造成塔机出轨倾翻事故的装置。

7）风速仪

自动记录风速，当超过六级风力以上时自动报警，操作司机及时采取必要的防范措施，如停止作业，放下吊物等。臂架根部铰点高度大于50m的塔机，应安装风速仪。当风速大于工作极限风速时，应能发出停止作业的警报。风速仪应安装在起重机顶部至吊具最高的位置间的不挡风处。

8）障碍指示灯

超过30m的塔机，必须在起重机的最高部位（臂架、塔帽或人字架顶端）安装红色障碍指示灯，并保证供电不受停机影响。

9）钢丝绳防其脱槽装置

钢丝绳防其脱槽装置主要用以防止钢丝绳在传动过程中，脱离滑轮槽而造成钢丝绳卡死和损伤。

10）吊钩保险

吊钩保险是安装在吊钩挂绳处的一种防止起吊钢丝绳由于角度过大或挂钩不妥时，造成起吊钢丝绳脱钩，吊物坠落事故的装置。吊钩保险一般采用机械卡环式，用弹簧来控制挡板，阻止钢丝绳的滑脱。

（4）电气控制系统

电气控制系统指保护方式、开关电箱、重复接地、线路保护，以及悬挂电缆、电缆卷筒、障碍指示灯等。

1）保护方式

用三相四线制供电时，供电线路的零线应与塔机的接地线严格分开。在TN-S系统中应有专用的保护零线。

2）开关电箱

开关箱中应设置电源隔离开关、空气开关、漏电保护器，应具有短路保护、过流保护、短相保护及漏电保护等功能。对轨道式塔机，应将电源线路送至塔机轨道附近的开关电箱，由该电箱内引出保护零线，与轨道上的重复接地线相连接。

3）重复接地

塔机应重复接地。对轨道式塔机，应在轨道的两端各设一组接地装置，并做环形电气连接；轨道各接头也应用导线做电气连接，对较长的轨道，可按每30m设置一组接地装置。

4）线路保护

塔机所用各种线路均采用钢管敷设，并将钢管与该机的金属结构做电气连接。

5）悬挂电缆

沿塔身垂直悬挂的电缆，应使用电缆网套或其他可靠装置悬挂，以保证电缆自重不拖拉电缆和防止机械磨损。

6）电缆卷筒

轨道式塔机的供电电缆卷筒应具有张紧装置，防止电缆在轨道、枕木上磨损和机械损伤，电缆收放速度应与塔机运行速度同步。

4. 塔机的安装、拆除安全技术

（1）拆装前的准备工作

拆装作业前，应进行一次全面安全检查，包括：

1）路基和轨道铺设或混凝土基础应符合技术要求；

2）对所拆装起重机的各机构、各部位、结构焊缝、重要部位螺栓、销轴、卷扬机构和钢丝绳、吊钩、吊具以及电气设备、线路等进行检查；

3）对自升塔式起重机顶升液压系统的液压缸和油管、顶升套架结构、导向轮、顶升撑脚（爬爪）等进行检查；

4）对采用旋转塔身法所用的主副地锚架、起落塔身卷扬钢丝绳以及起升机构制动系统等进行检查；

5）对拆装人员所使用的工具、安全带、安全帽等进行检查；

6）检查拆装作业中配备的起重机、运输汽车等辅助机械，应状况良好，技术性能应保证拆装作业的需要；

7）拆装现场电源电压、运输道路、作业场地等应具备拆装作业条件；

8）安全管理人员的设置及安全技术交底的检查。

（2）拆装作业中的安全技术

1）拆装作业应在白天进行，当遇大风、浓雾和雨雪等恶劣天气时，应停止作业。

2）指挥人员应熟悉拆装作业方案，遵守拆装工艺和操作规程，使用明确的指挥信号进行指挥。所有参与拆装作业的人员都应听从指挥。

3）拆装人员在进入工作现场时，应穿戴安全保护用品，高处作业时应系好安全带。

4）在拆装上回转、小车变幅的起重臂时，应保持起重机的平衡。

5）采用高强度螺栓连接的结构，应使用原厂制造的连接螺栓，自制螺栓应有质量合格的试验证明，否则不得使用。连接螺栓时，应采用扭矩扳手或专用扳手，并应按装配技术要求拧紧。

6）在拆装作业过程中，当遇天气剧变、突然停电、机械故障等意外情况，短时间不能继续作业时，必须使已拆装的部位达到稳定状态并固定牢靠，经检查确认无隐患后。方可停止作业。

7）安装起重机时，必须将大车行走缓冲止挡器和限位开关碰块安装牢固可靠，并应将各部位的栏杆、平台、扶杆、护圈等安全防护装置装齐。

（3）顶升作业的安全技术

1）升降作业过程，必须有专人指挥，专人照看电源，专人操作液压系统，专人拆装螺栓。非作业人员不得登上顶升套架的操作平台。操纵室内应只准一人操作，必须听从指挥信号。

2）升降应在白天进行，特殊情况需在夜间作业时，应有充分的照明。

3）风力在四级及以上时，不得进行升降作业。在作业中风力突然增大达到四级时，必须立即停止，并应紧固上、下塔身各连接螺栓。

4）顶升前应预先放松电缆，其长度宜大于顶升总高度，并应紧固好电缆卷筒。下降时应适时收紧电缆。

5）升降时，必须调整好顶升套架滚轮与塔身标准节的间隙，并应按规定使起重臂和平衡臂处于平衡状态，并将回转机构制动住，当回转台与塔身标准节之间的最后一处连接螺栓（销子）拆卸困难时，应将其对角方向的螺栓重新插入，再采取其他措施。不得以旋转起重臂来松动螺栓（销子）。

6）升降时，顶升撑脚（爬爪）就位后，应插上安全销，方可继续下一动作。

7）升降完毕后，各连接螺栓应按规定扭力坚固，液压操纵杆回到中间位置，并切断液压升降机构电源。

（4）附着锚固作业的安全技术

1）起重机附着的建筑物，其锚固点的受力强度应满足起重机的设计要求。

2）装设附着框架和附着杆件，应采用经纬仪测量塔身垂直度，并应采用附着杆进行调整，在最高锚固点以下垂直度允许偏差为 2/1000。

3）在附着框架和附着支座布设时，附着杆倾斜角不得超过 10°。

4）附着框架宜设置在塔身标准节连接处，箍紧塔身，塔架对角处在无斜撑时应加固。

5）塔身顶升接高到规定锚固间距时，应及时增设与建筑物的锚固装置，塔身高出锚固装置的自由端高度应符合出厂规定。

6）起重机作业过程中，应经常检查锚固装置，发现松动或异常情况时，应立即停止作业，故障未排除，不得继续作业。

7）拆卸起重机时，应随着降落塔身的进程拆卸相应的锚固装置，严禁在落塔之前先拆锚固装置。

8）遇有六级及以上大风时，严禁安装或拆卸锚固装置。

9）锚固装置的安装、拆卸、检查和调整，均应有专人负责；工作时应遵守高处作业有关安全操作的规定。

10）轨道式起重机作附着式使用时，应提高轨道基础的承载能力和切断行走机构的电源，并应设置阻挡行走轮移动的支座。

（5）内爬升作业的安全技术

1）内爬升作业应在白天进行，风力在五级及以上时，应停止作业。

2）内爬升时，应加强机上与机下之间的联系以及上部楼层与下部楼层之间的联系，遇有故障及异常情况应立即停机检查，故障未排除不得继续爬升。

3）内爬升过程中，严禁进行起重机的起升、回转、变幅等各项动作。

4）起重机爬升到指定楼层后，应立即拔出塔身底座的支承梁或支腿，通过内爬升框架固定在楼板上，并应顶紧导向装置或用楔块塞紧。

5）内爬升塔式起重机的固定间隔不宜小于 3 个楼层。

6）对固定内爬升框架的楼层楼板，在楼板下面应增设支柱作临时加固。搁置起重机底座支承梁的楼层下方两层楼板，也应设置支柱作临时加固。

7）每次内爬升完毕后，楼板上遗留下来的开孔，应立即采用钢筋混凝土封闭。

8）起重机完成内爬升作业后，应检查内爬升框架的固定、底座支承梁的紧固以及楼板临时支撑的稳固等，确认可靠后，方可进行吊装作业。

5. 塔机作业中及作业后的安全技术措施

（1）起重吊装的指挥人员必须持证上岗，作业时应与操作人员密切配合，执行规定的指挥信号。操作人员应按照指挥人员的信号进行作业，当信号不清或错误时，操作人员可拒绝执行。该条为强制性条文必须执行。

（2）在露天有六级及以上大风或大雨、大雪、大雾等恶劣天气时，应停止起重吊装作业。雨雪过后作业前，应先试吊，确认制动器灵敏可靠后方可进行作业。

（3）起重机的变幅指示器、力矩限制器、起重量限制器以及各种行程限位开关等安全保护装置，应完好齐全、灵敏可靠，不得随意调整或拆除。严禁利用限制器和限位装置代替操纵机构。该条为强制性条文必须执行。

（4）起重机作业时，起重臂和重物下方严禁有人停留、工作或通过。重物吊运时，严禁从人上方通过。严禁用起重机载运人员。该条为强制性条文必须执行。

（5）严禁使用起重机进行斜拉、斜吊和起吊地下埋设或凝固在地面上的重物以及其他不明重量的物体。现场浇筑的混凝土构件或模板，必须全部松动后方可起吊。该条为强制性条文必须执行。

（6）严禁起吊重物长时间悬挂在空中，作业中遇突发故障，应采取措施将重物降落到安全地方，并关闭发动机或切断电源后进行检修。在突然停电时，应立即把所有控制器拨到零位，断开电源总开关，并采取措施使重物降到地面。该条为强制性条文必须执行。

（7）起重机不得靠近架空输电线路作业。起重机的任何部位与架空输电导线的安全距离不得小于表4-14要求。

起重机与架空输电导线的安全距离 表4-14

电压（kV） 安全距离	<1	1~15	20~40	60~110	220
沿垂直方向（m）	1.5	3.0	4.0	5.0	6.0
沿水平方向（m）	1.0	1.5	2.0	4.0	6.0

（8）当同一施工地点有两台以上起重机时，应保持两机间任何接近部位（包括吊重物）距离不得小于2m。

（9）在吊钩提升、起重小车或行走大车运行到限位装置前，均应减速缓行到停止位置，并应与限位装置保持一定距离（吊钩不得小于1m，行走轮不得小于2m）。严禁采用限位装置作为停止运行的控制开关。

（10）停机时，应将每个控制器拨回零位，依次断开各开关，关闭操纵室门窗，下机后，应锁紧夹轨器，使起重机与轨道固定，断开电源总开关，打开高空指示灯。

（11）检修人员上塔身、起重臂、平衡臂等高空部位检查或修理时，必须系好安全带。

（12）动臂式和尚未附着的自升式塔式起重机，塔身上不得悬挂标语牌。该条为强制性条文必须执行。

4.7.5 起重索具、吊装工具和起重机具

1. 起重索具

钢丝绳是吊装中的主要绳索。它具有强度高、弹性大、韧性好、耐磨、能承受冲击荷

载等优点，且磨损后外部产生许多毛刺，容易检查，便于预防事故，因此，广泛的用于结构吊装中。

（1）钢丝绳的构造和种类

结构吊装中的钢丝绳常用由六根绳股和一根绳芯（一般为麻芯）捻成。绳股是由许多高强钢丝捻成。钢丝绳按其捻制方法不同，分为反捻绳和顺捻绳。所谓反捻绳即绳股与丝股捻制方向不同的钢丝绳；顺捻绳是绳股与丝股捻制方向一致的钢丝绳。反捻绳中又分为右交互捻（即股向右捻、丝向左捻）和左交互捻（即股向左捻、丝向右捻）。顺捻绳也有两类，有右同向捻（丝和股均向右捻）和左同向捻（丝和股均向左捻）之分。

顺捻钢丝绳比较柔软、表面较平整，它与滑轮或卷筒凹槽的接触面较大，磨损较轻，但容易松散和产生扭结卷曲，吊装重物时易打转，故不宜于吊装，一般用于缆风绳；反捻绳较硬，强度高，吊装重物时不易扭结打转，故广泛用于吊装中。

钢丝绳按绳股数及每股中的钢丝数区分，有6股7丝、7股7丝、6股19丝、6股37丝、和6股61丝等。吊装中常用的有6×19、6×37、6×61钢丝绳，可用于缆风绳和吊索；6×37钢丝绳用于穿滑车组和作吊索。

（2）钢丝绳的技术性能

常见钢丝绳的技术性能见表4-15、表4-16、表4-17。

6×19 钢丝绳的主要数据　　　　　　　　　　　　　　　表 4-15

直 径		钢丝总断面面积	参考重量	钢丝绳公称抗拉强度（N/mm²）				
				1400	1550	1700	1850	2000
钢丝绳	钢丝			钢丝破断拉力总和				
（mm）		（mm²）	（kg/100m）	（kN）不小于				
6.2	0.4	14.32	13.53	20.0	22.1	24.3	26.4	28.6
7.7	0.5	22.37	21.14	31.3	34.6	38.0	41.3	44.7
9.3	0.6	32.22	30.45	45.1	49.9	54.7	59.6	64.4
11.0	0.7	43.85	41.44	61.3	67.9	74.5	81.1	87.7
12.5	0.8	57.27	54.12	80.1	88.7	97.3	105.5	114.5
14.0	0.9	72.49	68.50	101.0	112.0	123.0	134.0	144.5
15.5	1.0	89.49	84.57	125.0	138.5	152.0	165.5	178.5
17.0	1.1	103.28	102.3	151.5	167.5	184.0	200.0	216.5
18.5	1.2	128.87	121.8	180.0	199.5	219.0	238.0	257.5
20.0	1.3	151.24	142.9	211.5	234.0	257.0	279.5	302.0
21.5	1.4	175.40	165.8	245.5	271.5	298.0	324.0	350.5
23.0	1.5	201.35	190.2	281.5	312.0	342.0	372.0	402.5
24.5	1.6	229.09	216.5	320.5	355.0	389.0	423.5	458.0
26.0	1.7	258.63	244.4	362.0	400.5	439.5	478.0	517.0
28.0	1.8	289.95	274.0	405.5	449.0	492.5	536.0	579.5
31.0	2.0	357.96	338.3	501.0	554.5	608.5	662.0	715.5
34.0	2.2	433.13	409.3	306.0	671.0	736.0	801.0	
37.0	2.4	515.46	487.1	721.5	798.5	876.0	953.5	
40.0	2.6	604.95	571.7	846.5	937.5	1025.0	1115.5	
43.0	2.8	701.60	663.0	982.0	1085.0	1190.0	1295.0	
46.0	3.0	805.41	761.1	1125.0	1245.0	1365.0	1490.0	

注：表中，粗线左侧可供光面或镀锌钢丝绳，右侧只供光面钢丝绳。

(3) 钢丝绳的允许拉力计算

钢丝绳的允许拉力按公式（4-11）计算：

$$[F_g] = \alpha F_g / K \qquad (4-11)$$

式中　　$[F_g]$——钢丝绳的允许拉力（kN）；

　　　　F_g——钢丝绳的钢丝破断拉力总和（kN）；

　　　　α——换算系数，按表 4-18 取用；

　　　　K——钢丝绳的安全系数，按表 4-19 选用。

6×37 钢丝绳的主要数据　　　　　　　　　表 4-16

直　径		钢丝总断面面积	参考重量	钢丝绳公称抗拉强度（N/mm²）				
				1400	1550	1700	1850	2000
钢丝绳	钢丝			钢丝破断拉力总和				
(mm)		(mm²)	(kg/100m)	(kN) 不小于				
8.7	0.4	27.88	26.21	39.0	43.2	47.3	51.1	55.7
11.0	0.5	43.57	40.96	60.9	67.5	74.0	80.6	87.1
13.0	0.6	62.74	58.98	87.8	97.2	106.5	116.0	125.0
15.0	0.7	85.39	80.57	119.5	132.0	145.0	157.5	170.5
17.5	0.8	111.53	104.8	156.0	172.5	189.5	206.0	223.0
19.5	0.9	141.16	132.7	197.5	213.5	239.5	261.0	282.0
21.5	1.0	174.27	163.3	243.5	270.0	296.0	322.0	348.5
24.0	1.1	210.87	198.2	295.0	326.5	358.0	390.0	421.5
26.0	1.2	250.95	235.9	351.0	388.5	426.5	464.0	501.5
28.0	1.3	294.52	276.8	412.0	456.5	500.5	544.5	589.0
30.0	1.4	341.57	321.1	478.0	529.0	580.5	631.5	683.0
32.5	1.5	392.11	368.6	548.5	607.5	666.5	725.0	784.0
34.5	1.6	446.13	419.4	624.5	691.5	758.0	825.0	892.0
36.5	1.7	503.64	473.4	705.0	780.5	856.0	931.5	1005.0
39.0	1.8	564.63	530.8	790.0	875.0	959.5	1040.0	1125.0
43.0	2.0	697.08	655.3	975.5	1080.0	1185.0	1285.0	1390.0
47.5	2.2	843.47	792.9	1180.0	1305.0	1430.0	1560.0	
52.0	2.4	1003.80	943.6	1405.0	1555.0	1705.0	1855.0	
56.0	2.6	1178.07	1107.4	1645.0	1825.0	2000.0	2175.0	
60.5	2.8	1366.28	1234.3	1910.0	2115.0	2320.0	2525.0	
65.0	3.0	1568.43	1474.3	2195.0	2430.0	2665.0	2900.0	

注：表中，粗线左侧可供光面或镀锌钢丝绳，右侧只供光面钢丝绳。

6×61 钢丝绳的主要数据

表 4-17

直 径		钢丝总断面面积	参考重量	钢丝绳公称抗拉强度（N/mm²）				
钢丝绳	钢丝			1400	1550	1700	1850	2000
				钢丝破断拉力总和				
(mm)		(mm²)	(kg/100m)	(kN) 不小于				
11.0	0.4	14.32	43.21	64.3	71.2	78.1	85.0	91.9
14.0	0.5	22.37	67.52	100.5	111.0	122.0	132.0	143.5
16.5	0.6	32.22	97.22	144.5	160.0	175.5	191.0	206.5
19.5	0.7	43.85	132.3	197.0	218.0	239.0	260.0	281.5
22.0	0.8	57.27	172.3	257.0	285.0	312.5	340.0	367.5
25.0	0.9	72.49	218.3	325.5	360.0	395.5	430.0	465.0
27.5	1.0	89.49	270.1	402.0	445.0	488.0	531.5	574.5
30.5	1.1	103.28	326.8	486.5	538.5	591.0	643.0	695.0
33.0	1.2	128.87	388.9	579.0	641.0	703.0	765.0	827.0
36.0	1.3	151.24	456.4	679.5	752.5	825.0	898.0	971.0
38.5	1.4	175.40	529.3	788.0	872.5	957.0	1040.0	1125.0
41.5	1.5	201.35	640.45	905.0	1000.0	1095.0	1195.0	1290.0
44.0	1.6	229.09	735.51	1025.0	1140.0	1250.0	1360.0	1470.0
47.0	1.7	258.63	830.33	1160.0	1285.0	1410.0	1535.0	1660.0
50.0	1.8	289.95	930.88	1300.0	1440.0	1580.0	1720.0	0860.0
55.5	2.0	357.96	1149.24	1605.0	1780.0	1950.0	2125.0	2295.0
61.0	2.2	433.13	1390.58	1945.0	2155.0	2360.0	2570.0	
66.5	2.4	515.46	1654.91	2315.0	2565.0	2810.0	3060.0	
72.0	2.6	604.95	1942.22	2715.0	3010.0	3300.0	3590.0	
77.5	2.8	701.60	2252.51	3150.0	3490.0	3825.0	4165.0	
83.0	3.0	805.41	2585.79	3620.0	4005.0	4395.0	4780.0	

注：表中，粗线左侧可供光面或镀锌钢丝绳，右侧只供光面钢丝绳。

钢丝绳破断拉力换算系数

表 4-18

钢丝绳结构	换算系数	钢丝绳结构	换算系数
6×19	0.85	6×61	0.80
6×37	0.82		

钢丝绳的安全系数

表 4-19

用　途	安　全　系　数	用　途	安　全　系　数
作缆风	3.5	作吊索、无弯曲时	6～7
用于手动起重设备	4.5	作捆绑吊索	8～10
用于机动起重设备	5～6	用于载人的升降机	14

　　如果用的是旧钢丝绳，则求得的允许拉力应根据钢丝绳的新旧程度乘以 0.4～0.75 的

系数。

(4) 钢丝绳的安全检查

钢丝绳使用一段时间后，就会产生断丝、腐蚀和磨损的现象，其承载能力减低。一般规定钢丝绳在一个节距内断丝的数量超过表 4-20 的数字时就应当报废，以免造成事故。

钢丝绳报废标准（一个节距内的断丝数）　　　　　　　　　表 4-20

采用的安全系数	钢丝绳的种类					
	6×19		6×37		6×61	
	反捻绳	顺捻绳	反捻绳	顺捻绳	反捻绳	顺捻绳
5 以下	12	6	22	11	36	18
6～7	14	7	26	13	38	19
7 以上	16	8	30	15	40	20

在钢丝绳表面有磨损式腐蚀情况时，钢丝绳的报废标准按表 4-21 所列数值降低。

钢丝绳报废标准降低率　　　　　　　　　表 4-21

钢丝绳表面腐蚀或磨损程度（以每根钢丝的直径计）（%）	在一个节距内断丝数所列标准乘下列系数	钢丝绳表面腐蚀或磨损程度（以每根钢丝的直径计）（%）	在一个节距内断丝数所列标准乘下列系数
10	0.85	25	0.60
15	0.75	30	0.50
20	0.70	40	报废

断丝数没有超过报废标准，但表面有磨损、腐蚀的钢丝绳，可按表 4-22 的规定使用。

(5) 钢丝绳使用注意事项

1) 钢丝绳解开使用时，应按正确方法进行，以免钢丝绳产生扭结。钢丝绳切断前应在切口两侧用细钢丝捆扎，以防切断后绳头松散。

2) 钢丝绳穿过滑轮时，滑轮槽的直径应比绳的直径大 1～2.5mm。滑轮槽过大钢丝绳容易压扁；钢丝绳过小则容易磨损。滑轮的直径不得小于钢丝绳直径的 1～2 倍，以减少绳的弯曲应力。禁止使用轮缘破损的滑轮。

3) 应定期对钢丝绳加润滑油（一般以工作时间四个月左右加一次）。

4) 存放在仓库里的钢丝绳应卷成排列，避免重叠堆放，库中应保持干燥，以防钢丝绳锈蚀。

5) 在使用中，如绳股间有大量的油挤出，表明钢丝绳的荷载已相当大，这时钢丝绳必须勤加检查，以防发生事故。

钢丝绳合用程度判断　　　　　　　　　表 4-22

类别	钢丝绳表面现象	合用程度	使用场所
I	各股钢丝位置未动，磨损轻微，无绳股凸起现象	100%	重要场所
II	1. 各股钢丝已有变位、压扁及凸出现象，但未露出绳芯； 2. 个别部分有轻微锈痕； 3. 有断头钢丝，每米钢丝绳长度内断头数目不多余钢丝总数的 3%	75%	重要场所

类别	钢丝绳表面现象	合用程度	使用场所
Ⅲ	1. 每米钢丝绳长度内断头数目超过钢丝总数的 3％，但少于 10％； 2. 有明显的锈痕	50％	次要场所
Ⅳ	1. 绳股有明显的扭曲、凸起现象； 2. 钢丝绳全部均有锈痕，将锈痕刮去后钢丝上留有凹痕； 3. 每米钢丝绳长度内断头数目超过钢丝总数的 10％，但少于 25％	40％	不重要场所 或辅助工作

（6）钢丝绳附件

钢丝绳附件有楔形夹头、套环、绳夹及铝合金压制夹头等。

钢丝绳用楔形夹头（GB 5973—86）的最大抗拉强度为 1815N/mm²，作绳端固定或连接用。

钢丝绳用普通套环（GB 5974.1—86）为钢丝绳的固定连接附件，其最大抗拉强度为 1815N/mm²；钢丝绳用重型套环（GB 5974.2—86）为受拉力较大和用于更重要场合的钢丝绳的固定连接附件，一般由铸钢制成。

钢丝绳夹（GB 5976—86）用于绳端固定或连接用。钢丝绳夹使用注意事项：

1）钢丝绳夹应按图 4-53 所示方法把夹座扣在钢丝绳的工作段上，U 形螺栓扣在钢丝绳的尾段上，钢丝绳夹不得在钢丝绳上交替布置。

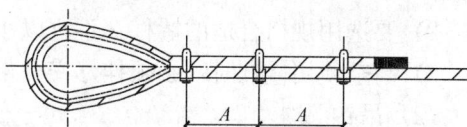

图 4-53　钢丝绳夹的正确布置方法

2）每一连接处，所需钢丝绳夹的最少数量如表 4-23 所示。

3）绳夹布置正确时，固定处的强度至少为钢丝绳强度 80％，绳夹在实际使用中受载 1、2 次后螺母要进一步拧紧。

4）离套环最近的绳夹应尽可能地紧靠套环，紧固绳夹时要考虑每个绳夹的合理受力，离套环最远处的绳夹不得首先单独紧固。

5）为了便于检查接头，可在最后一个夹头后面约 500mm 处再安一个夹头，并将绳头放出一个"安全弯"（图 4-54）。当接头的钢丝绳发生滑动时，"安全弯"即被拉直，这时就应立即采取措施。

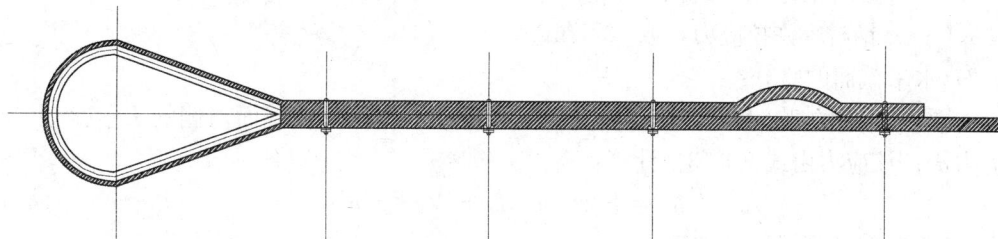

图 4-54　安装钢丝绳夹"安全弯"方法

钢丝绳夹使用数量和间距   表 4-23

绳夹公称尺寸（mm）（钢丝绳公称直径 d）	数量（组）	间　距	绳夹公称尺寸（mm）（钢丝绳公称直径 d）	数量（组）	间　距
不大于 18	3		38～44	6	
19～27	4		45～60	7	
28～37	5	6～8 倍钢丝绳直径			

钢丝绳铝合金压制接头（GB/T 6946—2008）适用于起重、提升、牵引设备和各种索具的末端连接。接头所用套环可用重型套环或普通套环，也可采用无套环连接。

2. 吊装工具

（1）撬杠

撬杠是用圆钢或六角形钢（20 号钢或 45 号钢）锻制而成。它的一头做成尖锥形；另一头做成鸭嘴形或虎牙形，并弯折 40°～45°。撬杠锻制成后，需要对弯折部分及弯折点附近的 60～70mm 的直线部分进行淬火和回火处理。弯折部分的硬度要求为 R_c＝40～45。

使用撬杠应注意下列几点：

1）在撬动构件时，撬杠头的插入深度以 10～15mm 为宜。太深不宜撬动，太浅容易滑脱；

2）要选用规格合适的撬杠，不宜以小代大，以防将撬杠撬弯或撬断；

3）高空使用撬杠时，必须挂好安全带，并选择好适当的操作位置。

（2）吊钩

起重吊钩都是用整块钢材锻造的，材料常用 20 号优质碳素钢（平炉钢），锻成后要进行退火处理，消除其残余应力，增加其韧性，要求硬度达到 95～135HB。吊钩表面应光滑，不得有剥裂、刻痕、锐角、裂缝等缺陷存在，并不准对磨损或有裂缝的吊钩进行补焊修理。

使用单吊钩时，要进行承载力的验算。单吊钩的承载力验算应计算三个截面的强度。即吊钩螺杆部分、水平截面、垂直截面的强度。

1）吊钩螺杆部分截面的强度验算

如图 4-55 中的 1-1 截面，吊杆螺杆部分按受拉构件由式（4-12）计算：

$$\sigma_t = F/A_1 \leqslant [\sigma_t] \tag{4-12}$$

式中　σ_t——吊杆螺杆部分的拉应力；

　　F——吊勾所承担的起重力；

　　A_1——螺杆的净截面面积，$A_1 = \pi d_1^2/4$，其中，d_1 为螺杆扣除螺纹后的直径；

　　$[\sigma_t]$——钢材容许拉应力，取 50N/mm²。

2）水平截面的验算：

如图 4-55 中的 2-2 截面，该截面受到偏心荷载的作用，在截面内侧的 K 点产生最大拉应力 σ_c；该应力由式（4-13）计算：

$$\sigma_c = F/A_2 + M_x/r_x W_x \leqslant [\sigma_c] \tag{4-13}$$

式中　F——吊钩所承担的起重力；

　　A_2——验算 2-2 截面的截面面积，$A_2 \approx h \times (b_1 + b_2)/2$，其中，$h$ 为截面高度；b_1、b_2 分别为截面的长边和短边的宽度；

M_x——在 2-2 截面上产生的弯距，$M_x = F(D/2 + e_1)$，其中，D 为吊钩弯曲部分内圆的直径；e_1 为梯形截面重心到截面内侧长边的距离，$e_1 = h/3 + (b_1 + 2b_2)/(b_1 + b_2)$；可从截面对 x—x 轴的面积求得；

r_x——截面塑性发展系数，取 $r_x = 1.0$；

W_x——截面对 x—x 轴的抵抗距，$W_x = I_x/e_1$，其中，I_x 为水平梯形截面的惯性矩，$I_x = h^3/36 \left[(b_1 + b_2)^2 + 2b_1 b_2 \right]/b_1 + b_2$；

$[\sigma_c]$——钢材容许压应力，取 $60 \sim 80 \text{N/mm}^2$。

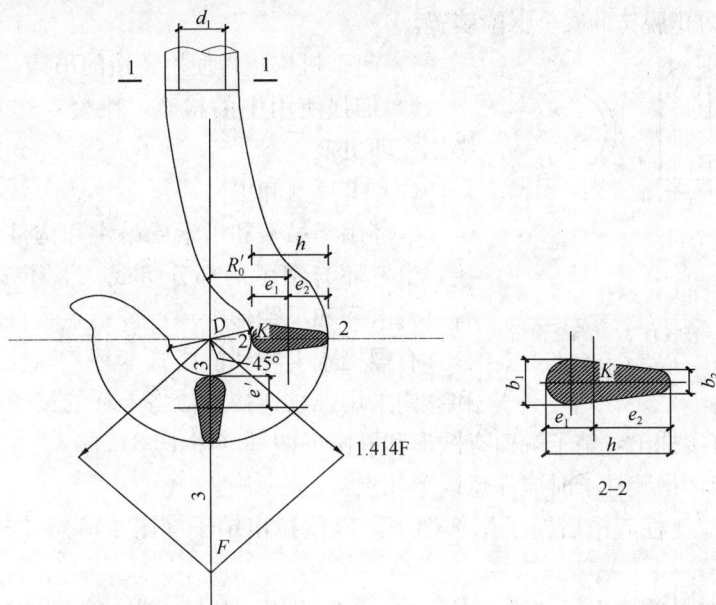

图 4-55　单吊钩验算简图

3）垂直截面的强度验算

如图 4-55 中的 3-3 截面，假定荷载 F 是沿着两条与垂直线成 45°角方向线的作用力，将其水平分力作为偏心荷载，截面承受偏心受压，其应力计算与 2—2 截面验算相同。在 3—3 截面承受的剪应力 τ 按式（4-14）计算：

$$\tau = F/2A_3 \tag{4-14}$$

式中　F——吊钩所承担的起重力；

A_3——3-3 截面的竖截面面积。

求出 σ、τ 后，再根据强度理论公式按式（4-15）验算应力：

$$\sigma = \sqrt{\sigma^2 + 3\tau^2} \leqslant [\sigma] \tag{4-15}$$

式中　$[\sigma]$——3 号钢取为 140N/mm^2。

吊钩的报废标准：

1）表面有裂纹、破口。

2）开口度比原尺寸增加 15%。

3）危险断面及钩颈有永久变形，扭转变形超过 10°。

4）挂绳处断面磨损超过原高度 10%。

5）吊钩衬套磨损超过原厚度 50%，心轴（销子）磨损超过其直径的 3%～5%。

6）危险断面与吊钩颈部产生了塑性变形。危险断面，是指吊钩承载时弯曲应力最大的截面处，该处弯矩最大。

吊钩的使用安全：

1）吊钩在钩挂吊索时要将吊索挂至钩底，直接钩在构件吊环中时，不能使吊钩硬别或歪扭，以免吊钩产生变形或使吊索脱钩。

2）起重吊装的吊钩不准进行补焊。

3）应装有防止脱钩的安全保险装置。

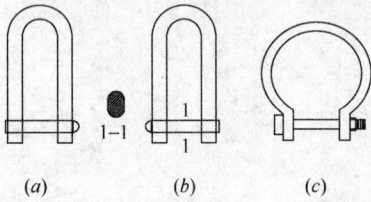

图 4-56　卡环
(a) 螺栓式卡环（直线）；(b) 椭圆销活络卡环（直线）；(c) 马蹄形卡环

4）起重机构不得使用铸造的吊钩。

5）加强使用中的检查、维修，达到报废标准的必须立即更换。

（3）卡环（卸甲）

卡环用于吊索和吊索或吊索和构件吊环之间的连接，由弯环与销子两部分组成。卡环按弯环形式分，有直行卡环和马蹄形卡环；按销子和弯环的连接形式分，有螺栓式卡环和活络式卡环。螺栓式卡环的销子和弯钩采用螺纹连接；活络卡环的销子端头和弯环孔眼无螺纹，可直接抽出，销子端面有圆形和椭圆形两种（图 4-56）。

使用活络卡环吊装柱子时应注意以下几点：

1）绑扎时应使柱起吊后销子尾部朝下，以便拉出销子（图 4-57）。同时，吊索在受力后要压紧销子。

2）在构件起吊前要用白棕绳（直径 10mm）将销子与吊索末端的圆圈捆在一起。

3）拉绳人应选择适当的位置和起重机落钩中的有利时机，即当吊索松弛不受力且使白棕绳与销子轴线基本成一直线时拉出销子。

（4）吊索（千斤）

吊索主要用于绑扎构件以便起吊，有环状吊索（又称万能吊索或闭式吊索）和 8 股头吊索（又称轻便吊索或开式吊索）两种（图 4-58）。

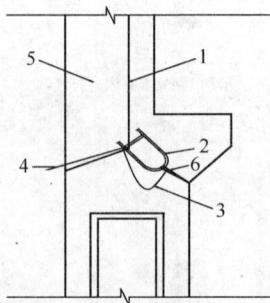

图 4-57　用活络卡环绑扎柱
1—吊索；2—活络卡环；3—销子安全绳；4—白棕绳；5—柱；6—铅丝

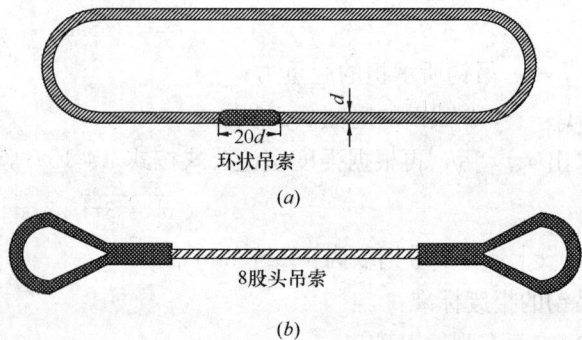

环状吊索
(a)

8股头吊索
(b)

图 4-58　吊索

吊索是用钢丝绳做成的，因此，钢丝绳的允许拉力即为吊索的允许拉力。在工作中，吊索拉力不应超过其允许拉力。

吊索拉力取决于所吊构件的重量及吊索的水平夹角，水平夹角应不小于 30°，一般为 45°～60°。

(5) 横吊梁（铁扁担）

横吊梁常用于柱和屋架等构件的吊装。用横吊梁吊柱容易使柱身保持垂直，便于安装；用横吊梁吊屋架可以降低起重高度，减少吊索的水平分力对屋架的压力。

常用的横吊梁有滑轮横吊梁、钢板横吊梁、钢管横吊梁等。

1) 滑轮横吊梁

滑轮横吊梁一般用于吊装 8t 以内的柱，它由吊环、滑轮和吊索等部分组成（图 4-59），其中吊环用 3 号圆钢锻制而成，环圈的大小要保证能够直接挂上起重机钓钩；滑轮直径应大于起吊柱的厚度，轮轴直径和吊环断面按起重量的大小计算而定。

2) 钢板横吊梁

钢板横吊梁一般用于吊装 10t 以下的柱，它是由 3 号钢钢板制作而成。钢板横吊梁中的两个挂卡环孔的距离比柱的厚度大 20cm，以便柱"进档"。设计钢板横吊梁时，应先根据经验初步确定截面尺寸，再进行强度验算。钢板横吊梁应对中部截面进行强度验算和对吊钩孔壁、卡环孔壁进行局部承压验算。计算荷载按构件重量乘以 1.5 计算。

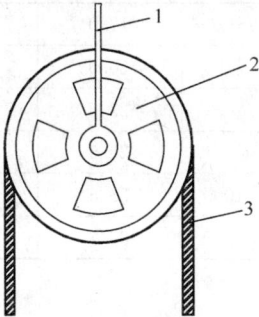

图 4-59 滑轮横吊梁

1—吊环；2—滑轮；3—吊索

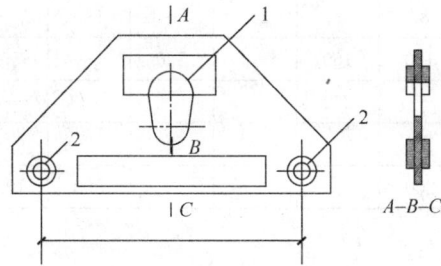

图 4-60 钢板横吊梁

1—挂吊钩孔；2—挂卡环孔

3) 钢管横吊梁

钢管横吊梁一般用于吊屋架，钢管长 6～12m（图 4-61）。

钢管横吊梁在起吊构件时，承受轴向力和弯距的作用（由钢管自重产生的）。设计时，可先根据容许长细比 $[\lambda] = 120$ 初选钢管截面，然后按压弯构件进行稳定验算。荷载按构件重量乘以系数 1.5，容许应力 $[\sigma]$ 取 140N/mm²。钢管横吊梁中的钢管亦可用两个槽钢焊接成箱形截面来代替。

3. 起重机具

(1) 滑车、滑车组

1) 滑车

滑车（又名葫芦），可以省力，也可改变用力的

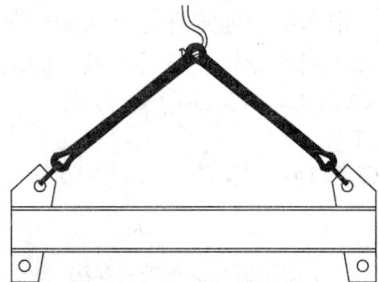

图 4-61 钢管横吊梁

方向。

滑车按其滑轮的多少，可分为单门、双门和多门等；按连接件的结构形式不同，可分为吊钩型、链环型、吊环型和吊梁型四种；按滑车的夹板是否可以打开来分，有开口滑车和闭口滑车两种。

滑车按使用方式不同，可分为定滑车和动滑车两种。定滑车可改变力的方向，但不能省力；动滑车可以省力，但不能改变力的方向。

滑车的允许荷载，根据滑轮和轴的直径确定，使用时应按其标定的数量选用，不能超过。

常用钢滑车的允许荷载见表 4-24。

常用钢滑车的允许荷载　　　　　　　　　　　　　表 4-24

滑轮直径 (mm)	允许何载（kN)								使用钢丝绳直径（mm)	
	单门	双门	三门	四门	五门	六门	七门	八门	适用	最大
70	5	10	—						5.7	7.7
85	10	20	30						7.7	11.0
115	20	30	50	80					11.0	14.0
135	30	50	80	100					12.5	15.5
165	50	80	100	160	200				15.5	18.5
185	—	100	160	200		320			17.0	20.0
210	80	—	200		320				20.0	23.5
245	100	160	—	320		500			23.5	25.0
280	—	200		500			800		26.5	28.0
320	160	—	—	500	—	800	—	1000	30.5	32.5
360	200	—	—		800	1000		1400	32.5	35.0

2）滑车组

滑车组是由一定的定滑车和动滑车及绕过它们的绳索组成的。滑车组根据跑头（滑车组的引出绳头）引出方向不同，可分为以下三种：

①跑头自动滑车引出：用力方向与重物移动的方向一致；

②跑头自定滑车引出：用力的方向与重物移动方向相反。

双联滑车组：有两个跑头，可用两台卷扬机同时牵引。具有速度快一倍、受力较均衡、工作中滑车不会产生倾斜等优点。

滑车组中绳索有普通穿法和花穿法两种。普通穿法是将绳索自一侧滑轮开始，顺序地穿过中间的滑轮，最后从另一侧滑轮引出。这种穿法，滑车组在工作时，由于两侧钢丝绳的拉力相差较大，因此滑车在工作中不平稳，甚至会发生自锁现象（即重物不能靠自重下落）。

花穿法的跑头从中间滑轮引出，两侧钢丝绳的拉力相差较小，故在用"三三"以上的滑车组时，宜用花穿法（图 4-62）。

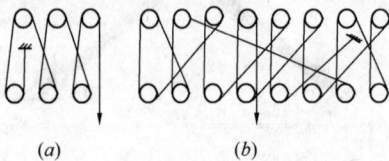

图 4-62　滑车组的穿法

(a) 普通穿法；(b) 花穿法

3）滑车组的计算

滑车组的跑头拉力（引出索拉力）按式（4-16）计算：

$$S = f_0 K Q \qquad (4\text{-}16)$$

式中　S——跑头拉力；

　　　K——动力系数，按表 4-25 取用；

　　　Q——吊装荷载；

　　　f_0——跑头拉力计算系数，当绳索从定滑轮绕出时，$f_0 = (f-1)/(f^n-1) \times f^n$；当绳索从动滑轮绕出时，$f_0 = (f-1)/(f^n-1) \times f^{n-1}$，（一般可按表 4-26 取用）。其中，$n$ 为工作绳数；f 为滑轮阻力系数，滚动轴承取 1.02；青铜衬套取 1.04；无青铜衬套取 1.06。

需注意：从滑车组引出绳到卷扬机之前，一般还要绕几个导向滑轮，所以，计算卷扬机的牵引力时，还需将滑车组的跑头拉力 S 乘以 f^k（k——导向滑轮数目）。

滑轮阻力系数 f 的乘方值见表 4-27。

卷扬机吊重动力系数 K 　　　　　　　　　　　　　　表 4-25

卷扬机传动性质	起重量（t）	K	卷扬机传动性质	起重量（t）	K
手动	5 以下	1.0	机动	30 以下	1.2
	5～10	1.1		30～50	1.3
				50 以上	1.5

滑车组的跑头拉力系数 f_0 值 　　　　　　　　　　表 4-26

滑轮的轴承或衬套材料	滑轮阻力系数 f	动滑轮上引出绳根数								
		2	3	4	5	6	7	8	9	10
滚动轴承	1.02	0.52	0.35	0.27	0.22	0.18	0.15	0.14	0.12	0.11
青铜套轴承	1.04	0.54	0.36	0.28	0.23	0.19	0.17	0.15	0.13	0.12
无衬套轴承	1.06	0.56	0.38	0.29	0.24	0.20	0.18	0.16	0.15	0.14

滑轮阻力系数乘方值（f^n） 　　　　　　　　　　　表 4-27

n	f			n	f		
	1.02	1.04	1.06		1.02	1.04	1.06
0	1.000	1.000	1.000	11	1.243	1.539	1.898
1	1.020	1.040	1.060	12	1.268	1.601	2.012
2	1.040	1.082	1.124	13	1.294	1.665	—
3	1061	1.125	1.191	14	1.319	1.732	—
4	1.082	1.170	1.262	15	1.346	1.801	—
5	1.104	1.217	1.338	16	1.373	1.873	—
6	1.126	1.215	1.419	17	1.400	1.948	—
7	1.149	1.316	1.504	18	1.428	2.026	—
8	1.172	1.369	1.594	19	1.457	2.107	—
9	1.195	1.423	1.689	20	1.468	2.191	—
10	1.219	1.480	1.791	21	1.516	2.279	—

4）滑车组的使用

①使用前应查明它的允许荷载，检查滑车的各部分，看有无裂缝损伤情况，滑轮转动是否灵活等。

②滑车组穿好后，要慢慢地加力；绳索收紧后应检查各部分是否良好，有无卡绳之处，若有不妥，应立即修正，不能勉强工作。

③滑车的吊构（或吊环）中心，应与起吊件的重心在一条直线上，以免构件起吊后不稳；滑车组上下滑车之间的最小距离一般为700~1200mm。

④滑车使用前、后都要刷洗干净，轮轴加油润滑，以减少磨损和防止锈蚀。

（2）倒链和手板葫芦

1）倒链

倒链又称神仙葫芦、手拉葫芦，可用来起吊轻型构件、拉紧拔杆缆风及在构件运输中拉紧捆绑构件的绳索等。

使用倒链时应注意以下几点：

①倒链使用前应仔细检查吊钩、链条及轮轴是否有损伤，传动部分是否灵活；挂上重物后，先慢慢拉动链条，等起重链条受力后再检查一次，看齿轮啮合是否妥当，链条自锁装置是否起作用。确定各部分情况良好后，方可继续工作。

②倒链在使用中不得超过额定的起重量。在-10℃以下使用时，只能以额定起重量的一半进行工作。

③手拉动链条时，应均匀和缓，不得猛拉。不得在与链条不同平面内进行拽动，以免造成跳链、卡环现象。

④如起重量不明或构件重量不详时，只要一个人可以拉动，就可继续工作。如一个人拉不动，应检查原因，不宜几人一齐猛拉，以免发生事故。

⑤齿轮部分应经常加油润滑，棘爪、棘轮和棘爪弹簧应经常检查，发现异常情况应予以更换，防止制动失灵使重物自坠。

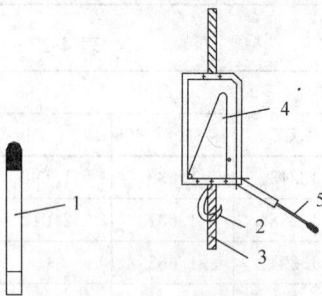

图4-63　手板葫芦

1—挂钩；2—吊钩；3—钢丝绳；
4—自锁夹钳装置；5—手柄

2）手板葫芦

手板葫芦又称钢丝绳手板滑车（图4-63），手扳葫芦是由挂钩、手柄、钢丝绳、自锁夹钳装置和吊钩组成。手扳葫芦体积小、重量轻、使用方便，可在水平、垂直、倾斜状态下工作，在结构吊装和吊篮升降中使用。

手扳葫芦使用安全要求：

①使用前应对自锁夹钳装置进行检查，夹紧钢丝后不能移动；

②使用初，应在其受力后再检查一次，确认自锁功能良好时，方可正常开始作业；

③必须按其额定容许值范围使用，严禁超载使用；

④使用完毕后应拆卸进行清洗、检查保养；

⑤不得随意加长手柄，否则会造成手扳葫芦超载，致使部件损坏。

（3）千斤顶

千斤顶在结构吊装中，用于校正构件的安装偏差和矫正构件的变形，还可以顶升和提升大跨度屋盖等。

使用千斤顶应注意以下几点：

1）千斤顶使用前应拆洗干净，并检查各部件是否灵活、有无损伤；液压千斤顶的阀门、活塞、皮碗是否良好，液压是否干净。

2）使用千斤顶时，应放在平整坚实的地面上。如松软地面，应铺设垫板。物件的被顶点应选择坚实的平面部位，还需加垫木板，以免损坏物件。

3）应严格按照千斤顶的额定起重量使用。每次顶升高度不得超过活塞上的标志。如无标志，每次顶升高度不得超过螺杆丝扣或活塞总高的 3/4，以免将螺杆或活塞全部升起而损坏千斤顶。

4）顶升时，先将物件稍微顶起一点后暂停，检查千斤顶、地面、垫木、物件等情况是否良好，如发现千斤顶偏斜和垫木不稳等不良情况，必须进行处理后才能继续工作。顶升过程中，应设保险垫，并要随顶随垫，其拖空距离应保持在 50mm 以内，以防千斤顶倾斜或突然回油而造成事故。

5）用两台或两台以上的千斤顶同时顶升一个物件时，要统一指挥和喊号，使动作一致，不同型号的千斤顶应避免放在同一端使用。

（4）卷扬机

卷扬机有手动卷扬机和电动卷扬机。手动卷扬机为单筒式，钢丝绳的牵引速度为 0.5～3m/min，牵引力为 5～100kN。如配以人字架、拔杆、滑车等可作小型构件吊装等用。

使用手动卷扬机时，摇把要对称安装，摇动摇把使齿轮正转，松下重物时要用摇把松，即用手压住摇把使齿轮慢慢反转，并防止摇把滑掉发生事故。

电动卷扬机按其速度可分为快速、中速、慢速等。快速卷扬机又分为单筒和双筒，其钢丝绳牵引速度为 25～50m/min，单头牵引力为 4～80kN。如配以井架、龙门架、滑车等可作垂直和水平运输等用。慢速卷扬机多为单筒式钢丝绳的牵引速度为 6.5～22m/min，单头牵引力为 5～100kN，如配以人字架、拔杆、滑车组等可作大型构件安装等用。

1）卷扬机的固定

卷扬机必须用地锚予以固定，以防工作时产生滑动或倾覆。根据受力大小，固定卷扬机有螺栓锚固法、水平锚固法、力桩锚固法和压重锚固法四种（图 4-64）。

2）卷扬机的布置

卷扬机的布置应注意以下几点：

①钢丝绳绕入卷筒的方向应与卷筒轴线垂直，这样才能使钢丝绳排列整齐，不致斜绕和相互错叠挤压。

②在卷扬机正前方应设置导向滑车，导向滑车至卷筒轴线的距离应不小于卷筒长度的 15 倍，即倾斜角不大于 2°，以免钢丝绳与导向滑车槽缘产生过分的摩擦（图 4-65）。

3）卷扬机使用安全要求

①卷扬机必须采用地锚进行固定，其位置应使绕入卷筒的钢丝绳与卷筒轴线垂直，否则将产生钢丝绳斜绕和错叠挤压现象；

②作用前，应检查卷扬机与地面的固定，弹性联轴器不得松旷，并应检查安全装置、防护设施、电气线路、接零或接地线、制动装置和钢丝绳等，全部合格后方可使用；

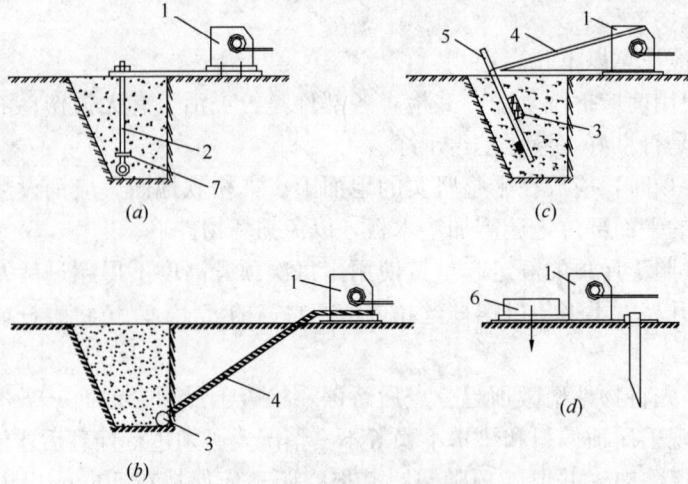

图 4-64　卷扬机的锚固方法

(a) 螺栓锚固法；(b) 水平锚固法；(c) 力桩锚固法；(d) 压重锚固法

1—卷扬机；2—地脚螺栓；3—横木；4—拉锁；5—木桩；6—压重；7—压板

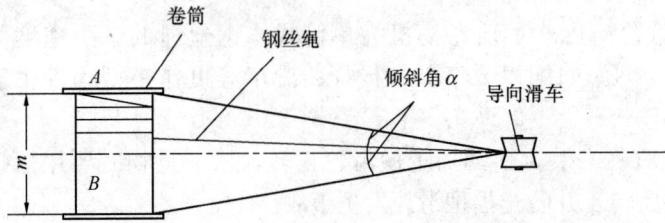

图 4-65　卷扬机的布置

③使用前，要先空运转做空载正、反转试验 5 次，检查运转是否平稳，有无不正常响声；传动制动机构是否灵活可靠；各紧固件及连接部位有无松动现象；润滑是否良好，有无漏油现象；

④卷筒上的钢丝绳应排列整齐，当重叠或斜绕时，应停机重新排列，严禁在转动中用手拉、脚踩钢丝绳；

⑤作业中，任何人不得跨越正在作业的卷扬钢丝绳。物件提升后，操作人员不得离开卷扬机，物件或吊笼下面严禁人员停留或通过。休息时应将物件或吊笼降至地面；

⑥作业中如发现异响、制动不灵、制动带或轴承等温度剧烈上升等异常情况时，应立即停机检查，排除故障后方可使用；

⑦作业中停电或休息时，应切断电源，将提升物或吊笼降至地面。操作人员离开现场应锁好开关箱。

（5）地锚

1）种类及构造

桩式地锚：适用于固定作用力不大的系统，是以角钢、钢管或圆木做锚桩垂直或斜向（向受拉的反方向倾斜）打入土中，依靠土层对桩体的嵌固和稳定作用，使其承受一定的拉力；锚桩长度一般为 1.5～2.0m，入土深度为 1.2～1.5m，按照不同使用要求又可分为一排、两排或三排打入土中，生根钢丝绳拴在距地面约 50mm。同时，为了增加桩的锚固力，在其前方距地面约 400～900mm 深处，紧贴桩木埋置较长的挡木一根。桩式地锚设置简便，故被普遍采用。

水平地锚：是将圆木或方木或者型钢横卧在预先挖好的坑底，绳索捆扎在材料上从坑的前端槽中引出，埋好后回土夯实即可。埋置深度一般在 1.5～3.5m。由于水平地锚承受拉力时既有水平分力又有垂直向上分力，并形成一个向上拔的力，因此，要采用垂直挡板加固的办法扩大其受压面积，降低土壁的侧向压力。水平地锚常用在普通系缆、桅杆或起重机上。其作用荷载能力不大于 75kN，超过 75kN 还须进行加固后使用。见图 4-66。

此外，施工现场还有混凝土锚桩、活动地锚等形式。

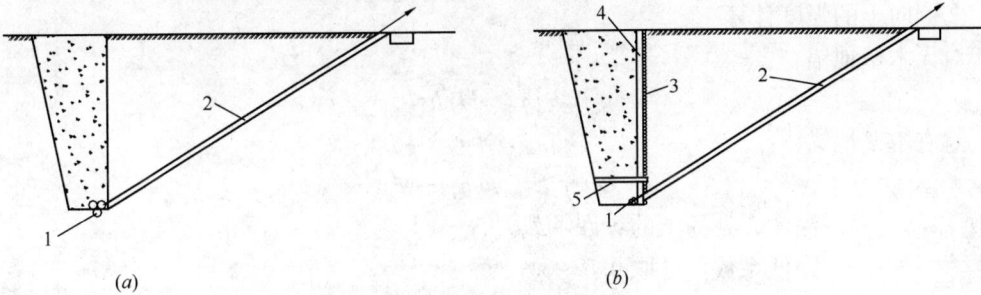

图 4-66　水平地锚

(*a*) 普通水平地锚；(*b*) 有压板及木壁的水平地锚

1—横木；2—拉索；3—木壁；4—立柱；5—压板

埋设和使用地锚时应注意：

①地锚应埋设在土质坚硬的地方，地面不潮湿、不积水。

②不得用腐烂的木料做地锚，横木绑拉索处，四脚要用角钢加固。钢丝绳要绑扎牢固。

③重要的地锚应经过计算，埋设后需进行试拉。

④地锚埋设后，应经详细检查，才能正式使用。使用时，要有专人负责看守，如发生变形，应立即采取措施加固。

2）木桩地锚的计算

木桩地锚的计算应包括以下三方面的计算：在垂直分力作用下地锚的稳定性；在水平分力作用下侧向土的强度；地锚横木的计算。

①地锚的稳定性计算（图 4-67）

地锚的稳定性按公式（4-17）计算：

$$(G+T)/V \geqslant K \qquad (4-17)$$

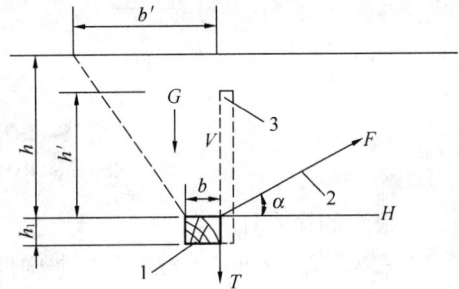

图 4-67　地锚稳定性计算简图

1—横木；2—钢丝绳；3—木壁

式中　K——安全系数，一般取 2；

V——地锚所受荷载的垂直分力，$V=F\sin\alpha$；

F——地锚所受荷载；

G——土的重力；$G=(b+b')hl\gamma/2$；

l——横木的长度；

γ——土的重力密度；

b——横木宽度；

b'——压力区有效宽度，$b'=b+h\mathrm{tg}\varphi$；

φ——土的内摩擦角，松土取 $15°\sim20°$，一般土取 $20°\sim30°$，坚硬土取 $30°\sim40°$；

h——地锚埋至深度；

T——摩擦力，$T=fH$；

f——摩擦系数，对无木壁地锚取 0.5，对有木壁地锚取 0.4；

H——F 的水平分力，$H=F\cos\alpha$。

②侧向土的强度计算

对无木壁地锚

$$[\sigma]\eta\geqslant H/h_1 l \tag{4-18}$$

对有木壁地锚

$$[\sigma]\eta\geqslant H/(h_1+h')l \tag{4-19}$$

式中　$[\sigma]$——深度 h 处的土的容许承载力；

　　　　η——降低系数，可取 $0.5\sim0.7$。

③地锚横木的计算（图 4-68）

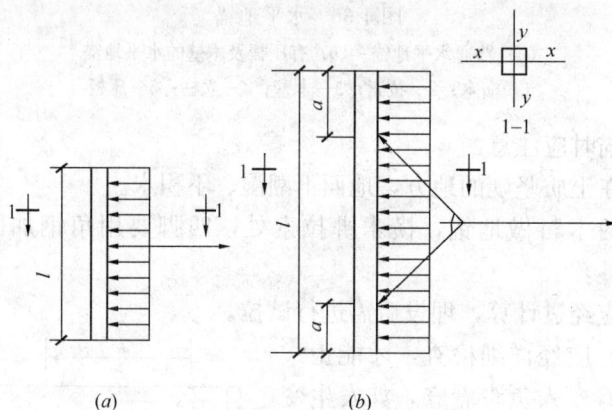

图 4-68　地锚横木计算

(*a*) 一根索的横木计算图；(*b*) 两根索的横木计算图

一根索的横木计算：

横木为圆形截面时，按单向弯曲构件计算：

$$\sigma = M/W\leqslant[f_\mathrm{m}] \tag{4-20}$$

横木为矩形截面时，按双向弯曲构件计算：

$$\sigma = M_\mathrm{x}/W_\mathrm{x}+M_\mathrm{y}/W_\mathrm{y}\leqslant[f_\mathrm{m}] \tag{4-21}$$

式中　$[f_\mathrm{m}]$——木材抗弯强度设计值；

　　　　M——横木所受的弯矩；

　　　　W——横木的截面抵抗矩；

　　　　M_x——横木水平方向所受的弯矩；

　　　　W_x——横木水平方向截面抵抗矩；

　　　　M_y——横木垂直方向所受的弯矩；

　　　　W_y——横木垂直方向截面抵抗矩。

两根索的横木计算：

按偏心双向受压构件计算：

$$\sigma = N/A + M_x/W_x + M_y/W_y \leqslant [f_m] \qquad (4\text{-}22)$$

式中　N——横木轴向力；

　　　A——横木截面积。

3）地锚的安全要求

①地锚埋设前须经过计算；

②地锚埋设处不应有积水，正前方不得有地下管道、电缆沟；

③用钢丝绳捆绑横木时，要采用钢板或型钢垫好，防止损伤横木断面，若地锚使用时间较长，横木要做防腐；

④地锚基坑应逐层回填并夯实。重要的地锚要经过试拉以后才能正式使用；

⑤利用建筑物结构或构成筑物作地锚时，必须经过计算确认可靠才可使用；

⑥树木、电杆等严禁作地锚使用。

思 考 题

一、名词解释：

1. 钢材的力学性能；2. 钢构件的组装；3. 扭矩法；4. 转角法施工；5. 放样；6. 压型钢板；7. 高空滑移法；8. 高空散装法；9. 整体吊装法；10. 螺栓球节点；11. 起重机的稳定性能；12. 起升高度；13. 工作幅度；14. 起重量

二、简答题

1. 钢结构具有哪几个方面的特点？

2. 钢材的三个重要力学性能指标是什么？

3. 钢结构构件的加工制作工艺流程是什么？

4. 钢构件的组装常用方法有哪些？

5. 钢结构施工前应做好哪些准备工作？

6. 高强度螺栓的紧固为什么要应按一定的顺序进行？

7. 钢材涂料的选择原则是什么？

8. 钢结构防火涂料涂层厚度是如何测定的？

9. 网架的安装方法有哪些？其适用范围是什么？

10. 网架的节点分为哪几种？

11. 网架结构的施工原则是什么？

12. 在结构吊装工程常用的起重机械有哪些？

13. 履带式起重机主要技术性能包括哪几个主要参数？

14. 什么情况下验算履带式起重机的稳定性？

15. 塔式起重机的主参数是什么？

16. 塔机作业中及作业后的安全技术措施有哪些？

第5章 砌 体 结 构

长期以来，我国工业与民用建筑工程的墙体材料仍以小块黏土砖为主，其用量约占墙体材料消耗总量的98%。黏土砖墙体的缺点是：操作劳动强度大、生产效率低、施工进度慢；黏土砖墙体自重大。因此，以小块黏土砖为墙体材料的混合结构建筑体系远远不能适应我国社会主义建设蓬勃发展的需要。解决这个问题的根本办法就是大力发展轻质、高强、空心、大块、多功能的新型墙体材料，进行墙体改革以形成新的建筑体系。

近年来，我国采用新型墙体材料建成了一大批具有不同风格和不同墙体构造类型的建筑物，使墙体改革工作发展到了一个新的阶段，从根本上改变了"秦砖汉瓦"的落后状态。改革了施工工艺，提高了机械化程度，减轻了笨重的体力劳动，由于墙体材料的改变，可大量利用工业废渣，建筑物自重减轻到 $0.4\sim1t/m^2$；施工工序简化，使工效提高，施工进度加快；墙体厚度减薄，可增加建筑使用面积4%～8%左右。

砌块建筑墙体是采用由粉煤灰（或其他工业废渣）、混凝土为主要原材料制作的中、小型块体代替普通黏土砖的建筑物。砌块的生产工艺简单；设备系通用机械，投资少、收效快；成本可接近或低于黏土砖；劳动生产率比黏土砖高两倍多；而且可以大量利用工业废渣，节约堆放废渣的场地，不用耕作土。

砌块建筑施工方法简易，只要有井架、台灵架等小型吊装机械即可满足吊装要求，从而促进建筑业向"设计标准化、预制工厂化、施工机械化"发展，改变手工砌筑墙体的落后面貌，使广大建筑工人从繁重的体力劳动中解放出来。

因此，发展砌块建筑是适合我国当前建筑施工水平的墙体改革的有效途径之一。

5.1 砌块的种类和规格

1. 砌块的种类

近年来，我国利用本地区资源及工业废渣制成了具有不同特点的砌块。其中有粉煤灰硅酸盐砌块、粉煤灰泡沫硅酸盐砌块、混凝土空心块、煤矸石空心砌块、化铁炉渣空心砌块、页岩陶粒混凝土多排孔砌块和钢渣碳化砌块等。这些砌块用于墙体能保证建筑物具有足够的强度和刚度；能满足建筑物的隔声、隔热、保温要求；建筑物的耐久性和技术经济效果也较好。

本节仅对粉煤灰硅酸盐砌块和混凝土空心砌块的有关内容加以介绍。

（1）粉煤灰硅酸盐砌块

粉煤灰硅酸盐砌块是以粉煤灰为主及适量的石灰、石膏作为胶凝材料，以煤渣（或矿渣）作骨料，按一定比例配合，再加入一定量的水，经过搅拌、振动成型、蒸汽加压养护而成的。

这种砌块用于建筑墙体上，与黏土砖墙体相比，每 m^2 墙面造价可降低1/4，劳动生产率可提高 1/3。某些地区的砌块建筑造价已低于砖砌建筑。

1）粉煤灰砌块强度形成的原理

粉煤灰砌块刚成型时，作为胶凝材料的粉煤灰和石灰、石膏之间，基本上还没有进行化学反应。从物理结构上看，它们还处于被水膜隔离的各自分散状态彼此没有联系，仅仅是几种原材料的混合物，这时砌块还没有产生强度。在静停过程中，石灰大部分消化，变成氢氧化钙，同时，少量石灰、石膏溶解于水，形成石灰—石膏饱和溶液，此时的水膜已经是石灰—石膏饱和溶液膜。由于石灰消化和部分水的蒸发，游离水分减少，水（溶液）膜减薄，使砌块变硬。升温过程中，石灰、石膏与粉煤灰表面水化反应开始，至恒温（100℃）时，水化反应加剧。石灰—石膏溶液不断与粉煤灰颗粒表面进行水化反应，形成水化产物。此后，石灰和石膏继续溶解，继续与粉煤灰颗粒反应，最后石灰、石膏逐步减少，直至几乎全部参加反应。粉煤灰颗粒未起反应的内芯不断缩小，而粉煤灰砌块内部结构发生了本质变化，改变了颗粒之间彼此没有联系的情况，开始形成了依靠水化产物将未反应的粉煤灰、煤渣颗粒搭接起来的多孔、立体网架结构，将粉煤灰砌块组成一个坚硬的整体，使砌块具有一定的强度。

2）粉煤灰砌块主要性能

①物理力学性能

以煤渣作骨料的粉煤灰砌块的自然容重一般为 1500～1750kg/m³，相应干容重为 1300～1550kg/m³，比黏土砖（自然容重 1800kg/m³ 左右）轻；抗压强度一般为 15MPa 左右，抗折强度为抗压强度的 0.167～0.25，抗拉强度为抗压强度的 0.063～0.1，与普通水泥混凝土相近，抗剪强度为抗压强度的 0.12～0.17，略低于普通水泥混凝土。由于粉煤灰颗粒有吸水较多的特性，骨料优于多孔性材料，所以砌块的吸水性大，与黏土砖相比，吸水速度慢。在干燥状态下，砌块的导热系数为 0.47～0.58W/mk，比黏土砖导热系数（0.58～0.70W/mk）为小，因此保温性能较好。粉煤灰砌块的收缩值较普通水泥混凝土大，一般为 0.7mm/m，因此应存放一定时间才能砌筑。防火性与普通水泥混凝土差不多，能够达到防火标准中规定的非燃烧的要求。

②耐久性

建筑材料的耐久性，一般指在建筑物使用年限内，在外界的物理和化学作用下，保持其使用性能的能力，一般指其耐水性、抗冻性、碳化稳定性、综合耐久性等。工程实践表明，在水中养护一年的砌块强度增长 17%，长期浸在水中或埋在地下的建筑物基础、码头建筑等后期强度也是增长的，说明粉煤灰砌块是水硬性材料。通过在寒冷地区使用砌块的情况表明，一般能达到抗冻性质量要求（强度在 10MPa 以上的粉煤灰砌块，其抗冻性能完全满足 15 次或 25 次冻融循环的要求）。但是在经常受干湿、冻融交替比较频繁的部位如檐口、窗台、勒脚、落水管等，可做水泥砂浆外粉刷，构造上可采取檐口挑出，勒脚做散水坡等措施，以增加其抗冻性能。所谓碳化稳定性，即在空气中二氧化碳作用下，其强度变化的稳定性，以碳化系数（试件在碳化后的强度与碳化前的强度的比值）来衡量，一般在 0.7 左右。在实际使用中，碳化作用是不可避免的。粉煤灰砌块碳化后的强度是稳定的。一般建成十年左右的粉煤灰砌块建筑，外墙面碳化深度为 40～60mm，内墙为 50～100mm，碳化后的砌块表面都没有发现任何破坏症状。强度在 10MPa 以上，抗冻性合格，外观良好的砌块，其综合耐久性是良好的，没有发现任何酥松、粉化等现象。

由于粉煤灰砌块只有十几年的历史，在寒冷地区建筑物基础和地下工程中虽有所应用，但工程时间还不多。因此，在寒冷地区或在地下工程中使用时，还应注意积累经验，加强试验研究，以确保工程质量。

（2）混凝土空心砌块

混凝土空心砌块（图5-1）是用 C15 普通水泥混凝土制作的空心率约 60% 的中型空心砌块。具有块大、空心、壁薄、体轻、高强等特点。每 m² 墙体自重为 205kg，只有普通砖墙的 40%；有效建筑面积增加 9%～10%；造价降低约 11.5%；但是，目前水泥用量较普通砖墙增加 16% 左右。

1）材料选择

混凝土原材料一般选用强度等级为 42.5 级的普通水泥或强度等级为 42.5 级的矿渣水泥和含泥量不大于 0.95%、平均粒径为 0.27mm 的河砂，碎石规格为 6～13mm。为了降低水泥用量又能满足生产工艺对混凝土和易性的要求，可在水泥中掺入矿粉。有的单位采用珍珠岩尾矿粉工业废料，使每 m³ 混凝土水泥用量降至 192kg。

为了快速脱模、隔日起吊归堆，除选择合理的配合比外，还可加入氯化钙作早强剂。

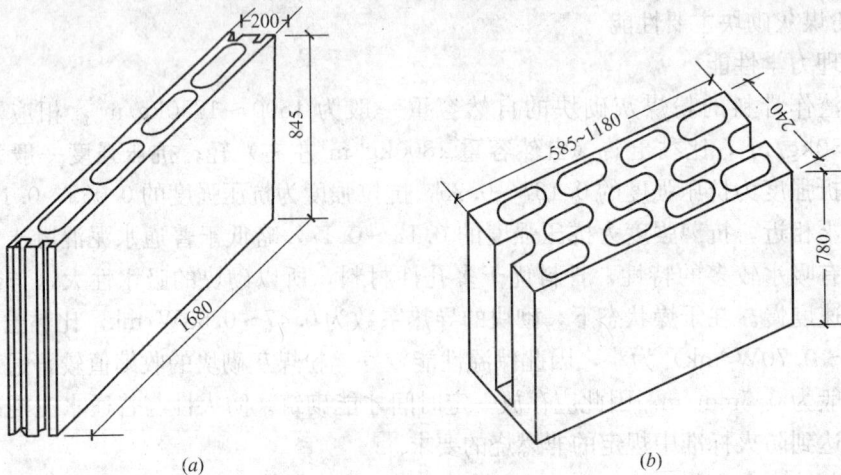

图 5-1　混凝土空心砌块

2）物理力学性能

厚度为 180～200mm、空心率 60% 左右的混凝土空心砌块，其平均容重为 960kg/m³；有保温填充料的砌块，其容重约为 1414kg/m³。砌块抗压强度为 50～70MPa，砌体强度为 4MPa 左右（相当于 M20 砖、M2.5 砂浆砌体强度），这说明混凝土空心砌块强度潜力较大。但是，砌块的热工性能较差，200mm 厚的空心砌块墙体的保温性能只与 3/4 砖墙体相当；隔热性能只稍强于 1/2 砖墙体。为了适应不同建筑的需要，满足其热工要求，可在砌块的孔洞中填塞保温和隔热材料，则砌块墙体的热工性能可以显著提高。有的单位采用粉煤灰泡沫混凝土作为填充料，改善了墙体保温隔热性能，稍优于砖墙的隔热效果。

2. 砌块的规格

砌块的规格、型号与建筑的层高、开间和进深有关。由于建筑的功能要求、平面布置和立面体型各不相同，这就必须选择一组符合统一模数的标准砌块，以适应不同建筑平面变化。由于砌块的规格、型号的多少与砌块幅面尺寸的大小有关，即砌块幅面尺寸大，规格、型号就多，砌块幅面尺寸小，规格、型号就少，因此，合理地制定砌块的规格，有助于促进砌块生产的发展，加速施工进度，保证工程质量。

（1）影响砌块规格的因素

1）砌块的使用对象

根据建筑物耐久性和建筑上对墙体的技术经济要求，粉煤灰砌块和混凝土空心砌块均可用于使用年限50～100年的工业与民用建筑的承重墙。当前，采用砌块兴建街坊群体建筑和单体住宅建筑，较为适宜，并且有利于住宅建筑标准化和定型化。因此，制定砌块规格应以住宅建筑为主，适当考虑学校、医院及一般工业建筑需要，选择合理的类型规格，使其具有通用性和灵活性，尽量减少规格种类，而又能做到不镶砖或少镶砖。

2）建筑模数和层高

砌块的长度、高度和厚度应在建筑平面上能砌筑各种按统一模数要求的开间和进深；在竖向尺度上能砌筑各种按统一模数要求的层高；而且对建筑门垛、独立柱、带壁柱等应有良好的适应性。同时，还应考虑门窗的模数化和砌筑宽度为100mm倍数的窗间墙，先分述如下：

①砌块的长度

砌块长度符合建筑平面模数时，则有些窗间墙和无门窗洞的内墙可避免镶砖。为了适应建筑物不同的平面墙体布置、门窗布置，沿墙体长度方向每皮砌块中有时需要镶砌少量的砖，以减少规格，如果不考虑镶砖，其规格就会增多。

为了使局部纵向荷载易于扩散，错缝搭接砌筑的通用砌块的长度与高度之比在1.5～2.5为宜。对于空心砌块，由于孔数和孔洞形状不同，还应考虑上下皮砌块的肋、壁、孔均能对准，便于错缝和纵横墙交叉搭接，使砌块全部实体均可一起承重，以充分发挥其力学性能。

②砌块的高度

砌块的高度应适应各类建筑物层高范围内的墙高，并综合考虑纵、横墙搭接、门窗高度、有无门窗过梁和圈梁、楼板的搁置等。目前，粉煤灰砌块高度大都为380mm，加灰缝20mm，每皮高为400mm，基本上可少镶砖满足以住宅为基础的层高。如果采用两种高度规格，则可不镶砖，但是两种高度规格给生产和施工带来不少困难。

③砌块的厚度

砌块的厚度不仅要与建筑平面模数相适应，而且还要考虑强度要求、构造要求和热工要求。目前，国家规定用"三模"数列（开间、进深均为300mm的倍数），则砌块厚度也应为300mm，但是强度要求并不需要这么厚，非供暖区的热工要求也无需300mm。因此，从强度要求和构造要求方面考虑，空心砌块厚度选用200mm（成型机生产）和180mm（卧式平模生产）；粉煤灰砌块厚度为180～200mm，均可满足建筑、预制、施工的要求。

3）预制、储运和施工的要求

从有利于工业化生产、提高劳动生产率方面考虑，适当增大块体尺寸是有利的；但是，块体过大，则规格型号增多，块体重量也增大，施工麻烦。因而一般主规格块体重量控制在200～300kg左右，能够用简易吊装机械（台灵架、少先架）转运、安装，而且规格控制在5～6种为宜。如规格过少，则增加镶砖量，影响施工进度。因此，确定合适的一组砌块的规格，必须全面考虑预制、运输和施工，还要有利于建筑平面、立面变化，便于搭接、交错砌筑，提高房屋的整体刚度。

（2）目前常用的砌块规格

砌块规格的定型与配套生产，是促进设计标准化、工厂预制化、施工机械化的前提，也是发展砌块建筑的重要环节。目前，各地区生产的砌块的规格如表 5-1、表 5-2 所示。

粉煤灰砌块规格（mm）   表 5-1

项次	规格	生 产 厂						
		济南硅酸盐砌块厂	青岛砌块厂	上海硅酸盐制品厂	常州硅酸盐厂	广州市建材一厂	福建省建一公司预制厂	山西硅酸盐厂
1	主规格	185×385×200	1080×380×180	880×380×190	880×380×190	880×385×200	1180×380×180	880×380×240
2	副规格	885×385×200	1080×580×240	580×380×190	780×380×190	580×385×200	980×380×180	580×380×240
3		685×385×200	780×380×180	430×380×190	580×380×190	430×385×200	880×380×180	430×380×240
4		485×385×200	580×380×180	280×380×190	380×380×190	380×385×200	780×380×180	280×380×240
5		385×385×200	480×380×180			185×385×200	580×380×180	
6		285×385×200	280×380×180			880×290×200		
7							380×380×180	

混凝土空心砌块规格（mm）   表 5-2

项次	生 产 地 区			
	杭州市	上海市	贵阳市	焦作市
1	2130×845×180	1180×480×200	790×790×180	1180×880×200
2	1880×845×180	880×480×200	1190×790×180	980×880×200
3	1680×845×180	680×480×200	1990×790×180	780×880×200
4	1480×845×180	580×480×200	2390×790×180	580×880×200
5	1280×845×180	430×480×200	985×790×180	380×880×200
6	1070×845×180	280×480×200	1345×790×180	180×880×200
7	830×845×180		990×790×180	
8	630×845×180		1390×790×180	
9	1880×845×180		1790×790×180	
备注	C15 混凝土空心砌块	化铁炉渣水泥混凝土空心砌块	C20 混凝土空心砌块	煤矸石混凝土空心砌块

5.2 砌块建筑的墙体构造

砌块建筑与黏土砖建筑有类似的结构构造，但是也有它自己的特点。实践证明，砌块的错缝搭接、内外墙交错搭接、钢筋网片的铺设、设置圈梁等措施对砌块建筑的整体刚度有较大的影响。不仅设计部门应对此重视，施工人员也应在施工中保证结构构造的施工质量，以保证砌块建筑的整体刚度。

1. 砌块的错缝搭接

良好的错缝和搭接是保证砌块建筑整体性的重要措施。

(1) 砌体上下皮错缝搭接

每层按多皮分法的砌块建筑，在墙面中，砌块排列的搭接长度需要予以保证，上、下皮要有一定错缝长度，一般应为砌块长度的 1/2，最少不能小于砌块的高度的 1/3。如果不能满足搭接长度，可采用两根长度为 600mm、直径为 4mm 的钢筋和三根 $\phi 4$ 的短钢筋点焊成的钢筋网片搭接补强。

(2) 纵横墙交错搭接

墙转角处及纵横墙交接处均需相互搭接，以保证相互拉结牢固，如图 5-2 与图 5-3 所示。纵横墙如不能采用刚性砌合时，它们之间的柔性拉结条可采用 $\phi 6$ 以下的钢筋制成的点焊网片补强，每两皮砌块拉一道，如图 5-4 所示。

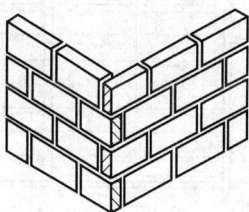

图 5-2　墙转角处搭接形式　　　图 5-3　纵横墙交接处搭接形式

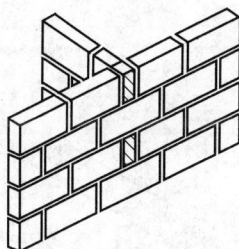

对于空心砌块的砌筑，应注意使其孔洞在转角处和纵横墙交界处上下对准贯通，在数孔内灌注混凝土成为构造小柱（图 5-5），亦可在竖孔内插入 $\phi 8 \sim 12$ 的钢筋，增强建筑物的整体刚度，有利于抗震。

2. 圈梁的设置

在砌块建筑中，由于砌块比较大，砂浆灰缝应力集中，抗剪和抗主拉强度比砖砌体低，裂缝出现更集中于灰缝内，其宽度比砖砌体大。因此，在设计中，对地基不均匀沉降或钢筋混凝土平屋面在温度影响下的变形要予以重视。设置圈梁可以克服由于地基不均匀沉降和温度变形所导致的墙体裂缝，同时也加强了整体刚度，有利于抗震。

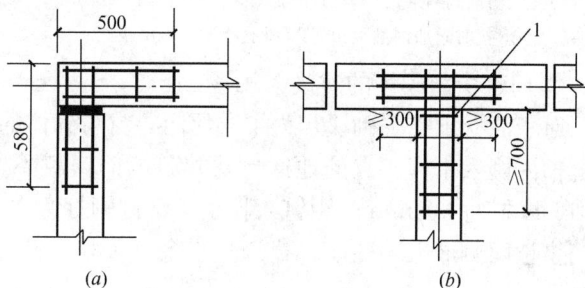

图 5-4　纵横墙交界处柔性拉接
(a) 转角处；(b) 纵横墙交接处
1—钢筋网片

除钢筋混凝土圈梁整体现浇外，亦可采用预制圈梁伸出钢筋现浇整体接头的方法（图 5-6）以提高装配化施工程度。

3. 加强楼板与砌体的锚固

为了加强楼板和墙体的结合，当楼板搁置在横墙上时，可用直径不小于 6mm 的钢筋配置在预制楼板的板缝中，搁置在横墙上，用强度等级不低于 5MPa 的水泥砂浆灌注密实，使楼板与横墙锚固（图 5-7）。为了加强与纵墙的锚固，可采用图 5-8 的构造。

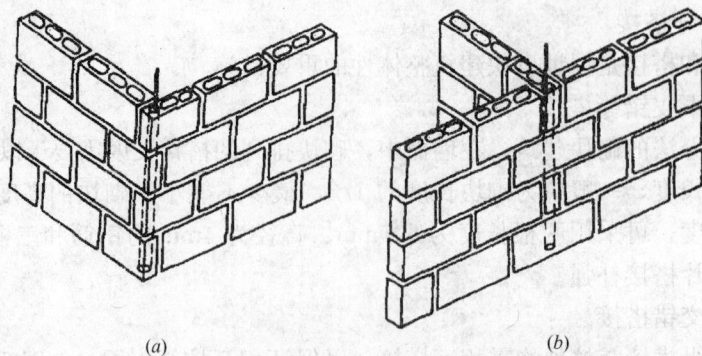

图 5-5 空心砌块纵横墙交接处的处理

(a) 转角处；(b) 纵横墙交接处

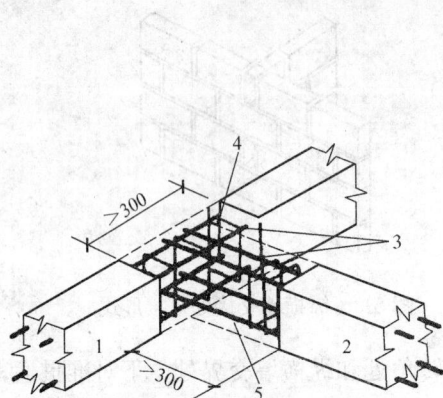

图 5-6 预制圈梁现浇整体接头

1—纵墙预制圈梁；2—横墙预制圈梁；3—伸出钢筋；
4—绑扎时附加钢箍；5—C20 细石混凝土现浇接头

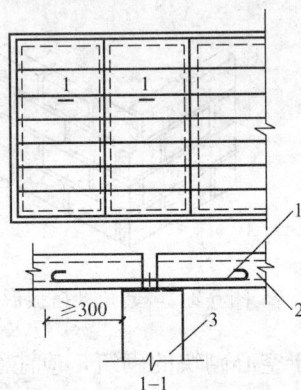

图 5-7 楼板与横墙锚固

1—φ6 钢筋锚固；2—空心板；3—横墙

4. 门、窗与砌体的连接

对于混凝土空心砌块，为了方便门、窗与砌体的连接，可在砌块内预埋木砖，或在砌块缝槽内镶入木榫。有的地区砌块建筑的门窗樘不留脚头，砌块中亦不预埋木砖，用长10.16cm 钉每 300mm 间距钉入樘子，将钉脚打弯嵌入砌块端头竖向小槽内，用砌筑砂浆从门窗樘两侧嵌入（图 5-9），通过十余年考验，没有发现松动现象，符合使用要求。

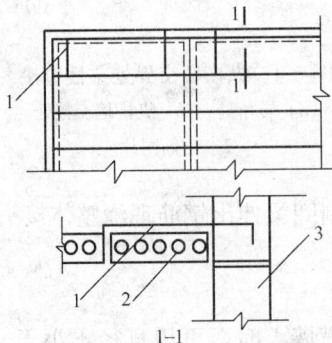

图 5-8 楼板与纵墙锚固

1—与纵墙锚固钢筋；2—空心板；3—外墙

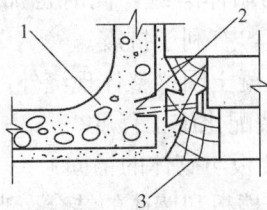

图 5-9 门窗与空心砌块的连接

1—空心砌块；2—砌块竖向槽；3—樘子

5.3　砌块建筑的施工

砌块建筑的施工主要是指按设计要求，将砌块在已建造好的基础上，按建筑物的平面尺寸和砌块排列图，逐块按次序吊装至需要高度，进行错缝搭接，就位固定。其他构件（如楼板、楼梯、阳台、间隔墙板等）的吊装均和一般混合结构相同。如果砌块不是在预制厂集中生产，亦可在现场利用建筑物地坪（房心）或利用现场已有的水泥路面就地预制。下面主要介绍砌块建筑的施工组织和施工工艺。

1. 砌块建筑的施工组织

（1）砌块排列图

在建筑设计时，必须合理排列砌块。但是，在一般情况下，往往由施工单位根据工程的具体要求和施工条件来绘制砌块排列图，然后再按图施工。因此，绘制砌块排列图是一项重要的施工准备工作。

砌块排列图应以主规格砌块为主，并参照建筑施工图中的平面图和立面图（必要时还需参照建筑结构剖面图）上门窗大小、楼层标高和构造要求绘制。图中标明主规格和副规格砌块的编号，以及镶砖和过梁等部位。

因为砌块体积较大，不能像黏土砖那样随意斩断使用，所以绘制砌块排列图时，凡遇到两墙垂直交接，墙上有预留孔洞，以及建筑物的墙脚处都应按模数处理。对于空心砌块的排列，最好使上下皮砌块孔洞的壁、肋垂直对齐以提高砌块的强度。

绘制砌块排列图应考虑增强砌体稳定性，外墙转角和纵横墙交接处必须相互搭砌，上下皮砌块必须排列错缝。

尽量考虑不镶砖或少镶砖。必须镶砖的地方，应尽可能分散对称，使墙体受力均匀。还应尽量避免在砖与砌块混合砌体的层高中部，水平地整条镶砖（图5-10）。

此外，砌块排列时应以窗下皮为准，还应注意墙体的大小，以及门窗过梁、楼梯和其他构件在墙体中的位置，便于合理使用砌块。例如有时在门窗过梁下可将最小规格砌块从竖向安装改变为横向安装，则可做到不镶砖或少镶砖；有的

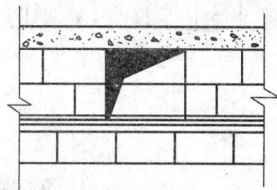

图5-10　整条镶砖的形式

窗间墙可用主规格或较大的副规格砌块砌筑到需要高度而不镶砖。

图5-11为某工程粉煤灰砌块排列图。该建筑底层层高为2.9m，二层以上为2.8m，用4种砌块规格（880mm×380mm×190mm、580mm×380mm×190mm、430mm×380mm×190mm、280mm×380mm×190mm）砌筑，镶砖量约占墙体的5%～15%。

图5-12为混凝土空心砌块建筑，层高3m，若采用四种空心砌块规格（1180mm×845mm×200mm、990mm×845mm×200mm、780mm×845mm×200mm、590mm×845mm×200mm），亦做到基本上不镶砖。

（2）吊装机械的选择

砌块建筑施工的主要机械是吊装机械。一般常用的是：带起重臂的井架、少先式起重机和台灵架等。这些设备易于取得、投资少、上马快，但移动不便，需要水平运输工具相配合。对于扩大装配化的整体预制的水箱、厕所、阳台、整体栏杆、支承楼梯踏步的锯齿

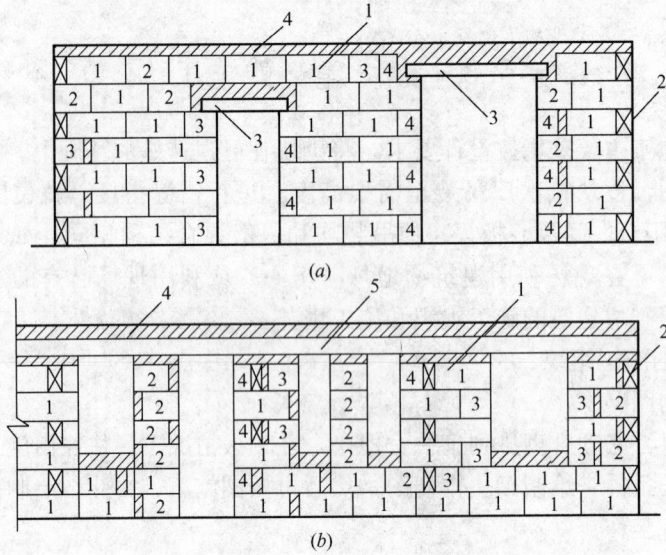

图 5-11 某工程粉煤灰砌块排列图

(a) 内隔墙；(b) 纵墙（砌块）

1—顺砌砌块；2—顶砌砌块；3—过梁；4—镶砖；5—圈梁

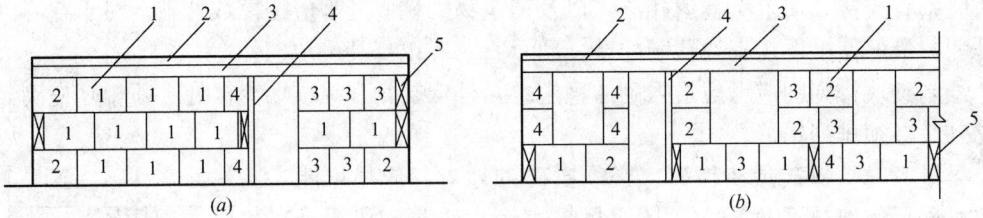

图 5-12 混凝土空心砌块排列图

(a) 内隔墙；(b) 纵墙

1—空心砌块顺砌；2—楼板；3—圈梁；4—立柱；5—空心砌块顶砌

斜梁等构件的吊装，比较困难。

在有条件的地区，以采用轻型塔式起重机为好，因为它移动灵活，工作幅度大，起吊高度和起重量也较大，吊装速度快，工效高，不仅可做垂直起吊，还可做水平运输。塔式起重机还能吊装扩大装配化的重大构件，但设备进场费用大，要占用一部分施工场地。

（3）吊装路线的确定

对于用台灵架吊装砌块时，应结合砌块建筑的具体情况确定吊装路线。目前常用的吊装路线有合拢法、后退法和循环法。这几种方法的选择，决定于现场的垂直运输、台灵架的技术性能和建筑物的宽度及其结构布置。

1）合拢法

当井架设在拟建工程的外侧中部，台灵架的最大工作幅度的 2 倍为 9.5m，以及拟建工程的总宽度为 3m 左右的情况下，台灵架就位一次可以安装两个开间的外墙和内墙的砌块，它的路线通常是先从工程的一端开始吊装，然后逐渐倒退至井架处，再将台灵架移向另一端进行吊装，最后在井架起重臂的工作幅度下方合拢（图 5-13）。

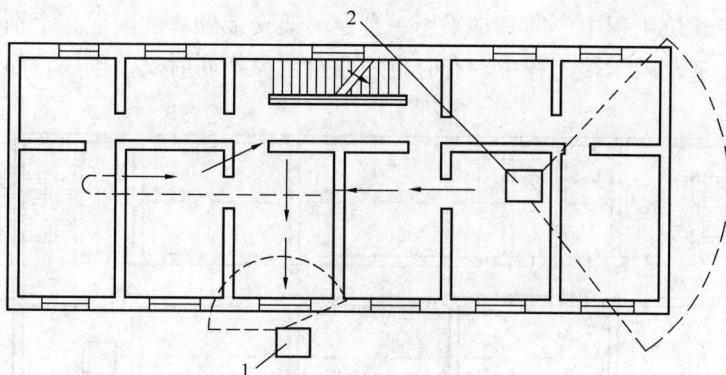

图 5-13　合拢法吊装路线图
1—带起重臂井架；2—台灵架开始位置

2）后退法

如果台灵架和拟建工程的施工情况和上述条件相同，井架设在建筑物一端或现场使用塔式起重机时，吊装可以从工程的一端开始，中间不需停顿，依次后退至另一端收口（图5-14）。

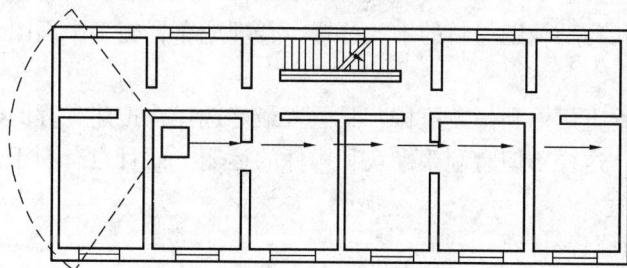

图 5-14　后退法吊装路线图

3）循环法

在台灵架工作幅度的 2 倍小于 9.5m 情况下，如果用井架运输，吊装通常先从井架旁开始，沿外墙依次作业一周至井架处收口（图 5-15）。如使用塔式起重机做垂直运输，吊装可以从工程的任意一端开始，沿外墙依次作业一周至原处收口。

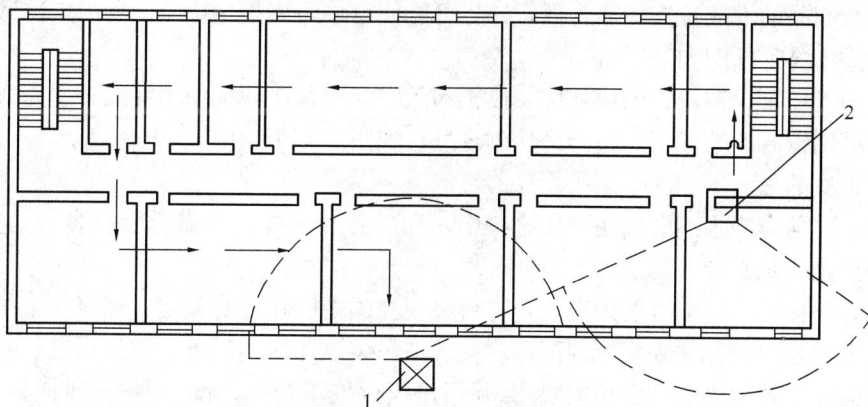

图 5-15　循环吊装路线图
1—带起重臂井架；2—台灵架开始位置

在砌块住宅建筑工程中，通常是采用一台台灵架安装砌块的。但在个别工期短、单元多和宽度大的住宅及教学楼工程中，有时也用两台台灵架同时安装砌块，如图 5-16 所示。

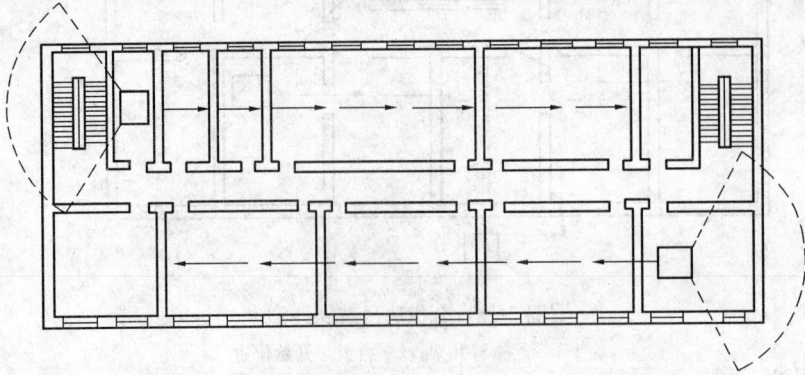

图 5-16　双机吊装路线

（4）施工平面图布置

砌块建筑在施工过程中，吊装工程是主导工程。施工前必须首先确定机械的停放位置，然后考虑砌块和各种辅助材料的堆放位置，合理地布置施工平面图。

1）井架位置

井架可以兼作垂直运输和吊装机械，其位置最好选择在拟建工程的外侧中部，并靠近有较大空间的地方，这样不但有利于砌块和构件的运输，而且也有利于台灵架本身在转层时的吊升。

2）砌块堆放的位置

砌块的堆放位置最好在井架起吊范围内，以减少二次搬运；对于不同规格的砌块应分别堆放。堆放场地应经过平整夯实，并有一定的泄水坡度，外围便于排水。场地上面最好铺垫一层煤渣屑，以避免砌块底面沾污或冬季与地面冰水凝结在一起。堆垛高度不宜超过 3m，顶皮两层宜用阶梯形收头。堆垛之间要便于运输车辆通行和施工机械装卸等。

3）辅助材料和其他预制构件的堆放

材料及制品的堆放位置均需合理，并尽可能使运输距离最短，减少场内二次搬运。

2. 砌块建筑的施工工艺

砌筑的工序是：铺灰、砌块就位、校正和灌竖缝等。在现场使用井架、少先式起重机等机具和采用镶砖的情况下，整个吊装砌筑过程如图 5-17 所示。

（1）砌块的吊装

砌块吊装前应浇水润湿砌块。在施工中，和砌砖墙一样，也需弹墙身线和立皮数杆，以保证每皮砌块水平和控制层高。

吊装时，按照事先划分的施工段，将台灵架在预定的作业点就位。在每一个吊装作业范围内，根据楼层高度和砌块排列图逐皮安装，吊装顺序先内后外，先远后近。每层开始安装时。应先立转角砌块（定位砌块），并用托线板校正其垂直度，顺序是向同一方向推进，一般不可在两块中插入砌块。必须按照砌块排列严格错缝，转角纵、横墙交接处上下皮砌块必须搭砌。门、窗、转角应选择面平棱直的砌块安装。

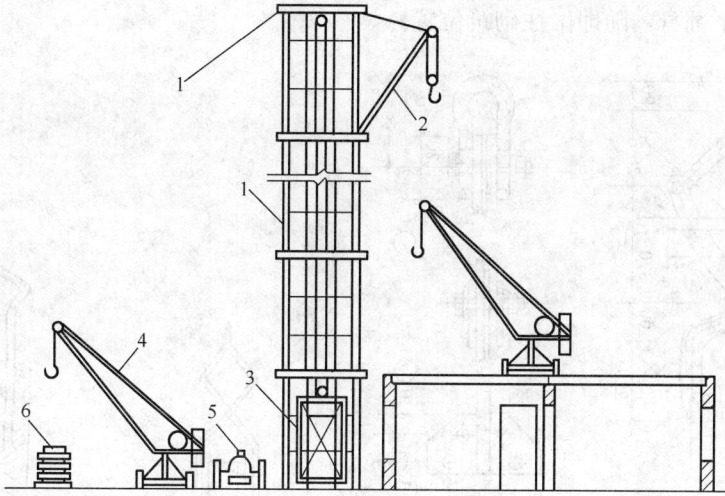

图 5-17 砌块吊装

1—井架；2—井架吊臂；3—井架吊笼；4—少先式起重机；5—卷扬机；6—砌块

砌块起吊使用夹钳时，砌块不应偏心，以免安装就位时，砌块偏斜和挤落灰缝砂浆。砌块吊装就位时，应用手扶着引向安装位置，让砌块垂直而平稳地徐徐下落，并尽量减少冲击，待砌块就位平稳后，方可松开夹具。如安装挑出墙面较多的砌块，应加设临时支撑，保证砌块稳定。

当砌块安装就位出现通缝或搭接小于 150mm 时，除在灰缝砂浆中安放钢筋网片外，也可用改变镶砖位置或安装最小规格的砌块来纠正。

一个施工段的砌块吊装完毕，按照吊装路线将台灵架移动到下一个施工段的吊装作业范围内或上一楼层，继续吊装。

砌体接槎采用阶梯形，不要留马牙直槎。

（2）吊装夹具

砌块吊装使用的夹具有单块夹和多块夹，如图 5-18 所示。钢丝绳索具也有单块索和多块索，如图 5-19 所示。这几种砌块夹具与索具使用时均较方便。图 5-20 为砌块厚度为 240mm 的砌块夹钳的结构图。销钉及螺栓所用材料为 45 号钢，其他为 3 号钢，用料尺寸由砌块重量决定。当砌块厚度较小时，可按该图的尺寸相应减少。

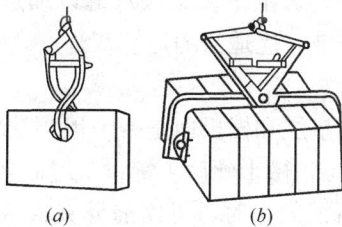

图 5-18 夹具

（a）单块夹；（b）多块夹

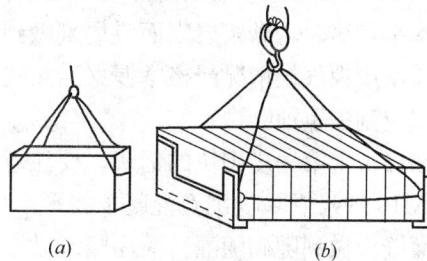

图 5-19 钢丝绳索具

（a）单块索；（b）多块索

对于一端封口的空心砌块，因运输时孔口朝上，但砌筑时是孔口朝下。因此吊装时用加长砌块夹（5-21）夹在砌块重心下部，吊起时，利用砌块本身重心关系或用手轻轻拨动砌块，孔就向下翻身，随即吊往砌筑位置。

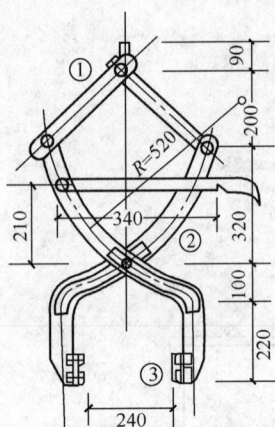

图 5-20　砌块夹钳结构图　　　图 5-21　翻身用砌块夹　图 5-22　灌缝夹板

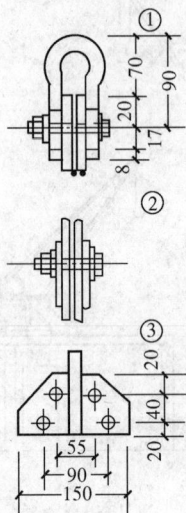

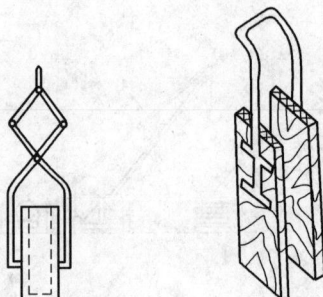

（3）砌块校正

砌块就位后，如发现偏斜，可以用人力轻轻推动，也可用瓦刀、小铁棒微微撬挪移动。如发现有高低时，可用木锤敲击偏高处，直至校正为止。如用木锤敲击仍不能校正，应将砌块吊起，重新铺平灰缝砂浆，再进行安装直至水平。不得用石块或楔块等垫在砌块底部，以求平整。

校正砌块时，在门、窗、转角处应用托线板和线锤挂直；墙中间的砌块则以拉线为准，每一层再用 2m 长托线校正。砌块之间的竖缝尽可能保持在 20～30mm，避免小于 5～15mm 的狭窄灰缝（俗称瞎眼灰缝）。

（4）铺灰和灌竖缝

砌块砌体的砂浆以用水泥石灰混合砂浆为好，不宜用水泥砂浆或水泥黏土混合砂浆。砂浆不仅要求具有一定的粘结力，还必须具有良好的和易性，以保证铺灰均匀，并与砌块粘结良好；同时可以加快施工速度，提高工效。砌筑砂浆的稠度为 7～8cm（炎热或干燥环境下）或 5～6cm（寒冷或潮湿环境下）。

铺设水平灰缝时，砂浆层表面应尽量做到均匀平坦。上下皮砌块灰缝以缩进 5mm 为宜。铺灰长度应视气候情况严格掌握。酷热或严寒季节，应适当缩短铺灰长度。平缝砂浆如已干，则应刮去重铺。

基础和楼板上第一皮砌块的铺灰，要注意混凝土垫层和楼板面是否平坦，发现有高低时，应用 M10 砂浆或 C15 细石混凝土找平，待找平层稍微干硬后再铺设灰缝砂浆。

竖缝灌缝应做到随砌随灌。灌注竖缝砂浆和细石混凝土时，可用灌缝夹板（图 5-22）夹牢砌块竖缝，用瓦刀和竹片将砂浆或细石混凝土灌入，认真捣实。对于门、窗边规格较小的砌块竖缝，灌缝时应仔细操作，防止挤动砌块。

铺灰和灌缝完成后，下一皮砌块吊装时，不准撞击或撬动已灌好缝的砌块，以防墙砌体松动。当冬期和雨期施工时，还应采取使砂浆不受冻结和雨水冲刷的措施。

（5）镶砖

由于砌块规格限制和建筑平、立面的变化，在砌体中还经常有不可避免的镶砖量。镶砖的强度等级不应低于10MPa。

镶砖主要是用于较大的竖缝（通常大于110mm）和过梁、圈梁的找平等。镶砖在砌筑前也应浇水润湿，砌筑时宜平砌，镶砖与砌块之间的竖缝，一般为10～20mm。

镶砖的上皮砖口与砌块必须找齐（图5-23），不要使镶砖高于或低于砌块口。否则上皮砌块容易断裂损坏。

门、窗、转角不宜镶砖，必要时应用砖（190mm或240mm）镶砌，不得使用半砖。镶砖的最后一皮和安放搁栅、楼板、梁、檩条等构件下的砖层，都必须使用整块的顶砖，以确保墙体质量。

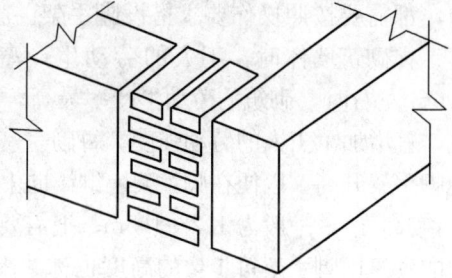
图5-23 镶砖与砌块上口找平

3. 特殊气候下的施工措施

由于砌块施工是露天作业，受到暑热、雨水和冰冻等气候影响。在各种特殊气候下进行砌块吊装，必须按各地不同情况，采取相应的措施，以确保砌块施工质量。

（1）夏期施工

在酷热、干燥和多风的条件下，砂浆和砌块表面水分蒸发很快，铺置于墙身上的砂浆，容易出现未待砌块安装就已干硬的现象。在竖缝中，也常有砂浆脱水现象。这样，就减少了砂浆和砌块的粘结力，严重地影响墙体的质量。因此，必须严格掌握砂浆的适当稠度和充分浇水润湿砌块，提高砂浆在施工时的保水性与和易性。砂浆宜随拌随砌。同时，当一个施工段的吊装作业完成，砂浆初凝后，宜用浇水的方法养护墙体，确保墙体内水分不致过快地蒸发。

在有台风的季节里吊装砌块，当每天的吊装高度完成以后，最好将窗间墙、独立墩子等用支撑加固，避免发生倾倒危险。

（2）雨期施工

雨期吊装砌块往往会出现砂浆坠陷，砌块滑移，水平灰缝和竖缝的砂浆流淌，引起门、窗、转角不直和不平等情况，严重影响墙体质量。产生这种情况的主要原因是水分过多。因此，在砌块堆垛上面宜用油布或芦席等遮盖，尽量使砌块保持干燥。凡淋在雨中、浸在水中的砌块一般不宜立即使用。搅拌砂浆时，按具体情况调整用水量。墙体的水平灰缝厚度应适当减小。砌好墙体后，仍应该注意遮盖。

（3）冬期施工

冬期施工的最主要问题是容易遭受冰冻。当砂浆冻结以后，会使硬化终止而影响砂浆强度和粘结力，同时砂浆的塑性降低，使水平灰缝和竖缝砂浆密实性也降低。因此，施工过程中，应将各种材料集中堆放，并用草帘、草包等遮盖保温，砌筑好的墙体也应用草帘遮盖。冬期施工时，不可浇水润湿砌块。搅拌砂浆可按规定掺入氯化钙或食盐，以提高砂浆的早期强度和降低砂浆的冰点。所用砂浆材料中不得含有冰块或其他冰结物，遭受冰冻的石灰膏不得使用。必要时将砂与水加热。砂浆稠度适当减小，铺灰长度不宜过长。

5.4 脚手架工程

脚手架是土木工程施工中必须使用的重要设施，是为了保证高处生产作业的安全、顺利进行而搭设的工作平台或作业通道。在结构施工、装饰装修施工和管道设备的安装施工中，都需要按照操作要求搭设脚手架。脚手架属于临时设施，在施工完成后拆除。

在砌筑墙体时，工人的劳动生产率受砌体的砌筑高度和工人身高影响，在距地面0.6m左右时，砌筑的劳动生产率最高，砌筑高度低于或高于0.6m时，劳动生产率相对降低，且增加了工人的劳动强度。每砌完一定高度的墙体后，就需要搭设一定高度的脚手架或把脚手架升高，以便在脚手架上继续向上砌筑。我们把不利用脚手架就能砌筑的高度，称为"可砌高度"，一般为1.2～1.5m；把需要搭设脚手架的高度，称为"一步架高"；搭设于室内的砌筑用脚手架每步架的高度也称"内一步架高"，一般为1.2～1.4m；搭设于室外的砌筑和装饰装修用脚手架每步架的高度又称"外一步架高"，一般为1.6～1.8m。

目前，国内使用的脚手架的种类和脚手架的名称较多，按其搭设位置分为：外脚手架和里脚手架两大类；按脚手架采用的材料分为：木质、竹质和金属（钢、铝）材料等脚手架；按其结构形式分为：立杆、框式（门式）、悬吊式和挑梁式等脚手架；按其架设和构造分为：整体式和局部式脚手架；按脚手架的搭拆和移动方式又分为：人工装拆脚手架、附着升降脚手架、整体提升脚手架、水平移动脚手架和升降桥架等脚手架。

对于脚手架自身的基本要求是：宽度应该满足工人操作、材料堆置和运输的需要，脚手架的宽度一般为1.2～2.0m；保证有足够的强度、刚度和稳定性；构造简单；装拆方便；质量可靠并能多次周转使用。

5.4.1 扣件式钢管脚手架

扣件式钢管脚手架是一种由标准的钢管做成杆件（立杆、横杆、斜杆）和特制扣件组成脚手骨架、脚手板、防护构配件和连墙件等组成的具有各种用途的脚手架（图5-24）。扣件式钢管脚手架可搭脚手架，也可搭模板支架，应用十分广泛。当采用落地搭设时，搭设高度最大不超过50m；超过时需采用挑脚手架、吊脚手架等方式。

1. 材质要求

脚手架钢管采用质量符合Q235级钢标准的焊接钢管，尺寸宜采用$\phi48mm \times 3.5mm$，每根质量不应大于25kg；横向水平杆最大长度为2.2m，其他杆最大长度为6.5m。若缺乏上述钢管，也可采用同种规格的无缝钢管或用$\phi51mm \times 3mm$的焊接钢管，但应注意，一个工地只可使用其中的一种；钢管上严禁打孔。

脚手架扣件应采用可锻铸铁制作，其材质应符合现行国家标准《钢管脚手架扣件》GB 15831—2006的规定，最大螺栓拧紧扭力矩为65N·m。扣件的类型有供两根成任意角度相交钢管连接用的旋转扣件；供两根成垂直相交钢管连接用的直角扣件；供两根对接钢管连接用的对接扣件。

脚手板可采用钢、木、竹材料制作，每块质量不宜大于30kg。冲压钢脚手板的材质应符合Q235级钢的规定，一般厚度为1.5～2mm，其表面有均匀分布的防滑孔；连接方式有挂钩式、插孔式和U形卡式。木脚手板应采用杉木或松木制作，材质应符合现行国家标准中Ⅱ级材质的规定，厚度不应小于50mm，两端应各设直径为4mm的镀锌钢丝箍

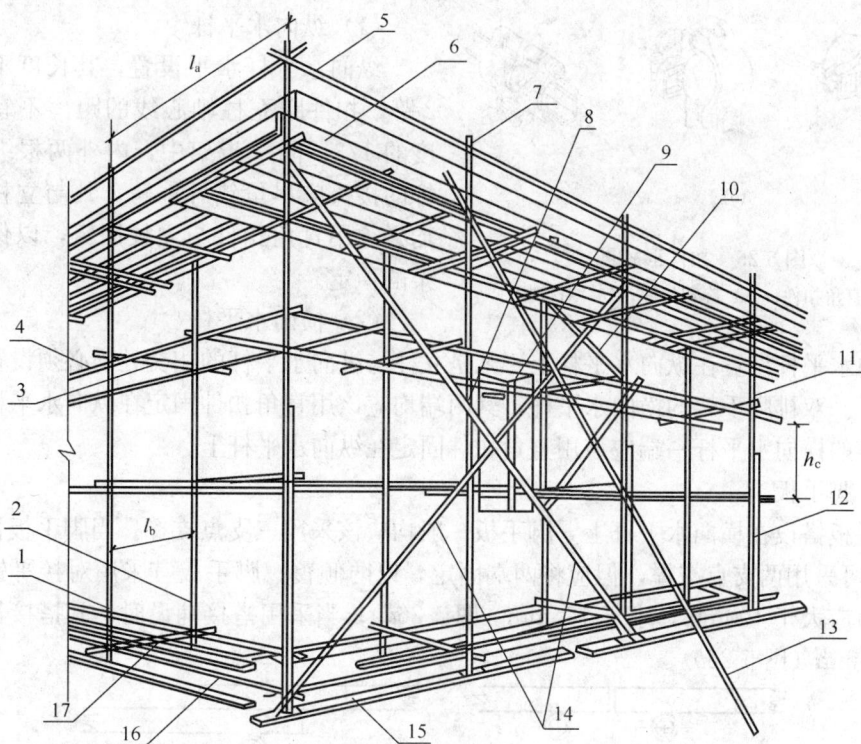

图 5-24　扣件式脚手架的组成

1—外立杆；2—内立杆；3—横向水平杆；4—纵向水平杆；5—栏杆；6—挡脚板；7—直角
扣件；8—旋转扣件；9—连墙件；10—横向斜撑；11—主立杆；12—副立杆；13—抛撑；
14—剪刀撑；15—垫板；16—纵向扫地杆；17—横向扫地杆

l_a—纵距；l_b—横距；h_c—步距

两道。竹脚手板宜采用由毛竹或楠竹制作的竹串片板、竹笆板。

连墙杆的材质应符合 Q235 级钢的规定，可用管材、型材或线材。

2. 扣件式钢管脚手架的构造

扣件式钢管脚手架由钢管、扣件、脚手板和底座等组成。钢管一般用 $\phi48mm$、厚 3.5mm 的焊接钢管。用于立柱、纵向水平杆和支撑杆（包括剪刀撑、横向斜撑、水平斜撑等）的钢管长宜为 4~6.5m；用于横向水平杆的钢管长度以 2.2m 为宜。扣件用于钢管之间的连接，其基本形式有三种，如图 5-25 所示：

1）直角扣件。用于两根钢管成垂直交叉连接。

2）旋转扣件。用于两根钢管成任意角度交叉连接。

3）对接扣件。用于两根钢管的对接连接。

脚手板可采用冲压钢脚手板、钢木脚手板、竹脚手板和木脚手板等。每块脚手板的重量不宜大于 300N。立柱底端立于底座上，将荷载传递到地面。

扣件式钢管脚手架的基本形式有双排、单排两种。双排和单排一般用于外墙砌筑与装饰装修。

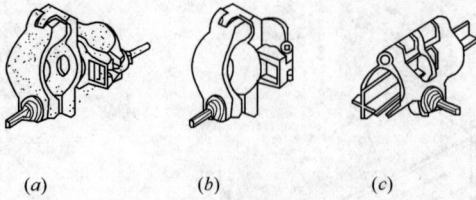

图 5-25　扣件形式图

(a) 直角扣件；(b) 旋转扣件；(c) 对接扣件

(1) 纵向水平杆

纵向水平杆水平设置，其长度不应小于2跨，扣件距立柱轴心线的距离不宜大于跨度的1/3；同一步架中，内外两根纵向水平杆的接头应尽量错开一跨；凡与立柱相交处均必须用直角扣件与立柱固定，以保证脚手架的稳定。

(2) 横向水平杆

横向水平杆设置在纵向水平杆上，凡是立柱与纵向水平杆的相交处均必须设置一根横向水平杆。双排脚手架的横向水平杆，其两端均应该用直角扣件固定在纵向水平杆上；单排脚手架的横向水平杆一端应该用直角扣件固定在纵向水平杆上。

(3) 脚手板

脚手板搭设在横向水平杆上，脚手板一般均应该采用三支点支撑。当脚手板长度小于2m时，可采用两支点支撑，但应将两端固定，以防倾覆；脚手板宜采用对接平铺，其外伸长度口应大于100mm，小于150mm（图5-26a）；当采用搭接铺设时，其搭接长度口应大于100mm（图5-26b）。

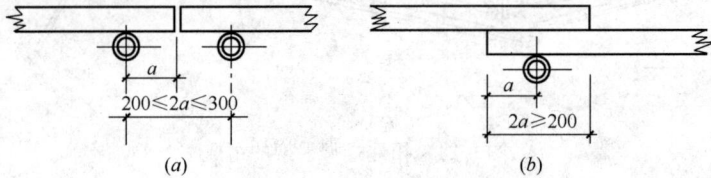

图 5-26　脚手板对接搭接尺寸

(a) 脚手板对接；(b) 脚手板搭接

(4) 立柱

上部荷载通过纵向水平杆将力传到立柱上，立柱属于受压构件，失稳是脚手架安全的主要问题。

每根立柱均应设置标准底座，同时必须与纵、横向扫地杆固定。为了保证立柱的稳定性，立柱必须用刚性固定件与建筑物可靠连接。

脚手架的最大架设高度可以根据排距、步距和不同的施工荷载选定。当工程所需的脚手架高度大于最大架设高度时，可由上向下计，在等于最大架设高度的以下部位，采取双立柱或其他措施。

扣件式脚手架的搭设高度一般限制在55m以内。施工荷载限定为：砌筑脚手架3.0kN/m²，装饰装修脚手架2.0kN/m²，或者作用于脚手板跨中的集中荷载2.0kN。

(5) 固定件

为了防止脚手架内外倾覆，必须设置能承受压力和拉力的固定件。24m以下的单、双排脚手架，一般应采用刚性固定件与建筑物可靠连接。当采用柔性固定件（如钢丝或1φ6钢筋）拉结时，必须配用顶撑（顶到建筑物墙面的横向水平杆）顶在混凝土圈梁、柱等结构部位，以防止向内倾覆，拉结钢丝应采用两根8号钢丝拧成一根使用。24m以上的双排脚手架均应采用刚性固定件连接。

（6）支撑体系

为了保证脚手架的整体稳定性，必须设置支撑体系。双排脚手架的支撑体系由剪刀撑、横向斜撑组成。单排脚手架的支撑体系由剪刀撑组成。

3. 扣件式钢管脚手架的搭设

脚手架搭设范围的地基表面应平整，排水畅通，如果表层土质松软，应该加 150mm 厚碎石或碎砖夯实，对高层建筑脚手架基础应进行验算。垫板、底座均应准确地放在定位线上。竖立第一节立柱时，每 6 跨应暂时设置一根抛撑（垂直于纵向水平杆，一端支撑在地面上），直至固定件架设好后方可根据情况拆除。架设至有固定件的构造层时，应立即设置固定件。固定件至操作层的距离不应大于 2 步。当超过时，应在操作层下采取临时稳定措施，直到固定件架设完后方可拆除。双排脚手架的横向水平杆靠墙的一端至墙装饰面的距离不应小于 100mm，杆端伸出扣件的长度不应小于 100mm。安装扣件时，螺栓拧紧，扭力矩不应小于 40N·m，不大于 70N·m。除操作层的脚手板外，宜每隔 12m 高满铺一层脚手架板。

5.4.2 门式钢管脚手架

1. 门式钢管脚手架的构造

虽然扣件式钢管脚手架装拆方便，搭设灵活，但由于杆件较多，连接件施工麻烦，搭设速度较慢，因此将几根杆件组合成为一个基本单元，如图 5-27 所示，由于形状类似门形故得名门式脚手架，也称为框式钢管脚手架。门式钢管脚手架是一种工厂生产、现场搭设的脚手架，是当今国际上应用最普遍的脚手架之一。它不仅可以作为外脚手架，也可以作为内脚手架或满堂脚手架。门式钢管脚手架因其具有几何尺寸标准化、结构合理、受力性能好、施工中装拆容易、安全可靠、经济实用等特点，广泛应用于建筑、桥梁、隧道、地

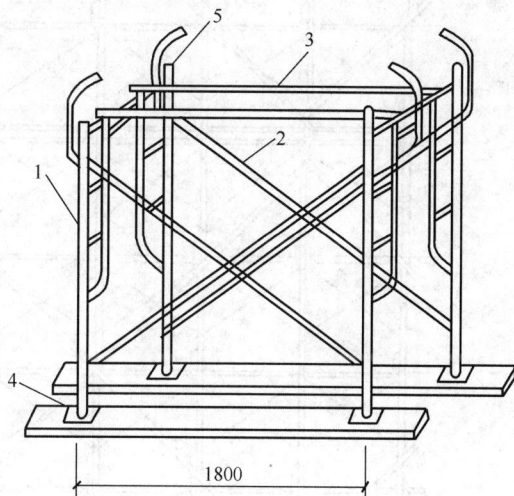

图 5-27　门式脚手架的基本单元
1—门架；2—剪刀撑平板；3—水平梁架；
4—螺旋基脚；5—连接棒

铁等工程施工，若在门架下部安装轮子，也可以作为机电安装、油漆粉刷、设备维修、广告制作的活动工作平台。

门式钢管脚手架的基本结构是由门架、交叉支撑、连接棒、挂扣式脚手板或水平架、锁臂等组成，再设置水平加固杆、剪刀撑、扫地杆、封口杆、托座与底座，并采用连墙件与建筑物主体结构相连的一种标准化钢管脚手架，又称多功能门式脚手架。门式钢管脚手架其基本单元是由一副门式框架、两副剪刀撑、一副水平梁架和四个连接器组合而成。若干基本单元通过连接器在竖向叠加，扣上臂扣，组成了一个多层框架。在水平方向，用加固杆和水平梁架使相邻单元连成整体，加上斜梯、栏杆柱和横杆组成上下不相通的外脚手架，即构成整片脚手架，如图 5-28 所示。

门式钢管脚手架的主要特点是组装方便，装拆时间约为扣件式钢管脚手架的 1/3，特别适用于使用周期短或频繁周转的脚手架；承载性能好，安全可靠，其使用强度为扣件式钢管脚手架的 3 倍；使用寿命长，经济效益好。扣件式钢管脚手架一般使用 8～10 年，门

式钢管脚手架可使用 10～15 年。由于组装件接头大部分不是螺栓紧固性的连接，而是插销或扣搭形式的连接，若搭设高度较大或荷载较重时，必须附加钢管拉结紧固，否则会摇晃不稳；用于落地门式钢管脚手架施工高层建筑时，其搭设高度应符合表 5-3 的规定。门式钢管脚手架可用于高层建筑外脚手架、工具式里脚手架和模板支架。

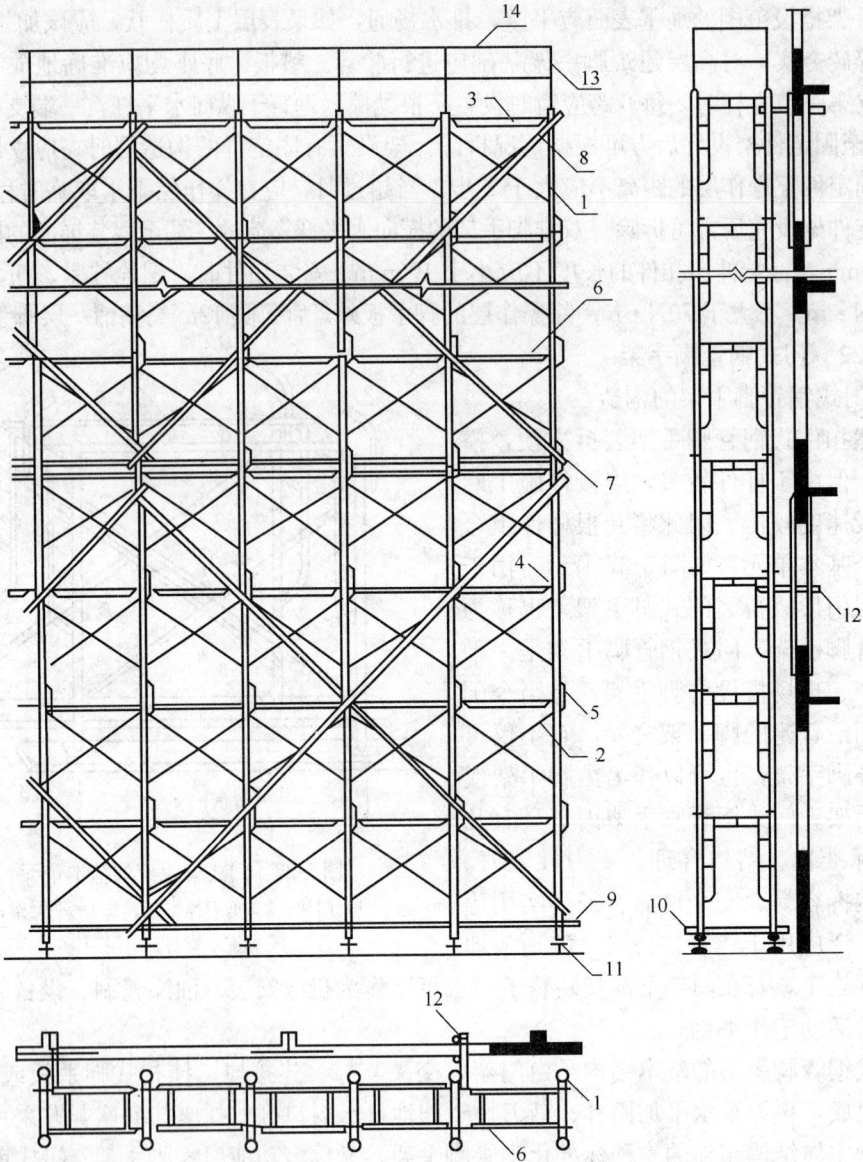

图 5-28　门式钢管脚手架的组成

1—门架；2—交叉支撑；3—脚手板；4—连接棒；5—锁臂；6—水平架；7—水平加固杆；

8—剪刀撑；9—扫地杆；10—封口杆；11—底座；12—连墙件；13—栏杆；14—扶手

落地门式钢管脚手架搭设高度　　　　　　　　　　　　　　　　　　　　表 5-3

施工荷载标准值 ΣQ_k(kN/m²)	搭设高度(m)	施工荷载标准值 ΣQ_k(kN/m²)	搭设高度(m)
3.0～5.0	不大于 45	不大于 3.0	不大于 60

注：施工荷载系指一个跨距内各施工层均布施工荷载的总和。

2. 门式脚手架的搭设

门式脚手架一般按以下程序搭设：

铺放垫木（板）→拉线、放底座→自一端起立门架并随即装剪刀撑→装水平梁架（或脚手板）→装梯子→（需要时，装设通常的纵向水平杆）→装设连墙杆→照上述步骤，逐层向上安装→装加强整体刚度的长剪刀撑→装设顶部栏杆。

门式钢管脚手架的搭设高度一般不超过45m，每5层至少应该架设一道水平架，垂直和水平方向每隔4~6m应设一扣墙管（水平连接器）与外墙连接，整片脚手架的转角应该用钢管通过扣件扣紧在相邻两个门式框架上。施工荷载限定为：均布荷载$1.8kN/m^2$，或者作用于脚手板跨中的集中荷载2.0kN。

门式脚手加搭设超过10层，应加设辅助支撑，一般高在8~11层门式框架之间，宽在5个门式框架之间，加设一组，使部分荷载由墙体承受（图5-29）。

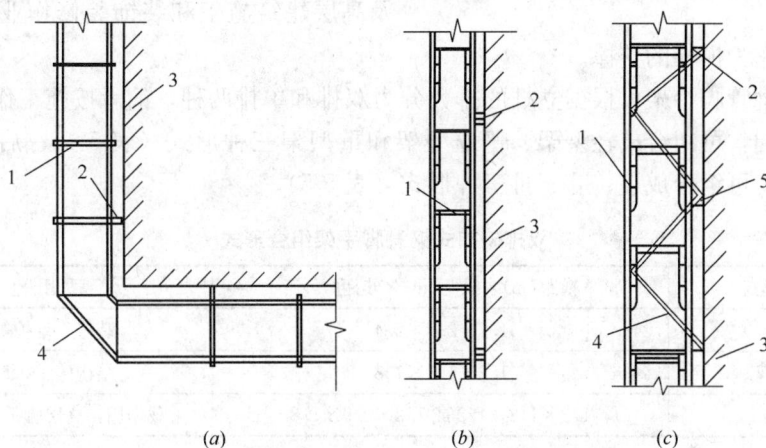

(a)　　　　　　　(b)　　　　　　　(c)

图5-29　门式钢管脚手架的加固处理

(a) 转角用钢管扣紧；(b) 用附墙管与墙体锚固；(c) 用钢管与墙撑紧
1—门式脚手架；2—附墙管；3—墙体；4—钢管；5—混凝土板

5.4.3 碗扣式钢管脚手架

碗扣式钢管脚手架是我国参考国外经验自行研制的一种多功能脚手架，其杆件节点处采用碗扣连接，由于碗扣是固定在钢管上的，构件全部轴向连接，力学性能好，其连接可靠，组成的脚手架整体性好，不存在扣件丢失问题，在我国近年来发展较快，现已广泛用于房屋、桥梁、涵洞、隧道、烟囱、水塔、大坝、大跨度棚架等多种工程的施工中，取得了显著的经济效益。

1. 基本构造

碗扣式钢管脚手架由钢管（立杆、顶杆、横杆、斜杆）、碗扣接头、连接销、连接撑、支座、脚手板等组成，其基本构造和搭设要求与扣件式钢管脚手架类似，不同之处主要在于碗扣接头。碗扣式钢管脚手架也称多功能碗扣型脚手架，具有结构简单，接头构造合理，工作安全可靠，拆装方便，操作容易，零部件损耗率低等特点。

在钢管脚手架的立杆和顶杆（支撑架顶端垂直承力杆）上每隔0.6m设置一副碗扣接头（图5-30），由上碗扣、下碗扣、横杆接头和上碗扣的限位销等组成。在立杆上焊接下

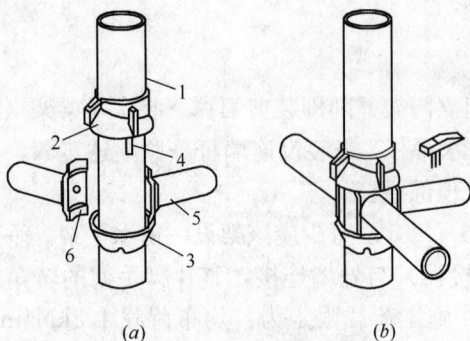

图 5-30 碗扣接头
1—立柱；2—上碗扣；3—限位销；
4—下碗扣；5—横杆；6—横杆接头

碗扣和上碗扣的限位销，将上碗扣套入立杆内，在横杆和斜杆上焊接插头。组装时，将横杆和斜杆插入下碗扣周边带齿的圆槽内，再将上碗扣沿限位销滑下扣住横杆接头，并顺时针旋转扣紧，最后用铁锤敲击几下即能牢固锁紧。碗扣处可同时连接 4 根横杆，横杆可以互相垂直或偏转一定角度；可组成直线形、曲线形、直角交叉形式等以及其他形式。

碗扣式钢管脚手架的部件可以用来搭设各种形式的脚手架，特别适于搭设扇形表面及高层建筑施工和装饰装修作业两用外脚手架，还可以作为模板的支撑。

碗扣式钢管脚手架可根据立杆的排数分为双排和单排两种，前者按施工作业要求与施工荷载的不同，可组合成轻型架、普通型架和重型架三种形式（表 5-4）；后者按作业顶层荷载要求，可组合成Ⅰ、Ⅱ、Ⅲ三种形式（表 5-5）。

双排碗扣式钢管脚手架组合形式   表 5-4

脚手架形式	横距(m)×纵距(m)×步距(m)	适 用 范 围
轻型架	1.2×2.4×2.4	装修、维护等作业
普通型架	1.2×1.8×1.8	结构施工，最常用
重型架	1.2×1.2×1.8 或 1.2×0.9×1.8	重载作用，高层脚手架中的底部架

单排碗扣式钢管脚手架组合形式   表 5-5

脚手架形式	纵距(m)×步距(m)	适 用 范 围
Ⅰ型架	1.8×1.8	一般外装修、维护等作业
Ⅱ型架	1.2×1.2	一般施工
Ⅲ型架	0.9×1.2	重载施工

碗扣式钢管脚手架的设计杆配件，按其用途可以分为主构件、辅助构件和专用构件三类。

主构件用来构成脚手架主体的杆部件，主要包括立杆、顶杆、横杆、斜杆和底座。

辅助构件为用于作业面及附壁拉结等的杆部件，如用于作业面间的横杆、脚手板、斜道板、挡脚板、挑梁、加梯等；用于连接的立杆连接销、直角销、连接撑等；用于其他用途的立杆托撑、立杆可调撑、横托撑、安全网支架等。

专用构件有支撑柱垫座、支撑柱转角座、支撑柱可调座、提升滑轮、悬挑架、爬升挑架等。

2. 碗扣式脚手架的搭设

碗扣式脚手架用于构件双排外脚手架时，一般立杆横向间距取 1.2m，横杆步距取 1.8m，立杆纵向间距根据建筑物结构、脚手架搭设高度及作业荷载等具体要求来确定，可以选用0.9m、1.2m、1.5m、1.8m、2.4m等多种尺寸，并选用相应的横杆。

碗扣式脚手架的搭设要求主要是对斜杆、剪刀撑和连墙撑的设置而言的。

（1）斜杆设置

斜杆可以增强脚手架的稳定性，斜杆同立杆的连接与横杆同立杆的连接相同。斜杆应该尽量布置在框架节点上，对于高度在30m以上的脚手架，可以根据荷载情况，设置斜杆的面积为整架立面面积的1/5～1/2；对于高度超过30m的高层脚手架，设置斜杆的框架面积要不小于整架面积的1/2。在拐角边缘及端部必须设置斜杆，中间可均匀间隔布置。横向框架内设置斜杆，即廊道斜杆，对于提高脚手架的稳定强度尤为重要。对于一字形及开口形脚手架，应在两端横向框架内沿全高连续设置节点斜杆；对于30m以下的脚手架，中间可不设廊道斜杆，对于30m以上的脚手架，中间应每隔5～6跨设置一道沿全高连续搭设的廊道斜杆；对于高层和重载脚手架，除了按上述构造要求设置廊道斜杆外，当横向平面框架所承受的总荷载达到或超过25kN时，该框架应该增设廊道斜杆。

（2）剪刀撑

竖向剪刀撑的设置应与碗扣式斜杆的设置相配合，一般高度在30m以下的脚手架，可每隔4～6跨设置一组沿全高连续搭设的剪刀撑，每道剪刀撑跨越5～7根立杆，设剪刀撑的跨内不再设碗扣式斜杆；对于高度在30m以上的高层脚手架，应该沿脚手架外侧的全高方向连续设置，两组剪刀撑之间用碗扣式斜杆。纵向水平剪刀撑对于增强水平框架的整体性，均匀传递连墙撑的作用具有重要意义。对于30m以上的高层脚手架，应该每隔3～5步设置一层连续的闭合的纵向水平剪刀撑。

（3）连墙撑

是脚手架与建筑物之间的连接件，对提高脚手架的横向稳定性、承受偏心荷载和水平荷载等具有重要作用。一般情况下，对于高度在30m以下的脚手架，可以四跨三步设置一个（约40m²）；对于高层及重载脚手架，则要适当加密，50m以下的脚手架至少应该三跨三步设置一个（约25m²）；50m以上的脚手架至少应该三跨二步设置一个（约20m²）。另外，当设置宽挑架、提升滑轮、安全网支架、高层卸荷拉结杆等构件时，应该增设连墙撑，对于提升架也要相应地增设连墙撑数目。连墙撑应尽量连接在横杆层碗扣接头内，同脚手架、墙体保持垂直，并随建筑物及架子的升高而设置，其他搭设要求同扣件钢管脚手架。

碗扣式脚手架可搭设为单排脚手架、满堂脚手架、支撑架、移动式脚手架、提升井架和悬挑脚手架等。

5.4.4　升降式脚手架

升降式脚手架是沿结构外表面搭设的脚手架，是外脚手架的一种，在结构和装饰装修工程施工中应用较为方便，近年来在高层建筑及筒仓、竖井、桥墩等施工中发展了多种形式的外挂脚手架。

升降式脚手架的主要特点是：

1）脚手架不需要满搭，只搭设能满足施工操作及安全各项要求的高度。

2）地面不需支撑脚手架的坚实地基，也不占施工场地。

3）脚手架及其承担的荷载传给与之相连的结构，对这部分结构的强度有一定要求。

4）随施工进程，脚手架可随之沿外墙升降，结构施工时由下往上逐层提升，装修施工时由上往下逐层下降。

升降式脚手架包括附着升降脚手架、悬挑式脚手架、悬吊式脚手架和整体升降式等几种脚手架。

1. 附着升降脚手架

附着升降脚手架（也称爬架）是指采用各种形式的架体结构及附着支撑结构，依靠设置在架体上或工程结构上的专用升降设备实现升降的施工脚手架。附着升降脚手架适用于高层、超高层建筑物或高耸构筑物，同时，还可以携带施工外模板。但使用时必须进行专门设计。

附着升降脚手架的分类有多种多样，按附着支撑的形式可分为悬挑式、吊拉式、导轨式、导座式等；按升降动力类型可分为电动、手拉葫芦、液压等；按升降方式可分为单片式、分段式、整体式等；按控制方式可分为人工控制、自动控制等；按爬升方式可分为套管式、悬挑式、互爬式和导轨式等。

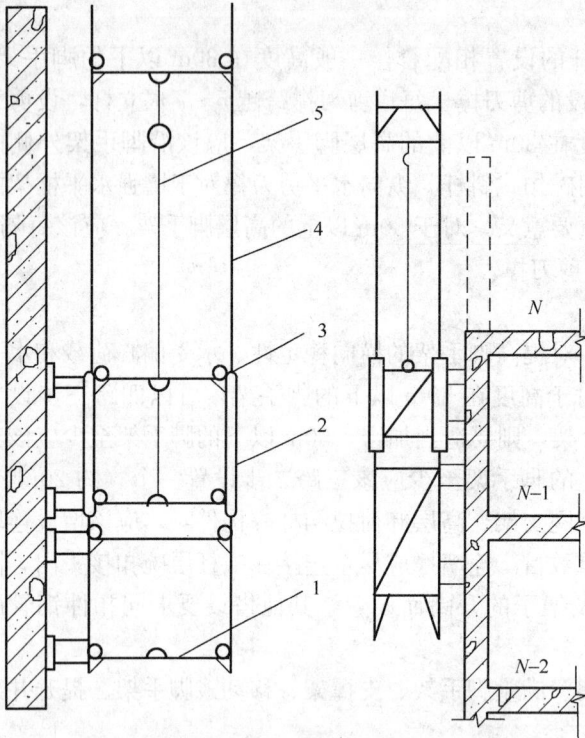

图 5-31 套管式爬架的基本结构
1—固定框；2—滑动框；3—纵向水平杆；
4—安全网；5—提升机具

（1）套管式附着升降脚手架

套管式附着升降脚手架的基本结构如图 5-31 所示，由脚手架系统和提升设备两部分组成。其中，脚手架系统由升降框和连接升降框的纵向水平杆、剪刀撑、脚手板以及安全网等组成。

套管式附着升降脚手架的升降原理是通过固定框和滑动框的交替升降来实现。固定框和滑动框可以相对滑动，并且分别同建筑物固定。因此，在固定框固定的情况下，可以松开滑动框与建筑物之间的连接，利用固定框上的吊点将滑动框提升一定高度并与建筑物固定，然后再松开固定框同建筑物之间的连接，利用滑动框上的吊点将固定框提升一定高度并固定，从而完成一个提升过程；下降则反向操作。其升降原理如图 5-32 所示。

（2）悬挑式附着升降脚手架

悬挑式附着升降脚手架是目前应用面较广的一种附着升降脚手架，其种类也很多，基本构造如图 5-33 所示，由脚手架、爬升机构和提升系统三部分组成。脚手架可以用扣件式钢管脚手架或碗扣式钢管脚手架搭设而成；爬升机构包括承力托盘、提升挑梁、导向轮及防倾覆防坠落安全装置等部件；提升系统一般使用环链式电动葫芦和控制柜，电动葫芦的额定提升荷载一般不小于 70kN，提升速度不宜超过 250mm/min。

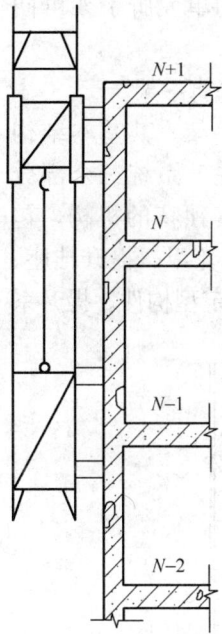

图 5-32　套管式爬架的升降原理　　　图 5-33　悬挑式附着升降脚手架的基本构造

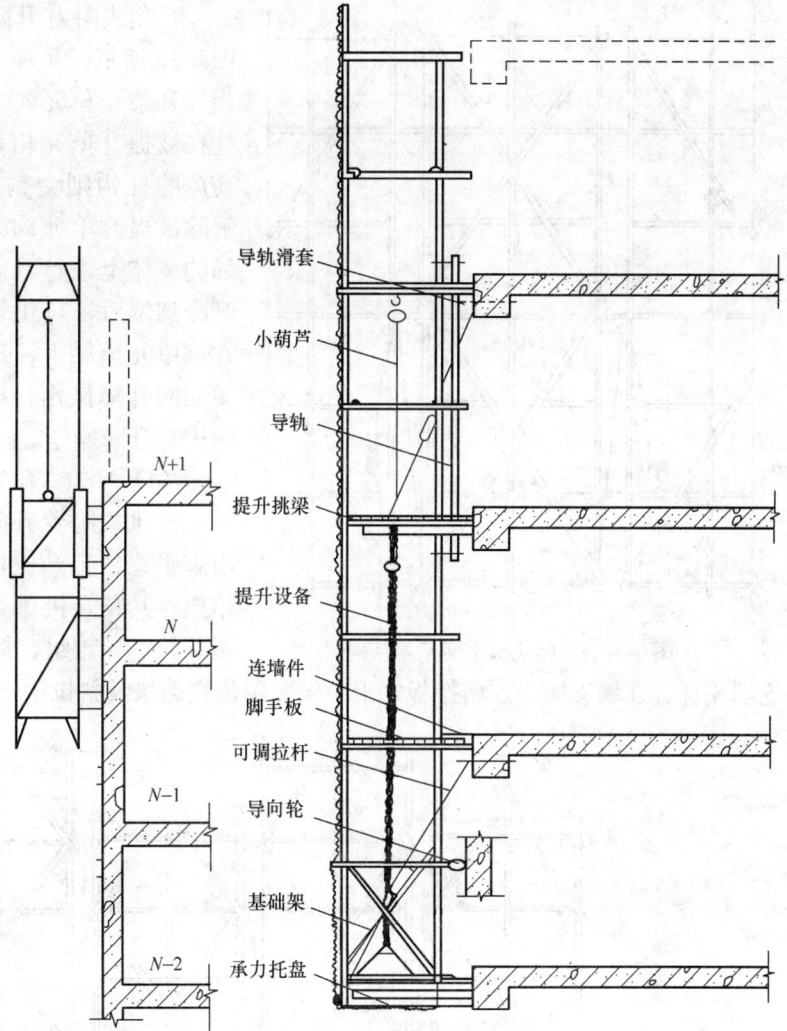

悬挑式附着升降脚手架的升降原理：将电动葫芦（或其他提升设备）挂在挑梁上，葫芦的吊钩挂到承力托盘上，使各电动葫芦受力，松开承力托盘同建筑物的固定连接，开动电动葫芦，则爬架就会沿建筑物上升（或下降），待爬架升高（或下降）一层，到达一定位置时，将承力托盘同建筑物固定，并将架子同建筑物连接好，则架子就完成一次升（或降）的过程。再将挑梁移至下一个位置，准备下一次升降。

（3）互爬式附着升降脚手架

互爬式附着升降脚手架其基本结构形式如图 5-34 所示，由单元脚手架、附墙支撑机构和提升装置组成。单元脚手架可由扣件式钢管脚手架和碗扣式脚手架搭设而成，附墙支撑机构是将单元脚手架固定在建筑物上的装置，可通过穿墙螺栓或预埋件固定，也可以通过斜拉杆和水平支撑将单元脚手架吊在建筑物上，还可在架子底部设置斜撑杆支撑单元脚手架；提升装置一般使用手拉葫芦，其额定提升荷载不小于 20kN，手拉葫芦的吊钩挂在与被提升单元相邻架体的横梁上，挂钩则挂在被提升单元底部。

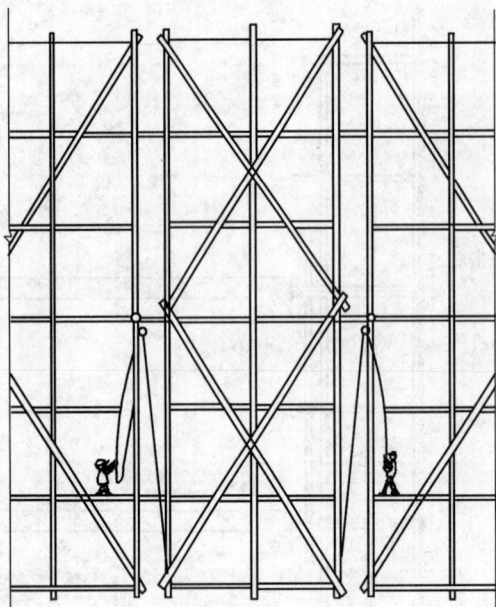

图 5-34 互爬式脚手架基本结构

互爬式附着升降脚手架的升降原理如图 5-35 所示。每一个单元脚手架单独提升，当提升某一单元时，先将提升葫芦的吊钩挂在被提升单元相邻的两个架体上，提升葫芦的挂钩则会钩住被提升单元的底部，解除被提升单元约束，操作人员站在两相邻的架体上进行升降操作；当该升降单元升降到位后，与建筑物固定，再将葫芦挂在该单元横梁上，进行与之相邻的脚手架单元的升降操作。相隔的单元脚手架可同时进行升降操作。

（4）导轨式附着升降脚手架

导轨式附着升降脚手架，其基本结构由脚手架、爬升机构和提升系统三个部分组成。其爬升机械是一套独特的机构，包括导轨、导轮组、提升滑轮组、提升挂座、连墙支杆、连墙支座、连墙挂板、限位锁、限位锁挡块及斜拉钢丝绳等定型构件。提升系

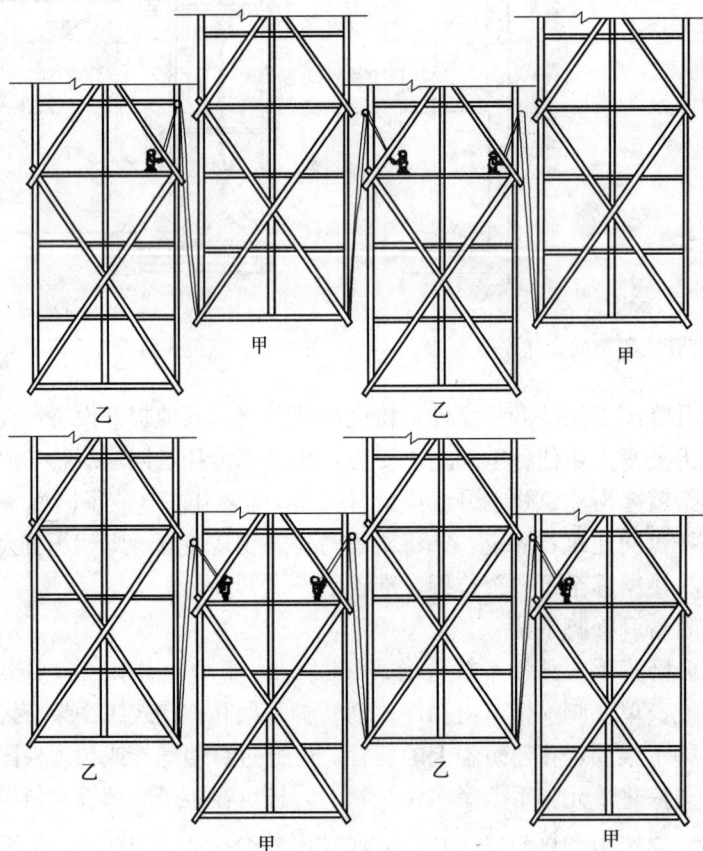

图 5-35 互爬式脚手架升降原理

统也是采用手拉葫芦或环链式电动葫芦。

导轨式附着升降脚手架的升降原理如图 5-36 所示。导轨沿建筑物竖向布置，其长度比脚手架高一层，架子的上部和下部均装有导轮，提升挂座固定在导轨上，其一侧挂提升葫芦，另一侧固定钢丝绳，钢丝绳绕过提升滑轮组同提升葫芦的挂钩连接；启动提升葫芦，架子沿导轨上升，提升到位后固定；将底部空出的那根导轨及连墙挂板拆除，装到顶部，将提升挂座到上部，准备下次提升。

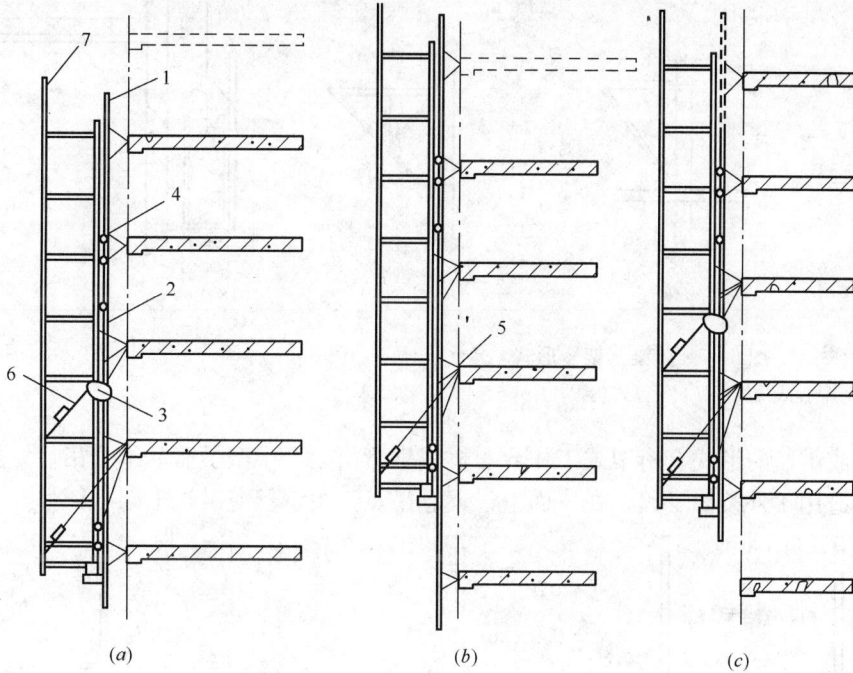

图 5-36 导轨式脚手架的升降原理

1—导轨；2—导轮；3—提升挂座；4—连墙支杆；

5—连墙支座；6—斜拉钢丝绳；7—脚手架

2. 悬挑式脚手架

悬挑式脚手架是利用建筑结构边沿向外伸出的悬挑结构来支撑外脚手架，并将脚手架的荷载全部或部分传递给建筑结构。悬挑脚手架的关键是悬挑支撑结构，它必须有足够的强度、稳定性和刚度，并能将脚手架的荷载传递给建筑结构。

悬挑脚手架的支撑结构形式有三种：

1）悬挂式挑梁，见图 5-37（a），型钢一端固定在结构上，另一端用拉杆或拉绳拉结到结构的可靠部位上。拉杆（绳）应该有收紧措施，以便在收紧以后承担脚手架荷载。

2）下撑式挑梁，见图 5-37（b），其挑梁受拉。

3）桁架式挑梁，见图 5-37（c），通常采用型钢制作，其上弦杆受拉，与结构的连接采用受拉结构；下弦杆受压，与结构连接采用支顶构造。桁架式挑梁与结构墙体之间还可以采用以螺栓连接的做法。螺栓穿在刚性墙体的预留孔洞或预埋套管中，可以方便地拆除和重复使用。

3. 悬吊式脚手架

悬吊式脚手架是通过特设的支撑点，利用吊索悬吊吊架或吊篮进行砌筑或装修工程操作的一种脚手架。其主要结构组成为：吊架（包括桁架式工作台）或吊篮、支撑设施（包括支撑挑架和挑梁）、吊索（包括钢丝绳、铁链、钢筋）及升降装置等（图5-38）。对于高层建筑的外装修作业和平时的维修保养，都是一种极为方便、经济的脚手架形式。

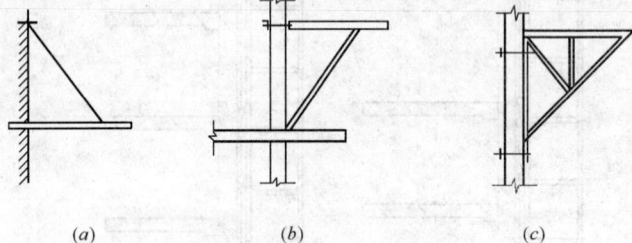

图 5-37 挑梁（架）形式

（a）悬挂式挑梁；（b）下撑式挑梁；（c）桁架式挑梁

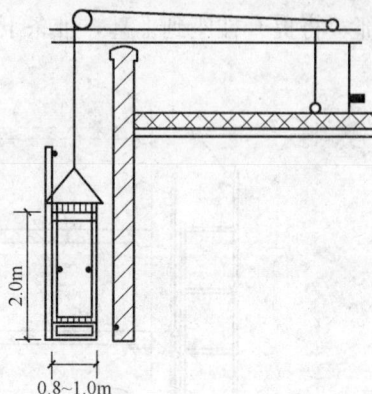

图 5-38 小型吊篮的构造组成

吊架或吊篮的形式有桁架式工作台、框式钢管吊架、小型吊篮和组合吊篮。框式钢管吊架主要适用于外装修工程，在屋面上设置悬吊点，用钢丝绳吊挂框架（图5-39）。

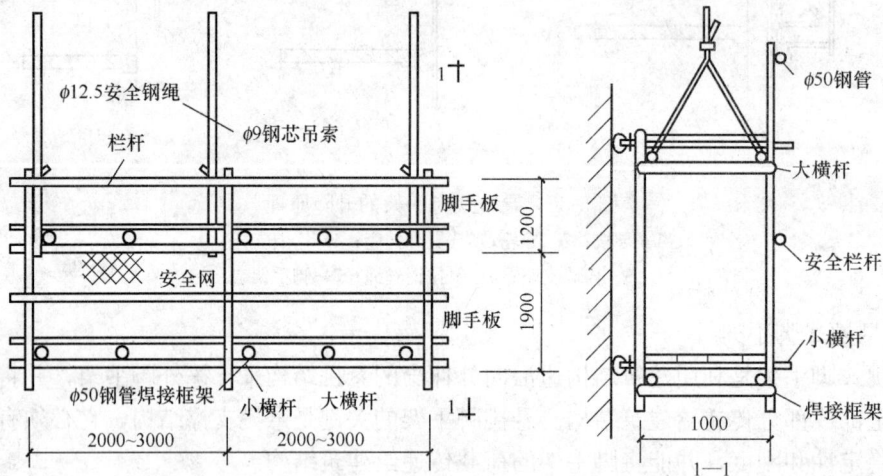

图 5-39 框式钢管吊架

悬吊脚手架的悬吊结构应根据工程结构情况和脚手架的用途而定。普遍采用的是在屋顶上设置挑梁（架）；用于高大厂房的内部施工时，则可以悬吊在屋架或大梁之下；也可以搭设专门的构架来悬挂吊篮。一般要求在屋顶上设置挑梁或挑架时，必须保证其抵抗力矩大于倾覆力矩的三倍。在屋顶上设置的电动升降车采用动力驱动时，其抵抗力矩应该大于倾覆力矩的四倍。

吊架的升降方法是悬吊脚手架在使用中最重要的环节。选择采用任何升降方法，都必须注意以下事项：

316

1）具有足够的提升能力，能确保吊篮（架）平稳地升降。

2）要有可靠的保险措施，确保使用安全。

3）提升设备易于操作并可靠。

4）提升设备便于装拆和运输。

4. 整体升降式脚手架

在超高层建筑的主体施工中，整体升降式脚手架有明显的优越性，它的结构整体性好、升降快捷方便、机械化程度高、经济效益显著，是一种很有推广使用价值的超高建（构）筑外脚手架，已被住房和城乡建设部列入重点推广的新技术之一。

整体升降式外脚手架以电动倒链为提升机，使整个外脚手架沿建筑物外墙或柱整体向上爬升。搭设高度依建筑物施工层的层高而定，一般取建筑物标准层四个层高加一步安全栏的高度为架体的总高度。脚手架为双排，宽以 0.8～1m 为宜，里排杆离建筑物净距 0.4～0.6m。脚手架的横杆和立杆间距都不宜超过 1.8m，可将一个标准层高分为两步架，以此步距为基数确定架体横、立杆的间距。架体设计时可以将架子沿建筑物外围分成若干单元，每个单元的宽度参考建筑物的开间而定，一般在 5～9m 之间，如图 5-40 所示。

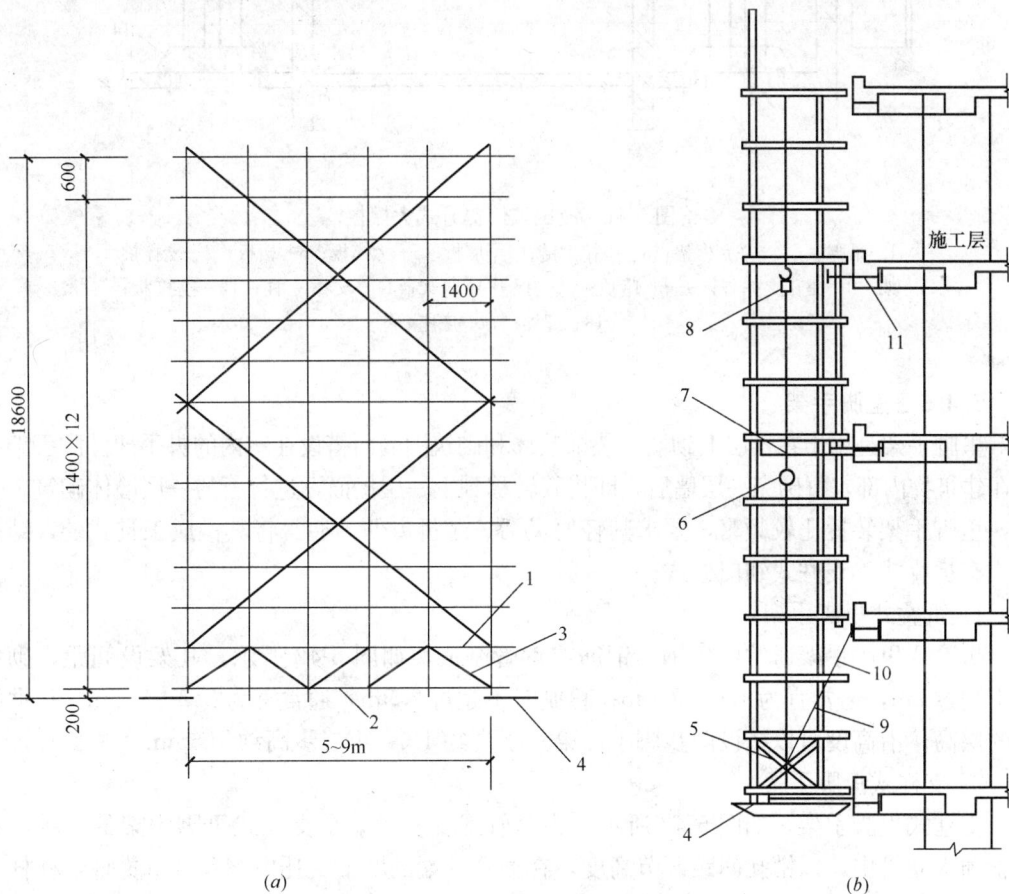

图 5-40　整体升降式脚手架

（a）立面图；（b）侧面图

1—上弦杆；2—下弦杆；3—承力桁架；4—承力架；5—斜撑；6—电动倒链；

7—挑梁；8—倒链；9—花篮螺栓；10—拉杆；11—螺栓

另外有一种液压提升整体式的脚手架—模板组合体系（图5-41），它通过设在建（构）筑内部的支撑立柱及立柱顶部的平台桁架，利用液压设备进行脚手架的升降，同时也可以升降建筑的模板。

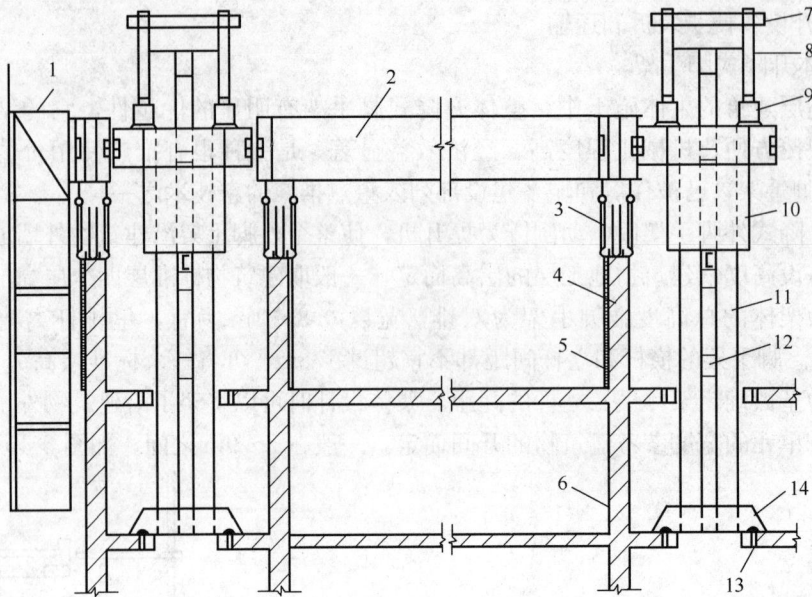

图 5-41　液压整体提升式大模板

1—吊脚手；2—平台桁架；3—手拉倒链；4—墙板；5—大模板；6—楼板；7—支撑挑架；8—提升支撑杆；9—千斤顶；10—提升导向架；11—支撑立柱；12—连接板；13—螺栓；14—底座

5.4.5　里脚手架

里脚手架是用于在楼层上砌墙、装饰装修和砌筑围墙而搭设在室内的脚手架。脚手架搭设在建筑物内部，每砌完一层墙后，即将其转移到上一层楼面，进行新的一层墙体砌筑。

里脚手架装拆比较频繁，要求其轻便灵活、装拆方便。通常将其做成工具式的，结构形式有折叠式、支柱式和门架式。

1. 折叠式里脚手架

折叠式里脚手架通常由角钢、钢筋或钢管制成，如图5-42所示，其架设间距，砌墙时不超过2m，通常宜为1.0～2.0m；粉刷时不超过2.5m，通常宜为2.2～2.5m。根据施工的层高，沿高度可以搭设两步脚手，第一步高约1m，第二步高约1.65m。

2. 支柱式里脚手架

支柱式里脚手架，如图5-43所示，为套管式支柱，它是支柱式里脚手架的一种，将插管插入立管中，以销孔间距调节高度，在插管顶端的凹形支托内搁置方木横杆，横杆上铺设脚手板，搭设间距，砌墙时宜为2.0m；粉刷时不宜超过2.5m。架设高度一般为1.5～2.1m。

3. 门架式里脚手架

门架式里脚手架由两片A形支架与门架组成（图5-44）。其架设高度为1.5～2.4m，

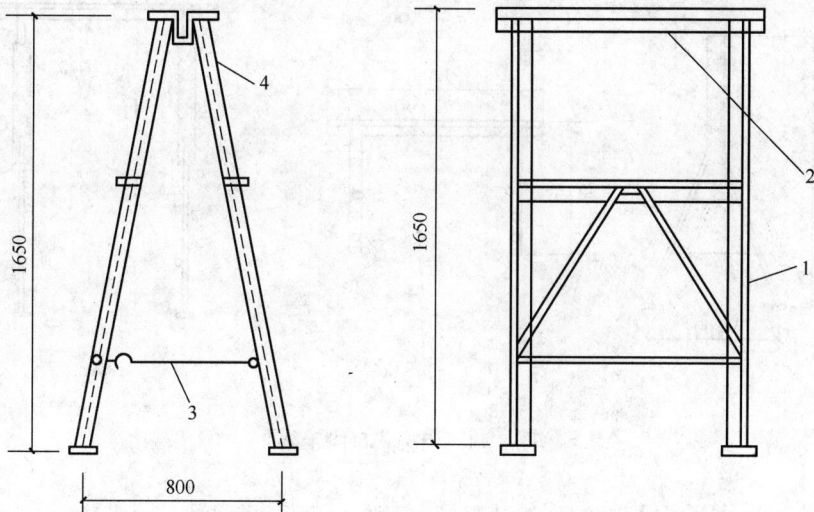

图 5-42　折叠式里脚手架

1—立柱；2—横棱；3—挂钩；4—铰链

两片 A 形支架的间距为 2.2～2.5m。

4. 移动式里脚手架

图 5-45 所示为移动式里脚手架。该脚手架由钢管框型架组装而成，底部设有带螺旋千斤顶的行走轮，框型架一侧有供上下人的梯子，特别适用于顶棚装饰装修工程的施工。

5. 塔式里脚手架

塔式里脚手架由二角支撑架、端头连接杆、水平对角拉杆、可调底座和可调顶托件构件组成。塔架可以组成不同的断面形式。塔式里脚手架的构造示意如图 5-46 所示。塔架具有很好的承载能力。塔架的塔设高度为 0.9～18m。

塔式脚手架不仅可以用于室内的砌筑和装饰装修工程，也可以用于室外施工。

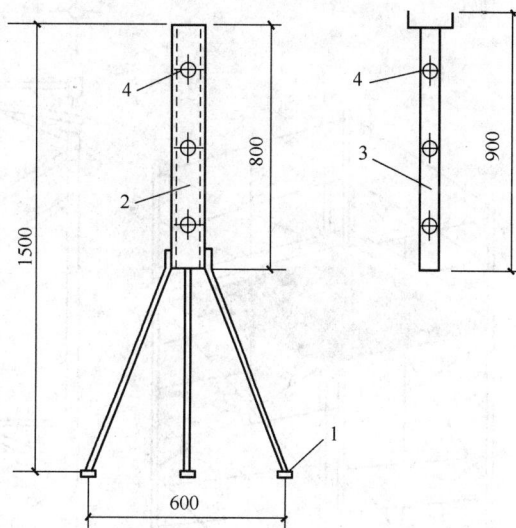

图 5-43　套管式支柱

1—支脚；2—立管；3—插管；4—销孔

脚手架虽然是临时设施，但对其安全性应该给予足够的重视，脚手架的不安全因素一般有：

1）不重视脚手架施工方案的设计，对超常规的脚手架仍按经验搭设。

2）不重视外脚手架的连墙件的设置及对地基基础的处理。

3）对脚手架的承载力了解不够，施工荷载过大。

所以脚手架的搭设应该严格遵守安全技术要求。一般要求：

1）架子作业时，必须戴安全帽、系安全带、穿软底鞋。脚手架材料应该堆放平稳，工具应该放入工具袋内，上下传递物件时不得抛掷。

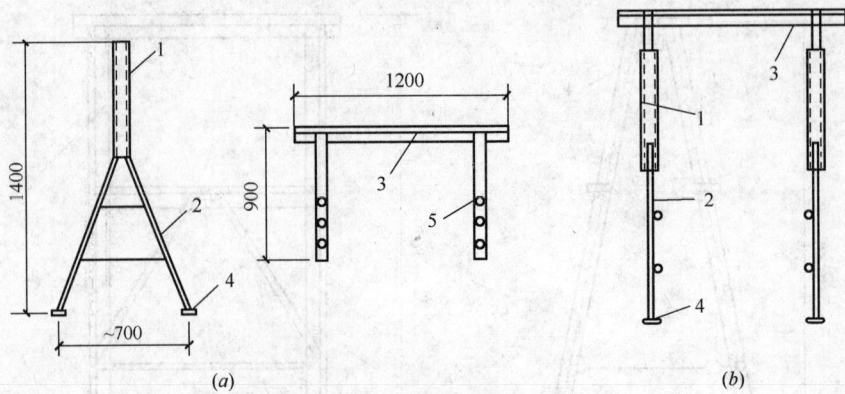

图 5-44　门架式里脚手架

(a) A 形支架与门架；(b) 安装示意

1—立管；2—支脚；3—门架；4—垫板；5—销孔

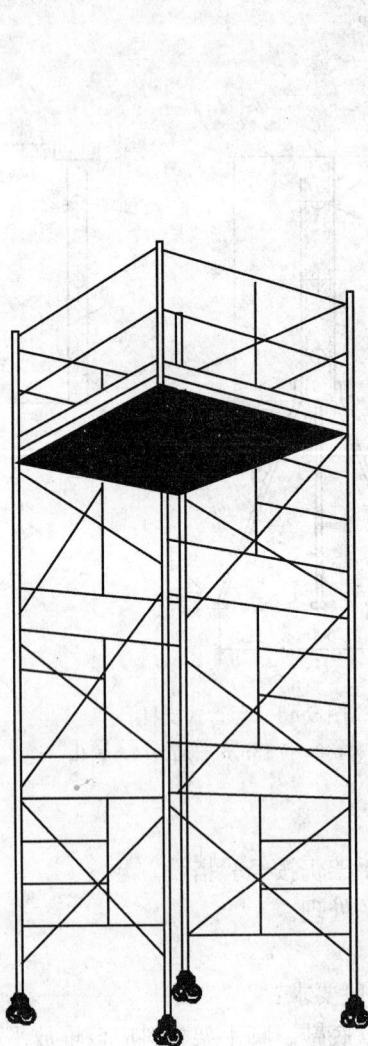

图 5-45　移动式里脚手架

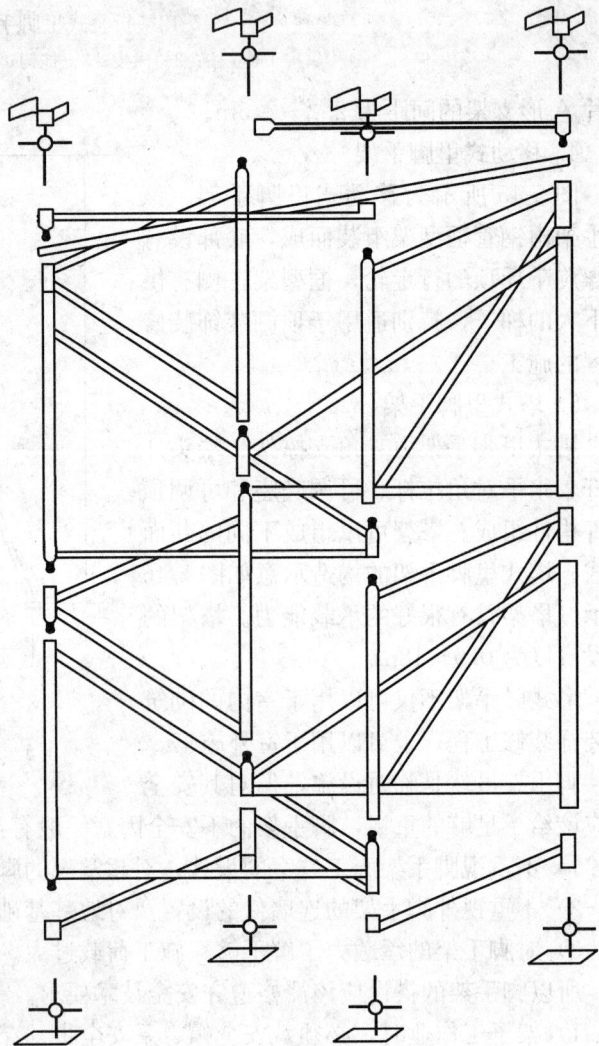

图 5-46　塔式里脚手架

2）不得使用腐朽和严重开裂的竹、木脚手板，或者虫蛀、枯脆、劈裂的材料。

3）在雨、雪、冰冻的天气施工时，架子上要有防滑措施，并在施工前将积雪、冰渣清除干净。

4）复工工程应该对脚手架进行仔细检查，发现立杆沉陷、悬空、节点松动、架子歪斜等情况，应及时处理。

脚手架的搭设应符合前面几节所述的内容，并且与墙面之间应该设置足够和牢固的拉结点，不得随意加大脚手杆距离或不设拉结。

脚手架的地基应整平夯实或加设垫木、垫板，使其具有足够的承载力，以防止发生整体或局部沉陷。

脚手架斜道外侧和上料平台必须设置 1m 高的安全栏杆和 18cm 高的挡脚板或挂防护立网，并随施工的升高而升高。

脚手板的铺设要满铺、铺平和铺稳，不得有悬挑板。

在脚手架的搭设过程中，要及时设置连墙杆、剪刀撑，以及必要的拉绳和吊索，避免在搭设过程中发生变形、倾倒。

脚手架与电压为 1～20kV 以下架空输电线路的距离应不小于 2m，同时应有隔离防护措施。

脚手架应有良好的防电避雷装置。钢管脚手架、钢塔架应有可靠的接地装置，每 50m 长应设一处，经过钢脚手架的电线要严格检查，谨防破皮漏电。

施工照明通过钢脚手架时，应使用 12V 以下的低压电源。电动机具必须与钢脚手架接触时，要有良好的绝缘设施。

当外墙砌砖墙高度超过 4m 或立体交叉作业时，必须设置安全网，以防材料下落伤人和高空操作人员坠落。安全网是用直径 9mm 的麻绳、棕绳或尼龙绳编织而成的，一般规格为宽 3m、长 6m、网眼 50mm 左右，每块支好的安全网应该能承受不小于 1.6kN 的冲击荷载。

思 考 题

一、名词解释：

1. 粉煤灰硅酸盐砌块；2. 混凝土空心砌块；3. 砌块排列图；4. 扣件式钢管脚手架；5. 碗扣式钢管脚手架；6. 升降式脚手架

二、简答题：

1. 简述当前我国墙体材料的改革现状。

2. 影响砌块规格的因素有哪些？

3. 砌块建筑为什么要进行错缝和搭接？具体要求是什么？

4. 简述砌块建筑的施工工艺。

5. 脚手架的作用是什么？

6. 脚手架自身的基本要求是什么？

7. 门式脚手架一般按什么程序搭设？

第6章 防 水 工 程

6.1 屋 面 防 水 工 程

屋面防水工程是房屋建筑的一项重要工程，其施工质量的好坏，不仅关系到建筑物的使用寿命，而且直接影响到生产活动和人民生活。目前，常用的屋面防水做法有：卷材防水屋面、刚性防水屋面和涂膜防水屋面。屋面工程应根据建筑物的性质、重要程度、使用功能要求以及防水层合理使用年限，按不同等级进行设防，并应符合表 6-1 的要求。

屋面防水等级和设防要求   表 6-1

项 目	屋 面 防 水 等 级			
	Ⅰ 级	Ⅱ 级	Ⅲ 级	Ⅳ 级
建筑物类别	特别重要或对防水有特殊要求的建筑	重要的建筑和高层建筑	一般的建筑	非永久性建筑
防水层合理使用年限	26 年	16 年	10 年	6 年
设防要求	三道或三道以上防水设防	二道防水设防	一道防水设防	一道防水设防
防水层选用材料	宜选用合成高分子防水卷材、高聚物改性沥青防水卷材、金属板材、合成高分子防水涂料、细石防水混凝土等材料	宜选用合成高分子防水卷材、高聚物改性沥青防水卷材、金属板材、合成高分子防水涂料、高聚物改性沥青防水涂料、细石防水混凝土、平瓦、油毡瓦等材料	宜选用合成高分子防水卷材、高聚物改性沥青防水卷材、三毡四油沥青防水卷材、金属板材、高聚物改性沥青防水涂料、合成高分子防水涂料、细石防水混凝土、平瓦、油毡瓦等材料	可选用二毡三油沥青防水卷材、高聚物改性沥青防水涂料等材料

注：1. 本规范中采用的沥青均指石油沥青，不包括煤沥青和煤焦油等材料。

　　2. 石油沥青纸胎油毡和沥青复合胎柔性防水卷材，系限制使用材料。

　　3. 在Ⅰ级、Ⅱ级屋面防水设防中，如仅做一道金属板材时，应符合有关技术规定。

6.1.1 卷材防水屋面的施工

目前应用最普遍的是卷材防水屋面。卷材屋面是采用沥青油毡、再生橡胶、合成橡胶或合成树脂类等柔性材料粘贴成的一整片能防水的屋面覆盖层。卷材有一定韧性，可以适应一定程度的涨缩和变形。卷材防水屋面适用于防水等级为Ⅰ～Ⅳ级的屋面防水。

卷材防水屋面目前最常见的施工方法有热施工、冷施工、机械固定三大类。卷材防水层的铺贴方法有满粘法、空铺法、点粘法、条粘法四种。

防水卷材品种的选择要根据当地历年最高气温、最低气温、屋面坡度和使用条件等因素，综合选择耐热度、柔性相适应的卷材；根据地基变形程度、结构形式、当地年温差、日温差和振动等因素，应选择拉伸性能相适应的卷材；根据屋面防水卷材的暴露程度，应选择耐紫外线、耐穿刺、热老化保持率或耐霉烂性能相适应的卷材；自粘橡胶沥青防水卷材和自粘聚酯胎改性沥青防水卷材（铝箔覆面者除外），不得用于外露的防水层。每道卷材防水层厚度选用应符合表 6-2 的规定。

卷材厚度选用表 表 6-2

屋面防水等级	设防道数	合成高分子防水卷材	高聚物改性沥青防水卷材	沥青防水卷材和沥青复合柔性防水卷材	自粘聚酯胎改性沥青防水卷材	自粘橡胶沥青防水卷材
I	三道或三道以上防设	不应小于 1.6mm	不应小于 3mm	—	不应小于 2mm	不应小于 1.6mm
II	二道防设	不应小于 1.2mm	不应小于 3mm	—	不应小于 2mm	不应小于 1.6mm
III	一道防设	不应小于 1.2mm	不应小于 6mm	三毡四油	不应小于 3mm	不应小于 2mm
IV	一道防设	—	—	二毡三油		

1. 材料要求

不同品种、型号和规格的卷材应分别堆放；卷材应贮存在阴凉通风的室内，避免雨淋、日晒和受潮，严禁接近火源。沥青防水卷材贮存环境温度，不得高于 66℃；沥青防水卷材宜直立堆放，其高度不宜超过两层，并不得倾斜或横压，短途运输平放不宜超过四层；卷材应避免与化学介质及有机溶剂等有害物质接触；不同品种、规格的卷材胶粘剂和胶粘带，应分别用密封桶或纸箱包装；卷材胶粘剂和胶粘带应贮存在阴凉通风的室内，严禁接近火源和热源。

进场的卷材物理性能应检验下列项目：

1）沥青防水卷材：纵向拉力、耐热度、柔度、不透水性。

2）高聚物改性沥青防水卷材：可溶物含量、拉力、最大拉力时延伸率、耐热度、低温柔度、不透水性。

3）合成高分子防水卷材：断裂拉伸强度、扯断伸长率、低温弯折、不透水性。

进场的卷材胶粘剂和胶粘带物理性能应检验下列项目：

1）改性沥青胶粘剂：剥离强度。

2）合成高分子胶粘剂：剥离强度和浸水 168h 后的保持率。

3）双面胶粘带：剥离强度和浸水 168h 后的保持率。

同一品种、型号和规格的卷材，抽样数量：大于 1000 卷抽取 6 卷；600～1000 卷抽取 6 卷；100～699 卷抽取 3 卷；小于 100 卷抽取 2 卷。将受检的卷材进行规格尺寸和外观质量检验，全部指标达到标准规定时，即为合格。其中若有一项指标达不到要求，允许在受检产品中另取相同数量卷材进行复检，全部达到标准规定为合格。复检时仍有一项指标不合格，则判定该产品外观质量为不合格。在外观质量检验合格的卷材中，任取一卷做物理性能检验，若物理性能有一项指标不符合标准规定，应在受检产品中加倍取样进行该项复检，复检结果如仍不合格，则判定该产品为不合格。

2. 基层处理

现在的屋面大多是整体现浇混凝土板，可直接铺抹找平层。找平层可采用水泥砂浆、细石混凝土或沥青砂浆，其厚度和技术要求见表 6-3。找平层表面应压实平整，排水坡度应符合设计要求。采用水泥砂浆找平层时，水泥砂浆抹平收水后应二次压光和充分养护，不得有酥松、起砂、起皮现象。卷材防水屋面基层与突出屋面结构（女儿墙、立墙、天窗壁、变形缝、烟囱等）的交接处以及基层的转角处（水落口、檐口、天沟、檐沟、屋脊等），均应做成圆弧，内部排水的水落口周围应做成略低的凹坑。

找平层圆弧半径应根据卷材种类按表 6-4 选用。

找平层厚度和技术要求　　　　　　　　　　　　　　表 6-3

类　别	基层种类	厚度（mm）	技术要求
水泥砂浆找平层	整体混凝土	16～20	1:2～1:3（水泥:砂）体积比，水泥强度等级不低于 32.5 级
	整体或板状材料保温层	20～26	
	装配式混凝土板，松散材料保温层	20～30	
细石混凝土找平层	松散材料保温层	30～36	混凝土强度等级不低于 C20
沥青砂浆找平层	整体混凝土	16～20	1:8（沥青:砂）质量比
	装配式混凝土板，整体或板状材料保温层	20～26	

找平层圆弧半径（mm）　　　　　　　　　　　　　　表 6-4

卷材种类	圆弧半径	卷材种类	圆弧半径
沥青防水卷材	100～160	合成高分子防水卷材	20
高聚物改性沥青防水卷材	60		

铺设屋面隔汽层或防水层前，基层必须干净、干燥。干燥程度的简易检验方法，是将 1m² 卷材平坦地干铺在找平层上，静置 3～6h 后掀开检查，找平层覆盖部位与卷材上未见水印，即可铺设隔汽层或防水层。

采用基层处理剂时，其配制与施工应符合下列规定：

1）基层处理剂的选择应与卷材的材性相容；

2）喷、涂基层处理剂前，应用毛刷对屋面节点、周边、转角等处先行涂刷；

3）基层处理剂可采取喷涂法或涂刷法施工。喷、涂应均匀一致，待其干燥后应及时铺贴卷材。

3. 卷材防水的一般规定

（1）卷材的铺贴方向

屋面坡度小于 3% 时，卷材宜平行屋脊铺贴；屋面坡度在 3%～16% 时，卷材可平行或垂直屋脊铺贴；屋面坡度大于 16% 或屋面受振动时，沥青防水卷材应垂直屋脊铺贴，高聚物改性沥青防水卷材和合成高分子防水卷材可平行或垂直屋脊铺贴；上下层卷材不得相互垂直铺贴。

（2）卷材的铺贴方法

卷材防水层上有重物覆盖或基层变形较大时，应优先采用空铺法、点粘法、条粘法或机械固定法，但距屋面周边 800mm 内以及叠层铺贴的各层卷材之门应满粘；防水层采取满粘法施工时，找平层的分格缝处宜空铺，空铺的宽度宜为 100mm；卷材屋面的坡度不宜超过 26%，当坡度超过 26% 时应采取防止卷材下滑的措施。

（3）卷材铺贴的施工顺序

屋面防水层施工时，应先做好节点、附加层和屋面排水比较集中等部位的处理，然后由屋面最低处向上进行。铺贴天沟、檐沟卷材时，宜顺天沟、檐沟方向，减少卷材的搭接。铺贴多跨和有高低跨的屋面时，应该按先高后低、先远后近的顺序进行。等高的大面积屋面，先铺贴离上料地点较远的部位，后铺贴较近的部位。划分施工段时，其界限宜设在屋脊、天沟、变形缝处。

（4）搭接方法和宽度要求

铺贴卷材应采用搭接法。平行于屋脊的搭接缝，应顺流水方向搭接；垂直于屋脊的搭接缝，应顺年最大频率风向搭接。

叠层铺贴的各层卷材，在天沟与屋面的交接处，应采用叉接法搭接，搭接缝应错开；搭接缝宜留在屋面或天沟侧面，不宜留在沟底。上下层及相邻两幅卷材的搭接缝应错开，各种卷材搭接宽度应符合表 6-5 的要求。同时，相邻两幅卷材的接头还应相互错开 300mm 以上，以免接头处因多层卷材相重叠而粘不实。叠层铺贴时，上下两层卷材的搭接应错开 1/3 或 1/2 幅宽。

卷材搭接宽度（mm）　　　　　　　　　　表 6-5

铺贴方法 卷材种类		短边搭接		长边搭接	
		满粘法	空铺、点粘、条粘法	满粘法	空铺、点粘、条粘法
沥青防水卷材		100	160	70	100
高聚物改性沥青防水卷材		80	100	80	100
自粘聚合物改性沥青防水卷材		60	—	60	—
合成高分子 防水卷材	胶粘剂	80	100	80	100
	胶粘带	60	60	60	60
	单缝焊	60，有效焊缝宽度不小于 26			
	双缝焊	80，有效焊缝宽度 10×2＋空腔宽			

在铺贴卷材时，不得污染檐口的外侧和墙面。

（5）屋面设施的防水处理

设施基座与结构层相连时，防水层应包裹设施基座的上部并在地脚螺栓周围做密封处理；在防水层上放置设施时，设施下部的防水层应做卷材增强层，必要时应在其上浇筑细石混凝土，其厚度不应小于 60mm；需经常维护的设施周围和屋面出入口至设施之间的人行道应铺设刚性保护层。

4. 防水卷材的施工工艺

（1）沥青防水卷材施工

沥青玛碲脂（以下简称"玛碲脂"），现场配制玛碲脂的配合比及其软化点和耐热度的关系数据，应由试验部门根据所用原料试配后确定。在施工中按确定的配合比严格配料，每工作班均应检查与玛碲脂耐热度相应的软化点和柔韧性。

冷玛碲脂使用时应搅匀，稠度太大时可加少量溶剂稀释搅匀。采用叠层铺贴沥青防水卷材的粘贴层厚度：冷玛蹄脂宜为 0.6～1mm；面层厚度：冷玛蹄脂宜为 1～1.6mm。玛碲脂应涂刮均匀，不得过厚或堆积。铺贴立面或大坡面卷材时，玛碲脂应满涂，并尽量减少卷材短边搭接。

卷材在铺贴前应保持干燥，其表面的撒布料应预先清扫干净，并避免损伤卷材；在无保温层的装配式屋面上，应沿屋面板的端缝先单边点粘一层卷材，每边的宽度不应小于 100mm，或采取其他能增大防水层适应变形的措施，然后再铺贴屋面卷材；选择不同胎体和性能的卷材复合使用时，高性能的卷材应放在面层；铺贴卷材时应随刮涂玛蹄脂随滚铺卷材，并展平压实；采用空铺、点粘、条粘第一层卷材或第一层为打孔卷材时，在檐口、屋脊和屋面的转角处及突出屋面的交接处，卷材应满涂玛碲脂，其宽度不得小于800mm。

卷材铺贴检查合格后，并将防水层表面清扫干净，再进行沥青防水卷材保护层的施工。用云母或蛭石做保护层时，应先筛去粉料，再随刮涂冷玛碲脂随撒铺云母或蛭石。撒铺应均匀，不得露底，待溶剂基本挥发后，再将多余的云母或蛭石清除；用水泥砂浆做保护层时，表面应抹平压光，并应设表面分格缝，分格面积宜为 $1m^2$；用块体材料做保护层时，宜留设分格缝，其纵横间距不宜大于10m，分格缝宽度不宜小于20mm；用细石混凝土做保护层时，混凝土应振捣密实，表面抹平压光，并应留设分格缝，其纵横缝间距不宜大于6m；水泥砂浆、块体材料或细石混凝土保护层与防水层之间应设置隔离层；水泥砂浆、块体材料或细石混凝土保护层与女儿墙之间应预留宽度为30mm的缝隙，并用密封材料嵌填严密。

沥青防水卷材严禁在雨天、雪天施工，五级风及其以上时不得施工，环境气温低于6℃时不宜施工。施工中途下雨时，应做好已铺卷材周边的防护工作。

（2）高聚物改性沥青防水卷材施工

高聚物改性沥青防水卷材施工一般可采用热熔法施工。热熔法是用火焰加热器熔化卷材底层的改性沥青胶后，直接与基层粘贴，铺贴时不需涂刷胶粘剂。

火焰加热器的喷嘴距卷材面的距离应适中，幅宽内加热应均匀，以卷材表面熔融至光亮黑色为度，不得过分加热卷材。厚度小于3mm的高聚物改性沥青防水卷材，严禁采用热熔法施工。

卷材表面热熔后应立即滚铺卷材，滚铺时应排除卷材下面的空气，使之平展并粘贴牢固。搭接缝部位宜以溢出热熔的改性沥青为度，溢出的改性沥青宽度以2mm左右并均匀顺直为宜。当接缝处的卷材有铝箔或矿物粒（片）料时，应清除干净后再进行热熔和接缝处理。铺贴卷材时应平整顺直，搭接尺寸准确，不得扭曲。采用条粘法时，每幅卷材与基层粘结面不应少于两条。每条宽度不应小于160mm。

立面或大坡面铺贴高聚物改性沥青防水卷材时，应采用满粘法，并宜减少短边搭接。

高聚物改性沥青防水卷材保护层的施工应符合下列规定：

采用浅色涂料做保护层时，应待卷材铺贴完成，并经检验合格、清扫干净后涂刷。涂层应与卷材粘结牢固，厚薄均匀，不得漏涂；用水泥砂浆做保护层时，表面应抹平压光，并应设表面分格缝，分格面积宜为 $1m^2$；用块体材料做保护层时，宜留设分格缝，其纵横间距不宜大于10m，分格缝宽度不宜小于20mm；用细石混凝土做保护层时，混凝土应振捣密实，表面抹平压光，并应留设分格缝，其纵横缝间距不宜大于6m；水泥砂浆、块体材料或细石混凝土保护层与防水层之间应设置隔离层；水泥砂浆、块体材料或细石混凝土保护层与女儿墙之间应预留宽度为30mm的缝隙，并用密封材料嵌填严密。

高聚物改性沥青防水卷材，严禁在雨天、雪天施工；五级风及其以上时不得施工；环境气温低于6℃时不宜施工。施工中途下雨、下雪，应做好已铺卷材周边的防护工作。

（3）合成高分子防水卷材施工

合成高分子防水卷材属中、高档防水材料，主要用于防水等级Ⅰ级、Ⅱ级、Ⅲ级的屋面防水，一般采用单层冷粘法或单层热风焊接法施工。

1) 冷粘法铺贴卷材的施工

基层胶粘剂可涂刷在基层或涂刷在基层和卷材底面,涂刷应均匀,不露底,不堆积。卷材空铺、点粘、条粘时,应按规定的位置及面积涂刷胶粘剂。根据胶粘剂的性能,应控制胶粘剂涂刷与卷材铺贴的间隔时间。

铺贴卷材不得皱折,也不得用力拉伸卷材,并应排除卷材下面的空气,辊压粘贴牢固。铺贴的卷材应平整顺直,搭接尺寸准确,不得扭曲。卷材铺好压粘后,应将搭接部位的粘合面清理干净,并采用与卷材配套的接缝专用胶粘剂,在搭接缝粘合面上涂刷均匀,不露底,不堆积。根据专用胶粘剂性能,应控制胶粘剂涂刷与粘合间隔时间,并排除缝间的空气,辊压粘贴牢固。搭接缝口应采用材性相容的密封材料封严。卷材搭接部位采用胶粘带粘结时,粘合面应清理干净,必要时可涂刷与卷材及胶粘带材性相容的基层胶粘剂,撕去胶粘带隔离纸后应及时粘合上层卷材,并辊压粘牢。低温施工时,宜采用热风机加热,使其粘贴牢固、封闭严密。

2) 焊接法和机械固定法铺设卷材的施工

对热塑性卷材的搭接缝宜采用单缝焊或双缝焊,焊接应严密;焊接前,卷材应铺放平整、顺直,搭接尺寸准确,焊接缝的结合面应清扫干净;应先焊长边搭接缝,后焊短边搭接缝;卷材采用机械固定时,固定件应与结构层固定牢固,固定件间距应根据当地的使用环境与条件确定,并不宜大于600mm。距周边800mm范围内的卷材应满粘。

合成高分子防水卷材保护层的施工,详见高聚物改性沥青防水卷材保护层施工的有关规定。

合成高分子防水卷材,严禁在雨天、雪天施工;五级风及其以上时不得施工;环境气温低于6℃时不宜施工。施工中途下雨、下雪,应做好已铺卷材周边的防护工作。

6.1.2 刚性防水屋面的施工

刚性防水屋面是用细石混凝土、补偿收缩混凝土、块体刚性材料等刚性材料做屋面的防水层,其使用范围见表6-6。刚性防水屋面主要适用于防水等级为Ⅲ级的屋面防水,也可用做Ⅰ级、Ⅱ级屋面多道防水设防中的一道防水层。

刚性防水层不适用于受较大振动或冲击的建筑屋面。刚性防水层适应位移变形的能力很小,而屋面结构的位移是不可避免的,因此对于防水层来讲,只有采取相应的措施,加以有效的防治,开裂和拉裂才可以有效的得到基本控制和避免,刚性防水层构造应满足要求。刚性防水层内严禁埋设管线,施工环境气温宜为6~36℃,并应避免在负温度或烈日暴晒下施工。

刚性防水屋面的种类和适用范围 表6-6

种　类	优　缺　点	使　用　条　件
细石混凝土防水层	材料来源比较广泛,耐久性好,耐老化,耐穿刺能力强,施工方便。但温差变形、结构变形等将导致混凝土开裂,造成渗漏	适用于Ⅲ级屋面防水或Ⅰ级、Ⅱ级屋面中的一道防水层;不适用于设有松散材料保温层及受较大震动或冲击的屋面
补偿收缩混凝土防水层	由于在细石混凝土中掺入膨胀剂,利用混凝土在有约束条件下的膨胀来抵消混凝土的全部或大部分干缩,克服了普通细石混凝土易开裂、渗漏的缺点。但要准确的控制膨胀剂掺量,施工要求严格	适用于Ⅲ级屋面防水或Ⅰ、Ⅱ级屋面中的一道防水层;不适用于设有松散材料保温层及受较大震动或冲击的屋面

种 类	优 缺 点	使 用 条 件
块体刚性防水屋面	不易因温差变形而形成导致渗漏的裂缝，防渗效果好，且材料来源广泛，可以就地取材，使用寿命长，造价较低，并具有一定的保温隔热效果。但对结构变形适应能力差，屋面荷载亦有所增大	可用于屋面防水等级为Ⅲ级的建筑，无震动的工业建筑及小跨度建筑；不适用于Ⅰ级、Ⅱ级屋面的防水及屋面刚度小或有振动的厂房，以及大跨度的建筑
预应力混凝土防水层	能较好的解决细石混凝土防水层的开裂问题，具有较好的防水效果，而且还可以节约钢材用量，降低工程造价。但需要专用的预应力张拉设备，施工操作比较复杂	适用于屋面防水等级为Ⅲ级的建筑或Ⅰ级、Ⅱ级屋面中的一道防水层
钢纤维混凝土防水层	有良好的抗裂性能，有利于防止防水混凝土的开裂；有较高的极限抗拉强度，可适用于屋面结构的变形，施工也较简单。但施工工艺尚需进一步完善和改进	使用时间尚短，还处于研究和试点阶段，但有良好的发展前景
白灰炉渣屋面	材料来源广泛，造价低，但施工要求高，屋面荷载大，维护不好就易开裂、渗漏	一般用于村镇建筑的平屋顶
粉状憎水材料屋面	是一种新型的屋面防水形式，暂归入刚性屋面中，其优点是造价较低，有一定的防水效果，对基层变形的适应能力好，受结构或基层变形的影响小，温差、干湿对其影响也较小，且施工方便。但其材料的性能尚需进一步的测试，施工工艺尚需进一步完善，节点处理尚需进一步研究	可适用于一般的民用建筑，或用做刚性防水屋面的隔离层，以及多道设防中的一道防水层

1. 材料要求

防水层的细石混凝土宜用普通硅酸盐水泥或硅酸盐水泥，不得使用火山灰质硅酸盐水泥；当采用矿渣硅酸盐水泥时，应采取减少泌水性的措施。水泥强度等级不得低于 62.5 级，水泥贮存时应防止受潮，存放期不得超过三个月。当超过存放期限时，应重新检验确定水泥强度等级。受潮结块的水泥不得使用。防水层的细石混凝土中，粗骨料的最大粒径不宜大于 16mm，含泥量不应大于 1%；细骨料应采用中砂或粗砂，含泥量不应大于 2%。拌合水采用不含有害物质的洁净水。

防水层的细石混凝土宜掺外加剂（膨胀剂、减水剂、防水剂）以及掺合料、钢纤维等材料，并应用机械搅拌和机械振捣。防水层细石混凝土使用的外加剂，应根据不同品种的适用范围、技术要求选择。外加剂应分类保管，不得混杂，并应存放于阴凉、通风、干燥处。运输时应避免雨淋、日晒和受潮。

防水层内配置的钢筋宜采用冷拔低碳钢丝，无锈蚀、油污。

2. 设计要点

刚性防水屋面应采用结构找坡，坡度宜为 2%～3%。天沟、檐沟应用水泥砂浆找坡，找坡厚度大于 20mm 时宜采用细石混凝土。

细石混凝土防水层的厚度不应小于 60mm，并应配置直径为 4～6mm、间距为 100～200mm 的双向钢筋网片；钢筋网片在分格缝处应断开，其保护层厚度不应小于 10mm。

刚性防水层应设置分格缝。分格缝内应嵌填密封材料。防水层的分格缝应设在屋面板的支承端、屋面转折处、防水层与突出屋面结构的交接处，并应与板缝对齐。

普通细石混凝土和补偿收缩混凝土防水层的分格缝，其纵横间距不宜大于 6m。补偿收缩混凝土的自由膨胀率应为 0.06%～0.1%。

刚性防水层与山墙、女儿墙以及突出屋面结构的交接处应留缝隙，并应做柔性密封处理。细石混凝土防水层与基层间宜设置隔离层。

3. 细部构造

普通细石混凝土和补偿收缩混凝土防水层，分格缝的宽度宜为 6～30mm，分格缝内应嵌填密封材料，上部应设置保护层（图 6-1）。

刚性防水层与山墙、女儿墙交接处，应留宽度为 30mm 的缝隙，并应用密封材料嵌填；泛水处应铺设卷材或涂膜附加层（图 6-2）。卷材或涂膜的收头处理，详见卷材防水的规定。

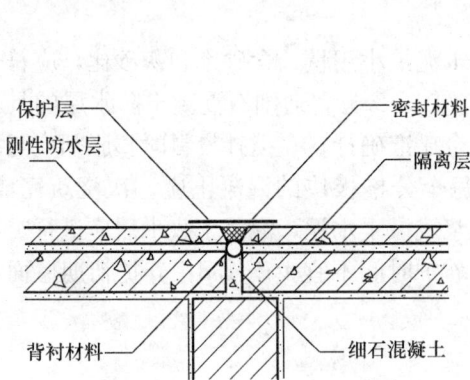

图 6-1 屋面分格缝

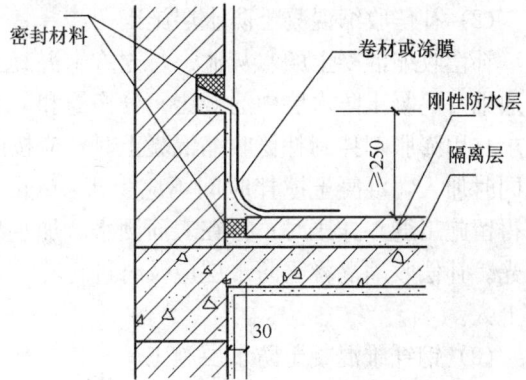

图 6-2 屋面泛水

刚性防水层与变形缝两侧墙体交接处应留宽度为 30mm 的缝隙，并应用密封材料嵌填；泛水处应铺设卷材或涂膜附加层；变形缝中应填充泡沫塑料，其上填放衬垫材料，并应用卷材封盖，顶部应加扣混凝土盖板或金属盖板（图 6-3）。

伸出屋面管道与刚性防水层交接处应留设缝隙，用密封材料嵌填，并应加设卷材或涂膜附加层；收头处应固定密封（图 6-4）。

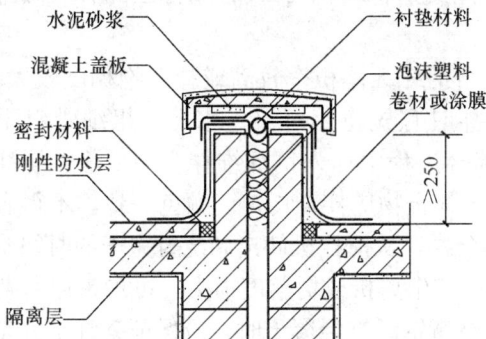

图 6-3 屋面变形缝

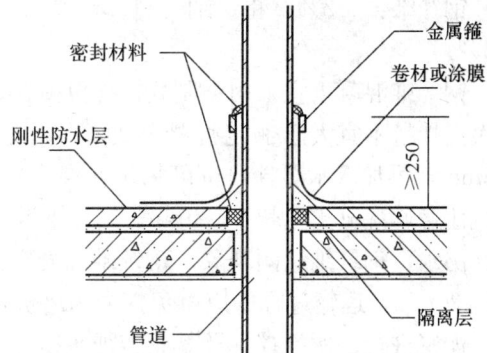

图 6-4 伸出屋面管道

4. 施工工艺

（1）普通细石混凝土防水层施工

混凝土水灰比不应大于 0.66，每立方米混凝土的水泥和掺合料用量不应小于 330kg，砂率宜为36%～60%，灰砂比宜为1：2.6～1：2。细石混凝土防水层中的钢筋网片，施工时应放置在混凝土中的上部。分格条安装位置应准确，起条时不得损坏分格缝处的混凝土；当采用切割法施工时，分格缝的切割深度宜为防水层厚度的1/2。普通细石混凝土中掺入减水剂、防水剂时，应准确计量、投料顺序得当、搅拌均匀。混凝土搅拌时间不应少于2min，混凝土运输过程中应防止漏浆和离析；每个分格板块的混凝土应一次浇筑完成，不得留施工缝；抹压时不得在表面洒水、加水泥浆或撒干水泥，混凝土收水后应进行二次压光。防水层的节点施工应符合设计要求。预留孔洞和预埋件位置应准确；安装管件后，其周围应按设计要求嵌填密实。混凝土浇筑后应及时进行养护，养护时间不宜少于16d；养护初期屋面不得上人。

(2) 补偿收缩混凝土防水层施工

补偿收缩混凝土的水灰比、每立方米混凝土水泥最小用量、含砂率和灰砂比，应符合普通细石混凝土防水层中的规定。分格缝和节点施工，参见普通细石混凝土防水层的具体要求。用膨胀剂拌制补偿收缩混凝土时，应按配合比准确计量；搅拌投料时膨胀剂应与水泥同时加入，混凝土搅拌时间不应少于3min。每个分格板块的混凝土应一次浇筑完成，不得留施工缝；抹压时不得在表面洒水、加水泥浆或撒干水泥，混凝土收水后应进行二次压光。补偿收缩混凝土防水层应及时进行养护，养护时间不宜少于16d；养护初期屋面不得上人。

(3) 钢纤维混凝土防水层施工

钢纤维混凝土的水灰比宜为0.60～0.66；砂率宜为36%～60%；每立方米混凝土的水泥和掺合料用量宜为360～600kg；混凝土中的钢纤维体积率宜为0.8%～1.2%。钢纤维混凝土宜采用普通硅酸盐水泥或硅酸盐水泥。粗骨料的最大粒径宜为16mm，且不大于钢纤维长度的2/3；细骨料宜采用中粗砂。钢纤维的长度宜为26～60mm，直径宜为0.3～0.8mm，长径比宜为60～100。钢纤维表面不得有油污或其他妨碍钢纤维与水泥浆粘结的杂质，钢纤维内的粘连团片、表面锈蚀及杂质等不应超过钢纤维质量的1%。钢纤维混凝土的配合比应经试验确定，其称量偏差不得超过以下规定：

钢纤维：±2%；粗、细骨料：±3%；水泥或掺合料：±2%；水：±2%；外加剂：±2%。

钢纤维混凝土宜采用强制式搅拌机搅拌，当钢纤维体积率较高或拌合物稠度较大时，一次搅拌量不宜大于额定搅拌量的80%。搅拌时宜先将钢纤维、水泥、粗细骨料干拌1.6min，再加入水湿拌，也可采用在混合料拌合过程中加入钢纤维拌合的方法。搅拌时间应比普通混凝土延长1～2min。钢纤维混凝土拌合物应拌合均匀，颜色一致，不得有离析、泌水、钢纤维结团现象。钢纤维混凝土拌合物，从搅拌机卸出到浇筑完毕的时间不宜超过30min。运输过程中应避免拌合物离析，如产生离析或坍落度损失，可加入原水灰比的水泥浆进行二次搅拌，严禁直接加水搅拌。浇筑钢纤维混凝土时，应保证钢纤维分布的均匀性和连续性，并用机械振捣密实。每个分格板块的混凝土应一次浇筑完成，不得留施工缝；钢纤维混凝土振捣后，应先将混凝土表面抹平，待收水后再进行二次压光，混凝土表面不得有钢纤维露出。

钢纤维混凝土防水层应设分格缝，其纵横间距不宜大于10m，分格缝内应用密封材料嵌填密实。钢纤维混凝土防水层应及时进行养护，养护时间不宜少于16d；养护初期屋面不得上人。

6.1.3 涂膜防水屋面的施工

涂膜防水屋面主要适用于防水等级为Ⅲ级、Ⅳ级的屋面防水，也可用作Ⅰ级、Ⅱ级屋面多道防水设防中的一道防水层。

涂膜防水对基层的要求同卷材防水层对基层的有关规定。

1. 一般规定

防水涂膜应分遍涂布，待先涂布的涂料干燥成膜后，方可涂布后一遍涂料，且前后两遍涂料的涂布方向应相互垂直。

需铺设胎体增强材料时，当屋面坡度小于16%，可平行屋脊铺设；当屋面坡度大于16%，应垂直于屋脊铺设，并由屋面最低处向上进行。胎体增强材料长边搭接宽度不得小于60mm，短边搭接宽度不得小于70mm。采用二层胎体增强材料时，上下层不得垂直铺设，搭接缝应错开，其间距不应小于幅宽的1/3。涂膜防水层的收头，应用防水涂料多遍涂刷或用密封材料封严。

涂膜防水层在未做保护层前，不得在防水层上进行其他施工作业或直接堆放物品。

2. 高聚物改性沥青防水涂膜施工

（1）基层处理

屋面基层的干燥程度，应视所选用的涂料特性而定。当采用溶剂型、热熔型改性沥青防水涂料时，屋面基层应干燥、干净。

屋面板缝处理应符合下列规定：

1）板缝应清理干净，细石混凝土应浇捣密实，板端缝中嵌填的密封材料应粘结牢固、封闭严密。无保温层屋面的板端缝和侧缝应预留凹槽，并嵌填密封材料。

2）抹找平层时，分格缝应与板端缝对齐、顺直，并嵌填密封材料。

3）涂膜施工时，板端缝部位空铺附加层的宽度宜为100mm。

基层处理剂应配比准确，充分搅拌，涂刷均匀，覆盖完全，干燥后方可进行涂膜施工。

（2）施工要点

高聚物改性沥青防水涂膜施工应符合下列规定：

1）防水涂膜应多遍涂布，其总厚度应达到设计要求和遵守《屋面工程技术规范》的规定。

2）涂层的厚度应均匀，且表面平整。

3）涂层间夹铺胎体增强材料时，宜边涂布边铺胎体；胎体应铺贴平整，排除气泡，并与涂料粘结牢固。在胎体上涂布涂料时，应使涂料浸透胎体，覆盖完全，不得有胎体外露现象。最上面的涂层厚度不应小于1.0mm。

4）涂膜施工应先做好节点处理，铺设带有胎体增强材料的附加层，然后再进行大面积涂布。

5）屋面转角及立面的涂膜应薄涂多遍，不得有流淌和堆积现象。

当采用细砂、云母或蛭石等撒布材料做保护层时，应筛去粉料。在涂布最后一遍涂料时，应边涂布边撒布均匀，不得露底，然后进行辊压粘牢，待干燥后将多余的撒布材料清除。当采用水泥砂浆、块体材料或细石混凝土做保护层时，应符合本规范第6.6.6条6～

8 款的规定。

高聚物改性沥青防水涂膜，严禁在雨天、雪天施工；五级风及其以上时不得施工。溶剂型涂料施工环境气温宜为−6~36℃；水乳型涂料施工环境气温宜为6~36℃；热熔型涂料施工环境气温不宜低于−10℃。

3. 合成高分子防水涂膜施工

（1）基层处理

屋面基层应干燥、干净，无孔隙、起砂和裂缝。屋面板缝处理同上。

（2）施工要点

合成高分子防水涂膜施工，除应符合高聚物改性沥青防水涂膜施工的规定外，尚应符合下列要求：

1）可采用涂刮或喷涂施工。当采用涂刮施工时，每遍涂刮的推进方向宜与前一遍相互垂直。

2）多组分涂料应按配合比准确计量，搅拌均匀，已配成的多组分涂料应及时使用。配料时，可加入适量的缓凝剂或促凝剂来调节固化时间，但不得混入已固化的涂料。

3）在涂层间夹铺胎体增强材料时，位于胎体下面的涂层厚度不宜小于1mm，最上层的涂层不应少于两遍，其厚度不应小于0.6mm。

合成高分子防水涂膜，严禁在雨天、雪天施工；五级风及其以上时不得施工。溶剂型涂料施工环境气温宜为−6~36℃；乳胶型涂料施工环境气温宜为6~36℃；反应型涂料施工环境气温宜为6~36℃。

4. 聚合物水泥防水涂膜施工

（1）基层处理

屋面基层应平整、干净，无孔隙、起砂和裂缝。屋面板缝处理同上。

（2）施工要点

聚合物水泥防水涂膜施工，除应符合高聚物改性沥青防水涂膜施工的规定外，尚应有专人配料、计量，搅拌均匀，不得混入已固化或结块的涂料。当采用浅色涂料做保护层时，应待涂膜干燥后进行；当采用水泥砂浆、块体材料或细石混凝土做保护层时，参见卷材防水保护层的有关规定。

聚合物水泥防水涂膜，严禁在雨天和雪天施工；五级风及其以上时不得施工；聚合物水泥防水涂料的施工环境气温宜为6~36℃。

6.1.4 屋面接缝防水

屋面接缝密封防水适用于屋面防水工程的密封处理，并与刚性防水屋面、卷材防水屋面、涂膜防水屋面等配套使用。密封防水部位的基层应符合下列要求：

1）基层应牢固，表面应平整、密实，不得有裂缝、蜂窝、麻面、起皮和起砂现象；

2）嵌填密封材料前，基层应干净、干燥。

对嵌填完毕的密封材料，应避免碰损及污染；固化前不得踩踏。

1. 材料要求

采用的背衬材料应能适应基层的膨胀和收缩，具有施工时不变形、复原率高和耐久性好等性能。背衬材料的品种有聚乙烯泡沫塑料棒、橡胶泡沫棒等。采用的密封材料应具有弹塑性、粘结性、施工性、耐候性、水密性、气密性和位移性。

密封材料的贮运、保管应符合下列规定：

1）密封材料的贮运、保管应避开火源、热源，避免日晒、雨淋，防止碰撞，保持包装完好无损；

2）密封材料应分类贮放在通风、阴凉的室内，环境温度不应高于600℃。

进场的改性石油沥青密封材料抽样复验应符合下列规定：

1）同一规格、品种的材料应每2t为一批，不足2t者按一批进行抽样；

2）改性石油沥青密封材料物理性能，应检验耐热度、低温柔性、拉伸粘结性和施工度。进场的合成高分子密封材料抽样复验应符合下列规定：

1）同一规格、品种的材料应每1t为一批，不足1t者按一批进行抽样；

2）合成高分子密封材料物理性能，应检验拉伸模量、定伸粘结性和断裂伸长率。

2. 改性石油沥青密封材料防水施工

密封防水施工前，应检查接缝尺寸，符合设计要求后，方可进行下道工序施工。背衬材料的嵌入可使用专用压轮，压轮的深度应为密封材料的设计厚度，嵌入时背衬材料的搭接缝及其与缝壁间不得留有空隙。基层处理剂应配比准确，搅拌均匀。采用多组分基层处理剂时，应根据有效时间确定使用量。

基层处理剂的涂刷宜在铺放背衬材料后进行，涂刷应均匀，不得漏涂。待基层处理剂表干后，应立即嵌填密封材料。改性石油沥青密封材料防水施工应符合下列规定：

1）采用热灌法施工时，应由下向上进行，尽量减少接头。垂直于屋脊的板缝宜先浇灌，同时在纵横交叉处宜沿平行于屋脊的两侧板缝各延伸浇灌160mm，并留成斜槎。密封材料熬制及浇灌温度应按不同材料要求严格控制。

2）采用冷嵌法施工时，应先将少量密封材料批刮在缝槽两侧，分次将密封材料嵌填在缝内，并防止裹入空气。接头应采用斜槎。

改性石油沥青密封材料，严禁在雨天、雪天施工；五级风及其以上时不得施工；施工环境气温宜为0～36℃。

3. 合成高分子密封材料防水施工

密封防水施工前，应检查接缝尺寸，符合设计要求后，方可进行下道工序施工。合成高分子密封材料防水施工应符合下列规定：

1）单组分密封材料可直接使用。多组分密封材料应根据规定的比例准确计量，拌合均匀。每次拌合量、拌合时间和拌合温度，应按所用密封材料的要求严格控制。

2）密封材料可使用挤出枪或腻子刀嵌填，嵌填应饱满，不得有气泡和孔洞。

3）采用挤出枪嵌填时，应根据接缝的宽度选用口径合适的挤出嘴，均匀挤出密封材料嵌填，并由底部逐渐充满整个接缝。

4）一次嵌填或分次嵌填应根据密封材料的性能确定。

5）采用腻子刀嵌填时，同改性石油沥青密封材料防水施工的有关规定。

6）密封材料嵌填后，应在表干前用腻子刀进行修整。

7）多组分密封材料拌合后，应在规定时间内用完，未混合的多组分密封材料和未用完的单组分密封材料应密封存放。

8）嵌填的密封材料表干后，方可进行保护层施工。

合成高分子密封材料，严禁在雨天或雪天施工；五级风及其以上时不得施工；溶剂型密封材料施工环境气温宜为 0～36℃，乳胶型及反应固化型密封材料施工环境气温宜为 6～36℃。

6.1.5 其他屋面的施工

1. 保温隔热屋面

保温隔热屋面适用于具有保温隔热要求的屋面工程。当屋面防水等级为Ⅰ级、Ⅱ级时，不宜采用蓄水屋面。

屋面保温可采用板状材料或整体现喷保温层，屋面隔热可采用架空、蓄水、种植等隔热层。封闭式保温层的含水率，应相当于该材料在当地自然风干状态下的平衡含水率。架空屋面宜在通风较好的建筑物上采用；不宜在寒冷地区采用。蓄水屋面不宜在寒冷地区、地震地区和振动较大的建筑物上采用。种植屋面应根据地域、气候、建筑环境、建筑功能等条件，选择相适应的屋面构造形式。对正在施工或施工完的保温隔热层应采取保护措施。

（1）材料要求

现喷硬质聚氨酯泡沫塑料的表观密度宜为 36～60kg/m³，导热系数小于 0.030W/m·K，压缩强度大于 160kPa，闭孔率大于 92%。

架空隔热制品及其支座材料的质量应符合设计要求及有关材料标准。

蓄水屋面应采用刚性防水层，或在卷材、涂膜防水层上再做刚性复合防水层；卷材、涂膜防水层应采用耐腐蚀、耐霉烂、耐穿刺性能好的材料。

种植屋面的防水层应采用耐腐蚀、耐霉烂、防植物根系穿刺、耐水性好的防水材料；卷材、涂膜防水层上部应设置刚性保护层。

进场的保温隔热材料抽样数量，应按使用的数量确定，同一批材料至少应抽样一次。进场后的保温隔热材料物理性能应检验下列项目：

1）板状保温材料：表观密度，压缩强度，抗压强度；

2）现喷硬质聚氨酯泡沫塑料应先在试验室试配，达到要求后再进行现场施工。

保温隔热材料的贮运、保管应符合下列规定：

1）保温材料应采取防雨、防潮的措施，并应分类堆放，防止混杂；

2）板状保温材料在搬运时应轻放，防止损伤断裂、缺棱掉角，保证板的外形完整。

（2）保温层施工

1）板状材料保温层施工应符合下列规定：

①基层应平整、干燥和干净；

②干铺的板状保温材料，应紧靠在需保温的基层表面上，并应铺平垫稳；

③分层铺设的板块上下层接缝应相互错开，板间缝隙应采用同类材料嵌填密实；

④粘贴板状保温材料时，胶粘剂应与保温材料材性相容，并应贴严、粘牢。

2）整体现喷硬质聚氨酯泡沫塑料保温层施工应符合下列规定：

①基层应平整、干燥和干净；

②伸出屋面的管道应在施工前安装牢固；

③硬质聚氨酯泡沫塑料的配合比应准确计量，发泡厚度均匀一致；

④施工环境气温宜为 16～30℃，风力不宜大于三级，相对湿度宜小于 86%。

干铺的保温层可在负温度下施工；用有机胶粘剂粘贴的板状材料保温层，在气温低于

－10％时不宜施工；用水泥砂浆粘贴的板状材料保温层，在气温低于 6℃时不宜施工。雨天、雪天和五级风及其以上时不得施工；当施工中途下雨、下雪时，应采取遮盖措施。

（3）架空屋面施工

架空隔热层施工时，应将屋面清扫干净，并根据架空板的尺寸弹出支座中线。在支座底面的卷材、涂膜防水层上，应采取加强措施。铺设架空板时应将灰浆刮平，随时扫净屋面防水层上的落灰、杂物等，保证架空隔热层气流畅通。操作时不得损伤已完工的防水层。架空板的铺设应平整、稳固；缝隙宜采用水泥砂浆或混合砂浆嵌填，并应按设计要求留变形缝。

（4）蓄水屋面施工

蓄水屋面的所有孔洞应预留，不得后凿。所设置的给水管、排水管和溢水管等，应在防水层施工前安装完毕。每个蓄水区的防水混凝土应一次浇筑完毕，不得留施工缝；立面与平面的防水层应同时做好。蓄水屋面采用卷材防水层施工的气候条件，应符合卷材防水层施工中对环境温度的规定。蓄水屋面的刚性防水层完工后，应及时养护，养护时间不得少于 16d。蓄水后不得断水。

（5）种植屋面施工

种植屋面挡墙（板）施工时，留设的泄水孔位置应准确，并不得堵塞。施工完的防水层，应按相关材料特性进行养护，并进行蓄水或淋水试验。平屋面宜进行蓄水试验，其蓄水时间不应少于 26h；坡屋面宜进行淋水试验。经蓄水或淋水试验合格后，应尽快进行介质铺设及种植工作。介质层材料和种植植物的质（重）量应符合设计要求，介质材料、植物等应均匀堆放，并不得损坏防水层。植物的种植时间，应根据植物对气候条件的要求确定。

（6）倒置式屋面施工

施工完的防水层，应进行蓄水或淋水试验，合格后方可进行保温层的铺设。板状保温材料的铺设应平稳，拼缝应严密。保护层施工时，应避免损坏保温层和防水层。当保护层采用卵石铺压时，卵石的质（重）量应符合设计规定。

2. 瓦屋面

当屋面为坡屋面时，宜采用瓦屋面。

平瓦屋面适用于防水等级为Ⅱ级、Ⅲ级、Ⅳ级的屋面防水，油毡瓦屋面适用于防水等级为Ⅱ级、Ⅲ级的屋面防水，金属板材屋面适用于防水等级为Ⅰ级、Ⅱ级、Ⅲ级的屋面防水。

平瓦、油毡瓦可铺设在钢筋混凝土或木基层上，金属板材可直接铺设在檩条上。平瓦、油毡瓦屋面与山墙及突出屋面结构的交接处，均应做泛水处理。在大风或地震地区，应采取措施使瓦与屋面基层固定牢固。

瓦屋面严禁在雨天或雪天施工，五级风及其以上时不得施工。油毡瓦的施工环境气温宜为 6～36℃。瓦屋面完工后，应避免屋面受物体冲击。严禁任意上人或堆放物件。

（1）材料要求

1）平瓦及其脊瓦的质量及贮运、保管应符合下列规定：

①平瓦及其脊瓦应边缘整齐，表面光洁，不得有分层、裂纹和露砂等缺陷，平瓦的瓦爪与瓦槽的尺寸应准确；

②平瓦运输时应轻拿轻放，不得抛扔、碰撞，进入现场后应堆垛整齐。

2）油毡瓦的质量及贮运、保管应符合下列规定：

①油毡瓦应边缘整齐，切槽清晰，厚薄均匀，表面无孔洞、楞伤、裂纹、折皱和起泡等缺陷；

②油毡瓦应在环境温度不高于66℃的条件下保管，避免雨淋、日晒、受潮，并应注意通风和避免接近火源。

3）金属板材的质量及贮运、保管应符合下列规定：

①金属板材应边缘整齐，表面光滑，色泽均匀，外形规则，不得有扭翘、脱膜和锈蚀等缺陷；

②金属板材堆放地点宜选择在安装现场附近，堆放场地应平坦、坚实且便于排除地面水。

各种瓦的规格和技术性能，应符合国家现行标准的要求。进场后应进行外观检验，并按有关规定进行抽样复验。

（2）瓦屋面的施工

1）平瓦屋面的施工

在木基层上铺设卷材时，应自下而上平行屋脊铺贴，搭接顺流水方向。卷材铺设时应压实铺平，上部工序施工时不得损坏卷材。

挂瓦条间距应根据瓦的规格和屋面坡长确定。挂瓦条应铺钉平整、牢固，上棱应成一直线。

平瓦应铺成整齐的行列，彼此紧密搭接，并应瓦榫落槽，瓦脚挂牢，瓦头排齐，檐口应成一直线。脊瓦搭盖间距应均匀；脊瓦与坡面瓦之间的缝隙，应采用掺有纤维的混合砂浆填实抹平；屋脊和斜脊应平直，无起伏现象。沿山墙封檐的一行瓦，宜用1：2.6的水泥砂浆做出披水线将瓦封固。铺设平瓦时，平瓦应均匀分散堆放在两坡屋面上，不得集中堆放。铺瓦时，应由两坡从下向上同时对称铺设。

在基层上采用泥背铺设平瓦时，泥背应分两层铺抹，待第一层干燥后再铺抹第二层，并随铺平瓦。在混凝土基层上铺设平瓦时，应在基层表面抹1：3水泥砂浆找平层，钉设挂瓦条挂瓦。当设有卷材或涂膜防水层时，防水层应铺设在找平层上；当设有保温层时，保温层应铺设在防水层上。

2）油毡瓦屋面施工

油毡瓦的木基层应平整。铺设时，应在基层上先铺一层卷材垫毡，从檐口往上用油毡钉铺钉，钉帽应盖在垫毡下面，垫毡搭接宽度不应小于60mm。

油毡瓦应自檐口向上铺设，第一层瓦应与檐口平行，切槽向上指向屋脊；第二层瓦应与第一层叠合，但切槽向下指向檐口；第三层瓦应压在第二层上，并露出切槽。相邻两层油毡瓦，其拼缝及瓦槽应均匀错开。每片油毡瓦不应少于6个油毡钉，油毡钉应垂直钉入，钉帽不得外露油毡瓦表面。当屋面坡度大于160％时，应增加油毡钉或采用沥青胶粘贴。

铺设脊瓦时，应将油毡瓦切槽剪开，分成四块做为脊瓦，并用两个油毡钉固定；脊瓦应顺年最大频率风向搭接，并应搭盖住两坡面油毡瓦接缝的1/3；脊瓦与脊瓦的压盖面，不应小于脊瓦面积的1/2。

屋面与突出屋面结构的交接处，油毡瓦应铺贴在立面上，其高度不应小于260mm。在屋面与突出屋面的烟囱、管道等交接处，应先做二毡三油防水层，待铺瓦后再用高聚物改性沥青卷材做单层防水。在女儿墙泛水处，油毡瓦可沿基层与女儿墙的八字坡铺贴，并用镀锌薄钢板覆盖，钉入墙内预埋木砖上；泛水上口与墙间的缝隙应用密封材料封严。在混凝土基层上铺设油毡瓦时，应在基层表面抹1:3水泥砂浆找平层，铺设卷材垫毡和油毡瓦。

当与卷材或涂膜防水层复合使用时，防水层应铺设在找平层上，防水层上再做细石混凝土找平层，然后铺设卷材垫毡和油毡瓦。

当设有保温层时，保温层应铺设在防水层上，保温层上再做细石混凝土找平层，然后铺设卷材垫毡和油毡瓦。

3）金属板材屋面施工

金属板材应用专用吊具吊装，吊装时不得损伤金属板材。

金属板材应根据板型和设计的配板图铺设；铺设时，应先在檩条上安装固定支架，板材和支架的连接，应按所采用板材的质量要求确定。铺设金属板材屋面时，相邻两块板应顺年最大频率风向搭接；上下两排板的搭接长度，应根据板型和屋面坡长确定，并应符合板型的要求，搭接部位用密封材料封严；对接拼缝与外露钉帽应做密封处理。天沟用金属板材制作时，应伸入屋面金属板材下不小于100mm；当有檐沟时，屋面金属板材应伸入檐沟内，其长度不应小于60mm；檐口应用异型金属板材的堵头封檐板；山墙应用异型金属板材的包角板和固定支架封严。每块泛水板的长度不宜大于2m，泛水板的安装应顺直；泛水板与金属板材的搭接宽度，应符合不同板型的要求。

6.2 地下防水工程

地下工程都不同程度地受到潮湿环境和地下水的作用，包括地下水对地下工程的渗透作用和地下水中的有害化学成分对地下工程的腐蚀和破坏作用。因此，地下工程必须选择合理有效的防水技术措施，确保良好的防水效果，满足地下工程的耐久性及使用的要求。地下工程的防水方案，一般可分为三类：

（1）表面防水层防水

即在结构物的外侧增加防水层以达到防水的目的。常用的防水层有水泥砂浆、卷材防水层等。可根据不同的工程对象、防水要求及施工条件选用。

（2）防水混凝土结构防水

依靠防水混凝土结构自身的抗渗性和密实性来进行防水，防水混凝土结构既是承重、围护结构，又是防水层，这种防水方案被广泛地采用。

（3）渗排水防水层防水

即利用盲沟、渗排水层等措施把地下水排走，以达到防水的目的。该方法适用于重要的、面积较大的、地下水为上层滞水且防水要求较高的地下建筑。

6.2.1 表面防水层防水

1. 水泥砂浆防水层

水泥砂浆防水层防水是一种刚性防水，它是用水泥砂浆和素灰（纯水泥浆）交替抹压涂刷在地下工程表面形成水泥砂浆防水层，依靠水泥砂浆防水层的密实性来达到防水要求。这种防水方法取材容易，成本低，施工方便，适用于地下砖石结构的防水层和防水混凝土结构的加强层。但其抵抗变形的能力较差，当结构不均匀下沉、受强烈振动荷载或湿度温度变化较大时，容易产生裂缝或剥落。为了克服这一缺陷，往往在水泥砂浆中引入聚合物材料对其进行改性，形成聚合物水泥防水砂浆，这极大地提高了密实性及抗拉、抗折和粘结强度，降低了砂浆的干缩率，增强了抗裂性能，扩大了水泥砂浆防水的适用范围。

（1）材料及配合比要求

水泥砂浆防水层所采用的水泥为强度等级不低于 32.5 级的普通硅酸盐水泥、矿渣硅酸盐水泥或火山灰质硅酸盐水泥。砂应该选用颗粒坚硬、洁净的粗砂，含泥量不大于1%。素灰的水灰比宜控制在 0.37～0.6 或 0.6～0.66；水泥砂浆的水灰比宜控制在 0.6～0.66，其灰砂比宜为 1：2.6，稠度控制在 7～8cm。如果掺加外加剂、采用膨胀水泥，或者采用聚合物水泥砂浆时，其配合比应执行专门的技术规定。

（2）水泥砂浆防水层施工

施工前，对基层进行严格的处理十分重要，这是保证防水层与基层表面结合牢固、不空鼓和密实不透水的关键。基层处理包括清理、浇水、刷洗、补平等工作，使基层表面保持潮湿、清洁、平整、坚实、粗糙。

防水层的第一层素灰层，厚 2mm，在基层表面分两次抹成，抹完后用湿毛刷在素灰层表面涂刷一遍。第二层为水泥砂浆层，厚 4～5mm，在第一层初凝时抹上，以保证粘结性。第三层为素灰层，厚 2mm，在第二层凝固并有一定强度、在表面适当洒水湿润后进行。第四层为水泥砂浆层，厚 4～5mm，同第二层的做法。若这一层为最后一层，则应该在水泥砂浆凝固前水分蒸发的过程中，分 2～3 次抹平压光。若用五层防水，则第五层刷水泥浆一遍，随第四层抹平压光。

结构阴阳角处的防水层，均需要抹成圆角，阴角直径为 60mm，阳角直径为 10mm。防水层的施工缝需留斜坡阶梯形槎，槎的搭接要依照层次顺序层层搭接。留槎的位置可以在地面或墙面上，所留槎均需距离阴阳角 200mm 以上，其接头方法如图 6-5 所示。

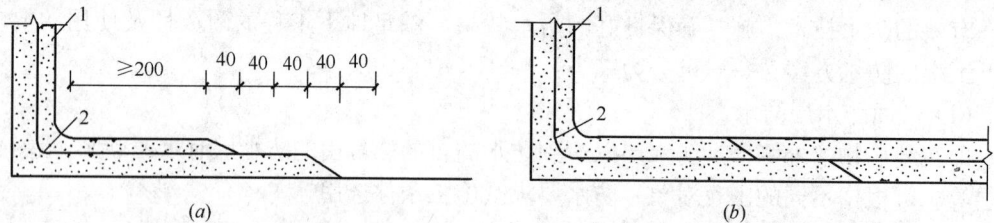

图 6-5　刚性防水层接槎的处理
（a）留头方法；（b）接头方法
1—砂浆层；2—素灰层

2. 卷材防水层

卷材防水层防水是一种柔性防水，它是用胶结材料将防水卷材粘贴于需要防水结构的外侧而形成的防水层。目前，地下工程常用的防水卷材为高聚物改性沥青防水卷材和合成高分子防水卷材，该卷材具有质量轻、抗拉强度高、延伸率大、耐候性好、使用温度幅度大、寿命长、耐腐蚀性好，以及施工简便、污染小等优点，适用于受侵蚀介质作用或受振动作用、微小变形作用的地下工程的防水。

卷材防水层一般设置在地下结构的外侧，称为外防水，按其与地下防水结构施工的先后顺序分为外防外贴法和外防内贴法两种。

外防外贴法施工是在地下结构墙体做好后，直接将卷材防水层铺贴在外墙外表面上，然后砌筑保护墙，如图 6-6 所示。施工程序如下：待混凝土垫层和砂浆找平层施工完毕后，在垫层上砌筑永久性保护墙，墙下铺一层干油毡，墙高不小于底板厚度再加 200～600mm；在永久性保护墙上用石灰砂浆接着砌筑临时保护墙；永久性保护墙和临时保护墙分别用水泥砂浆、石灰砂浆找平；待找平层基本干燥后，在底板垫层表面和保护墙上按施工要求铺贴卷材，临时保护墙上的卷材为临时铺贴，应分层临时固定在其顶端，主要为墙面铺贴接槎用；再进行防水结构的混凝土底板和外墙体等主体结构的施工，并做外墙找平层；主体结构完成后，铺贴立面卷材，先贴留出的接槎部位，再分层接铺到要求的高度；卷材铺贴完毕后及时做好卷材防水层的保护结构。

外防内贴法施工是在地下结构墙体施工前先砌筑保护墙，然后将卷材防水层贴在保护墙上，最后施工地下结构墙体（图 6-7），在地下室墙外侧操作空间很小的情况下，多用外防内贴法。施工程序如下：在混凝土垫层和砂浆找平层施工完毕后，在垫层上砌筑永久性保护墙，墙下铺一层干油毡，永久性保护墙用水泥砂浆找平；待找平层基本干燥后，在底板垫层表面和保护墙上按施工要求铺贴卷材；卷材铺贴完毕后及时做好卷材防水层的保护层，立面可以抹水泥砂浆、贴塑料板等，平面可以抹水泥砂浆；接着可施工混凝土底板和外墙等主体结构。

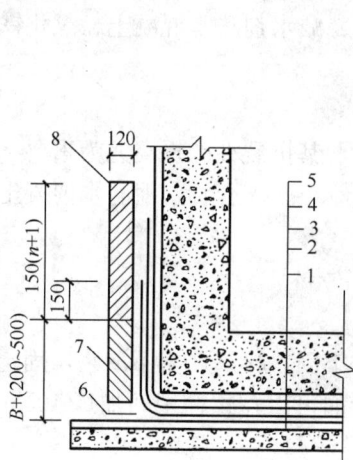

图 6-6 外防外贴法

1—垫层；2—找平层；3—卷材防水层；
4—保护层；5—构筑层；6—油毡；7—永
久保护墙；8—临时性保护墙
n—卷材层数；B—底板厚

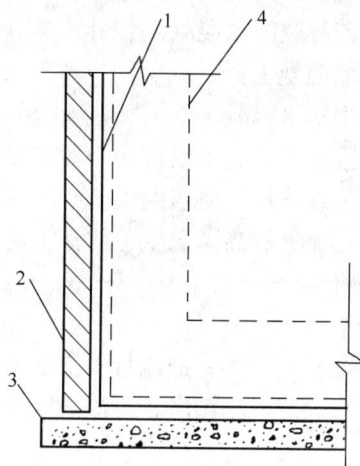

图 6-7 外防内贴法

1—卷材防水层；2—保护墙；3—垫层；
4—尚未施工的建筑物

6.2.2 防水混凝土结构自防水

防水混凝土结构自防水是以结构混凝土自身的密实性来进行防水。它具有密实度高、抗渗性强、耐腐蚀性好的特点，是目前地下工程防水的一种主要方法。

1. 防水混凝土分类

（1）普通防水混凝土

普通防水混凝土是通过调整混凝土的配合比来提高混凝土的密实度，以达到提高其抗渗能力的一种混凝土。混凝土是非匀质材料，它的渗水是通过孔隙和裂缝进行的。因此，控制其水灰比、水泥用量和砂率来保证混凝土中砂浆的质量和数量，以抑制孔隙的形成，切断混凝土毛细管渗水通路，从而提高混凝土的密实性和抗渗性能。

水泥强度等级不宜低于 32.5 级，要求抗水性好、泌水性小、水化热低，并具有一定的抗腐蚀性。细骨料要求为颗粒均匀、圆滑、质地坚实、含泥量不大于 3％ 的中粗砂，砂的颗粒级配适宜，平均粒径 0.6mm 左右。粗骨料要求组织密实、形状整齐，含泥量不大于 1％，颗粒的自然级配适宜，粒径 6～30mm，最大粒径不大于 60mm，且吸水率不大于 1.6％。

防水混凝土的配合比应根据设计要求和实际使用材料通过试验来选定，且按设计要求的抗渗强度等级提高 0.2～0.6MPa。混凝土的水泥用量大于 300kg/m³，但也不大于 600kg/m³。含砂率以 36％～66％ 为宜，灰砂比应为（1：2）～（1：2.6），水灰比小于等于 0.66，坍落度不大于 60mm。对于预拌混凝土，入泵坍落度宜控制在 100～160mm。若加掺合料，粉煤灰的级别不应低于二级，掺量不大于 20％，硅粉掺量不大于 3％。

（2）外加剂防水混凝土

外加剂防水混凝土是在混凝土中掺入一定的有机或无机的外加剂，以改善混凝土的性能和结构组成，提高混凝土的密实性和抗渗性，从而达到防水的目的。常用的外加剂防水混凝土有三乙醇胺防水混凝土、引气剂防水混凝土、减水剂防水混凝土、氯化铁防水混凝土、补偿收缩混凝土。

（3）新型防水混凝土

防水混凝土作为地下结构的一种主要防水材料，其抗裂性的提高尤为重要。近十多年来逐步发展的纤维抗裂防水混凝土、高性能防水混凝土、聚合物水泥防水混凝土分别以其各自的特性，显著提高了混凝土的密实性和抗裂性。

2. 防水混凝土施工

（1）施工要点

保持施工环境干燥，避免带水施工。模板支撑牢固，接缝严密不漏浆，固定模板用的螺栓必须穿过混凝土结构时，应该采取止水措施，如可以在螺栓中间加焊 10cm 的方形止水环。

迎水面钢筋保护层厚度不应小于 60mm，钢筋及绑扎钢丝均不得接触模板，不得用垫铁或钢筋头充当混凝土保护层垫块。

混凝土材料用量要严格按配合比计量。防水混凝土应该用机械搅拌，搅拌时间不应少于 120s。掺外加剂的混凝土，其外加剂应用拌合水稀释均匀，不得直接投入，其搅拌时间按技术要求确定。混凝土应分层连续浇筑，每层厚度不大于 300～600mm，相邻层混凝土浇筑的时间间隔不大于 2h。浇筑混凝土的自落高度不大于 1.6m，否则应使用串筒、溜槽或溜管等工具进行。防水混凝土进入终凝（浇筑后 4～6h），就应该覆盖浇水养护 16d 以上，凡掺早强型外加剂或微膨胀水泥配制的防水混凝土，更应该加强早期养护；防水混凝土不宜采用电热法和蒸汽养护，以免抗渗性下降。拆模时，防水混凝土的强度等级必须大于设计强度等级的 70%，结构表面温度与周围气温的温差不得超过 16℃。地下结构应及时回填，不应长期暴露，以避免因干缩和温差产生裂缝。

（2）施工缝

底板混凝土应连续浇灌，不得留施工缝。墙体一般只允许留设水平施工缝。其位置不应该留在剪力与弯矩最大处或底板与侧壁的交接处，一般宜留在高出底板上表面不小于200mm 的墙身上，施工缝的形式如图 6-8 所示。

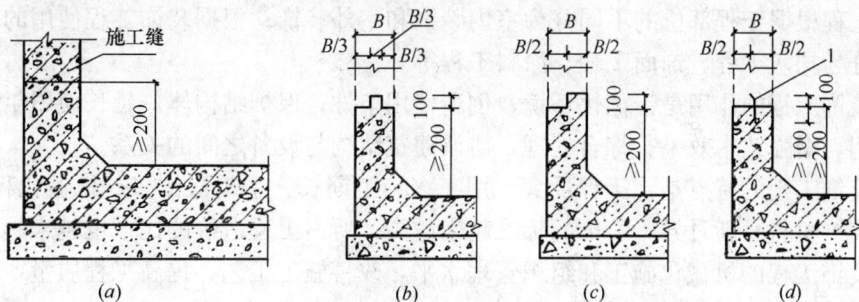

图 6-8 施工缝接缝形式
(a) 平口缝；(b) 凸缝；(c) 高低缝；(d) 金属止水缝
1—金属止水片

为了使接缝严密，继续浇筑混凝土前，应先将施工缝处混凝土凿毛，清除浮粒和杂物，用水清洗干净并保持湿润，再铺上一层厚 30～60mm 与混凝土成分相同的水泥砂浆，然后继续浇筑混凝土。

思 考 题

一、名词解释：

1. 卷材屋面；2. 刚性防水屋面；3. 涂膜防水屋面

二、问答题：

1. 卷材防水屋面目前最常见的施工方法有哪些？

2. 简述卷材防水的一般规定。

3. 进场的卷材物理性能应检验哪些项目？

4. 简述防水卷材的施工工艺。

第7章 建 筑 装 饰

装饰工程根据工程部位的不同分为室内装饰和室外装饰；根据装饰工程使用的材料和施工方法分为抹灰工程、饰面工程、涂料工程等。

建筑装饰工程的作用是：优化环境，创造使用条件；保护结构体，延长使用年限；美化建筑空间，增强艺术效果；综合处理，协调建筑结构与设备之间的关系。

建筑装饰工程的特点是：工程量大、用工多、工期长、手工操作多、机械化程度低，并且新型装饰材料日新月异，装饰的标准越来越高，所占工程造价的比重也越来越大。因此，提高装饰工程的机械化施工和组织管理水平，改善施工工艺、提高工程质量，对于加快施工速度、缩短工期是有积极意义的。

7.1 抹 灰 工 程

把灰浆涂抹在建筑物的墙面、顶棚、楼地面等部位的装饰工程称为抹灰工程。按使用的材料和装饰效果，可以分为一般抹灰和装饰抹灰。

7.1.1 一般抹灰工程

一般抹灰是指采用石灰砂浆、混合砂浆、水泥砂浆、聚合物水泥砂浆、膨胀珍珠岩水泥砂浆等材料进行涂抹的施工。

1. 一般抹灰工程的组成

抹灰层的组成一般分为底层、中层与面层。底层主要起粘结作用，并对基层进行初步找平，砂浆稠度10~12；中层的作用是找平，砂浆稠度6~8；面层（又称罩面）是使表面光滑细致，起装饰作用，砂浆稠度10。

抹灰采取分层进行，目的是为了增强层间的粘结，控制找平，保证质量。如果一次抹得太厚，由于内外收水快慢不同，易产生开裂，甚至起鼓脱落。

抹灰层的平均总厚度要根据具体部位及基层材料而定。钢筋混凝土顶棚抹灰厚度不大于15mm；内墙普通抹灰厚度不大于20mm，高级抹灰厚度不大于25mm；外墙抹灰厚度不大于20mm；勒脚及突出墙面部分不大于25mm。

2. 一般抹灰工程的分类

按建筑物标准、质量要求及操作工序，一般抹灰可以分为普通和高级抹灰两级。见表7-1。

3. 抹灰基体的表面处理

抹灰前，对砖石、混凝土等基层表面的灰尘、污垢和油渍等，应该清除干净，并将墙面上的施工孔洞、管线沟槽、门窗框的缝隙堵塞密实，抹灰前基体一定要洒水湿润，砖基体一般使砖面渗水深度达8~10mm，混凝土基体使水渗入混凝土表面2~7mm。基体为混凝土、加气混凝土、灰砂砖和煤矸石砖时，在湿润的基体表面还需刷TG胶或108胶的水泥浆一道，从而封闭基体的毛细孔，使底灰不至于早期脱水，以增强基体与底层灰的粘结力。在不同结构基层的交接处，应该先铺钉一层金属网或纤维布，并使其绷紧牢固（金属网与各基层的搭接宽度不应小于 100mm），以防抹灰层由于两种基层材料胀缩不同而产生裂缝。

一般抹灰的分类   表 7-1

级 别	适 用 范 围	做 法 要 求
高级抹灰	适用于大型公共建筑物、纪念性建筑物（如剧院、礼堂、宾馆、展览馆等和高级住宅）以及有特殊要求的高级建筑等	一层底灰、数层中层和一层面层。阴阳角找方，设置标筋，分层赶平、修整，表面压光。要求表面应光滑、洁净，颜色均匀，线条平直，清晰美观，无抹纹
普通抹灰	适用于一般居住、公用和工业建筑（如住宅、宿舍、教学楼、办公楼）以及建筑物中的附属用房，如汽车库、仓库、锅炉房、地下室、储藏室等	一层底灰、一层中层和一层面层（或一层底层、一层面层），阳角找方，设置标筋，分层赶平、修整，表面压光。要求表面洁净、线条顺直，清晰，接槎平整

4. 一般抹灰施工工艺

(1) 墙面抹灰

1）找规矩，弹准线

对普通抹灰，先用托线板全面检查墙面的垂直平整程度，根据检查的实际情况并根据抹灰等级和抹灰总厚度，决定墙面的抹灰厚度（最薄处一般不小于 7mm）。对高级抹灰，先将房间规方，小房间可以一面墙做基线，用方尺规方即可；如果房间面积较大，要在地面上先弹出十字线，作为墙角抹灰的准线，在距离墙角约 10ram 左右，用线坠吊直，在墙面弹一立线，再按房间规方地线（十字线）及墙面平整程度向里反弹出墙角抹灰准线，并在准线上下两端挂通线作为抹灰饼、冲筋的依据。

2）贴灰饼

首先用与抹底层灰相同的砂浆做墙体上部的两个灰饼，其位置距顶棚约 200mm，灰饼大小一般 50mm 见方，厚度由墙面平整垂直的情况而定。然后，根据这两个灰饼用托线板或线坠挂垂直做墙面下角两个标准灰饼（高低位置一般在踢脚线上方 200～250mm处），厚度以垂直为准，再在灰饼附近墙缝内钉上钉子，拴上小线挂好通线，并根据通线位置加设中间灰饼，间距 1.2～1.5m（图 7-1）。

3）设置标筋（即冲筋）

待灰饼砂浆基本进入终凝，用抹底层灰的砂浆将上下两个灰饼之间抹一条宽约100mm 的灰梗，用刮尺刮平，厚度与灰饼一致，用来作为墙面抹灰的标准，这就是冲筋（图 7-1）。还应将标筋两边用刮尺修成斜面，使其与抹灰层接槎平顺。

4）阴、阳角找方

普通抹灰要求阳角找方，对于除门窗外还有阳角的房间，则应该首先将房间大致规方，其方法是先在阳角一侧做基线，用方尺将阳角先规方，然后在墙角弹出抹灰准线，并在准线上下两端挂通线做灰饼。高级抹灰要求阴阳角都要找方，阴阳角两边都要弹出基线。为了便于做角和保证阴阳角方正，必须在阴阳角两边做灰饼和标筋。

5）做护角

室内外墙面、柱面和门窗洞口的阳角抹灰要求线条清晰、挺直，并要防止碰坏，故该处应用 1：2 水泥砂浆做护角，护角高度不应低于 2m，每侧宽度不小于 50mm。

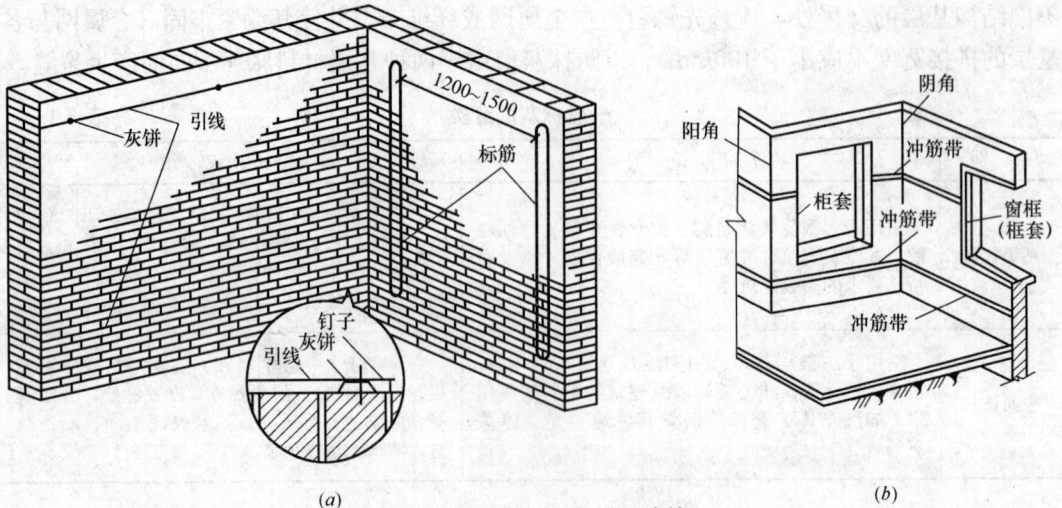

图 7-1 挂线做标准灰饼及冲筋

(a) 灰饼、标筋位置示意；(b) 水平横向标筋示意

6）抹底层灰

当标筋稍干后，用刮尺操作不致损坏时，即可抹底层灰。抹底层灰前，先应该对基体表面进行处理（如前所述）。应自上而下地在标筋间施抹底灰，随抹随用刮尺齐着标筋刮平。刮尺操作用力要均匀，不准将标筋刮坏或使抹灰层出现不平的现象。待刮尺基本刮平后，再用木抹子修补、压实、搓平、搓毛。

7）抹中层灰

待底层灰凝结，达八成干后（用手指按压不软，但有指印和潮湿感），就可以抹中层灰，依冲筋厚以填抹满砂浆为准，随抹随用刮尺刮平压实，再用木抹子搓平。中层灰抹完后，对墙的阴角用阴角抹子上下抽动抹平。中层砂浆凝固前，也可以在层面上交叉划出斜痕，以增强与面层的粘结。

8）抹面层灰（也称罩面）

中层灰干八成后，即可抹面层灰。如果中层灰已经干透发白，应先适度洒水湿润后，再抹罩面灰。用于罩面的常有麻刀灰、纸筋灰，有时也用水泥砂浆面层和石膏面层。麻刀灰和纸筋灰用于室内白灰墙面，抹灰时，用钢皮抹子把灰抹在墙面上，一般由阴角或阳角开始，从左向右进行，最好两人配合，一人在前面竖向抹灰，一人在后面跟着横向抹平、压光。压平后，用排笔蘸水横刷一遍，使表面色泽一致，再用钢皮抹子压实收光，表面以达到光滑、色泽一致，不显接槎为好。

室外抹灰常用水泥砂浆罩面。由于面积较大，为了不显接槎，防止抹灰层收缩开裂，一般应设有分格缝，留槎位置应留在分格缝处。由于大面积抹灰罩面抹纹不易压光，在阳光照射下极易显露而影响墙面美观，故水泥砂浆罩面宜用木抹子抹成毛面。为了防止色泽不匀，应该用同一品种与规格的原材料，由专人配料，采用统一的配合比，底层浇水要匀，干燥程度基本一致。

（2）顶棚抹灰

1）基层处理

先清除板底浮灰、砂石和松动的混凝土，用钢丝刷刷除板面上的隔离剂，再用清水冲洗干净。

2）找规矩

顶棚抹灰一般不做灰饼和标筋，而是根据 50mm 水平线在靠近顶棚四周的墙面上弹一条水平线以控制抹灰层厚度，并作为抹灰找平的依据。

3）底、中层抹灰

先抹 2mm 厚底灰，紧跟着抹中层砂浆，厚度为 6mm 左右，抹后用软刮尺刮抹顺平，再用木抹子搓平，顶棚管道的周围用小抹子顺平。

4）面层抹灰

罩面灰分两遍成活，约 2mm 厚。第一遍罩面灰越薄越好；紧跟着抹第二遍，要找平。待罩面灰稍干，再用塑料抹子顺抹纹压实、压光。

（3）楼地面抹灰

主要为水泥砂浆面层，常用配合比为 1∶2，面层厚度不应小于 20mm，强度等级不应小于 M15。厨房、浴室、厕所等房间的地面，必须将流水坡度找好，有地漏的房间，要在地漏四周找出不小于 5‰ 的泛水，以利于流水畅通。

面层施工前，先将基层清理干净，浇水湿润，刷一道水灰比为 0.4～0.5 的结合层，随即进行面层的铺抹。随抹随用木抹子拍实，并做好面层的抹平和压光工作，压光一般分三遍成活。第一遍宜轻压，以压光后表面不出现水纹为宜。第二遍压光在砂浆开始凝结，人踩上去有脚印但不下陷时进行，这一遍要求用钢皮抹子将表面的气泡和孔隙清除，把凹坑、砂眼和脚印都压平。第三遍压光在砂浆终凝前进行。此时人踩上去有细微脚印，抹子抹上去不再有抹子纹。这一遍压光要求用劲稍大，把第二遍压光留下的抹子纹、毛细孔等压平、压实、压光。

地面面积较大时可以按设计要求进行分格。水泥砂浆面层如果遇管线等出现局部面层厚度减薄处在 10mm 以下时，必须采取防止开裂措施，一般沿管线走向放置钢筋网片，或者符合设计要求后方可铺设面层。

踢脚板底层砂浆和面层砂浆分两次抹成，可以参照墙面抹灰工艺操作。

水泥砂浆面层按要求抹压后，应进行养护，养护时间不少于 7d。还应该注意对成品的保护，水泥砂浆面层强度未达到 5MPa 以前，不得在其上行走或进行其他作业。对地漏、出水口等部位要保护好，以免灌入杂物，造成堵塞。

5. 一般抹灰质量的允许偏差

一般抹灰质量的允许偏差见表 7-2。

一般抹灰质量的允许偏差 　　　　　　　　　　　　　表 7-2

项次	项　　目	允许偏差(mm)		检　验　方　法
		普通抹灰	高级抹灰	
1	立面垂直度	4	3	用 2m 托线板检查
2	表面平整度	4	3	用 2m 靠尺和塞尺检查
3	阴阳角方正	4	3	用 200mm 方尺检查
4	分格条(缝)直线度	4	3	拉 5m 线，不足 5m 拉通线，用钢直尺检查
5	墙裙、勒脚上口直线度	4	3	拉 5m 线，不足 5m 拉通线，用钢直尺检查

7.1.2 装饰抹灰工程

装饰抹灰与一般抹灰的区别在于两者具有不同的装饰面层，其底层和中层的做法基本相同，装饰抹灰罩面是用水泥、石灰砂浆等抹灰的基本材料，利用不同的施工操作方法将其做成饰面层。它质感丰富、颜色多样、艺术效果鲜明，具有一般抹灰无法比拟的优点。

按装饰面层的不同，装饰抹灰的种类有水刷石、斩假石、水磨石、拉毛灰、拉条灰、假面砖、喷涂、滚涂、弹涂及彩色抹灰等。

1. 装饰抹灰施工工艺

由于目前装饰工程的不断发展，装饰抹灰的使用越来越少，在此仅以水刷石、水磨石的施工工艺为代表，介绍一下装饰抹灰的施工工艺。

（1）水刷石

主要用于室外的装饰抹灰，具有外观稳重，立体感强，无新旧之分，能使墙面达到天然美观的艺术效果。

底层和中层抹灰操作要点与一般抹灰相同，抹好的中层表面要划毛。中层砂浆抹好后，弹线分格，粘分格条。中层砂浆六成干时（终凝之后），先浇水湿润，紧接着薄刮水灰比为 0.4～0.7 的水泥浆一遍作为结合层，随即抹水泥石粒浆或水泥石灰膏石粒浆。抹水泥石子浆时，应边抹边用铁抹子压实压平，待稍收水后再用铁抹子整面，将露出的石子尖棱轻轻拍平使表面平整密实。待面层凝固尚未硬化（用手指按上无压痕）时，即用刷子蘸清水自上而下刷掉面层水泥浆，使石子露出灰浆面 1～2mm 高度。最后用喷水壶由上往下将表面水泥浆洗掉，使外观石粒清晰，分布均匀，紧密平整，色泽一致，不得有掉粒和接槎痕迹。

水刷石完成第二天起要经常洒水养护，养护时间不少于 7d。

（2）水磨石

现制水磨石主要用于地面装饰工程，其特点是：表面平整光滑、外观美、不起灰，又可按设计和使用要求做成各种彩色图案，整体性好，坚固耐久，但其现场施工湿作业工序多，周期长。水磨石地面面层应在完成顶棚和墙面抹灰后再开始施工。

施工时，先用 1∶7 水泥砂浆打底（厚 12mm），然后按设计要求用铜条或玻璃条粘好分格。将底层湿润后刷一遍与面层颜色相同的水灰比为 0.4～0.5 的水泥浆作为粘结层，紧接着铺抹 1∶1 或 1∶2.5 的水泥石子浆，厚度一般为 8mm，高出分格嵌条 1～2mm，要铺平整，用滚筒滚压密实，待水泥浆全部压出后，再用抹子抹平。在滚压过程中，如果发现表面石子偏少，可以在水泥浆较多处补撒石粒并拍平，以增加美观。铺完面层 1d 后进行洒水养护，常温下养护 5～7d，低温及冬期施工应养护 10d 以上。

开磨前应先试磨，以表面石粒不松动为准。普通水磨石面层磨光分粗磨、中磨和细磨三遍进行，采用磨石机洒水磨光。粗、中磨后用同色水泥浆插一遍，以填补砂眼，洒水养护 2～7d 再磨。细磨后涂抹草酸溶液一遍，使石子表面残存的水泥浆全部分解，石子显露清晰。面层干燥后打蜡，稍干后用钉有细帆布（或麻布）的木块代替金刚石，装在磨石机的磨盘上研磨几遍，直到光滑亮洁为止。上蜡后铺锯末进行养护。

2. 装饰抹灰质量的允许偏差

装饰抹灰质量的允许偏差见表 7-3。

项次	项　目	允许偏差（mm）				检 验 方 法
		水刷石	崭假石	干黏石	假面砖	
1	立面垂直度	5	4	5	5	用 2m 托线板检查
2	表面平整度	3	3	5	4	用 2m 靠尺和塞尺检查
3	阴阳角方正	3	3	4	4	用 200mm 方尺检查
4	分格条（缝）直线度	3	3	3	3	拉 5m 线，不足 5m 拉通线，用钢直尺检查
5	墙裙、勒脚上口直线度	3	3	—	—	拉 5m 线，不足 5m 拉通线，用钢直尺检查

7.2 饰 面 工 程

饰面工程是指把饰面材料镶贴或安装到基体表面上以形成装饰层的施工工作。饰面材料的种类很多，但基本上可以分为饰面板和饰面砖两大类。就施工工艺而言，前者以采用构造连接方式的安装工艺为主，后者以采用直接粘贴的镶贴工艺为主。

7.2.1 饰面板安装

饰面板工程是将天然石材、人造石材、金属饰面板等安装到基层上，以形成装饰面的一种施工方法。建筑装饰用的天然石材主要有大理石和花岗石两大类，人造石材一般有人造大理石（花岗石）和预制水磨石饰面板。金属饰面板主要有铝合金板、塑铝板、彩色涂层钢板、彩色不锈钢板、镜面不锈钢饰面板等。

1. 大理石（花岗石、预制水磨石）饰面板施工

（1）干挂法施工

湿作业施工方法在外墙温差较大时，容易引起饰面板脱落，而且灌浆中的盐碱等色素对石材的渗透污染，会影响装饰质量和观感效果。近几年发展起来的饰面板干挂工艺有效地克服了湿作业的通病。

干挂工艺是用螺栓和连接件将石材挂在建筑结构的外表面，石材与结构之间留出 40～50mm 的空隙，其构造如图 7-2 所示。该工艺与湿作业工艺相比较，免除了灌浆工序，可以缩短工期，能减轻建筑物的自重，提高抗震性能。其具体施工工艺如下。

1）石材钻孔。

2）基体处理、弹线和挂线。清理结构表面，弹出安装石材的位置线和分块线，并挂上竖向钢丝线。

3）在结构上定位钻孔，下膨胀螺栓。

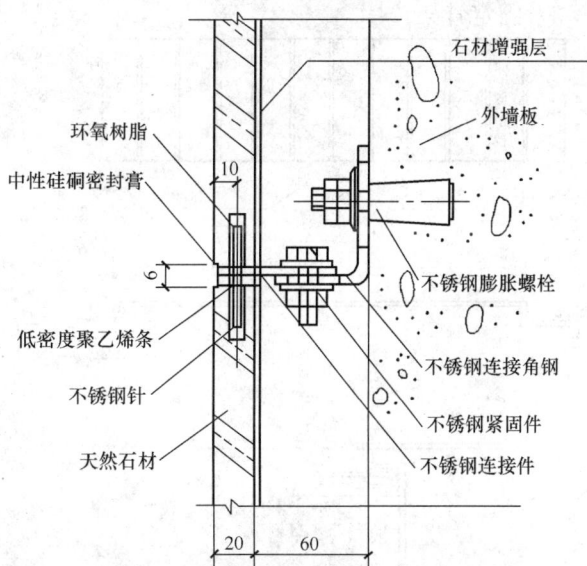

图 7-2　不锈钢连接件干挂工艺节点

347

4）支底层饰面板托架，安装连接件。

5）安装固定石材。先安装底层石板，把连接件上的不锈钢针插入板材的预留接孔中，调整面板，当确定位置准确无误后，即可紧固螺栓，然后用环氧树脂或密封膏堵塞连接孔。最后用1∶2.5的白水泥砂浆灌于底层面板内20mm高。

底层石板安装完毕后，经过检查合格可依次循环安装上层面板，每层应注意上口水平、板面垂直。

6）贴防污条、嵌缝。沿面板边缘贴4mm宽的纸带型不干胶带，边沿要贴齐、贴严，在大理石板之间的缝隙处嵌弹性背衬条，最后在背衬条外用嵌缝枪把中性硅胶打入缝内。胶面要用不锈钢小勺刮平，嵌底层石板缝时，要注意不要堵塞流水管。

7）清理石板表面，刷罩面剂。把石板表面的防污条掀掉，用棉丝将石板擦干净，用棉丝沾丙酮擦净余胶，再刷罩面剂。要求无气泡、不漏刷，刷的要均匀、平整。

（2）粘贴法施工

适用于小规格板材（边长40mm以下），其施工工艺如下：

1）基层处理，用1∶7水泥砂浆打底、找平、划毛。

2）弹出水平线和垂直线，进行横竖预排，使接缝均匀。

3）湿润底层和板材。

4）板材粘贴。

5）全部板材粘贴完后，用白水泥加颜料调制成色浆嵌缝，边嵌边擦干净。

2．金属饰面板的安装

（1）铝合金饰面板安装

铝合金饰面板具有强度高、重量轻、结构简单、装拆方便、耐燃防火、耐腐蚀等优点，可用于内外墙装饰及吊顶等。其施工工艺如下：

1）吊直、套方、找规矩、弹线。

2）固定骨架的连接件。

3）固定骨架。

4）铝合金饰面板安装。

安装方法有两种。

① 固结法

是将饰面板用螺钉直接拧固在骨架上。如果采用后条扣压前条的构造方法，可使前块板条的固定螺钉被后块板条扣压遮盖，从而达到使螺钉全部暗装的效果，既美观，又能对螺钉起保护作用，如图7-3所示。

② 嵌卡法。

将铝合金板做成可以嵌插的形状，卡在与之配套的龙骨上，如图7-4所示。

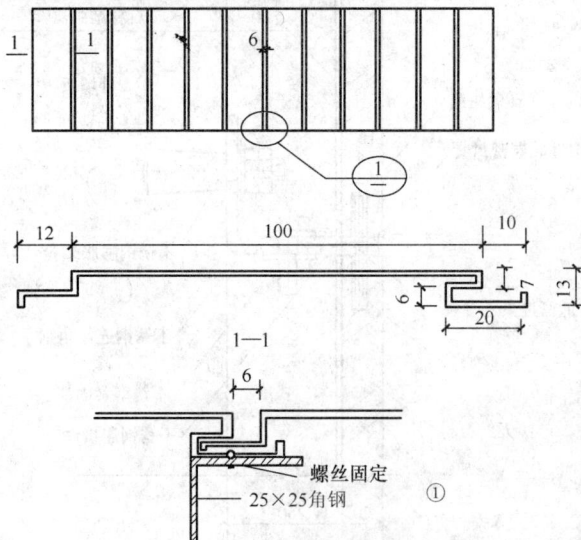

图7-3 铝合金饰面板固结示意图

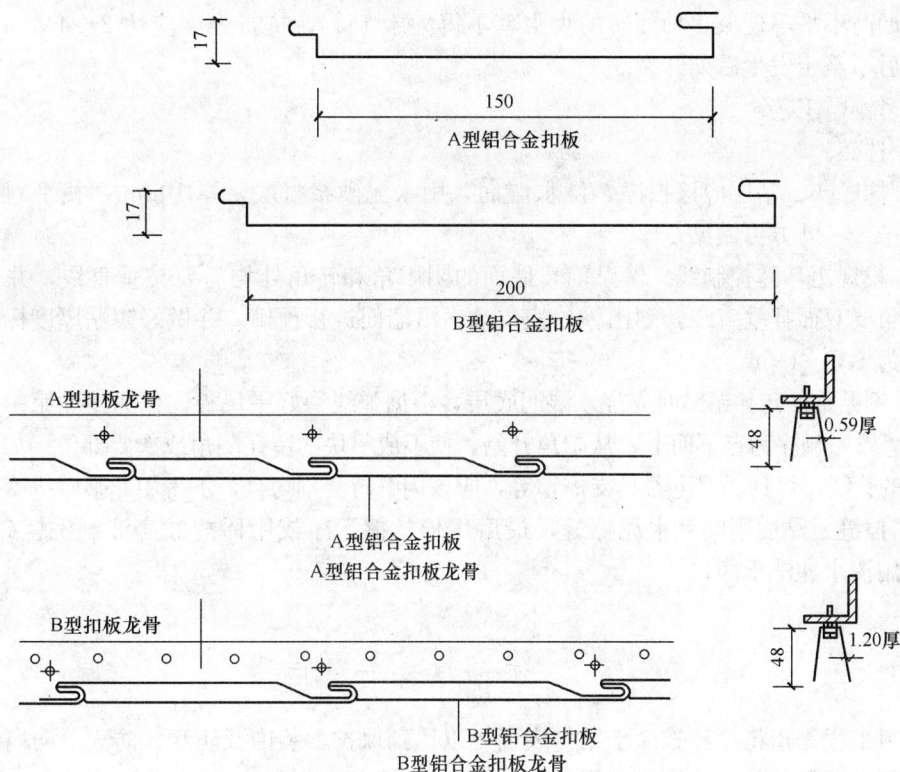

图 7-4 铝合金饰面板嵌卡（扣结）示意图

（2）塑铝板建筑内墙饰面安装

塑铝板为当代新型室内高档装修材料之一，是以铝合金片与聚乙烯复合材料复合加工而成。其安装方法一般有无龙骨贴板法、轻钢龙骨贴板法和木龙骨贴板法，后两种方法均为在墙体表面先安装龙骨后安装纸面石膏板，最后粘贴塑铝板。无龙骨贴板法的施工工艺如下。

1）墙体表面处理，刷 108 胶素水泥浆一道。

2）墙体表面抹 12mm 厚 1：0.7：7 水泥砂浆找平层。

3）粘贴纸面石膏板。

4）纸面石膏板表面处理。先进行板缝处理；再满刮腻子一遍找平表面；干后用砂纸打平打光，清除浮尘，涂封闭乳胶漆一道；干后再喷涂酚醛清漆：汽油＝1：7 的防潮底漆一遍。

5）粘贴塑铝板。在塑铝板背面及纸面石膏底板表面，均匀涂布立时得胶或其他强力胶粘剂一层，待胶粘剂稍具黏性时，将塑铝板上墙就位，拍平压实。

6）板缝处理，封边、收口。

7.2.2 饰面砖镶贴工艺

饰面砖包括釉面砖、外墙面砖等。饰面砖应镶贴在湿润、干净、平整的基层（找平层）上。为了保证基层与基体粘结牢固，应该对不同的基体采用不同的处理方法。

下面以釉面砖镶贴为例，说明饰面砖的施工工艺。

（1）质量要求

要求颜色均匀、尺寸一致，边缘整齐，棱角不得损坏，无缺釉、脱釉、裂纹、夹心及扭曲、凹凸不平等现象。釉面砖的吸水率不得大于 18%，抗折强度应达 2~4MPa，以保证镶贴后不至于发生后期开裂。

（2）镶贴工艺

1）选砖。

2）抹底灰。基层应该扫净，浇水湿润，用水泥砂浆打底，厚 10mm，找平划毛，打底后养护 1~2d 方可镶贴。

3）找规矩，弹控制线。镶贴前，墙面的阴阳角和转角处均需要拉垂直线，并进行找方，阳角要双面挂垂直线，划出纵、横皮数，沿墙面进行预排。并做好镶贴厚度标志，间距一般为 1.5~1.6m。

4）镶贴釉面砖。镶贴时先浇水湿润底层，根据弹线稳好平尺板，作为镶贴第一皮瓷砖的依据。镶贴顺序为自下而上，从阳角开始，使不成整块的留在阴角或次要部位。如果墙面有突出的管线、灯具、卫生器具支撑物等，应该用整砖套割吻合，不得用非整砖拼凑镶贴。

5）擦缝。贴后用同色水泥擦缝，最后用棉丝擦干净或用稀盐酸溶液刷洗瓷砖表面，并随即用清水冲洗干净。

7.3 涂 料 工 程

涂料工程是指将涂料施涂于结构表面，以达到保护、装饰及防水、防火、防腐蚀、防霉、防静电等目的的一种饰面工程。

涂料饰面具有工效高、工期短、用料少、自重轻、造价低等优点，其耐久性虽然略差，但维修、更新很方便，而且简单易行。因此在建筑装饰中应用很广泛。

1. 建筑涂料饰面工程的基层处理

（1）混凝土和砂浆抹灰基层表面处理

涂料工程施工前，应将基层表面的缺棱掉角处，用 1:7 的水泥砂浆或聚合物水泥砂浆修补；表面麻面及缝隙应用腻子填齐补平；基层表面上的灰尘、污垢、砂浆流痕应该清除干净，做到平整、光滑。

（2）木基层表面处理

涂料木制品的基本要求是：平整光滑、少节疤、棱角整齐、木纹颜色一致等。一般木制品表面都应该用腻子刮平，然后用不同型号的砂纸打磨光，以达到表面平整的要求。

（3）金属基层表面处理

对金属基层表面处理的要求是：表面平整，无尘土、油污、锈斑、焊渣、毛刺和旧涂层等。

金属表面应刷防锈漆，在刷涂料时，金属表面不得有湿气，以免水分蒸发造成涂膜起泡。

2. 建筑涂料施工

涂料在施涂前及施涂的过程中，必须充分搅拌均匀，同一表面的涂料，应该注意保证颜色一致。涂料黏度应调整合适，使其在施涂时不流坠、不显刷纹，如果需要稀释应用该种涂料所规定的稀释剂稀释。涂料的施涂遍数应根据涂料工程的质量等级而定。施涂方法有刷涂、喷涂、滚涂、弹涂等。

（1）刷涂

刷涂是用毛刷、排笔等将涂料涂饰在物体表面上的一种施工方法。刷涂的顺序一般是先左后右、先上后下、先边后面、先难后易。刷涂时，其刷涂方向和行程长短均应一致，接槎最好在分格缝处。刷涂一般不少于两遍，较好的饰面为三遍。第一遍浆的稠度要小些，前一遍涂层表面干后才能进行后一遍刷涂，前后两遍间隔时间与施工现场的温度、湿度有密切关系，通常不少于 2～4h。

（2）喷涂

喷涂是利用压力或压缩空气将涂料涂布于墙面的机械化施工方法。其特点是：涂膜外观质量好、工效高，适用于大面积施工，并可以通过调整涂料的稠度、喷嘴的大小及排气量而获得不同质感的装饰效果。

在喷涂施工中，对涂料稠度、空气压力、喷射距离、喷枪运行中的角度和速度等方面均有一定的要求。涂料稠度必须适中，空气压力在 0.4～0.8MPa 之间选择，喷射距离一般为 40～60mm，喷枪运行中喷嘴中心线必须与墙面垂直，喷枪应与被涂墙面平行移动，运行速度要保持一致。一面墙要一气喷完，外墙也要争取到分格缝处再停歇。

（3）滚涂

滚涂是利用滚筒蘸取涂料并将其涂布到物体表面上的一种施工方法。这种涂饰层可以形成明晰的图案、花色纹理，具有良好的装饰效果。

滚涂时应从上往下、从左往右进行操作，不够一个滚筒长度的留到最后处理，待滚涂完毕的墙面花纹干燥后，以遮盖的办法补滚。若是滚花时，滚筒每移动一次位置，应先将滚筒花纹的位置校正对齐，以保持图案一致。

滚涂过程中若出现气泡，解决的方法是用稀胶料调整或等待涂料稍微收水后，再用蘸浆较少的滚筒复压一次，消除气泡。

（4）弹涂

弹涂是利用弹涂器通过转动的弹棒将涂料弹到结构表面上的一种施工方法。

弹涂时，先调整和控制好浆门、浆量和弹棒，开动电机，使机口垂直对正墙面，保持适当距离（一般为 50～70mm），按一定手势和速度，自上而下、自右（左）而左（右），循序渐进，要注意弹点密度均匀适当，接头不明显。

3. 涂料表面的质量要求

1）薄涂料表面的质量要求如表 7-4 所示。

2）厚涂料表面的质量要求如表 7-5 所示。

3）复层涂料表面的质量要求如表 7-6 所示。

薄涂料表面的质量要求　　　　　　　　　　　表 7-4

项次	项　目	普通涂饰	高级涂饰	检验方法
1	颜　色	均匀一致	均匀一致	观　察
2	泛碱、咬色	允许少量轻微	不允许	
3	流坠、疙瘩	允许少量轻微	不允许	
4	砂眼、刷纹	允许少量轻微砂眼，刷纹通顺	无砂眼、无刷纹	
5	装饰线、分色线直线度允许偏差	2mm	1mm	拉 5m 线，不足 5m 拉通线，用钢直尺检查

厚涂料表面的质量要求 表 7-5

项 次	项 目	普通涂饰	高级涂饰	检验方法
1	颜 色	均匀一致	均匀一致	
2	泛碱、咬色	允许少量轻微	不允许	观 察
3	点状分布	—	疏密均匀	

复层涂料表面的质量要求 表 7-6

项 次	项 目	质量要求	检验方法
1	颜 色	均匀一致	
2	泛碱、咬色	不允许	观 察
3	喷点疏密程度	均匀，不允许连成片	

7.4 地 面 工 程

建筑地面包括建筑物底层地面和楼层地面。建筑地面的构造基本上可分为两部分，即基层与面层。基层包括承受荷载的结构层和为了功能需要所设的构造层。对基层的要求，视不同类型的面层而有所区别，但无论何种面层均需要基层具有一定的强度和表面平整度；面层是位于基层上面的饰面层，主要起装饰作用，并应具有耐磨、不起尘、平整、防水等性能。面层种类繁多，建筑地面按面层的材料、施工工艺及构造特点分有：整体式地面（包括水泥砂浆地面、现制水磨石地面、细石混凝土地面等）、板块地面（包括大理石地面、花岗石地面、预制水磨石地面、陶瓷地砖地面、陶瓷锦砖地面、劈离砖地面等）、木地面（包括木板地面、拼花木板地面、硬质纤维板地面等）、塑料板地面、地毯饰面等。

7.4.1 整体地面

现浇整体地面一般包括水泥砂浆地面和水磨石地面，现以水泥砂浆地面为例，简述整体地面的施工技术要求和方法。

水泥砂浆地面是传统的地面施工工艺中一种低档做法，在当前室内装修工程中一般不作为最后面层使用，大多数作为其他装饰材料的基面，但由于它具有造价低、使用耐久、施工简便等优点，应用相当广泛。但其操作不当，易引起起砂、脱皮、起灰等现象。

水泥砂浆地面表面的坡度应符合设计要求，不得有倒泛水和积水现象；面层表面应洁净、无裂纹、脱皮、麻面、起砂等缺陷；踢脚线与墙面应紧密结合，高度一致，出墙厚度均匀。

1. 施工准备

（1）材料

水泥：优先采用硅酸盐水泥、普通硅酸盐水泥，强度等级不低于 42.5 级，严禁不同品种不同强度等级的水泥混用。

砂：采用中砂、粗砂，含泥量不大于 7%，过 8mm 孔径筛子；如采用细砂，砂浆强度偏低，易产生裂缝；采用石屑代砂，粒径宜为 6～7mm，含泥量不大于 7%，可拌制成水泥石屑浆。

（2）地面垫层中各种预埋管线已完成，穿过楼面的方管已安装完毕，管洞已落实，有地漏的房间已找泛水。

（3）施工前应在四周墙身弹好 50cm 的水平墨线。

（4）门框已立好，再一次核查找正，对于有室内外高差的门口位，如果是安装有下槛的铁门时，尚应顾及室内外面能各在下槛两侧收口。

（5）墙、顶抹灰已完，屋面防水已做。

2. 常用机具

砂浆搅拌机、手推车、木刮杠、铁抹子、铁锹、水桶、长把刷子、细丝刷、粉线包等。

3. 施工方法

（1）基层处理

水泥砂浆面层是铺抹在楼面、地面的混凝土、水泥炉渣、碎砖三合土等垫层上，垫层处理是防止水泥砂浆面层空鼓、裂纹、起砂等质量通病的关键工序。因此，要求垫层应具有粗糙、洁净和潮湿的表面，一切浮灰、油渍、杂质必须分别清除，否则会形成一层隔离层，而使面层结合不牢。基层处理方法为得天独厚将基层上的灰尘扫掉，用钢丝刷和錾子刷净，剔掉灰浆皮和灰渣层，用 10% 的火碱水溶液刷掉基层上的油污，并用清水及时将碱液冲净。表面比较光滑的基层，应进行凿毛，并用清水冲洗干净。冲洗后的基层，最好不要上人。

（2）弹线、找标高

应先在四周墙上弹上一道水平基准线，作为确定水泥砂浆面层标高的依据。水平基线是以地面±0.00 标高及楼层砌墙前的抄平点为依据，一般可根据情况弹在标高 50cm 的墙上。弹准线时，要注意设计要求的水泥砂浆面层厚度弹线。

（3）洒水

用喷壶将地面基层均匀洒水一遍。

（4）抹灰饼和标筋（或称冲筋）

根据水平基准线再把楼地面层上皮的水平基准线弹出。面积不大的房间，可根据水平基准线直接用长木杠标筋，施工中进行几次复尺即可。面积较大的房间，应根据水平基准线，在四周墙角处每隔 1.5～2.0m 用 1∶2 水泥砂浆抹标志块，标志块大小一般是 8～10cm 见方。待标志块结硬后，再以标志块的高度做出纵横方向通长的标筋以控制面层的厚度。标筋用 1∶2 水泥砂浆，宽度一般为 8～10cm。做标筋时，要注意控制面层厚度，面层的厚度应与门框的锯口线吻合。

（5）搅拌砂浆

面层水泥砂浆的配合比不低于 1∶2，其稠度（以标准圆锥体沉入度计）不大于7.5cm。水泥砂浆必须用搅拌机拌合均匀，颜色一致。应注意掌握水泥砂浆的配合比，水泥量偏少时，地面强度低，表面粗糙，耐磨性差，容易起砂；水泥偏多则收缩量大，地面容易产生裂缝。应尽量减少砂浆的拌合用水量。较干硬的砂浆操作费力，但能保证工程质量；反之，用水量大，会降低地面强度，增加干收缩量而导致开裂或起砂。

（6）刷水泥砂浆结合层

在铺设水泥砂浆之前，应涂刷水泥浆一层，其水灰比为 0.4～0.5（涂刷之前将抹灰饼的余灰清扫干净，再洒水湿润），不要涂刷面积过大，随刷随铺面层砂浆。

如果水泥素浆结合层过早涂刷，则起不到与基层和面层两者粘结的作用，反而造成地面空鼓。所以，一定做到随刷随抹。

（7）铺水泥砂浆

涂刷水泥浆之后紧跟着铺水泥砂浆，在灰饼之间（如标筋之间）将砂浆铺均匀，然后用木刮杠按灰饼（或标筋）高度刮平。铺砂浆时间如果灰饼（或标筋）已硬化，木刮杠刮平后，同时将利用过的灰饼（或标筋）敲掉，并用砂浆填平。刮时要从房间里往外刮到门口，符合门框锯口线标高。

木刮杠刮平后，立即用木抹子搓平，从内向外退着操作，并随时用2m靠尺检查其平整度。木抹子抹平后，立即用铁抹子压第一遍，直到出浆为止，如果砂浆过稀表面有泌水现象时，可均匀撒一遍干水泥和砂（1：1）的拌合料（砂子要过7mm筛），再用木抹子用多余水分，不得任意撒干水泥，否则会引起面层干缩开裂。如有分格要求的地面，在面层上弹分格线，用劈缝溜子开缝，再用溜子将分缝内压至平、直、光。上述操作均在水泥砂浆初凝之前完成。

面层砂浆初凝后，人踩上去，有脚印但不下陷时，用铁抹子压第二遍，边抹边压把坑凹填平，要求不漏压，表面压平、压光。有分格的地面压过后，应用溜子溜压，做到缝边光直、缝隙清晰、缝内光滑顺直。

在水泥砂浆终凝前进行第三遍压光（人踩上去稍有脚印），铁抹子抹上去不再有抹纹时，用铁抹子把第二遍抹压时留下的全部抹纹压平、压实、压光（必须在终凝前完成）。

水泥地面压光要三遍成活。每遍抹灰的时间要掌握得当，才能保证施工质量。普通硅酸盐水泥的终凝时间不大于2h，因此，面层的压光工序应在表面初步收水后，水泥终凝前完成。若压光时间拖得过迟，会破坏水泥已开始形成的结构组织，容易造成起灰和脱皮；如抹压太早，则不易做到表面光洁密实。

（8）养护

水泥砂浆面层抹压后，应在常温湿润条件下养护。养护要适时，如浇水过早易起皮，如浇水过晚则会使面层强度降低而加剧其干缩和开裂倾向。一般在夏天是在24h后养护，春秋季节应在48h后养护。养护一般不少于7d。最好是在铺上锯木屑（或以草垫覆盖）后再浇水养护，浇水时宜用喷壶喷洒，使锯木屑（或草垫等）保持湿润即可。如采用矿渣水泥时，养护时间应延长到14d。

在水泥砂浆面层强度达不到5MPa之前，不准在上面行走或进行其他作业，以免损坏地面。

7.4.2 块料地面

1. 瓷砖、面砖面层

瓷砖、面砖面层的表面应洁净，图案清晰，色泽一致，接缝平整，深浅一致，周边顺直，板块无裂纹、掉角和缺楞等缺陷；面层邻接处的镶边用料及尺寸应符合设计要求，边角整齐、光滑。

镶贴饰面的基体表面应具有足够的稳定性和刚度，同时对光滑的基体表面应进行凿毛处理。铺砖时，在刮好的底子灰上撒一层薄薄的素水泥浆，稍洒点水，然后用水泥浆涂抹瓷砖背约2cm厚，一块一块地由前向后退着贴，贴砖时用小铲的木把轻轻敲击，铺好后再用小锤拍击一遍，用开刀和抹子拔缝，扫掉表面灰，用棉纱擦净。

留缝的做法是刮好底子，撒上素水泥浆后按分格的尺寸弹上线，铺好一皮，横缝将米厘条放好，竖缝按线走齐，并随时清理干净，米厘条随铺随起。铺好后第三天用 1：1 水泥砂浆勾缝，24 小时内被水浸泡，露天作业时要防雨。

2. 预制水磨石、大理石地面、花岗石地面

首先房间四边取中，在地面标高处拉十字线，扫一层水泥浆。将石板浸水阴干，于十字线交接处铺上 1：4 的干硬性水泥砂浆约 7cm 厚，先试铺，合格后再揭开石板，翻松底层砂浆，浇水，再撒一层水泥干面，然后正式铺贴。安好后应整平稳，横竖缝对直，图案颜色必须符合设计要求。不合格时起出补浆再进行铺装。厕所、浴室地面要找好坡，以防积水。

缝子先用水泥浆 2/3 高度，再用对好颜色的水泥浆擦严。然后用干锯末擦亮，再铺上锯末或席子将地面保护起来，2～3 天内禁止上人，4～5 天内禁止走小车。

3. 木地面俗称木地板

木地板具有自重轻、保温隔热性能好、有弹性和一定耐久性、易于加工等优点。特别是硬木拼花地板，因其纹理美观，经涂料饰面和抛光打蜡后，更显得高雅名贵，故多用于室内高级地面装饰。

（1）木地面的构造

木地面的基本构造是由面层和基层组成。

1）面层

面层是木地面直接承受磨损的部位，也是室内装饰效果的重要组成部分。面层从板条的规格及组合方式来分，可分为条板面层和拼花面层两类。条板面层是木地面中应用较多的一种，条板宽度一般为 50～150mm，长度在 800mm 以上。拼花面层是用较短的小板条，通过不同方式的组合，拼成多种图案的面层，常见的有正方格形、席纹形、人字形等拼花图案。

2）基层

基层的作用主要是承托和固定面层，通过钉或粘的办法来达到牢固固定的目的。基层可分为木基层和水泥砂浆（或混凝土）基层。

木基层有架空式和实铺式两种。架空式木基层主要用于面层要求距离基底较大的场合，它主要由地垄墙、垫木、搁栅、剪刀撑、单层或双层木地板组成（图 7-5）；实铺式木基层是将木搁栅直接固定在基底上（图 7-6）。

水泥砂浆（或混凝土）基层一般多用于薄木地板地面。将薄木地板直接用胶粘剂粘贴在水泥砂浆或混凝土基层上，薄木地板是指利用木材加工过程中剩余的短小木材加工而成的地面饰面材料。对于舞台及比赛场地的木地面，由于其对减震及整体弹性要求较高，一般采取在木搁栅下增设弹性橡垫来解决。

（2）木基层施工

1）架空式木基层

其施工要求如下。地垄墙（或砖墩）一般采用烧结普通砖、水泥砂浆或混合砂浆砌筑。顶面需铺防潮层一层，其基础应按设计要求施工，地垄墙间距一般不宜大于 2m，以免木搁栅断面过大。垫木（包括压檐木）应按设计要求做防腐处理，厚度一般为 50mm，可沿地垄墙通长布置，用预埋于地垄墙中的 8 号钢丝绑扎固定。木搁栅的作用主要是固定

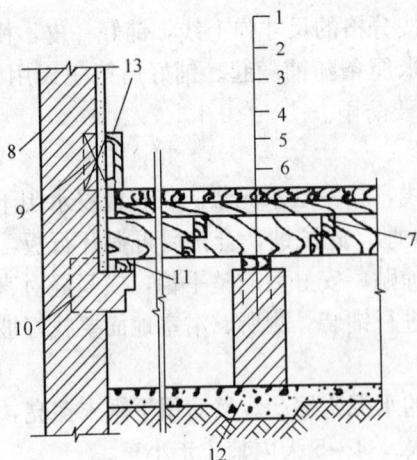

图 7-5　架空式木基层构造

1—硬木地板；2—毛地板；3—木搁栅；
4—垫木；5—干铺油毡；6—地垄墙；
7—剪刀撑；8—砖墙；9—预埋防腐木砖；
10—预埋钢丝；11—压檐木；12—素混凝
土；13—踢脚板

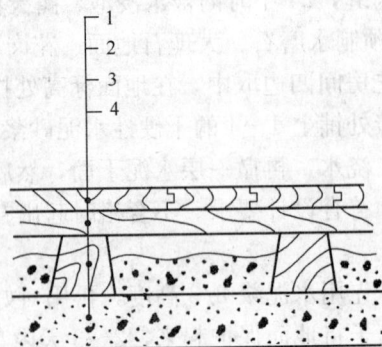

图 7-6　实铺式木基层构造

1—硬木地板；2—毛地板；
3—木搁栅；4—细石混凝土

与承托面层，其表面应做防腐处理。木搁栅一般与地垄墙成垂直摆放，间距一般为400mm。安装时，先核对垫木（包括压檐木）表面水平标高，然后在其上弹出木搁栅位置线，依次铺设木搁栅。木搁栅离墙面应留出不小于70mm的缝隙，以利隔潮通风。木搁栅的表面应平直，安装时要随时注意从纵横两个方向找平。剪刀撑布置于木搁栅两侧面，间距按设计规定。设置剪刀撑的作用主要是增加木搁栅的侧向稳定，将各根单独的搁栅连成整体，也增加了整个楼面的刚度，还对木搁栅的翘曲变形起一定的约束作用。双层木地板的下层称为毛地板。一般是用宽度不大于120mm的松、杉木板条，在木搁栅上部满钉一层。铺设时必须将毛地板下面空间内的杂物清除干净，否则，一旦铺满，便较难清理。毛地板一般采用与木搁栅成70°或45°角斜向铺设，但当采用硬木拼花人字纹时，则一般与木搁栅成垂直铺设。铺设时，毛板条应使髓心向上，以免起鼓，相邻板条间缝不必太严密，可留有2～7mm的缝隙，相邻板条的端部接缝要错开。

2）实铺式木基层

一般多采用梯形截面（宽面在下）的木搁栅，间距一般为400mm，利用预埋于现浇钢筋混凝土楼板上的镀锌钢丝或铁件将其固定在楼板上。

（3）面层施工

面层按其铺设形式分为条形木板面层和拼花木板面层；按层数可分为单层和双层木地板。面层施工主要包括面层条板的固定及表面的饰面处理。固定方法有钉接固定和粘结固定两种。钉接固定就是用圆钉将面层条板固定到毛地板或木搁栅上，粘结固定则采用胶粘剂将板条粘到基层上。

（4）木踢脚板施工

木地板房间的四周墙角处应设木踢脚板。踢脚板一般高100～200mm，常采用的是150mm，厚20～25mm。所用木材一般也应与木地板面层所用的材质品种相同。踢脚板预先抛光，上口抛成线条。为防翘曲在靠墙的一面应开槽；为防潮通风，木踢脚板每隔 1～1.5m 设一组通风孔，孔径一般为 6mm。一般木踢脚板于地面转角处安装木压条或圆角成品木条。

思 考 题

一、名词解释：

1. 一般抹灰；2. 装饰抹灰；3. 饰面工程；4. 干挂工艺；5. 现浇整体地面

二、简答题：

1. 建筑装饰工程的作用和特点是什么？
2. 简述一般抹灰工程的组成和作用。
3. 简述一般抹灰施工工艺。
4. 简述水泥砂浆地面的施工工艺。
5. 瓷砖、面砖面层施工中应注意什么？

第8章 工程项目管理概论

8.1 工程项目管理基本概念

1. 项目的定义

"项目"一词已越来越广泛地被人们应用于社会经济和文化生活的各个方面。人们经常用"项目"来表示一类事物。"项目"定义很多,许多管理专家都企图用简单通俗的语言对项目进行抽象性概括和描述。德国国家标准 DIN 69901 将项目定义为"项目是指在总体上符合如下条件的具有唯一性的任务(计划):具有预定的目标;具有时间、财务、人力和其他限制条件;具有专门的组织。"

2. 工程项目

工程项目是最为常见也是最为典型的项目类型,是项目管理的重点。工程项目具有如下特点:

(1) 具有特定的对象

任何项目都应有具体的对象,项目对象确定了项目的最基本特性,是项目分类的依据;同时它又确定了项目的工作范围、规模及界限。整个项目的实施和管理都是围绕着这个对象进行的。

工程项目的对象通常是有着预定要求的工程技术系统。而"预定要求"通常可以用一定的功能要求、实物工程量、质量等指标表达。如工程项目的对象可能是:一定生产能力(产量)的流水线;一定生产能力的车间或工厂;一定长度和等级的公路;一定发电量的水力发电站或核电站;一定规模的医院、住宅小区等。

工程项目的对象在项目的生命期中经历了由构思到实施、由总体到具体的过程。通常,它在项目前期策划和决策阶段得到确定,在项目的设计和计划阶段被逐渐分解、细化和具体化,并通过项目的施工过程一步步得到实现,在运行(使用)中实现价值。工程项目的对象通常由可行性研究报告、项目任务书、设计图纸、规范、实物模型等定义和说明。

(2) 有时间限制

人们对工程项目的需求有一定的时间限制,希望尽快地实现项目的目标,发挥项目的效用,没有时间限制的工程项目是不存在的。这有两方面的意义:

1) 一个工程项目的持续时间是一定的,即任何项目不可能无限期延长,否则这个项目无意义。工程项目的时间限制不仅确定了项目的生命期限,而且构成了工程项目管理的一个重要目标。

2) 市场经济条件下工程项目的作用、功能、价值只能在一定历史阶段中体现出来,因此项目的实施必须在一定的时间范围内进行。例如企业投资开发一个新产品,只有尽快地将该工程建成投产,产品及时占领市场,该项目才有价值。否则因拖延时间,让其他企业捷足先登，那么同样的项目就失去了它的价值。

项目的时间限制通常由项目开始日期、持续时间、结束日期等构成。

（3）有资金限制和经济性要求

任何工程项目都不可能没有财力上的限制，必然存在着与任务（目标）相关的（或者说相匹配的）投资、费用或成本预算。如果没有财力的限制，人们就能够实现当代科学技术允许的任何目标，完成任何工程项目。

工程项目的资金限制和经济性要求常常表现在：

1）必须按投资者（企业、国家、地方等）所具有的或能够提供的财力策划相应工程范围和规模的项目；

2）必须按项目实施计划安排资金计划，并保障资金供应；

3）以尽可能少的费用消耗（投资、成本）完成预定的工程目标，达到预定的功能要求，提高工程项目的整体经济效益。

现代工程项目资金来源渠道较多，投资呈多元化，人们对项目的资金限制越来越严格，经济性要求也会越来越高。这就要求尽可能作全面的经济分析，精确的预算，严格的投资控制。

在现代社会中，财务和经济性问题已成为工程项目能否立项，能否取得成功的最关键问题。

（4）一次性

任何工程项目作为总体来说是一次性的，不重复的。它经历前期策划、批准、设计和计划、施工、运行的全过程，最后结束。即使在形式上极为相似的项目，例如两个相同的产品、相同产量、相同工艺的生产流水线，两栋建筑造型和结构形式完全相同的房屋，也必然存在着差异和区别，例如实施时间不同、环境不同、项目组织不同、风险不同。所以它们之间无法等同，无法替代。

项目的一次性是项目管理区别于企业管理最显著的标志之一。通常的企业管理工作，特别是企业职能管理工作，虽然有阶段性，但它却是循环的、无终了的，具有继承性。而项目是一次性的，这就决定了项目管理也是一次性的。任何项目都有一个独立的管理过程，它的计划、控制、组织都是一次性的。工程项目的一次性特点对项目的组织和组织行为的影响尤为显著。

（5）特殊的组织和法律条件

由于社会化大生产和专业化分工，现代工程项目都有几十个、几百个，甚至几千、几万个单位和部门参加。要保证项目有秩序、按计划实施，必须建立严密的项目组织。

工程项目组织是一次性的，随项目的确立而产生，随项目结束而消亡；项目参加单位之间主要靠合同作为纽带，建立起组织，同时以经济合同作为分配工作、划分责权利关系的依据；而项目参加单位之间在项目过程中的协调主要通过合同和项目管理规范实现；项目组织是多变的、不稳定的。

工程项目适用与其建设和运行相关的法律条件，例如：合同法、环境保护法、税法、招标投标法等等。

（6）复杂性和系统性

现代工程项目越来越具有如下特征：项目规模大，范围广，投资大；有新知识、新工艺的要求，技术复杂、新颖；由许多专业组成，有几十个、上百个甚至几千个单位共同协作，由成千上万个在时间和空间上相互影响、互相制约的活动构成；工程项目经历由构思、决策、设计、计划、采购供应、施工、验收到运行的全过程，项目使用期长，对全局影响大；受多目标限制，如资金限制、时间限制、资源限制、环境限制等。

3. 工程项目的生命期

工程项目的时间限制决定了项目的生命期是一定的，在这个期限中项目经历由产生到消亡的全过程。不同类型和规模的工程项目生命期是不一样的，但它们都可以分为如下四个阶段：

（1）项目的前期策划和确立阶段。

这个阶段的工作重点是对项目的目标进行研究、论证、决策。其工作内容包括项目的构思、目标设计、可行性研究和批准（立项）。

（2）项目的设计与计划阶段。

这个阶段的工作包括设计、计划、招标投标和各种施工前的准备工作。

（3）项目的实施阶段。

这个阶段从现场开工直到工程建成交付使用为止。

（4）项目的使用（运行）阶段。

近几十年来，人们对项目生命期的认识经历了一个过程。早期的项目管理以工程建设为主要目标，人们将工程项目的生命期定义为从批准立项到交付使用为止。随着项目管理实践和研究的深入，项目的生命期不断地向前延伸和向后拓展。首先向前延伸到可行性研究阶段，后来又延伸到项目的构思；向后拓展到运行管理（包括物业管理、资产管理）阶段。这样形成项目全生命期的管理，更加保证了项目管理的连续性和系统性。

4. 工程项目管理

以工程建设作为基本任务的项目管理，其具体的目标是在限定的时间内，在限定的资源（如资金、劳动力、设备材料等）条件下，以尽可能快的进度、尽可能低的费用（成本或投资）圆满完成项目任务。

英国建造学会《项目管理实施规则》定义项目管理，"为一个建设项目进行从概念到完成的全方位的计划、控制与协调，以满足委托人的要求，使项目得以在所要求的质量标准的基础上，在规定的时间内，在批准的费用预算内完成"。所以项目管理的目标有三个最主要的方面：专业目标（功能、质量、生产能力等）、工期目标和费用（成本、投资）目标，它们共同构成项目管理的目标体系。

项目管理的三大目标通常由项目任务书、技术设计和计划文件、合同文件（承包合同和咨询合同等）具体地定义。这三者在项目生命期中有如下特征：

（1）三者共同构成项目管理的目标系统，互相联系、互相影响，某一方面的变化必然引起另两个方面的变化，例如过于追求缩短工期，必然会损害项目的功能（质量），引起成本增加。所以项目管理应追求它们三者之间的优化和平衡。

（2）这三个目标在项目的策划、设计、计划过程中经历由总体到具体，由概念到实施，由简单到详细的过程。项目管理的三大目标必须分解落实到具体的各个项目单元（子项目、活动）上，这样才能保证总目标的实现，形成一个控制体系，所以项目管理又是目标管理。

（3）项目管理必须保证三者结构关系的均衡性和合理性，任何强调最短工期、最高质量、最低成本都是片面的。三者的均衡性和合理性不仅体现在项目总体上，而且体现在项目的各个单元上，构成项目管理目标的基本逻辑关系。

5. 工程项目管理的工作内容

项目管理的目标是通过项目管理工作实现的。为了实现项目管理目标必须对项目进行全过程的、多方面的管理。从不同的角度，项目管理有不同的描述：

（1）将管理学中对"管理"的定义进行拓展，则"项目管理"就是通过计划、组织、人事、领导和控制等职能，设计和保持一种良好的环境，使项目参加者在项目组织中高效率地完成既定的项目任务。

（2）按照一般管理工作的过程，项目管理可分为对项目的预测、决策、计划、控制、反馈等工作。

（3）按照系统工程方法，项目管理可分为确定目标、制定方案、实施方案、跟踪检查等工作。

（4）按项目实施过程，项目管理工作可分为：

1）工程项目目标设计，项目定义及可行性研究；

2）工程项目的系统分析，包括项目的外部系统（环境）调查分析及项目的内部系统（项目结构）分析等；

3）工程项目的计划管理，包括项目的实施方案及总体计划、工期计划、成本（投资）计划、资源计划以及它们的优化；

4）项目的组织管理，包括项目组织机构设置、人员组成、各方面工作与职责的分配、项目管理规程的制定；

5）工程项目的信息管理，包括项目信息系统的建立、文档管理等；

6）工程项目的实施控制，包括进度控制、成本（投资）控制、质量控制、风险控制、变更管理；

7）项目后工作，包括项目验收、移交、运行准备、项目后评估、对项目进行总结，研究目标实现的程度、存在的问题等。

（5）按照项目管理工作的任务，又可以分为：

1）成本（投资）管理

这方面包括如下具体的管理活动：工程估价，即工程的估算、概算、预算；成本（投资）计划；支付计划；成本（投资）控制，包括审查监督成本支出、成本核算、成本跟踪和诊断；工程款结算和审核。

2）工期管理

这方面工作是在工程量计算、实施方案选择、施工准备等工作基础上进行的，包括如下具体的管理活动：工期计划；资源供应计划和控制；进度控制。

3）工程管理

包括质量控制、现场管理、安全管理。

4）组织和信息管理

这方面包括如下具体管理活动：建立项目组织机构和安排人事，选择项目管理班子；制定项目管理工作流程，落实各方面责权利关系，制定项目管理规范；领导项目工作，处理内部与外部关系，沟通、协调各方关系，解决争执；信息管理，包括确定组织成员（部门）之间的信息流，确定信息的形式、内容、传递方式、时间和存档，进行信息处理过程的控制，与外界交流信息。

5）合同管理

这方面有如下具体管理活动：招标投标中的管理，包括合同策划、招标准备工作、起草招标文件、作合同审查和分析，建立合同保证体系等；合同实施控制；合同变更管理；索赔管理。

通常项目管理组织按这些管理工作的任务设置职能机构。

另外，由于工程项目的特殊性，风险是各级、各职能人员都要考虑到的问题。因此，项目管理必然涉及风险管理，它包括风险识别、风险计划和控制。

6．工程项目管理系统

要取得成功的项目必须有全面的项目管理，这个全面性至少应体现在如下几个方面：

（1）项目本身是一个非常复杂的系统，它由许多子项、分项和工程活动构成，项目管理必须包括对整个项目系统的管理；

（2）完整的项目管理工作过程，包括预测、决策、计划、控制、反馈等；

（3）项目管理应包括全部的管理任务，有工期、费用、质量（技术）、合同、资源、组织和信息等管理。

忽略任何方面都可能导致项目的失败。所以项目管理系统至少是三维的结构体系（图8-1）。

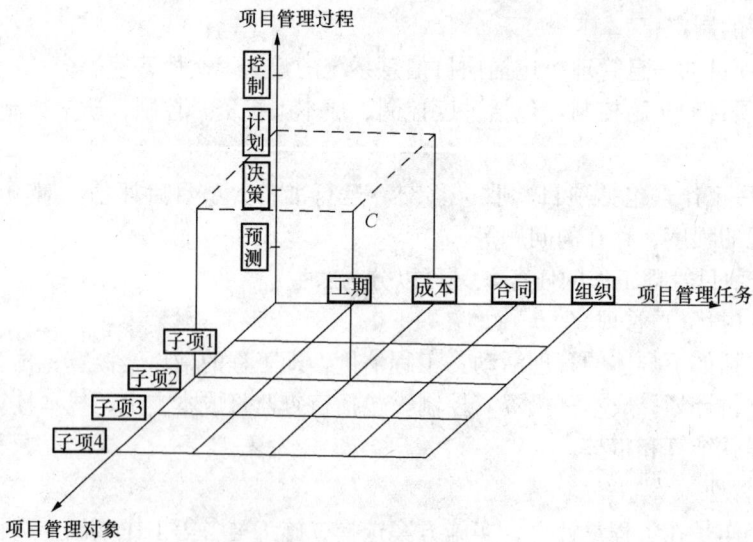

图 8-1　项目管理的系统结构

一个完整的项目管理系统应将项目的各职能工作、各参加单位、各项活动、各个阶段融合成一个完整有序的整体。例如图中 C 点为子项 2 的成本计划工作。

7．现代项目管理的特点

现代项目管理具有如下特点：

(1) 项目管理理论、方法、手段的科学化

这是现代项目管理最显著的特点。现代项目管理吸收并使用了现代科学技术的最新成果，具体表现在：

1）现代的管理理论的应用，例如系统论、信息论、控制论、行为科学等在项目管理中的应用。它们奠定了现代项目管理理论体系的基石。从本书后面论述可见，项目管理实质上就是这些理论在项目实施过程中的综合运用。

2）现代管理方法的应用，如预测技术、决策技术、数学分析方法、数理统计方法、模糊数学、线性规划、网络技术、图论、排队论等，它们可以用于解决各种复杂的项目问题。

3）管理手段的现代化，最显著的是计算机的应用，以及现代图文处理技术、精密仪器的使用，多媒体和互联网的使用等。目前以网络技术为主的项目管理软件已在工期、成本、资源等的计划、优化和控制方面十分完善，可供用户使用。这大大提高了项目管理的效率。

(2) 项目管理的社会化和专业化

由于现代社会对项目的要求越来越高，项目的数量越来越多，规模越来越大，越来越复杂，需要职业化的项目管理者，这样才能有高水平的项目管理。项目管理发展到今天已不仅是一门学科，而且成为一个职业。

以往人们进行工程建设要组织管理班子，例如组建基建部门、成立"指挥部"，一旦工程结束这套班子便解散或闲着。因此管理人员的经验得不到积累，只有一次教训，没有二次经验，这实质上仍是一种"小生产"的项目管理方式。

在现代社会中，专业化的项目管理公司专门承接项目管理业务，提供全过程的专业化咨询和管理服务。这是世界性的潮流，项目管理（包括咨询、工程监理等）已成为一个新兴产业，已探索出许多比较成熟的项目管理模式。这样能取得高效益的工程，达到投资省、进度快、质量好的目标。

(3) 项目管理的标准化和规范化

项目管理是一项技术性非常强的十分复杂的工作，要符合社会化大生产的需要，项目管理必须标准化、规范化。这样项目管理工作才有通用性，才能专业化、社会化，才能提高管理水平和经济效益。

标准化和规范化体现在许多方面，如：规范化的定义和名词解释；规范化的项目管理工作流程；统一的工程费用（成本）项目的划分；统一的工程计量方法和结算方法；信息系统的标准化，如信息流程、数据格式、文档系统、信息的表达形式，网络表达形式和各种工程文件的标准化；使用标准的合同条件、标准的招投标文件等。这使得项目管理成为人们通用的管理技术，逐渐摆脱经验型管理以及管理工作"软"的特征，而逐渐硬化。

(4) 项目管理国际化

项目管理的国际化趋势不仅在中国而且在全世界越来越明显。项目管理的国际化即按国际惯例进行项目管理。这主要是由于国际合作项目越来越多，例如国际工程、国际咨询和管理业务、国际投资、国际采购等。现在不仅一些大型项目，连一些中小型项目其项目要素（如参加单位、设备、材料、管理服务、资金等）都呈国际化趋势。这就要求国际化的项目管理。

项目国际化带来项目管理的困难，这主要体现在不同文化和经济制度背景的人，由于风俗习惯、法律背景等的差异，在项目中协调起来很困难。而国际惯例就能把不同文化背景的人包罗进来，提供一套通用的程序、通行的准则和方法、统一的文件，使得项目中的协调有一个统一的基础。

工程项目管理国际惯例通常有：世界银行推行的工业项目可行性研究指南；世界银行的采购条件；国际咨询工程师联合会颁布的 FIDIC 合同条件和相应的招标投标程序；国际上处理一些工程问题的惯例和通行准则等。

总之，项目管理作为 20 世纪 90 年代才发展起来的新领域，已成为现代管理理论学的重要分支，并越来越受到重视。工程项目管理是一门研究工程项目管理理论和管理方法的学科，其研究涵盖工程项目投资前期、建设时期以及交付使用期的整个过程。研究内容包括计划、控制、组织、协调、指挥等理论、方法和手段。研究目的是以效益目标为核心，在工期、质量和费用三个方面均取得优化，以达到收回投资并实现收益的目的。

8. 工程项目建设程序

建设程序是指一个建设项目从酝酿提出到项目建成投入生产或使用全过程的各阶段建设活动的先后顺序和相互关系。他是工程建设活动自然规律和经济规律的客观反应，也是人们在长期工程建设实践过程中的技术和管理活动经验的理性总结。只有遵循建设程序，项目建设活动才能达到预期的目的和效果。

一般建设项目程序可分为三个阶段：前期决策阶段、实施阶段、实用阶段。本书重点论述项目实施阶段的项目管理知识。

我国的建设程序分为以下几个阶段，这几个阶段的关系如图 8-2 所示。

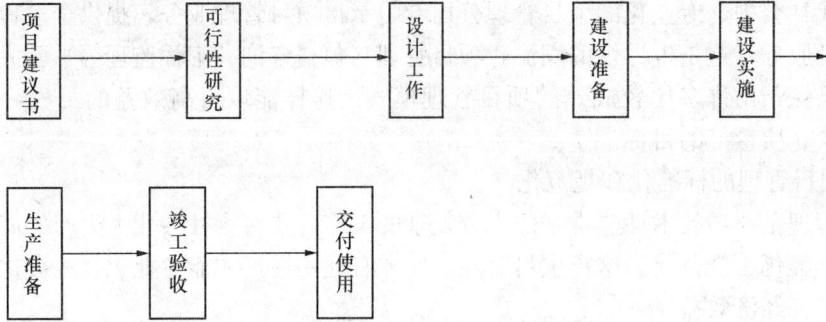

图 8-2　建设程序各阶段的关系

9. 施工项目与施工项目管理

施工项目的定义是：企业自工程投标开始到保修期满为止的全过程中完成的项目。这里所指的"企业"是建筑业企业，即从事土木工程、建筑工程、线路管道设备安装工程、装修工程的新建、扩建、改建活动的企业；施工项目作为"特定过程"，其起始时间是投标开始，终止时间是保修期满。

施工项目管理的定义是：企业运用系统的观点、理论和科学技术对施工项目进行的计划、组织、监督、控制、协调等全过程管理。这个定义指出，施工项目管理的主体是建筑业企业，客体是施工项目；既强调了管理的职能，也强调了管理中要运用系统的观点、理论和科学技术。

8.2 工程项目管理的类型及任务

1. 工程项目管理的类型

(1) 工程项目管理的主体

1) 项目业主

项目业主（业主单位）即是项目的投资者或出资者，由业主代表组成法人机构，取得项目法人资格。从投资者的利益出发，根据建设意图和建设条件，对项目投资和建设方案做出既要符合自身利益又要适应建设法规和政策规定的决策，并在项目的实施过程中履行业主应尽的义务，为项目的实施者创造必要的条件。业主的决策水平、业主的行为规范性等，对一个项目的建设起着重要的作用。

2) 设计单位

设计单位是将业主或建设项目法人的建设意图、政府建设法规要求、建设条件作为输入，经过智力的投入进行建设项目技术、经济方案的综合创作，编制出用以指导建设项目施工安装活动的设计文件。设计联系着项目决策和项目施工两个阶段，设计文件既是项目决策方案的体现，也是项目施工方案的依据。因此，设计过程是确定项目总投资目标和项目质量目标包括建设规模、使用功能、技术标准、质量规格等的阶段。设计先于施工，然而设计单位的工作还延伸于施工过程中。设计单位应指导处理施工过程可能出现的设计变更和技术变更，确认各项施工结果与设计要求的一致性。

3) 施工单位

施工单位是以承建工程施工为主要经营活动的建筑产品生产者和经营者。在市场经济体制下，施工单位通过工程投标竞争取得承包合同后，以其技术和管理的综合实力，通过制定最经济合理的施工方案，组织人力、物力和财力进行工程的施工安装作业技术活动，以期求得在规定的工期内，全面完成质量符合发包方明确标准的施工任务。通过工程移交，取得预期的经济效益，实现其生产经营目标。因此，施工单位是将建设项目的建设意图和目标转变成具体工程目的物的生产经营者，是一个项目实施过程的主要参与者。

4) 生产厂商

生产厂商包括建筑材料、构配件、工程用品与设备的生产厂家和供应商。生产厂商为项目实施提供生产要素，其交易过程、产品质量、价格、服务体系等，直接关系到项目的投资、质量和进度目标。通过市场机制配置建设资源，是项目管理按经济规律办事的重要方面。在项目管理目标的制定、物资资源的询价、采购、合约和供应过程中，都必须充分注意到生产厂商与建设项目之间的这种技术、经济上的关联性对项目实施的作用和影响。

5) 建设监理单位

建设监理单位主要是工程建设监理公司，它接受业主委托和授权，根据国家批准的工程项目建设文件、有关工程建设的法律法规、技术规范、工程建设监理委托合同以及其他工程建设合同对工程项目进行监督管理，即实施业主单位的工程项目管理。监理单位的水平和工作质量，在项目建设过程中的作用和影响是非常重要的。

（2）工程项目管理的类型

工程项目管理的类型主要有以下几种：

1）业主（建设单位）进行的项目管理。

2）建设监理单位或咨询公司代业主进行的项目管理。

3）设计单位进行的项目管理。

4）施工单位进行的项目管理。

5）政府建设管理。

在工程项目建设的不同阶段，参与工程建设的各方的管理内容及重点各不相同。

2. 施工企业的项目管理程序和内容

施工企业的项目管理简称施工项目管理，即施工企业（承包商）站在自身的角度，从其利益出发，通过施工投标取得工程承包任务，并按与业主签订的工程承包合同界定的工程范围所进行的项目管理。管理对象是施工承包合同所界定的施工项目。施工企业为履行工程承包合同和落实企业生产经营方针目标，在项目经理责任制的条件下，依靠企业技术和管理的综合实力，根据施工项目的内在规律，对工程施工全过程进行计划、组织、指挥、协调和控制。

（1）施工项目管理的程序

施工项目管理的内容涉及施工项目寿命周期各个阶段，其程序如下。

1）投标签约阶段

这是施工项目管理的第一阶段，承包商根据业主发出的招标邀请函（或招标广告），做出投标决策，参与投标直至中标签订工程承包合同，其主要工作如下。

① 承包商从经营战略的高度作出是否投标的决策。

② 收集与项目相关的建筑市场、现场、竞争对手、企业自身各方面的信息。

③ 编制既能使企业有一定的盈利水平，又有相当竞争力的投标书。

④ 中标后，与招标方谈判，并按照平等互利、等价有偿的原则依法签订工程承包合同，双方的交易关系正式确立。

2）施工准备阶段

承包商在中标后应立即组建项目经理部，并以项目经理部为主，与企业经营管理层、业主单位相配合，进行施工准备，使工程具备开工和连续施工的基本条件，其主要工作如下。

① 成立项目经理部，根据工程管理的需要建立机构，设置岗位，配备人员。

② 编制施工组织设计，主要是施工方案、施工进度计划和施工平面图，用以指导施工准备和施工。

③ 制定施工项目管理规划，以指导施工项目管理活动。

④ 进行施工现场准备，使现场具备施工条件，利于进行文明施工。

⑤ 编写并上报开工申请报告，待批开工。

3）施工阶段

在项目开工至竣工的全过程，项目经理部既是决策机构，又是责任机构。企业经营管理层、业主单位、监理单位的作用是支持、监督与协调。这一阶段的目标是完成合同规定的全部施工任务，达到验收、交工的条件。主要进行的工作如下：

① 按施工组织设计的安排进行施工。

② 施工中努力做好动态控制工作，保证质量目标、进度目标、造价目标、安全目标、节约目标的实现。

③ 管理好施工现场，实行文明施工。

④ 严格履行工程承包合同，处理好内外关系，做好合同变更与索赔。

⑤ 做好原始记录、协调、检查、分析等工作。

4）验收、交工与竣工结算

这一阶段的目标是对项目成果进行总结、评价，对外结清债权债务，结束交易关系。主要工作如下：

① 工程收尾。

② 进行试运转。

③ 在预验收的基础上接受正式验收。

④ 整理、移交竣工文件，进行财务结算，总结工作，编制竣工报告。

⑤ 办理工程交付手续。

⑥ 项目经理部解体。

5）用后服务阶段

这是施工项目管理的最后阶段，即在交工验收后，按合同规定的责任期进行用后服务、回访与保修，其目的是保证使用单位正常使用，发挥效益。其主要工作如下：

① 为保证工程的正常使用，应向使用单位进行必要的技术咨询和服务。

② 进行工程回访，听取使用单位意见，总结经验教训，观察使用中的问题，进行必要的维护、维修和保修。

③ 进行沉陷、抗震性能等观察，以服务于宏观事业。

（2）施工项目管理的内容

施工项目管理的主体是以施工项目经理为首的项目经理部，即项目管理层。管理的客体是具体的施工对象、施工活动及其相关的生产要素。管理的内容包括：建立施工项目管理组织，进行施工项目管理规划，进行施工项目的目标控制，对施工目的生产要素进行优化配置和动态管理，进行施工项目的合同管理和信息管理等。

1）建立施工项目管理组织

① 企业采用适当的方式选聘称职的施工项目经理。

② 根据施工项目管理组织原则，选用适当的组织方式，组建施工项目管理机构，明确责任、权限和义务。

③ 遵守企业规章制度的前提下，根据施工项目管理的需要，制定施工项目管理制度。

2）进行施工项目管理规划

施工项目管理规划是对施工项目管理目标、组织、内容、方法、步骤、重点进行预测和决策，做出具体的纲领性文件。其主要内容如下：

① 进行工程项目分解，形成施工对象分解体系，以便确定阶段控制目标，从局部到整体地进行施工活动和施工项目管理。

② 建立施工项目管理工作体系，绘制施工项目管理工作体系图和施工项目管理工作信息流程图。

③ 编制施工管理规划，确定管理点，形成文件，以利执行。

3）施工项目的目标控制

施工项目的目标控制，是指为实现项目管理目标而实行的收集数据、与计划目标比较分析、采取措施纠正偏差等活动。实现目标是施工项目管理的目的，项目经理部应坚持以控制论原理和理论为指导，对施工项目管理的全过程进行科学的目标控制。施工项目的控制目标有：进度控制目标；质量控制目标；成本控制目标；安全控制目标。

由于在施工项目的目标控制过程中，会受到各种因素的干扰，各种风险事件随时都可能发生。项目经理部应通过组织协调和风险管理，对施工项目目标进行动态控制，加强对施工全过程的管理，降低风险，从而更好地实现施工项目的目标。

4）施工项目的生产要素管理和施工现场管理

施工项目的生产要素主要包括劳动力、材料、设备、资金和技术，即"5M"，是施工项目目标得以实现的保证。施工现场管理对于节约材料、节省投资、保证施工进度、创建文明工地等方面都十分重要。其主要内容如下：

① 分析各项生产要素的特点。

② 按照一定的原则、方法进行生产要素的优化配置，并对配置状况进行评价。

③ 对各项生产要素进行动态管理。

④ 进行施工现场平面图设计，做好施工现场的调度与管理。

5）施工项目的合同管理

由于施工项目管理是在市场条件下进行的特殊交易活动的管理，施工的全过程环节多、周期长、条件复杂且多变化、不确定因素多，因此，必须依法签订合同，进行履约经营。合同管理的好坏直接涉及项目管理及工程施工的技术经济效果和目标的实现。合同管理要遵循国内及国际上有关法规和合同文本、合同条件，从招投标开始，加强工程承包合同的签订、履约管理。在合同管理中，还必须注意讲究方法和技巧，收集和积累相关的证据，做好索赔，维护自身的利益。

6）施工项目信息管理

现代化管理依靠信息。施工项目管理是一项复杂的现代化管理活动，要依靠电子计算机及时收集、储存和处理施工过程中的大量信息，才能有效地进行施工项目的目标控制、生产要素优化配置和动态管理。

3. 工程建设监理的主要内容

工程建设监理是监理单位受业主委托和授权，代业主对工程项目建设全过程进行的监督管理。工程项目建设监理的主要内容可以理解为"四控制"、"两管理"和"一协调"。

（1）投资控制

投资控制主要是在建设前期进行可行性研究，协助业主正确地投资决策，控制好估算投资总额；在设计阶段对设计方案、设计标准、总概算（或修正总概算）和概（预）算进行审查；在建设准备阶段协助确定标底和合同造价；在施工阶段审核设计变更，核实已完工程量，进行工程进度款签证和控制索赔；在工程竣工阶段审查工程结算。

（2）工期控制

工期控制首先要在建设前期通过周密分析研究确定合理的工期目标，并在施工前将工期要求纳入承包合同；在建设实施阶段运用运筹学、网络计划技术等科学手段，审查、修改施工组织设计和进度计划，并在计划实施中紧密跟踪，做好协调与监督，排除干扰，使单项工程及其分阶段目标工期逐步实现，最终保证建设项目总工期的实现。

（3）质量控制

质量控制要贯穿在建设项目从可行性研究、设计、建设准备、施工、竣工使用及用后维修的全过程。主要包括：组织实际方案竞赛与评比，进行设计方案磋商及图纸审核，控制设计变更；在施工前通过审查承包商资质，检查建筑物所用的材料、配件、设备质量和审查施工组织设计等实施质量预控；在施工中通过重要技术复核、工序操作检查、隐蔽工程验收和工序成果检查，认证监督标准、规范的贯彻，以及通过阶段验收和竣工验收，把好质量关。

（4）安全控制

安全控制是企业生产管理的重要组成部分，是一门综合性的系统科学。安全管理的对象是生产中一切人、物、环境的状态管理与控制，安全管理是一种动态管理。

施工项目安全控制，就是施工项目在施工过程中，组织安全生产的全部管理活动。通过对生产因素具体的状态控制，使生产因素不安全的行为和状态减少或消除，不引发人为事故，尤其是不引发使人受到伤害的事故。使施工项目效益目标的实现得到充分保证。

安全生产管理，坚持"安全第一、预防为主"的方针。安全第一是从保护和发展生产力的角度，表明在生产范围内安全与生产的关系，肯定安全在建筑生产活动中的首要位置和重要性。预防为主是指在建设工程生产活动中，针对建设工程生产的特点，对生产要素采取管理措施，有效地控制不安全因素的发展与扩大，把可能发生的事故消灭在萌芽状态，以保证生产活动中人的安全与健康。安全第一还反映了当安全与生产发生矛盾的时候，应该服从安全，消灭隐患，保证建设工程在安全的条件下生产。预防为主体现在事先策划、事中控制、事后总结。通过信息收集，归类分析，制定预案，控制防范。"安全第一、预防为主"的方针，体现了国家在建设工程安全生产过程中"以人为本"的思想，也体现了国家对保护劳动者权利、保护社会生产力的高度重视。

（5）合同管理

合同管理是进行投资控制、工期控制和质量控制的手段。因为合同是监理单位站在公正立场上，采取各种控制、协调和监督措施，履行纠纷调解职责的依据，也是实施三大目标控制的出发点和归宿。

（6）信息管理

信息管理是指对信息的收集、加工整理、储存、传递与应用等一系列工作。信息管理的目的就是通过有组织的信息流通，使决策者能及时、准确地获得相应的信息。项目信息管理人员应负责收集项目实施情况的信息，做好各种信息处理工作，并向上级、向外界提供各种信息。

（7）组织协调

组织协调是指监理单位在监理过程中，对相关单位的协作关系进行协调，使相互之间加强合作、减少矛盾，共同完成项目目标。这些单位主要有建设单位、施工单位、设计单位、供应单位，另外，还有政府部门、金融部门、相关管理部门等。

4.政府的建设管理

政府建设主管部门尽管不直接参与建设项目的生产活动，但由于建筑产品的社会性强、影响大以及生产和管理的特殊性等，需要政府通过立法和监督，来规范建设活动的主体行为，保证工程质量，维护社会公共利益。政府的监督职能应贯穿项目实施的各个阶段。

政府建设主管部门必须对建设项目的决策立项、规划、设计方案进行审批，对项目实施过程的各个环节实行建设程序的监督，要充分发挥和运用法律法规的手段，培育、发展和规范我国的建筑市场体系，使建设项目运行全过程的活动都纳入法制轨道。

政府建设主管部门还要派出工程质量监督机构，核查工程的设计、施工单位和建筑构件厂等的资质等级，监督其严格执行技术标准，检查工程（产品）质量，掌握工程质量状况，处理质量事故，并定期向政府建设部门汇报，以确保工程质量。

政府建设主管部门还要从保护自然环境、防止污染、合理利用资源等可持续发展的战略高度出发，对建设项目的立项、选址、设计、施工等全过程进行审查、监督、检查，切实维护社会公共利益。

8.3 施工项目管理责任制

目前，项目经理责任制是以项目经理为责任主体的施工项目管理目标责任制度，是项目管理的基本制度，实施项目经理责任制是搞好项目管理的关键。

8.3.1 关于项目经理

1. 项目经理的概念

项目经理是企业法定代表人在承包的建设工程施工项目上的委托代理人。

一个施工项目是一项一次性的整体任务，在完成这个任务过程中必须有一个最高的责任者和组织者，这就是我们通常所说的施工项目经理。项目经理应根据企业的法定代表人授权的范围、时间和内容，对施工项目自开工准备到竣工验收，实施全过程、全面管理。即施工项目经理是对施工项目管理全面负责的管理者，是施工项目的管理中心，在整个施工活动中占有举足轻重的地位。确立施工项目经理的地位是搞好施工项目管理的关键。

项目经理应接受企业法定代表人的领导，接受企业管理层、发包人和监理机构的检查和监督；施工项目从开工到竣工，企业不得随意撤换项目经理；施工项目发生重大安全、质量事故或项目经理违法、违纪时，企业可撤换项目经理。

项目经理应具备以下素质：

（1）具有符合施工项目管理要求的能力；

（2）具有相应的施工项目管理经验和业绩；

（3）具有承担施工项目管理任务的专业技术、管理、经济和法律、法规知识的能力；

（4）具有良好的道德品质。

项目经理应获得"建设工程施工项目经理资格证书"或全国注册建造师执业资格证书。

2. 施工项目经理的职责

（1）代表企业实施施工项目管理。贯彻执行国家法律、法规、方针和强制性标准，执行企业的各项管理制度，维护企业的合法权益。

（2）履行"项目管理目标责任书"规定的任务。

(3) 组织编制项目管理实施细则。

(4) 对进入现场的生产要素进行优化配置和动态管理。

(5) 建立质量管理体系和安全管理体系并组织实施。

(6) 在授权范围内负责与企业管理层、劳务作业层、各协作单位、发包人、分包人和监理工程师等的协调，解决项目中出现的问题。

(7) 按"项目管理目标责任书"处理项目经理部与国家、企业、分包单位以及职工之间的利益分配。

(8) 进行现场文明施工管理，发现和处理突发事件。

(9) 参与工程竣工验收，准备结算资料和分析总结，接受审计。

(10) 协助企业进行项目的检查、鉴定和评奖申报。

3. 施工项目经理的权限

(1) 参与企业进行的施工项目投标和签订施工合同。

(2) 经授权组建项目经理部，确定项目经理部的组织机构，选择、聘任管理人员，确定管理人员的职责，并定期考核、评价和奖惩。

(3) 在企业财务制度规定的范围内，根据企业法定代表人的授权和施工项目管理的需要，决定资金的投入和使用，决定项目经理部的计酬办法。

(4) 在授权范围内，按物资采购程序性文件的规定行使采购权。

(5) 根据企业法定代表人的授权或按照企业的规定选择、使用作业队伍。

(6) 主持项目部的工作，组织制订施工项目的各项管理制度。

(7) 根据法人授权，协调和处理与施工项目管理有关的内部与外部事项。

4. 施工项目经理的利益

施工项目经理最终的利益是项目经理行使权力和承担责任的结果，也是商品经济条件下责、权、利相互统一的具体体现。利益可分为两大类：一是物质兑现，二是精神奖励。目前许多施工企业均采用精神奖励和物质奖罚相结合的做法，效果不错。

项目经理应享受以下利益：

(1) 获得基本工资、岗位工资和绩效工资；

(2) 除按"项目管理目标责任书"可获得的物质奖励外，还可获得表彰、记功、优秀项目经理等荣誉称号；

(3) 经考核和审计，未完成"项目管理目标责任书"确定的项目管理责任目标或造成亏损的，应按其中有关条款承担责任并接受经济或行政处罚。

5. 项目经理的地位

(1) 施工项目经理是建筑施工企业法人代表在项目上的全权委托代理人。从企业内部看，施工项目经理是施工项目全过程所有工作的总负责人，是项目承包责任者，是项目动态管理的体现者，是项目生产要素合理投入和优化组合的单位负责人，由施工项目经理在授权范围内对建设单位直接负责。由此可见，施工项目经理是项目目标的全面实现者，既要对建设单位的成果性目标负责，又要对企业效率性目标负责。

(2) 施工项目经理是协调各方面关系，使之相互紧密协作、配合的桥梁和纽带。他对项目管理目标的实现承担着全部责任，即承担合同责任、履行合同义务、执行合同条款、处理合同纠纷、受法律的约束和保护。

（3）施工项目经理对项目实施进行控制，是各种信息的集散中心。自下、自外而来的信息，通过各种渠道汇集到项目经理的手中；项目经理又通过指令、计划和"办法"，对下、对外发布信息，通过信息的集散达到控制的目的，使项目管理取得成功。

施工项目经理是施工项目责、权、利的主体。这是因为，施工项目经理是项目总体的组织管理者，即他是项目中人、财、物、技术、信息和管理等所有生产要素的组织管理人。他不同于技术、财务等专业的总负责人。项目经理必须把组织管理职责放在首位。项目经理首先必须是项目的责任主体，是实现项目目标的最高责任者，而且目标的实现还应该不超出限定的资源条件。

（4）责任是实现项目经理负责制的核心，它构成了项目经理工作的压力，是确定项目经理权力和利益的依据。对项目经理的上级管理部门来说，最重要的工作之一就是把项目经理的这种压力转化为动力。其次项目经理必须是项目的权力主体。权力是确保项目经理能够承担起责任的条件与手段，所以权力的范围，必须视项目经理责任的要求而定。如果没有必要的权力，项目经理就无法对工作负责。项目经理还必须是项目的利益主体。利益是项目经理工作的动力，是由于项目经理负有相应的责任而得到的报酬，所以利益的形式及利益的多少也应该视项目经理的责任而定。如果没有一定的利益，项目经理就不愿负有相应的责任，也不会认真行使相应的权力，项目经理也难以处理好国家、企业和职工的利益关系。

8.3.2 项目管理目标责任书的执行

1. 施工项目经理承包责任制的含义

施工项目经理承包责任制，是指在工程项目建设过程中，用以确定项目承包者与企业、职工三者之间责、权、利关系的一种管理手段和方法。它是以工程项目为对象，以项目经理责任为前提，以施工图预算为依据，以创优质工程为目标，以承包合同为纽带，以求得最终产品的最佳经济效益为目的，实行从工程项目开工到竣工验收交付使用的一次性全过程的施工承包经营管理。

在施工项目进行前，由企业法定代表人与项目经理签订"项目管理目标责任书"，它是明确项目经理管理责任的文件。

"项目管理目标责任书"应包括下列内容：

（1）企业各业务部门和项目经理部之间的关系；

（2）项目经理部使用作业队伍的方式；项目所需材料供应方式和机械设备供应方式；

（3）应达到的项目进度目标、项目质量目标、项目安全目标和项目成本目标；

（4）在企业制度规定以外的、由法定代表人向项目经理委托的事项；

（5）企业对项目部人员进行奖惩的依据、标准、办法和应承担的风险；

（6）项目经理解职和项目经理部解体的条件和办法。

2. 施工项目经理承包责任制的特点

施工项目经理承包责任制和其他承包制比较有以下特点：

（1）对象终一性

它以施工项目为对象，实行建筑产品形成过程的一次性全额承包，不同于其他行政单位实行的年度或阶段性承包。

（2）主体直接性

它是在实施项目经理责任制的前提下，实行的一种"经理负责、全员管理、集体承包、风险抵押、单独核算、自负盈亏"的经济责任制，它突出了项目经理个人在承包中的主要责任。因此，它既不同于领导班子集体负责的那种承包，又区别于一些单位实行的个人承包。

（3）内容全面性

项目承包是根据先进、合理、实用可行的原则，在不超过承包费用的范围内，"包死基数，确保上缴"，并以保证提高工程质量，缩短工期、降低成本、安全、文明施工等全面经济效益为内容的多项复合型技术经济指标全额、全过程的承包。它明显地区别于过去的单项或利润指标承包。

（4）责任风险性

项目承包充分体现了"指标突出、责任明确、利益直接、考核严格"的基本要求。承包的最终结果与项目经理部职工，特别是与项目经理行政晋升和奖罚等个人利益直接挂钩，既负盈也负亏。

3. 施工项目经理承包责任制的作用

施工项目经理与施工项目承包制是相辅相成的。前者是后者的基础，后者是前者的主要条件之一，又是检验施工项目经理的一项主要标准。施工项目经理承包责任制在施工项目管理中的作用，主要表现为以下几点：

（1）有利于进一步明确项目经理与企业和职工三者之间的责、权、利、效关系，彻底打破"大锅饭"。

（2）有利于运用承包合同等经济手段，强化项目管理的法制管理。

（3）有利于促进和提高企业项目管理的经济效益和社会效益，不断解放和发展生产力。

4. 施工项目经理承包责任制的原则

（1）实事求是原则；

（2）兼顾企业、承包者和职工三者利益的原则；

（3）责、权、利、效统一的原则。

5. 施工项目经理承包责任制的主体与重点

施工项目管理承包的主体是经理个人全面负责，项目管理班子集体承包。施工项目管理的成果不仅仅是经理个人的功劳。项目管理班子是一个集体，没有集体的团结协作就不会取得成功。那种把个人责任和个人承包混为一谈的说法是不对的。我们说个人负责是指"进行工作时"的负责。事实上无论采取哪种承包方式，都是个人负责，尤其是工程建设中经常出现"危急"情况，不允许"研究研究"，只能由一个人统一指挥。承包是承担责任和享受利益的。由于领导班子明确了分工，使每个成员都分担了一定的责任，大家一致对国家和企业负责，共同享受企业的利益。所以，施工项目经理承包责任制的主体当然应该是承包施工项目的经理负责。

施工项目经理承包责任制的重点在于管理。管理是科学，是规律性的活动。如果说企业的承包是经营承包，那么施工项目承包就是管理承包。施工项目承包的特点，决定施工项目承包的重点必须放在管理上。如果说企业经理应当是战略家，那么项目经理就应当是战术家。企业经理决定打不打这一仗，是决策者，项目经理研究如何打好这一仗，是管理者。因此，施工项目承包要注重管理的内涵和运用。通过实践，许多企业根据施工项目承包的特点，变注重上交利润的简单做法为以多项管理复合指标进行承包，变经营承包为责任承包。

6. 施工项目经理承包责任制工程的条件

实行施工项目经理承包责任制，必须坚持管理层与劳务（作业）层分开的原则，建立企业内部市场，实行业务系统化管理和项目管理相配套的管理机制，通过人、财、物各要素的优化组合，既发挥系统管理的有效职能，使管理向专业化、科学化发展，又赋予项目经理一定的权力，促使工程项目高速、优质、低耗地全面完成，所以必须具备下列条件：

(1) 工程项目任务落实、开工手续齐全，具有切实可行的施工组织总体设计。

(2) 各种工程技术资料、施工图纸、劳动力配备，三大主材落实，能按计划提供。

(3) 有一批懂技术、会管理、敢负责并掌握施工项目管理技术的人才，组织一个精干、得力、高效的项目管理班子。

(4) 开辟和建立企业业务工作系统化管理，形成内外部环境，具有为项目经理部提供劳务人才、材料、设备及生活设施等各项服务的功能。

7. 施工项目经理承包责任制体系的建立

承包责任制体现了施工企业生产方式与建筑市场招投标承包制的统一，有利于企业经营机制的转换，其作用的最大发挥取决于是否建立起以项目经理为核心的承包网络体系。做到承包纵向到底、横向到边、纵横交错、不留死角。

8.3.3　施工项目经理部的地位和作用

1. 施工项目经理部的地位

项目经理部是施工项目管理的工作班子，置于项目经理的领导之下，接受企业业务部门的指导、监督、检查和考核。为了充分发挥项目经理部在项目管理中的主体作用，必须对项目经理部的机构设置加以特别重视，设计好，组建好，运转好，从而发挥其应有的功能。

项目经理部在项目竣工验收、审计完成后解体。

2. 施工项目部的作用

(1) 项目经理部在项目经理领导下，作为项目管理的组织机构，负责施工项目从开工到竣工的全过程施工生产经营的管理，是企业在某一工程项目上的管理层，同时对作业层负有管理与服务双重职能。作业层工作的质量取决于项目经理部的工作质量。

(2) 项目经理部是项目经理的办事机构，为项目经理决策提供信息依据，当好参谋，同时又要执行项目经理的决策意图，向项目经理全面负责。

(3) 项目经理部是一个组织体，其作用包括：完成企业所赋予的基本任务——项目管理和专业管理任务等；凝聚管理人员的力量，调动其积极性，促进管理人员的合作，建立为事业的献身精神；协调部门之间、管理人员之间的关系，发挥每个人的岗位作用，为共同目标进行工作；影响和改变管理人员的观念和行为，使个人的思想、行为变为组织文化的积极因素；贯彻组织责任制，搞好管理；沟通部门之间、项目经理部与作业队之间、与公司之间、与环境之间的信息。

(4) 项目经理部是代表企业履行工程承包合同的主体、对最终建筑产品和业主全面、全过程负责的管理实体；通过履行主体与管理实体地位的体现，使每个工程项目经理部成为市场竞争的主体成员。

8.3.4　施工项目经理部的建立和组织协调

施工现场项目经理部是企业临时性的基层施工管理机构，建立施工现场项目经理部的目的是为了使施工现场更具有生产组织功能，更好的实现施工项目管理的总目标。

1. 项目经理部的建立

项目经理部是由项目经理在企业支持下组建并领导、进行项目管理的组织机构。项目经理部的作用是：作为企业在项目上的管理层，负责从开工准备到竣工验收的项目管理，对作业层有管理和服务的双重职能；作为项目经理的办事机构，为项目经理的决策提供信息和依据，当好参谋，并执行其决策；凝聚管理人员，形成组织力，代表企业履行施工合同，对发包人和项目产品负责；形成项目管理责任制和信息沟通系统，以形成项目管理的载体，为实现项目管理目标而有效运转。建立能有效运转的项目经理部应做到以下几点：

（1）遵守下列原则

1）根据项目管理规划大纲确定的组织形式设立项目经理部；

2）根据施工项目的规模、复杂程度和专业特点设立项目经理部；

3）应使项目经理部成为弹性组织，随工程的变化而调整，不成为固化的组织；

4）项目经理部的部门和人员设置应面向现场，满足目标控制的需要；

5）项目经理部组建以后，应建立有益于组织运转的规章制度。

（2）按合理步骤设立项目经理部

第一步是确定项目经理部的管理任务和组织形式；第二步是确定项目经理部的层次、职能部门和工作岗位；第三步是确定人员、职责、权限；第四步是对项目管理目标责任书确定的目标进行分解；第五步是制定规章制度措施和目标考核、奖惩制度。

（3）选择适当的组织形式

组织形式指组织结构类型，是指一个组织以什么样的结构方式去处理层次、跨度、部门设置和上下级关系。组织形式的选定，对项目经理部的管理效率有极大影响，因此要求做到以下几点：

1）当企业有多个大、中型项目需要同时进行项目管理时，宜选用矩阵式组织形式。这种形式既能发挥职能部门的纵向优势，又能发挥项目的横向优势；既能满足企业长期例行性管理的需要，又能满足项目一次性管理的需要；一人多职，节省人员；具有弹性；调整方便，有利于企业对专业人才的有效使用和锻炼培养。

2）远离企业管理层的大、中型项目，且在某一地区有长期市场的，宜选用事业部式组织形式。这种形式（或称项目式）的项目经理部对内可作为职能部门，对外可作为实体，有相对独立的经营权，可以迅速适应环境的变化，提高项目经理部的应变能力。

3）如果企业在某一地区只有一个大型项目，而没有长期市场，可建立工作队式（或称项目式）项目经理部，以使它具有独立作战能力，完成任务后能迅速解体。

4）如果企业有许多小型施工项目，可设立部门控制式（也称职能式）的项目经理部，几个小型项目组成一个较大型的项目，由一个项目经理部进行管理。这种项目经理部可以固化，不予解体。但是大、中型项目不应采用固化的部门控制式项目经理部。

项目经理部的组织形式应根据施工项目的规模、结构复杂程度、专业特点、人员素质和地域范围确定。我们提倡在一定条件下，应优先考虑矩阵式组织。这里提到的矩阵式组织是指强矩阵式组织，即设立强有力的项目经理和项目经理部。它的优点如下：

① 矩阵式项目管理组织兼有按部门控制和按对象控制两方面的优点（双向加强型管理）。

② 矩阵式项目管理组织有弹性，方便调整与解体。

③ 矩阵式项目管理组织的管理人员可以同期在几个项目上承担管理任务，有利于充分利用人才和培养人才。

④ 矩阵式项目管理组织的项目经理专职管理项目，且有充足的授权，故大型复杂的项目可以得到有效的管理。

⑤ 一个企业有多个项目同时进行项目管理时，可以节省大量管理人员。

（4）合理设置项目经理部的职能部门，适当配置人员

职能部门的设置应紧紧围绕各项项目管理内容的需要，也就是"四项目标控制"、"四项管理"和组织协调的需要，贯彻精干高效的原则。对项目经理部人员的配置，《规范》提出了两项关键要求：大型项目的项目经理必须有一级项目经理资质（将来是一级建造师资质）；管理人员中的高级职称人员不应少于10%。

施工项目经理部人员配备的指导思想是把项目建成企业市场竞争的核心、企业管理的重心、成本核算的中心、代表企业履行合同的主体和工程管理实体。

根据一些企业经验，一般项目经理部可以按"一长一师四大员"的模式，即项目经理（一长），项目工程师（一师），项目经济员、技术员、料具员、总务员（四大员），其中包含了项目管理所必须的预算成本、合同、技术、施工、质量、安全、场容、机械、材料、档案、后勤等多种职能。为强化项目管理职能，公司和各工程部可抽调领导干部和管理骨干充实项目。有些建设工程公司按照动态管理，优化配置的原则，对项目经理部的编制进行设岗定员，人员配备分别由项目经理、项目工程师、经济师、会计师以及技术、预算、劳资、定额、计划、质量、保卫、测试、计量和辅助生产人员共计约 15～45 人组成，一级项目经理部 30～45 人，二级项目经理部 20～30 人，三级项目经理部 15～20 人，其中，专业职称设岗为高级 3%～8%、中级 30%～40%、初级 38%～42%，剩余的为其他人员。实行一职多岗，全部岗位职责覆盖项目施工的全过程，实行全面管理，不留死角，避免了职责重叠交叉。

（5）制定必要的规章制度

项目经理部必须执行企业的规章制度，当企业的规章制度不能满足项目经理部的需要时，项目经理部可以自行制定项目管理制度，但是应报企业或其授权的职能部门批准。

（6）使项目经理部正常运行并解体

为使项目经理部有效运行，《建设工程项目管理规范》提出了 3 项要求：一是项目经理部应按规章制度运行，并根据运行状况的检查信息控制运行，以实现项目目标；二是项目经理部应按责任制运行，以控制管理人员的管理行为；三是项目经理部应按合同运行，通过加强组织协调，以控制作业队伍和分包人员的行为。

项目经理部解体的理由有 4 点：一是有利于建立适应一次性项目管理需要的组织机构；二是有利于建立弹性的组织机构，以适时地进行调整；三是有利于对已完成的项目进行审计、总结、清算和清理；四是有利于企业管理层和项目管理层的两层分离和两层结合，既强化企业管理层，又强化项目管理层，提倡项目经理部解体，是在组织体制改革中改变传统组织习惯的一项艰巨任务。

在施工项目经理部解体的问题上，存在颇多的分歧，不少企业坚持固化项目管理组织。固化项目管理组织的好处是符合传统习惯，员工间比较熟悉，也减少了调整机构之

烦；但是它有致命的缺点，那就是不利于优化组织机构和劳动组合，以不变的组织机构应付万变的工程项目的管理任务，势必严重影响管理效果。项目管理的理论要求它应该解体。解体的好处如下：

① 有利于针对项目的特点建立一次性的项目管理机构；

② 有利于建立可以适时调整的弹性项目管理机构；

③ 有利于对已完项目进行总结、结算、清算和审计；

④ 有利于项目经理部集中精力进行项目管理和成本核算；

⑤ 有利于企业管理层和项目管理层进行分工协作，明确双方各自的责、权、利。

2. 项目经理部的组织协调

组织协调应分为内部关系的协调、近外层关系的协调和远外层关系的协调。组织协调应能排除障碍、解决矛盾、保证项目目标的顺利实现。组织协调应包括下列内容：

（1）人际关系应包括施工项目组织内部的人际关系，施工项目组织与关联单位的人际关系。协调对象应是相关的工作结合部中人与人在管理工作中的联系和矛盾。

（2）组织机构关系应包括协调项目经理部与企业管理层及劳务作业层之间的关系。

（3）供求关系应包括协调企业物资供应部门与项目经理部及生产要素供需单位之间的关系。

（4）协作配合关系应包括协调近外层单位的协作配合，内部各部门、上下级、管理层与劳务作业层之间的关系。

组织协调的内容应根据在施工项目运行中的不同阶段所出现的主要矛盾作动态调整。

（1）施工项目经理部的内部关系协调

这种关系体现在项目经理部的管理层与作业层的关系上。主要表现为领导关系、协作关系和承包关系。作业层与项目经理部之间，在行政上介于授权和管理责任之间，更多更直接反映的是以经济承包合同制为中心的经济制约关系。

内部人际关系的协调应根据各项规章制度，通过做好思想工作，加强教育培训，提高人员的素质等方法来实现。

项目经理部与企业管理层关系的协调应依靠严格执行"项目管理目标责任书"；项目经理部与劳务作业层关系的协调应依靠履行劳务合同及执行"施工项目管理事实细则"。

项目经理部进行内部供求关系的协调应做好以下工作：

1）做好供需计划的编制、平衡，并认真执行计划。

2）充分发挥调度系统人员的作用，加强调度工作，排除障碍。

（2）施工项目经理部的外部关系协调

施工项目部的外部关系协调分为近外层关系协调和远外层关系协调。施工项目部在进行这些关系的协调时，必须在企业法人的授权范围内实施。

1）施工项目与近外层关系的协调

施工项目的近外层关系，包括与业主的关系，与设计单位的关系，与供应单位的关系，与公用单位的关系等。这些关系都是合同关系或买卖关系，应在平等的基础上进行协调。

① 施工项目与业主的关系

这两者之间的关系从招投标开始，中间经过施工准备，施工中的检查与验收、进度款支付、工程变更、进度协调、交工验收等，关系非常密切。处理两者之间的关系主要是洽谈、签订和履行合同。有了纠纷，也以合同为依据解决。如果业主委托监理单位进行监理，则施工项目与监理的关系就是监理与被监理的关系。施工项目经理部应接受监理，按监理制度协调关系。协调的目的是搞好协作，协调的方法是执行合同，协调的重点是资金问题、进度问题和质量问题。

② 施工项目与设计单位的关系

施工项目经理部与设计单位同是承包单位，他们两者均与业主订有合同，但两者之间没有合同关系。共同为业主服务决定了施工方与设计方的密切关系，这种关系是图纸供应关系，设计与施工技术关系等。这些关系发生在设计交底、图纸会审、设计变更与修改、地基处理、隐蔽工程验收和竣工验收等环节中。为了协调好两者的关系，应通过密切接触、相互信任、相互尊重、友好协商的办法，并通过业主或监理单位起中介作用。

③ 施工项目与供应单位的关系协调

施工项目需要的资源供应，一是直接与供方签订合同，按合同供应；二是从市场上取得，不与供应部门发生合同关系。目前主要的协调对象是前者，应严格按合同办事。在建立合同前应对物资供方的质量体系进行调查，与已经取得认证资格的厂家签订合同。施工项目组织者要利用市场调节供应，必须了解市场、利用市场的竞争机制，价格调节机制和约束机制。

④ 施工项目与公用部门的关系

包括与道路、市政管理部门，自来水、煤气、热力、供电、电信等单位的关系。由于项目建设中与这些单位的关系非常密切，他们往往与业主有合同关系，故应加强计划协调，主要是进行质量保证、施工协作、进度衔接方面的协商。

⑤ 施工项目组织与分包单位关系的协调

在协调与分包单位关系方面，应注意选择具备相应营业等级及施工能力的分包单位；落实好总分包之间的责任；处理好总、分包之间的经济关系、技术关系；解决好总分包之间的纠纷；按合同办事，正确处理好项目的进度控制、项目质量控制、项目安全控制、项目成本控制、项目生产要素管理和现场管理中的协作关系。项目经理部还应对分包单位的工作进行监督和支持。

2) 施工项目与远外层关系的协调

施工项目与远外层的关系包括与政府部门、与金融组织、与现场环境单位的关系。这些关系的处理没有定式，协调更加困难，应按有关法规，公共关系准则，经济联系规定处理。例如，与政府部门的关系是请示、报告、汇报的关系，与银行的关系是送审、审请及借贷、委托关系，与现场环境单位的关系则是遵守规定、取得支持的关系等。在处理这些关系时，必须严格遵守法律，遵守公共道德，并充分利用中介机构和社会管理机构的力量。

8.4 《建设工程项目管理规范》简介

项目管理是国际上进行建设工程的惯例，我国自 20 世纪 80 年代初引进以来 20 年的实践中，已经取得了丰富的经验并进行了大量的创新，形成了一套施工项目管理理论和行之有效的科学方法，有了一支庞大的项目管理队伍和大量成功的工程项目，与项目管理相关的法律、法规、部门规章和标准（规范、规程）等逐步建立，适应了大规模工程建设和发展建筑市场的需要。因此，2002年5月1日，中华人民共和国国家标准《建设工程项目管理规范》GB/T 50326—2001制定并实施（以下简称《规范》）。通过《规范》的实施，既可对施工项目管理经验进行总结，又能推动施工项目管理向科学化、规范化、法制化方向发展，还可以促进我国的项目管理与国际同行业的项目管理接轨，强化我国的施工项目管理，把其水平提升到一个新的平台上。规范化的本质是科学、合理和有效的统一，形成事业发展的合力，获得最佳的管理效益。

随着《建设工程项目管理规范》GB/T 50326—2001的使用，我们总结经验，不断对规范进行修订。《建设工程项目管理规范》GB/T 50326—2006，自2006年12月1日起实施。原《建设工程项目管理规范》GB/T 50326—2001同时废止。下面我们来学习《规范》的主要内容。

1.《规范》的术语、项目管理的内容与程序

（1）术语

《规范》在第2章中共有26个术语，都是在本规范中出现且具有重要地位的用词（或概念）。在制定这些术语时，坚持了三个原则：一是国际、国内的标准上已有的术语，执行国际、国内标准，本《规范》不予重复，如项目、项目管理、建筑业企业、建设工程监理等；二是对每个术语的解释均坚持科学性、适用性、符合性，其中"符合性"指符合国际惯例，符合法律、法规，符合我国实际；三是具有创新性，即术语是在总结我国改革和实践经验的基础上确定的，体现了我们自己的创新成果，如关于"项目经理责任制"、"项目成本核算制"、"项目管理目标责任书"、"项目管理规划大纲"、"项目管理实施规划"、"项目现场管理"、"项目考核评价"等（具体内容详见规范）。

（2）项目管理的内容

项目管理的内容既体现了项目管理的任务，又体现了项目管理的范围，在进行项目管理时必须按《规范》规定的这些范围全面实施，在学习和实施《规范》时应该把它作为纲领。

《规范》第3.0.1条指出，"项目管理的内容与程序应体现企业管理层和项目管理层参与的项目管理活动"。不能认为项目管理的内容与程序只是项目管理层的活动，只能说《规范》规定的项目管理活动是以项目管理层为立足点的。对此，《规范》第3.0.3条规定"项目经理部的项目管理内容应由企业法定代表人向项目经理下达的项目管理目标责任书确定，并应由项目经理组织实施"。《规范》第3.0.6条规定了项目管理的关键内容。

（3）项目管理的程序

项目管理的程序是项目管理的步骤，体现了项目管理的有序性和规律性，进行项目管理要严格按程序进行，做到项目管理程序化，并在此前提下实现项目管理信息化和计算机化。项目经理和项目管理者必须熟悉项目管理程序并按程序进行项目管理。《规范》第3.0.7条规定了项目管理的程序，它们也应该是项目管理的里程碑。应注意，前面的4个步骤（即编制项目管理规划大纲、编制投标书并进行投标、签订施工合同、选定项目经理），以及后面的3个步骤（即考核评价并兑现"项目管理目标责任书"中的奖惩承诺、项目经理部解体、回访保修），这7个步骤主要是由企业管理层完成的。其他各个步骤主

要是由项目经理部完成的。因此"对项目进行全过程和全面的管理"的是全企业，而不是由项目经理部"承包"。项目经理没有条件对一个项目的管理进行"承包"，更不应该为"承包"与企业法定代表人签订合同。

2. 建立"项目管理规划制度"

项目管理规划（以下简称"规划"）是本《规范》首次出现的创新概念，其目的是在接受"项目管理目标责任书"的基础上，通过对项目管理的系统全面完整的策划，形成一份规划文件，完成项目管理的首要环节，以指导项目管理的实施。"规划"的作用是：制定施工项目管理目标；规划实施项目管理目标的组织、程序和方法，落实责任；作为相应项目管理的指导性文件和"规范"，在项目管理过程中贯彻执行；作为考核项目经理部的依据之一。因此，企业应建立"施工项目管理规划制度"。

这项工作过去是用施工组织设计代替的。然而，施工组织设计是规划施工的，而不是规划项目管理的，不能满足项目管理的全部规划要求。

施工组织设计是在计划经济下产生和被应用的，它是一种技术经济文件，用以满足指导施工准备和施工的需要，用它来满足项目管理的需要显然有其不足之处。然而，40 年来一直沿用施工组织设计制度，它与各项技术管理制度相配套，已成体系，要想用"规划"代替它也非易事，故《规范》第 4.1.2 条规定，"当承包人以编制施工组织设计代替项目管理规划时，施工组织设计应满足项目管理规划的要求"。怎样满足呢？主要的办法是按照项目管理规划的要求扩展施工组织设计的内容，包括：目标规划、组织规划、技术组织措施规划、风险管理规划和信息管理规划等等。

为了满足不同阶段和不同管理层次的项目管理需要，项目管理规划应当分为两种：一种是"项目管理规划大纲"（以下简称"大纲"），另一种是"项目管理实施规划"（以下简称"实施规划"）。

"大纲"是由企业管理层在投标之前编制的，旨在作为投标依据、满足招标文件要求及签证合同要求的文件，具有较强的纲领性和预测性，对"实施规划"的编制也具有指导作用。"实施规划"是在开工之前由项目经理主持编制的，旨在指导施工项目实施阶段管理的文件，具有较强的实施性和现实性，对项目经理部的项目管理具有指导作用。它们都是企业的内部管理文件，不具有对外性。因此，不论是招标文件对投标人的施工组织设计提出的要求，或监理机构对承包人的施工组织设计提出的要求，都不能、也不应该用项目管理规划代替，只能根据要求从项目管理规划中摘录。

在实施《规范》对项目管理规划的规定时，要求做到以下几点：第一，充分认识项目管理规划的作用，学好《规范》中的有关规定；第二，区别项目管理规划和施工组织设计，以重视项目管理规划代替重视施工组织设计；第三，按《规范》的要求编制出合格的项目管理规划，并认真实施，不断总结经验，提高该项工作的水平；第四，对项目管理规划要求的与施工组织设计不同（或扩展）的内容（如风险管理规划），应作为研究课题，边研究、边实践，探索出规律和理论来。

3. 实施"项目经理责任制"

项目经理责任制是以项目经理为责任主体的施工项目管理目标责任制度，是项目管理的基本制度，实施项目经理责任制是搞好项目管理的关键。实施项目经理责任制应注意以下几点：

（1）深刻认识项目经理责任制的作用

第一，项目经理责任制确定了项目经理在企业中的地位，项目经理是企业法定代表人在承包的建设工程项目上的委托代理人。第二，项目经理责任制确定了企业的层次及其相互关系。企业分为企业管理层、项目管理层和劳务作业层。企业管理层首先应制定和健全施工项目管理制度，规范项目管理；其次应加强计划管理，保证资源的合理分布和有序流动，并为项目生产要素的优化配置和动态管理服务；再次，应对项目管理层的工作进行全过程的指导、监督和检查。项目管理层对资源优化配置和动态管理，执行和服从企业管理层对项目管理工作的监督、检查和宏观调控。企业管理层与劳务作业层应签订劳务分包合同，项目管理层与劳务作业层应建立共同履行劳务分包合同的关系。第三，项目经理责任制确定了项目经理在项目管理中的地位。项目经理是项目管理的核心人物，是项目管理目标的承担者和实现者，对项目的实施进行控制，既要按项目的成果性目标对建设单位负责，又要按项目管理的效益性目标向企业负责。第四，项目经理责任制用制度确定了项目经理的基本责任、权限和利益。项目经理的具体责任、权限和利益由企业法定代表人通过"项目管理目标责任书"确定。

（2）熟悉项目经理责任制的内容

项目经理责任制的内容包括：企业各层之间的关系；项目经理的地位和素质要求；项目经理目标责任书的制定和实施；项目经理的责、权、利；项目管理的目标责任体系等。有三种项目管理目标责任制：一是项目经理的目标责任制；二是项目经理部各部门的目标责任制；三是项目经理部各成员的目标责任制。也可建立针对施工对象的目标责任制：项目的目标责任制；栋号的目标责任制；班组的施工目标责任制。

（3）熟悉对项目经理的要求

第一，对项目经理进行项目管理的基本要求是：根据企业法定代表人的授权范围、时间和内容进行管理；负责从开工准备到竣工验收阶段的项目管理。项目经理的管理活动应是全过程的，也是全面的，所谓"全面"，指管理内容是全局性的，包含各个方面的管理。第二，项目经理只宜承担一个项目的管理，如果项目经理兼任另一个工程的项目管理，需要具备两个条件，一是两项工程相近，二是经建设单位同意。第三，项目经理必须取得"建设工程施工项目经理资格证书"，它是项目经理得到法律认可的证明，又是项目经理项目管理水平的标志（实施建造师制度后，项目经理必须具有建造师执业资格）。第四，项目经理应接受企业法定代表人的领导，接受企业管理层、发包人和监理机构的检查与监督。除了发生重大质量、安全事故或项目经理违法、违纪，企业不得随意撤换项目经理。第五，对项目经理有4项素质要求：一是能力要求，"具有符合施工项目管理要求的能力"；二是经验和业绩要求，"具有相应的施工项目管理经验和业绩"；三是知识要求，"具有承担项目管理任务的专业技术、管理、经济、法律法规知识"；四是道德品质要求，"具有良好的道德品质"。

（4）用好"项目管理目标责任书"

"项目管理目标责任书"是企业法定代表人根据施工合同和经营管理目标要求明确规定项目经理应达到的成本、质量、进度和安全等控制目标的文件。"项目管理目标责任书"有4个特点：由企业法定代表人确定；其确定应从企业全局利益出发；其主要内容应是项目经理部应达到的目标，目标由集体承担，并非由项目经理个人承担；确定项目经理的权限和利益，有利于承担责任。"项目管理目标责任书"应包括5项内容：企业各部门与项目经理部之间的关系；项目经理部所需作业队伍、材料、机械设备等的供应方式；应达到的项目质量、安全、进度和成本目标；在企业制度规定以外的、由企业法定代表人委托的事项；企业对项目经理部人员进行奖惩的依据、标准、办法及应承担的风险。

（5）明确项目经理的责、权、利

项目经理的责、权、利是项目经理责任制的核心内容，是企业制定项目管理制度的依据，是编制"项目管理目标责任书"的纲领。根据《规范》第5章第3节的规定，项目经理有11项职责和8项权限，用3款规定了项目经理的利益和风险。项目经理应按《规范》的这些规定实施，保证项目管理规范化地有序进行，履行项目经理的责任。

4. 建立能有效运行的项目经理部

项目经理部是由项目经理在企业支持下组建并领导、进行项目管理的组织机构。项目经理部的作用是：作为企业在项目上的管理层，负责从开工准备到竣工验收的项目管理，对作业层有管理和服务的双重职能；作为项目经理的办事机构，为项目经理的决策提供信息和依据，当好参谋，并执行其决策；凝聚管理人员，形成组织力，代表企业履行施工合同，对发包人和项目产品负责；形成项目管理责任制和信息沟通系统，以形成项目管理的载体，为实现项目管理目标而有效运转。建立能有效运转的项目经理部应做到以下几点：

（1）遵守下列原则

第一，根据项目管理规划大纲确定的组织形式设立项目经理部；第二，根据施工项目的规模、复杂程度和专业特点设立项目经理部；第三，应使项目经理部成为弹性组织，随工程的变化而调整，不成为固化的组织；第四，项目经理部的部门和人员设置应面向现场，满足目标控制的需要；第五，项目经理部组建以后，应建立有益于组织运转的规章制度。

（2）按合理步骤设立项目经理部

第一步是确定项目经理部的管理任务和组织形式；第二步是确定项目经理部的层次、职能部门和工作岗位；第三步是确定人员、职责、权限；第四步是对项目管理目标责任书确定的目标进行分解；第五步是制定规章制度措施和目标考核、奖惩制度。

（3）选择适当的组织形式

组织形式指组织结构类型，是指一个组织以什么样的结构方式去处理层次、跨度、部门设置和上下级关系。组织形式的选定，对项目经理部的管理效率有极大影响，因此要求做到以下几点：

1）应根据施工项目的规模、结构复杂程度、专业特点、人员素质和地域范围确定组织形式。

2）当企业有多个大、中型项目需要同时进行项目管理时，宜选用矩阵式组织形式。这种形式既能发挥职能部门的纵向优势，又能发挥项目的横向优势；既能满足企业长期例行性管理的需要，又能满足项目一次性管理的需要；一人多职，节省人员；具有弹性；调整方便，有利于企业对专业人才的有效使用和锻炼培养。

3）远离企业管理层的大、中型项目，且在某一地区有长期市场的，宜选用事业部式组织形式。这种形式（或称项目式）的项目经理部对内可作为职能部门，对外可作为实体，有相对独立的经营权，可以迅速适应环境的变化，提高项目经理部的应变能力。

4）如果企业在某一地区只有一个大型项目，而没有长期市场，可建立工作队式（或称项目式）项目经理部，以使它具有独立作战能力，完成任务后能迅速解体

5）如果企业有许多小型施工项目，可设立部门控制式（也称职能式）的项目经理部，几个小型项目组成一个较大型的项目，由一个项目经理部进行管理。这种项目经理部可以固化，不予解体。但是大、中型项目不应采用固化的部门控制式项目经理部。

（4）合理设置项目经理部的职能部门，适当配置人员

职能部门的设置应紧紧围绕各项项目管理内容的需要，也就是"四项目标控制"、"四项管理"和组织协调的需要，贯彻精干高效的原则。对项目经理部人员的配置，《规范》提出了两项关键要求：大型项目的项目经理必须有一级项目经理资质（将来是一级建造师资质）；管理人员中的高级职称人员不应少于10%。

（5）制定必要的规章制度

项目经理部必须执行企业的规章制度，当企业的规章制度不能满足项目经理部的需要时，项目经理部可以自行制定项目管理制度，但是应报企业或其授权的职能部门批准。

（6）使项目经理部正常运行并解体

为使项目经理部有效运行，《规范》提出了3项要求：一是项目经理部应按规章制度运行，并根据运行状况的检查信息控制运行，以实现项目目标；二是项目经理部应按责任制运行，以控制管理人员的管理行为；三是项目经理部应按合同运行，通过加强组织协调，以控制作业队伍和分包人员的行为。

在施工项目经理部解体的问题上，存在颇多的分歧，不少企业坚持固化项目管理组织。固化项目管理组织的好处是符合传统习惯，员工间比较熟悉，也减少了调整机构之烦；但是它有致命的缺点，那就是不利于优化组织机构和劳动组合，以不变的组织机构应付万变的工程项目的管理任务，势必严重影响管理效果。项目管理的理论要求它应该解体。解体的好处如下：

1）有利于针对项目的特点建立一次性的项目管理机构；

2）有利于建立可以适时调整的弹性项目管理机构；

3）有利于对已完项目进行总结、结算、清算和审计；

4）有利于项目经理部集中精力进行项目管理和成本核算；

5）有利于企业管理层和项目管理层进行分工协作，明确双方各自的责、权、利。

5. 突出项目的目标控制这条主线

施工项目的目标控制，是指为实现项目管理目标而实施的收集数据，与计划目标对比分析、采取措施纠正偏差等活动，包括项目的进度控制、质量控制、安全控制和成本控制。

（1）施工项目目标控制的共性问题

1）项目目标控制的责任主体是项目经理，因此，应组织以项目经理为首的目标控制体系，且应由项目经理和相应的专业管理人员及各专业的相关人员组成各目标控制分体系，集体履行目标控制的责任。

2）项目目标控制应遵循 PDCA（即计划—实施—检查—处理）循环法则，进行事先控制、事中控制和事后控制的全过程控制活动，以实现目标控制的持续改进。因此，目标控制应按规定程序依次操作。

3）项目目标控制的基本方法是"目标管理方法"（MBO），其本质是以目标指导行动。因此，首先确定控制总目标，然后自上而下地进行目标分解，落实责任，制定措施，按措施控制实现目标的活动，从而自下而上地实现项目管理目标责任书中确定的责任目标。

4）目标和控制措施是在项目管理实施规划的基础上确定的。项目管理实施规划以项目管理目标责任书中确定的目标为依据编制。因此，项目管理规划的质量极大地影响着目标控制的效果。

5）四项目标是各自独立的，也是"平等"的，其控制不需围绕着哪个"核心"，但是它们之间却有着对立统一的关系。过于强调哪一个都会影响到其他，因此，确定目标必须进行认真设计和科学决策。要进行动态控制，搞好协调。总的精神是：不求全优，要做到"综合优"。在保证质量的前提下使进度合理、成本节约，就是求得"综合优"的指导思想。

6）项目目标控制要以执行法律、法规、标准、规范、制度等作为灵魂，以组织协调为动力，以合同管理、信息管理为手段，以现场管理和生产要素管理为保证。

7）进行各项目标控制必须防范风险。防范风险要以项目管理规划中的目标规划为依据，实施风险对策方案，加强检查，不断进行信息反馈。

8）实行总分包的项目，目标控制由总包人全面负责，分包人对分包的任务进行目标控制并向总包人负责，对分包人发生的问题，总包人对发包人承担连带责任。

（2）掌握项目进度控制的几个关键环节

项目进度控制应以合同约定的竣工日期为最终目标，这个目标由企业管理层承担。企业管理层根据经营方针，在项目管理目标责任书中确定项目经理部的进度控制目标。项目经理部根据这个目标在项目管理实施规划中编制施工进度计划，确定计划进度控制目标，并进行进度目标分解，然后据以进行进度控制。进度控制的关键环节如下：

1）按《规范》规定的依据、程序和内容编制施工总进度计划和单位工程施工进度计划。编制进度计划应按《网络计划技术》国家标准和（或）《工程网络计划技术规程》使用网络计划技术。

2）实施施工进度计划。实施施工进度计划应做好以下工作：第一，编制并执行年、季、月、旬（或周）等周期计划；第二，用施工任务书把计划任务落实到班组；第三，坚持进度过程控制，为此，应跟踪监督并加强调度，记录实际进度，落实进度控制措施，处理进度索赔，确保资源供应进度计划实现，跟踪进行统计与分析等；第四，加强分包进度控制；第五，按要求内容进行进度计划检查；第六，根据检查结果调整施工进度计划。

3）进度控制总结分析。项目经理部每月向企业提供月度施工进度报告，对进度检查结果进行总结分析；施工进度计划完成后，进行进度控制最终总结，总结进度控制经验，找出进度控制中存在的问题，提出进度控制的改进意见。

（3）对项目质量控制的主要规定

项目质量控制是《规范》中的节数和条数最多的一章，给予了高度的重视，其主要规定概括如下：

1）项目质量控制应按 2000 年的质量管理体系标准和新颁布的《建设工程施工质量验收统一标准》GB 50300—2001 实施。

2）应坚持"质量第一、预防为主"的方针，不断改进过程控制。

3）质量控制应按下列程序进行：确定项目质量目标；编制项目质量计划；按施工准备阶段、施工阶段、竣工验收阶段实施项目质量控制。

4）按下列要求编制质量计划：由项目经理主持编制；体现从工序、分项工程、分部工程、单位工程的过程控制和从资源投入到完成工程质量最终检验和试验的全过程控制；按《规范》第8.2.2条规定的内容进行编制。

5）施工准备阶段的质量控制包括：指定专人管理设计图纸和技术资料；公布有效文件清单；复测已设计的工程控制点；审核图纸；选择并评价分包人和供应人，全体施工人员进行质量知识培训。

6）施工阶段的质量控制包括：技术交底；工程测量；材料质量控制；机械设备的质量控制；计量的质量控制；工序控制；特殊过程控制；工程变更质量控制；成品、半成品保护；质量事故处理等。《规范》的8.4节中对上述内容有具体规定。

7）竣工验收阶段的质量控制包括：最终检验和试验；收集、整理质量记录；全面验证最终检验和试验；处理施工质量缺陷；编制竣工文件；做好工程移交准备；对建筑产品采取防护措施；编制撤场计划。

8）质量持续改进要求：项目经理部应分析和评价项目管理现状，识别质量持续改进区域，确定改进目标，实施选定的解决办法；按全面质量管理方法进行持续改进；按规定进行不合格控制；按规定采取纠正措施；按规定采取预防措施。

9）验证质量计划的实施效果：对考核中发现的问题进行分析并制定整改措施。

（4）项目安全控制要点

1）按下列程序进行安全控制：确定施工安全目标，编制项目安全保证计划，项目安全计划实施，项目安全保证计划验证，持续改进，兑现合同承诺。

2）坚持"安全第一、预防为主"的方针，建立安全生产责任制；制定安全施工组织设计或安全技术措施，对人的不安全行为、物的不安全状态、作业环境的不安全因素和管理缺陷进行安全控制。

3）施工平面图设计时，应充分进行安全设计；建立施工安全生产教育制度；为从事危险作业的人员办理人身意外伤害保险；作业人员对危及生命安全和人身健康的行为抵制、检举和控告。

4）按下列要求编制安全保证计划：在开工之前编制，经项目经理批准后实施；根据项目施工安全目标的要求编制并配置必要的资源；专业性较强的施工项目，应编制专业安全施工组织设计并采取安全技术措施；按《规范》第9.2.3条规定的内容编制；结构复杂、施工难度大、专业性强的施工项目，除编制项目总体安全保证计划外，还必须制定安全技术措施，其内容按《规范》第9.2.8条实施；对特殊作业应制定单项安全技术方案和措施。

5）安全保证计划实施依靠安全生产责任制、实施安全教育、安全技术交底和进行安全检查。安全检查按《规范》第9.4节的规定进行。按9.5节的规定进行安全隐患和安全事故处理。

（5）项目成本控制要点

1）项目成本控制应按下列环节进行：成本预测、计划、实施、核算、分析、考核、整理文件资料、编制成本报告。

2）项目经理部进行责任成本控制，即对在施工过程中发生的、在项目经理部管理职责权限内能控制的各种消耗和费用进行控制，形成企业的成本控制中心。

3）按下列要求编制成本计划：由企业确定项目经理部的目标成本；项目经理部通过编制施工预算确定计划目标成本；进行目标成本分解；编制"目标成本控制措施表"；将分部分项工程成本控制目标和要求、各成本要素的控制目标和要求，落实到成本控制的责任者；确定成本控制措施。

4）按下列要求进行成本控制运行：坚持增收节支、全面控制、责权利相结合的原则；通过对生产要素的管理控制实际成本；通过加强施工定额和施工任务单的管理控制劳动消耗；通过加强调度工作避免成本失控；通过加强合同管理和施工索赔控制成本。

5）搞好施工项目成本核算制。施工项目成本核算制是有关成本核算的原则、范围、程序、方法、内容、责任及要求的管理制度。由于项目成本既是项目管理的经济目标，又是项目管理效果的体现，故坚持项目成本核算制是项目成本核算工作、乃至项目成本管理取得成功的基础和保证。以每月为一个核算期；以单位工程为核算对象；核算与施工项目管理责任目标成本的界定范围相一致，坚持"二同步"原则，按《规范》第 10.4.2 条中 6 款的规定进行实际成本归集；坚持会计核算、统计核算和业务核算相结合的方法；跟踪核算分析，编制月度成本报告；在进行成本比较分析的基础上分析成本控制状况，预测后期成本变化趋势的状况，制定改善成本控制措施。

6）成本分析考核要求如下：可采用对比分析法、连环代替法和差额计算法；成本分析的结果形成文件；企业对项目经理部进行成本管理考核，项目经理部对项目内部各岗位及各作业队进行成本管理考核；考核内容应包括计划目标成本完成情况以及成本管理工作业绩。

6. 搞好项目组织协调，为目标控制提供动力

项目组织协调是指以一定的组织形式、方法和手段，对项目管理中产生的关系进行疏通，对产生的干扰予以排除的过程。因此，对项目目标控制来说，组织协调就是提供动力。

被组织协调的"关系"有三种：一是企业内部关系，是一种行政关系；二是近外层关系，指由合同形成的关系，如承包人与发包人的关系等；三是远外层关系，是由法律和社会公德确立的在项目管理中产生的关系，如企业与政府监督部门之间的关系等。

组织协调的内容包括人际关系、组织机构之间的关系、供求关系、协作配合关系等，当这些关系因产生干扰而不畅的时候，便需要进行有效的组织协调。

（1）内部关系的组织协调

1）依据各项规章制度，做好各项思想工作，加强教育培训，提高人员素质，以协调人际关系。

2）严格执行"项目管理目标责任书"，履行劳务合同，执行施工项目管理实施规划，以协调企业各层之间的关系。

3）加强计划与调度工作，以协调供求关系。

（2）外层关系的组织协调

1）项目经理充分利用企业法定代表人授予的权限。

2）与发包人的关系的协调应作为重点，并贯穿于项目管理的全过程，协调的方法是：执行合同，以资金、质量和进度的协调为重点。

3）以项目经理部为主，充分利用合同，分别对发包人、监理单位、设计单位、供应单位、公用部门、分包人等近外层单位进行有针对性的协调。

4）严格守法，遵守公共道德，充分利用中介组织和社会管理机构的力量，处理好与远外层的关系。

7. 施工项目的"四项管理"为目标控制提供保证

项目的四项管理是指：项目的现场管理、项目的合同管理、项目的信息管理、项目的生产要素管理，它们都是目标控制的保证。

（1）项目的现场管理

施工现场管理意义重大：良好的施工项目现场管理能使场容美观整洁、道路畅通、物料放置有序、施工有条不紊、安全得到保障、相关各方满意，它是施工单位面貌的"镜子"，是施工活动良好开展的"舞台"，是现场管理各方关注的"焦点"，是施工现场各项管理工作联系的"纽带"。

施工现场管理必须依据各种相关法律法规和施工平面图。施工项目现场管理的总体要求是：文明施工，安全有序，整洁卫生，不扰民，不损害公众利益；现场入口处要公示"五牌"、"二图"；项目经理部应经常巡视施工现场，及时抓好整改；要用施工平面图规范场容管理；要按规定做好环境保护；要把防火保安、卫生防疫等工作做好；为了对现场管理者进行激励，必须进行施工现场的综合考评。

（2）施工项目合同管理

施工项目合同管理的内容包括对工程与施工有关的施工合同、分包合同、买卖合同、租赁合同和借款合同的订立、履行、变更、终止和解决争议。施工合同管理的主体是发包人和承包人。其法律行为由双方的法定代表人行使。项目经理作为承包人在施工项目上的委托代理人，应按照承包人订立的施工合同认真完成所承接的施工任务，按照合同的约定承担义务、行使权利，项目经理部合同管理的主要责任是实施或履行合同。

项目经理部履行施工合同的原则是全面履行原则和诚实作用原则。项目经理部应向各职能部门人员进行合同交底，落实合同目标。要用合同指导工程实施和项目管理工作，注意积累索赔的依据，按规定进行合同变更、索赔、转让和终止。

（3）施工项目信息管理

施工项目信息管理是在施工项目实施过程中对信息收集、整理、处理、储存、传递与应用的过程。它涉及项目管理的质量和生命，是施工项目"沟通管理"的媒介和手段，是现代项目管理的支柱。

施工项目信息管理的基本要求是：适应施工项目管理的需要；建立施工项目信息管理系统；及时收集信息并准确、完整地传递给使用单位和人员；配置信息管理人员。

施工项目信息的内容包括：公共信息、工程概况信息、施工记录信息、计划统计信息、目标控制信息、现场管理和工程协调信息、商务信息等为了有效地进行信息管理，应对全部信息进行分类、分解、编码，形成文档和信息目录结构图。

以项目经理为中心建立施工项目信息管理系统。建立施工项目信息管理系统应具有可靠性、安全性、及时性、适用性、可扩充性、先进性。要满足项目经理部的全部管理需要。应使施工项目信息管理系统目录完整，层次清晰，结构严谨，表格自动生成，方便输入、整理、储存、提取、补充、修改、删除，信息齐全，与建设各阶段和各专业有良好接口，相关单位、部门、管理者能信息共享，满足项目管理的全部需要。

（4）施工项目生产要素管理

施工项目生产要素指施工项目中使用的人力资源、材料、机械设备、技术和资金等。施工项目生产要素管理是指对上述资源进行的计划、供应、使用、检查、分析和改进等管理过程。生产要素管理的目的是降低消耗、减少支出、节约物化劳动和活劳动。

生产要素的供应权应主要集中在企业管理层，有利于利用法人在市场中的地位优势、企业信誉、供应体制和服务作用。因此，企业应建立生产要素配置机制。

生产要素的使用权应掌握在项目管理层手中，这有利于使用中节约、核算和降低成本。项目管理层应及时编制资源需用量计划，报企业管理层批准并优化配置。项目管理层和企业管理层不应建立合同关系和承包关系，而应充分发挥企业行政体制、运转机制和责任制度体系的作用。

1）施工项目人力资源管理

人力资源指能够推动经济和社会发展的体力劳动者和脑力劳动者的能力。现代项目管理把人力资源看作企业生存与发展的一种重要战略资源，而不再将企业员工仅仅作为简单的劳动力对待。本《规范》就是依据这种理论做出规定的，但按照习惯，《规范》仅对项目中的体力劳动人员进行规范。脑力劳动者已在项目经理部一章节中进行过规范。

进行人力资源管理应掌握人力资源的以下特点：能动性、时效性、再生性、消耗性和社会性。项目人力资源管理也要针对临时性、团队性，并适应项目的生命周期。

项目经理部在编制和报送劳动力需求计划时，应根据施工进度计划和作业特点。由于一般总承包企业和专业承包企业不设置作业人员，故企业应同选中的劳务分包公司签订劳务分包合同，再按计划供应到项目经理部。如果由于项目经理部远离企业管理层需要自行与劳务分包公司签订劳务分包合同，应经企业法定代表人授权。项目经理部对施工现场的劳动力进行动态管理应做到以下几点：随项目的进展进行劳动力跟踪平衡，根据需要进行补充或减员，向企业劳动管理部门提出申请计划。为了作业班组有计划地进行作业，项目经理部向班组下达施工任务书，根据执行结果进行考核、支付费用和进行激励。项目经理部应加强对劳务人员的教育培训、思想管理，对作业效率和质量进行检查。

2）施工项目材料管理

项目材料管理具有最重要的节约意义，节约的重点是 A 类材料，节约的关键环节是材料的供应。项目所需的特殊材料和零星材料，应按承包人授权由项目经理部采购供应。项目经理部的材料管理应满足下列要求：按计划供应材料，编制各种材料需用量计划，选好库址，把好材料进场关，保证计量设备质量，使材料的试验、检验符合质量要求，做好材料库存管理，建立限额领料制度和材料使用台账，实施材料使用监督制度、退料和回收制度。

3）项目机械设备管理

机械设备管理的重点在使用，使用的关键是提高效率，提高效率的办法是提高完好率和利用率。项目经理部机械管理的职责是：编制使用计划报企业管理层审批，对进场的机械进行安装验收，做好机械设备维护和管理，采用技术、经济、组织、合同等手段保证机械设备合理使用。

4）项目技术管理

技术是第一生产力，是生产和项目管理的基础。项目经理部进行技术管理应符合下列要求：进行图纸审查，参加图纸会审，进行工程变更洽商，编制施工方案，进行技术交底，对分包人技术管理进行服务和监督，参加施工预验、隐验、分部分项验收、结构验收和竣工验收，实施技术措施计划，管理好技术资料。

5）项目资金管理

项目资金管理的目的是保证收入、节约支出、防范风险和提高经济效益。项目经理部负责资金的使用管理。因此要编制资金收支计划上报审批，配合企业财务部门及时进行资金计收，控制资金使用，坚持做好资金分析。

8. 施工项目后期管理

施工项目后期管理包括：施工项目竣工验收阶段管理、施工项目管理考核评价、施工项目回访保修管理。

（1）施工项目竣工验收阶段管理

施工项目竣工验收是承包人向发包人交付项目产品。为此，承包人应做好竣工验收前的各项准备，包括工程收尾、质量检验、准备竣工资料、完成竣工结算、签订工程质量保修书、发出竣工验收通知书等。竣工资料包括工程施工技术资料、工程质量保证资料、工程质量检验评定资料、竣工图、规定的其他应交资料等。竣工验收应符合规定要求；竣工验收的工程应符合标准要求和使用、生产、发包人的各种要求；要按规定依据、规定程序、规定手续进行竣工验收。

（2）施工项目管理考核评价

派出项目经理的单位要对项目经理和项目经理部进行考核评价，工程完工后进行终结性考核，目的是规范项目管理行为、鉴定项目管理水平、确认项目管理成果。考核评价的依据是"项目管理目标责任书"。考核评价应按规定程序进行，项目经理部向考核评价委员会提供规定的资料，考核评价委员会向项目经理部提出规定的考核评价资料。考核评价时既要使用规定的定性指标，又要使用规定的定量指标。

（3）施工项目回访保修管理

承包人应建立回访保修制度，履行施工合同的约定和"工程质量保修书"中的承诺。回访应纳入承包人的工作计划、服务控制程序和质量体系文件。在回访结束后填写回访记录和回访服务报告。在规定的质量保修期内，承包人应向使用人提供"质量保修书"中承诺的保修服务，按照谁造成的质量问题由谁承担经济责任的原则，处理经济问题。

我国长期以来一直实施施工组织设计制度，故实施《规范》必须摆正施工项目管理规划与施工组织设计的关系。施工项目管理规划是对施工项目管理各过程进行事先安排的文件，不可缺少。必须用制度保证其在施工项目管理中的地位，并充分发挥其重要作用。要注意三点：

（1）当承包人以施工组织设计代替施工项目管理规划时，施工组织设计应满足施工项目管理规划的要求，即编制事实上的施工项目管理规划。

（2）施工项目管理规划包含了施工组织设计的主要内容，但施工组织设计缺少目标规划、风险管理规划、保证目标实现的技术组织措施、环境与健康管理等。

（3）施工组织设计是企业内部文件，不能用来对外。为了满足业主要求，投标书内附施工组织设计的要求和制度要求满足监理工程师审核施工组织设计的需要，可以从施工项目管理规划中摘录要求的内容。

不编制施工项目管理规划、只编写施工组织设计，或按传统的内容编制施工组织设计的做法，都是不可取的。施工组织设计是在计划经济下产生的，它是技术经济文件，满足项目施工准备和施工的需要；用它来满足项目管理的需要，显然有其不足之处。然而，施工组织设计制度一直沿袭至今，与各项技术管理制度相配套，有用施工组织设计代替项目管理规划之议论也是不难理解的。施工组织设计怎样才能"满足项目管理规划的要求"呢？无疑，应对其内容进行扩充，补足其比项目管理规划短缺的内容。

施工项目管理规划根据其任务完成的需要应分为三类（表8-1）：

施工项目管理规划分类 表8-1

名　　称	编制对象	编制时间	编制者	任　　务
施工项目管理规划大纲	拟投标的施工项目	投标前	企业投标办	争取中标并签好合同
施工项目管理总体规划	施工项目	签订合同后	项目经理部	为项目施工准备和施工提供纲领性文件
施工项目管理实施规划	施工子项目	子项目开工前	子项目管理班子或项目经理部	指导子项目施工准备及施工全过程的实施

第一类是施工项目管理规划大纲，其任务是规划如何投标和如何进行合同的签订，争取中标和签订对己方有利的合同。这项规划应在投标前由企业进行编制。企业应由总经济师牵头，组织投标办公室进行集体编制。总工程师等技术人员、计划人员、预算与合同人员，应在其中发挥作用，结合项目投标活动的开展进行工作，务必使施工项目管理规划大纲在投标书发出之前编制完成，并将其主要精神融汇于投标书中。

第二类是施工项目管理总体规划，是对施工项目整体施工管理活动所进行的规划，它应由项目经理部在签订合同后进行编制，并在项目准备前期完成，越是大的项目，尤其是群体项目，这项规划越是重要，因为它是项目进行施工准备与施工活动的纲领性文件，有着综合决策的作用。一般的小项目，如该项目只是一个单体工程，则不需要编制总体规划。

第三类是施工项目管理实施规划，是在子项目（亦可称为单体工程或单位工程）开工前由作业队或项目经理部编制的作业性管理规划。编制施工项目管理总体规划的项目，这项工作应在签订合同后编制，用以指导施工准备和施工全过程的管理工作。

《规范》第4.2.2条规定了"大纲"的11项内容：

（1）项目概况：主要是对项目规模的描述和承包范围的描述。

（2）项目实施条件分析：项目实施条件主要包括：发包人条件，相关市场条件，自然条件，政治、法律和社会条件，现场条件，招标条件。主要应针对招标文件的要求分析上述条件对竞争及项目管理的影响。

（3）施工项目管理目标包括：施工合同要求的目标，如合同规定的使用功能要求，合同工期、造价、质量标准，合同或法律规定的环境保护标准和安全标准；企业对施工项目的要求，如成本目标，企业形象，对合同目标的调整要求等。

（4）施工项目组织构架应包括：对专业性施工任务的组织方案（如怎样进行分包，材料和设备的供应方式等）；项目经理部的人选方案。

（5）质量目标规划和主要施工方案包括：招标文件（或发包人）要求的总体质量目标，分解质量目标，保证质量目标实现的技术组织措施；施工方案描述，如施工程序，重点单位工程或重点分部工程施工方案、保证质量目标实现的主要技术组织措施、拟采用的新技术和新工艺、拟选用的主要施工机械设备等。

（6）工期目标规划和施工总进度计划包括：招标文件的工期要求及工期目标的分解，施工总进度计划主要的里程碑事件，保证工期目标实现的技术组织措施。

（7）施工预算和成本目标规划包括：编制施工预算和成本计划的总原则，项目的总成本目标，成本目标分解，保证成本目标实现的技术组织措施。

（8）施工风险预测和安全目标规划包括：主要风险因素预测，风险对策措施；总体安全目标责任，施工中的主要不安全因素，保证安全的主要技术组织措施。

（9）施工平面图和现场管理规划包括：施工现场情况和特点，施工现场平面布置的原则；现场管理目标，现场管理原则；施工平面图及其说明；施工现场管理的主要技术组织措施。

（10）投标和签订合同规划包括：投标小组的组成；投标和签约的总体策略和工作原则；投标和签订合同的授权；投标工作的计划安排。

（11）文明施工及环境保护规划包括：文明施工和环境保护特点、组织体系、内容及其技术组织措施。

"实施规划"的编制内容在《规范》的第4.3.3条中做出了11条规定：

（1）工程概况

包括：工程地点，建设地点及环境特征，施工条件，项目管理特点及总体要求，施工项目的工作目录清单。

（2）施工部署

包括：项目的质量、安全、进度、成本目标，拟投入的最高人数和平均人数，分包计划，劳动力使用计划，材料供应计划，机械设备供应计划，施工程序，项目管理总体安排。

（3）施工方案

包括：施工流向和施工顺序，施工段划分，施工方法和施工机械选择，安全施工设计，环境保护内容及方法。

（4）施工进度计划

当建设项目施工时，编制施工总进度计划，当单位工程施工时，编制单位工程施工进度计划；内容包括施工进度计划说明，施工进度计划图（表），施工进度计划管理规划。

（5）资源需求计划

包括：劳动力需求计划，主要材料和周转材料需求计划，机械设备需求计划，预制品订货和需求计划，大型工具、器具需求计划。

（6）施工准备工作计划

包括：施工准备工作组织和时间安排，技术准备和编制质量计划，施工现场准备，作业队伍和管理人员的准备，物资准备，资金准备。

(7) 施工平面图

包括：施工平面图说明，施工平面图，施工平面图管理规划。

(8) 技术组织措施计划

包括：保证进度目标的措施，保证安全目标的措施，保证成本目标的措施，保证季节施工的措施，保护环境的措施，文明施工措施。

(9) 项目风险管理

包括：风险因素识别一览表，风险可能出现的概率及损失值估计，风险管理重点，风险防范对策，风险管理责任。

(10) 项目信息管理

包括：信息流通系统，信息中心的建立规划，项目管理软件的选择与使用规划，信息管理实施规划。

(11) 技术经济指标分析

包括：规划指标，规划指标水平高低的分析和评价，实施难点的政策；规划指标包括总工期、质量标准、成本指标、资源消耗指标、其他指标（如机械化水平等）。

通过以上论述，我们可以看到施工项目管理规划与传统的施工组织设计有着密切的关系，但并不相同。只能说，施工项目管理规划类似施工组织设计，并融进了施工组织设计的内容。施工项目管理规划与施工组织设计的区别（表8-2）表现在以下几个方面：

施工项目管理规划与施工组织设计的区别 表8-2

文　件	性　质	范　围	产生的基础	实施方式
施工项目 管理规划	管理文件	施工项目 管理全过程	市场经济	目标管理
施工组织 设　计	技术经济 文　件	施工准备 和施工	计划经济	技术交流 制度约束

(1) 文件的性质不同

施工项目管理规划是一种管理文件，产生管理职能，服务于项目管理；施工组织设计是一种技术经济文件，服务于施工准备和施工活动，要求产生技术管理效果和经济效果。

(2) 文件的范围不同

施工项目管理规划所涉及的范围是施工项目管理的全过程，即从投标开始至用后服务结束的全过程；施工组织设计所涉及的范围只是施工准备和施工阶段。

(3) 文件产生的基础不同

施工项目管理规划是在市场经济条件下，为了提高施工项目的综合经济效益，以目标控制为主要内容而编制的；而施工组织设计是在计划经济条件下，为了组织施工，以技术、时间、空间的合理利用为中心，使施工正常进行而编制的。

(4) 文件的实施方式不同

施工项目管理规划是以目标管理的方式编制和实施的，目标管理的精髓是以目标指导行动，实行自我控制，具有考核标准；施工组织设计是以技术交底和制度约束的方式实施的，没有考核的严格要求和标准。

然而，由于施工组织设计的服务范围（施工准备和施工）是施工项目管理的最主要阶段，而且施工组织设计又是我国几十年来的约定俗成的技术管理制度和方法，有着丰富的实践经验，发挥了成功的、巨大的作用，故在编制和执行施工项目管理规划时有必要吸收施工组织设计的成功做法。或者说，应对施工组织设计进行改革，形成施工项目管理规划，充分发挥文件的经营管理作用。否定并取消施工组织设计的做法是错误的；以施工组织设计代替施工项目管理规划的做法也是不正确的。相反，应在施工项目管理规划中融进施工组织设计的全部内容；在施工项目管理规划制度没有建立前，可以施工组织设计替代之。

各类施工项目管理规划都大致按施工组织设计的编制程序进行编制。具体说来大致是：施工项目组织规划—施工准备规划—施工部署—施工方案—施工进度计划—各类资源计划—技术组织措施规划—施工平面图设计—指标计算与分析。违背上述程序，将会给施工项目管理规划工作造成困难，甚至很难开展工作。

具体而全面的内容详见规范。

思 考 题

一、名词解释：

1. 工程项目管理；2. 成本管理；3. 工期管理；4. 合同管理；5. 建设程序；6. 施工项目管理；7. 项目经理；8. 项目管理规划大纲；9. 项目管理实施规划；10. 项目经理责任制

二、问答题：

1. 工程项目具有哪些特点？

2. 工程项目管理的工作内容具体包括哪些内容？

3. 现代项目管理具有哪些特点？

4. 工程项目管理的主体目前有哪些？工程项目管理的类型又有哪几种？

5. 施工企业的项目管理程序和内容具体是什么？

6. 工程项目建设监理的主要内容是什么？

7. 项目经理应具备哪些基本素质？

8. 施工项目经理的职责和权限是什么？

9. "项目管理目标责任书"应包括什么内容？

10. 矩阵式项目经理部的优点是什么？

11. 建立能有效运转的项目经理部应做到哪几点？

12. 项目经理部解体的好处是什么？

13. 施工项目控制的目标有哪几项？

14. 施工项目的"四项管理"具体内容是什么？

15. 施工项目后期管理具体内容是什么？

16. 施工项目管理规划与施工组织设计的区别在哪里？

17. "实施规划"的编制内容规范是如何规定的？

18. 《规范》对"大纲"的 11 项内容是如何规定的？

第9章 建筑工程施工项目进度控制

9.1 流水施工原理与应用

9.1.1 流水施工的基本概念

流水作业法最早起源于工业生产领域，它是建立在分工协作的基础上，合理组织产品批量生产的理想方法。生产实践证明，流水作业原理同样适用于建筑产品的生产过程，流水施工也是工程项目施工最有效的科学组织方法。

建筑工程的流水施工与一般工业产品的流水作业既有相同之处又有不同之处。相同之处在于它们都是建立在批量生产和分工协作基础之上，实质都是连续作业，均衡生产。区别之处在于，在一般工业产品生产过程中，生产者的位置是固定的，其产品在流水线上由前一个工序流向后一个工序；而在建筑工程流水施工中，由于建筑产品及其生产的特殊性，建筑产品是固定的，只能是生产产品的专业工作队由前一个施工段向后一个施工段流动，进行连续、均衡地施工。

1. 施工组织的三种方式

当一个施工项目分成若干个施工区段进行施工时，可以采用依次施工、平行施工和流水施工三种方式组织施工。这三种组织方式的组织方法不同、适用范围各异、工作效率有别，它们的特点如下：

（1）依次施工组织方式

依次施工组织方式是将工程项目的施工全过程分解成若干个施工过程，按照一定的施工顺序，前一个施工过程完成后，后一个施工过程才开始施工；或前一个施工项目完成后，后一个施工项目才开始施工。它是一种最基本的、最原始的施工组织方式。举例如下：

【例9-1】 拟兴建四幢相同的建筑物，其编号分别为Ⅰ、Ⅱ、Ⅲ、Ⅳ，它们的基础工程量都相等，而且都是由基础挖土、做混凝土垫层、砌砖基础和回填土等4个施工过程组成。拟成立4个专业工作队，完成上述4个施工过程的任务，其中，挖土方工作队由8人组成，做垫层工作队由6人组成，砌砖基础工作队由14人组成，回填土工作队由5人组成。每个专业工作队在各建筑物上完成各自施工任务的持续时间均为5天，若按照依次施工组织方式组织施工，其施工进度、工期和劳动力动态曲线如图9-1"依次施工"栏所示。

由图9-1可以看出，依次施工组织方式具有以下特点。

1）由于没有充分地利用工作面去争取时间，所以工期长；

2）若按专业成立工作队，各专业工作队不能连续作业，有时间间歇，劳动力和物资使用不均衡；

3）若成立混合工作队，则不能实现专业化施工，不利于改进工人的操作方法和施工

序号	施工段编号	施工过程	持续天数	专业队人数	工作进度（天）
1	Ⅰ	挖土方	5	10	
		做垫层	5	8	
		砌基础	5	22	
		回填土	5	5	
2	Ⅱ	挖土方	5	10	
		做垫层	5	8	
		砌基础	5	22	
		回填土	5	5	
3	Ⅲ	挖土方	5	10	
		做垫层	5	8	
		砌基础	5	22	
		回填土	5	5	
4	Ⅳ	挖土方	5	10	
		做垫层	5	8	
		砌基础	5	22	
		回填土	5	5	
5		劳动力动态图	80- 40-		10 8 22 5 10 8 22 5 10 8 22 5 10 8 22 5 40 32 88 25 10 18 40 45 35 27 5

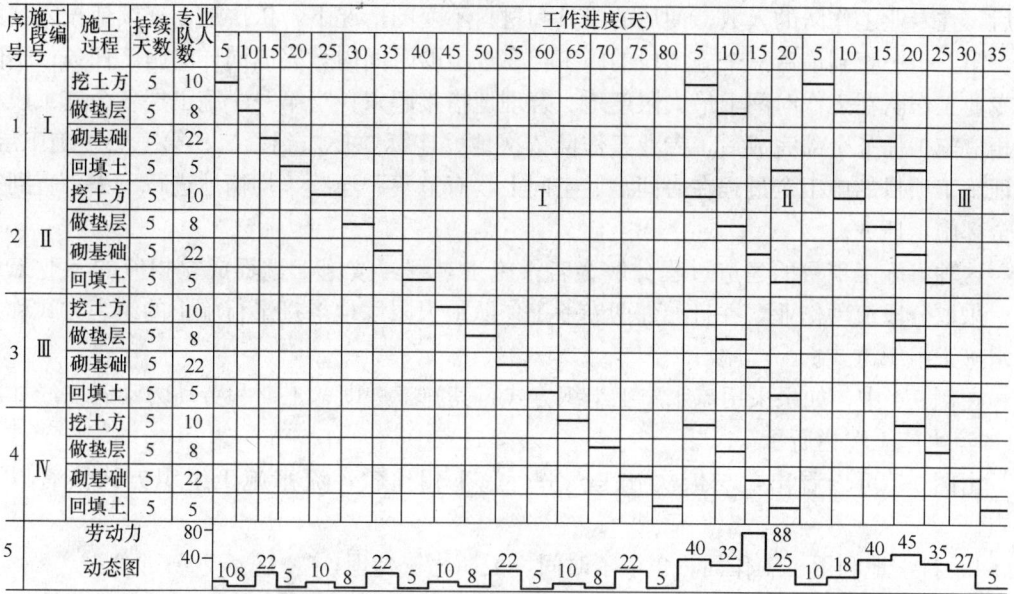

图 9-1 施工组织方式（Ⅰ——依次施工；Ⅱ——平行施工；Ⅲ——流水施工）

机具，不利于提高劳动生产率和工程质量；

4）单位时间内投入的资源量比较少，有利于资源供应的组织工作；

5）施工现场的组织、管理比较简单。

（2）平行施工组织方式

当拟建工程任务十分紧迫时，在工作面允许及资源保证供应的条件下，可以组织几个相同的专业工作队，在同一时间、不同的空间上进行施工，这样的施工组织方式称为平行施工组织方式。

在例 9-1 中，如果采用平行施工组织方式，其施工进度、工期和劳动力动态曲线如图 9-1"平行施工"栏所示。

由图 9-1 可以看出，平行施工组织方式具有以下特点。

1）最大限度地利用了工作面，充分争取了时间，工期缩至最短；

2）若按专业成立工作队，各专业工作队不能连续作业，短期内完成任务后，可能有时间间歇，劳动力和物资的使用不均衡；

3）若采用混合工作队，则不能实现专业化生产，不利于改进工人的操作方法和施工机具，不利于提高劳动生产率和工程质量；

4）单位时间投入施工的资源量成倍增长，现场临时设施也相应增加，不利于资源供应工作；

5）施工现场组织、管理复杂，工程施工的经济效果不良。

（3）流水施工组织方式

流水施工组织方式是将施工项目的整个建造过程分解成若干个施工过程，也就是划分成若干个工作性质不同的分部、分项工程或工序；同时将拟建工程在平面上划分成若干个劳动量大致相等的施工段，在竖向上划分成若干个施工层；按照施工过程分别建立相应的专业工作队；各专业工作队按照一定的施工顺序投入施工，完成第一个施工段上的施工任务后，在专业工作队的人数、使用的机具和材料不变的情况下，依次地、连续地投入到第二、第三……直到最后一个施工段的施工，在规定的时间内，完成同样的施工任务；不同的专业工作队在工作时间上最大限度地、合理地搭接起来；当第一个施工层各个施工段上的相应施工任务全部完成后，专业工作队依次地、连续地投入到第二、第三……施工层，保证施工项目的施工全过程在时间上、空间上，有节奏、连续、均衡地进行下去，直到完成全部施工任务。

这种将施工项目的建造过程分解为若干施工过程，按施工过程成立相应的专业工作队，采取分段流动作业，并且相邻两专业工作队最大限度地搭接平行施工的组织方式称为流水施工组织方式。

在例 9-1 中，如果采用流水施工组织方式，其施工进度、工期和劳动力动态曲线如图 9-1 "流水施工"栏所示。

由图 9-1 可以看出，与依次施工、平行施工相比较，流水施工组织方式具有以下特点。

1) 科学地利用了工作面，争取了时间，工期比较合理；

2) 工作队及其工人实现了专业化施工，可便工人的操作技术熟练，更好地保证工程质量，提高劳动生产率；

3) 各专业工作队能够连续作业，使相邻的专业工作队之间实现了最大限度地、合理地搭接；

4) 单位时间内投入施工的资源量较为均衡，有利于资源供应的组织工作；

5) 为文明施工和进行现场的科学管理创造了有利条件。

2. 流水施工的技术经济效果

流水施工在工艺划分、时间排列和空间布置上统筹安排，必然会给工程项目施工带来显著的经济效果，具体可归纳为以下几点。

(1) 有利于提高劳动生产率。由于流水施工组织使工作队实现了专业化生产，建立了合理的劳动组织，工人连续作业，操作熟练，便于改进操作方法和施工机具，有利于提高劳动生产率。

(2) 有利于提高工程质量。流水施工的专业化生产可以提高工人的技术水平；各专业工作队之间紧密搭接，互相监督，从而使工程质量相应提高。

(3) 充分发挥施工机械和劳动力的生产效率。流水施工时，各专业工作队按预先规定的时间，完成各个施工段上的任务，施工组织合理，没有窝工现象，增加了有效劳动时间。在有节奏、连续、均衡地流水施工中，可以保证施工机械和劳动力得到充分、合理地利用。

(4) 使施工工期缩短，尽早发挥投资效益。由于流水施工的节奏性、连续性和均衡性，加快了各专业工作队的施工进度，减少了专业工作队的间隔时间，从而达到了缩短工期的目的，可使施工项目尽早竣工，交付使用，发挥投资效益。

(5) 降低工程成本，提高综合经济效益。由于组织流水施工，使项目施工的工期短、效率高、用人少、资源消耗均衡，可以减少用工量和施工暂设建造量，从而降低工程成本，提高利润水平；可以减少现场管理费和物资消耗，实现合理储存与供应，有利于提高项目经理部的综合经济效益。

3. 流水施工的分级和表达方式

（1）流水施工的分级

根据流水施工组织的范围划分，流水施工通常可分为以下几种。

1）分项工程流水施工

分项工程流水施工也称为细部流水施工。它是在一个专业工种内部组织起来的流水施工，如绑钢筋的各工作队依次完成应承担的施工段上的绑钢筋任务。在项目施工进度计划表上，它是一条标有施工段或工作队编号的水平进度指示线段或斜向进度指示线段。

2）分部工程流水施工

分部工程流水施工也称为专业流水施工，它是在一个分部工程内部、各分项工程之间组织起来的流水施工。在项目施工进度计划表上，它是一组标有施工段或工作队编号的水平进度指示线段或斜向进度指示线段。

3）单位工程流水施工

单位工程流水施工也称为综合流水施工。它是在一个单位工程内部、各分部工程之间组织起来的流水施工，在项目施工进度计划表上，它是若干组分部工程的进度指示线段，并由此构成一张单位工程施工进度计划。

4）建设项目流水施工

建设项目流水施工亦称为大流水施工。它是在若干个单位工程之间组织起来的流水施工。反映在项目施工进度计划表上，是一张项目施工总进度计划。

（2）流水施工的表达方式

流水施工的表达方式，主要有水平指示图表、垂直指示图表和网络图三种表达方式。

1）水平指示图表

流水施工水平指示图表，又称横道图。在水平指示图表中，横坐标表示流水施工的持续时间；纵坐标表示开展流水施工的施工过程、专业工作队的名称、编号和数目；呈梯形分布的水平线段表示流水施工的开展情况，如图9-2所示。

图中，T为流水施工计划总工期；T_1为一个专业工作队或施工过程完成施工段全部施工任务的持续时间；n为专业工作队数或施工过程数；m为施工段数；K为流水步距；t_i为流水节拍，本图中Ⅰ、…、Ⅴ为专业工作队或施工过程的编号；①、②、③、④为施工段的编号。

水平指示图表的优点是，绘图简单，施工过程及其先后顺序清楚，时间和空间状况形象直观，水平线段的长度可以反映流水施工进度，使用方便，在实际工程中，常用水平图表编制施工进度计划。

2）垂直指示图表

流水施工垂直指示图表，又称斜线图。在垂直指示图表中，横坐标表示流水施工的持续时间；纵坐标表示开展流水施工所划分的施工段编号，施工段编号自下而上排列；N条斜线段表示各专业工作队或施工过程开展流水施工的情况，如图9-3所示。图中各符号的含义同前图。

垂直指示图表的优点是，施工过程及其先后顺序清楚，时间和空间状况形象直观，斜向进度线的斜率可以明显表示出各施工过程的施工速度；利用垂直指示图表研究流水施工的基本理论比较方便，但编制实际工程进度计划不如横道图方便，一般不用其表示实际工程的流水施工进度计划。

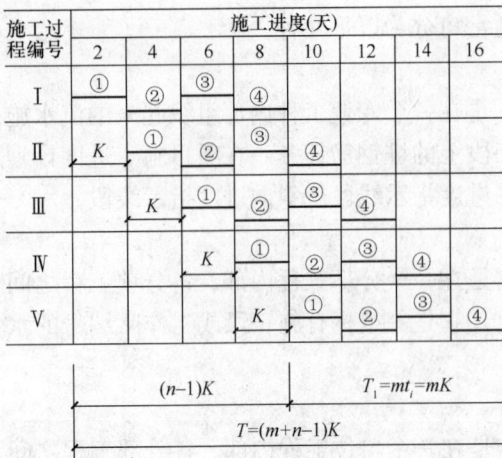

图 9-2 水平指示图表

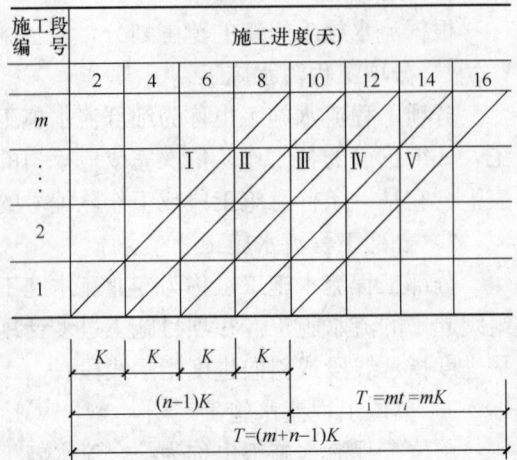

图 9-3 垂直指示图表

3）网络图

有关流水施工网络图的表达方式，详见 9.2 节。

9.1.2 流水施工的基本参数

组织流水施工，是在研究施工项目特点和施工条件的基础上，通过确定一系列流水参数来实现的。用以表达流水施工在工艺流程、空间布置和时间排列等方面开展状态的参数，称为流水参数。流水参数按其性质的不同可分为工艺参数、空间参数和时间参数三类。

1. 工艺参数

在组织流水施工时，用以表达流水施工在施工工艺上开展顺序及其特征的参数；具体地说是指在组织流水施工时，将施工项目的整个建造过程分解为施工过程的种类、性质和数目。通常，工艺参数包括施工过程和流水强度两种。

（1）施工过程

一个建筑工程的施工，通常由许多施工过程组成。每一个施工过程的完成，都必须消耗一定量的劳动力、建筑材料、半成品及构配件，需要建筑机械设备及机具相配合，并且需消耗一定的时间和占有一定范围的工作面。因此施工过程是流水施工中最主要的参数，其数目和工程量的多少是确定其他流水参数的依据。

1）施工过程的分类

根据工艺性质不同，施工过程可分为制备类施工过程、运输类施工过程和砌筑安装类施工过程三种。

① 制备类施工过程。它是指为了提高施工项目产品的装配化、工厂化、机械化和生产能力而形成的施工过程。如砂浆、混凝土、构配件、制品和门窗等的制备过程。

制备类施工过程一般不占有施工对象的空间，不影响项目总工期，因此在项目施工进度表上不必表示；只有当其占有施工对象的空间并影响项目总工期时，在项目施工进度表上才需列入。如在拟建车间、实验室等场地内预制或组装的大型构件等。

② 运输类施工过程。它是指将建筑材料、构配件、（半）成品、制品和设备等运到工

地仓库或现场操作使用地点而形成的施工过程。

运输类施工过程一般不占有施工对象的空间，不影响项目总工期，通常也不列入项目施工进度计划中；只有当其占有施工对象的空间并影响项目总工期时，才列入项目施工进度计划中，如结构安装工程中，采取随运随吊方案的运输过程。

③ 砌筑安装类施工过程。它是指在施工对象的空间上直接进行加工，最终形成建筑产品的施工过程。如地下工程、主体工程、结构安装工程、屋面工程和装饰工程等施工过程。

砌筑安装类施工过程占有施工对象的空间，影响着工期的长短，必须列入项目施工进度表上，而且是项目施工进度表的主要内容。

砌筑安装类施工过程可按其在项目生产中的作用、工艺性质和复杂程度等不同进行分类，具体分类为主导施工过程、穿插施工过程、连续施工过程、间断施工过程、复杂施工过程和简单施工过程。

主导施工过程：它是对整个施工对象的工期起决定作用的施工过程。在编制施工进度计划时，必须优先安排。例如在砖混结构房屋的施工中，主体工程的墙体砌筑和现浇（安装）楼板等施工过程。

穿插施工过程：它是与主导施工过程相搭接或穿插进行的施工过程。在编制施工进度计划时，要适时地穿插在主导施工过程的进行中，并严格地受主导施工过程的控制。例如安装门窗框和浇筑钢筋混凝土圈梁等施工过程。

连续施工过程：它是一道工序接一道工序，连续进行的施工过程。它不要求技术间歇。在编制施工进度表时，与其相邻的后续施工过程不考虑技术间歇时间。例如墙体砌筑和楼板安装等施工过程。

间断施工过程：它是由所用材料的性质决定所需要技术间歇的施工过程。其技术间歇时间与材料的性质和工艺有关。在编制施工进度计划时，它与相邻的后续施工过程之间，要考虑有足够的技术间歇时间。例如混凝土、抹灰和油漆等施工过程都需要养护或干燥的技术间歇时间。

复杂施工过程：它是在工艺上由几个紧密相连的工序组合而形成的施工过程。它的操作者、工具和材料，因工序的不同而变化。在编制施工进度计划时，也可以因计划的对象范围和用途不同，将其作为一个施工过程或划分成几个独立的施工过程。如钢筋混凝土工程，有时可以划分为安装模板、绑扎钢筋和浇筑混凝土等施工过程。

简单施工过程：它是在工艺上由一个工序组成的施工过程。它的操作者、工具和材料都不变。在编制施工进度计划时，除了可能将它与其他施工过程合并外，本身是不能再分的。例如挖土方和回填土等施工过程。

从砌筑安装类施工过程分类可见，由于划分施工过程的依据不同，同一个施工项目的施工过程可以分成主导与穿插、连续与间断、简单与复杂等施工过程。事实上，有的施工过程，既是主导的，又是连续的，同时还是复杂的施工过程，如主体工程等施工过程；而有的施工过程，既是穿插的，又是间断的，同时还是简单的施工过程，如装饰工程中的油漆工程等施工过程。因此，一个施工过程从不同的角度去研究，它可以是不同的施工过程；但是，它们所处的地位，在流水施工中不会改变。

2）施工过程数目（n）的确定

在建筑工程施工中，施工过程所包括范围可大可小，既可以是分部、分项工程，又可以是单位工程或单项工程。它是根据编制施工进度计划的对象范围和作用确定的。当编制控制性施工进度计划时，组织流水施工的施工过程划分可粗一些，一般只列出分部工程名称，如基础工程、主体结构工程、装饰工程、屋面工程等。当编制实施性施工进度计划时，施工过程可以划分得细一些，将分部工程再分解为若干分项工程，如将基础工程分解为挖土方、浇筑混凝土基础、砌筑基础墙、回填土等。一个施工项目的施工过程数目，还与其建筑和结构的复杂程度以及采用的施工方案有关，因此，施工过程的数目主要依据项目施工进度计划在客观上的作用、采用的施工方案、项目的性质和发包人对项目工期的要求等进行确定。

（2）流水强度（V_i）

某施工过程在单位时间内所完成的工程量，称为该施工过程的流水强度。流水强度主要与选择的机械或参加作业的人数有关，一般以 V_i 表示，它可由式（9-1）或式（9-2）计算求得。

1）机械操作流水强度

$$V_i = \sum_{i=1}^{x} R_i S_i \qquad (9-1)$$

式中　V_i——某施工过程 i 的机械操作流水强度；

　　　R_i——投入施工过程 i 的某种施工机械台数；

　　　S_i——投入施工过程 i 的某种施工机械产量定额；

　　　x——投入施工过程 i 的施工机械种类数。

2）人工操作流水强度

$$V_i = R_i S_i \qquad (9-2)$$

式中　V_i——某施工过程 i 的人工操作流水强度；

　　　R_i——投入施工过程 i 的专业工作队工人数；

　　　S_i——投入施工过程 i 的专业工作队平均产量定额。

2. 空间参数

在组织流水施工时，用以表达流水施工在空间布置上所处状态的参数，称为空间参数。空间参数主要有工作面、施工段和施工层等三种。

（1）工作面

某专业工种的工人或施工机械在从事施工作业活动时，所必须具备的活动空间称为工作面。工作面的大小，决定能安排的作业人数或机械台数的多少，可根据相应工种单位时间内的产量定额、工程操作规程和安全规程等的要求确定。工作面确定的合理与否，直接影响到专业工种工人或施工机械的劳动生产效率，对此，必须认真加以对待，合理确定其大小。根据施工过程不同，工作面的大小可以用不同的计量单位表示，例如挖基槽按延长米（m）计量，墙面抹灰按平方米（m²）计量等。有关工种的合理工作面可参考表 9-1。

有关工种工作面参考表　　　　　　　　　　　　　　　　　表 9-1

工作项目	每个技工的工作面	说　明
砖基础	7.6m人	以 1 砖半计；2 砖乘以 0.8；3 砖乘以 0.55
砌砖墙	8.5m/人	以 1 砖计；1 砖半乘以 0.71；2 砖乘以 0.57

工作项目	每个技工的工作面	说　　明
毛石墙基	3m/人	以60cm计
毛石墙	3.3m/人	以40cm计
混凝土柱、墙基础	8m³/人	机拌、机捣
混凝土设备基础	7m³/人	机拌、机捣
现浇钢筋混凝土柱	2.45m³/人	机拌、机捣
现浇钢筋混凝土梁	3.20m³/人	机拌、机捣
现浇钢筋混凝土墙	5m³/人	机拌、机捣
现浇钢筋混凝土楼板	5.3m³/人	机拌、机捣
预制钢筋混凝土柱	3.6m³/人	机拌、机捣
预制钢筋混凝土梁	3.6m³/人	机拌、机捣
预制筋混凝土屋架	2.7m³/人	机拌、机捣
预制钢筋混凝土平板、空心板	1.1m³/人	机拌、机捣
预制钢筋混凝土大型屋面板	2.6zm³/人	机拌、机捣
混凝土地坪及面层	40m²/人	机拌、机捣
外墙抹灰	16m²/人	
内墙抹灰	18.5m²/人	
卷材屋面	18.5m²/人	
防水水泥砂浆屋面	16m²/人	
门窗安装	11m²/人	

（2）施工段 m

为了有效地组织流水施工，通常把施工项目在平面上划分成若干个劳动量大致相等的施工段落，这些施工段落称为施工段。施工段的数目，通常以 m 表示，它是流水施工的基本参数之一。

1）划分施工段的目的和原则

一般情况下，一个施工段内只安排一个施工过程的专业工作队进行施工。在一个施工段上，只有前一个施工过程的工作队提供了足够的工作面，后一个施工过程的工作队才能进入该段从事下一个施工过程的施工。

划分施工段是组织流水施工的基础。其目的是：由于建筑产品生产的单件性，可以说它不适于组织流水施工；但是，施工项目产品体形庞大的固有特征，又为组织流水施工提供了空间条件，可以把一个体形庞大的"单件产品"划分成具有若干个施工段、施工层的"批量产品"，使其满足流水施工的基本要求；在保证工程质量的前提下，为专业工作队确定合理的空间活动范围，使其按流水施工的原理，集中人力和物力，迅速地、依次地、连续地完成各段的任务，为相邻专业工作队尽早地提供工作面，达到缩短工期的目的。

施工段的划分，在不同的分部工程中，可以采用相同或不同的划分办法。在同一分部工程中最好采用统一的段数，但也不能排除特殊情况，如在单层工业厂房的预制工程中，柱和屋架的施工段划分就不一定相同。对于多幢同类型房屋的施工，可以栋号为段组织大流水施工。

施工段数要适当，过多了势必要减少工人人数而延长工期，过少了又会造成资源供应过分集中，不利于组织流水施工。因此，为了使施工段划分得更科学、更合理，通常应遵循以下原则。

① 专业工作队在各个施工段的劳动量要大致相等，其相差幅度不宜超过 $10\%\sim15\%$。

② 对多层或高层建筑物，施工段的数目，要满足合理流水施工组织的要求，即 $m\geqslant n$。

③ 为了充分发挥工人、主导机械的效率，每个施工段要有足够的工作面，使其所容纳的劳动力人数或机械台数，能满足合理劳动组织的要求。

④ 为了保证施工项目的结构整体完整性，施工段的分界线应尽可能与结构的自然界线（如沉降缝、伸缩缝等）相一致；如果必须将分界线设在墙体中间时，应将其设在对结构整体性影响少的门窗洞口等部位，以减少留槎，便于修复。

⑤ 对于多层的施工项目，既要划分施工段又要划分施工层，以保证相应的专业工作队在施工段与施工层之间组织有节奏、连续、均衡的流水施工。

2）施工段数 m 与施工过程数 n 的关系

① 当 $m>n$ 时。

【例 9-2】 某局部二层的现浇钢筋混凝土结构的建筑物，主体结构工程对进度起控制性作用的施工过程为支模板、绑钢筋和浇筑混凝土，即 $n=3$；按照划分施工段的原则，在平面上将其划分成四个施工段，即 $m=4$；在竖向上划分两个施工层，即结构层与施工层相一致；每个施工过程在各施工段上的持续时间均为 3 天，即 $t_i=3$；则流水施工的开展状况，如图 9-4 所示。

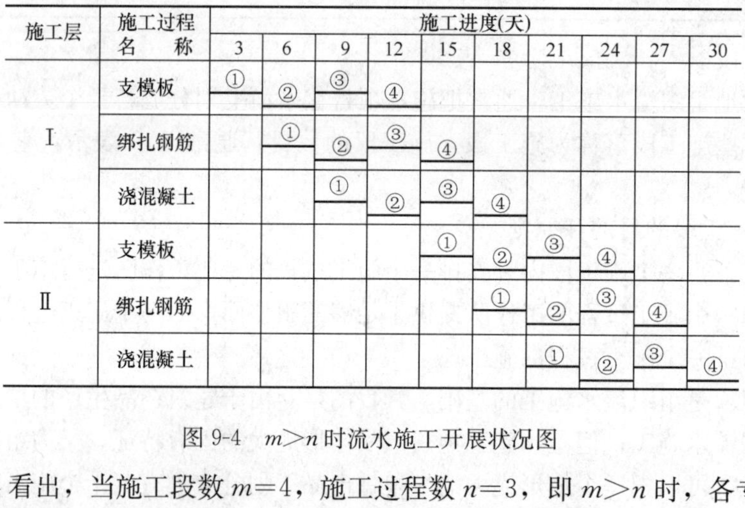

施工层	施工过程名称	施工进度(天)									
		3	6	9	12	15	18	21	24	27	30
I	支模板	①	②	③	④						
	绑扎钢筋		①	②	③	④					
	浇混凝土			①	②	③	④				
II	支模板					①	②	③	④		
	绑扎钢筋						①	②	③	④	
	浇混凝土							①	②	③	④

图 9-4 $m>n$ 时流水施工开展状况图

由图 9-4 看出，当施工段数 $m=4$，施工过程数 $n=3$，即 $m>n$ 时，各专业工作队在完成第一施工层的四个施工段的任务后，都能连续地进入第二施工层继续施工；但各施工段在第一层浇筑完混凝土后，均空闲 3 天，即工作面空闲 3 天。这种空闲，可用于技术间歇、组织管理间歇和备料等要求所必需的时间。

由此可见，当 $m>n$ 时，流水施工呈现出的特点是：各专业工作队均能连续施工；施工段有空闲，但这种空闲一般是有利的，它可以弥补某些施工过程必要的间歇时间或意外的拖延时间。

②当 $m=n$ 时。在例 9-2 中，如果将该建筑物在平面上划分成三个施工段，即 $m=3$，其他不变，则此时流水施工的开展状况，如图 9-5 所示。

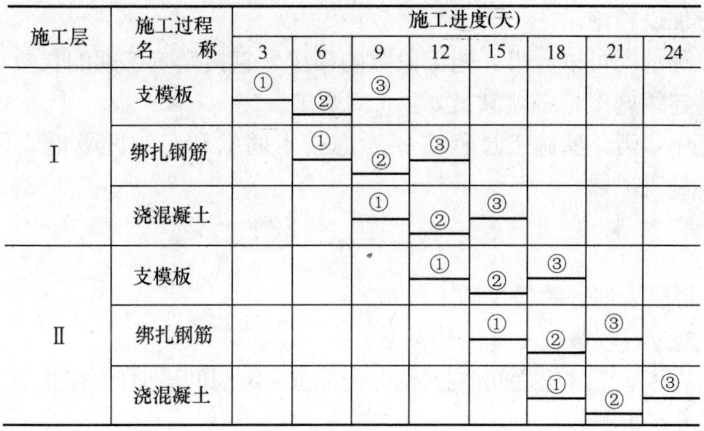

施工层	施工过程名称	施工进度(天)							
		3	6	9	12	15	18	21	24
I	支模板	①	②	③					
	绑扎钢筋		①	②	③				
	浇混凝土			①	②	③			
II	支模板				①	②	③		
	绑扎钢筋					①	②	③	
	浇混凝土						①	②	③

图 9-5　$m=n$ 时流水施工开展状况图

由图 9-5 看出，当施工段数 $m=3$，施工过程数，$n=3$，即 $m=n$ 时，流水施工呈现出的特点是：各专业工作队均能连续施工，而且施工段没有空闲。这是理想化的流水施工方案，如果采用这种方案，则要求项目管理者必须提高施工管理水平，只能进取，不能后退，不允许有任何的时间拖延。

③当 $m<n$ 时。上例中，如果将其在平面上划分成两个施工段，即 $m=2$，其他不变，则流水施工的开展状况，如图 9-6 所示。

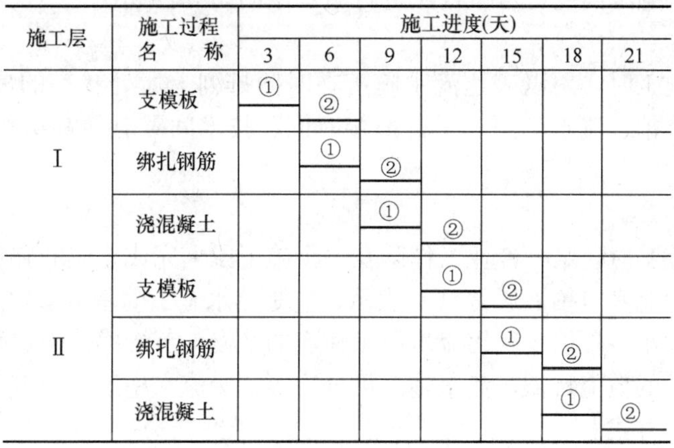

施工层	施工过程名称	施工进度(天)						
		3	6	9	12	15	18	21
I	支模板	①	②					
	绑扎钢筋		①	②				
	浇混凝土			①	②			
II	支模板				①	②		
	绑扎钢筋					①	②	
	浇混凝土						①	②

图 9-6　$m<n$ 时流水施工开展状况图

由图 9-6 看出，当施工段数 $m=2$，施工过程数 $n=3$，即 $m<n$ 时，各专业工作队在完成第一施工层第二施工段的任务后，不能连续地进入第二施工层继续施工，如支模板工作队完成第一层的施工任务后，要停工 3 天才能进行第二层第一段的施工，其他队组同样也要停工 3 天。这是因为一个施工段只能给一个专业工作队提供工作面，所以在施工段数目小于施工过程数的情况下，超出施工段数的专业工作队就会因为没有工作面而停工；各施工段始终有专业工作队在施工，没有空闲。

由此可见，当 $m<n$ 时，流水施工呈现出的特点是：各专业工作队在跨越施工层时，

均不能连续施工而产生窝工；施工段没有空闲。这种情况对有数幢同类型建筑物的建筑群，可组织建筑物之间的大流水施工，来弥补停工现象；但对组织单一建筑物的流水施工是不适宜的，应加以杜绝。

从上面的三种情况可以看出，施工段数的多少，直接影响工期的长短，而且要想保证专业工作队能够连续施工，必须满足 $m \geq n$ 的要求。

在实际施工中，若某些施工过程需要考虑技术间歇和组织间歇时，则可用式（9-3）确定每层的最少施工段数：

$$m_{\min} = n + \frac{\Sigma Z}{K} \tag{9-3}$$

式中　$m_{\min}$——每层需划分的最少施工段数；

　　　　n——施工过程数或专业工作队数；

　　　　ΣZ——某些施工过程之间的技术间歇时间和组织间歇时间之和；

　　　　K——流水步距。

应该指出，当无层间关系或无施工层（如某些单层建筑物、基础工程等）时，则施工段数可按前面所述划分施工段的原则进行确定。

（3）施工层

在组织流水施工时，为了满足专业工种对操作高度和施工工艺的要求，将拟建工程项目在竖向上划分为若干个操作层，这些操作层称为施工层。施工层一般以 j 表示。

施工层的划分，要考虑施工项目的具体情况，根据建筑物的高度、楼层来确定，如砌筑工程的施工层高度一般为 1.2m（一步架高）；混凝土结构、室内抹灰、木装饰、油漆玻璃和水电安装等的施工高度，可按楼层进行施工层的划分。

3. 时间参数

在组织流水施工时，用以表达流水施工在时间排列上所处状态的参数，称为时间参数。它包括流水节拍、流水步距、平行搭接时间、技术间歇时间和组织管理间歇时间等五种。

（1）流水节拍

在组织流水施工时，某一专业工作队在一个施工段上完成相应的施工任务所需要的工作延续时间，称为流水节拍。通常以 t_i 表示，它是流水施工的基本参数之一。

流水节拍的大小，可以反映出流水施工速度的快慢，节奏感的强弱和资源消耗量的多少。根据流水节拍的数值特征，流水施工可分为等节奏流水施工、异节奏流水施工和无节奏流水施工等组织方式。

影响流水节拍数值大小的因素主要有：项目施工时所采取的施工方案，各施工段投入的劳动力人数或施工机械台数，工作班次以及该施工段工程量的多少。为避免专业工作队转移时浪费工时，流水节拍在数值上最好是半个班的整数倍。其数值的确定，可按以下各种方法进行。

1）定额计算法

这是根据各施工段的工程量、能够投入的资源量（工人数或机械台数和材料量等），按式（9-4）或式（9-5）进行计算：

$$t_i = \frac{Q_i}{S_i R_i N_i} = \frac{P_i}{R_i N_i} \tag{9-4}$$

或
$$t_i = \frac{Q_i H_i}{R_i N_i} = \frac{P_i}{R_i N_i} \qquad (9-5)$$

式中　t_i——某专业工作队在第 i 施工段上的流水节拍；

　　　Q_i——某专业工作队在第 i 施工段要完成的工程量；

　　　S_i——某专业工作队的计划产量定额；

　　　H_i——某专业工作队的计划时间定额；

　　　R_i——某专业工作队在第 i 施工段需要的劳动量或机械台班数量。

$$P_i = \frac{Q_i}{S_i}(或 P_i = Q_i H_i)$$

式中　P_i——某专业工作队投入的工作人数或机械台数；

　　　N_i——某专业工作队的工作班次。

在式（9-4）和式（9-5）中，S_i 和 H_i 最好是本项目经理部的实际水平。

2）经验估算法

它是根据以往的施工经验进行流水节拍的估算。一般为了提高其准确度，往往先估算出该流水节拍的最长、最短和正常（即最可能）三种时间，然后据此求出期望时间作为某专业工作队在某施工段上的流水节拍。因此，本法也称为三种时间估算法。一般按式（9-6）进行计算

$$t_i = \frac{a_i + 4m_i + b_i}{6} \qquad (9-6)$$

式中　t_i——某施工过程在第 i 施工段上的流水节拍；

　　　a_i——某施工过程在第 i 施工段上的最短估算时间；

　　　b_i——某施工过程在第 i 施工段上的最长估算时间；

　　　m_i——某施工过程在第 i 施工段上的正常估算时间。

这种方法多适用于采用新工艺、新方法和新材料等没有定额可循的工程。

3）工期计算法

对某些施工任务在规定日期内必须完成的工程项目，往往采用倒排进度法。具体步骤如下。

① 根据工期倒排进度，确定某施工过程的工作持续时间。

② 确定某施工过程在某施工段上的流水节拍。若同一施工过程的流水节拍不等，则用估算法；若流水节拍相等，则按式（9-7）进行计算：

$$t = \frac{T}{m} \qquad (9-7)$$

式中　t——流水节拍；

　　　T——某施工过程的工作持续时间；

　　　m——某施工过程的划分的施工段数。

当施工段数确定后，流水节拍愈大，则相应工期就愈长。因此，从理论上讲，总是希望流水节拍越小越好。但实际上由于受工作面的限制，每一施工过程在各施工段上都有最小的流水节拍，其数值可按式（9-8）计算：

$$t_{\min} = \frac{A_{\min} u}{S} \qquad (9-8)$$

式中 t_{min}——某施工过程在某施段的最小流水节拍；

$\quad\quad A_{min}$——每个工人所需最小工作面；

$\quad\quad u$——单位工作面所含工程量；

$\quad\quad S$——产量定额。

按式（9-8）算出数值，应取整数或半个工日的整数倍，根据工期计算的流水节拍应不小于最小流水节拍。

（2）流水步距

在组织流水施工时，相邻专业工作队在保证施工顺序、满足连续施工、最大限度搭接和保证工程质量要求的条件下，相继投入流水施工的最小时间间隔，称为流水步距。流水步距以 $K_{i,i+1}$ 表示，它是流水施工的基本参数之一。

如图 9-7 所示的基础工程，挖土与垫层相继投入第一段开始施工的时间间隔为 2 天，即流水步距 $K=2$ 天（$K_{i,i+1}=K$），其他相邻两个施工过程的流水步距均为 2 天。

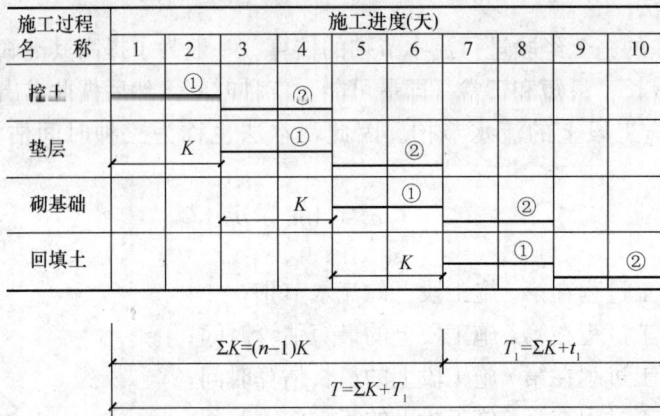

图 9-7　基础工程

图 9-8 表示流水步距与工期的关系。从图 9-8 可知，当施工段确定后，流水步距的大小直接影响着工期的长短。如果施工段不变，流水步距越大，则工期越长；反之，工期就越短。

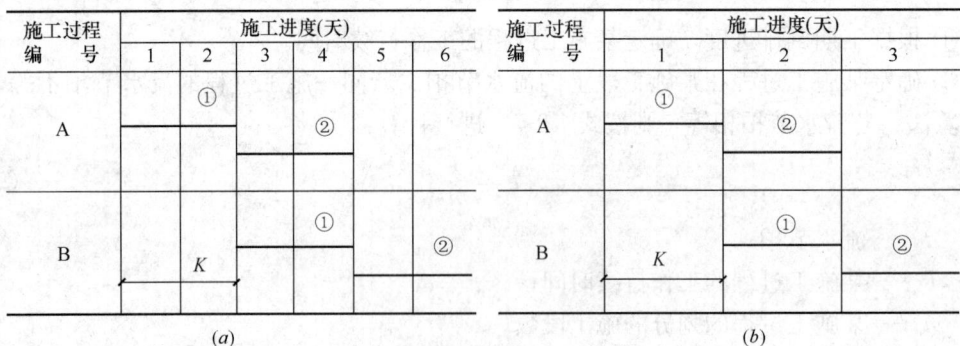

图 9-8　流水步距与工期的关系

从图 9-8 可知，当施工段不变时，流水步距随流水节拍的增大而增大，随流水节拍的缩小而缩小图 9-8（a）图表示 A、B 两个施工过程，分两段施工，流水节拍均为 2 天的情况，此时 $K=2$ 天；图 9-8（b）表示在工作面允许条件下，各增加一倍的工人，使流水节拍缩小，流水步距的变化情况。

图 9-9 表示流水步距、流水节拍与施工段的关系。

从图 9-9 可知，施工段不变时，流水步距随流水节拍增大而增大，随流水节拍的缩小而缩小。如果人数不变，增加施工段数，使每段人数达到饱和，而该段施工持续时间总和不变，则流水节拍和流水步距都相应地会缩小，但工期拖长了。

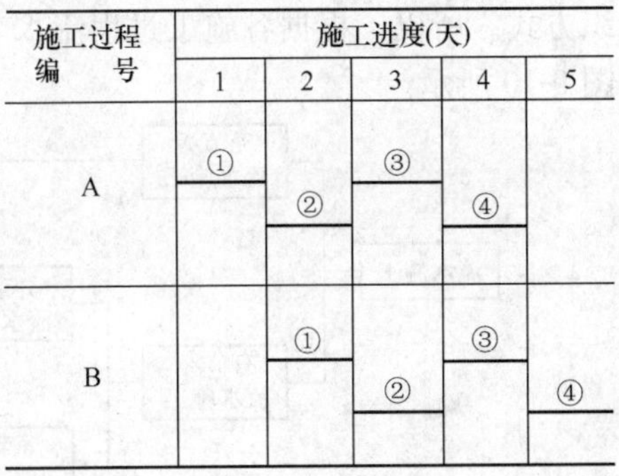

从上述几种情况分析，我们可以得知流水步距的数值是由相邻两个施工过程在各施工段上的流水节拍值所确定的。

施工过程编号	施工进度(天)				
	1	2	3	4	5
A	①	②	③	④	
B			①	②③	④

图 9-9　流水步距、流水节拍与施工段的关系

确定流水步距时，应遵循以下原则。

1）流水步距要满足两个相邻专业工作队，在施工顺序上的相互制约关系；

2）流水步距要保证各专业工作队都能连续作业；

3）流水步距要保证相邻两个专业工作队，在开工时间上最大限度地、合理地搭接；

4）流水步距的确定要保证工程质量，满足安全生产的要求。

流水步距在等节拍专业流水、异节拍专业流水和无节奏专业流水中呈现出不同的规律特征，其计算方法也各不相同，在 9.1.3 节中将详细介绍。

（3）平行搭接时间

在组织流水施工时，有时为了缩短工期，在工作面允许的条件下，如果前一个专业工作队完成部分施工任务后，能够提前为后一个专业工作队提供工作面，使后者提前进入前一个施工段，两者在同一施工段上平行搭接施工。后一个专业工作队提前进入前一个施工段的搭接时间称为平行搭接时间，通常以 $C_{i,i+1}$ 表示。

（4）技术间歇时间

在组织流水施工时，除要考虑相邻专业工作队之间的流水步距外，有时根据建筑材料或现浇构件等的工艺性质，还要考虑合理的工艺等待间歇时间，这种相邻两个施工过程在时间上不能衔接施工而必须留出的时间间隔，称为技术间歇时间，如混凝土浇筑后的养护时间、砂浆抹面和油漆的干燥时间等。技术间歇时间以 $Z_{i,i+1}$ 表示。

（5）组织管理间歇时间

在流水施工中，由于施工技术或施工组织的原因，造成的在流水步距以外增加的间歇时间，称为组织间歇时间。如墙体砌筑前的墙身位置弹线，施工人员、机械转移，回填土前地下管道检查验收等。组织间歇时间以 $G_{i,i+1}$ 表示。

在组织流水施工时，项目经理部对技术间歇和组织间歇时间，可根据项目施工中具体情况分别考虑或统一考虑；但两者的概念、作用和内容是不同的，必须结合具体情况灵活处理。

9.1.3　流水施工的基本组织方式

在建筑工程流水施工中，流水节拍是主要流水参数之一，它决定着流水施工的节奏性。流水节拍的规律不同，流水施工的流水步距、施工工期的计算方法也有所不同，各施工过程相应需成立的专业工作队数目也可能受到影响，从而形成不同节奏特征的流水施工

组织方式。所以，根据各施工过程流水节拍和流水步距的不同特点，可将流水施工分类，如图 9-10 所示。

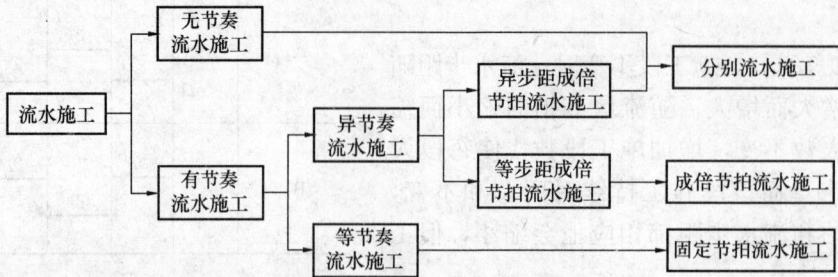

图 9-10 流水施工组织方式

有节奏流水施工是指在组织流水施工时，每一个施工过程在各施工段上的流水节拍都各自相等，又可分为等节奏流水施工和异节奏流水施工。

等节奏流水施工是指有节奏流水施工中，各施工过程之间的流水节拍都各自相等，也称为固定节拍流水施工或全等节拍流水施工。

异节奏流水施工是指有节奏流水施工中，各施工过程之间的流水节拍都各自相等，而不同施工过程之间的流水节拍不尽相等。通常存在两种组织方式，即异步距成倍节拍流水施工和等步距成倍节拍流水施工。等步距成倍节拍流水施工是按各施工过程流水节拍之间的比例关系，成立相应数量的专业工作队进行流水施工，也称为成倍节拍流水施工。当异节奏流水施工，各施工过程的流水步距不尽相同时，其组织方式属于分别流水施工组织的范畴，与无节奏流水施工相同。

无节奏流水施工是指在组织流水施工时，全部或部分施工过程在各个施工段上的流水节拍各不相等。

在建筑工程流水施工中，常见的、基本的组织方式可归纳为：固定节拍流水施工、成倍节拍流水施工和分别流水施工。

1. 等节奏流水施工

等节奏流水施工是指在组织流水施工时，所有施工过程在各个施工段上的流水节拍彼此相等的流水施工组织方式，也称为固定节拍流水施工或全等节拍流水施工。组织等节奏流水施工一般是在划分施工过程时，将劳动量较小的施工过程进行合并，使各施工过程的劳动量相差不大，然后确定主要施工过程专业工作队的人数，并计算流水节拍；再根据流水节拍，确定其他施工过程专业工作队的人数，同时考虑施工段的工作面和合理劳动组合，适当地进行调整。

（1）基本特点

1）各施工过程在各个施工段上的流水节拍彼此相等。如有 n 个施工过程，流水节拍为 t；则：

$$t_1 = t_2 = \cdots = t_i = \cdots = t_{n-1} = t_n = t（常数）$$

2）各施工过程之间的流水步距彼此相等，且等于流水节拍，即：

$$K_{1,2} = K_{2,3} = \cdots = K_{i,i+1} = \cdots = K_{n-1,n} = K_n = t（常数）$$

3）每个专业工作队都能够连续施工，施工段没有空闲。

4) 每个施工过程在各施工段上的施工均由一个专业工作队独立完成，即专业工作队数（n_1）等于施工过程（n）。

（2）组织步骤

1) 把流水施工对象（项目）划分为若干个施工过程，并确定其施工顺序。

2) 把流水施工对象（项目）划分为若干施工段（区）。划分施工段时，其数目 m 的确定如下。

① 无层间关系或无施工层时，取 $m=n$。

② 有层间关系或有施工层时，施工段数目 m 分下面两种情况确定。

a. 无技术和组织间歇时，取 $m_{min}=n$；

b. 有技术和组织间歇时，为了保证各专业工作队能连续施工，应取 $m>n$；此时，每层施工段空闲数为 $m-n$，一个施工段空闲的时间为 t，则每层的空闲时间为：

$$(m-n)\ t=(m-n)\ K$$

若一个楼层内各施工过程间的技术、组织间歇时间之和为 ΣZ_1，楼层间技术、组织间歇时间为 Z_2。如果每层的 ΣZ_1 均相等，Z_2 也相等，为了保证各专业工作队连续施工，则

$$(m-n)\ K=\Sigma Z_1+Z_2$$

由此，可得出每层的施工段数 m_{min} 应满足

$$m_{min}+n+\frac{\Sigma Z_1}{K}+\frac{Z_2}{K} \tag{9-9}$$

如果每层的 ΣZ_1 不完全相等，Z_2 不完全相等，应取各层中最大的 ΣZ_1 和 Z_2，并按式（9-10）确定施工段数。

$$m_{min}=n+\frac{\max\Sigma Z_1}{K}+\frac{\max\Sigma Z_2}{K} \tag{9-10}$$

（3）组建专业工作队，并确定其在每一施工段上的流水节拍。

可根据等节奏流水施工的要求，按式（9-4）、式（9-5）、式（9-6）、式（9-7）或式（9-8）计算流水节拍数值。

（4）确定流水步距，$K=t$。

（5）计算等节奏流水施工的工期。

1) 不分施工层时，可按式（9-11）进行计算：

$$T=(m+n-1)K+\Sigma Z_{j,j+1}+\Sigma G_{j,j+1}-\Sigma C_{j,j+1} \tag{9-11}$$

式中　T——流水施工总工期；

　　　m——施工段数；n 为施工过程数；

　　　K——流水步距；

　　　j——施工过程编号，$1\leqslant j\leqslant n$；

　$Z_{j,j+1}$——j 与 $j+1$ 两施工过程之间的技术间歇时间；

　$G_{j,j+1}$——j 与 $j+1$ 两施工过程之间的组织间歇时间；

　$C_{j,j+1}$——j 与 $j+1$ 两施工过程之间的平行搭接时间。

2) 划分施工层时，可按式（9-12）进行计算：

$$T=(mr+n-1)K+\Sigma Z_1-\Sigma C_{j,j+1} \tag{9-12}$$

式中　　　　r——施工层数；

ΣZ_1——第一个施工层中各施工过程之间的技术与组织间歇之和；

$$\Sigma Z_1 = \Sigma Z_{j,j+1} + \Sigma G_{j,j+1}$$

$\Sigma Z_{j,j+1}^{1}$——第一个施工层的技术间歇时间；

$\Sigma G_{j,j+1}^{1}$——第一个施工层的组织间歇时间；其他符号含义同前。

在式（9-12）中，没有二层及二层以上的 ΣZ_1 和 Z_2，是因为它们均已包括在式中的 mrt 项内，如图 9-10 所示。

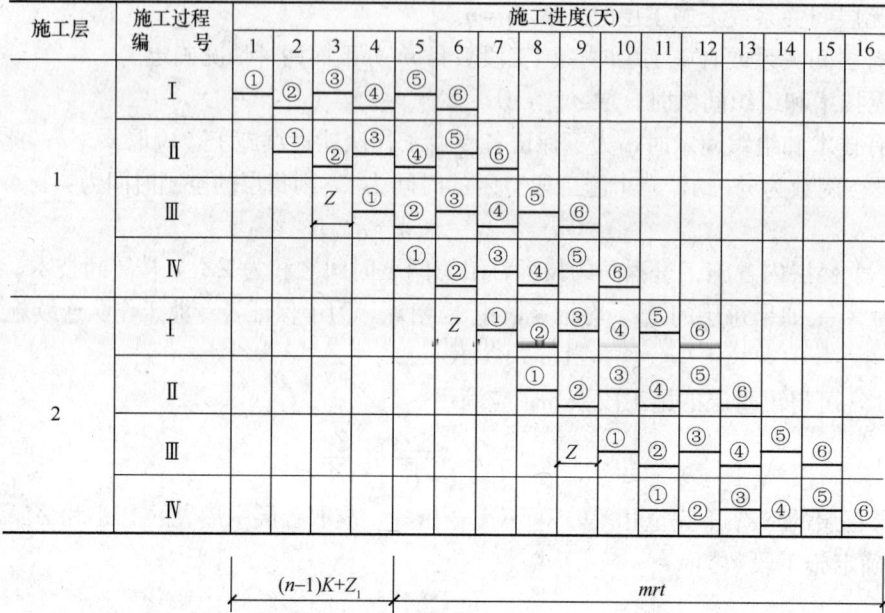

图 9-11 分层并有技术间歇时间、组织间歇时间的等节奏流水

（6）安排各专业工作队依次地、连续地在各施工段上完成各自的施工任务，并使各专业工作队的工作适当地搭接起来。

（7）绘制流水施工进度计划表。

2. 异节奏流水施工

在组织流水施工时，有时由于各施工过程的性质、复杂程度不同，可能会出现某些施工过程所需要的人数或机械台数超出施工段上工作面所能容纳数量的情况。这时，只能按施工段所能容纳的人数或机械台数确定这些施工过程的流水节拍，这就可能使某些施工过程的流水节拍成为其他施工过程流水节拍的倍数，从而形成异节奏流水施工。

例如，拟建 4 幢大板结构房屋，施工过程为：基础、结构安装、室内装修和室外工程，每幢为 1 个施工段，经计算各施工过程的流水节拍见表 9-2。

流 水 节 拍   表 9-2

施工过程	基　础	结构安装	室内装修	室外工程
流水节拍	5	10	10	5

从表 9-2 可知，这是一个异节奏流水施工，其进度计划如图 9-12 所示。

异节奏流水施工是指在组织流水施工时，如果同一个施工过程在各施工段上的流水

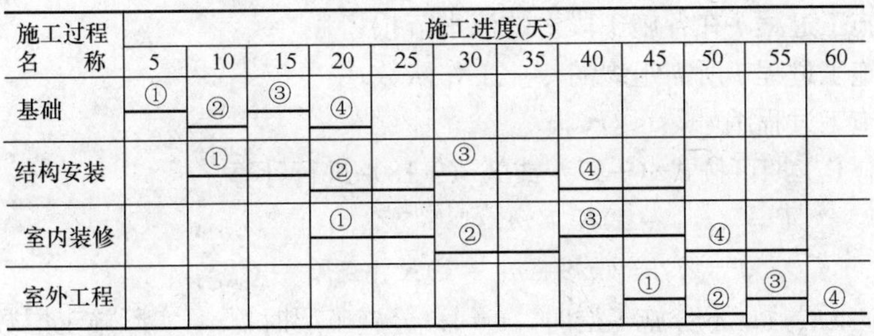

施工过程	施工进度(天)											
名　　称	5	10	15	20	25	30	35	40	45	50	55	60
基础	①	②	③	④								
结构安装		①		②		③		④				
室内装修				①		②		③		④		
室外工程									①	②	③	④

图 9-12　异节奏流水施工

节拍彼此相等，不同施工过程在同一施工段上的流水节拍彼此不等而互为倍数的流水施工组织方式。有时，为了加快流水施工速度，在资源供应能够满足的前提下，对流水节拍长的施工过程，可组织几个同工种的专业工作队，来完成同一施工过程在不同施工段上的任务，从而就形成了一个工期最短的、类似于固定节拍流水施工的等步距的异节奏流水施工方案，也称为成倍节拍流水施工。这里我们主要讨论等步距的异节奏流水施工。

（1）基本特点

1）同一施工过程在各施工段上的流水节拍彼此相等，不同的施工过程在同一施工段上的流水节拍彼此不等，但互为倍数关系，即流水节拍为某一常数的倍数；

2）各专业工作队之间的流水步距彼此相等，且等于流水节拍的最大公约数；

3）各专业工作队都能够保证连续施工，施工段没有空闲，使得流水施工在时间和空间上都连续；

4）专业工作队数目大于施工过程数，即 $n_1 > n$。

（2）组织步骤

1）把流水施工对象（项目）划分为若干个施工过程，并确定其施工顺序。

2）把流水施工对象（项目）划分为若干施工段（区）。

① 不分施工层时，可按划分施工段的原则确定施工段数；

② 划分施工层时，每层的施工段数可按式（9-13）确定：

$$m = n_1 + \frac{\max \Sigma Z_1}{K} + \frac{\max \Sigma Z_2}{K} \tag{9-13}$$

式中　n_1——专业工作队总数；

其他符号含义同前。

3）按照等步距异节奏流水施工的要求，确定各施工过程的流水节拍。

4）按式（9-14）确定流水步距 K。

$$K = 最大公约数\{t^1, t^2, \cdots, t^j, \cdots, t^n\} \tag{9-14}$$

式中　K——流水步距；

t^j——施工过程 j 在各施工段上的流水节拍。

5）按式（9-15）和式（9-16）确定专业工作队数。

$$b_j = \frac{t^j}{K} \tag{9-15}$$

$$n_1 = \sum_{j=t}^{n} b_j \tag{9-16}$$

式中 t^j——施工过程 j 在各施工段上的流水节拍；

　　b_j——施工过程 j 所需组织的专业工作队数；

　　j——施工过程编号，$1 \leqslant j \leqslant n$。

6）流水施工工期可按式（9-17）或式（9-18）进行计算。

$$T = (m_1 - 1)K + m^{zh} t^{zh} + \Sigma Z_{j,j+1} + \Sigma G_{j,j+1} - C_{j,j+1} \tag{9-17}$$

或

$$T = (mr + n_1 - 1)K + \Sigma Z_1 - C_{j,j+1} \tag{9-18}$$

式中 r——施工层数；不分施工层时，$r=1$；分施工层时，$r=$ 实际施工层数；

　　m^{zh}——最后一个施工过程的最后一个专业工作队所要通过的施工段数；

　　t^{zh}——最后一个施工过程的流水节拍；其他符号含义同前。

7）安排各专业工作队依次地、连续地在各施工段上完成各自的施工任务，并使各专业工作队的工作适当地搭接起来。

8）绘制流水施工进度计划表。

（3）应用举例

【例 9-3】 某施工项目由 Ⅰ、Ⅱ、Ⅲ 3 个施工过程组成，流水节拍分别为 $t_1 = 2$ 天，$t_2 = 6$ 天，$t_3 = 4$ 天，试组织流水施工，并绘制流水施工进度计划表。

【解】 根据工程特点，按等步距异节奏流水施工方式组织流水施工

① 确定流水步距：

$$K = 最大公约数 \{2，4，6\} = 2 天$$

② 确定专业工作队数：

$$b_1 = \frac{t^1}{K} = \frac{2}{2} = 1 个$$

$$b_2 = \frac{t^2}{K} = \frac{6}{2} = 3 个$$

$$b_3 = \frac{t^3}{K} = \frac{4}{2} = 2 个$$

所以专业工作队的总数为：

$$n_1 = \sum_{j=1}^{3} b_j = 1 + 3 + 2 = 6 个$$

③ 确定施工段数：

为了使各专业工作队都能连续施工，取：

$$m = n_1 = 6 段$$

④ 计算流水施工工期：

$$T = （6 + 6 - 1） \times 2 = 22 天$$

或

$$T = （6 - 1） \times 2 + 3 \times 4 = 22 天$$

⑤ 绘制流水施工进度计划表，如图 9-13 所示。

3. 无节奏流水施工

在工程项目实际施工中，往往每个施工过程在各个施工段上的工程量彼此不等，各专业工作队的生产效率也相差较大，从而导致同一施工过程的流水节拍彼此也不相等，不可能组织等节奏流水施工或等步距异节奏流水施工。在这种情况下，往往利用流水施工的基本概念，在保证施工工艺、满足施工顺序要求的前提下，按照一定的计算方法，确定相邻

施工过程编号	工作队	施工进度(天)										
		2	4	6	8	10	12	14	16	18	20	20
I	I	①	②	③	④	⑤	⑥					
II	II_a			①		④						
	II_b				②		⑤					
	II_c					③		⑥				
III	III_a						①		③	⑤		
	III_b							②		④		⑥

$$(n-1)K_b \qquad m^{zh}t^{zh}$$
$$T=22$$

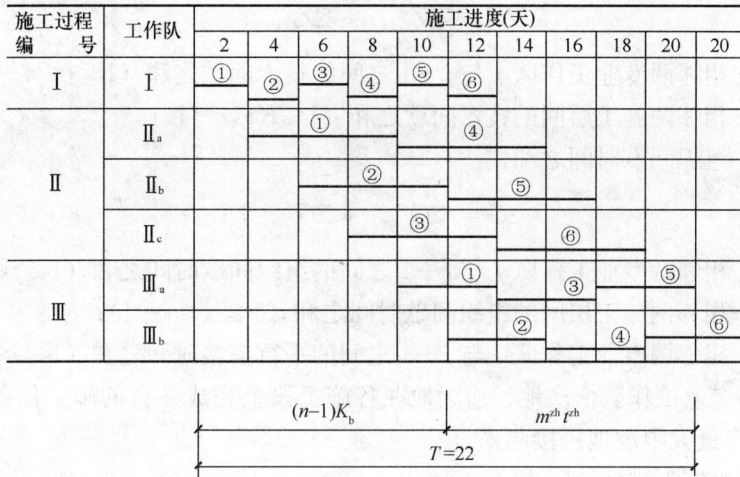

图 9-13　等步距异节拍流水施工

专业工作队之间的流水步距，使其在开工时间上最大限度地、合理地搭接起来，形成每个专业工作队都能连续作业的流水施工方式，称为无节奏流水施工，也称为分别流水。

（1）基本特点

1）每个施工过程在各个施工段上的流水节拍，不尽相等。

2）在多数情况下流水步距彼此不相等，但流水步距与流水节拍两者之间存在着某种函数关系。

3）各专业工作队都能连续施工，个别施工段可能空闲。

4）每个施工过程在各施工段上均由一个专业工作队独立完成，即施工过程数（n）等于专业工作队数（n_1）。

一般说来，等节奏流水施工、等步距异节奏流水施工通常只适用于组织分部工程或分项工程流水施工，对于单位工程或大型复杂工程，往往很难使其流水节拍彼此相等或互成倍数。而无节奏流水施工的组织方式没有固定约束，允许某些施工过程的施工段闲置，因此能够适应各种结构各异、规模不等、复杂程度不同的工程对象，具有更广泛的应用范围。它是应用最普遍的一种流水施工组织方式。

（2）组织步骤

1）把流水施工对象（项目）划分为若干个施工过程，并确定其施工顺序。

2）把流水施工对象（项目）划分为若干施工段（区）。

3）组建专业工作队，并确定每一施工过程在各施工段上的流水节拍。

4）按一定的方法确定相邻两个专业工作队之间的流水步距。

5）计算无节奏流水施工的工期，可按式（9-19）计算无节奏流水施工的工期。

$$T = \sum_{j=1}^{n} K_{j,j+1} + \sum_{i=1}^{m} t_i^{zh} + \Sigma Z + \Sigma G - \Sigma C_{j,j+1} \tag{9-19}$$

式中　　T——无节奏流水施工的工期；

$\quad K_{j,j+1}$——j 与 $j+1$ 两专业工作队之间的流水步距；

$\qquad t_i^{zh}$——最后一个施工过程在第 i 个施工段上的流水节拍；

$\qquad \Sigma Z$——技术间歇时间总和，

$$\Sigma Z = \Sigma Z_{j,j+1} + \Sigma Z_{k,k+1};$$

$\Sigma Z_{j,j+1}$——相邻两专业工作队 j 与 $j+1$ 之间的技术间歇之和（$1 \leqslant j \leqslant n-1$）；

$\Sigma Z_{k,k+1}$——相邻两施工层间的技术间歇之和（$1 \leqslant K \leqslant r-1$）；

ΣG——组织间歇时间之和，

$$\Sigma G = \Sigma G_{j,j+1} + \Sigma G_{k,k+1};$$

$\Sigma G_{j,j+1}$——相邻两专业工作队 j 与 $j+1$ 之间的组织间歇时间之和（$1 \leqslant j \leqslant n-1$）；

$\Sigma G_{k,k+1}$——相邻两施工层间的组织间歇时间之和（$1 \leqslant K \leqslant r-1$）；

$\Sigma G_{j,j+1}$——相邻两专业工作队 j 与 $j+1$ 之间的平行搭接时间之和（$1 \leqslant j \leqslant n-1$）。

6）安排各专业工作队依次地、连续地在各施工段上完成各自的施工任务，并使各专业工作队的工作最大限度地搭接起来。

7）绘制流水施工进度计划表。

（3）确定流水步距的方法

在无节奏流水施工中，流水步距的大小是没有规律的，彼此不等。但流水步距与流水节拍之间存在着某种函数关系。确定流水步距的方法很多，主要有图上分析法、分析计算法和潘特考夫斯基法等。本书仅介绍潘特考夫斯基法。

潘特考夫斯基法也称"大差法"或"累加数列法"。此法在计算无节奏流水施工的流水步距中，较为简捷、准确。其计算步骤如下。

1）将每个施工过程在各施工段上的流水节拍依次累加，得出各施工过程流水节拍的累加数列；

2）根据施工顺序，将相邻两个施工过程的累加数列的后者均向后错一位，分别相减，得到一个新的差数列；

3）根据错位相减的结果，差数列中数值最大者，即为这两个相邻施工过程的流水步距。

（4）应用举例

【例 9-4】 某工程由 A、B、C、D 等四个施工过程组成，施工顺序为：A→ B→C→D，各施工过程的流水节拍为：$t_A = 2$ 天，$t_B = 4$ 天，$t_C = 4$ 天，$t_D = 2$ 天。在劳动力相对固定的条件下，试确定流水施工方案。

【解】 本例从流水节拍特点看，可组织异节奏流水施工；但因劳动力不能增加，无法做到等步距。为了保证专业工作队连续施工，按无节奏流水施工方式组织施工。

①确定施工段数。为使专业对工作队连续施工，取施工段数等于施工过程数，即：

$$m = n = 4$$

② 求累加数列

A： 2， 4， 6， 8
B： 4， 8， 12， 16
C： 4， 8， 12， 16
D： 2， 4， 6， 8

③ 确定流水步距 $K_{A,B}$：

$$
\begin{array}{rrrr}
2, & 4, & 6, & 8 \\
-)\ & 4, & 8, & 12, & 16 \\
\hline
2, & 0, & -2, & -4, & -16
\end{array}
$$

$\therefore \qquad K_{A,B} = \max\ \{2,\ 0,\ -2,\ -4,\ -16\} = 2$ 天

$K_{B,C:}$

$$
\begin{array}{rrrr}
4, & 8, & 12, & 16 \\
-)\ & 4, & 8, & 12, & 16 \\
\hline
4, & 4, & 4, & 4, & -16
\end{array}
$$

$\therefore \qquad K_{B,C} = \max\ \{4,\ 4,\ 4,\ 4,\ -16\} = 4$ 天

$K_{C,D:}$

$$
\begin{array}{rrrr}
4, & 8, & 12, & 16 \\
-)\ & 2, & 4, & 6, & 8 \\
\hline
4, & 6, & 8, & 10, & -8
\end{array}
$$

$\therefore \qquad K_{C,D} = \max\ \{4,\ 6,\ 8,\ 10,\ -8\} = 10$ 天

④ 计算工期。由式（9-17）得：

$$T = (2+4+10) + 2 \times 4 = 24 \text{ 天}$$

⑤ 绘制流水施工进度计划表，如图 9-14 所示。

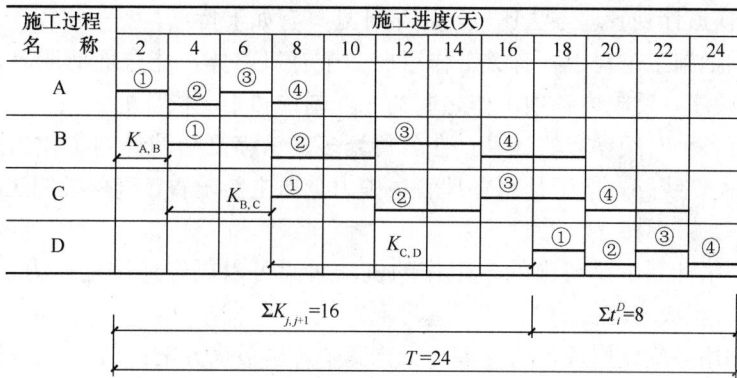

图 9-14　流水施工进度图表

从图 9-14 可知，当同一施工段上不同施工过程的流水节拍不相同，而互为整数倍关系时，如果不组织多个同工种专业工作队完成同一施工过程的任务，流水步距必然不等，只能用无节奏流水施工的形式组织施工；如果能缩短流水节拍长的施工过程，达到等步距流水，就要在增加劳动力没有问题的情况下，检查工作面是否满足要求；如果延长流水节拍短的施工过程，工期就要延长。

因此，到底采取哪种流水施工组织形式，除要分析流水节拍的特点外，还要考虑工期要求和具体的施工条件。任何一种流水施工的组织形式，仅仅是一种组织管理手段，其最

终目的是要实现项目施工的目标——工程质量好、工期短、成本低、效益高和安全施工。

9.2 网络计划技术

9.2.1 概述

网络计划技术是 20 世纪 50 年代后期发展起来的一种科学的计划管理方法。它来自于工程技术和管理的实践，又广泛应用于军事、航天、工程管理、科学研究、技术发展、市场分析和投资决策等各个领域，并已取得了显著效果。

1. 网络计划技术的基本原理

网络图是由箭线和节点组成的，用来表示工作流程的有向、有序网状图形，它是表达工作之间相互依赖、相互制约的逻辑关系的图解模型。在网络图上加注工作时间参数而编成的进度计划，称为网络计划。用网络计划对任务的工作进度进行安排和控制，以保证实现预定目标的科学的计划管理技术称为网络计划技术。这里所说的任务是指计划所承担的有规定目标及约束条件（时间、资源、成本、质量等）的工作总和，如规定有工期和投资额的一个工程项目即可称为一项任务。

在建筑工程计划管理中，可以将网络计划技术的基本原理归纳为：应用网络图形来表达一项工程中各项工作的开展顺序及其相互依赖、相互制约关系；通过对网络图进行时间参数计算，找出计划中关键工作和关键线路；利用最优化原理，不断改进初始方案，寻求最优网络计划方案；在网络计划执行过程中，对计划进行有效地监督与控制，保证合理地使用人力、物力和财力，以最小的消耗，获得最大的经济效益。

2. 网络计划技术的特点

与传统的横道计划管理方法比较，网络计划具有如下特点：

1）网络图把施工过程中各有关工作组成一个有机整体，能全面而明确地表达各项工作开展的先后顺序，反映出各项工作之间的相互制约和相互依赖的关系；

2）能进行各种时间参数的计算，在名目繁多、错综复杂的计划中找出决定工程进度的关键工作和关键线路，便于计划管理者集中力量抓主要矛盾，确保控制工期，避免盲目施工；

3）利用网络计划中反映出的各工作的机动时间可以更好地调配人力、物力和资源，从而达到降低工程成本的目的；

4）能够利用最优化原理，从许多可行方案中选出最优方案；

5）在计划的执行过程中，某一工作由于某种原因推迟或者提前完成时，可以预见到它对整个计划的影响程度，而且能够根据变化了的情况迅速采取措施，进行调整，保证自始至终对计划进行有效地控制与监督；

6）可以利用电子计算机进行网络计划的时间参数计算、优化和调整，使现代化的计算工具——计算机在建筑工程计划管理中得以应用。

但是，网络计划也存在一些缺点：如果不利用电子计算机进行计划的时间参数计算、优化和调整，其实际计算量大，调整复杂；对于无时间坐标网络图，绘制劳动力、资源需要量曲线较困难；此外，也不像横道图易学易懂，它对计划人员的素质要求较高。

3. 网络计划的分类

按照不同的分类原则，可以将网络计划分成不同类型。

（1）按性质分类

1）肯定型网络计划是指工作、工作与工作之间的逻辑关系以及工作持续时间都肯定的网络计划。在这种网络计划中，各项工作的持续时间都是单一的数值，整个网络计划有确定的计划总工期。

2）非肯定型网络计划是指工作、工作与工作之间的逻辑关系和工作持续时间三者中一项或多项不肯定的网络计划。在这种网络计划中，各项工作的持续时间只能按概率方法确定出三个值，整个网络计划无确定计划总工期。计划评审技术和图示评审技术就属于非肯定型网络计划。

（2）按表示方法分类

1）双代号网络计划是以双代号表示法绘制的网络计划。网络图中，每一条箭线表示一项工作，节点表示工作的开始或结束。

2）单代号网络计划是以单代号表示法绘制的网络计划。网络图中，每个节点表示一项工作，箭线仅用来表示各项工作之间相互制约、相互依赖的关系，如图示评审技术和决策网络计划等就是采用的单代号网络计划。

（3）按目标分类

1）单目标网络计划是只有一个终点节点的网络计划，即网络图只具有一个最终目标。如一个建筑物的施工进度计划只具有一个工期目标的网络计划。

2）多目标网络计划是终点节点不止一个的网络计划。此种网络计划具有若干个独立的最终目标。

（4）按有无时间坐标分类

1）非时标网络计划是不按时间坐标绘制的网络计划。网络图中，工作箭线长度与持续时间无关，可按需要绘制。通常绘制的网络计划都是非时标网络计划。

2）时标网络计划是以时间坐标为尺度绘制的网络计划。网络图中每项工作箭线的水平投影长度，与其持续时间成正比。如编制资源优化的网络计划即为时标网络计划。

（5）按层次分类

1）总网络计划

以整个计划任务为对象编制的网络计划，如群体工程网络计划或建设项目网络计划。

2）单位工程网络计划

是以一个建筑物或构筑物为对象编制的网络图。

3）局部网络计划

以计划任务的某一部分为对象编制的网络计划，如分部工程网络图。

9.2.2 双代号网络计划

1. 双代号网络图的组成

双代号网络图由工作、节点、线路三个基本要素组成。

（1）工作（也称过程、活动、工序）

工作就是一项计划任务按需要粗细程度划分而成的、消耗时间或同时也消耗资源的子项目或子任务。工作是网络图的组成要素之一，它用一条箭线和两个圆圈来表示。工作的名称标注在箭线的上方，工作持续时间标注在箭线的下方，箭线的箭尾节点表示工作的开始，箭头节点表示工作的结束，圆圈中的两个号码即为这项工作的编号，如图 9-15 所示，这种以箭线及其节点的编号表示工作的网络图称为双代号网络图，如图 9-16 所示。

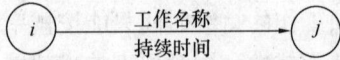

图 9-15　双代号表示法　　　　　　　　　　图 9-16　双代号网络图

工作通常可以分为三种：需要消耗时间，同时也消耗资源的工作（如混凝土结构中的浇筑混凝土构件）；只消耗时间而不消耗资源的工作（如混凝土的养护）；既不消耗时间，也不消耗资源的工作。前两种是实际存在的工作，而后一种是人为虚设的工作，它既表示前后相邻工作之间的逻辑关系，通常称其为"虚工作"。虚工作以虚箭线表示，其表示形式可垂直方向向上或向下，也可水平方向向右，如图 9-17 所示。

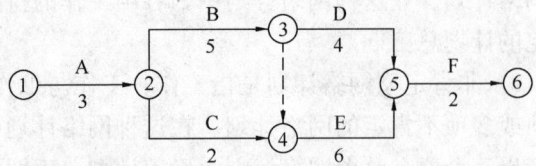

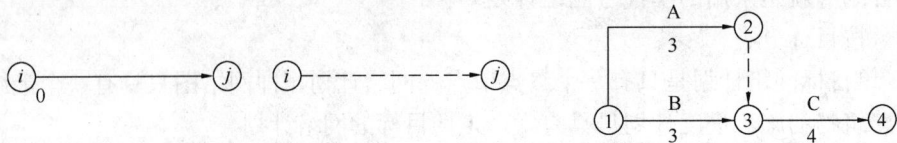

图 9-17　双代号网络图中虚工作表示方法

工作的内容由一项计划（或工程）的性质、规模大小、范围和客观需要所决定，如果对于一个规模较大的建设项目来讲，一项工作可能代表一个单位工程或一个构筑物；如果对于一个单位工程，一项工作可能只代表一个分部或分项工程。

工作箭线的长度及方向，在非时标网络图中，箭线长度按美观和需要而定，其方向尽可能由左向右画出；在时标网络图中，其箭线的水平投影长度必须与工作所需持续时间的大小成比例画出。

按照网络图中工作之间的相互关系可将工作分为以下几种类型。

1）紧前工作。紧排在本工作之前的工作，如图 9-18 中 A 工作是 B、C 工作的紧前工作，而 B、C 工作又是 D 工作的紧前工作；

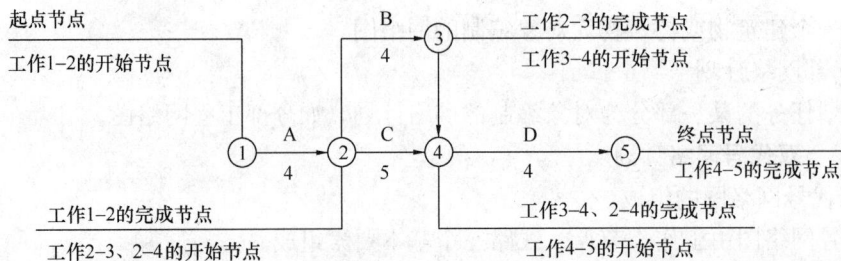

图 9-18　节点示意图

2）紧后工作。紧排在本工作之后的工作，如图 9-18 中 B、C 工作为 A 工作的紧后工作，D 工作是 B、C 工作的紧后工作；

3）平行工作。与本工作同时进行的工作，如图 9-18 中 C 工作是 B 工作的平行工作；

4）起始工作。没有紧前工作的工作，如图 9-18 中的 A 工作；

5）结束工作。没有紧后工作的工作，如图 9-18 中的 D 工作。

（2）节点

在双代号网络图中，节点是指一项或若干项工作开始或完成的时间点，即网络图中箭线两端标有编号的圆圈，它表示工作之间的逻辑关系。

在双代号网络图中，节点不同于工作，它只标志着前面工作结束和后面工作开始的一瞬间，具有承上启下的衔接作用，而不需要消耗时间或资源，如图 9-16 中的节点 5，它既表示 D、E 两项工作的结束时刻，也表示 F 工作的开始时刻。节点的另一个作用如前所述，在网络图中，一项工作用其前后两个节点的编号表示，如图 9-16 所示，E 工作可用节点编号表示为"4—5"。

表示整个计划开始的节点称为起点节点，整个计划最终完成的节点称为终点节点，其余称为中间节点。箭线出发的节点称为开始节点，箭线进入的节点称为结束节点。在一个网络图中，除整个网络计划的起点节点和终点节点外，其余任何一个节点都有双重的含义，既是前面工作的结束节点，又是后面工作的开始节点。在一个网络图中，可以有许多工作通向一个节点，也可以有许多工作由同一个节点出发。

在一个网络图中，每一个节点都有自己的编号，严禁重复，以便计算网络图的时间参数和检查网络图是否正确。节点编号顺序应从起点节点到终点节点，从小到大进行，并且对于每项工作，箭尾节点的编号一定要小于箭头节点的编号。

节点编号的方法可从以下两个方面来考虑。

1）根据节点编号的方向不同可分为两种：一种是沿着水平方向进行编号，如图 9-19（a）所示。另一种是沿着垂直方向进行编号，如图 9-19（b）所示。

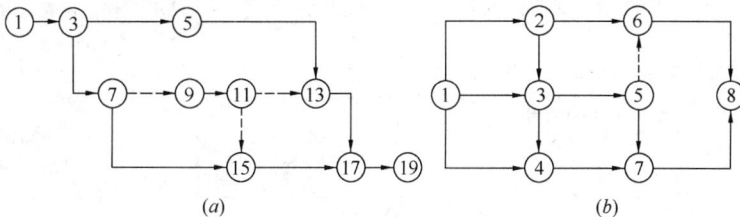

图 9-19　节点编号法

2）根据编号的数字是否连续又分为两种：一种是连续编号法，即按自然数的顺序进行编号，如图 9-19（b）为连续编号。另一种是间断编号法，一般按单数（或偶数）的顺序来进行编号。如图 9-19（a）为非连续编号，主要是为了适应计划调整，考虑增添工作的需要，编号留有余地。

（3）线路

网络图中从起点节点开始，沿箭线方向顺序通过一系列箭线与节点，最后到达终点节点的通路称为线路。

对于一个网络图而言，线路的数目是确定的。每一条线路都有自己确定的完成时间，它等于该线路上各项工作持续时间的总和，称为线路时间，它代表该条线路的计划工期。

网络图中线路时间最长的线路，称为关键线路，其余的线路称为非关键线路。关键线路的线路时间，代表整个网络计划的总工期。在同一网络计划中，至少有一条关键线路，但有时不止有一条，可能同时存在几条关键线路，即这几条线路上的持续时间相同。关键线路应用粗箭线或双箭线连接。

关键线路并不是一成不变的，在一定条件下，关键线路和非关键线路可能互相转化。当采用了一定的技术组织措施，缩短了关键线路上各工作的持续时间，就有可能使关键线路发生转移，使原来的关键线路变成非关键线路。

位于关键线路上的工作称为关键工作，它没有机动时间（即无时差）。关键工作完成的快慢将直接影响整个计划工期的实现。

位于非关键线路上的工作除关键工作外，其余为非关键工作，它具有机动时间（即时差）。非关键工作也不是一成不变的，当非关键工作拖延时间过长，也可以转化为关键工作。利用非关键工作的机动时间可以科学地、合理地调配资源和对网络计划进行优化。

2. 网络图绘制的基本规则

网络计划技术在建筑工程施工中主要用来编制工程项目的施工进度计划，因此，网络图必须正确地表达整个工程在施工工艺流程和各工作开展的先后顺序以及它们之间相互制约、相互依赖的约束关系。在绘制网络图时必须遵循一定的基本规则和要求。绘制网络图的基本规则如下。

（1）必须正确地表达各项工作之间的逻辑关系。在网络图中，根据施工顺序和施工组织的要求，应正确地反映各项工作之间的相互制约和相互依赖关系。表 9-3 列出了常见逻辑关系及其表示方法。

网络图中各工作逻辑关系表示方法　　　　　　　　　　　　表 9-3

序号	工作之间的逻辑关系	网络图中表示方法	说　　明
1	有 A、B 两项工作按照依次施工方式进行	○—A→○—B→○	B 工作依赖着 A 工作，A 工作约束着 B 工作的开始
2	有 A、B、C 三项工作同时开始工作	○分别以 A、B、C 指向三个○	A、B、C 三项工作称为平行工作
3	有 A、B、C 三项工作同时结束	三个○分别以 A、B、C 指向同一○	A、B、C 三项工作称为平行工作
4	有 A、B、C 三项工作，只有在 A 完成后，B、C 才能开始	○—A→○分别以 B、C 指向两个○	A 工作制约着 B、C 工作的开始，B、C 为平行工作
5	有 A、B、C 三项工作，C 工作只有在 A、B 完成后才能开始	两个○分别以 A、B 指向同一○—C→○	C 工作依赖着 A、B 工作，A、B 为平行工作
6	有 A、B、C、D 四项工作，只有在 A、B 完成后，C、D 才能开始	通过中间事件 j 连接 A、B 与 C、D	通过中间事件 j 正确地表达了 A、B、C、D 之间的关系

序号	工作之间的逻辑关系	网络图中表示方法	说　　明
7	有 A、B、C、D 四项工作，A 完成后 C 才能开始，A、B 完成后 D 才开始		D 与 A 之间引入了逻辑连接（虚工作），只有这样才能正确表达它们之间的约束关系
8	有 A、B、C、D、E 五项工作，A、B 完成后 C 开始，B、D 完成后 E 开始		虚工作 i、j 反映出 C 工作受到 B 工作的约束；虚工作 i、k 反映出 E 工作受到 B 工作的约束
9	有 A、B、C、D、E 五项工作，A、B、C 完成后 D 才能开始，B、C 完成后 E 才能开始		这是前面序号 1、5 情况通过虚工作连接起来的，虚工作表示 D 工作受到 B、C 工作制约
10	A、B 两项工作分三个施工段，平行施工		每个工种工程建立专业工作队，在每个施工段上进行流水作业，不同工种之间用逻辑搭接关系表示

工作之间的逻辑关系包括工艺关系和组织关系。工艺关系是指生产工艺上客观存在的先后顺序。例如建筑工程施工时先做基础，后做主体；先做结构，后做装修。这些顺序是不能随意改变的。组织关系是指在不违反工艺关系的前提下人为安排的工作先后顺序。例如建筑群中各个建筑物的开工顺序的先后，施工对象的分段流水作业等。这些顺序可以根据具体情况，按安全、经济、高效的原则统筹安排。

（2）双代号网络图中严禁出现循环回路。在网络图中，从一个节点出发沿着某一条线路移动，又可回到原出发节点，即在图中出现了闭合的循环路线，如图 9-20（a）中的①—②—④—①和①—③—④—①，都是循环回路。它表明网络图在逻辑关系上是错误的，在工艺关系上是矛盾的，故严禁出现。图 9-20（b）则是正确的。

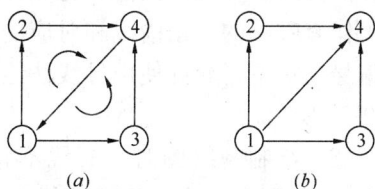

图 9-20　循环回路示意图　　　　图 9-21　箭头方向示意图

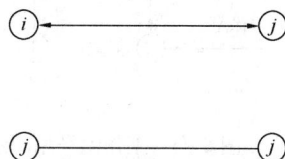

（3）双代号网络图中在节点之间严禁出现带双向箭头或无箭头的连线。如图 9-21 所示。

（4）双代号网络图中严禁出现没有箭头节点或没有箭尾节点的箭线。如图 9-22 所示。

（5）双代号网络图中应只有一个起点节点；在不分期完成任务的网络图中应只有一个终点节点；而其他所有节点均应是中间节点。

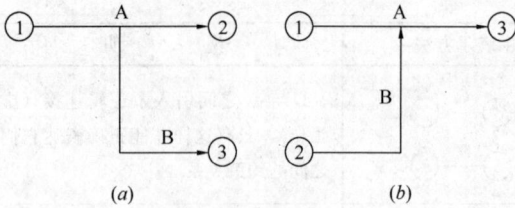

图 9-22　无开始节点和无结束节点示意图

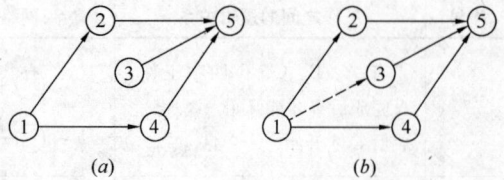

图 9-23　起始节点示意图

图 9-23（a）所示的网络图中出现了两个没有引入箭线的节点 1 和 3，这两个节点同时存在造成了逻辑关系的混乱，3－5 工作什么时候开始？它受到谁的约束？不清楚！这在网络图中是不允许的，如果遇到这种情况，应根据实际的施工工艺流程加一个虚箭线，如图 9-23（b）所示，才是正确的。

如图 9-24（a）所示的网络图中出现了两个没有引出箭线的节点 5 和 7，它们造成了网络逻辑关系的混乱，3－5 工作何时结束？3－5 工作对后续工作有什么样的制约关系？表达得不清楚，这在网络图中是不允许的，如果遇到这种情况，应加入虚箭线调整。如图 9-24（b）所示才是正确的。

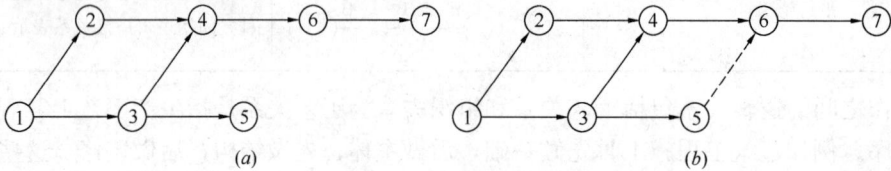

图 9-24　终点节点示意图

（6）双代号网络图中，一项工作应只有唯一的一条箭线和相应的一对节点编号，箭尾的节点编号应小于箭头的节点编号。例如图 9-25（a）中的 A、B 两项工作，其编号均是 1－2，当我们说 1－2 工作时，究竟指 A 还是指 B，不清楚！遇到这种情况，应增加一个节点和一条虚箭线，如图 9-25（b）才是正确的。

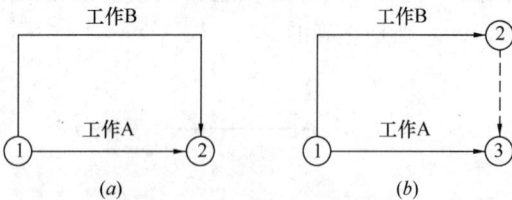

图 9-25　工作编号相同示意图

（7）当双代号网络图的某些节点有多条外向箭线或多条内向箭线时，在保证一项工作有唯一的一条箭线和对应的一对节点编号前提下，允许使用母线法绘图。如图 9-26 所示。

（8）绘制网络图时，箭线不宜交叉；当交叉不可避免时，可用过桥法和指向法。如图 9-27 所示。

以上是绘制网络图应遵循的基本规则。这些规则是保证网络图能够正确地反映各项工作之间相互制约关系的前提，我们要熟练掌握。

3. 绘制网络图应注意的问题

（1）网络图的布局要条理清楚，重点突出

虽然网络图主要用以反映各项工作之间的逻辑关系，但是为了便于使用，还应排列整

422

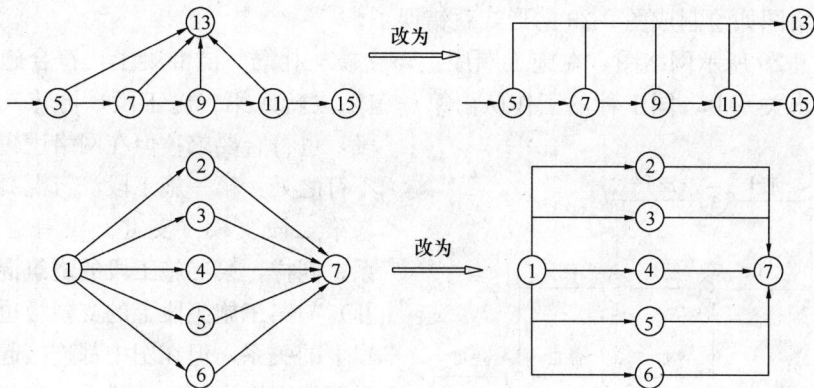

图 9-26 网络图的母线表示方法

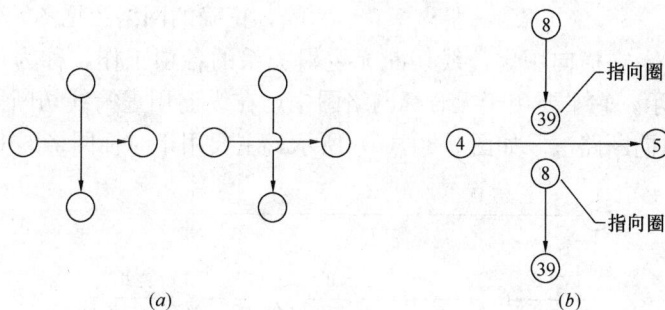

图 9-27 绘制交叉箭线的方法

（a）过桥法；（b）指向法

齐，条理清楚，突出重点，尽量把关键工作和关键线路布置在中心位置，尽可能把密切相连的工作安排在一起，应尽量减少斜箭线而采用水平箭线，尽可能避免交叉箭线出现。

对比图 9-28（a）和图 9-28（b），图 9-28（a）的布置条理不清楚，重点不突出；而图 9-28（b）则相反。

（2）网络图中的"断路法"

绘制网络图时必须符合三个条件：第一，符合施工顺序的关系；第二，符合流水施工的要求；第三，符合网络逻辑连接关系。一般说来，对施工顺序和施工组织上必须衔接的工作，绘图时不易产生错误，但是对于不发生逻辑关系的工作就容易产生错误。遇到这种情况时，应采用虚箭线加以处理，用虚箭线在线路上隔断无逻辑关系的各项工作，这种方法称为"断路法"。例如某现浇钢筋混凝土分部工程的网络图，该项工程有支模、扎筋、浇筑三项工作，分三个施工段组织流水施工，

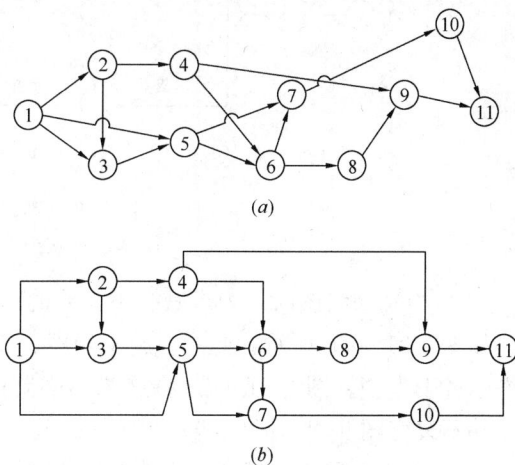

图 9-28 网络图布置示意图

423

其双代号网络图如绘制成图9-29的形式就错误了。

分析图9-29所示网络图，在施工顺序上，支模—扎筋—浇混凝土，符合施工工艺的要求，在流水关系上，同工种的工作队由第一施工段转入第二施工段，再转入第三施工段，也符合要求；但在网络逻辑关系上有不符之处：第一施工段浇筑混凝土（浇Ⅰ）与第二段支模（支Ⅱ）没有逻辑上的关系；同样，第二施工段的浇筑混凝土（浇Ⅱ）与第三施工段上的支模板也不发生逻辑上的关系，但在图中都连接起来了，这是网络图中原则性的错误，它将导致一系列计算上的错误。应用"断路法"加以分隔，正确的网络图见图9-30。

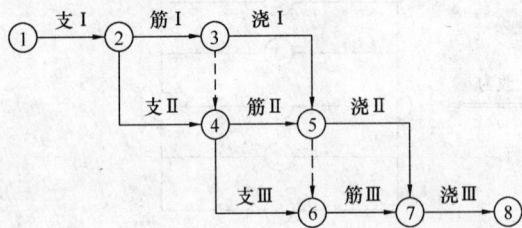

图 9-29 某工程双代号网络图

断路法有两种：在横向用虚箭线切断无逻辑关系的各项工作，称为"横向断路法"，如图9-30（a）所示，它主要用于无时标网络图中，在纵向用虚箭线切断无逻辑关系的各项工作，称为"纵向断路法"如图9-30（b）所示，主要用于时标网络图中。

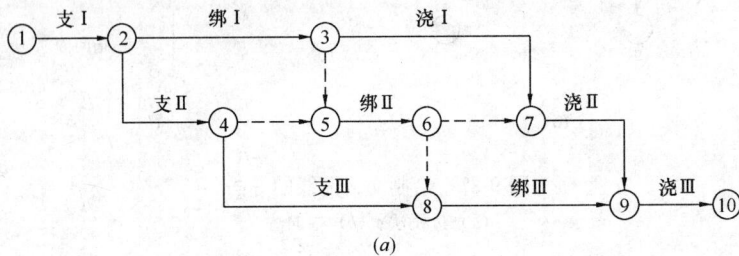

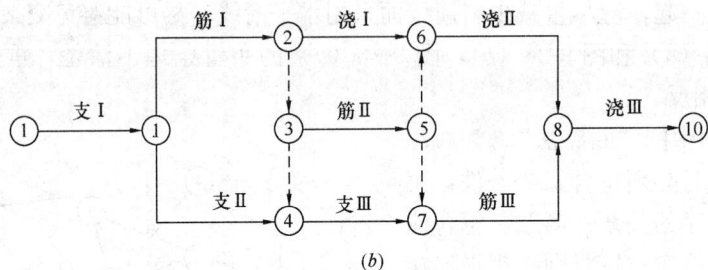

(a)

(b)

图 9-30 断路法示意图
(a) 横向断路法；(b) 纵向断路法

(3) 绘制网络图时，力求减少不必要的箭线和节点

如图9-31（a）所示，此图在施工顺序、流水关系及逻辑关系上都是合理的，但这个网络图过于繁琐。图9-31（b）将这些不必要的箭线和节点去掉，使网络图更简单明了，同时并不改变图9-31（a）反映的逻辑关系。

(4) 建筑工程施工进度网络图的排列方法

为了使网络计划更形象而清楚地反映出建筑工程施工的特点，绘图时可根据不同的工程情况、不同的施工组织方法和使用要求，灵活排列，简化层次，将各工作之间在工艺上

424

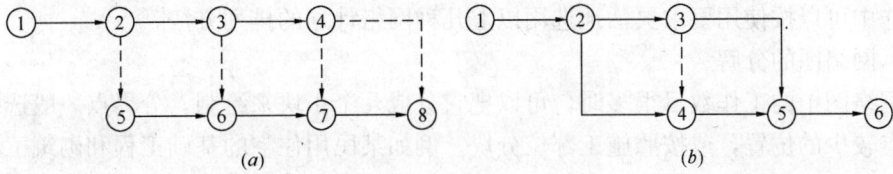

图 9-31 虚工作示意图

(a) 有多余虚工作；(b) 无多余虚工作

及组织上的逻辑关系准确而清楚地表达出来，以便于技术人员掌握，便于对计划进行计算和调整。

如果为了突出表示工作面的连续或者工作队的连续，可以把在同一施工段上的不同工种工作排列在同一水平线上，这种排列方法称为"按施工段排列法"，如图 9-32 所示。

如果为了突出表示工种的连续作业，可以把同一工种工程排列在同一水平线上，这一排列方法称为"按工种排列法"，如图 9-33 所示。

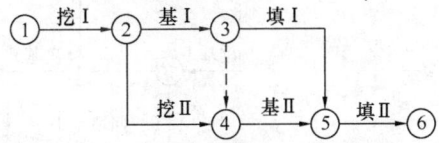

图 9-32 按施工段排列法示意

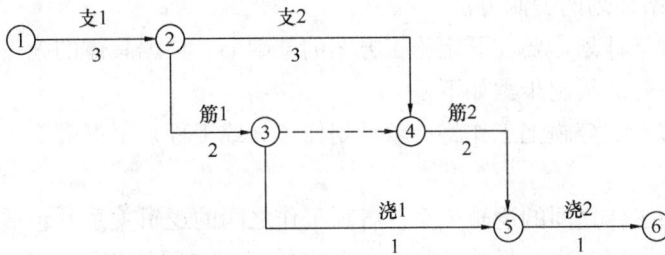

图 9-33 按工种排列法示意

如果在流水施工中若干个不同工种工作沿着建筑物的楼层展开时，可以把同一楼层的各项工作排在同一水平线上，图 9-34 是内装修工程的三项工作按楼层自上而下的施工流向进行施工的网络图。

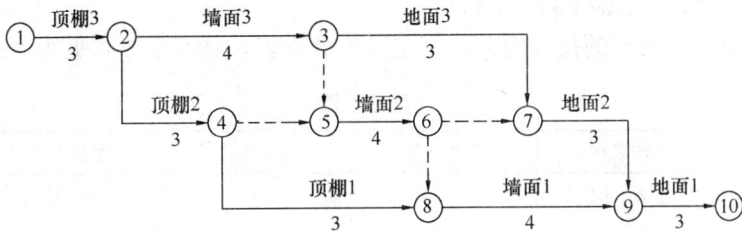

图 9-34 按施工层排列法示意

必须指出，上述几种排列方法往往在一个单位工程的施工进度网络计划中同时出现。此外还有按单位工程排列的网络计划，按栋号排列的网络计划，按施工部位排列的网络计划等，其原理同前面的几种排列法一样，将一个单位工程中的各分部工程，一个栋号内的各单位工程或一个部位的各项工作排列在同一水平线上。在此不一一赘述。

工作中可以按使用要求灵活地选用以上几种网络计划的排列方法。

(5) 网络图的分解

当网络图中的工作数目很多时，可以把它分成几个小块来绘制。分界点一般选择在箭线和节点较少的位置，或按照施工部位分块。例如某民用住宅的基础工程和砌筑工程，可以分为相应的两块，如图 9-35 所示。

分界点要用重复的编号，即前一块的最后一个节点编号与后一块的开始节点编号相同。对于较复杂的工程，把整个施工过程分为几个分部工程，把整个网络计划划分若干个小块来编制，便于使用。

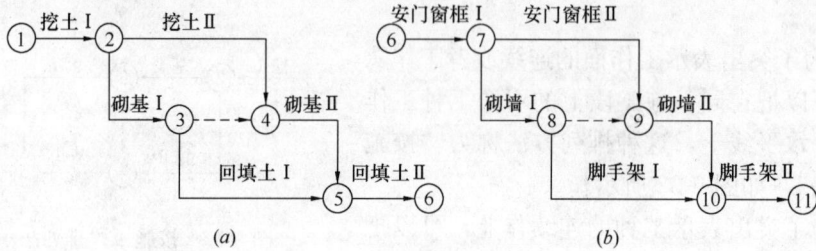

图 9-35 网络图的分解

4. 双代号网络计划的编制方法

编制双代号网络计划，要在既定施工方案的基础上，根据具体的施工客观条件，以统筹安排为原则。一般的编制步骤如下。

(1) 任务分解，划分施工工作将一项计划任务（或工程）根据需要，划分为若干个子项目或子任务。

(2) 确定各项工作之间的逻辑关系。各项工作之间的逻辑关系既包括客观上由工艺所决定的工作的先后顺序，也包括施工组织所要求的工作之间的相互制约、相互依赖关系。逻辑关系表达得是否正确，是网络图能否反映工程实际情况的关键。为了正确地表达各项工作之间的逻辑关系，首先要弄清各项工作之间的顺序，具体到每项工作：

1) 该项工作必须在哪些工作之前进行；

2) 该项工作必须在哪些工作之后进行；

3) 该项工作可以与哪些工作平行进行。

(3) 确定每一项工作的持续时间，制定工程分析表，其表格形式见表 9-4。

工程分析表　　　　　　　　　　　　　　　　　　　　表 9-4

序　号	工作名称	工作代号	紧前工作	紧后工作	持续时间
1	土方开挖	A	—	B、C	16d
3	垫层	B	A	F	2d
…	…	…	…	…	…

(4) 根据工程分析表，绘制并修改双代号网络图。

网络图的绘图步骤一般为：

1) 按已确定的排列方式，决定网络图的合理布局；

2) 从起始工作开始，从左至右依次绘制各项工作，只有当先行工作全部绘制完成后才能绘制本工作，直至结束工作全部绘完为止；

3）检查工作和逻辑关系有无错漏并进行修正；

4）按网络图绘图规则及要求完善网络图；

5）按网络图的编号要求将节点编号；

6）整理网络图，使网络图条理清楚、层次分明。

5. 双代号网络图的绘图实例

【例 9-5】　某房屋建筑工程，经项目分解，可分解为 A、B、C、D、E、F、G、H、I 九项工作，其中 A、B、C 工作又分为三个施工段组织流水施工。其工作之间的逻辑关系和持续时间列于表 9-5，试编制其双代号网络计划。

工作关系和持续时间 　　　　　　　　　　表 9-5

工作代号	紧前工作	紧后工作	持续时间（周）
A_1	—	A_2，B_1	2
A_2	A_1	A_1，B_2	2
A_3	A_2	B_3	2
B_1	A_1	B_2，C_1	3
B_2	A_2，B_1	B_3，C_2	3
B_3	A_3，B_2	C_3，D	3
C_1	B_1	C_2	2
C_2	B_2，C_1	C_3	4
C_3	B_3，C_2	E，F	2
D	B_3	G	2
E	C_3	G	1
F	C_3	I	2
G	D，E	H，I	4
H	G	—	3
I	F，G	—	3

【解】　根据表 9-5 中各工作的逻辑关系绘制双代号网络计划，如图 9-6 所示。

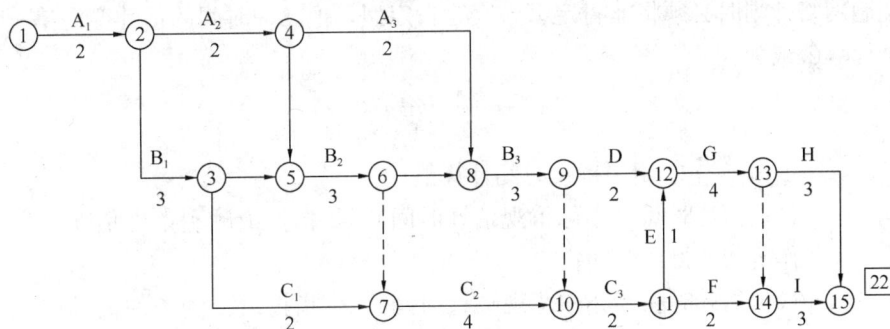

图 9-36　双代号网络计划

6. 双代号网络计划时间参数的计算

编制网络计划，不但要根据绘图规则，正确表达各工作之间的逻辑关系，绘制网络图，还要确定网络图上各项工作和各节点的时间参数，为网络计划的优化、调整和执行提供明确的时间概念。

双代号网络计划的时间参数包括：各个节点的时间参数；各项工作的时间参数；有关工期的参数以及时差。

网络计划时间参数的计算有许多种方法，一般常用的有公式计算法、图上计算法、表上计算法、计算机计算法等。

（1）公式计算法

1）工作持续时间的计算

工作持续时间是指一项工作从开始到完成的时间。它是进行各项时间参数计算的基础。其计算方法一般有以下几种。

① 单一时间计算法

在肯定型网络计划中，组成网络图的各项工作可变因素少，具有一定的时间消耗统计资料，因而能够确定出一个肯定的时间消耗值。

单一时间计算法主要是根据消耗量定额、施工方法、投入劳动力、机具和资源量等资料进行计算确定。

$$D_{i-j} = \frac{Q_{i-j}}{S_{i-j}R_{i-j}N_{i-j}} = \frac{P_{i-j}}{R_{i-j}N_{i-j}} \tag{9-20}$$

式中　D_{i-j}——完成 $i-j$ 项工作的持续时间（小时、天、周、……）；

　　　Q_{i-j}——该项工作的工程量；

　　　S_{i-j}——产量定额（机械为台班产量）；

　　　R_{i-j}——投入 $i-j$ 工作的人数或机械台数；

　　　N_{i-j}——工作的班次。

② 三时估计法

在非肯定型网络计划中，组成网络计划的各项工作可变因素多，不具备一定的时间消耗统计资料，因而不能确定出一个肯定的单一时间值。只有根据概率计算方法，首先估计出三个时间值，即最短、最长和最可能持续时间，再加权平均算出一个期望值作为工作的持续时间。这种计算方法叫做"三时估计法"。

在编制网络计划时必须将非肯定型转变为肯定型，把三种时间的估计变为单一时间的估计，其计算公式为：

$$D^{e}_{i-j} = \frac{a_{i-j} + 4m_{i-j} + b_{i-j}}{6} \tag{9-21}$$

式中　D^{e}_{i-j}——工作 $i-j$ 的期望持续时间计算值；

　　　a_{i-j}——最短估计时间（亦称乐观估计时间），是指按最顺利条件估计的完成该工作所需的持续时间；

　　　b_{i-j}——最长估计时间（亦称悲观估计时间），是指按最不利条件估计的完成该工作所需的持续时间；

　　　m_{i-j}——最可能估计时间，是指按正常条件估计的完成该工作最可能的持续时间。

a、b、m 三个时间值都是基于可能性的一种估计，具有随机性。

由于网络计划中持续时间确定方法的不同，双代号网络计划就被分成了两种类型，采用单一时间计算法是属于关键线路法（CPM），采用三时估计法时则属于计划评审技术（PERT）。本章主要针对 CPM 进行介绍。

2）按工作计算法计算时间参数

为了便于理解，举例说明一下，某一网络图由 h、i、j、k 四个节点和 $h-i$、$i-j$ 及 $j-k$ 三项工作组成，如图 9-37 所示。

从图 9-37 中可以看出，$i-j$ 代表一项工作，$h-i$ 是它的紧前工作。如果 $i-j$ 之前有许多工作，$h-i$ 可理解为由起始

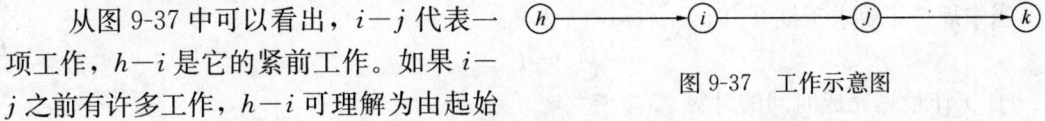

图 9-37　工作示意图

节点到 i 节点为只沿箭头方向的所有工作的总和。$j-k$ 代表它的紧后工作。如果 j 是终止节点，则 $j-k$ 等于零。如果 $i-j$ 后面有许多工作，$j-k$ 可理解为由 j 节点至终止节点为止的所有工作的总和。

计算时采用下列符号：D_{i-j} 为 $i-j$ 工作的持续时间；ES_{i-j} 为 $i-j$ 工作的最早开始时间；LS_{i-j} 为 $i-j$ 工作的最迟开始时间；EF_{i-j} 为 $i-j$ 工作的最早完成时间；LF_{i-j} 为 $i-j$ 工作的最迟完成时间；TF_{i-j} 为 $i-j$ 工作的总时差；FF_{i-j} 为 $i-j$ 工作的自由时差。

设网络计划 P 是由 n 个节点所组成，其编号是由小到大，其工作时间参数的计算公式如下。

① 工作最早开始时间的计算

工作最早开始时间是指各紧前工作全部完成后，本工作有可能开始的最早时刻。工作 $i-j$ 的最早开始时间 ES_{i-j} 的计算应符合下列规定。

a. 工作 $i-j$ 的最早开始时间 ES_{i-j} 应从网络计划的起始节点开始，顺着箭线方向依次逐项计算。

b. 以起始节点为箭尾节点的工作，当未规定其最早开始时间 ES_{i-j} 时，其值应等于零，即：

$$ES_{i-j} = 0(i = 1) \tag{9-22}$$

c. 当工作只有一项紧前工作时，其最早开始时间应为：

$$ES_{i-j} = ES_{h-i} + D_{h-i} \tag{9-23}$$

式中　ES_{h-i}——工作 $i-j$ 的紧前工作的最早开始时间；

　　　D_{h-i}——工作 $i-j$ 的紧前工作的持续时间。

d. 当工作有多个紧前工作时，其最早开始时间应为：

$$ES_{i-j} = \max\{ES_{h-i} + D_{h-i}\} \tag{9-24}$$

② 工作最早完成时间的计算

工作最早完成时间是指各紧前工作完成后，本工作有可能完成的最早时刻。工作 $i-j$ 的最早完成时间 EF_{i-j}，应按式（9-25）计算：

$$EF_{i-j} = ES_{i-j} + D_{i-j} \tag{9-25}$$

③ 网络计划工期的计算

a. 网络计划的计算工期 T_c 计算。

计算工期 T_c 是指根据时间参数计算得到的工期，它应按式（9-26）计算：

$$T_c = \max\{EF_{i-n}\} \tag{9-26}$$

式中　EF_{i-n}——以终止节点（$j=n$）为箭头节点的工作 $i-n$ 的最早完成时间。

b. 网络计划的计划工期 T_p 计算。

网络计划的计划工期 T_p 是指按要求工期和计算工期确定的作为实施目标的工期。其计算应按下述规定。

当已规定了要求工期 T_r 时：

$$T_p \leqslant T_r;$$

当未规定了要求工期 T_r 时：

$$T_p = T_c。$$

④ 工作最迟完成时间的计算

工作最迟完成时间是指在不影响整个任务按期完成的前提下工作必须完成的最迟时刻。

a. 工作 $i-j$ 的最迟完成时间 LF_{i-j} 应从网络计划的终止节点开始逆着箭线方向依次逐项计算。

b. 以终止节点（$j=n$）为箭头节点的工作最迟完成时间 LF_{i-n}，应按网络计划的计划工期 T_p 确定，即：

$$LF_{i-n} = T_p \tag{9-27}$$

c. 其他工作的最迟时间 LF_{i-j}，应按式（9-28）计算：

$$LF_{i-j} = \min\{LF_{j-k} - D_{j-k}\} \tag{9-28}$$

式中　LF_{j-k}——工作 $i-j$ 的各项紧后工作 $j-k$ 的最迟完成时间；

　　　　D_{j-k}——工作 $i-j$ 的各项紧后工作 $j-k$ 的持续时间。

⑤ 工作最迟开始时间的计算

工作的最迟开始时间是指在不影响整个任务按期完成的前提下，工作必须开始的最迟时刻。

工作 $i-j$ 的最迟开始时间应按式（9-29）计算

$$LS_{i-j} = LF_{i-j} - D_{i-j} \tag{9-29}$$

⑥工作总时差的计算

工作总时差是指在不影响总工期的前提下，一项工作可以利用的机动时间。即在保证本工作在最迟完成时间完工的前提下，允许该工作推迟其最早开始时间或延长其持续时间的幅度。工作 $i-j$ 的总时差可按式（9-30）或式（9-31）计算：

$$TF_{i-j} = LS_{i-j} - ES_{i-j} \tag{9-30}$$

或

$$TF_{i-j} = LF_{i-j} - EF_{i-j} \tag{9-31}$$

⑦ 工作自由时差的计算

工作自由时差是指在不影响其紧后工作最早开始时间的前提下，一项工作可以利用的机动时间。即在不影响紧后工作按最早开始时间开工的前提下，允许该工作推迟其最早开始时间或延长其持续时间的幅度。工作的自由时差 FF_{i-j} 的计算应符合下列规定。

a. 当工作 $i-j$ 有紧后工作 $j-k$ 时，其自由时差应为：

$$FF_{i-j} = ES_{j-k} - ES_{i-j} - D_{i-j} \tag{9-32}$$

或

$$FF_{i-j} = ES_{j-k} - EF_{i-j} \tag{9-33}$$

式中　ES_{j-k}——工作 $i-j$ 的紧后工作 $j-k$ 的最早开始时间。

b. 以终点节点为箭头节点的工作，其自由时差 FF_{i-j} 应按网络计划的计划工期 T_p

确定,

即:

$$FF_{i-n} = T_p - ES_{i-n} - D_{i-n} \qquad (9-34)$$

或

$$FF_{i-n} = T_p - EF_{i-n} \qquad (9-35)$$

⑧ 关键工作和关键线路的判定

a. 通过计算所有线路的线路时间 T_s 来确定。线路时间最长的线路即为关键线路,位于其上的工作即为关键工作。

b. 通过计算工作的总时差来确定。总时差最小的工作为关键工作;当无规定工期时,$T_p = T_c$,最小总时差为零。当 $T_p > T_c$ 时,最小总时差为负数;当 $T_p < T_c$ 时,最小总时差为正数。

c. 自始至终全部由关键工作组成的线路为关键线路。关键线路应当用粗线、双线或彩色线标注。

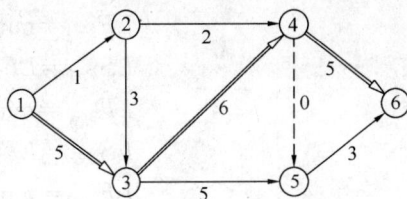

图 9-38 某工程网络图

【例 9-6】 按工作计算法计算图 9-38 所示网络图各工作的时间参数。图中箭线下的数字是工作的持续时间,以天为单位。

【解】 ① 各项工作最早开始时间和最早完成时间的计算:

$$ES_{1-2} = 0$$
$$EF_{1-2} = ES_{1-2} + D_{1-2} = 0 + 1 = 1$$
$$ES_{1-3} = 0$$
$$EF_{1-3} = ES_{1-3} + D_{1-3} = 0 + 5 = 5$$
$$ES_{2-3} = EF_{1-2} = 1$$
$$EF_{2-3} = ES_{2-3} + D_{2-3} = 1 + 3 = 4$$
$$ES_{2-4} = EF_{1-2} = 1$$
$$EF_{2-4} = ES_{2-4} + D_{2-4} = 1 + 2 = 3$$
$$ES_{3-4} = \max(EF_{1-3}, EF_{2-3}) = \max(5, 4) = 5$$
$$EF_{3-4} = ES_{3-4} + D_{3-5} = 5 + 6 = 11$$
$$ES_{3-5} = ES_{3-4} = 5$$
$$EF_{3-5} = ES_{3-5} + D_{3-5} = 5 + 5 = 10$$
$$ES_{4-5} = \max(EF_{2-4}, EF_{3-4}) = \max(3, 11) = 11$$
$$EF_{3-5} = ES_{4-5} + D_{4-5} = 11 + 0 = 11$$
$$ES_{4-6} = ES_{4-5} = 11$$
$$EF_{4-6} = ES_{4-6} + D_{4-6} = 11 + 5 = 16$$
$$ES_{5-6} = \max(EF_{3-5}, EF_{4-5}) = \max(10, 11) = 11$$
$$EF_{5-6} = ES_{5-6} + D_{5-6} = 11 + 3 = 14$$

② 各项工作最迟开始时间和最迟完成时间的计算:

$$LF_{5-6} = EF_{4-6} = 16$$
$$LS_{5-6} = LF_{5-6} - D_{5-6} = 16 - 3 = 13$$
$$LF_{4-6} = EF_{4-6} = 16$$

$$LS_{4-6}=LF_{4-6}-D_{4-6}=16-5=11$$
$$LF_{4-6}=LS_{4-6}=13$$
$$LS_{4-5}=LF_{4-5}-D_{4-5}=13-0=13$$
$$LF_{3-5}=LS_{5-6}=13$$
$$LS_{3-5}=LF_{3-5}-D_{3-5}=13-5=8$$
$$LF_{3-4}=\min(LS_{4-6},\ LS_{4-5})=\min(11,\ 13)=11$$
$$LS_{3-4}=LF_{3-4}-D_{3-4}=11-6=5$$
$$LF_{2-4}=\min(LS_{4-6},\ LS_{4-5})=\min(11,\ 13)=11$$
$$LS_{2-4}=LF_{2-4}-D_{2-4}=11-2=9$$
$$LF_{2-3}=\min(LS_{3-5},\ LS_{3-4})=\min(8,\ 5)=5$$
$$LS_{2-3}=LF_{2-3}-D_{2-3}=5-3=2$$
$$LF_{1-3}=\min(LS_{3-5},\ LS_{3-4})=\min(8,\ 5)=5$$
$$LS_{1-3}=LF_{1-3}-D_{1-3}=5-5=0$$
$$LF_{1-2}=\min(LS_{2-3},\ LS_{2-4})=\min(2,\ 9)=2$$
$$LS_{1-2}=LF_{1-2}-D_{1-2}=2-1=1$$

③各项工作总时差的计算：
$$TF_{1-2}=LF_{1-2}-EF_{1-2}=2-1=1$$
$$TF_{1-3}=LF_{1-3}-EF_{1-3}=5-5=0$$
$$TF_{2-3}=LF_{2-3}-EF_{2-3}=5-4=1$$
$$TF_{2-4}=LF_{2-4}-EF_{2-4}=11-3=8$$
$$TF_{3-4}=LF_{3-4}-EF_{3-4}=11-11=0$$
$$TF_{3-5}=LF_{3-5}-EF_{3-5}=13-10=3$$
$$TF_{4-5}=LF_{4-5}-EF_{4-5}=13-11=2$$
$$TF_{4-6}=LF_{4-6}-EF_{4-6}=16-16=0$$
$$TF_{5-6}=LF_{5-6}-EF_{5-6}=16-14=2$$

④各项工作自由时差的计算
$$FF_{1-2}=ES_{2-3}-EF_{1-2}=1-1=0$$
$$FF_{1-3}=ES_{3-4}-EF_{1-3}=5-5=0$$
$$FF_{2-3}=ES_{3-4}-EF_{2-3}=5-4=1$$
$$FF_{2-4}=ES_{4-5}-EF_{2-4}=11-3=8$$
$$FF_{3-4}=ES_{4-5}-EF_{3-4}=11-11=0$$
$$FF_{3-5}=ES_{5-6}-EF_{3-5}=11-10=1$$
$$FF_{4-5}=ES_{5-6}-EF_{4-5}=11-11=0$$
$$FF_{4-6}=T_{\mathrm{p}}-EF_{4-6}=16-16=0$$
$$FF_{5-6}=T_{\mathrm{p}}-EF_{5-6}=16-14=2$$

为了进一步说明总时差和自由时差之间的关系，取出网络图（图9-38）中的一部分，如图9-39所示。

从图9-39可见，工作3—5总时差就等于本工作3—5及紧后工作5—6的自由时差之和。

$$TF_{3-5}=FF_{3-5}+FF_{5-6}=1+2=3$$

同时，从图中可见，本工作不仅可以利用自己的自由时差，而且可以利用紧后工作的自由时差（但不得超过本工作总时差）。

⑤ 判断关键工作和关键线路。根据 $TF_{i-j}=0$ 得，工作 1—3、工作 3—4、工作 4—6 为关键工作，所组成的线路①—③—④—⑥为关键线路。如图 9-38 中双箭线所示。

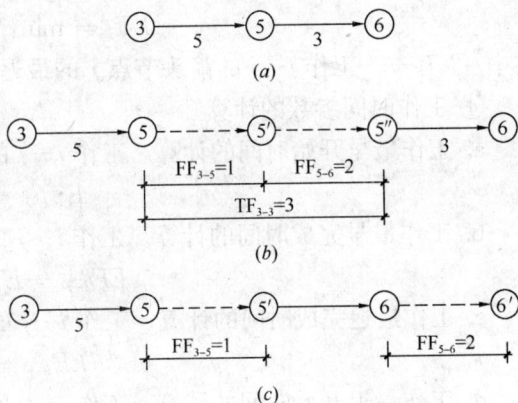

图 9-39　总时差和自由时差的关系图
(a) 网络图的一部分；(b) 工作 3—5 的总时差；
(c) 工作 3—5 和 5—6 的自由时差；

3）按节点计算法计算时间参数

计算时采用下列符号：ET_i 为 i 节点的最早时间；ET_j 为 j 节点的最早时间；LT_i 为 i 节点的最迟时间；LT_j 为 j 节点的最迟时间；工作时间参数的符号同前。

① 节点最早时间的计算

节点最早时间是指双代号网络计划中，以该节点为开始节点的各项工作的最早开始时间。节点 i 的最早时间 ET_i 应从网络计划的起点节点开始，顺着箭线方向依次逐项计算，并应符合下列规定。

a. 起点节点 i 未规定最早时间 ET_i 时，其值应等于零，即：

$$ET_i = 0(i=1) \tag{9-36}$$

b. 当节点 j 只有一条内向箭线时，其最早时间 ET_j 为：

$$ET_j = ET_i + D_{i-j} \tag{9-37}$$

c. 当节点 j 有多条内向箭线时，其最早时间 ET_j 为：

$$ET_j = \max\{ET_i + D_{i-j}\} \tag{9-38}$$

② 网络计划工期的计算

a. 网络计划的计算工期。网络计划的计算工期 T_c 按式（9-39）计算：

$$T_c = ET_n \tag{9-39}$$

式中　ET_n——终点节点 n 的最早时间。

b. 网络计划的计划工期。网络计划的计划工期 T_p 的确定与工作计算法相同。

③ 节点最迟时间的计算

节点最迟时间是指在双代号网络计划中，以该节点为完成节点的各项工作的最迟完成时间。其计算应符合下述规定。

a. 节点 i 的最迟时间 LT_i 应从网络计划的终点节点开始，逆着箭线方向依次逐项计算，当部分工作分期完成时，有关节点的最迟时间必须从分期完成节点开始逆向逐项计算。

b. 终点节点 n 的最迟时间 LT_n 应按网络计划的计划工期 T_p 确定，即：

$$LT_n = T_p \tag{9-40}$$

分期完成节点的最迟时间应等于该节点规定的分期完成时间。

c. 其他节点 i 的最迟时间 LT_i 应为：

$$LT_i = \min\{LT_j - D_{i-j}\} \qquad (9\text{-}41)$$

式中　LT_i——工作 $i-j$ 的箭头节点 j 的最迟时间。

④ 工作时间参数的计算

a. 工作最早开始时间的计算。工作 $i-j$ 的最早开始时间 ES_{i-j} 应按式（9-42）计算：

$$ES_{i-j} = ET_i \qquad (9\text{-}42)$$

b. 工作最早完成时间的计算。工作 $i-j$ 的最早完成时间 EF_{i-j} 应按式（9-43）计算：

$$EF_{i-j} = ET_i + D_{i-j} \qquad (9\text{-}43)$$

c. 工作最迟完成时间的计算。工作 $i-j$ 的最迟完成时间 LF_{i-j} 按式（9-44）计算：

$$LF_{i-j} = LT_j \qquad (9\text{-}44)$$

d. 工作最迟开始时间的计算。工作 $i-j$ 的最迟开始时间 LS_{i-j} 按式（9-45）计算：

$$LS_{i-j} = LT_j - D_{i-j} \qquad (9\text{-}45)$$

e. 工作总时差的计算。工作 $i-j$ 的总时差 TF_{i-j} 按式（9-46）计算：

$$TF_{i-j} = LT_j - ET_i - D_{i-j} \qquad (9\text{-}46)$$

f. 工作自由时差的计算。工作 $i-j$ 的自由时差 FF_{i-j} 按式（9-47）计算：

$$FF_{i-j} = ET_j - ET_i - D_{i-j} \qquad (9\text{-}47)$$

⑤ 关键工作和关键线路的判定。

通过计算节点时间参数，也可以确定关键工作和关键线路。若工作 $i-j$ 的开始节点时间 $ET_i = LT_i$，结束节点时间 $ET_j = LT_j$，且 $ET_j - LT_i = D_{i-j}$ 时，则该项工作为关键工作，所组成的线路即为关键线路。

（2）图上计算法

图上计算法是依据公式计算法的时间参数关系式，直接在网络图上进行计算的一种比较直观、简便的方法。由于计算过程在图上直接进行，不需列计算式，既快又不易出差错，将计算结果直接标在图上，便于检查和修改，是一种比较常用的计算方法。

各个时间参数在图上的表示方法为：节点时间参数通常标注在节点的上方或下方；工作时间参数通常标注在工作箭线的上方或左侧，如图 9-40 所示。

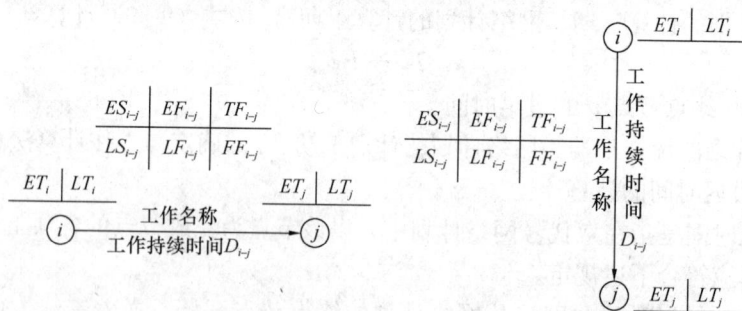

图 9-40　时间参数标注法

现仍以图 9-38 所示的网络图为例说明按节点计算法计算时间参数的图上计算法。

【例 9-7】　用图上计算法计算图 9-38 所示网络图各工作时间参数。

【解】　（1）计算节点最早时间 ET

假定起点节点 $ET_1 = 0$，把 D 标注在起点节点的相应位置。

由式（9-36）及式（9-37）可知，某项工作开始节点的最早时间加上该工作的持续时间就是该工作结束节点的最早时间。此外，如果有几个紧前工作同时指向某一节点，则该节点的最早时间应取计算结果中的最大值。

利用式 (9-37)、式 (9-38)，按节点编号递增顺序，由前向后计算各节点的最早时间 ET_i，并随时将计算结果标注在网络图中 ET_i 的相应位置。

图 9-41 中，节点③的最早时间，应取 2—3 和 1—3 两项工作的开始节点最早时间与其工作持续时间之和的最大值，即 $ET_3 =$ max $(5, 1+3)$ =5。④的最早时间，应取 2—4 和 3—4 两项工作的开始节点最早时间与其工作持续时间之和的最大值，即 $ET_4 =$ max $(5+6, 1+2)$ =11。以此类推，⑤、⑥节点的最早时间分别是 11、16。

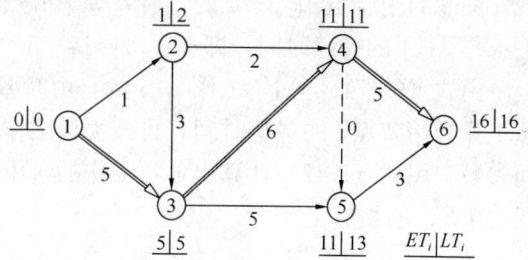

图 9-41 网络图节点时间参数计算

(2) 计算节点最迟时间 LT

节点最迟时间的计算，应从网络图的终点节点开始。当网络计划有规定工期时，终点节点的最迟时间就等于规定工期；当没有规定工期时，终点节点的最迟时间等于终点节点的最早时间。假定终点节点 $LT_6 = ET_6 = 16$，利用式 (9-39)，按节点编号递减顺序，由后向前依次计算各个节点的最迟时间 LT_i，并随时将计算结果标注在网络图中 LT_i 的相应位置。

图 9-41 中，节点⑤的最迟时间，应取 $16-3=13$。④的最迟时间应取 4—6、5—6 和 4—5 三项工作的结束节点最迟时间与其工作持续时间之差的最小值，即 $LT_4 =$ min $(16-5, 13-10)$ =11。以此类推，③、②、①节点的最迟时间分别是 5、2、0。

(3) 计算工作的最早开始时间 ES 和最早完成时间 EF

由式 (9-42) 和式 (9-43) 可知，工作 $i-j$ 的最早开始时间也就是该工作开始节点 i 的最早时间。工作 $i-j$ 的最早完成时间就等于该工作的最早开始时间加上该项工作的持续时间。因此，可根据节点时间参数，分别用式 (9-42) 和式 (9-43) 计算出各项工作的最早开始时间 ES_{i-j} 和最早完成时间 EF_{i-j}，并随时将计算结果标注在网络图中 ES_{i-j} 和 EF_{i-j} 的相应位置。

图 9-41 中，工作 2—4 的最早开始时间等于节点②的最早时间，即 $ES_{2-4} = 10$；工作 2—4 的最早完成时间等于工作 2—4 的最早开始时间加上工作 2—4 的持续时间，即 $EF_{2-4} = 1+2=3$。

(4) 计算工作的最迟开始时间 LS 和最迟完成时间 LF

由式 (9-44) 和式 (9-45) 可知，工作 $i-j$ 的最迟完成时间也就是该工作完成节点 j 的最迟时间。工作 $i-j$ 的最迟开始时间就等于该工作的最迟完成时间减去该工作的持续时间。因此，可根据节点的时间参数，分别用式 (9-44) 和式 (9-45) 计算出各项工作的最迟开始时间 LS_{i-j} 和最迟完成时间 LF_{i-j}，并随时将计算结果标注在网络图中 LS_{i-j} 和 LF_{i-j} 的相应位置。

图 9-41 中，工作 2—4 的最迟完成时间等于节点④的最迟时间，即 $LF_{2-4} = 50$；工作 2—4 的最迟开始时间等于工作 2—4 的最迟完成时间减去工作 2—4 的持续时间，即 $LF_{2-4} = 11-2=9$。

(5) 计算工作的总时差 TF 和自由时差 FF

由式（9-46）可知，工作 $i-j$ 的总时差，可以用该工作完成节点 j 的最迟时间减去开始节点 i 的最早时间，再减去该工作的持续时间而求得。因此，可根据节点的时间参数，用式（9-46）计算出各项工作的总时差 TF_{i-j}，并随时将计算结果标注在网络图中 TF_{i-j} 的相应位置。

图 9-41 中，工作 3—4 的总时差等于节点④的最迟时间减去节点③的最早时间，再减去工作 3—4 的持续时间，即 $TF_{3-4}=11-5-6=0$。

由式（9-47）可知，工作 $i-j$ 的自由时差，可以用该工作完成节点 j 的最早时间减去该工作开始节点 i 的最早时间，再减去该工作的持续时间而求得。因此，可根据节点的时间参数，用式（9-47）计算出各项工作的自由时差 FF_{i-j}，并随时将计算结果标注在网络图中 FF_{i-j} 的相应位置。

图 9-41 中，工作 3—4 的自由时差等于节点④的最早时间减去节点③的最早时间，再减去工作 3—4 的持续时间，即 $FF_{3-4}=11-5-6=0$。

图上计算法的计算结果如图 9-42 所示。

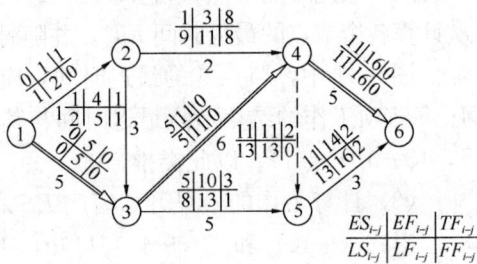

按工作计算法计算时间参数，也可以采用图上计算法，分别计算各项工作的时间参数，并随时将计算结果标注在图例中所示的相应位置上，如图 9-43 所示。

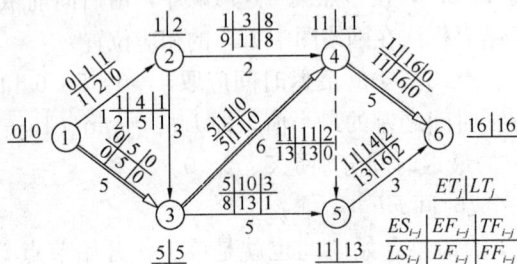

图 9-42　图上计算法示意图　　　　　图 9-43　按工作计算法计算时间参数

（3）表上计算法

表上计算法是依据分析计算法所求出的时间关系式，用表格形式进行时间参数计算的一种方法。在表上应列出拟计算的工作名称，各项工作的持续时间以及所求的各项时间参数，其表格形式见表 9-6。

网络计划时间参数计算表　　　　　　　　　　　表 9-6

紧前工作数 m	工作 $i-j$	持续时间 D_{i-j}	最早开始时间 ES_{i-j}	最早完成时间 EF_{i-j}	最迟开始时间 LS_{i-j}	最迟完成时间 LF_{i-j}	总时差 TF_{i-j}	自由时差 FF_{i-j}	关键线路 CP
(1)	(2)	(3)	(4)	(5)	(6)	(7)	(8)	(9)	(10)

为了便于理解，现举例说明表上计算法的步骤和方法。

【例 9-8】　用表上计算法计算图 9-44 所示网络图的时间参数。

【解】　结合表 9-6 逐项进行时间参数的计算

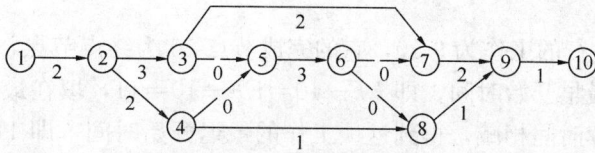

图 9-44　某工程网络计划图

网络图时间参数计算表　　　　　　　　　　　　　　　表 9-7

紧前工作数 m (1)	工作 $i-j$ (2)	持续时间 D_{i-j} (3)	最早开始时间 ES_{i-j} (4)	最早完成时间 EF_{i-j} (5)	最迟开始时间 LS_{i-j} (6)	最迟完成时间 LF_{i-j} (7)	总时差 TF_{i-j} (8)	自由时差 FF_{i-j} (9)	关键线路 CA (10)
—	1—2	2	0	2	0	2	0	0	是
1	2—3	3	2	5	2	5	0	0	是
1	2—4	2	2	4	3	5	1	0	
1	3—5	0	5	5	5	5	0	0	是
1	3—7	2	5	7	6	8	1	1	
1	4—5	0	4	4	5	5	1	1	
1	4—8	1	4	5	8	9	4	3	
2	5—6	3	5	8	5	8	0	0	是
1	6—7	0	8	8	8	8	0	0	是
1	6—8	0	8	8	9	9	1	0	
2	7—9	2	8	10	8	10	0	0	是
2	8—9	1	8	9	9	10	1	1	
2	9—10	1	10	11	10	11	0	0	是

　　用表上计算法计算时间参数，在计算前应先将网络图中的各项工作分别按 i、j 号码从小到大顺次填入第（2）栏内（如 1—2、2—3、2—4 等），同时把相应的每项工作的持续时间填入第（3）栏内，然后再将各项工作的紧前工作数 m 填入表中的第（1）栏内，见表 9-7。以上所填写的都是已知数，也是各项时间参数计算的基础。

　　1）计算各项工作的最早开始时间 ET 和最早完成时间 EF。计算顺序：自上而下，逐行进行。

　　先看表 9-7 中第一行工作 1—2，它的紧前工作数为空白，因此它是网络图中从起点节点出发的一项工作，其最早开始时间为 0（见第一行第 4 栏），将它与其左边的持续时间（第一行第 3 栏）相加，即得到工作 1—2 的最早完成时间，填在第 5 栏内。

　　往下计算第二行、第三行的工作 2—3、2—4。它们都是由节点 2 出发的工作，其紧前工作数为 1 个，可在它们所在行的上方查出其紧前工作为 1—2（它的最早完成时间为2），由此得到这两个工作的最早开始时间为 2，分别填在第二、第三行的第 4 栏内，然后分别与左边的持续时间（第二、第三行第 3 栏）相加，得到工作 2—3、2—4 的最早完成时间，分别填在第二、第三行第 5 栏内，依次逐行往下计算。

　　当计算到第八行工作 5—6 时，其紧前工作数为 2，可以在它所在行的上方找到以节点 5 为结束节点的两项工作是 3—5 和 4—5，它们的最早完成时间分别为 5 和 4，取其中最大值 5 作为工作 5—6 的最早开始时间，而后再与左边的持续时间（第八行第 3 栏）相加，得到工作 5—6 的最早完成时间。

　　用上述方法，即可计算出表中各项工作的最早开始时间 ET 和最早完成时间 EF。

　　2）计算各项工作的最迟完成时间 LF 和最迟开始时间 LS 计算顺序：自下而上，逐行

437

进行。

表 9-7 中最后一行的工作为 9-10，它的完成节点 10 为终点节点，假定工作 9-10 的最迟完成时间等于其最早开始时间，即 $LF-10=EF-10=11$，填在最后一行的第 7 栏内，然后与第三栏的持续时间相减，得到这项工作的最迟开始时间，即 $11-1=10$，填在第 6 栏相应格内。

接着计算倒数第二、第三行的工作 8—9、7—9，这两个工作都以节点为结束节点。可从其所在行的下方找到它们的紧后工作 9—10，9—10 的最迟开始时间为 10（最后一行第 6 栏），以此作为工作 8—97—9 的最迟完成时间，填在倒数第二、第三行的第 7 栏内，然后分别与其左边的持续时间相减，即为工作 8—9、7—9 的最迟开始时间，分别为 $10-1=9$，$10-2=8$，将其填在倒数第二、第三行的第 6 栏内。

依次往上计算，当计算到工作 5—6 时，它的紧后工作为 6—7、6—8，其中工作 6—7 的最迟开始时间 8 为最小值，以此作为工作 5—6 的最迟完成时间。其余计算以此类推。运算中虚工作与其他工作一样计算，只是它的持续时间为 0。

3）计算各项工作的总时差 TF 和自由时差 FF

计算各项工作的总时差，只要将表 9-7 每一行第 6 栏的最迟开始时间减去同一行第 4 栏内的最早开始时间就可求得，即 $TF_{i-j}=LS_{i-j}-ES_{i-j}$，将求得的总时差填入表中第 8 栏。

计算各项工作的自由时差，可先从表 9-7 中计算行下方的表格内找到紧后工作的最早开始时间，然后减去该行工作的最早完成时间就是自由时差，填在第 9 栏内。例如第五行的工作 3—7，在该行下方的表内可查得其紧后工作 7—9，它的最早开始时间为 8，然后减去 3—7 工作的最早完成时间 7，见第五行第 5 栏，得到工作 3—7 的自由时差，即 $FF_{3-7}=8-7=1$，填在第五行第 9 栏内。其余类推。

9.2.3 双代号时标网络计划

1. 时标网络计划的概念

（1）时标网络计划的含义

前面讲的双代号网络图属于非时标网络图，其工作持续时间由标注在箭线下方的数字表明，而与箭线的长短无关，由于没有时间坐标，看起来不太直观，工地上使用也不方便，不能一目了然地在图上看出各项工作的开始和结束时间。为了克服非时标网络计划的不足，产生了时标网络计划。时标网络计划是综合应用横道图的时间坐标和网络计划的原理，吸取了两者的长处，使其结合起来应用的一种网络计划方法。

"时标网络计划"是以时间坐标为尺度编制的网络计划。图 9-46 是图 9-45 的时标网络计划。

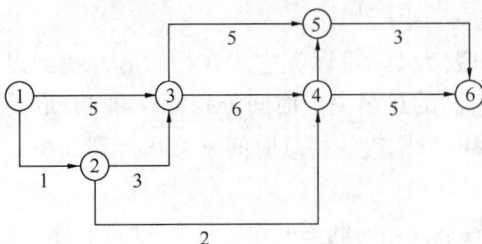

图 9-45 双代号网络计划

在时标网络计划中，以水平时间坐标为尺度表示工作时间，因此，它不但能够表达各项工作之间的逻辑关系，而且能表示各项工作的时间进程。本节所述的是双代号时标网络计划（简称时标网络计划）。

（2）时标网络计划的时标计划表

时标网络计划绘制在时标计划表上。时

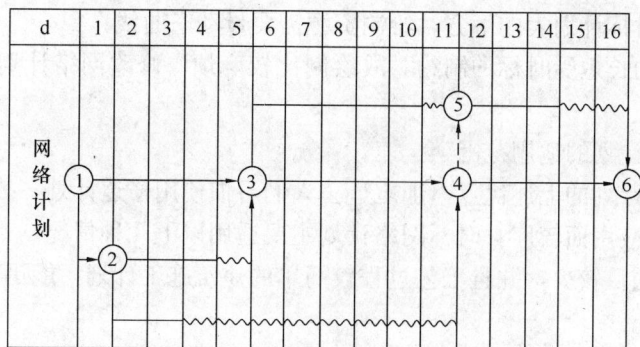

图 9-46 双代号时标网络计划

标的时间单位是根据需要，在编制时标网络计划之前确定的，可以是小时、天、周、旬、月或季等。时间可标注在时标计划表顶部，也可以标注在底部，必要时还可以在顶部和底部同时标注。时标的长度单位必须注明，必要时可在顶部时标之上或底部时标之下加注日历的对应时间。时标计划表中的刻度线宜为细线，为使图面清晰，该刻度线可以少画或不画。表 9-8 和表 9-9 是时标计划表的表达形式。

有日历时标计划表　　　　　　　　　　　　　　　　表 9-8

日　历																	
（时间单位）	1	2	3	4	5	6	7	8	9	10	11	12	13	14	15	16	17
网络计划																	
（时间单位）	1	2	3	4	5	6	7	8	9	10	11	12	13	14	15	16	17

无日历时标计划表　　　　　　　　　　　　　　　　表 9-9

（时间单位）	1	2	3	4	5	6	7	8	9	10	11	12	13	14	15	16	17
网络计划																	
（时间单位）	1	2	3	4	5	6	7	8	9	10	11	12	13	14	15	16	17

（3）时标网络计划的基本符号

时标网络计划的工作，以实箭线表示；虚工作以虚箭线表示；自由时差以波形线表示。当实箭线之后有波形线且其末端有垂直部分时，其垂直部分用实线绘制；当虚箭线有时差且其末端有垂直部分时，其垂直部分用虚线绘制。

（4）时标网络计划的特点

时标网络计划与无时标网络计划相比较，有以下特点。

1）工作箭线的长短反映工作持续时间的长短，具有横道计划的优点，故使用方便；

2）主要时间参数可直接在图上看出，只有在图上没有直接表示出来的时间参数如总时差、最迟开始时间和最迟完成时间才需要进行计算，可大大减少计算量；

3）可直接在时标计划表的下方，绘制资源需要量动态曲线；

4）由于箭线的长短受时标的制约，故绘制比较麻烦，修改网络计划的工作持续时间时必须重新绘图。

(5) 时标网络计划的适用范围

由于时标网络计划的上述优点，加之过去人们习惯使用横道计划，故时标网络计划容易被接受，在我国应用面较广。时标网络计划主要适用以下几种情况。

1）编制工作项目较少，并且工艺过程较简单的建筑施工计划，能迅速地边绘、边算、边调整。

2）对于大型复杂的工程，特别是不使用计算机时，可以先用时标网络图的形式绘制各分部分项工程的网络计划，然后再综合起来绘制出较简明的总网络计划；也可以先编制一个总的施工网络计划，以后每隔一段时间对下段时间应施工的工程区段绘制详细的时标网络计划。时间间隔的长短要根据工程的性质、所需的详细程度和工程的复杂性决定。执行过程中，如果时间有变化，则不必改动整个网络计划，而只对这一阶段的时标网络计划进行修订。

3）有时为了便于在图上直接表示每项工作的进程，可将已编制并计算好的网络计划再复制成时标网络计划。这项工作可应用计算机来完成。

4）待优化或执行中在图上直接调整的网络计划。

5）年、季、月等周期性网络计划。

6）使用"实际进度前锋线"进行网络计划管理的计划，亦应使用时标网络计划。

2. 双代号时标网络计划图的编制

(1) 绘图的基本要求

1）时标网络计划中所有符号在时间坐标上的水平投影位置都必须与其时间参数相对应。

2）节点中心必须对准相应的时标位置。

3）虚工作必须以垂直虚箭线表示，有自由时差时加波形线表示。

4）时标网络计划宜按最早时间编制，不宜按最迟时间编制。

5）时标网络计划编制前，必须先绘制无时标网络计划草图。

6）绘制时标网络计划图可以在以下两种方法中任选一种。

① 先计算无时标网络计划的时间参数，再根据时间参数按草图在时标计划表上进行绘制；

② 不计算网络计划的时间参数，直接按无时标网络计划草图在时标计划表上进行绘制。

(2) 时标网络计划图的绘制步骤

1）"先算后绘法"的绘图步骤 以图9-47为例，绘制双代号时标网络计划。具体步骤如下。

① 绘制时标计划表。

② 计算每项工作的最早开始时间和最早完成时间，如图9-48所示。

③ 将每项工作的箭尾节点按最早开始时间定位在时标计划表上，其布局应与非时标网络计划基本相当，然后编号。

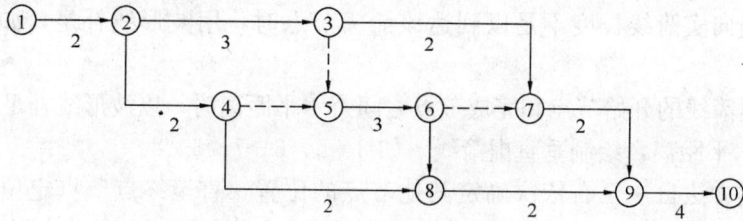

图 9-47　双代号时标网络计划

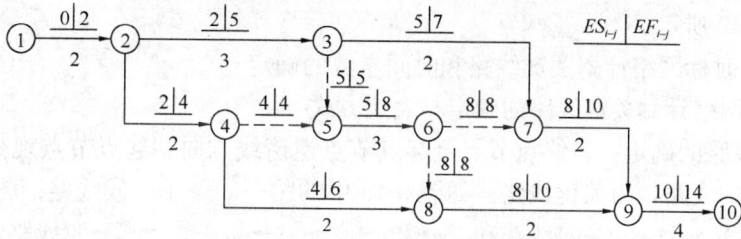

图 9-48　双代号时标网络计划时间参数计算

④ 在各工作的开始节点后面，按各工作的时间长度绘制相应部分的实线部分，使其在时间坐标上的水平投影长度等于工作时间；用虚线绘制无时差的虚工作，虚工作因不占时间，故只能以垂直虚线表示；用波形线把实线部分与其紧后工作的开始节点连接起来，波形线的水平投影长度等于该工作的自由时差。

绘制完成的时标网络计划如图 9-49 所示。

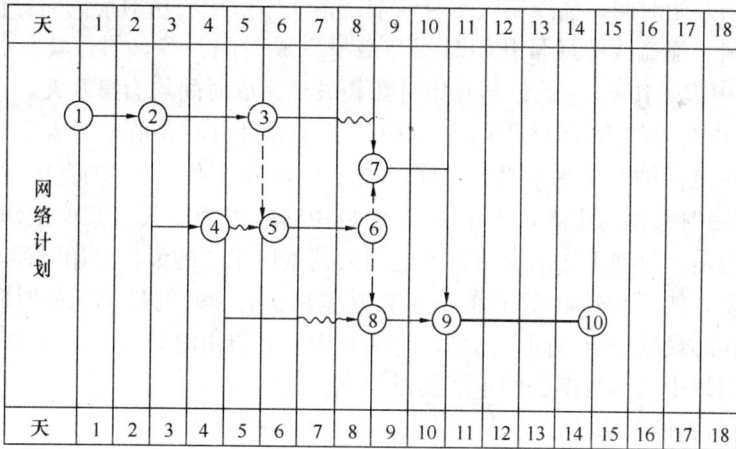

图 9-49　图 9-47 的时标网络计划

2）不经计算，直接按无时标网络计划编制时标网络计划的步骤　仍以图 9-47 为例，绘制双代号时标网络计划。具体步骤如下。

① 绘制时标计划表。

② 将起点节点定位在时标计划表的起始刻度线上，见图 9-49 的节点①。

③ 按工作持续时间在时标表上绘制起点节点的外向箭线，见图 9-49 的 1—2。

④ 工作的箭头节点，必须在其所有内向箭线绘出以后，定位在这些内向箭线中最早完成时间最迟的箭线末端，如图 9-49 中的节点⑤、⑦、⑧、⑨。

⑤ 某些内向实箭线长度不足以到达该箭头节点时，用波形线补足，如图 9-49 中的 3—7，4—8。

⑥ 如果虚箭线的开始节点和完成节点之间有水平距离时，以波形线补足，如箭线 4—5。如果没有水平距离，绘制垂直虚箭线，如 3—5，6—7，6—8。

⑦ 用上述方法自左至右依次确定其他节点的位置，直至终点节点定位，绘图完成。注意在确定节点位置时，应尽量与无时标网络图的节点位置相当，保持布局基本不变。

⑧ 给每个节点编号，编号规则及方法与无时标网络计划相同。绘制完成的时标网络计划，如图 9-49 所示。

3. 双代号时标网络计划关键线路和时间参数的确定

（1）时标网络计划关键线路的确定与表达方式

1）关键线路的确定。自终点节点至起点节点逆箭线方向朝起点节点观察，自始至终不出现波形线的线路，为关键线路。如图 9-46 中的①→③→④→⑥线路；图 9-47 中①→②→③→⑤→⑥→⑦→⑨→⑩线路和①→②→③→⑤→⑥→⑧→⑨→⑩线路。

2）关键线路的表达。时标网络计划关键线路的表达与无时标网络计划相同，即用粗线、双线和彩色线标注均可。图 9-49 是用粗线表达的。

（2）时间参数的确定

1）"计算工期"的确定。时标网络计划的"计算工期"，应是其终点节点与起点节点所在位置的时标值之差，如图 9-49 所示的时标网络计划的计算工期是 14—0＝14 天。

2）确定工作最早时间的时标网络计划中，每条箭线箭尾节点中心所对应的时标值，代表工作的最早开始时间；箭线实线部分右端或箭头节点中心所对应的时标值，代表工作的最早完成时间。虚箭线的最早开始时间和最早完成时间相等，均为其所在刻度的时标值，如图 9-49 中虚工作 6—8 的最早开始时间和最早完成时间均为第 8 天。

3）工作自由时差的确定时标网络计划中，工作的自由时差值应为表示该工作的箭线中波形线部分在坐标轴上的水平投影长度，如图 9-49 中工作 3—7 的自由时差值为 1 天，工作 4—5 的自由时差值为 1 天，工作 4—8 的自由时差值为 2 天，其他工作无自由时差。这个判断的理由是，每项工作的自由时差值均为其紧后工作的最早开始时间与本工作的最早完成时间之差。如图 9-49 中的工作 4—8，其紧后工作 8-9 的最早开始时间以图判定为第 8 天，本工作的最早完成时间以图判定为第 6 天，其自由时差为 8—6＝2 天，即为图上表示该工作的箭线中波形线部分的水平投影长度。

4）工作总时差的计算。

时标网络计划中，工作总时差的计算应自右向左逐个进行。一项工作只有在其紧后工作的总时差值全部计算出以后，才能计算出该工作的总时差值。

工作总时差等于其紧后工作总时差的最小值与本工作自由时差之和。其计算公式为：

① 以终点节点（$j=n$）为箭头节点的工作的总时差 TF_{i-j}，应按网络计划的计划工期 T_p 计算确定，即

$$TF_{i-n} = T_p - EF_{in} \tag{9-48}$$

② 其他工作的总时差应为：

$$TF_{i-j} = \min\{TF_{j-k} + FF_{i-j}\} \tag{9-49}$$

按式（9-48）计算得：

442

$$TP_{9-10} = 14 - 14 = 0(天)$$

按式（9-49）计算得：

$$TF_{7-9} = 0 + 0 = 0(天)$$

$$TF_{3-9} = 0 + 1 = 1(天)$$

$$TF_{8-9} = 0 + 0 = 0(天)$$

$$TF_{4-8} = 0 + 2 = 2(天)$$

$$TF_{5-6} = \min\{0+0, 0+0\} = 0(天)$$

$$TF_{4-5} = 0 + 1 = 1(天)$$

$$TF_{2-4} = \min\{2+0, 1+0\} = 1(天)$$

以此类推，可计算出全部工作的总时差值。

计算完成后，如果有必要，可将工作总时差值标注在相应的波形线或实箭线之上，如图 9-50 所示。

5）工作最迟时间的计算。由于已知最早开始时间和最早完成时间，又知道了总时差，故其工作最迟时间可用公式（9-50）、式（9-51）进行计算：

$$LS_{i-j} = ES_{i-j} + TF_{i-j} \tag{9-50}$$

$$LF_{i-j} = EF_{i-j} + TF_{i-j} \tag{9-51}$$

按式（9-50）和式（9-51）进行计算，可得：

$$LS_{2-4} = ES_{2-4} + TF_{2-4} = 2 + 1 = 3 \text{ 天}$$

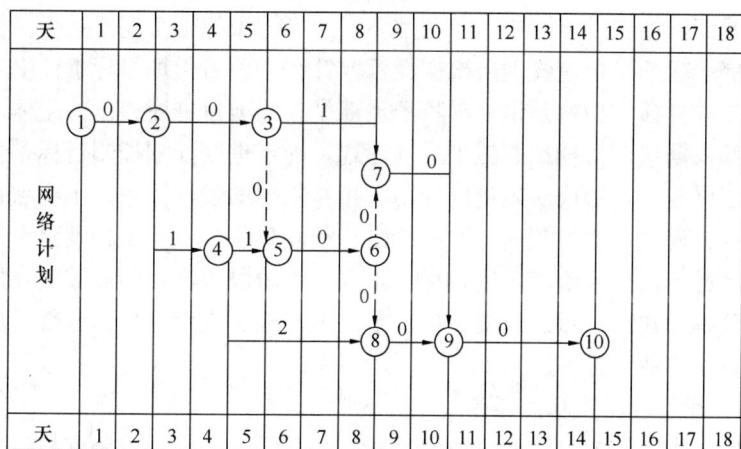

图 9-50　在时标网络计划上标注总时差

$$LF_{2-4} = EF_{2-4} + TF_{2-4} = 4 + 1 = 5 \text{ 天}$$

以此类推，可计算出全部工作的最迟开始时间和最迟完成时间。

9.3 工程项目施工进度控制

工程项目施工进度控制是项目施工统筹管理中的重点控制目标之一。它是保证施工项目按期完成，合理安排资源供应、节约工程成本的重要措施。

1. 工程项目施工进度控制的概念

工程项目施工进度控制是指在收集资料和调查研究的基础上编制施工进度计划，并在计划实施的过程中对其进行跟踪检查与调整。

工程项目施工是在动态条件下实施的，因此其进度控制是一个动态、循环、复杂的过程，也是一项效益显著的工作。

工程项目施工进度控制的一个循环过程包括计划、实施、检查、调整四个小过程，即遵循 PDCA 循环法则。计划是指根据工程项目的具体情况，合理编制符合工期要求的最优计划；实施是指进度计划的落实与执行；检查是指在进度计划的落实与执行过程中，定期跟踪检查实际进度，并与计划进度对比分析，确定两者之间的关系；调整是指根据检查对比的结果，分析实际进度与计划进度之间的偏差对工期的影响，采取切合实际的调整措施，使计划进度符合新的实际情况，在新的起点上进行下一轮控制循环，如此循环进行下去，直至完成施工任务。

通过进度计划控制，可以有效地保证进度计划的落实与执行，减少各单位和部门之间的相互干扰，确保工程项目工期目标以及质量、成本目标的实现。同时也为可能出现的施工索赔提供依据。

2. 工程项目施工进度控制的目标

工程项目施工进度控制应以实现施工合同约定的交工日期为最终目标。

工程项目施工进度控制的总目标是确保工程项目既定目标工期的实现，或者在保证施工质量和不因此而增加施工实际成本的条件下，适当缩短施工工期。这个目标，首先是由施工企业管理层承担的。企业管理层根据经营方针在"项目管理目标责任书"中确定项目经理部的进度控制目标，也就是说，项目经理部是施工项目进度控制的主体。

项目经理部根据这个目标编制施工进度计划，确定进度计划控制目标，并对进度控制的总目标进行层层分解，形成实施进度控制、相互制约的目标体系。工程项目施工进度控制的目标可根据工程项目实施程序、进展阶段、承建单位、专业工种及建设规模等进行分解。按施工程序可分为准备阶段进度目标、正式施工阶段进度目标和竣工收尾阶段进度目标。按规模可分解为建设项目总进度目标、单位工程施工进度目标、分部、分项工程进度目标和季、月、旬作业目标。

3. 工程项目施工进度控制的任务

工程项目施工进度控制的主要任务是编制施工总进度计划并控制其执行，按期完成整个建设项目的任务；编制单位工程施工进度计划并控制其执行，按期完成单位工程的施工任务；编制分部分项工程施工进度计划，并控制其执行，按期完成分部分项工程的施工任务；编制季度、月（旬）作业计划并控制其执行，完成规定的目标等。

项目经理部进行施工进度控制应按下列程序进行。

（1）根据施工合同确定的开工日期、总工期和竣工日期确定施工进度目标，明确计划开工日期、计划总工期和计划竣工日期，确定项目分期分批的开、竣工日期。

（2）编制施工进度计划，具体安排实现前述目标的工艺关系、组织关系、搭接关系、起止时间、劳动力计划、材料计划、机械计划和其他保证性计划。

（3）向总监理工程师提出开工申请报告，按总监理工程师开工令指定的日期开工。

（4）实施施工进度计划，在实施中加强协调和检查，如出现偏差（不必要的提前或延误）及时进行调整，并不断预测未来进度状况。

（5）在工程项目竣工验收前抓紧收尾阶段进度控制；全部任务完成后进行进度控制总结，并编写进度控制报告。

4. 影响工程项目施工进度控制的因素

复杂性是工程项目施工活动的综合特点，尤其是较大和复杂的施工项目，工期较长，影响施工进度的因素很多。编制、执行和控制施工进度计划时，必须充分认识和估计这些因素，克服其影响，使施工进度尽可能按计划进行，确保施工进度控制目标的实现。

影响施工进度有以下几方面的主要因素。

（1）参与单位和部门的影响因素

工程施工单位对工程项目施工进度起着决定性作用，但是建设单位、设计单位、银行信贷单位、材料设备供应部门、运输部门、水供应部门、电供应部门及政府的有关主管部门等，都可能给施工的某些方面造成困难而影响施工进度。其中设计单位图纸不及时和有错误，以及有关部门对设计方案的变动是经常发生和影响最大的因素；材料和设备不能按期供应，或质量、规格不符合要求，都将使施工停顿；资金不能保证也会使施工进度中断或速度减慢等。

项目经理不仅要控制施工速度，而且要做好有关单位的组织协调工作。只有这样，才能有效地控制工程项目施工进度。

（2）施工条件的变化因素

施工中工程地质条件和水文地质条件与勘查设计的不符，如地质断层、溶洞、地下障碍物、软弱地基等，使施工难度增大，都会对施工进度产生影响，造成工期拖延。

在施工过程中，还可能出现恶劣的天气，如大风、暴雨、高温和洪水等，这些因素也将影响项目施工进度，造成临时停工或破坏。

（3）施工技术因素主要有：低估项目施工技术难度；没有考虑某些设计或施工问题的解决方法；对项目设计意图和技术要求没有全部领会；采取的技术措施不当，施工中发生技术事故；在应用新技术、新材料或新结构方面缺乏经验，没有进行相应的科研和实验，导致盲目施工，以致出现工程质量缺陷等技术问题。

（4）施工组织管理因素

施工组织管理因素主要有：施工进度计划考虑不周，流水施工组织不合理；施工方案编制不科学，劳动力和施工机械选配不当；施工平面布置不合理、出现相互干扰和混乱；对工程施工中出现的问题解决不及时等，都将影响施工进度计划的执行。

（5）项目投资因素

因资金不能保证到位，以至于影响项目施工进度。

（6）项目设计变更因素

建设单位改变项目设计功能，项目设计图纸出现错误或变更，致使施工速度放慢或停工。

(7) 不可预见因素

施工中可能出现意外的事件，如战争、内乱、拒付债务、工人罢工等政治事件；地震、洪水等严重的自然灾害；重大工程事故、试验失败、标准变化等技术事件；拖延工程款、通货膨胀、分包单位违约等经济事件都会影响施工进度计划的执行。

5. 工程项目施工进度控制原理

工程项目施工进度控制原理包括系统控制、动态循环控制、弹性控制、信息反馈控制等。

(1) 系统控制原理

该原理认为，工程项目施工进度控制本身是一个系统工程，它包括工程项目施工进度规划系统和工程项目施工进度实施系统两部分内容。项目经理必须按照系统控制原理，强化其控制全过程。

1) 工程项目施工进度计划系统

为做好工程项目施工进度控制工作，必须根据工程项目施工进度控制目标的要求，制定出工程项目施工进度计划系统。根据需要，计划系统一般包括：建设项目施工总进度计划，单位工程进度计划，分部分项工程进度计划和季、月、旬等作业计划。这些计划的编制对象由大到小，内容由粗到细，将进度控制目标逐层分解，保证了计划控制目标的落实，在执行工程项目施工进度计划时，应以局部计划保证整体计划，最终达到工程项目施工进度控制目标。

2) 工程项目施工进度实施组织系统

为实施工程项目施工进度计划系统，不仅要求设计单位和承建单位必须按照计划要求进行工作，而且要求建设、设计、承建、监理和物资供应单位必须密切协作和配合。同时，承建单位内部也应有施工项目经理部、施工队长、班组长从上到下的严密组织，从而形成内外结合的、严密的工程项目施工进度计划实施系统。建立起包括统计方法、图表方法和岗位承包方法在内的工程项目施工进度计划实施体系，保证其在实施组织和实施方法上的协调性。

3) 工程项目施工进度控制组织系统

根据工程项目施工进度控制机构层次，明确其进度控制职责，并建立纵向和横向两个控制系统。项目施工进度纵向控制系统，由公司领导班子和项目经理部构成；而项目施工进度横向控制系统，则由项目经理部各职能部门构成。必须加强两个控制系统的协作，提高施工项目进度控制效率。

(2) 动态循环控制原理

由于工程项目实施过程中主客观条件的变化是绝对的，不变则是相对的；在项目施工进展过程中，平衡是暂时的，不平衡则是永恒的，因此，建筑工程施工进度控制是一个动态控制过程。工程项目施工进度动态控制过程，就是随着施工活动的向前推进，根据各方面的变化情况，对进度计划不断调整的过程。它从项目施工开始，实际进度就出现了运动的轨迹，也就是计划进入执行的动态。实际进度按照计划进度进行时，两者相吻合；当实际进度与计划进度不一致时，便产生超前或落后的偏差。分析偏差的原因，采取相应的措施，调整原来的计划，使两者在新起点上重合，继续按其进行施工活动，并且充分发挥组织管理的作用，使实际工作按计划进行。但是在新的干扰因素作用下，又会产生新的偏差。同时，这种动态控制又是按照计划、实施、检查、调整这四个不断循环的过程进行控制的。在项目实施过程中，可分别以整个建设项目、单位工程、分部分项工程或分项工程为对象，建立不同层次的循环控制系统，并使其循环下去。这样每循环一次，其项目管理水平就会提高一步。因此，项目施工进度控制是一个不断进行的动态控制，也是一个循环进行的过程。

（3）弹性控制原理

工程项目施工的工期长、影响进度的因素多，不可能十分准确地预测未来或做出绝对准确的项目施工进度安排，也不能期望项目施工进度目标会完全按照规划日程实现，在确定项目施工进度目标时，必须根据统计资料和经验，估计出影响进度的程度和出现的可能性，进行实现目标的风险分析。在编制施工项目进度计划时要留有余地，即使施工进度计划具有弹性，在进行施工项目进度控制时，便可以利用这些弹性，缩短有关工作的时间，或者改变它们之间的搭接关系，使检查之前拖延的工期，通过缩短剩余计划工期的方法，达到预期的计划目标。这就是施工项目进度控制中对弹性原理的应用。

（4）信息反馈控制原理

信息反馈是工程项目进度控制的主要环节，施工的实际进度通过信息反馈给基层施工项目进度控制的工作人员，在分工的职责范围内，经过对其加工，再将信息逐级向上反馈，直到主控制室，主控制室整理统计各方面的信息，经比较分析作出决策，调整进度计划，使其符合预定工期目标。若不应用信息反馈原理不断地进行信息反馈，就不能对施工进度计划进行有效地控则。因此，必须加强项目施工进度的信息反馈。

工程项目施工进度控制的过程就是信息反馈的过程。当项目施工进度出现偏差时，相应的信息就会反馈到项目进度控制主体，由该主体作出纠正偏差的反应，使项目施工进度朝着规划进行，并达到预期效果，这样就使项目施工进度计划的执行、检查和调整过程，成为信息反馈控制的实施过程。

（5）网络计划技术原理

在建筑工程施工进度的控制中，利用网络计划技术原理编制进度计划，根据收集的实际进度信息，比较和分析进度计划，又利用网络计划的工期优化，工期与成本优化和资源优化的理论调整计划。网络计划技术原理是建筑工程施工进度控制、完整的计划管理和分析计算的理论基础。

（6）工程项目施工进度控制的措施

工程项目施工进度控制采取的主要措施有组织措施、技术措施、合同措施、经济措施和信息管理措施等。

1）组织措施

组织是目标能否实现的决定性因素，为了实现工程项目施工进度目标，必须建立健全项目管理的组织体系，在项目组织结构中应有专门的工作部门和符合进度控制岗位资格的专人负责进度控制工作。应落实各层次进度控制人员的具体任务和工作职责；按着施工项目的结构、进展的阶段或合同结构等进行项目分解，确定其进度目标，建立控制目标体系；确定进度控制工作制度，如检查时间、方法、协调会议时间、参加人等；对影响进度的因素分析和预测。

2）技术措施

工程项目施工进度控制的技术措施主要是施工技术方法的选用。施工方案对工程进度有直接的影响，在决策其选用时，不仅应分析技术的先进性和经济合理性，还应考虑其对进度的影响。在工程进度受阻时，应分析是否存在施工技术的影响因素，为实现进度目标，有无改变施工技术、施工方法和施工机械的可能性。

3）合同措施

合同措施是指对分包单位签订施工合同的合同工期应与有关进度计划目标相协调。

4）经济措施

工程项目施工进度控制的经济措施是指实现进度计划的资金保证措施。为确保进度目标的实现，应编制与进度计划相适应的资金需求计划和其他资源需求计划，分析资金供应条件，制定资金保证措施，并付诸实施。在工程预算中，应考虑加快工程进度所需要的资金，其中包括为实现进度目标将要采取的经济激励措施所需要的费用。

5）信息管理措施

对工程项目施工进行进度控制时，应重视信息技术（包括相应的软件、局域网、互联网以及数据处理设备）在进度控制中的应用。运用信息管理手段，不断地收集施工实际进度的有关资料，并进行整理统计与计划进度比较，定期地向项目参与各方提供进度信息。以促进进度信息的交流，有利于参建各方协同工作。

思 考 题

一、名词解释：

1. 流水施工；2. 工艺参数；3. 施工过程 n；4. 空间参数；5. 施工段 m；6. 流水节拍 t；7. 流水步距 K；8. 有节奏流水施工；9. 等节奏流水施工；10. 异节奏流水施工；11. 无节奏流水施工；12. 网络图；13. 总时差；14. 自由时差；15. 关键工作；16. 关键线路；17. 时标网络计划；18. 工程项目施工进度控制

二、简答题：

1. 流水施工组织方式具有哪些特点？

2. 施工过程数目（n）的确定应注意什么原则？

3. 划分施工段的目的和原则是什么？

4. 阐述施工段数 m 与施工过程数 n 的关系。

5. 影响流水节拍数值大小的因素主要有什么？

6. 流水节拍数值的确定，可按几种方法进行？

7. 确定流水步距时，应遵循什么原则？

8. 如何确定无节奏流水施工的流水步距？

9. 等节奏流水施工的基本特点？

10. 网络计划技术的基本原理是什么？

11. 双代号网络图的组成是什么？

12. 简述网络图绘制的基本规则。

13. 绘制网络图应注意哪些问题？

14. 双代号网络计划一般的编制步骤是什么？

15. 时标网络计划的特点是什么？

16. 影响施工进度的主要因素主要有几方面？

17. 工程项目施工进度控制采取的主要措施是什么？

三、计算题：

1. 根据下表所列各施工过程在各施工段上的流水节拍，计算总工期，画出横道图。

施工段 m 施工过程 n	一	二	三	四
一	1	2	3	4
二	2	3	4	2
三	3	4	2	2

2. 根据下表所列各施工过程在各施工段上的流水节拍，计算总工期。

施工段 m 施工过程 n	一	二	三	四
一	3	5	7	7
二	2	4	5	3
三	4	3	3	4
四	4	2	3	4

3. 已知某无节奏专业流水施工的各施工过程在各施工段上流水节拍如下表，试确定其相邻工序之间的流水步距，并画出横道图。

流水段 m 施工工艺 n	一	二	三	四
A	3	2	3	2
B	2	1	2	2
C	2	4	3	3
D	4	3	2	2

4. 某工程双代号网络图如下，试通过图上计算法计算该网络图的时间参数，标出其关键线路。

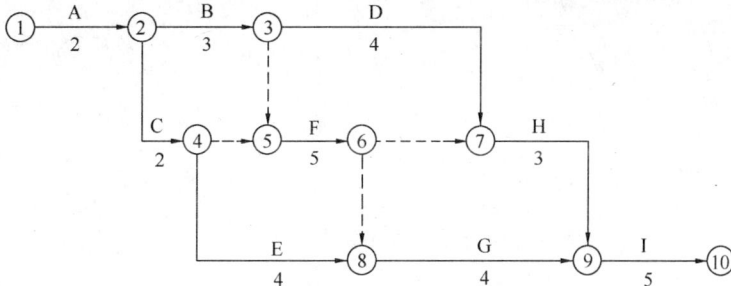

某工程双代号网络图

5. 按下表的逻辑关系绘制双代号网络图，并用图上计算法计算时间参数，同时标出关键线路。

工作名称	A	B	C	D	E	F	G	H	I
持续时间	2	3	2	4	4	5	4	3	5
紧前工作	—	A	A	B	C	B、C	E、F	D、F	G、H

6. 网络图各工作的时间参数如下图所示。图中箭线下的数字是工作的持续时间，以天为单位。用语言正确表达该网络图中各工作的逻辑关系，并计算工作③→④的最早开始时间和⑤→⑥的最迟完成时间。

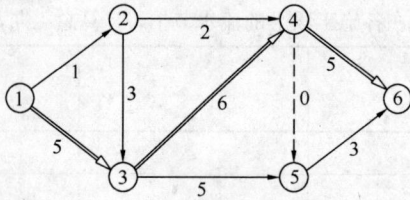

某工程网络图

7. 某工程网路图如下，试用图上计算法，计算总工期，并标出关键线路。

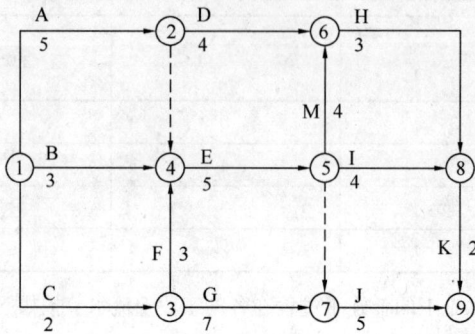

某工程网络图

第 10 章　建筑工程施工项目现场管理

《建设工程项目管理规范》GB/T 50326—2001（本章简称规范）中，施工项目的四项管理是指：施工项目的现场管理、施工项目的合同管理、施工项目的信息管理、施工项目的生产要素管理，它们都是目标控制的保证。限于篇幅，本书重点讲授施工项目的现场管理，其他部分，读者可参阅其他相关书籍。

10.1　施工现场管理概念与内容

1. 施工项目现场管理的概念

施工现场是指用于该项目的施工活动，经有关部门批准占用的场地，包括红线以内和红线以外的用地，该项目的施工结束后，这些场地将不再使用。

施工项目现场管理就是运用科学的管理思想、管理方法和管理手段，对施工现场的各种生产要素（人、机、料、法规、环境、能源、信息）进行合理配置和优化组合，通过计划、组织、控制、协调、激励等管理职能，以保证施工现场按预定的目标，优质、高效、低耗、按期、安全、文明地进行生产。

在建筑施工中，新技术、新材料、新工艺、新设备不断涌现并得到推广应用，高层、大跨、精密、复杂的建筑愈来愈多，信息技术与建筑技术相互渗透结合而产生的智能建筑，在施工阶段更是需要多专业多工种多个施工单位的协调配合。因此现场施工管理如何适应现代化大生产的要求，已成为建筑企业深化改革的一个重要内容。企业现代化生产的特点是专业化、协作化、社会化，它要求整个生产过程和生产环境实现标准化、规范化和科学化管理。因此，作为企业管理的基础——施工现场管理只有按标准化、规范化和科学化的要求，建立起科学的管理体系、严格的规章制度和管理程序，才能保证专业化分工和协作，符合现代化生产的要求。

施工项目现场管理的意义如下：

（1）施工项目现场管理是施工项目管理的一个重要组成部分。良好的现场管理能使场容美观整洁，道路畅通，材料放置有序，施工有条不紊，安全、消防均能得到保障，且能使与项目有关的各方都满意。

（2）施工项目现场管理是一面"镜子"，能照出施工单位的面貌。文明的施工现场，会赢得广泛的社会信誉。

（3）施工现场是进行施工的"舞台"，所有的施工活动和管理活动都在这个"舞台"上进行。这个"舞台"的管理是施工现场各种活动良好开展的保证。

（4）施工项目现场管理是处理各方关系的"焦点"，它关系到城市规划、市容整洁、交通运输、消防安全、文物保护、居民生活、文明建设、绿化环保、卫生健康等领域，要贯彻与上述有关的许多法律法规。

（5）施工现场是各项管理工作联系的纽带，各项管理工作都在这里相互关联地进行，现场管理给各项工作以保证，又受着各项管理工作的约束。

2. 施工项目现场管理内容

施工项目现场管理是对施工过程中各个生产环节的管理，它不仅包括现场施工的组织管理工作，且包括企业管理的基础工作在施工现场的落实和贯彻。施工项目现场管理的主要内容包括以下几个方面：

设置现场组织机构；签订内部承包合同，落实施工任务；开工前的准备和经常性的准备工作；施工现场平面布置；施工现场计划管理；施工安全管理；施工现场质量管理；施工现场成本管理；施工现场技术管理；施工现场料具管理；施工现场机械管理；施工现场劳动管理；施工现场文明管理和环境管理；施工现场资料管理等。

3. 施工项目现场场容管理的原则

（1）进行动态管理

施工现场的情况是随工程进展不断变化的，为了适应这种变化，不可避免的经常要对现场平面布置进行调整，但必须在总平面图的控制下，严格按场容管理的各项规定进行调整。

（2）建立岗位责任制

按专业分工种实行场容管理责任制，把场容管理的目标进行分解，落实到有关专业和工种，是实行场容管理责任制的基本任务。例如，土方工程必须按指定地点堆土，谁挖谁负责；砌筑、抹灰用的砂浆搅拌机，水泥、砖、砂堆场和落地灰、余料的清理，由瓦工、抹灰工负责等。为了明确场容管理的责任，可以通过施工任务或承包合同落实到责任者。

（3）勤于检查，及时整改

对场容管理的检查要从工程的开工做起，直到竣工交验为止。检查时间可以安排在月初、月中和月末。也可按工程进度分，每个分部或分项工程完了检查一次，检查结果要和各工种的施工任务书的结算结合起来，凡是责任区内场容不符合规定的，不予结算，责令限期整改。由于施工现场情况复杂，也可能出现三不管的死角，在检查中要特别注意，一旦发现，要及时协调，重新落实，消灭死角。

10.2 施工现场管理的总体要求及施工平面图的设计

10.2.1 施工现场管理的基本内容

1. 施工现场管理的依据

施工现场管理的依据很多，主要有以下各项：

（1）各相关的法律法规中的有关规定

包括：《建筑法》、《环境保护法》、《消防法》、《城市土地管理法》、《文物保护法》、《绿化法》、《安全生产法》、《食品卫生法》等。

（2）《建设工程施工现场管理规定》（1992 年 12 月 5 日建设部令第 15 号）及工程所在地的施工现场管理规定。

《建设工程施工现场管理规定》是原建设部 1991 年发布的文件，全文共 6 章 39 条，是加强施工现场管理、保障工程施工顺利进行的纲领，各省、自治区、直辖市均制定了施工现场管理规定，在其辖区内施工均应遵守。

（3）工程施工安全、消防的标准、规范和规程，《建筑施工场界噪声限值》GB 12523—90等。

（4）《环境管理系列标准》GB/T 24000—ISO 14000和《职业健康安全管理体系规范》GB/T 28001—2001

前者是施工现场建立环境监控体系的依据，后者是施工现场建立职业健康安全管理体系的依据。

（5）施工平面图

施工平面图是在施工项目管理实施规划中编制的，主要用来进行施工现场布置和管理的规划性文件，施工平面图是施工项目管理规划的重要内容，赋予了它在现场管理中的重大作用，表现在以下方面：

1）如何进行现场管理是用施工平面图策划的。

2）现场入口处要有施工平面图，提醒员工时刻不忘坚持按施工平面图布置现场，按施工平面图进行管理。

3）场容规范化建立在施工平面图设计的科学合理化基础上。规范场容的依据就是施工平面图。

4）施工平面图与环境保护、防火、安全、卫生、防疫、降低成本、施工进度、工程质量、现场考评等，均有密切关系。

5）施工平面管理涉及企业的形象和市容环境的面貌。

2．施工现场管理的总体要求

施工现场的管理在整个施工过程中，是非常重要的。项目经理部应认真搞好施工现场的管理，做到文明施工、安全有序、整洁卫生、不扰民、不损坏公共利益。

现场门头应设置承包人的标志。承包人项目经理部应负责施工现场场容场貌、文明形象的总体策划和部署；各分包人应在承包人项目经理部的指导和协调下，按照分区划块的原则，搞好分包人施工用地区域的场容场貌、文明形象的管理规划，严格执行，并纳入承包人的现场管理范畴，接受监督、管理与协调。

项目经理部应在现场入口的醒目位置，公示"五牌"、"二图"。"五牌"是：

（1）工程概况牌。

包括：工程规模、性质、用途，发包人、设计人、承包人和监理单位的名称，施工截止年月等。

（2）安全纪律牌。

（3）防火须知牌。

（4）安全无重大事故计时牌。

（5）安全生产、文明施工牌。

"二图"是施工总平面图、项目经理部组织架构及主要管理人员名单图。

项目经理部应经常巡视检查施工现场管理，认真听取各方意见和反映，及时抓好整改。

10.2.2 单位工程施工平面图的设计

以单位工程为例，说明施工平面图设计的内容。

1. 单位工程施工平面图的设计原则

(1) 在保证顺利施工的前提下，平面布置要紧凑、少占地，尽量不占用耕地。

(2) 在满足施工要求的条件下，临时建筑设施应尽量少搭设，以降低临时工程费用。

(3) 在保证运输的条件下，使运输费用最小，尽可能杜绝不必要的二次搬运。

(4) 在保证安全生产的条件下，平面布置应满足生产、生活、安全、消防、环保等方面的要求，并符合国家的有关规定。

2. 单位工程施工平面图的设计依据

单位工程施工平面布置图设计是在工程项目部施工设计人员勘察现场，取得现场周围环境第一手资料的基础上，依据下列资料并按施工方案和施工进度计划的要求进行设计的，这些资料是：

(1) 建筑总平面图，现场地形图，已有建筑和待建建筑及地下设施的位置、标高、尺寸（包括地下管网资料）；

(2) 施工组织总设计文件及气象资料；

(3) 各种材料、构件、半成品构件需要量计划；

(4) 各种生活、生产所需的临时设施和加工场地数量、形状、尺寸及建设单位可为施工提供的生活、生产用房等情况。

(5) 现场施工机械、模具及运输工具的型号与数量。

(6) 水源、电源及建筑区域内的竖向设计资料。

3. 单位工程施工平面图的设计方法

单位工程施工平面图的设计程序如图10-1所示，其设计方法如下：

(1) 确定起重机械位置

起重机械位置的确定直接影响到施工设备、临时加工场地以及各种材料、构件的仓库和堆场的位置的布置，也影响到场地道路及水电管网的布置，因此必须首先

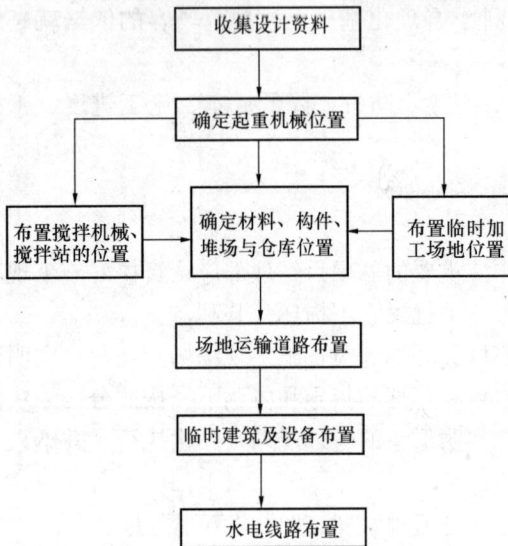

图 10-1　单位工程施工平面图的设计程序

确定。但由于不同的起重机其性能及使用要求不同，平面布置的位置也不相同。

1) 轨道式起重机的平面布置

轨道式起重机的布置，主要根据房屋形状、平面尺寸、现场环境条件、所选用的起重机性能及所吊装的构件质量等因素来确定。

在一般情况下，起重机沿建筑的长度方向布置在建筑物外侧，有单侧布置及双侧（或环形）布置两种，如图 10-2 所示。

当建筑房屋平面宽度小、构件轻时，可单侧布置。此时起重半径必须满足式（10-1）要求。

$$R \geqslant b+a \tag{10-1}$$

式中　R——有轨式起重机起吊最远构件的起重半径（m）；

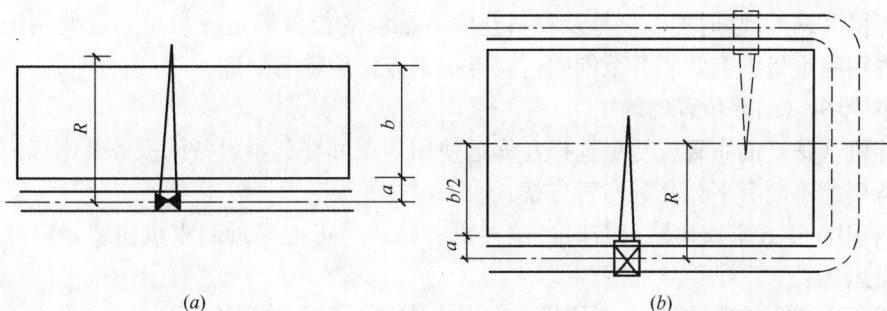

图 10-2　轨道式起重机在建筑物外侧布置示意图

(*a*) 单侧布置；(*b*) 双侧（或环行）布置

b——建筑物宽度（m）；

a——建筑物外侧到轨道式起重机轨道中心线的距离（m），一般是 3m。

当建筑房屋宽度大、构件重，单侧布置起重机，其起重半径不能满足最远构件的吊装要求时，可双侧或环形布置，此时，起重半径必须满足

$$R \geqslant \frac{b}{2} + a \tag{10-2}$$

轨道式起重机进行布置时应注意以下几点：

① 轨道式起重机布置完成后，应绘出起重机的服务范围。其方法是分别以轨道两端有效端点的轨道中心为圆心，以起重机最大回转半径为半径画出两个半圆，并连接这两个半圆。

② 建筑物的平面应处于吊臂的回转半径之内（起重机服务范围之内），以便将材料和构件等运至任何施工地点，此时应尽量避免出现"死角"或出现较小的死角"区域"。

③ 尽量缩短轨道长度，降低铺轨费用。

④ 建筑物的一部分不在服务范围之内时（即出现"死角"），在吊装最远部位的构件时，应采取一定的安全技术措施，以确保这一部位的吊装工作顺利进行。

2）固定式垂直起重设备的平面布置

固定式垂直起重设备，有固定式塔式起重机、钢井架、龙门架、桅杆式起重机等。布置时应充分发挥设备能力，使地面或楼面上运距最短。应根据起重机械的性能、建筑物的平面尺寸、施工工作段的划分、材料进场方向及运输道路而确定。

通常当建筑物各部位的高度相同时，固定式起重设备沿长度方向布置在施工段分界线附近；当建筑物各部位的高度不相同时，起重机布置在高低分界线处高的一侧，这样使得高低处水平运输施工互不干涉；井架、龙门架一般布置在窗口处，以避免砌墙留槎和减少拆除井架后的修补工作，应特别注意固定式起重运输设备中的卷扬机的位置，不应距离起重机过近，阻挡司机视线，应使司机可观测到起重机的整个升降过程，以保证安全生产。

3）自行式起重机开行路线的确定

自行式起重机一般为履带式起重机、汽车式起重机和轮胎式起重机，其开行路线主要取决于建筑物的平面尺寸、施工方法、场地四周的环境及构件的类型、大小和安装高度。开行路线有跨中行驶和跨边行驶两种。

（2）确定搅拌机（站）或混凝土泵、临时加工场地及材料、构件的堆场与仓库的位置

搅拌机（站）、临时加工场地及材料仓库、堆场的位置确定应尽量靠近使用地点，同时应布置在起重机的有效服务范围内，应考虑到方便运输与装卸。

1) 搅拌机（站）位置的确定

搅拌机（站）的布置应尽量选择在靠近使用地点并在起重设备的服务范围以内。根据起重机类型的不同有下列几种布置方案：

① 采用固定式垂直运输设备时，搅拌机（站）尽可能靠近起重机布置，以减少运距或二次搬运。

② 当采用塔式起重机时，搅拌机应布置在塔吊的服务范围内。

③ 当采用无轨自行式起重机进行水平或垂直运输时，应沿起重机运输线路一侧或两侧进行布置，位置应在起重机的最大外伸长度范围内。

2) 混凝土泵或混凝土泵车位置的确定

在泵送混凝土施工过程中，混凝土泵或混凝土泵车的停放位置，不仅影响其输送管的配置，也影响到施工的顺利进行。所以在混凝土泵或混凝土泵车布置时应考虑下列条件：

① 力求距离浇筑地点近，使所浇的基础结构在布料杆的工作范围内，尽量少移动泵或泵车即能完成任务。

② 多台混凝土泵或泵车同时浇筑时，其位置要使其各自承担的浇筑任务尽量相等，最好同时浇筑完毕。

③ 停放地点要有足够的场地，以保证供料方便，道路畅通。

④ 为便于混凝土泵或混凝土泵车的使用，最好将其靠近供水和排水设施停放。

⑤ 对于拖式混凝土泵车，除应满足上述要求外，还必须考虑到其进场与出场的方便及安全，同时，停放位置应离建筑物有一定的距离，并设置一定长度的水平管，利用该水平管中的摩擦阻力来抵消垂直管中因混凝土造成的逆流压力。

3) 临时加工场地位置的确定

单位工程施工平面图中的临时加工场地一般是指钢筋加工场地、木材加工场地、预制构件加工场地、沥青加工场地、淋灰池等。平面位置布置的原则是尽量靠近起重设备，并按各自的性能及使用功能来选择合适的地点。

钢筋加工场地、木材加工场地应选择在建筑物四周，且有一定的材料、成品堆放处，钢筋加工场地还应尽可能设在起重机服务范围之内，避免二次搬运，而木材加工场地应根据其加工特点，选在远离火源的地方。沥青加工场地应远离易燃物品，且设在下风向地区。淋灰池应靠近搅拌机（站）布置。构件预制场地位置应选择在起重机服务范围内，且尽可能靠近安装地点。布置时还应考虑到道路的畅通，不影响其他工程的施工。

4) 仓库位置与材料构件堆场的确定

① 仓库应根据其储存材料的性能和仓库的使用功能确定其位置。通常，仓库应尽量选择在地势较高、周边能较好地排水、交通运输较方便的地方，如水泥仓库应靠近搅拌机（站）。其他仓库的位置也应根据其使用功能而定。

② 材料构件的堆场平面布置的原则是应尽量缩短运输距离，避免二次搬运。砂、石堆场应靠近搅拌站（机），砖与构件应尽可能靠近垂直运输机械布置（基础用砖可布置在基坑四周）。

（3）现场运输道路的布置

现场运输道路分为单行道路和双行道路，单行道路宽为 $3\sim3.5m$，双行道路为 $5.5\sim6m$，为保证场内道路畅通，便于调车，按材料和构件运输的需要，沿着仓库和堆场成环行线路布置。布置时应尽量地利用永久性道路。

（4）临时生产、生活设施的布置

办公室、工人休息室、门卫、食堂、浴室等非生产性临时设施布置应考虑到使用的方便，不妨碍施工，满足防火、防洪及保安要求。布置时要尽量利用建设单位所能提供的设施。一般办公室、门卫应布置在工地出入口处，工人休息室、食堂、浴室等布置在作业区附近的上风向处。行政管理用房及临时用房面积可参考表 10-1。

行政、生活福利、临时用房面积参考指标表 表 10-1

序 号	临时房屋名称	指标使用方法	单 位	参考指标
1	办公室	按使用人数	$m^2/人$	$3\sim4$
2	工人休息室	按工地平均人数	$m^2/人$	0.15
3	食堂	按高峰年平均人数	$m^2/人$	$0.5\sim0.8$
4	浴室	按高峰年平均人数	$m^2/人$	$0.07\sim0.10$
5	宿舍（单层床）	按工地住人数	$m^2/人$	$3.5\sim4.0$
	（双层床）	按工地住人数	$m^2/人$	$2.0\sim2.5$
6	医务室	按高峰年平均人数	$m^2/人$	$0.05\sim0.07$
7	其他公用房	按高峰年平均人数	$m^2/人$	$0.05\sim0.10$

（5）水、电管网布置

1）施工用临时给水管网布置

一般从建设单位的干管或自行布置的干管接到用水地点，应力求管网总长度最短。管径的大小和出水龙头的数目及设置，应视工程规模的大小通过计算确定。管道可埋于地下，也可铺于路上，以当地的气候条件和使用期限的长短而定。在工地内要设消火栓，消火栓距建筑物应不小于 $5m$，也不应大于 $25m$，距路边不大于 $2m$，条件允许时，可利用已有消防设施。

有时为了防止水的意外中断，可在建筑物旁布置简易的蓄水池，以储备一定的施工用水，高层建筑还应在水池边设泵站。

2）施工临时用电线路布置

施工临时用电线路的布置应尽量利用已有的高压电网或已有的变压器进行布线，线路应架设在道路一侧，且距建筑物水平距离大于 $1.5m$，电杆间距为 $25\sim40m$，分支线及引入线均由电杆处接出，在跨越道路时应根据电气施工规范的尺寸要求进行配置与架设。

在进行单位工程施工平面图设计时，必须强调指出，建筑施工是一个复杂的施工过程。各种施工设备、施工材料及构件均是随工程的进展而逐渐进场的，但又随工程的进展不断变动。因此在设计平面图时，要充分考虑到这一点，应根据各单位工程在各个施工阶段中的各项要求，将现场平面合理划分，综合布置，使各施工过程在不同的施工阶段具有良好的施工条件，指导施工顺利进行。

（6）施工平面图布置示例

图 10-3 所示为某多层钢筋混凝土框架结构建筑的施工平面图。根据拟建建筑物的平面位置及尺寸、现场的具体情况，选用轨道式起重机，单侧布置在拟建房屋北边，砂、石堆场设在搅拌机附近；临时生产、生活用房分别布置在拟建建筑的南北两边；为使场内道路畅通，装卸方便，按环行布置单行车道，并由南侧出入场地。

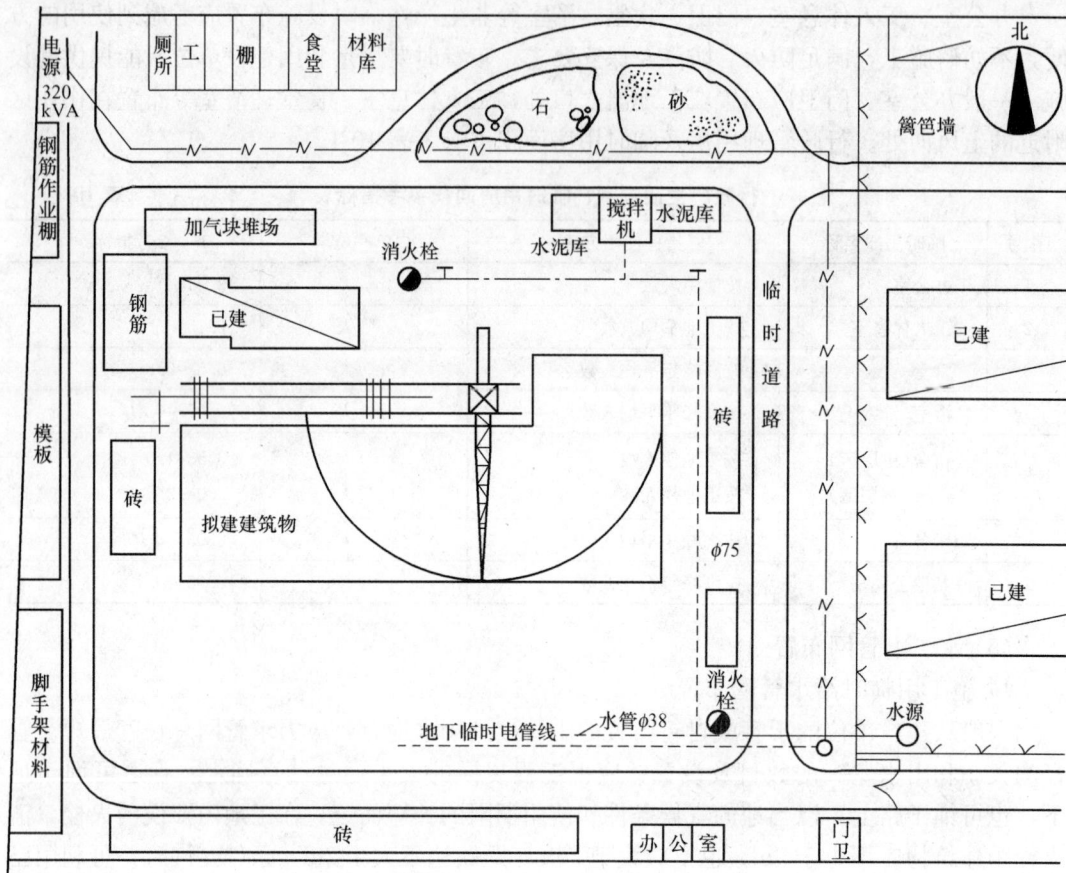

图 10-3 某多层钢筋混凝土结构建筑施工平面图

10.2.3 施工现场用水、用电量的计算

1. 施工现场用水量的计算

施工现场用水量包括现场施工生产用水、施工机械用水、施工现场生活用水、生活区生活用水、消防用水组成。

（1）现场生产施工用水量，可按式（10-3）计算：

$$q_1 = K_1 \sum \frac{Q_1 \cdot N_1}{T_1 \cdot t} \times \frac{K_2}{8 \times 3600} \tag{10-3}$$

式中　q_1——施工用水量（L/s）；

　　　K_1——未预计的施工用水系数（1.05～1.15）；

　　　Q_1——日工程量（以实物计量单位表示）；

　　　N_1——施工用水定额；

　　　T_1——年（季）度有效工作日；

t——每天工作班数；

K_2——用水不均衡系数。

（2）施工机械用水量，可按式（10-4）计算：

$$q_2 = K_1 \Sigma Q_2 N_2 \frac{K_3}{8 \times 3600} \qquad (10\text{-}4)$$

式中　q_2——机械用水量（L/s）；

　　　K_1——未预计的施工用水系数（1.05～1.15）；

　　　Q_2——同一种机械台数（台）；

　　　N_2——施工机械台班用水定额；

　　　K_3——施工机械用水不均衡系数。

（3）施工现场生活用水量可按式（10-5）计算：

$$q_3 = \frac{P_1 \cdot N_3 \cdot K_4}{t \times 8 \times 3600} \qquad (10\text{-}5)$$

式中　q_3——施工现场生活用水量（L/s）；

　　　P_1——施工现场高峰昼夜人数（人）；

　　　N_3——施工现场生活用水定额（一般为20～60L/人·班，主要视当地气候而定）；

　　　K_4——施工现场用水不均衡系数；

　　　t——每天工作班数（班）。

（4）生活区生活用水量，可按式（10-6）计算：

$$q_4 = P_2 \cdot N_4 \cdot K_5 / 24 \times 3600 \qquad (10\text{-}6)$$

式中　q_4——生活区生活用水（L/s）；

　　　P_2——生活区居民人数（人）；

　　　N_4——生活区昼夜全部生活用水定额；

　　　K_5——生活区用水不均衡系数。

（5）消防用水量（q_5）。最小10L/s；施工现场在25ha以内时，不大于15L/s。

（6）总用水量（Q）计算：

1）当（$q_1 + q_2 + q_3 + q_4$）$\leqslant q_5$ 时，则 $Q = q_5 + 1/2 (q_1 + q_2 + q_3 + q_4)$；

2）当（$q_1 + q_2 + q_3 + q_4$）$> q_5$ 时，则 $Q = q_1 + q_2 + q_3 + q_4$；

3）当工地面积小于5ha，而且（$q_1 + q_2 + q_3 + q_4$）$< q_5$ 时，则 $Q = q_5$。

最后计算出总用水量（以上各项相加），还应增加10％的漏水损失。

因现场不设生活区，故不计算 q_4。

（7）管径的计算公式：

$$d = \sqrt{\frac{4Q}{\pi \cdot v \cdot 1000}} \qquad (10\text{-}7)$$

式中　d——配水管直径（m）；

　　　Q——耗水量（L/s）；

　　　v——管网中水流速度（m/s）。

【例 10-1】 用水量计算实例。

某科研办公楼占地 $4500m^2$，总建筑面积 $4645m^2$，地上 5 层，地下 1 层，工程抗震设防烈度为 8 度。施工中主要用水量是：混凝土和砂浆的搅拌用水、现场生活用水、消防用水，日最大混凝土浇筑量为 $1000m^3$。试述用水量的计算规定。对本例进行用水量计算。

【解】 用水量的计算规定如下：

① 施工用水量：按日用水量最大的浇筑混凝土工程计算 q_1：

$$q_1 = K_1 \frac{\Sigma Q_1 N_1 K_2}{8 \times 3600}$$

式中，K_1 取 1.05，K_2 取 1.5，Q_1 取浇筑混凝土 $1000m^3$，N_1 取 250

$$q_1 = 1.05 \times \frac{250 \times 1000 \times 1.5}{8 \times 3600} = 13.67 \ (L/s)$$

② 由于施工中不使用特殊机械，故不计算。

③ 施工现场生活用水量：

P_1 估取 150，N_3 取 60，K_4 取 1.5，每天工作班 t 取 2。

$$q_3 = \frac{150 \times 60 \times 1.5}{2 \times 8 \times 3600} = 0.23 \ (L/s)$$

因现场不设生活区，故不计算 q_4。

④ 消防用水量计算：本工程现场面积共有 $15620m^2$，合 1.56ha，远远小于 25ha，q_5 取 10L/s。

$$q_1 + q_2 = 13.67 + 0.23 = 13.90 > q_5$$

⑤ 总用水量计算：因 $q_1 + q_3 > q_5$，则 $Q = q_1 + q_3 = 13.90 \ (L/s)$

【例 10-2】 供水管径计算实例。试计算上例中的供水管径。

【解】 $d = \sqrt{4Q/\pi \cdot \upsilon \cdot 1000} = \sqrt{(4 \times 13.90) / (3.14 \times 1.5 \times 1000)} = 0.108m$

$d \approx 0.1m$。用 $\phi 100$ 的上水管即可。

2. 用电量计算

施工现场用电量包括施工现场机械用电、照明用电、办公用电和生活区生活用电等。

总用电量可按式（10-8）计算：

$$P = 1.05 \sim 1.10 \ (K_1 \Sigma P_1 / \cos\varphi + K_2 \Sigma P_2 + K_3 \Sigma P_3 + K_4 \Sigma P_4) \tag{10-8}$$

式中
$\quad P$——供电设备总需要容量（kVA）；

$\quad P_1$——电动机额定功率（kW）；

$\quad P_2$——电焊机额定容量（kVA）；

$\quad P_3$——室内照明容量（kW）；

$\quad P_4$——室外照明容量（kW）；

$\quad \cos\varphi$——电动机的平均功率因数（在施工现场最高为 $0.75 \sim 0.78$，一般为 $0.65 \sim 0.75$）；

K_1、K_2、K_3、K_4——需要系数，参见表 10-2。

导线截面的选择要满足以下基本要求：

1) 按机械强度选择：导线必须保证不致因一般机械损伤折断。

2) 允许电流选择：导线必须能承受负载电流长时间通过所引起的温升。

需要系数（K值）

表 10-2

用电名称	数 量	需要系数		备 注
		K	数 量	
电动机	3～10 台	K_1	0.7	如施工中需要电热时，应将其用电量计算进去。为使计算结果接近实际，式中各项动力和照明用电，应根据不同工作性质分类计算
	11～30 台		0.6	
	30 台以上		0.5	
加工厂动力设备			0.5	
电焊机	3～10 台	K_2	0.6	
	10 台以上		0.5	
室内照明		K_3	0.8	
室外照明		K_4	1.0	

3）允许电压降选择：导线上引起的电压降必须在一定限度之内。

所选用的导线截面应同时满足以上三项要求，即以求得的三个截面中的最大者为准，从电线产品目录中选用线芯截面，也可根据具体情况抓住主要矛盾。一般在道路工地和给水排水工地作业线比较长，导线截面由电压降选用；在建筑工地配电线路比较短，导线截面可由容许电流选定；在小负荷的架空线路中往往以机械强度选定。

4）现场总电源线截面、开关整定值选择计算：

① 按最小机械强度选择导线截面：

架空：$d_{BX}=10mm^2$，$d_{BLX}=16mm^2$（d_{BX} 为外护套橡皮线；d_{BLX} 为橡皮铝线）

② 按安全载流量选择导线截面：

$$I_{js}=K_x \cdot \frac{\Sigma (P_{js})}{3 \cdot U_e \cos\varphi} \tag{10-9}$$

式中　I_{js}——计算电流；

　　　K_x——铜丝系数（取 0.7～0.8）；

　　　P_{js}——有效功率；

　　　U_e——线电压；

　　　$\cos\varphi$——功率因数。

③ 按容许电压降选择导线截面：

$$S=K_x \cdot \frac{\Sigma (P_e \cdot L)}{C_{cu} \cdot \Delta U} \tag{10-10}$$

式中　S——导线截面；

　　　P_e——额定功率；

　　　L——负荷到配电箱的长度；

　　　C_{cu}——常数（三相四线制为 77，单相制为 12.8）；

　　　ΔU——允许电压降，施工用电取 8%，正式电路取 5%。

【例 10-3】　用电量计算实例。

有 4 栋多层住宅工程，每栋 340m²，合计 13612m²，施工前，室外管线均接通至小区干线。在进行施工准备的组织设计时对用电设施进行设计。根据平面布置，用电设施如下：

塔式起重机 2 台，36×12＝72kW；400L 搅拌机 2 台，10×2＝20kW；30t 卷场机 2 台，7.5×2＝15kW；

振捣器 3 台，3×3＝6kW；蛙式打夯机 3 台，3×3＝9kW；电锯、电刨等 30kW；电焊机 2 台，20.5×2＝41kW；照明用电，25kW。计算用电量。

【解】 计算用电量：
$$P=1.05\ (0.6×152/0.75+0.6×41+25)=179.76kVA$$

选用 $SL_1 200/10$ 变压器一台。

10.3 施工现场管理的主要内容

1. 施工现场场容管理

施工现场场容规范化应建立在施工平面图设计的科学合理化和物料器具定位管理标准化的基础上。

场容管理的内容包括以下内容：

(1) 施工工地大门和围墙

1) 施工工地的大门和门柱应牢固、美观，高度不低于 2m，沿城市主要街道工地的门柱应为矩形或正方形，短边不应小于 0.36m；

2) 施工现场围墙应封闭严密、完整、牢固、美观，上口要平，外立面要直，高度不应低于 1.8m。沿街围墙按地区要求使用金属板材、标准块材砌筑、有机板材、石棉板材或编制布等软质材料拉紧绷直；

3) 施工工地应在大门外附近明显处设置施工标牌，写明工程名称、建筑面积、建设单位、设计单位、施工单位、工地负责人姓名、开工日期、竣工日期等内容。字体规整、明洁美观，设置高度底边距地面不低于 1.2m；

4) 大门内应有施工总平面布置图，比例合适，内容齐全，一般以结构施工期平面图为主，也可在基础期、结构期和装修期分别设置平面图。还应有安全生产管理制度板、消防保卫管理制度板、场容卫生环保制度板，内容简明、实用，字迹工整规范。

(2) 临时设施

施工现场的临时设施包括临时性的生产设施和生活设施，临时供水、供电、供热、临时通信等。

临时设施安排的原则是：

1) 尽量利用施工现场或附近的现有设施，在建工程本身的建筑物先完成的结构工程；

2) 必须修建的临时设施，应充分利用当地材料，或旧料，尽量采用移动式或容易拆装的建筑，以便重复使用。

3) 临时设施的布置，应方便生产和生活，不得占有在建工程的位置，与施工的建筑物之间，或临时房屋之间要保持安全和消防间距，并考虑总包和分包单位的需要，生活区和施工区要明确划分。

4) 如有可能，借用建设单位在施工现场或附近的设施。

5) 各类仓库应按储存材料的性质和贵重程度，分别采用库房、厂棚、露天堆场三种方式。大宗材料应直接运到施工现场，不设中间仓库或堆场，以减少二次搬运。

（3）场区道路及排水

施工现场首先应尽量利用原有的交通设施，并争取提前修建和利用拟建的永久设施解决运输问题，这样不仅能节约临时工程费用，降低施工成本，而且可缩短施工准备时间，争取早日开工。

当场区不具备上述条件时，就需要修建临时道路。临时道路的布局，必须根据现场情况及施工需要而定，一般应做成环行道，以确保现场运输和消防车的畅通。临时道路的等级，主要根据现场交通流量和道路建筑规范而定。

为解决临时道路排水问题，道路断面应有2%～3%的坡度；沿道路两侧应设排水沟，排水沟的断面要受最大雨量和受水面积的影响来确定，一般深不小于30cm，坡度在1：1～1.5。在道路交会处或车辆出入处，排水沟要用涵管沟通。

（4）文明施工

文明施工是指保持施工现场整洁、卫生、施工组织科学，施工程序合理的一种施工活动。文明施工的基本条件包括：有整套的施工组织设计或施工方案；有健全的施工指挥系统和岗位责任制；工序衔接交叉合理，交接责任明确；有严格的成品保护措施和制度；大小临时设施和各种材料、构件、半成品按平面布置图堆放整齐；施工场地平整，道路畅通；排水设施得当，水电线路整齐；机具设备状况良好，使用合理；施工作业符合消防和安全要求。一个工地的文明施工水平是该工地乃至所在企业各项工作水平的综合体现。

2. 施工现场环境保护

为了保护和改善生活环境与生态环境，防止由于建筑施工造成的作业污染和扰民，保障建筑工地附近居民和施工人员的身体健康，必须做好建筑施工现场的环境保护工作。施工项目经理部应根据《环境管理系列标准》GB/T 24000—ISO 14000建立项目环境监控体系，不断反馈监控信息，采取整改措施。

施工现场的环境保护是文明施工的具体体现，也是施工现场管理达标考评的一项重要指标，所以必须采取现代化的管理措施做好这项工作。

施工现场环境保护的基本内容：

1）防止大气污染

防治施工扬尘；搅拌站的降尘；生产和生活的烟尘排放（锅炉、茶炉、沥青锅的消烟除尘）。

2）防止水污染

搅拌站的废水排放；现制水磨石作业、乙炔发生罐作业产生的污水处理；油漆、油料的渗漏防治；施工现场临时食堂的污水排放。

3）防止施工噪声污染

人为的施工噪声防治；施工机械的噪声防治。

环境保护需定期检查。分为：

1）施工现场环境保护的每日自检：每天有工长、施工员、安全员进行上下午二次全面自检，凡违反施工现场环境保护规定的要及时指出并整改，由施工员在当天的施工日志上做出自检记录。

2）施工处（队）定期月检：每月施工处（队）在主管处队长带领有关管理人员对所属的施工工地进行定期月检，按施工现场环境保护检查、考评标准进行检查评分，填写评分记录表，作为工地安全生产文明施工考评的依据。在检查中，对于不符合环保要求的采取"三定"原则（定人、定时、定措施）予以整改，落实后及时做好复检复查工作。

（1）施工现场防大气污染的措施

1）高层或多层建筑清理建筑垃圾，使用封闭的专用垃圾道或采用容器吊运，严禁随意凌空抛撒造成扬尘。施工垃圾要及时清运，清运时，适量洒水减少扬尘。

2）除旧建筑物时，应配合洒水，减少扬尘污染。

3）施工现场要在施工前做好施工道路的规划和设置，可利用设计中永久性的施工道路。

如采用临时道路时，基层要夯实，路面要铺垫焦渣、细石，并随时洒水，减少道路的扬尘。

4）水泥和其他易飞扬的细颗粒散体材料，应尽量安排库内存放，如露天存放，应采用严密封盖，运输和卸运时防止遗洒飞扬，以减少扬尘。

5）石灰的熟化和灰土施工要适当配合洒水，杜绝扬尘。

6）规划市区、居民稠密区、风景游览区、疗养区及国家规定的文物保护区内施工，施工现场要制定洒水降尘制度，配备专用洒水设备及指定专人负责，在易产生扬尘的季节，施工场地采取洒水降尘。

7）锅炉要设置消烟除尘设备；茶炉要用消烟除尘型的或烧型煤；食堂大灶的烟囱要有消烟除尘设备，加二次燃烧或烧型煤；市区和郊区城填区域内的施工现场，应自行对茶炉、大灶、锅炉的烟尘黑度按林格曼因气浓度图进行观测，并在组织检查时抽查。

（2）建筑施工现场防止水污染的措施

1）搅拌机的废水排放控制

凡在施工场地进行搅拌作业的，必须在搅拌机前台及运输车清洗处设置沉淀池。排放的废水要排入沉淀池内，经二次沉淀后，方可排入市政污水管线或回收用于洒水降尘。未经处理的泥浆水，严禁直接排入城市排水设施和河流。

2）现制水磨石作业污水的排放控制

施工现场现制水磨石作业产生的污水，禁止随地排放。作业时严格控制污水流向，在合理位置设置沉淀池，经沉淀后方可排入市政污水管线。

3）乙炔发生罐污水排放控制

施工现场由于气焊使用乙炔发生罐产生的污水严禁随地倾倒，要求专用容器集中存放，倒入沉淀池处理，以免污染环境。

4）食堂污水的排放控制

施工现场临时食堂，要设置简易有效的隔油池，产生的污水经下水管道排放要经过隔油池。平时加强管理，定期掏油，防止污染。

5）油漆油料库的防渗漏控制

施工现场要设置专用的油漆油料库，油库内严禁放置其他物资，库房地面和墙面要做防渗漏的特殊处理，储存、使用和保管要专人负责，防止油料的跑、冒、滴、漏、污染水体。

6）禁止将有毒有害废弃物用作土方回填，以免污染地下水和环境。

（3）建筑施工现场防噪声污染的各项措施

1）人为噪声的控制措施

施工现场提倡文明施工，建立健全控制人为噪声的管理制度。尽量减少人为的大声喧哗，增强全体施工人员防噪声扰民的自觉意识。

2）强噪声作业时间的控制

凡在居民稠密区进行强噪声作业的，严格控制作业时间，晚间作业不超过22时，早晨作业不早于6时，特殊情况需连续作业（或夜间作业）的，应尽量采取降噪措施，事先做好周围群众的工作，并报工地所在的区、县环保局备案后方可施工。

3）强噪声机械的降噪措施

牵扯到产生强噪声的成品、半成品加工、制作作业（如预制构件，木门窗制作等），应尽量放在工厂、车间完成，减少因施工现场加工制作产生的噪声。

尽量选用低噪声或备有消声降噪设备的施工机械。施工现场的强噪声机械（如：搅拌机、电锯、电刨、砂轮机等）要设置封闭的机械棚，以减少强噪声的扩散。

加强施工现场环境噪声的长期监测，采取专人监测、专人管理的原则，根据测量结果填写建筑施工场地噪声测量记录表，凡超过《施工场界噪声限值》标准的，要及时对施工现场噪声超标的有关因素进行调整，达到施工噪声不扰民的目的。

3. 施工现场防火保安

（1）施工现场防火

建筑施工中除了人身伤害外，另一大害就是火灾。在整个施工过程中，现场易燃物很多，而且用明火处也很多，并且分散。再加上管理不严，有些现场内的工人、管理人员不分场合到处抽烟。所以组织施工时，一定要落实安全用火的要求，认真实施防火措施。

施工现场防火措施主要包括以下几个方面：

1）施工单位必须严肃执行《中华人民共和国消防条例》和公安部关于建筑工地防火的基本措施。加强消防工作的领导，建立义务消防组织，现场设消防值班人员，对进场职工进行消防知识教育，建立现场安全用火制度。

2）现场应划分用火作业区、易爆易燃材料区、生活区，按规定保持防火间距。如果条件有限，防火间距达不到标准时，应采取响应的防火措施，适当减少防火间距，这种做法要征求当地消防部门的意见。另外，还要注意在防火间距中不堆放易燃物。

3）现场应有环行道路，道路的宽度不小于3.5m。严禁占用场内通道堆放材料。

4）现场应设有消防专用水管网，配备消火栓，较大工程要分区设消火栓，较高工程要设消防竖管，随施工高度接高，保证水枪射程遍及高大建筑的各部位。

5）现场临建设施、仓库、易燃料场和用火处要有足够的灭火工具和设备，对消防器材要有专人管理并定期检查。

6）安装使用电气设备时应注意以下防火要求：线路不准超负荷，接头要接实接牢；高压线下不准堆放搭建临时建筑，不准堆放可燃材料；灯具与可燃物要有一定的安全距离；穿墙线或靠近易燃物的电线要有穿管保护。

7）使用明火时应注意的问题有7点：

①现场生产、生活用火均应经主管消防的领导批准，任何人不准擅自用明火。使用明火时，要远离易燃物，并备有消防器材。

②现场的锅炉房要用非燃烧材料改造。烟囱临近锅炉房顶的易燃材料处要采取隔离措施。锅炉房应设在远离易燃材料的地方。如果锅炉房下风方向，有易燃料场、易燃设

施，应在烟囱上装防火帽。

③ 使用木料烧火时，要随时有人看管，不准用易燃油料点火。用火完毕要认真熄火。

④ 冬季施工室内取暖或建筑物室内保温用的炉火，都要经消防人员检查。办理用火手续，发现无用火证的火炉要立即熄火，并追查责任。

⑤ 现场应设吸烟室，场内严禁吸烟。

⑥ 现场内从事电焊、气焊工作的人员均应受过消防知识教育，持有操作合格证。在作业前要办理用火手续，并应配备适当的看火人员，看火人员随身应有灭火器具，在焊接过程中不准擅离岗位。

⑦ 冬季施工采用电热法或红外线蓄热法施工时，要注意选用非燃烧材料保温，并清除其他易燃物。

8) 现场材料堆放的防火要求有 3 点：

① 木料堆放不宜过多，垛之间应保持一定的防火间距。木材加工的废料要及时清理，以防自燃。

② 现场生石灰应单独存放，不准与易燃、可燃材料放在一起，并应注意防水。

③ 易燃、易爆物品的仓库应设在地势低处，电石库应设在地势较高的干燥处。

9) 现场中用易燃材料搭设工棚在使用时应遵守以下规定：

① 工棚设置处要有足够的灭火器材，设蓄水池或蓄水桶。

② 每幢工棚的防火间距，城区不小于 5m，农村不小于 7m。工棚不得过于集中。每一组工棚不准超过 12 幢。组与组防火间距不小于 10m。

③ 不准在高压线下搭设工棚，在高压线一侧搭工棚时，距高压线水平距离不小于 6m。工棚距铁路和易燃物库房的距离不小于 30m；距危险性较大的用火生产区不小于 30m。锅炉房、厨房用明火的设施应设在工棚区的长年下风方向。

④ 工棚内的高度一般不低于 2.5m，棚内应留有通道，合理设门窗，门窗均应向外开。

⑤ 工棚内冬季用火炉取暖时，要办用火证，有专人负责用火安全。炉子距室内易燃物不小于 1.5m，烟囱出室处要用不燃材料隔挡。火炉旁不准堆放易燃点火物，室内不准存放渣土。

⑥ 工棚内的灯具、电线都应采用妥善的绝缘保护，灯具与易燃物一般应保持 30cm 间距，使用大灯泡时要加大距离，工棚内不准使用碘钨灯照明。

10) 施工现场不同施工阶段的防火要点如下：

在基础、主体结构、装修等不同施工阶段防火要点各有不同。

① 在基础施工时，主要应注意保温、养护用的易燃材料的存放。注意工地上风方向是否有烟囱落火种的可能，注意焊接钢筋时易燃材料应及时清理。

② 在主体结构施工时，焊接量比较大，要加强看火人员。特别是高层施工时，电焊火花一落数层，如果场内易燃物多，应多设看火员。在焊点垂直下方，尽量清理易燃物。冬季在结构施工用易燃材料保温时，要特别注意明火管理，电焊火花落点要及时清理，消灭火种。电焊线接头要卡实，焊线绝缘要良好，与脚手架或建筑物钢筋接触时要采取保护，防止漏电打火。对大面积结构保温时，要设专人巡视。结构施工用的碘钨灯要架设牢固，距保温易燃物要保持 1m 以上的距离。照明和动力用胶皮线应按规定架设，不准在易

燃保温材料上乱堆乱放。

③ 在装修施工时，依然材料较多，对所用电气及电线要严加管理，预防断路打火。在吊顶内安装管道时，应在吊顶易燃材料装上以前完成焊接的作业，禁止在顶棚内焊割作业。如果因为工程特殊需要必须在易燃顶棚内从事电气焊时，应先与消防部门商定妥善的防火措施后，方可施工。冬期装修施工时，凡采用明火或电热法的，要制定专门的防火措施和制度。楼内明炉火要设专人管理，并注意燃料的存放和渣土清理，注意建筑物内空气的流通，防止煤气中毒。

在使用易燃油漆时，要注意通风，严禁明火，以防易燃气体燃烧、爆炸。还应注意静电起火和工具碰撞打火。

11）现场发生火灾事故后的注意及急救要领

现场出现火险或火灾后，要及时组织现场人员进行扑救，方法要得当。油料起火不宜用水扑救，可用泡沫灭火器或采用隔离法压灭火源。电气设备起火，应尽快切断电源，用二氧化碳灭火器灭火，千万不要盲目向电器设备上泼水，这样容易造成触电、短路爆炸等并发性事故。如果电石库起火，千万不要用水灭火，因电石遇水会放出乙炔气，造成更严重的后果。电石库起火时，应用黄砂、干粉灭火。如果化学材料起火，更要慎重，要根据起火物性质选择灭火方法，同时要注意救火人员的安全，防止中毒。

现场出现火险时，工长判断要准确，当即不能救的要及时报警，请消防部门协助灭火。

在消防队到现场后，工长要及时而准确地向消防人员提供电器、易燃、易爆物的情况。火灾区内如有人时，要尽快组织力量，设法先将人救出，然后再全面组织灭火。

灭火以后，要保护火灾现场，并设专人巡视，以防死灰复燃。保护火灾现场又是查找火灾原因的重要措施。

施工现场应有明显的防火宣传标志。施工组织设计要有保卫、消防措施方案及设施平面布置图，并按照有关规定，报公安监督机关审批或备案。

（2）施工现场保卫工作

施工现场应设立门卫，根据需要设置警卫，负责施工现场保卫工作，并采取必要的防盗措施。

1）施工现场治安保卫组织系统

成立保卫工作领导小组，以项目经理（单位工程负责人）为组长，安全负责人为副组长，其他成员若干人。定期分析施工人员的思想状况，做到心中有数。定期对职工进行保卫教育，提高思想认识，一旦发生灾害事故，做到召之即来，团结奋斗。

2）保卫工作措施

为了加强施工现场的保卫工作，确保建设工程的顺利进行，根据有关建设工程施工现场保卫工作基本标准的要求，结合本工程的实际情况，为预防各类盗窃，破坏案件的发生，应制定本工程的保卫工作方案。例如某工程施工现场保卫工作提案：

① 设立由10人组成的保卫领导小组，由单位工程负责人任组长，负责全面领导工作，安全负责人任副组长，其他成员共8人。

② 地设门卫值班室，由3人轮流昼夜值班，白天对外来人和进出车辆及所有物资进行登记，夜间值班巡逻护场。重点是仓库、木工棚、办公室、塔吊及成品、半成品保卫。

③ 加强对外地民工的管理，摸清人员底数，掌握每个人的思想动态，及时进行教育，把事故消灭在萌芽状态。非施工人员不得住在施工现场，特殊情况要经保卫工作负责人批准。

④ 每月对职工进行一次治安教育，每季度召开一次治保会，定期组织保卫检查，并将会议检查整改记录存入内业资料内备查。

⑤ 对易燃、易爆、有毒物品设专库、专管，非经单位工程负责人批准，任何人都不得动用。不按此执行，造成后果追究当事人的刑事责任。

⑥ 施工现场必须按照"谁主管、谁负责"的原则，确定党政主要领导干部负责保卫工作。有总、分包单位的工程，实行总承包单位负责的保卫工作责任制，建立保卫工作领导小组，与分包单位签订保卫工作责任书。各分包单位应接受总承包单位的统一领导和监督检查。

⑦ 施工现场要建立门卫和巡逻护场制度，护场守卫人员要佩戴执勤标志。

⑧ 更衣室、财会室及职工宿舍等易发案部位要指定专人管理，制定防范措施，防止发生盗窃案件。严禁赌博、酗酒、传播淫秽物品和打架斗殴。

⑨ 锅炉房、变电室、泵房、大型机械设备及工程的关键部位和关键工序，是现场的要害部位，要制定保卫措施，确保安全。

⑩ 做好成品保卫工作，制定具体措施；严防被盗、破坏和治安灾害事故的发生。

⑪ 施工现场发生各类案件和灾害事故，要立即报告并保护好现场，配合公安机关侦破。

3) 治安保卫教育记录

每月对职工进行一次治安教育，每季度召开一次治保会，定期组织保卫检查；现场重要出入口应设警卫室，昼夜有值班人和记录；施工现场禁止吸烟，或设吸烟室；工程内不准做仓库，不准私存易燃可燃材料；工程内不准安排职工和他人居住。

每次对职工进行保卫教育的记录应存档，以备核查。

4) 现场保卫定期检查

① 为了维护社会治安，加强对施工现场保卫工作的管理，保护国家财产和职工人身安全，确保施工现场保卫工作的正常有序，促进建设工程的顺利进行，按时交工，必须对现场保卫工作进行定期检查。

② 成立以项目经理（单位工程负责人）为组长，以安全负责人为副组长的保卫领导小组，负责本工程的保卫领导工作。

③ 加强对全体施工人员的管理，掌握人员底数，及时按有关部门的要求办理暂住证、做工证及注册手续。

④ 非施工人员不得在施工现场留宿。特殊情况须经保卫负责人批准，否则将给当事人一定的处罚。

⑤ 加强对职工的政治思想教育、保卫教育。在施工现场内严禁赌博酗酒，传播淫秽物品和打架斗殴，禁止外地职工携物出入现场。

⑥ 施工现场保卫值班人员必须佩戴袖标上岗，建立门卫和巡逻值班及交接班制度。

⑦ 施工现场易燃、易爆物品，必须有严格的管理制度，并设专库、专人发放保管，做好成品保护工作，并制定具体措施严防盗窃、破坏和治安灾害事故发生，不准在工程内

及库房内调配油漆、稀料。

每月对职工进行一次现场保卫定期检查记录。

4. 施工现场卫生防疫

卫生防疫涉及现场人员的身体健康和生命安全，因此要防止传染病和食物中毒事故发生，提高文明施工水平。

《规范》卫生管理方面的规定如下：

1）施工现场不宜设置职工宿舍，必须时应尽量和建筑现场分开；

2）现场应准备必要的医务设施；

3）根据需要制定防暑降温措施，进行消毒、防病工作；

4）张贴急救车和有关的医院电话号码。

《规范》卫生防疫方面的规定如下：

1）根据《中华人民共和国食品卫生法》和卫生管理规定加强对食堂、炊事人员和炊具的管理；

2）现场食堂不得出售酒精饮料；现场人员在工作时间严禁饮用酒精饮料。

3）确保现场人员的饮水供应；炎热的季节供应清凉的饮料。

（1）施工现场食堂管理

1）新建、改建、扩建的集体食堂，在选址和设计时应符合卫生要求，远离有毒有害场所。不得有露天坑式厕所、暴露垃圾堆（站）和粪堆畜圈等污染源。

2）需有与进餐人数相适应的餐厅、制作间和原料库等辅助用房。餐厅和制作间（含库房）建筑面积比例一般应为1:1.5。其地面和墙裙的建筑材料，要用具有防鼠防潮和便于洗涮的水泥等。有条件的食堂、制作间灶台及其周围要镶嵌白瓷砖，炉灶应有通风排烟设备。

3）制作间应分为主食间、副食间、烧水间，有条件的可开设摘菜间、炒菜间、冷荤间和面点间。做到生与熟、原料与成品及半成品、食品与杂物分开。食品与毒物（亚硝酸盐农药、化肥等）要严格分开。冷荤间备"五专"（专人、专室、专容器用具、专消毒、专冷藏）。

4）主副食应分开存放。易腐食品应有冷藏设备（冷藏库或冰箱）。

5）食品加工机械、用具、炊具、容器应有防蝇、防尘设备。用具、容器和食用苦布要有生、熟及反、正面标记，防止食品污染。

6）采购运输要有专用食品容器及专用车。

7）食堂应有相应的更衣、消毒、盥洗、采光、照明、通风和防蝇、防尘设备，以及通畅的上下水管道。

8）餐厅设有洗碗池、残渣桶和洗手设备。

9）公用餐具应有专用洗刷、消毒和存放设备。

10）食堂炊管人员（包括合同工、临时工）必须按有关规定进行健康检查和卫生知识培训，并取得健康合格证和培训证。

11）具有健全的卫生管理制度。有专人负责食堂管理工作，并将提高食品卫生质量、预防食物中毒，列入岗位责任制的考核评奖条件中。

12）集体食堂的经常性食品卫生检查工作，各单位要根据《食品卫生法》的有关规定和本地颁发的《饮食行业（集体食堂）食品卫生管理标准和要求》及《建筑工地食堂卫生管理标准和要求》进行管理与检查。

（2）职工饮水卫生规定

施工现场应供应开水，饮水器具要卫生。夏季要确保施工现场的凉开水或清凉饮料供应，暑伏天可增加绿豆汤，防止中暑脱水现象发生。

（3）厕所卫生管理

1）施工现场要按规定设置厕所。厕所的设置要离食堂30m以外，屋顶墙壁要严密，门窗齐全有效，便槽内必须铺设瓷砖。厕所要有专人管理，应有化粪池，严禁将粪便直接排入下水道或河流沟渠中，露天粪池必须加盖。

2）厕所定期清扫制度：厕所设专人天天冲洗打扫，做到无积垢、垃圾及明显臭味，并应有洗手水源，市区工地厕所要有水冲设施以保持厕所清洁卫生。

3）厕所灭蝇蛆措施：厕所按规定采取冲水或加盖措施，定期打药或撒白灰粉，消灭蝇蛆。

5. 施工现场综合考评分析

施工现场综合考评是指对与施工现场有关的各方（发包人、承包人、监理人、设计人、材料和设备供应人）在施工现场的行为进行考核评价。目的是调动各方面的积极性，提高现场管理水平，实现文明施工，确保施工质量和安全（人身安全、物料安全、环境安全）。

施工现场综合考评的内容要覆盖全部施工项目的全过程。其内容应包括施工组织管理、工程质量管理、施工安全管理、文明施工管理、业主和监理单位的现场管理。评价办法可参照《建筑工程施工现场综合考评试行办法》（建监〔1995〕407号）。

参见文明安全工地和达标考评检查评分汇总表和文明安全工地和达标考评申报审批表（表10-3、表10-4）。

文明安全工地和达标考评检查评分汇总

表 10-3

施工单位			工程名称		
建筑面积			结构类型		
结构层次			开工日期		
在施部位			工程地点		

序号	项目	检查情况和存在问题	标准分值	得分率	折合标准分值
1	安全防护		15		
2	临时用电		10		
3	机械安全		10		

序号	项目	检查情况和存在问题	标准分值	得分率	折合标准分值
4	保卫消防		15		
5	现场管理		15		
6	料具管理		15		
7	环境保护		10		
8	环卫卫生		10		
总评分					

检查组长签字：　　　　　　　　　　　　　　检查日期　　　年　月　日

工地负责人签字：

文明安全工地和达标考评申报审批　　表 10-4

主管上级抽检编组号							
施工单位				工程名称			
建筑面积				结构类型			
结构层次				开工日期			
在施部位				工程地点			
申报自检评分结果				抽查确认评分结果			
项目	标准分值	得分率	折合标准分值	项目	标准分值	得分率	折合标准分值
安全防护	15			安全防护	15		
临时用电	10			临时用电	10		
机械安全	10			机械安全	10		
保卫消防	15			保卫消防	15		
现场管理	15			现场管理	15		
料具管理	15			料具管理	15		

项目	标准分值	得分率	折合标准分值	项目	标准分值	得分率	折合标准分值
环境保护	10			环境保护	10		
环卫卫生	10			环卫卫生	10		
总评分				总评分			
工程质量监督站核定结果						公章 年　月　日	

申报单位	主管经理签字 公章 年　月　日	主管上级	核查意见 公章 年　月　日	审批意见	公章 年　月　日

思 考 题

一、名词解释：

1. 施工现场；2. 施工项目现场管理；3. 施工平面图 ；4. 文明施工

二、简答题：

1. 施工项目现场管理的意义是什么？

2. 施工项目现场场容管理的原则是什么？

3. 施工现场管理的依据有哪些？

4. 施工平面图在现场管理中的重大作用主要表现在哪些方面？

5. "五牌"、"二图"的具体内容是什么？

6. 单位工程施工平面图的设计原则是什么？

7. 简述单位工程施工平面图的设计程序。

8. 场容管理的主要内容是什么？

9. 临时设施安排的原则是什么？

10. 施工现场环境保护的基本内容是什么？

11. 施工现场防火措施主要包括哪几个方面？

第11章 建筑工程项目竣工验收与考核评价

11.1 竣 工 验 收

11.1.1 建筑工程项目竣工验收的基本概念

1. 基本概念

工程项目竣工验收指承包人按施工合同完成了项目全部任务，经检验合格，由发包人组织验收的过程。竣工验收阶段管理除了包括竣工验收管理以外，还包括竣工验收资料管理、竣工结算管理和项目产品移交。

工程项目竣工验收，就是由建设单位、施工单位和项目验收委员会，以项目批准的设计任务书和设计文件，以及国家（或部门）颁发的施工验收规范和质量检验标准为依据，按照一定的程序和手续，在项目建成并试生产合格后，对工程项目的总体进行检验和认证（综合评价、鉴定）的活动。工程项目竣工验收由发包人组织验收。

承包人交付竣工验收的施工项目，必须符合《建筑法》第六十一条规定："交付竣工验收的建筑工程，必须符合规定的建筑工程质量标准，有完整的工程技术经济资料和经签署的工程保修书，并具备国家规定的其他竣工条件。"发包人组织竣工验收时，必须按照《建设工程质量管理条例》第十六条规定的竣工验收条件执行。

工程项目竣工验收交付使用，是工程项目周期的最后一个程序。工程项目竣工验收是全面考核基本建设工作，检查是否合乎设计要求和工程质量的重要环节，是投资成果转入生产或使用的标志。竣工验收阶段管理除了包括竣工验收管理以外，还包括竣工验收资料管理、竣工结算管理和项目产品移交。对建设项目管理者来说，竣工验收阶段管理是最后阶段的管理，但是对于施工项目管理来说，竣工验收阶段管理并不是最后管理阶段，在此阶段以后还要进行回访和保修阶段的管理。

2. 竣工验收的依据

工程项目竣工验收的依据如下：

（1）可行性研究报告；

（2）施工图设计及设计变更洽商记录；

（3）技术设备说明书；

（4）国家现行的施工验收规范；

（5）主管部门（公司）有关审批、修改、调整文件；

（6）工程承包合同；

（7）建筑安装工程统计规定及上级主管部门有关工程竣工的规定；

（8）引进技术或进口成套设备的项目还应按照签订的合同和国外提供的设计文件等资料进行验收。

竣工验收阶段管理是施工项目管理中涉及经营问题较多的一个阶段，又因为关系到项目产品（资产）的交易，故受到了很高的重视，有较多的法律、法规对此作了规定，如《中华人民共和国合同法》、《中华人民共和国建筑法》、《建设工程质量管理条例》、《建设工程现场管理规定》、《建设工程施工合同（示范文本）》、《建设工程文件整理规范》等，都有竣工验收的规定。竣工验收管理必须按照有关的法律、法规的规定进行准备、组织和运作，使之符合标准要求、行政法规、经济要求等。

3. 竣工验收的任务

工程项目竣工验收阶段的主要工作如下。

（1）工程项目的建设单位、勘察和设计单位以及工程项目的施工单位（包括各主要的工程分包单位）要分别对工程项目的投资决策、勘察和设计以及施工的全过程，进行最后的评价，实事求是地总结各自在工程项目建设中的经验和教训。这项工作实际上也是对工程项目建设和管理全过程进行系统检验。作为工程项目总承包单位的项目经理，还应该组织有关人员对整个工程项目进行工期分析、质量分析和成本分析。

（2）办理工程项目的验收和交接手续，办理竣工结算和竣工决算，移交工程档案资料以及办理工程保修手续等。总之，在这个阶段，要把整个工程项目的结束工作、移交工作和善后清理工作全部办理完毕。

（3）对工程项目的施工单位来讲，应该把工程项目竣工作为一个过程看待，或者说把收尾和竣工作为一个阶段来看待。在这个阶段，所承担的工程项目即将结束，并将转向或已经转向新的工程项目的施工，而本工程项目仍有很多收尾工作和竣工验收工作要做，这些工作做好了，有利于缩短施工时间以投入新的工程项目的建设。

4. 竣工验收阶段管理程序

竣工验收阶段管理按以下程序进行：

（1）进行竣工验收准备：包括施工单位自检、竣工验收资料准备、竣工收尾等。

（2）编制竣工验收计划：包括竣工收尾计划和竣工阶段其他工作计划。

（3）组织现场验收：首先由监理机构进行竣工预验收，提出竣工验收评估报告，承包人提交竣工报告，发包人进行审定，作出竣工验收决策。

（4）进行竣工结算：工程竣工结算与竣工验收工作同时进行。首先由承包人确定工程竣工结算价款，进行竣工结算，再由监理机构审核后向发包人递交工程竣工结算报告和结算资料，最后由承发包双方依据合同和资料，调增、调减后，最终确定工程结算价款。

（5）移交竣工资料：竣工资料应齐全、完整、准确、符合规范的规定，标识、编目、组卷、书写符合档案管理质量要求。

（6）办理交工手续：工程现场验收合格后，由发包人、承包人、设计单位、监理单位和其他有关单位在竣工验收报告人签认，结算完毕，办完资料移交手续，签署工程质量保修书，便可进行工程移交，项目经理部便完成了全部管理责任。

竣工验收阶段的各项工作都要进行目标控制，也涉及生产要素，施工现场、合同和信息管理，工作头绪多，界面多，变化多，专业性，系统性强。为了保证这一阶段管理成功，以上程序是不能随意改变的。

5. 施工项目竣工验收准备的管理

施工项目竣工验收准备阶段管理应做好以下工作：

（1）建立竣工收尾小组，该小组由项目经理、技术负责人、有关管理人员、工长、班组长等组成，明确各成员的管理责任。

（2）编制竣工收尾计划并限期完成。该计划主要包括收尾工作项目、责任人、完成时间等。

（3）项目经理在完成竣工收尾计划后向企业报告，提交有关部门进行准备工作验收。

（4）在竣工收尾工作验收合格的基础上，由企业管理层向发包人发出预约竣工验收的通知书，说明拟交工验收项目情况，商定有关竣工验收事宜。

项目经理应组织项目管理人员对竣工工程实体及竣工档案资料全面自检自查的基础上，对照竣工条件的要求，编制工程竣工收尾工作计划，以此部署竣工验收的准备工作。

项目经理和技术负责人要亲自抓竣工验收准备工作的落实。严格掌握竣工验收标准，对施工安装漏项、成品受损、污染和其他质量缺陷、收尾工作不到位、档案资料不规范等各类问题要一一限时整改完毕，不留尾巴。

在项目经理部自检自验的基础上，经过企业的技术和质量部门的检查和确认之后，才算完成竣工验收的准备工作。

11.1.2 竣工验收的内容与条件

1. 竣工验收的内容

工程竣工资料的内容，必须真实反映施工项目管理全过程的实际，资料的形成应符合其规律性和完整性，做到图物相符、数据准确、齐全可靠、手续完备、相互关联紧密。竣工资料的质量，必须符合《科学技术档案案卷构成的一般要求》GB/T 11822—2000 的规定。

工程竣工资料的收集和管理，应建立制度，根据专业分工的原则，实行科学收集，定向移交，归口管理，并符合标识、编目、查阅、保管等程序文件的要求。要做到竣工资料不损坏、不变质和不丢失，组卷时符合规定。

工程项目竣工验收内容随工程项目的不同而异，一般包括下列内容：

（1）工程项目技术资料的验收

工程项目技术资料的验收包括下列内容：

1) 开工报告、竣工报告；

2) 项目经理、技术人员聘任文件；

3) 施工组织设计；

4) 图纸会审记录；

5) 技术交底记录；

6) 设计变更通知；

7) 技术核定单；

8) 地质勘察报告；

9) 定位测量记录；

10) 基础处理记录；

11) 沉降观测记录；

12) 防水工程抗渗试验记录；

13) 混凝土浇灌令；

14) 商品混凝土供应记录；

15）工程复核记录；

16）质量事故处理记录；

17）施工日志；

18）建设工程施工合同，补充协议；

19）工程质量保修书；

20）工程预（结）算书；

21）竣工项目一览表；

22）施工项目总结等。

（2）工程质量保证资料的收集和整理，应包括原材料、构配件、器具及设备等的质量证明和进场材料试验报告等，这些资料全面反映了施工全过程中质量的保证和控制情况。

（3）工程检验评定资料的收集和整理，应按现行建设工程质量标准对单位工程、分部工程、分项工程及室外工程的规定执行。进行分类组卷时，工程检验评定资料应包括以下内容：

1）质量管理体系检查记录；

2）分项工程质量验收记录；

3）分部工程质量验收记录；

4）单位工程竣工质量验收记录；

5）质量控制资料检查记录；

6）安全和功能检验资料核查及抽查记录；

7）观感质量综合检查记录等。

（4）工程竣工图应逐张加盖"竣工图"章。

（5）工程项目综合资料的验收

工程项目综合资料的验收包括：项目建议书及批件、可行性研究报告及批件、项目评估报告、环境影响评估报告书、设计任务书；土地征用申报及批准的文件、承包合同、招投标文件、施工执照、项目竣工验收报告；验收鉴定书。

（6）工程项目财务资料的验收

工程项目财务资料的验收包括下列内容：历年建设资金供应（拨、贷）情况和使用情况；历年批准的年度财务决算；历年年度投资计划、财务收支计划；建设成本资料；支付使用的财务资料；设计概算、预算资料；施工决算资料。

（7）工程项目建筑工程的验收

在全部工程验收时，建筑工程早已建成了，有的已进行了交工验收，这时主要是如何运用资料进行审查验收。其主要内容如下。

1）建筑物的位置、标高、轴线是否符合设计要求。

2）对基础工程中的土石方工程、垫层工程、砌筑工程等资料的审查。因为这些工程在交工验收时已验收过。

3）对结构工程中的砖木结构、砖混结构、内浇外砌结构、钢筋混凝土结构的审查验收。

4）对屋面工程的基层、屋面瓦、保温层、防水层等的审查验收。

5）对门窗工程的审查验收。

6）对装修工程的审查验收（抹灰、油漆等工程）。

（8）工程项目安装工程的验收

工程项目安装工程的验收，分为建筑设备安装工程、工艺设备安装工程以及动力设备安装工程的验收。

建筑设备安装工程是指民用建筑物中的上下水管道、暖气、煤气、通风管道，电气照明等安装工程。对于这类工程，应检查这些设备的规格、型号、数量、质量是否符合设计要求，检查安装时的材料、材质、材种，并进行试压、闭水试验、照明检查。

工艺设备安装工程包括生产、起重、传动、试验等设备的安装，以及附属管线敷设和油漆、保温等。对这类工程，主要检查设备的规格、型号、数量、质量；设备安装的位置、标高；机座尺寸、质量；单机试车、无负荷联动试车、有负荷联动试车；管道的焊接质量、洗清、吹扫、试压、试漏、油漆、保温及各种阀门等。

动力设备安装工程指有自备电厂的项目或变配电室（所）、动力配电线路的验收。

2. 竣工验收的条件

工程项目符合下列要求方可进行竣工验收。

（1）完成工程设计和合同约定的各项内容。

（2）施工单位在工程完工后对工程质量进行了检查，确认工程质量符合有关法律、法规和工程建设强制性标准，符合设计文件及合同要求，并提出工程竣工报告。工程竣工报告应经项目经理和施工单位有关负责人审核签字。

（3）对于委托监理的工程项目，监理单位对工程进行了质量评估，具有完整的监理资料，并提出工程质量评估报告。工程质量评估报告应经总监理工程师和监理单位有关负责人审核签字。

（4）勘察、设计单位对勘察、设计文件及施工过程中由设计单位签署的设计变更通知书进行了检查，并提出质量检查报告。质量检查报告应经该项目勘察、设计负责人和勘察、设计单位有关负责人审核签字。

（5）有完整的技术档案和施工管理资料。

（6）有工程使用的主要建筑材料、建筑构配件和设备的进场试验报告。

（7）建设单位已按合同约定支付工程款。

（8）有施工单位签署的工程质量保修书。

（9）城乡规划行政主管部门对工程是否符合规划设计要求进行检查，并出具认可文件。

（10）有公安消防、环保等部门出具的认可文件或者准许使用文件。

建设行政主管部门及其委托的工程质量监督机构等有关部门责令整改的问题全部整改完毕。

11.1.3 竣工验收的质量核定及程序

1. 竣工验收的质量核定

工程项目竣工质量的核定，是政府对竣工工程项目进行质量监督的一种带有法律性的手段，目的是保证工程项目的质量、结构安全和使用功能。它是竣工验收交付使用必须办理的手续。工程项目竣工质量核定的范围包括新建、扩建、改建的工业与民用建筑工程、设备安装工程以及市政工程等。一般由城市建设机关的工程质量监督部门承担该项工作，确定竣工工程项目的质量等级，并发给《建设工程质量合格证书》（以下简称《合格证书》）。

（1）申报工程项目竣工质量核定的条件

1）竣工工程项目必须符合国家或地区规定的竣工条件和合同中规定的内容。委托工程监理的工程，必须提供监理单位对工程质量进行监理的有关资料。

2）竣工工程项目必须有有关各方签字确认的验收记录。对验收各方提出的质量问题需施工单位进行返修的，应有工程项目的开发商或监理单位的复验记录。

3）提供按照规定齐全有效的施工技术资料。

4）保证竣工质量核定所需的水、电供应及其他必备的条件。

（2）工程项目竣工质量核定的方法和步骤

单位工程完成之后，施工单位要按照国家检验评定标准的规定进行自检，符合有关技术规范、设计文件和合同要求的质量标准后，提交工程项目的投资商或开发商。工程项目的投资商或开发商再组织设计、监理、施工等单位及有关方面，对工程质量评定等级，并向工程质量的监督机构申报竣工工程质量核定。工程质量的监督机构在受理竣工工程质量核定后，按照国家规定的《工程质量检验评定标准》进行核定；经核定合格或优良的工程，发给《合格证书》，并说明其质量等级。《合格证书》正本一本，发给工程项目的投资商或开发商；副本两本，分别由施工单位和监督机构保存。工程项目交付使用后，如工程质量出现永久缺陷等严重问题，监督机构将收回《合格证书》，并予以公布。经监督机构核定不合格的单位工程，不发给《合格证书》，不准投入使用。责任单位在规定限期返修后，再重新进行申报、核定。在工程质量核定过程中，如施工技术资料不能说明结构安全或不能保证使用功能的，由施工单位委托法定检测单位进行检测。在核定过程中，凡属弄虚作假、隐瞒质量事故者，由监督机构对责任单位依法进行处理。

2. 竣工验收的程序

工程竣工验收应当按以下程序进行。

（1）工程完工后，施工单位向建设单位提交工程竣工报告，申请工程竣工验收。实行监理的工程，工程竣工报告必须经总监理工程师签署意见。见表 11-1 所示。

（2）建设单位收到工程竣工报告后，对符合竣工验收要求的工程，组织勘察、设计、施工、监理等单位和其他有关方面的专家组成验收组，制定验收方案。

1）由建设单位负责组织实施建设工程竣工验收工作，质量监督机构对工程竣工验收实施监督。

2）由建设单位负责组织竣工验收小组，验收组组长由建设单位法人代表或其委托的负责人担任。验收组副组长应至少有一名工程技术人员担任。验收组成员由建设的单位上级主管部门、建设单位项目负责人、建设单位项目现场管理人员及勘察、设计、施工、监理单位与项目无直接关系的技术负责人或质量负责人组成，建设单位也可邀请有关专家参加验收小组。验收小组成员中土建及水电安装专业人员应配备齐全。

（3）建设单位应当在工程竣工验收 7 个工作日前将验收的时间、地点及验收组名单书面通知负责监督该工程的工程质量监督机构。

工程名称		建筑面积	
工程地址		结构类型/层数	
建设单位		开、竣工日期	
设计单位		合同工期	
施工单位		造价	
监理单位		合同编号	

	项 目 内 容	施工单位自查意见
竣工条件自检情况	工程设计和合同约定的各项内容完成情况	
	工程技术档案和施工管理资料	
	工程所用建筑材料、建筑配件、商品混凝土和设备的进场试验报告	
	涉及工程结构安全的试块、试件及有关材料的试（检）验报告	
	地基与基础、主体结构等重要分部（分项）工程质量验收报告签证情况	
	建设行政主管部门、质量监督机构或其他有关部门责令整改问题的执行情况	
	单位工程质量自检情况	
	工程质量保修书	
	工程款支付情况	

经检验，该工程已完成设计和合同约定的各项内容，工程质量符合有关法律、法规和工程建设强制性标准。

项目经理：

企业技术负责人：（施工单位公章）

法定代表人：年　月　日

监理单位意见：

总监理工程师：（公章）

年　月　日

（4）投资商、开发商或监理单位组织初验。初验就是工程项目竣工的预验收，是在承建单位完成自检自验并认为符合正式验收条件，在申报工程验收后、正式验收之前的这段时间内进行的。委托监理的工程项目，总监理工程师应组织其所有各专业监理工程师来完成。竣工预验收要工程项目的投资商或开发商、设计、质量监督人员参加，而承建单位也必须派人配合竣工验收工作。

由于工程项目竣工预验收的时间较长，又由各方面派出的专业技术人员进行，因此对验收中发现的问题一般都在此时解决。为正式验收创造条件。为做好工程项目竣工预验收工作，总监理工程师要提出一个预验收方案，这个方案包括：预验收需要达到的目的和要求；预验收的重点、预验收的组织分工；预验收的主要方法和主要检测工具等，并向参加验收的人员进行交底。

（5）建设单位组织工程竣工验收。

1）由竣工验收小组组长主持竣工验收。

2）建设、施工、监理、设计、勘察单位分别书面汇报工程项目建设质量状况、合同履约及执行国家法律、法规和工程建设强制性标准情况。

3）审阅建设、勘察、设计、施工、监理单位的工程档案资料。

4）实地查验工程质量。

5）对竣工验收情况进行汇总讨论，并听取质量监督机构对该工程质量监督情况。

6）对工程勘察、设计、施工、设备安装质量和各管理环节等方面作出全面评价，形成经验收组人员签署的工程竣工验收意见。

7）当在验收过程中发现严重问题，达不到竣工验收标准时，验收小组应责成责任单位立即整改，并宣布本次验收无效，重新确定时间组织竣工验收。

8）当在竣工验收过程中发现一般需整改质量问题，验收小组可形成初步验收意见，

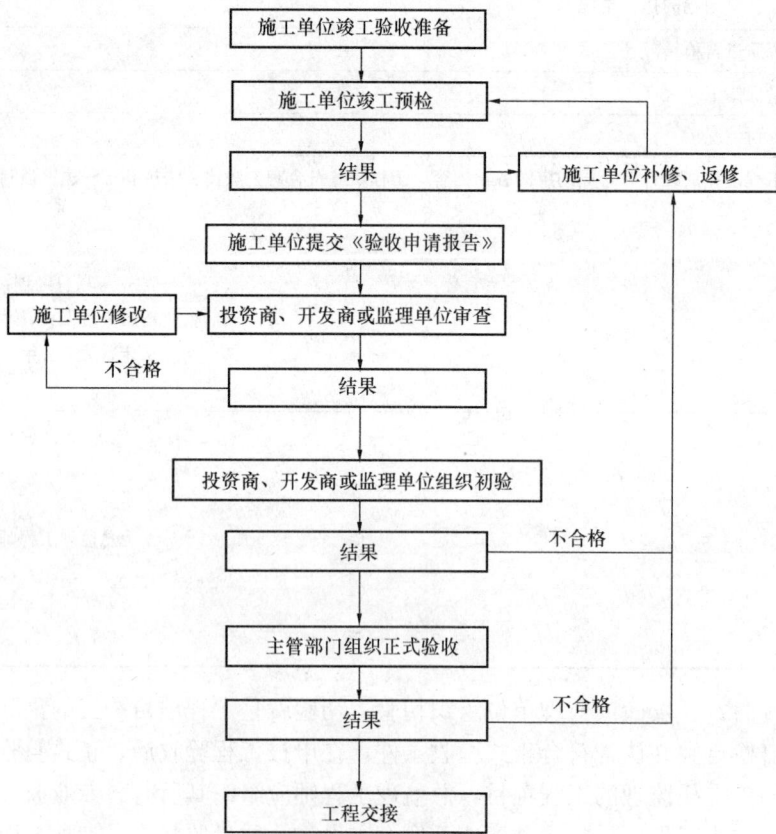

图 11-1　工程项目竣工验收工作流程

填写有关表格，有关人员签字，但建设单位不加盖公章。验收小组责成有关责任单位整改，可委托建设单位项目负责人组织复查，整改完毕符合要求后，加盖建设单位公章。

9）当竣工验收小组各方不能形成一致竣工验收意见时，应当协商提出解决办法，待意见一致后，重新组织工程竣工验收。当协商不成时，应报行政主管部门或质量监督机构进行协调裁决。

为了保证工程项目竣工验收工作的顺利进行，具体的工程项目竣工验收工作流程如图11-1所示。

发包人在约定的时间内组织勘察、设计、施工、监理等单位进行工程竣工验收后，最终签署"工程竣工验收报告"。建筑工程验收报告的参考格式内容见表11-2所示。

工程竣工验收报告 　　　　　　　　　　　　　　　　　　　　表 11-2

	工程名称		建筑面积	m²
工程概况		工程地址		结构类型
	层　数	地上　　层 地下　　层	总高	
	电　梯	台	自动扶梯	台
	开工日期		竣工验收日期	
	建设单位		施工单位	
	勘察单位		监理单位	
	设计单位		质量监督单位	
	工程完成设计与合同所约定内容情况			
验收组织形式				
验收组成情况	专业			
	建筑工程			
	供暖卫生和燃气工程			
	建筑电气安装工程			
	通风与空调工程			
	电梯安装工程			
	工程竣工资料审查			
竣工验收程序				

| 工程竣工验收意见 | 建设单位执行基本建设程序情况： |
| | 对工程勘察、设计、监理等方面的评价： |

| 项目负责人 | 建设单位 | （公章） |
| | | 年　月　日 |

| 勘察负责人 | 勘察单位 | （公章） |
| | | 年　月　日 |

| 设计负责人 | 设计单位 | （公章） |
| | | 年　月　日 |

| 项目经理
企业技术负责人 | 施工单位 | （公章） |
| | | 年　月　日 |

| 总监理工程师 | 监理单位 | （公章） |
| | | 年　月　日 |

工程质量综合验收附件：

1. 勘察单位对工程勘察文件的质量检查报告；

2. 设计单位对工程设计文件的质量检查报告；

3. 施工单位对工程施工质量的检查报告，包括：单位工程、分部工程质量自检记录，工程竣工资料目录自查表，建筑材料、建筑构配件、商品混凝土、设备的出厂合格证和进场试验报告的汇总表，涉及工程结构安全的试块、试件及有关材料的试（检）验报告汇总表和强度合格评定表，工程开、竣工报告；

4. 监理单位对工程质量的评估报告；

5. 地基与勘察、主体结构分部工程以及单位工程质量验收记录；

6. 工程有关质量检测和功能性试验资料；

7. 建设行政主管部门、质量监督机构责令整改问题的整改结果；

8. 验收人员签署的竣工验收原始文件；

9. 竣工验收遗留问题的处理结果；

10. 施工单位签署的工程质量保修书；

11. 法律、规章规定必须提供的其他文件。

3. 竣工验收备案

建设工程竣工验收完毕以后，由建设单位负责，在 15 天内到备案部门办理竣工验收备案。

建设单位办理工程竣工验收备案应当提交下列文件。

① 工程竣工验收备案表。工程竣工验收备案表一式两份，一份由建设单位保存，一份留备案机关存档。

② 工程竣工验收报告。工程竣工验收报告应当包括工程报建日期，施工许可证号，施工图设计文件审查意见，勘察、设计、施工、工程监理等单位分别签署的质量合格文件及验收人员签署的竣工原始文件，市政基础设施的有关质量检测和功能、性能试验材料以及备案机关认为需要提供的有关资料。

③ 法律、行政法规规定应当由规划、公安、消防、环保等部门出具的认可文件或者准许使用文件。

④ 施工单位签署的工程质量保修书。

⑤ 法规、规章规定必须提供的其他文件。

⑥商品住宅还应当提交《住宅质量保修书》和《住宅使用说明书》。

11.1.4　工程项目的交接

项目交接过渡就是在项目收尾的基础上，确保项目最终成果交到使用者手中时，后者能够正确地使用、维护、改造或扩大，并取得预期的效益。项目交接实际上是生产和管理技术的转让，使得项目的所有者能够独立使用这一最终成果的过程。项目交接包括技术交接和组织交接两个子过程。

项目交接的目的是确保项目的最终成果使用者有效地使用，实现这一项目的本来目的，做到可持续发展。

1. 项目收尾

当项目准备提交最终成果的时候，项目班子应当做好项目的收尾工作。否则，项目各当事人为完成本项目所承担的义务和责任就没有终止，也不能及时从本项目获取应得的权益。

项目验收——核查项目计划规定范围内的各项工作或活动是否已经全部完成，可交付成果是否令人满意，并将核查结果记录在验收文件中。

合同收尾——终结合同，进行结算，包括解决所有未尽事宜。

行政收尾——编造、收集和分发信息，正式宣布项目的结束。

项目接近完成时，班子的注意力往往转移到新的任务，有些成员也要调离。而收尾工作常常是零碎、烦琐、费时、费力的，容易被人忽略。因此，项目收尾的重要性应当特别强调，否则会给项目的运营带来后患。竣工、竣工验收、交接三者间的关系如图 11-2 所示。

（1）项目验收

项目在正式移交可交付成果之前，接

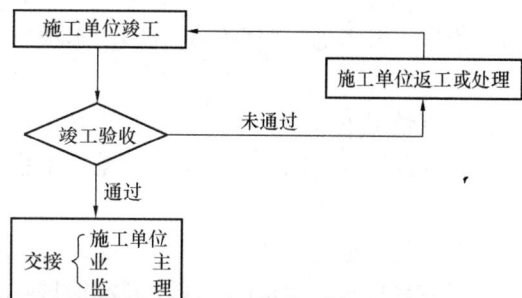

图 11-2　竣工、竣工验收、交接三者间的关系

收方面要对已经完成的工作成果或项目活动结果重新进行审查，核查项目计划规定范围内的各项工作或活动是否已经完成，可交付成果是否令人满意。

如果项目没有全部完成而提前结束，则应查明有哪些工作已经完成，完成到了什么程度，哪些工作没有完成并将核查结果记录在案，形成文件。参加范围核实的项目班子和接收方面的人员应在有关文件上签字，表示对项目已完成范围的认可和验收。

进行范围核实时，项目班子必须向接受方面出示说明项目（或项目阶段）成果的文件，如项目计划、技术要求说明书、技术文件、图纸等，供其审查。

参加范围核实的项目班子和接收人员应在事先准备好的文件上签字。表示接收方面已正式认可并验收项目全部或阶段性成果。一般情况下，这种认可和验收可以附有条件，在项目阶段结束时，更是如此。

（2）合同收尾

合同收尾就是终结合同并结清账目，包括解决所有尚未完成的事项。合同没有全部履行而提前终止是一种特殊的合同收尾。

合同文件至少应包括合同本身及所有有关的表和清单，经过批准的合同变更，由承包商提出的技术文件，承包商的进度报告、单据和付款记录等财务文件以及所有与合同有关的检查结果。

一套经过整理编上号码的完整合同记录，连同项目记录一起存档，并应当向承包商发出本合同已经履行完毕的正式书面通知。

合同收尾需要对整个采购过程进行系统审查，找出进行本项目其他产品或本组织内其他项目采购时值得借鉴的成功和失败之处。

（3）行政收尾

项目在交付最终成果或因故中止时，必须做好行政收尾工作。收尾工作就是编造、收集和散发有关信息、资料和文件，正式宣布项目或项目阶段的结束。

所有为了记录和分析项目进展而编写的文件，包括说明测量项目实施状况主要步骤的规划文件。

对项目产品进行说明的文件，如图纸、技术要求说明书、技术文件、电脑文件等也必须在收尾工作期间准备好，以便有关人员随时查阅。

一套编好号的完整项目记录经过更新的所有同本项目有关的数据库，仅保留反映项目最后真实情况的数据资料。

项目委托人正式写出的验收文件，并分发给有关各方，宣布项目或项目阶段的正式结束。行政收尾时，应当明确项目和项目管理的成败所在，研究本项目用过的哪些方法和技术值得推广，并考虑如何继续研究因受本项目的启迪而提出的各种方法和技术。

（4）中止收尾

在个别情况下，项目可能因违约或其他原因而中止。此时，同样需要做好各种收尾工作，甚至涉及某些合同收尾的法律问题。中止收尾是项目收尾的一个特例。

2. 技术交接

（1）依据和前提

项目收尾中整理出来的技术资料和文件，以及项目最终成果。

（2）可交付成果已建立起来的适合于该项目最终成果的管理系统（如财务系统、人事系统）和有关文件，如组织机构与管理体制的改革以及软、硬件配置的计划等。

3. 组织交接

（1）依据和前提

项目收尾中整理出来的技术资料和文件、项目最终成果，以及项目实施中发现的问题。

（2）可交付成果

已经建立起来的适合于该项目最终成果的管理系统（如财务系统、人事系统）和有关文件，如组织机构与管理体制的改革以及软、硬件配置的计划等。

办完工程竣工验收收到结算价款后，承包人向发包人办理工程移交手续应包括以下内容：

1) 按工程一览表在现场移交工程；

2) 按竣工资料目录交接工程竣工资料；

3) 按质量保修制度签署"工程质量保修书"；

4) 协商其他交工验收事宜等。

11.1.5 竣工结算

1. 工程竣工结算及其作用

（1）工程竣工结算

工程竣工结算是指施工企业按合同规定，全部完成所承包的工程，经验收合格后，向建设单位办理结清最后工程价款的结算工作。

竣工结算意味着承发包双方经济关系的最后结束，因此承发包双方的财务往来必须结清。当工程即将竣工之前，由施工单位及时整理点交工程技术资料，主要工程应绘制竣工图，并编制竣工结算和"工程价款结算账单"，经建设单位和监理工程师审查签证后，通过开户银行办理结算。

《工程竣工验收报告》一经签署认可，承包人应在规定或约定时间内向发包人递交工程竣工结算报告及完整的结算资料。承包人在规定或约定时间内未递交结算报告及资料的，由此造成工程竣工结算不能及时办理，承包人应自行承担结算价款不能正常及时收取的责任。

（2）工程竣工结算的作用

1) 竣工结算是确定工程最终造价、完结建设单位和施工单位的合同关系和经济责任的依据。

2) 竣工结算是施工单位完成建安工作量、核算工程成本的依据。

3) 竣工结算是建设单位落实完成投资额的依据。

2. 编制工程竣工结算的依据

竣工结算的依据有：施工合同，中标投标书的报价单，施工图及设计变更通知单、施工变更记录、技术经济签证，计价规定，有关施工技术资料，工程竣工验收报告，工程质量保修书，其他有关资料（如材料代用资料、价格变更文件、隐蔽工程记录等）。

3. 竣工结算方式和要求

（1）竣工结算方式

工程竣工结算的基础工作来源于项目经理部，项目经理要指定熟悉工程施工情况和预结算专业人员，对工程结算书的内容进行检查。应突出重点地检查费用计算是否准确、工程量调整、预算与实际对比、单价有无变化、款项调整内容等。

承包人预算主管部门应坚持科学的管理程序，从专业归口的角度，编制工程竣工结算报告及收集完整的结算资料。对原报价的主要内容，如分项工程、工程量、单价及计算结果进行检查和核对，发现差错应进行调整纠正。应按照单位工程、单项工程、建设项目分别编制工程结算报告。

工程竣工验收报告完成后，承包人应立即在规定的时间内向发包人递交工程竣工结算报告及完整的竣工结算资料。

工程竣工结算报告及结算资料经承包人审批送出后，承发包双方应在各自规定的期限内，进行竣工结算核实，若有修改意见，要及时协商达成共识。对结算价款有争议的，应按约定的解决方式处理。

项目经理应按照"项目管理目标责任书"的承诺，根据工程竣工结算报告，向发包人催收工程结算价款。预算主管部门应将结算报告及资料送交财务部门，据以进行工程价款的最终结算和收款。回收工程结算价款，是考核和评价项目经理部管理业绩的重要依据。发包人在规定期限未支付工程结算价款且无正当理由的，应承担违约责任。在规定的追加时间内仍不支付工程结算价款的，双方可协议工程折价，或由承包人依法申请法院强制执行拍卖，最终收回工程结算价款。

根据《建设工程施工合同（示范文本）》第32条的规定：

当年开工、当年竣工的工程，一般实行工程竣工后一次结算；跨年施工项目可分段结算；工程实行总包的，总包人统一向发包人按规定办理结算。

（2）竣工结算要求

1）做好竣工结算检查，逐项核对工程结算书，检查设计变更签证，核实工程数量，检查计价水平是否合理等。

2）编制竣工结算资料和竣工结算报告时，遵循下列原则：以单位工程或合同约定的专业项目为基础，对原报价单的主要内容进行检查核对；对漏算、多算、误算及时进行调整；汇总单位工程结算书编制单项工程综合结算书；汇总综合结算书编制建设项目总结算书。

3）项目经理部编制的工程结算报告要经企业主管部门审定、发包人审查。

4）项目经理部按照项目管理目标责任书的规定配合企业主管部门及时办理竣工结算手续。

5）竣工结算报告及竣工结算资料应作为竣工资料及时归档保存。

6）工程竣工结算要认真预防价格和支付风险，利用合同、保险和担保等手段防止拖欠工程款。

4. 工程竣工结算的审查

工程竣工结算审查是竣工结算阶段的一项重要工作。建设单位、监理公司以及审计部门等，都十分重视竣工结算的审核把关。一般包括以下几方面：

（1）核对合同条款。

（2）检查隐蔽工程的验收记录。

（3）落实设计变更签证。

（4）按图核实工程数量。

（5）严格执行定额单价。

（6）注意各项费用计取。

（7）防止各种计算误差。

办完工程竣工结算手续，承包人和发包人应按国家有关竣工验收规定，将竣工结算报告及结算资料纳入工程竣工资料进行汇总，作为承包人的工程技术经济档案资料存档。发包人应按规定及时向建设行政主管部门或其他有关部门移交档案资料备案。

11.1.6 施工项目竣工资料管理

1. 施工项目竣工资料的内容

施工项目竣工资料由《建设工程文件归档整理规范》GB/T 50328—2001 规定，根据整理资料主体和专业的不同，竣工资料也不尽相同，由建筑业企业整理归档的建筑工程竣工资料主要包括：

（1）施工文件，包括：施工技术准备文件；施工现场准备文件；地基处理记录；工程图纸变更记录；施工材料预制构件质量证明文件及复试试验报告；施工试验记录隐蔽工程检查记录；施工记录；工程质量事故处理记录；工程质量检验记录。

（2）工程竣工图，包括：综合竣工图；专业竣工图。

（3）竣工验收文件，包括：工程竣工总结；竣工验收记录；财务文件；声像、微缩、电子档案。

2. 竣工资料管理要求

（1）在企业总工程师的领导下，由归口管理部门负责日常工作。

（2）在项目经理领导下由项目技术负责人牵头，收集和整理资料。

（3）实行总承包的，分包机构收集整理分包范围内的工程竣工资料，总包人汇总整理并向发包人移交。

（4）执行《建设工程文件归档整理规范》的规定。

（5）建立收集资料的岗位责任制，不遗漏、不损毁。

（6）竣工资料的整理，应做到图物相符、数据准确、手续完备、不伪造、不后补。

（7）以单位工程为对象整理组卷，案卷构成应符合《科学技术档案构成的一般要求》GB/T 11822—2000 的规定。

11.2 施工项目考核评价

施工项目考核评价的目的是"规范项目管理行为，鉴定项目管理水平，确认项目管理成果，对项目管理进行全面考核和评价。"也就是说，施工项目管理目标的实现是其管理过程（局部过程或整体过程）所取得的成果，需要通过考核评价加以确认，并以此说明项目管理水平，既为规范项目管理行为提供信息，又为对项目管理责任人进行评价和激励提供依据。所以，考核评价也是项目管理的重要过程，属于项目各阶段的收尾过程之一。项目只进行全面考核，不进行单项考核。对项目管理的考核，不能只是项目全部结束以后进行一次总的考核。为了加强对项目管理的过程控制，应当实行阶段考核。考核阶段的划分，可以根据工程的规模和企业对项目管理的方式确定。使用网络计划时，尽量实行按网络计划关键节点进行考核的办法。工期超过 2 年以上的大型项目，可以实行年度考核；但为了加强过程控制，避免考核期过长，应当在年度考核之中加入按网络计划关键节点进行的阶段考核；同样，为使项目管理的考核与企业管理按自然时间划分阶段的考核接轨，按网络计划关键节点进行考核的项目，也应当同时按自然时间划分阶段进行季度、年度考核。工程完工后，必须对项目管理进行全面的一次性考核，而不能以其他考核方式代替。

1. 施工项目考核评价的行为主体和客体

考核评价的行为主体是派出项目经理的单位，这个单位可能是不同级别的企业，也可能是其授权的职能部门，是向项目经理下达项目管理目标责任书的单位。

考核评价的客体是项目经理部，其中主要是项目经理的业绩。项目经理的业绩体现了项目管理由项目经理个人负责，集体承担任务方面的成果。

2. 施工项目考核评价的依据

项目考核评价的依据是项目管理目标责任书，因为该文件是派出项目经理时由其负责人下达的，是项目经理责权利的体现，理应成为考核管理成果的依据。应对项目管理目标责任书中的各项责任的完成情况进行全面对比考核。

3. 施工项目考核评价的时间要求

考核评价的时间要求比较灵活：第一，可按年进行；第二，可按进度计划分阶段进行；第三，可在按工程部位进行考核中插入按自然时间（年、季、月等）划分阶段进行；在完工后必须进行全面终结性考核。进行终结性考核应在竣工验收合格后的一段时间，以便留出时间进行清理。

4. 施工项目终结性考核评价的内容

（1）确认阶段性考核的结果；

（2）确认项目管理的最终结果；

（3）确认该项目经理部是否具备"解体"条件；

（4）兑现项目管理目标责任书中确定的奖励或处罚。

"项目管理目标责任书"中的每一项内容都应进行考核评价，必须得出项目的全面考核评价结论。

5. 施工项目考核评价组织、程序与协作

（1）组织

成立考核评价委员会，其成员为：企业主管领导，各部门的相关人员；必要时聘请有关专家、学者参加。可以是企业的常设机构，也可以是一次性机构，由企业主管领导负责。在考核评价前，明确组织分工，制定该组织的运行制度和章程，熟悉考核评价工作标准，统一认识，然后按程序开展工作。

（2）程序

1）制定考核评价方案，包括：考核评价工作时间，具体要求，工作方法，结果处理。

2）听取项目经理汇报：主要汇报管理情况和目标实现的结果。

3）查看项目经理部的有关资料：包括施工记录，试验记录，检查记录，统计资料，核算资料，各种报表和报告，变更资料，各种合同、项目经理部提供的其他材料等。

4）对项目管理层和劳务作业层进行调查：可采用交谈、座谈、约谈等方式。

5）考察已完工程：主要是考察质量和现场管理，进度与工期是否吻合，阶段性目标是否完成等。

6）对项目管理的实际运作进行考核评价：对各定量指标进行评分，对定性指标确定评价结果，得出综合评价值和评价结论。

7）提出考核评价报告：应全面、具体、实事求是、结论明确、具有说服力。

8）向被考核评价的项目经理部公布评价意见。

（3）协作

1）项目经理部向考核评价委员会提供以下资料：项目管理实施规划、各种计划、方案及其完成情况；有关文件、函件、签证、记录、鉴定、证明；各项技术经济指标的完成情况及分析资料；项目管理的总结报告；使用的各种合同、制度和工资发放标准。

2）考核评价委员会向项目经理部提供以下项目考核评价资料：考核评价方案与程序；考核评价指标、计分办法和有关说明；考核评价依据；考核评价结果。

6. 施工项目考核评价指标

（1）定量指标：指四项目标控制情况：

1）工程质量指标：应按《建筑工程施工质量验收统一标准》和相应的施工质量验收规范进行检查和验收，根据验收情况评定分数。

2）工程成本降低率：该指标用项目经理责任成本与实际成本的差额除以责任成本得到。

3）工期及提前工期率：工期是实际工期；提前工期率由实际工期与合同工期之差除以合同工期得到。

4）安全考核指标：按照1999年原建设部发布的《建筑施工安全检查标准》评定为优良、合格、不合格。等级是由评分计算方式确定的。评分表有安全管理、文明工地、脚手架、基坑支护与模板工程、"三宝""四口"防护、施工用电、物料提升机与外用电梯、塔吊、起重机吊装、施工机具等11项，还有综合评分表。满分为110分；80分及其以上为优良；70分及其以上为合格；不合格有3种情况：汇总表得分不足70分；有一份表未得分，且汇总表得分在75分以下；起重吊装检查评分表或施工机具检查评分表未得分，且汇总表得分值在80分以下。

计算分数以后，还要用项目管理目标责任书中要求的指标进行分析。

（2）定性指标：

1）执行企业各项制度情况：通过调查，评价项目经理部是否能够及时、准确、严格、持续地执行企业制度，是否有成效，能否做到令行禁止、积极配合。

2）项目资料的收集、整理情况：检查资料管理情况和有效性。

3）思想工作方法及效果：主要考察思想政治工作是否有成效，是否适应和促进企业领导体制建设，是否提高了职工素质。

4）发包人及用户的评价。

5）应用四新（新技术、新材料、新设备、新工艺）情况。

6）采用现代化管理方法和手段情况。

7）环境保护情况，包括：环境保护意识，环境保护措施，环境保护效果，杜绝环境破坏和环境污染情况。

定性指标应比定量指标占有更大的权数，并尽量量化。

7. 项目管理评估办法

中国建筑业协会工程项目管理专业委员会提出了如下工程项目管理评估办法，简介如下：

（1）评估依据：包括本办法，建筑工程施工质量验收统一标准，专业工程施工质量验收规范，项目管理目标责任书，建筑施工安全检查标准，施工合同，项目经理部积累的资料等。

（2）评估方法：评估委员会进入现场后听取项目管理综合情况和有关专业管理情况的汇报；评估委员会查阅资料；考察现场，观看作业过程和现场情况；综合评分；与项目经理交换意见；写出评估报告；进行以下处理：奖励、表彰、推广经验、进行改进等。

（3）评估指标体系：

1）定量指标：工程质量，工程成本降低率，全员劳动生产率，工期，平均资金占用额，安全，索赔率，施工现场综合考评得分。

2）定性指标：经营管理机制，管理理念，质量意识，基础工作，思想政治工作，用户或业主评价。

（4）评估公式

1）定量指标评估公式：

$$C = \sum_{i=1}^{n} (X_i f_i) \times 100 \tag{11-1}$$

式中　C——n 个指标的计算总分；

　　X_i——第 i 个指标达标系数，达标系数是实际完成值除以标准值所得的系数；

　　f_i——第 i 个指标所对应的权重，

$$\sum_{i=1}^{n} f_i = 1 \tag{11-2}$$

权重可由评估委员会确定。

2）定性指标确定方法：定性指标采用评分方法确定：

$$S = \sum_{j=1}^{n} b_j w_j \tag{11-3}$$

式中　S——定性指标得分值；

　　b_j——第 j 项的综合评分值；

　　w_j——第 j 项相应的权数。

3）综合得分计算：

$$D = 1/2 \ (C+S) \tag{11-4}$$

（5）评估结果的作用

评估结果的作用包括：评价项目经理部的工作状况；积累资料；作进行激励的依据；推动提高项目管理水平；推选优秀项目经理；推荐项目管理优秀项目。

11.3　施工项目回访保修管理

1. 项目回访保修的意义

工程质量保修是一种售后服务方式，是《建筑法》和《建设工程质量管理条例》规定的承包人的质量责任。回访保修有以下意义：

(1) 有利于项目经理重视项目管理，提高工程质量。工程质量提高了才能减少修理任务。

(2) 有利于承包人听取用户意见，履行回访保修承诺，改进工程质量。

(3) 有利于改进服务方式，增强用户对承包人的信任感。承包人编写用户服务卡、使用说明书、维修服务事项等资料赠给用户，既方便了用户使用和维护，又树立了为用户服务的良好企业形象。

因此，回访保修对企业、对用户都有好处，是一项双赢的好事。企业必须把它作为一项制度坚持做好。

2. 回访保修的责任和工作方法

回访可能发生在施工中和交付使用后，因此，应由项目经理部和企业管理层双方承担责任；而保修则发生在项目交付使用以后，此时，项目经理部已经解体，因此，保修责任应由企业管理层承担。承包人应建立与发包人及用户的服务网络，及时取得信息，并按计划、实施、验证、报告的程序，搞好回访保修工作。

(1) 与发包人建立良好的关系，适时召开一些座谈会或增进友好感情的活动，以沟通信息，增加信任感。

(2) 及时听取发包人对施工的意见，研究解决施工中的质量问题，完善项目管理，提高质量水平，树立企业的社会信誉。

(3) 对发包人进行跟踪服务，满足其合理的变更修改要求，扎实做好工作。

(4) 交付使用前，与承包人签订质量保修协议，对使用后的回访保修做出承诺。

(5) 发放装修、使用、维护、修理等注意事项的资料和质量调查问卷，收集质量保修信息，对质量保修效果进行验证，提出保修总结报告。

3. 回访

根据我国广大建筑业企业积累的回访经验，《规范》对项目的回访作出以下规定：

(1) 将回访纳入企业的工作计划、服务控制程序和质量体系文件。回访工作计划的内容有：主管业务部门，执行单位，回访对象及工程名称，时间安排，主要内容，保修期限。

(2) 每次填写回访记录，最后编写回访服务报告并验证。

(3) 采取例行回访、季节回访、"四新"（新材料、新技术、新工艺、新设备）工程使用效果或技术状态回访、特殊工程专访等方式。

4. 保修

(1) 工程质量保修的法律、法规和规章

对工程保修作出规定的法律、法规和部门规章主要有：

1)《合同法》第二百五十七条规定：施工合同的内容包括质量保修范围和保证期；

2)《建筑法》第六十二条规定，建筑工程实行质量保修制度，制度中包括保修范围、最低保修期；

3)《建设工程质量管理条例》第六章是"建设工程质量保修"，其中有 4 条，分别对实行质量保修制度、最低保修期限、承担保修赔偿责任、超过合理使用年限的加固维修作出了规定；

4）原建设部于 2000 年以第 80 号部长令发布《房屋建筑工程质量保修办法》，其中共有 22 条，对保修做出了全面的规定。同年 8 月，原建设部与国家工商行政管理局联合发布《房屋建筑工程质量保修书》（示范文本）；

5）由原建设部和国家工商行政管理局联合发布的《建设工程合同（示范文本）》的第 34 条，用 3 款规定了质量保修，其中包括：承包人对交付使用的工程在质量保修期内承担质量保修责任，质量保修书作为合同附件，质量保修书的内容。

（2）质量保修期。法规和《规范》规定，建设工程质量的最低保修期限是：

1）基础设施工程、房屋建筑的地基基础工程和主体结构工程，为设计文件规定的该工程的合理使用年限；

2）屋面防水工程、有防水要求的卫生间、房间和外墙面的防渗漏，为 5 年；

3）供热与供冷系统，为 2 个供暖期、供冷期；

4）电气管线、给水排水管道、设备安装和装修工程，为 2 年；

5）其他项目的保修期由发包方和承包方约定；

6）保修期自竣工验收合格之日起计算。

（3）工程质量修理通知书。《规范》规定，在保修期内发生的非使用原因的质量问题，使用人应填写"工程质量修理通知书"告知承包人。规范化的"工程质量修理通知书"内容包括：质量问题及部位，联系维修方式。其中还留有下列位置：承修人自检评定，使用人（用户）验收意见。修理通知书发出日期为约定起始时间，承包人应在 7 天内派出人员执行保修任务。

（4）工程质量保修书。《规范》规定，承包人应按工程质量保修书的承诺向发包人或使用人提供服务。保修业务应列入施工生产计划，并按约定的内容承担保修责任。在《房屋建筑工程质量保修书》（示范文本）中，包含了工程质量保修范围和内容，质量保修期，质量保修责任和保修费用，双方约定的其他工程质量保修事项。

（5）质量保修业务。《房屋建筑工程质量保修办法》规定，施工单位接到保修通知后，应当到现场核查情况，在保修书约定的时间内予以保修。如发生涉及结构安全或者严重影响使用功能的紧急抢修事故，施工单位接到保修通知后，应当立即到达现场抢修。对于涉及结构安全的质量问题，应当立即向当地建设行政主管部门报告，采取安全防范措施；由原设计单位或具有相应资质的设计单位提出保修方案，承包人实施保修。执行修理任务的单位和人员，应实行严格的修理责任制，使保修业务落到实处。修理任务完成后，执行的项目经理部应安排专职质量管理人员到现场进行自我评定，签署评定结论，然后请使用人（用户）对修理结果进行验收，认可后，在工程质量保修通知书上签署验收意见。项目经理部将签署意见的"工程质量修理通知书"和自留的一份一并移交企业管理层，归入保修业务档案。

（6）保修经济责任。《规范》详细规定了保修的经济责任，现详述如下：

1）由承包人造成的质量缺陷。如承包人未按施工质量验收规范、设计文件要求和施工合同约定组织施工，由此造成的质量缺陷所产生的工程质量保修，应当由承包人负责修理并承担经济责任；由承包人采购的建筑材料、建筑构配件、设备等不符合质量要求，或承包人应进行而没有进行试验或检验，进入现场放行使用造成质量问题的，应由承包人负责修理并承担经济责任。

2）由设计人造成的质量缺陷。由设计人造成的质量缺陷，应由设计人承担经济责任。当由承包人进行修理时，费用数额应按合同约定，通过发包人向设计人索赔，不足部分由发包人补偿。

3）属于发包人的原因。由于发包人供应的材料、构配件或设备不合格造成的质量缺陷，或发包人竣工验收后未经许可自行改建造成的质量问题，应由发包人或使用人自行承担经济责任；由发包人指定的分包人或不能肢解而肢解发包的工程，致使施工接口不好造成的质量缺陷的，或发包人或使用人竣工验收后使用不当造成的损坏，应由发包人或使用人自行承担经济责任。

4）其他原因。不可抗力造成的质量缺陷不属于规定的保修范围，如：因地震、洪水、台风等不可抗力原因造成损坏，或非施工原因造成的事故，承包人不承担经济责任；当使用人需要责任以外的修理、维护服务时，承包人应提供相应的服务，但应签订协议，约定服务的内容和质量要求。所发生的费用，应由使用人按协议约定的方式支付。总之，修理由承包人承担，修理费用由责任人自负。

5）保修保险。有的项目经发包人和承包人协商，根据工程的合理使用年限，采用保修保险方式。该方式不需扣保留金，保险费由发包人支付，承包人应按约定的保修承诺，履行其保修职责和义务。保修保险解决了费用立项和资金来源，最终受益者还是发包人或投资人，承包人也不受结算保质金之累。

思 考 题

一、名词解释：

1. 工程项目竣工验收；2. 竣工结算；3. 施工项目考核评价；4. 工程质量保修

二、简答题：

1. 如何组织工程项目竣工验收？

2. 工程项目竣工验收的依据是什么？

3. 工程项目竣工验收阶段的主要工作是什么？

4. 工程项目技术资料的验收应包括哪些内容？

5. 工程检验评定资料应包括哪些内容？

6. 工程项目建筑工程的审查验收应包括哪些内容？

7. 工程项目符合什么要求方可进行竣工验收？

8. 工程竣工结算的作用是什么？

9. 编制工程竣工结算的依据是什么？

10. 工程竣工结算的审查一般应包括哪些方面内容？

11. 由建筑企业整理归档的建筑工程竣工资料主要包括哪些方面内容？

12. 项目回访保修的意义是什么？

13. 建设工程质量的最低保修期限是什么？

14.《规范》是如何规定保修的经济责任的？

15.《规范》对项目的回访作出什么规定？

检 测 题 一

一、名词解释：（5×4＝20分）

1. 可松性：

2. 端承桩：

3. 混凝土的施工缝：

4. 后张法：

5. 关键线路：

二、填空：（20×1＝20分）

1. 流水施工中的时间参数有_____、_____、_____。

2. 流水参数有三类：_____、_____、_____。

3. 流水施工的基本方式分为_____和_____。

4. 绘制网络图的三要素是：_____、_____和_____。

5. 施工组织设计的重点是_____和_____。

6. 起重机主要有_____、_____和_____三种类型。

7. 预应力钢筋的型式有_____、_____、_____等。

三、简答题：（4×5＝20分）

1. 土的可松性对土方施工有什么影响？

2. 施工缝留设的位置有哪些？

3. 什么情况下应验算起重机的稳定性?

4. 网络图绘制的原则有哪些?

四、计算题:(40 分)

1. 根据下表所列各施工过程在各施工段上的流水节拍,计算总工期,画出横道图。
(15)

施工过程 n \ 施工段 m	一	二	三	四
一	1	2	3	4
二	2	3	4	2
三	3	4	2	2

2. 已知某土样为 505kg,放到 105℃烘干箱烘干,剩余物质为 478kg,问该土的含水率是多少?问该土按土的含水率划分是哪类土?(10 分)

3. 已知某土的 $k_s = 1.15$,$k'_s = 1.08$,该土的天然体积是 500m³。若回填 500m³ 的土坑,是否会有剩土(松散状态下)?若有则剩土的体积是多少(松散状态下)?(15 分)

检 测 题 二

一、名词解释：（5×4＝20分）

1. 土的含水率：

2. 土的压实系数：

3. 自然养护：

4. 流水步距：

5. 工期：

二、填空题：（1×20＝20分）

1. 影响填土压实质量的主要因素有_____、_____以及_____。

2. 单斗挖土机按工作装置不同，可分为_____、_____、_____四种。

3. 土方边坡用_____表示。

4. 打桩时，宜用_____，可取得良好的打桩效果。

5. 模板的拆除顺序一般是_____，_____。先拆_____，后拆_____。重大复杂的模板拆除，事先应制定拆除方案。

6. 大体积混凝土浇筑方案一般有_____、_____、_____浇筑方案。

7. 钢结构构件的防腐施涂方法有：_____、_____。

8. 按施加预应力的方式，分为_____和_____两类。

三、简答题：（4×5＝20分）

1. 预应力钢筋的张拉程序如何表达？

2. 混凝土的冬期施工是如何规定的？

496

3. 什么叫预应力混凝土?

4. 网络图绘制的步骤有哪些?

四、计算题:(40 分)

1. 根据下表所列各施工过程在各施工段上的流水节拍,计算总工期。(15 分)

施工过程 n \ 施工段 m	一	二	三	四
一	3	5	7	7
二	2	4	5	3
三	4	3	3	4
四	4	2	3	4

2. 已知某土样为 500kg,放到 105℃烘干箱烘干,剩余物质为 478kg,问该土的含水率是多少? 问该土按土的含水率划分是哪类土? (10 分)

3. 已知某土的 $k_s = 1.15$, $k'_s = 1.08$,该土的天然体积是 500m³ 若用运土体积为 2.6m³ 的运土车运输,问运多少车? 回填 500m³ 的土坑,会有多少剩土(松散状态下)? (15 分)

检 测 题 三

一、名词解释（5×4＝20分）

1. 土的可松性：

2. 场地平整：

3. 井点降水：

4. 预应力混凝土：

5. 后张法：

二、填空题（1×20＝20分）

1. 按＿＿＿＿＿，土可分为＿＿＿＿＿类。数字越＿＿＿＿＿，表示土越硬。

2. 按土的含水量，含水量≤5％的土，叫＿＿＿＿＿。

3. 填土应严格控制含水量，使土料的含水量接近土的＿＿＿＿＿。

4. 打桩设备包括＿＿＿＿＿、＿＿＿＿＿和＿＿＿＿＿。

5. 混凝土工程是由＿＿＿＿＿、＿＿＿＿＿和＿＿＿＿＿等组成的。

6. 大体积混凝土结构的浇筑方案，一般分为＿＿＿＿＿、＿＿＿＿＿和＿＿＿＿＿三种。

7. 混凝土养护包括＿＿＿＿＿和＿＿＿＿＿，现场施工多为＿＿＿＿＿。

8. 在建筑工程中，防水分为＿＿＿＿＿和＿＿＿＿＿两部分。

9. 可松性系数是＿＿＿＿＿1的数。

三、某工程双代号网络图如下，试通过图上计算法计算该网络图的时间参数，标出其关键线路。（20分）

498

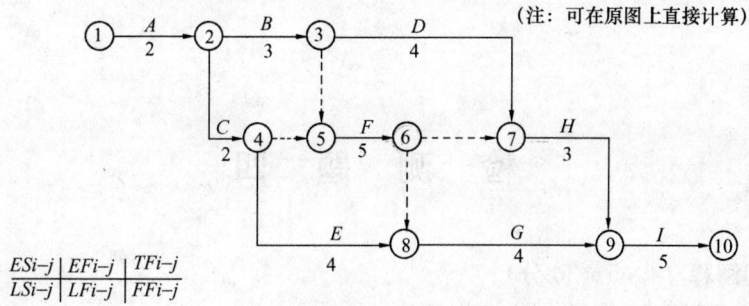

（注：可在原图上直接计算）

某工程双代号网络图

四、简答题（5×6＝30分）

1. 土方回填时，对土料有什么质量要求？

2. 井点降水施工过程中，对周围建筑物和环境有什么影响？

3. 混凝土施工缝的留设原则是什么？

4. 预应力钢筋的张拉程序如何表达？

5. 砌体工程的质量要求是什么？

五、论述题（10分）

1. 论述预应力混凝土结构的优点。

检 测 题 四

一、名词解释（4×5=20分）

1. 土的含水量：

2. 施工高度：

3. 压实系数：

4. "三一"砌砖法：

5. 摩擦桩：

二、填空题（0.5×40=20分）

1. 混凝土由_____、_____、_____、_____、_____组成。

2. 根据土的含水量的多少，我们将土分为干土、湿土和潮湿土。其中含水量在5%～30%之间的土是_____。

3. 按桩的受力情况，桩分为_____和_____。

4. 起重机的三个工作参数是：_____、_____和_____。

5. 钢筋混凝土现浇桩根据成孔工艺不同，有_____、_____、_____、_____类型。

6. 影响填土压实的因素有_____、_____、_____。

7. 井点降水有两大类：_____和_____。一般根据土的_____、_____、_____及经济比较等因素确定。

8. 挖掘机按其工作装置不同有_____、_____、_____、_____。

9. 混凝土自高处倾落的自由高度不应超过_____，在竖向结构中限制自由倾落高度不应超过_____，否则应采取相应措施。

10. 混凝土养护之其强度达到_____，才能够在其上行人。

11. 孔道留设方法有_____、_____、_____。

12. 砌砖施工通常包括抄平、_____、_____、_____、_____、_____。

_____、_____等工序。

三、简答题（4×5＝20分）

1. 什么叫流砂现象？产生的原因是什么？

2. 回填土的压实方法有哪些？影响填土压实的因素有哪些？

3. 钢筋进场验收如何进行？

4. 试述施工缝施工原则和处理方法？

5. 土的可松性对土方工程有什么影响？

四、计算题（40分）

1. 已知某无节奏专业流水施工的各施工过程在各施工段上流水节拍如下表，试确定其相邻工序之间的流水步距，并画出横道图。（15分）

施工工艺＼流水段	一	二	三	四
A	3	2	3	2
B	2	1	2	3
C	2	4	3	3

2. 按下表的逻辑关系绘制双代号网络图，并用图上计算法计算时间参数，同时标出关键线路（25分）。

工作名称	A	B	C	D	E	F	G	H	I
持续时间	2	3	2	4	4	5	4	3	5
紧前工作	—	A	A	B	C	B，C	E，F	D，F	G，H

检 测 题 五

一、名词解释（4×5＝20分）

1. 土的可松性：

2. 最佳含水量：

3. 零线：

4. 端承桩：

5. 施工缝：

二、选择题（1×20＝20分）

1. 回填土施工应优先选择（　　）。

    A. 原槽土　　　　　　　B. 碎石　　　　　　　C. 沙土　　　　　　D. 黏土

2. 基坑边缘堆土、堆料，一般应距离基坑上部边缘不少于（　　）。

    A. 1.5m　　　　　　　B. 1.8m　　　　　　　C. 2.0m　　　　　　D. 2.5m

3. 某工程地质条件为黏质粉土，地下水位较高，降水深度约为6m，应采用（　　）地下水位。

    A. 集水井降水法　　　B. 井点降水　　　　　C. 管井井点　　　　D. 喷射井点

4. 预制桩混凝土强度达到设计强度的（　　）时方可运输。

    A. 70%　　　　　　　B. 75%　　　　　　　C. 90%　　　　　　D. 100%

5. 砌块砌体施工时，若竖缝宽度超过30mm时，竖缝应用混凝土灌注，强度等级不得低于（　　）。

    A. C10　　　　　　　B. C15　　　　　　　C. C20　　　　　　D. C30

6. 砌墙砌体施工时，砂浆水平灰缝的砂浆饱满度应达到（　　）。

    A. 70%　　　　　　　B. 80%　　　　　　　C. 90%　　　　　　D. 95%

7. 现有一跨度8.4m的现浇钢筋混凝土梁，当其混凝土强度达到设计的混凝土立方体抗压强度标准值的（　　），方可拆除底模。

A. 50％　　　　　　B. 75％　　　　　　C. 70％　　　　　　D. 100％

8. 钢筋绑扎接头搭接长度的末端距钢筋弯折处，不得小于钢筋直径的（　　），接头不宜位于构件最大弯矩处。

　　A. 10 倍　　　　　　B. 5 倍　　　　　　C. 6.25 倍　　　　　D. 5.25 倍

9. 现浇混凝土时为避免发生离析现象，混凝土自由下落的高度不应超过（　　）。

　　A. 3m　　　　　　　B. 4m　　　　　　　C. 2m　　　　　　　D. 2.5m

10. 基础中有垫层时纵向受力筋的混凝土保护层厚度，在设计无具体要求时，不应小于（　　）。

　　A. 35mm　　　　　　B. 40mm　　　　　　C. 30mm　　　　　　D. 25mm

11. 施工缝的位置应在混凝土浇筑之前确定，宜留在结构（　　）且便于施工的部位。

　　A. 受弯矩较小　　　B. 受扭矩较小　　　C. 受剪力较小　　　D. 受力偶较小

12. 后浇带的保留时间若设计无要求时，一般至少保留（　　）。

　　A. 28d　　　　　　　B. 21d　　　　　　　C. 14d　　　　　　　D. 35d

13. 当日平均气温降到（　　），混凝土工程必须采取冬期施工措施。

　　A. 5℃或 5℃以下　　　　　　　　　　　B. 0℃或 0℃以下
　　C. −5℃或−5℃以下　　　　　　　　　　D. 3℃或 3℃以下

14. 先张法预应力钢丝搭接长度应比绑扎长度（　　）。

　　A. 短 10d　　　　　　B. 长 10d　　　　　　C. 短 5d　　　　　　D. 长 5d

15. 先张法预应力筋张拉锚固后，对设计位置的允许偏差不得大于（　　），也不得大于截面短边长度的 4％。

　　A. 70％　　　　　　B. 100％　　　　　　C. 75％　　　　　　D. 85％

16. 薄涂型防火涂料的土层最薄处厚度不应低于设计要求的（　　）。

　　A. 95％　　　　　　B. 90％　　　　　　C. 85％　　　　　　D. 80％

17. 屋面卷材铺贴方向应符合有关规定，屋面坡度在 3％～15％时，卷材应（　　）。

　　A. 平行屋脊铺贴　　　　　　　　　　　B. 平行或垂直屋脊铺贴
　　C. 垂直屋脊铺贴　　　　　　　　　　　D. 铺贴方向取决于卷材的种类

18. 后浇带应采用补偿收缩混凝土浇筑，其强度等级不应低于（　　）。

　　A. C20　　　　　　　B. C15　　　　　　　C. C30　　　　　　　D. 两侧混凝土

19. 采用外防外贴法铺贴卷材防水层时，应（　　）。

　　A. 先铺平面，后铺立面　　　　　　　　B. 先铺立面，后铺平面
　　C. 平面、立面同时铺设　　　　　　　　D. A、B 两者均可

20. 水泥砂浆地面，面层压光应在（　　）完成。

　　A. 初凝前　　　　　　B. 初凝后　　　　　　C. 终凝前　　　　　　D. 终凝后

三、简答题（4×5＝20 分）

1. 轻型井点的管路系统由哪几部分组成？平面和高程如何布置？

2. 地基回填土的土料应如何选择？填筑时有哪些要求？

3. 试述桩基的作用和分类。

4. 混凝土在浇筑中如何避免分层离析？试述施工缝施工原则、留设位置和处理方法？

四、论述题（10分）

1. 论述混凝土的特性、发展趋势。（10分）

五、计算题（10分）

已知某无节奏专业流水施工的各施工过程在各施工段上流水节拍如下表，试确定其相邻工序之间的流水步距，并画出横道图。（10分）

施工工艺 　　　　流水段	一	二	三	四
A	3	2	3	2
B	2	1	2	3
C	2	4	3	3
D	4	3	2	2

检 测 题 六

一、单项选择题 (1×20＝20分)

1. 先张法预应力的传递是依靠（　　）。
    A. 夹具　　　　　　　　　　　　B. 锚具
    C. 混凝土与预应力筋的粘结　　　D. 摩擦力

2. 先张法预应力筋放张时，混凝土强度应符合设计要求，当设计无要求时，不得低于设计强度标准值的（　　）。
    A. 70%　　　　　B. 100%　　　　　C. 75%　　　　　D. 85%

3. 后张法预留孔道的直径一般应比预应力筋的外径大（　　）mm。
    A. 3～5　　　　　B. 5～7　　　　　C. 7～10　　　　　D. 10～15

4. 对于抽芯成形孔道，（　　）的直线预应力筋，可在一端张拉。
    A. 不大于24m　　B. 不大于30m　　C. 不大于25m　　D. 不大于20m

5. 孔道灌浆的顺序应（　　）。
    A. 先大后小　　　B. 先下后上　　　C. 先上后下　　　D. 先小后大

6. 高强度螺栓连接副终拧后，螺栓丝扣外露应为（　　）扣。
    A. 2～3　　　　　B. 4～5　　　　　C. 5～6　　　　　D. 1～2

7. 薄涂型防火涂料的涂层最薄处厚度不应低于设计要求的（　　）。
    A. 95%　　　　　B. 90%　　　　　C. 85%　　　　　D. 80%

8. 钢结构安装工程中，柱子定位轴线的允许偏差为（　　）mm。
    A. 2.5　　　　　B. 3.0　　　　　C. 2.0　　　　　D. 1.0

9. 扭剪型高强度螺栓连接施工中，（　　）标志着终拧结束。
    A. 螺母旋转角度达到要求　　　　B. 扭矩值达到要求
    C. 轴向力达到要求　　　　　　　D. 梅花头拧掉

10. 屋面卷材铺贴方向应符合有关规定，屋面坡度在3%～15%时，卷材应（　　）。
    A. 平行屋脊铺贴　　　　　　　　B. 平行或垂直屋脊铺贴
    C. 垂直屋脊铺贴　　　　　　　　D. 铺贴方向取决于卷材的种类

11. 屋面工程应根据建筑物的性质、重要程度、使用功能要求以及（　　）年限，按不同等级设防。
    A. 防水层合理使用年限　　　　　B. 15年
    C. 10年　　　　　　　　　　　　D. 5年

12. 后浇带应采用补偿收缩混凝土浇筑，其强度等级不应低于（　　）。
    A. C20　　　　　B. C15　　　　　C. C30　　　　　D. 两侧混凝土

13. 混凝土地面垫层宜采用的混凝土强度等级应不小于（　　）。
    A. M5　　　　　B. M10　　　　　C. C20　　　　　D. C15

14. 地面构造层基土施工时，若采用蛙式打夯机压实，回填土每层的铺土厚度不应大于（　　）。

    A. 150mm   B. 200mm   C. 250mm   D. 300mm

15. 水磨石，如使用未清洗过的石子，质量通病是（　　）。

    A. 空鼓   B. 裂缝   C. 表面浑浊   D. 石子不均匀

16. 水泥砂浆地面，面层压光应在（　　）完成。

    A. 初凝前   B. 初凝后   C. 终凝前   D. 终凝后

17. 大理石或花岗岩石铺地面用于干法施工时，结合层采用（　　）。

    A. 干铺 1：2 水泥砂浆   B. 干铺 1：3：9 水泥混合砂浆

    C. 干铺 1：2 石灰砂浆   D. 1：3 水泥砂浆加 108 胶

18. 水泥混凝土地面面层，水泥强度等级应不低于（　　）。

    A. 32.5 级   B. 42.5 级   C. 52.5 级   D. 42.5R 级

19. 浇筑混凝土时为避免发生离析现象，混凝土自由下落的高度不应超过（　　）。

    A. 3m   B. 4m   C. 2m   D. 2.5m

20. 后浇带的保留时间若设计无要求时，一般至少保留（　　）。

    A. 28d   B. 21d   C. 14d   D. 35d

二、名词解释（4×5＝20 分）

1. 土的可松性：

2. 场地设计标高：

3. 土方调配：

4. 张拉控制力：

5. 预应力混凝土：

三、问答题（5×4＝20 分）

1. 简述正方形网格法计算场地平整土方量的计算步骤。

2. 简述轻型井点降水的设备组成、施工过程。

3. 预应力混凝土对材料有什么要求？

4. 预应力钢筋的张拉程序是什么？

四、计算题（40 分）

1. 已知某土的 $k_s = 1.15$，$k'_s = 1.08$，该土的天然体积是 500m^3。若回填 500m^3 的土坑，会有多少剩土（松散状态下）？（10 分）

2. 已知各工作的逻辑关系如下图所示，参数计算已完毕，试描述该双代号网络图的逻辑关系；并指出其关键线路 。（15 分）

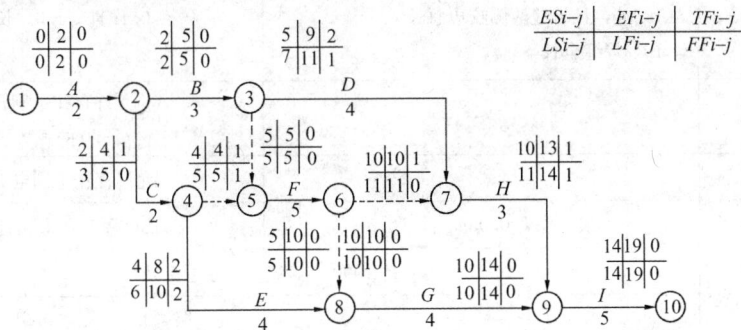

某工程双代号网络图

3. 根据下表所列各施工过程在各施工段上的流水节拍，计算各流水步距及总工期。（15 分）

施工过程＼施工段	一	二	三	四
一	1	2	3	4
二	2	3	4	2
三	3	4	2	2

附　　录

附录1　焊缝外观质量标准及尺寸允许偏差

二级、三级焊缝外观质量标准（mm）　　　　　　　　　　　　附表1

项　目	允　许　偏　差	
缺陷类型	二级	三级
未焊满（指不足设计要求）	≤0.2+0.02t，且≤1.0	≤0.2+0.04t，且≤2.0
	每100.0焊缝内缺陷总长≤25.0	
根部收缩	≤0.2+0.02t，且≤1.0	≤0.2+0.04t，且≤2.0
	长度不限	
咬边	≤0.05t，且≤0.5；连续长度≤100.0，且焊缝两侧咬边总长≤10%焊缝全长	≤0.1t且≤1.0，长度不限
弧坑裂纹	—	允许存在个别长度≤5.0的弧坑裂纹
电弧擦伤	—	允许存在个别电弧擦伤
接头不良	缺口深度0.05t，且≤0.5	缺口深度0.1t，且≤1.0
	每1000.0焊缝不应超过1处	
表面夹渣	—	深≤0.2t　长≤0.5t，且≤20.0
表面气孔	—	每50.0焊缝长度内允许直径≤0.4t，且≤3.0的气孔2个，孔距≥6倍孔径

注：表内 t 为连接处较薄的板厚。

对接焊缝及完全熔透组合焊缝尺寸允许偏差（mm）　　　　　　附表2

序号	项　目	图　例	允许偏差	
			一、二级	三级
1	对接焊缝余高C		B<20：0～3.0 B≥20：0～4.0	B<20：0～4.0 B≥20：0～5.0
2	对接焊缝错边d		d<0.15t，且≤2.0	d<0.15t，且≤3.0

序号	项　目	图　例	允许偏差
1	焊脚尺寸 h_f		$h_f \leqslant 6$：$0 \sim 1.5$ $h_f > 6$：$0 \sim 3.0$
2	角焊缝余高 C		$h_f \leqslant 6$：$0 \sim 1.5$ $h_f > 6$：$0 \sim 3.0$

注：1. $h_f > 8.0$mm 的角焊缝其局部焊脚尺寸允许低于设计要求值 1.0mm，但总长度不得超过焊缝长度10％；

　　2. 焊接 H 形梁腹板与翼缘板的焊缝两端在其两倍翼缘板宽度范围内，焊缝的焊脚尺寸不得低于设计值。

附录 2　钢结构工程加工的允许偏差

焊接 H 型钢的允许偏差（mm）　　　　附表4

项　目		允许偏差	图　例
截面高度 h	$h < 500$	±2.0	
	$500 < h < 1000$	±3.0	
	$h > 1000$	±4.0	
截面宽度 b		±3.0	
腹板中心偏移		2.0	
翼缘板垂直度 Δ		$b/100$，且不应 大于3.0	
弯曲矢高 （受压构件除外）		$l/1000$，且不 应大于10.0	
扭　曲		$w/250$，且不 应大于5.0	
腹板局部 平面度 f	$t < 14$	3.0	
	$t \geqslant 14$	2.0	

项　　目	允许偏差	图　　例
对口错边 △	$t/10$，且不应大于 3.0	
间隙 a	±1.0	
搭接长度 a	±5.0	
缝隙 △	1.5	
高度 h	±2.0	
垂直度 △	$b/100$，且不应大于 3.0	
中心偏移 e	±2.0	
型钢错位　连接处	1.0	
型钢错位　其他处	2.0	
箱形截面高度 h	±2.0	
宽度 b	±2.0	
垂直度 △	$b/200$，且不应大于 3.0	

项　　目		允许偏差	检验方法	图　　　例
柱底面到柱端与桁架连接的最上一个安装孔距离 l		$\pm l/1500$ ± 15.0	用钢尺检查	
柱底面到牛腿支承面距离 l_1		$\pm l_1/2000$ ± 8.0		
牛腿面的翘曲 $\triangle$		2.0	用拉线、直角尺和钢尺检查	
柱身弯曲矢高		$H/1200$，且不应大于 12.0		
柱身扭曲	牛腿处	3.0	用拉线、吊线和钢尺检查	
	其他处	8.0		
柱截面几何尺寸	连接处	± 3.0	用钢尺检查	
	非连接处	± 4.0		
翼缘对腹板的垂直度	连接处	1.5	用直角尺和钢尺检查	
	其他处	$b/100$，且不应大于 5.0		
柱脚底板平面度		5.0	用 1m 直尺和塞尺检查	
柱脚螺栓孔中心对柱轴线的距离		3.0	用钢尺检查	

项　目		允许偏差	检查方法	图　　　例
一节柱高度 H		±3.0	用钢尺检查	
两端最外侧安装孔距离 l_3		±2.0		
铣平面到第一个安装孔距距离 a		±1.0		
柱身弯曲矢高 f		$H/1500$，且不应大于5.0	用拉线和钢尺检查	
一节柱的柱身扭曲		$h/250$，且不应大于5.0	用拉线、吊线和钢尺检查	
牛腿端孔到柱轴线距离 l_2		±3.0	用钢尺检查	
牛腿的翘曲或扭曲 $\triangle$	$l_2 \leqslant 1000$	2.0	用拉线、直角尺和钢尺检查	
	$l_2 > 1000$	3.0		
柱截面尺寸	连接处	±3.0	用钢尺检查	
	非连接处	±4.0		
柱脚底板平面度		5.0	用直尺和塞尺检查	
翼缘板对腹板的垂直度	连接处	1.5	用直角尺和钢尺检查	
	其他处	$b/100$，且不应大于5.0		
柱脚螺栓孔对柱轴线的距离 a		3.0	用钢尺检查	
箱形截面连接处对角线差		3.0		
箱形柱身板垂直度		$h(b)/150$，且不应大于5.0	用直角尺和钢尺检查	

项 目		允许偏差	检验方法	图 例
梁长度 l	端部有凸缘支座板	0 −5.0	用钢尺检查	
	其他形式	$\pm l/2500$ ± 10.0		
端部高度 h	$h \leqslant 2000$	± 2.0		
	$h > 2000$	± 3.0		
拱度	设计要求起拱	$\pm l/5000$	用拉线和钢尺检查	
	设计未要求起拱	10.0 −5.0		
侧弯矢高		$l/2000$，且不应大于 10.0		
扭曲		$h/250$，且不应大于 10.0	用拉线、吊线和钢尺检查	
腹板局部平面度	$t \leqslant 14$	5.0	用 1m 直尺和塞尺检查	
	$t > 14$	4.0		
翼缘板对腹板的垂直度		$b/100$，且不应大于 3.0	用直角尺和钢尺检查	
吊车梁上翼缘与轨道接触面平面度		1.0	用 200mm、1m 直尺和塞尺检查	
箱形截面对角线差		5.0	用钢尺检查	
箱形截面两腹板至翼缘板中心线距离 a	连接处	1.0		
	其他处	1.5		

项　　目	允许偏差	检验方法	图　　例
梁端板的平面度 （只允许凹进）	$h/500$， 且不应大于2.0	用直角尺 和钢尺 检查	
梁端板与腹板的 垂直度	$h/500$， 且不应大 于2.0	用直角尺 和钢尺 检查	

钢桁架外形尺寸的允许偏差（mm）　　　　附表9

项　　目		允许偏差	检验方法	图　　例
桁架最外端 两个孔或两端 支承面最外侧 距离	$l{\leqslant}24m$	$+3.0$ -7.0	用钢尺检查	
	$l{>}24m$	$+5.0$ -10.0		
桁架跨中高度		±10.0		
桁架跨中拱度	设计要求 起拱	$\pm l/5000$		
	设计未要 求起拱	10.0 -5.0		
相邻节间弦杆弯曲 （受压除外）		$l_1/1000$		
支承面到第一个安装孔距 离 a		±1.0	用钢尺检查	
檩条连接支座间距		±5.0		

钢管构件外形尺寸的允许偏差（mm）

项　目	允许偏差	检验方法	图　例
直径 d	$\pm d/500$ ± 5.0	用钢尺检查	
构件长度 l	± 3.0		
管口圆度	$d/500$， 且不应大于 5.0		
管面对管轴的垂直度	$d/500$， 且不应大于 3.0	用焊缝量 规检查	
弯曲矢高	$l/1500$， 且不应大于 5.0	用拉线、吊线 和钢尺检查	
对口错边	$t/10$， 且不应大于 3.0	用拉线和钢尺检查	

注：对方矩形管，d 为长边尺寸。

墙架、檩条、支撑系统钢构件外形尺寸的允许偏差（mm）

项　目	允许偏差	检查方法
构件长度 l	± 4.0	用钢尺检查
构件两端最外侧安装孔距离 l_1	± 3.0	
构件弯曲矢高	$l/1000$，且不应大于 10.0	用拉线和钢尺检查
截面尺寸	$+5.0$ -2.0	用钢尺检查

钢平台、钢梯和防护钢栏杆外形尺寸的允许偏差（mm）

项　目	允许偏差	检验方法	图　例
平台长度和宽度	± 5.0	用钢尺检查	
平台两对角线差 $(l_1 - l_2)$	6.0		
平台支柱高度	± 3.0		
平台支柱弯曲矢高	5.0	用拉线和 钢尺检查	
平台表面平面度 （1m范围内）	6.0	用1m直尺 和塞尺检查	

项　　目	允许偏差	检验方法	图　　例
梯梁长度 l	±5.0	用钢尺检查	
钢梯宽度 b	±5.0		
钢梯安装孔距离 a	±3.0	用拉线和钢尺检查	
钢梯纵向挠曲矢高	$l/1000$		
踏步（棍）间距	±5.0	用钢尺检查	
栏杆高度	±5.0		
栏杆立柱间距	±10.0		

附录3　钢构件预拼装的允许偏差

钢构件预拼装的允许偏差（mm）　　　　　附表13

构件类型	项　　　目		允许偏差	检验方法
多节柱	预拼装单元总长		±5.0	用钢尺检查
	预拼装单元弯曲矢高		$l/1500$，且不应大于10.0	用拉线和钢尺检查
	接口错边		2.0	用焊缝量规检查
	预拼装单元柱身扭曲		$h/200$，且不应大于5.0	用拉线、吊线和钢尺检查
	顶紧面至任一牛腿距离		±2.0	
梁、桁架	跨度最外两端安装孔或两端支承面最外侧距离		+5.0 −10.0	用钢尺检查
	接口截面错位		2.0	用焊缝量规检查
	拱　度	设计要求起拱	±$l/5000$	用拉线和钢尺检查
		设计未要求起拱	$l/2000$ 0	
	节点处杆件轴线错位		4.0	划线后用钢尺检查
管构件	预拼装单元总长		±5.0	用钢尺检查
	预拼装单元弯曲矢高		$l/1500$，且不应大于10.0	用拉线和钢尺检查
	对口错边		$t/10$，且不应大于10.0	用焊缝量规检查
	坡口间隙		+2.0 −1.0	

构件类型	项 目	允许偏差	检验方法
构件平面总体预拼装	各楼层柱距	±4.0	用钢尺检查
	相邻楼层梁与梁之间距离	±3.0	
	各层间框架两对角线之差	$H/2000$，且不应大于 5.0	
	任意两对角线之差	$\Sigma H/2000$，且不应大于 8.0	

附录 4 钢结构安装的允许偏差

单层钢结构中柱子安装的允许偏差（mm）   附表 14

项 目		允许偏差	图 例	检验方法
柱脚底座中心线对定位轴线的偏移		5.0		用吊线和钢尺检查
柱基准点标高	有吊车梁的柱	+3.0 −5.0	基准点	用水准仪检查
	无吊车梁的柱	+5.0 −8.0		
弯曲矢高		$H/1200$，且不应大于 15.0		用经纬仪或拉线和钢尺检查
柱轴线垂直度	单层柱 $H\leqslant10m$	$H/1000$		用经纬仪或吊线和钢尺检查
	单层柱 $H>10m$	$H/1000$，且不应大于 25.0		
	多节柱 单节柱	$H/1000$，且不应大于 10.0		
	多节柱 柱全高	35.0		

项　　目		允许偏差	图　　例	检验方法
梁的跨中垂直度 Δ		$h/500$		用吊线和钢尺检查
侧向弯曲矢高		$l/1500$，且不应大于 10.0		
垂直上拱矢高		10.0		
两端支座中心位移 Δ	安装在钢柱上时，对牛腿中心的偏移	5.0		用拉线和钢尺检查
	安装在混凝土柱上时，对定位轴线的偏移	5.0		
吊车梁支座加劲板中心与柱子承压加劲板中心的偏移 Δ_1		$t/2$		用吊线和钢尺检查
同跨间内同一横截面吊车梁顶面高差 Δ	支座处	10.0		用经纬仪、水准仪和钢尺检查
	其他处	15.0		
同跨间内同一横截面下挂式吊车梁底面高差 Δ		10.0		
同列相邻两柱间吊车梁顶面高差 Δ		$l/1500$，且不应大于 10.0		用水准仪和钢尺检查
相邻两吊车梁接头部位 Δ	中心错位	3.0		用钢尺检查
	上承式顶面高差	1.0		
	下承式底面高差	1.0		

项　　目	允许偏差	图　　例	检验方法
同跨间任一截面的吊车梁中心跨距 Δ	±10.0		用经纬仪和光电测距仪检查；跨度小时，可用钢尺检查
轨道中心对吊车梁腹板轴线的偏移 Δ	$t/2$		用吊线和钢尺检查

墙架、檩条等次要构件安装的允许偏差（mm）　　　　　　　附表 16

项　　目		允　许　偏　差	检　验　方　法
墙架立柱	中心线对定位轴线的偏移	10.0	用钢尺检查
	垂直度	$H/1000$，且不应大于 10.0	用经纬仪或吊线和钢尺检查
	弯曲矢高	$H/1000$，且不应大于 15.0	用经纬仪或吊线和钢尺检查
抗风桁架的垂直度		$h/250$，且不应大于 15.0	用吊线和钢尺检查
檩条、墙梁的间距		±5.0	用钢尺检查
檩条的弯曲矢高		$L/750$，且不应大于 12.0	用拉线和钢尺检查
墙梁的弯曲矢高		$L/750$，且不应大于 10.0	用拉线和钢尺检查

注：1. H 为墙架立柱的高度；

　　2. h 为抗风桁架的高度；

　　3. L 为檩条或墙梁的长度。

钢平台、钢梯和防护栏杆安装的允许偏差（mm）　　　　　　　附表 17

项　　目	允　许　偏　差	检　验　方　法
平台高度	±15.0	用水准仪检查
平台梁水平度	$l/1000$，且不应大于 20.0	用水准仪检查
平台支柱垂直度	$H/1000$，且不应大于 15.0	用经纬仪或吊线和钢尺检查
承重平台梁侧向弯曲	$l/1000$，且不应大于 10.0	用拉线和钢尺检查
承重平台梁垂直度	$h/250$，且不应大于 15.0	用吊线和钢尺检查
直梯垂直度	$l/1000$，且不应大于 15.0	用吊线和钢尺检查
栏杆高度	±15.0	用钢尺检查
栏杆立柱间距	±15.0	用钢尺检查

多层及高层钢结构中构件安装的允许偏差（mm）

附表 18

项 目	允许偏差	图 例	检验方法
上、下柱连接处的错口 △	3.0		用钢尺检查
同一层柱的各柱顶高度差 △	5.0		用水准仪检查
同一根梁两端顶面的高差 △	$l/1000$，且不应大于 10.0		用水准仪检查
主梁与次梁表面的高差 △	±2.0		用直尺和钢尺检查
压型金属板在钢梁上相邻列的错位 △	15.0		用直尺和钢尺检查

多层及高层钢结构主体结构总高度的允许偏差（mm）

附表 19

项 目	允许偏差	图 例
用相对标高控制安装	$\pm\Sigma（\Delta_h+\Delta_z+\Delta_w）$	
用设计标高控制安装	$H/1000$，且不应大于 30.0 $-H/1000$，且不应小于 -30.0	

注：1. Δ_h 为每节柱子长度的制造允许偏差；

2. Δ_s 为每节柱子长度受荷载后的压缩值；

3. Δ_w 为每节柱子接头焊缝的收缩值。

主要参考文献

[1] 尹军，夏瀛. 建筑施工组织与进度[M]. 北京：化学工业出版社，2005.

[2] 建设工程项目管理规范编写委员会. GB/T 50326—2001 建设工程项目管理规范[S]. 北京：中国建筑工业出版社，2003.

[3] 侯兆欣. 钢结构工程施工及质量验收问答[M]. 北京：中国计划出版社，2003.

[4] 陈忠汉. 深基坑工程[M]. 北京：机械工业出版社，1999.

[5] 刘津明. 土木工程施工[M]. 天津：天津大学出版社，2001.

[6] 郭正兴. 建筑施工[M]. 南京：东南大学出版社，1996.

[7] 徐伟. 高层建筑施工[M]. 武汉：武汉理工大学出版社，2003.

[8] 全国一级建造师执业资格考试用书编写委员会. 房屋建筑工程管理与实务[M]. 北京：中国建筑工业出版社，2004.

[9] 中国建筑科学研究院. GB 50204—2002 混凝土结构工程施工质量验收规范[S]. 北京：中国建筑工业出版社，2002.

[10] 山西建筑工程(集团)总公司. GB 50207—2002 屋面工程质量验收规范[S]. 北京：中国建筑工业出版社，2002.

[11] 方承训. 建筑施工[M]. 北京：中国建筑工业出版社，1997.

[12] 全国造价工程师执业资格考试培训教材编审委员会. 建设工程技术与计量[M]. 北京：中国计划出版社，2003.

[13] 祖青山. 建筑施工技术[M]. 北京：中国环境科学出版社，2002.

[14] 轻型钢结构设计指南(实例与图集)编辑委员会. 轻型钢结构设计指南(实例与图集)[M]. 北京：中国建筑工业出版社，2000.

[15] 杨文柱. 网架结构制作与施工[M]. 北京：机械工业出版社，2004.

[16] 周学军. 钢与混凝土组合结构设计与施工[M]. 济南：山东科学技术出版社，2003.

[17] 王肇民. 建筑钢结构[M]. 上海：同济大学出版社，2000.

[18] 沈祖炎. 钢结构学[M]. 北京：中国建筑工业出版社，2005.

[19] 刘新. 钢结构防腐蚀和防火涂装[M]. 北京：化学工业出版社，2005.

建工版图书销售分类表

一级分类名称（代码）	二级分类名称（代码）	一级分类名称（代码）	二级分类名称（代码）
建筑学（A）	建筑历史与理论（A10）	园林景观（G）	园林史与园林景观理论（G10）
	建筑设计（A20）		园林景观规划与设计（G20）
	建筑技术（A30）		环境艺术设计（G30）
	建筑表现·建筑制图（A40）		园林景观施工（G40）
	建筑艺术（A50）		园林植物与应用（G50）
建筑设备·建筑材料（F）	暖通空调（F10）	城乡建设·市政工程·环境工程（B）	城镇与乡（村）建设（B10）
	建筑给水排水（F20）		道路桥梁工程（B20）
	建筑电气与建筑智能化技术（F30）		市政给水排水工程（B30）
	建筑节能·建筑防火（F40）		市政供热、供燃气工程（B40）
	建筑材料（F50）		环境工程（B50）
城市规划·城市设计（P）	城市史与城市规划理论（P10）	建筑结构与岩土工程（S）	建筑结构（S10）
	城市规划与城市设计（P20）		岩土工程（S20）
室内设计·装饰装修（D）	室内设计与表现（D10）	建筑施工·设备安装技术（C）	施工技术（C10）
	家具与装饰（D20）		设备安装技术（C20）
	装修材料与施工（D30）		工程质量与安全（C30）
建筑工程经济与管理（M）	施工管理（M10）	房地产开发管理（E）	房地产开发与经营（E10）
	工程管理（M20）		物业管理（E20）
	工程监理（M30）	辞典·连续出版物（Z）	辞典（Z10）
	工程经济与造价（M40）		连续出版物（Z20）
艺术·设计（K）	艺术（K10）	旅游·其他（Q）	旅游（Q10）
	工业设计（K20）		其他（Q20）
	平面设计（K30）	土木建筑计算机应用系列（J）	
执业资格考试用书（R）		法律法规与标准规范单行本（T）	
高校教材（V）		法律法规与标准规范汇编/大全（U）	
高职高专教材（X）		培训教材（Y）	
中职中专教材（W）		电子出版物（H）	

注：建工版图书销售分类已标注于图书封底。